Diogenes Taschenbuch 23519

AF142159

KURT TUCHOLSKY, 1890 in Berlin geboren, arbeitete – obgleich promovierter Jurist – als Journalist und Schriftsteller. Er war hauptsächlich für die Zeitschrift *Die Weltbühne* tätig und schrieb sowohl unter seinem eigenen Namen als auch unter den Pseudonymen Theobald Tiger, Peter Panter, Ignaz Wrobel und Kaspar Hauser. 1929 emigrierte er nach Schweden. Nach der Machtergreifung bürgerten ihn die Nationalsozialisten 1933 offiziell aus, seine Bücher wurden öffentlich verbrannt. 1935 nahm er sich, der – krank und depressiv – schon des Längeren kein Wort mehr geschrieben hatte, in Schweden das Leben.

Das Tucholsky Lesebuch

*Ausgewählt von Daniel Keel
und Winfried Stephan*

Diogenes

Die Texte dieser Auswahl folgen der Ausgabe
Kurt Tucholsky, *Gesammelte Werke in 10 Bänden,*
herausgegeben von Mary Gerold-Tucholsky
und Fritz J. Raddatz, Reinbek bei Hamburg 1960
Die Kapiteltitel sind von den Herausgebern
Die Reihenfolge innerhalb der Kapitel ist chronologisch
Covermotiv: Zeichnung von Tomi Ungerer

Die Nutzung dieses Werks für Text und Data Mining
im Sinne von § 44b UrhG behalten wir uns explizit vor

Alle Rechte an dieser Ausgabe und Auswahl vorbehalten
Copyright © 2007
Diogenes Verlag AG Zürich
www.diogenes.ch
1/24/62/3
ISBN 978 3 257 23519 7

Inhalt

Mit 5 PS

Lieb Vaterland

Bühne und Weltbühne

Auf dem Nachttisch

Wo kommen die Löcher im Käse her?

Mit 5 PS

Was darf die Satire?

Frau Vockerat: »Aber man muß doch seine Freude haben können an der Kunst.«
Johannes: »Man kann viel mehr haben an der Kunst als seine Freude.«

Gerhart Hauptmann

Wenn einer bei uns einen guten politischen Witz macht, dann sitzt halb Deutschland auf dem Sofa und nimmt übel.

Satire scheint eine durchaus negative Sache. Sie sagt: »Nein!« Eine Satire, die zur Zeichnung einer Kriegsanleihe auffordert, ist keine. Die Satire beißt, lacht, pfeift und trommelt die große, bunte Landsknechtstrommel gegen alles, was stockt und träge ist.

Satire ist eine durchaus positive Sache. Nirgends verrät sich der Charakterlose schneller als hier, nirgends zeigt sich fixer, was ein gewissenloser Hanswurst ist, einer, der heute den angreift und morgen den.

Der Satiriker ist ein gekränkter Idealist: er will die Welt gut haben, sie ist schlecht, und nun rennt er gegen das Schlechte an.

Die Satire eines charaktervollen Künstlers, der um des Guten willen kämpft, verdient also nicht diese bürgerliche Nichtachtung und das empörte Fauchen, mit dem hierzulande diese Kunst abgetan wird.

Vor allem macht der Deutsche einen Fehler: er verwechselt das Dargestellte mit dem Darstellenden. Wenn ich die Folgen der Trunksucht aufzeigen will, also dieses Laster bekämpfe, so kann ich das nicht mit frommen Bibelsprüchen, sondern ich werde es am wirksamsten durch die packende Darstellung eines Mannes tun, der hoffnungslos betrunken ist. Ich hebe den Vorhang auf, der schonend über die Fäulnis gebreitet war, und sage: »Seht!« – In Deutschland nennt man dergleichen ›Kraßheit‹. Aber Trunksucht ist ein böses Ding, sie schädigt das Volk, und nur schonungslose Wahrheit kann da helfen. Und so ist das damals mit dem Weberelend gewesen, und mit der Prostitution ist es noch heute so.

Der Einfluß Krähwinkels hat die deutsche Satire in ihren so dürftigen Grenzen gehalten. Große Themen scheiden nahezu völlig aus. Der einzige *Simplicissimus* hat damals, als er noch die große, rote Bulldogge rechtens im Wappen führte, an all die deutschen Heiligtümer zu rühren gewagt: an den prügelnden Unteroffizier, an den stockfleckigen Bürokraten, an den Rohrstockpauker und an das Straßenmädchen, an den fettherzigen Unternehmer und an den näselnden Offizier. Nun kann man gewiß über all diese Themen denken wie man mag, und es ist jedem unbenommen, einen Angriff für ungerechtfertigt und einen anderen für übertrieben zu halten, aber die Berechtigung eines ehrlichen Mannes, die Zeit zu peitschen, darf nicht mit dicken Worten zunichte gemacht werden.

Übertreibt die Satire? Die Satire muß übertreiben und ist ihrem tiefsten Wesen nach ungerecht. Sie bläst die Wahrheit auf, damit sie deutlicher wird, und sie kann gar nicht anders arbeiten als nach dem Bibelwort: Es leiden die Gerechten mit den Ungerechten.

Aber nun sitzt zutiefst im Deutschen die leidige Angewohnheit, nicht in Individuen, sondern in Ständen, in Korporationen zu denken und aufzutreten, und wehe, wenn du einer dieser zu nahe trittst. Warum sind unsere Witzblätter, unsere Lustspiele, unsere Komödien und unsere Filme so mager? Weil keiner wagt, dem dicken Kraken an den Leib zu gehen, der das ganze Land bedrückt und dahockt: fett, faul und lebenstötend.

Nicht einmal dem Landesfeind gegenüber hat sich die deutsche Satire herausgetraut. Wir sollten gewiß nicht den scheußlichen unter den französischen Kriegskarikaturen nacheifern, aber welche Kraft lag in denen, welch elementare Wut, welcher Wurf und welche Wirkung! Freilich: sie scheuten vor gar nichts zurück. Daneben hingen unsere bescheidenen Rechentafeln über U-Boot-Zahlen, taten niemandem etwas zuleide und wurden von keinem Menschen gelesen.

Wir sollten nicht so kleinlich sein. Wir alle – Volksschullehrer und Kaufleute und Professoren und Redakteure und Musiker und Ärzte und Beamte und Frauen und Volksbeauftragte – wir alle haben Fehler und komische Seiten und kleine und große Schwächen. Und wir müssen nun nicht immer gleich aufbegehren (›Schlächtermeister, wahret eure heiligste Güter!‹), wenn einer wirklich einmal einen guten Witz über uns reißt. Boshaft kann er sein, aber ehrlich soll er sein. Das ist kein rechter Mann und kein rechter Stand, der nicht einen ordentlichen Puff vertragen kann. Er mag sich mit denselben Mitteln dagegen wehren, er mag widerschlagen – aber er wende nicht verletzt, empört, gekränkt das Haupt. Es wehte bei uns im öffentlichen Leben ein reinerer Wind, wenn nicht alle übel nähmen.

So aber schwillt ständischer Dünkel zum Größenwahn an. Der deutsche Satiriker tanzt zwischen Berufsständen, Klassen, Konfessionen und Lokaleinrichtungen einen ständigen Eiertanz. Das ist gewiß recht graziös, aber auf die Dauer etwas ermüdend. Die echte Satire ist blutreinigend: und wer gesundes Blut hat, der hat auch einen reinen Teint.

Was darf die Satire?

Alles.   1919

Politische Satire

> Paul: Wir haben ja das Lächeln, Frau Konik... das erlösende Lächeln.
> Frau Konik: Man kann doch nicht über alles lächeln.
> Paul und Konik (zugleich): Über alles! Über alles!
> Frau Konik: Meint ihr nicht, daß das ein bißchen gefährlich ist...?
> Konik: Ja, ... für die, denen es gilt!
>
> *Gustav Wied*

Der echte Satiriker, dieser Mann, der keinen Spaß versteht, fühlt sich am wohlsten, wenn ihm ein Zensor nahm, zu sagen, was er leidet. Dann sagt er's doch, und wie er es sagt, ohne es zu sagen – das macht schon einen Hauptteil des Vergnügens aus, der von ihm ausstrahlt. Um dieses Reizes willen verzeiht man ihm vielleicht manches, und verzeiht ihm umso lieber, je ungefährlicher er ist, das heißt: je weiter die Erfüllung seiner Forderungen von der Wirklichkeit entfernt liegt.

Das war eine schöne Zeit, als der einzige *Simplicissimus* – der alter Prägung – frech war, wie die Leute damals sagten. Die satirische Opposition lag im Hinterhalt, schoß ein Pfeilchen oder wohl auch einmal ein gutes Fuder Feldsteine aus dem Katapult ab, und wenn sich der Krämer in der Lederhose und der Ritter im starren Visier umsahen, weil sie einen wegbekommen hatten, gluckerte unterirdisches Gelächter durch den Busch: aber zu sehen war keiner.

Das ist vorbei. Die Satire ist heute – 1919 – gefährlich geworden, weil auf die spaßhaften Worte leicht ernste Taten folgen können, und dies umso eher, je volkstümlicher der Satiriker spricht.

Die Zensur ist in Deutschland tot – aber man merkt nichts davon. In den Varietés, auf den Vortragsbrettern der Vereine, in den Theatern, auf der Filmleinwand – wo ist die politische Satire? Noch ist der eingreifende Schutzmann eine Zwangsvorstellung, und daß ein kräftiges Wort und ein guter Witz gegen eine Regierungsmaßnahme aus Thaliens Mund dringt, da sei Gott vor! Denn noch wissen die Deutschen nicht, was das heißt: frei – und noch wissen sie nicht, daß ein gut gezielter Scherz ein besserer Blitzableiter für einen Volkszorn ist, als ein häßlicher Krawall, den man nicht dämmen kann. Sie verstehen keinen Spaß. Und sie verstehen keine Satire.

Aber kann der Satiriker denn nicht beruhigend wirken? Kann er denn nicht die ›Übelstände auf allen Seiten‹ geißeln, kann er denn nicht hinwiederum ›das Gute durch Zuspruch fördern‹ – mit einem Wort: kann er nicht positiv sein?

Und wenn einer mit Engelszungen predigte und hätte des Hasses nicht –: er wäre kein Satiriker.

Politische Satire steht immer in der Opposition. Es ist das der Grund, weshalb es bis auf den heutigen Tag kein konservatives Witzblatt von Rang gibt und kein regierungstreues. Nicht etwa, weil die Herren keinen Humor hätten oder keinen Witz. Den hat keine Klasse gepachtet. Aber die kann ihn am wenigsten haben, die auf die Erhaltung des Bestehenden aus ist, die die Autorität und den Respekt mit hehrem Räuspern und hochgezogenen Augenbrauen zu schützen bestrebt ist. Der politische Witz ist ein respektloser Lausejunge.

Es gibt ja nun Satiriker so großen Formats, daß sie ihren Gegner überdauern, ja, der Gegner lebt nur noch, weil der Satiriker lebt. Ich werde nur das Mißtrauen nicht los, daß man den Ehrentitel ›großer Satiriker‹ erst dann verleiht, wenn der Mann nicht mehr gefährlich, wenn er tot ist.

Der gestorbene Satiriker hats gut. Denn nichts ist für den Leser süßer als das erbauliche Gefühl der eigenen Überlegenheit, vermischt mit dem amüsanten Bewußtsein, wie gar so dumm der Spießer von anno tuback war. Nun gehört aber zur Masse immer einer mehr, als jeder glaubt – und die Angelegenheit wird gleich weniger witzig, wenns um das Heute geht. Dem Kampf Heines mit den zweiunddreißig Monarchien sieht man schadenfroh und äußerst vergnügt zu – bei Liebknecht wird die Sache gleich ganz anders.

»Ja«, sagt Herr Müller, »das ist auch ganz was anders!« Ja, Bauer, das ist ganz was anders – und weils was anders ist, weil der Kampf gegen die Lebenden von Leidenschaften durchschüttelt ist, und weil die nahe Distanz das Auge trübt, und weil es überhaupt für den Kämpfer nicht darauf ankommt, Distanz zu halten, sondern zu kämpfen – deshalb ist der Satiriker ungerecht. Er kann nicht wägen – er muß schlagen. Und verallgemeinert und malt Fratzen an die Wand und sagt einem ganzen Stand die Sünden einzelner nach, weil sie typisch sind, und übertreibt und verkleinert – –

Und trifft, wenn er ein Kerl ist, zutiefst und zuletzt doch das Wahre und ist der Gerechtesten einer.

Jedes Ding hat zwei Seiten – der Satiriker sieht nur eine und will nur eine sehen. Er beschützt die Edlen mit Keulenschlägen und mit dem Pfeil, dem Bogen. Er ist der Landsknecht des Geistes.

Seine Stellung ist vorgeschrieben: er kann nicht anders, Gott helfe ihm. Amen. Er und wir, die nie Zufriedenen, stehen da, wo die Männer stehen, die die Waffen gegen die Waffen erheben, stehen da, wo der Staat ein Moloch geheißen wird und die Priesterreligion ein Reif um die Stirnen. Und sind doch ordnungsliebender und frömmer als unsre Feinde, wollen aber, daß die Menschen glücklich sind – um ihrer selbst willen.

Ein Büchlein, zu dem dies hier die Vorrede ist, das *Fromme Gesänge* heißt und von Theobald Tiger stammt (und das im Verlag Felix Lehmann zu Charlottenburg erscheint), gibt eine Reisebeschreibung der Route 1913–1919.

Was der Wochenbetrachter der *Weltbühne* in diesen Jahren besungen hat, wurde einer Durchsicht unterzogen; bei der Sichtung entfernte ich, was für den Tag geschrieben wurde und mit ihm vergangen ist. Weil es aber das Bestreben der *Weltbühne* ist, zwar für den Tag zu wirken, aber doch auch über ihn hinaus, so blieb eine ganze Reihe, vermehrt um anderswo erschienene Gedichte sowie um manche noch unveröffentlichte.

Im Grünen fings an und endete blutigrot. Und wenn sich der Verfasser mit offenen Armen in die Zeit gestürzt hat, so sah er nicht, wie der Historiker in hundert Jahren sehen wird, und wollte auch nicht so sehen. Er war den Dingen so nahe, daß sie ihn schnitten und er sie schlagen konnte. Und sie rissen ihm die Hände auf, und er blutete, und einige sprachen zu ihm: »Bist du gerecht?« Und er hob die blutigen Hände – blutig von seinem Blute – und zuckte die Achseln und lächelte. Denn man kann über alles lächeln…

Und daß inmitten dem Kampfeslärm und dem Wogen der Schlacht auch ein kleines Gras- und Rasenstück grünt, auf dem ein blaues Blümchen, ebenso sentimental wie ironisch, zart erblüht – das möge den geneigten Leser mit dem grimmigen Katerschnurrbart und dem zornig wedelnden Schweif des obgenannten Tigers freundlich versöhnen.

1919

Aus dem Ärmel geschüttelt

»Das«, sagen die Leute oft, wenn sie einen Vers von mir lesen, »fällt Ihnen gewiß sehr leicht. Es klingt, als ob…« – »Ich es aus dem Ärmel geschüttelt hatte, wie?« sage ich dann. »Ja«, sagen die Leute.

Die Mühe, die es macht, der deutschen Sprache ein Chanson – und nun noch gar eins für den Vortrag – abzuringen, ist umgekehrt proportional zur Geltung dieser Dinge. »Es steht nicht dafür«, sagen die Wiener. Ich habe nie geglaubt, daß so viel Arbeit dahinter steckt, um zu erreichen, daß Leute abends zwei Stunden lachen, ohne daß sie und die Autoren sich hinterher zu schämen haben. Und gar, bis es so weit ist, daß man denkt, wir hätten es ›aus dem Ärmel geschüttelt‹! Zum Glück sieht keiner die erste Niederschrift: wie krumplig, wie schwerfällig, wie schwerflüssig ist da noch alles …

Der Tragöde hats gut. Wenn er noch so mittelmäßig ist: er rollt doch mit den Augen, und das verfehlt hierzulande seine Wirkung nie. Bei uns wollen sie sich scheckig lachen (drei Poängten pro Zeile) und hinterher verachten sie das. Und daß einer gar dabei ernst sein kann, das ahnen sie kaum. Wie wenige hören es zwischen den Zeilen Walter Mehrings schluchzen! Es sind ja nur Chansons. (Und doch sind die da aus der Seele geschüttelt.)

Aber wer nun einmal das Cabaret (mit einem t, bitte!) liebt … Es ist eine unglückliche Liebe. 1921

Wir alle Fünf

Die rechtsstehende Presse amüsiert sich seit einiger Zeit damit, mich mit allen meinen Pseudonymen als »den vielnamigen Herrn« hinzustellen, »der je nach Bedarf unter diesem oder unter jenem Namen schreibt«. Also etwa: Schmock oder Flink und Fliederbusch oder so eine ähnliche Firma.

Aber wir stammen alle Fünf von einem Vater ab, und in dem, was wir schreiben, verleugnet sich der Familienzug nicht. Wir lieben vereint, wir hassen vereint – wir marschieren getrennt, aber wir schlagen alle auf denselben Sturmhelm.

Und wir hassen jenes Deutschland, das es wagt, sich als das allein echte Original-Deutschland auszugeben, und das doch nur die schlechte Karikatur eines überlebten Preußentums ist. Jenes Deutschland, wo die alten faulen Beamten gedeihen, die ihre Feigheit hinter ihrer Würde verbergen; wo die neuen Sportjünglinge wachsen, die im Kriege Offiziere waren und Offiziersaspiranten, und die mit aller Gewalt – und mit welchen Mitteln! – wieder ihre Untergebenen haben wollen. Und deren tiefster Ehrgeiz nicht darin besteht: etwas wert zu sein – sondern: mehr wert zu sein als die andern. Die sich immer erst fühlen, wenn sie einen gedemütigt haben. Jenes Deutschland, wo die holden Frauen daherblühen, die stolz auf ihre schnauzenden Männer sind und Gunst und Liebesgaben dem bereit halten, der durch bunte Uniform ihrer Eitelkeit schmeichelt. Und die in ihrem Empfinden kaltschnäuziger, roher und brutaler sind als der älteste Kavallerie-Wachtmeister. Wir alle Fünf hassen jenes Deutschland, wo der Beamtenapparat Selbstzweck geworden ist, Mittel und Möglichkeit, auf den gebeugten Rücken der Untertanen herumzutrampeln, eine Pensionsanstalt für geistig Minderbemittelte. Wir alle Fünf unterscheiden wohl zwischen jenem alten Preußen, wo – neben den fürchterlichsten Fehlern – wenigstens noch die Tugenden dieser Fehler vorhanden waren: unbeirrbare Tüchtigkeit, Unbestechlichkeit, catonische Strenge und puritanische Einfachheit. Aber es hat sich gerächt, daß man all das nur als Eigenschaften der Herrscherkaste züchtete und den ›gemeinen Mann‹ mit verlogenen Schullesebüchern und Zeichnungslisten für Kriegsanleihen abspeiste. So sieht kein Mensch einen Hund an wie die regierenden Preußen ihre eignen Landsleute, von deren Steuern und Abgaben sie sich nährten. Und wir hassen jenes Deutschland, das solche Bürger hervorgebracht hat: flaue Kaufleute, gegen die gehalten die alten Achtundvierziger Himmelsstürmer waren – satte Dickbäuche, denen das Geschäft über alles ging, und die hoch geschmeichelt waren, wenn sie an ihrem Laden das Hoflieferantenschild anheften durften. Sie grüßten noch die leere Hofkarosse und betrachteten ehrfurchtsvoll den Mist der kaiserlichen Pferde. Spalierbildner ihres obersten Kommis.

Wir alle Fünf lieben die Demokratie. Eine, wo der Mann zu sagen hat, der Freie und der Verantwortungsbewußte. Eine, wo die Menschen nicht ›gleich‹ sind wie die abgestempelten Nummern einer preußischen Kompanie, jener Inkarnation eines Zuchthausstaates – sondern eine, wo zwischen einem Bankpräsidenten und seinem Portier kein Kastenunterschied mehr besteht, sondern nur ein ökonomischer und einer in der äußern Beschäftigung. Ob sie miteinander Tee trinken, ist eine andre Sache. Daß es aber alles beides Menschen sind, steht für uns fest.

Jenes Deutschland wollen wir zerstören, bis kein Achselstück mehr davon übrig ist. Dieses wollen wir aufbauen, wir alle Fünf.

Und ob das Blatt für die Idioten der Reichshauptstadt und seine geistesverwandte Wulle- und Mudicke-Presse lügt, hetzt oder tadelt: – wir gehören zusammen, wir alle Fünf, und wir werden sie auf die hohlen Köpfe hauen, daß es schallt, und daß die braven Bürger denken, die kaiserliche Wache ziehe noch einmal auf und der Gardekürassier schlage noch einmal die alte Kesselpauke.

Wir sind fünf Finger an einer Hand. Und werden auch weiterhin zupacken, wenns not tut.   1922

Die Phrasendrescher

Eine Begegnung

»Tach, wie gehts?«

»Danke, macht sich. Kommen Sie 'n Stück mit – ich geh da runter!« – »Ja, da hab ich auch zu tun. Kommen Sie – wir gehen hier lang… Meine Frau hat mich gebeten, ihr Tinte fürn Füllfederhalter mitzubringen – meine im Geschäft ist auch alle. Scheußliches Wetter, was? Ich hab gelesen, das Wetter soll nach dem Kriege schlechter geworden sein, aber ich glaub das nicht. Es könnt ja sein, daß die atmosphärischen Einflüsse durch die Schießerei mit den Kanonen… Apropos: Kanone! Die Frau Mattberg läßt sich scheiden! Wie finden Sie das? Ich will Ihn' mal was sagen: Die Ehe ist auch nicht mehr das richtige, nach dem Kriege – wissen Sie, rein menschlich… Meine Einstellung zu dem Problem ist so: Unsere Zeit steht im Zeitalter der Technik. Also daran ist ja gar nicht zu tippen. Der Einfluß von Amerika amerikanisiert uns alle, meinen Sie nicht auch? Seit die Frau sich die Haare kurz schneiden läßt – und dann bei diesem Diskont ist das ja überhaupt nicht anders möglich! Wie? Ach, erzählen Sie mir doch nichts von politischen Sachen! Politik! Glauben Sie an Politik? Lieber Herr, ich will Ihnen mal was sagen: Ethik und Politik und solche Sachen, also das gibts bei mir nicht! Sehn Sie mal: Wir stehen mitten in einem Übergang, also da können Sie sagen, was Sie wollen. Was morgen sein wird, weiß kein Mensch! Ich meine, schon rein nationalökonomisch gesehen, ist das ja ganz klar – also so eine Leistung von Ford, das ist doch fabelhaft! Amerika schluckt uns noch mal alle ein, das sag ich Ihnen! Die Leute haben eine Spannkraft, das ist ja unerhört! Phantastisch! Sehn Sie mal, diese lächerlichen Sachen mit dem Dawesplan – ich meine, das ist doch höchst übel, was sie da machen – ich meine, wer kaufmännisch etwas modern denkt, der muß doch das Gesicht der Zeit empfinden, in der man lebt…! Ich will Ihnen was sagen: Die Zeit ist nicht einfach! Einfach isse nich! Ich hab schon zu meiner Frau gesagt: Vor Tisch ein gutes Geschäft und nach Tisch meine Zigarre – mehr will ich gar nicht! Ich rauch nach Tisch immer ne Zigarre!«

»Nein. Ich rauch nie nach Tisch, das ist nicht gut für mein Herz. Was Sie da sagen, hat viel für sich. Nur, vergessen Sie eins nicht: Sie vergessen die Mentalität. Schon rein körperlich ist das doch anders. Sehn Sie mal, wenn Sie die Komponente nehmen zwischen unserer Epoche und… nehmen Sie sich in acht, treten Sie da nicht rein! – Ich wollte sagen: Den Einfluß des Milieus können Sie doch nicht wegleugnen! Mit der Erotik allein kommen Sie da auch nicht weiter! So primitiv ist unsere Zeit nicht! Ich meine, man will doch weiterkommen! Sentimental ist ja ganz schön – aber nur sentimental? Nein. Wer ist heute noch gesund? Ich seh das menschlich anders an. Rein als Mensch muß man darüber anders denken – wir fallen von einer Sensation in die andere, und was kommt dabei heraus? Na ja, das Taylorsystem – Hören Sie mich an: Das mit dem fließenden Band wird maßlos überschätzt, da wird auch mit Wasser gekocht – erzählen Sie mir nichts, mein Schwager war drei Jahre lang drüben, ich bin kompetent! Eine gewisse Bodenständigkeit können Sie auch nicht wegleugnen, ohne die kommen wir nicht voran! Ich meine, wer ein bißchen geistiger Mensch ist, der horcht ab! Verstehen Sie, was ich meine? Man muß eben Fingerspitzengefühl haben! Lesen Sie mal die Berichte der Handelskammer, da werden Sie sehen, was bei der Umstellung herauskommt! Ich bin gewiß kein Dutzendmensch; aber das kann ich Ihnen sagen: Wenn einer was redet, dann muß er auch was zu sagen haben! Gun Tach! Grüßen Sie Ihre Frau!«

(Jeder für sich): »Ein Ochse! Kein Wort hat er verstanden von dem, was ich ihm gesagt habe!«   1927

Mit 5 PS

So heißt der Titel eines Auswahlbandes dessen, was hier seit fünfzehn Jahren von mir geschrieben worden ist: vom 9. Januar 1913 bis auf den heutigen Tag. Wenn einer sein eignes Buch anzeigt, zieht er gern die Augenbrauen hoch und spricht von den ›Intentionen‹, die er dabei gehabt hat. Ich muß erst von den Korrekturen sprechen.

Ich habe mir im Sommer in Dänemark zusammengeklebt, was unter der Obhut S.J.s im Laufe der Zeit zustandegekommen ist – und als der Stoß Blätter vor mir lag, da sah es aus wie das glatteste Manuskript der Welt. Die Setzer würden es leicht haben… Aber dann fing ich an, der Schriftsteller-Krankheit zu erliegen, jener Besessenheit, die nichts aus der Hand geben kann, weil man es noch besser, noch sauberer, noch kürzer sagen kann – und die aufgeklebten *Weltbühnen*-Seiten ersoffen in Tinte. Dann wurde es – bei Ernst Rowohlt in Berlin – gesetzt.

Die Fahnen kamen an, und die Korrekturen-Masern brachen herein. Die Revision flog von Berlin nach Paris – und hier liegt nun der gewiß seltene Fall vor, daß sich ein Autor bei seinem Verleger einmal für die Geduld bedanken muß, mit der es jener ertrug, daß auf seine Kosten aus einem Semikolon ein Komma und wieder ein Semikolon und aus einem Ausrufungszeichen ein Punkt gemacht wurden. Wenn man seine Arbeit in der Korrektur liest, dann vibriert das ganze innere Literatursystem in leisem Zittern: was in aller Welt könnte man nun noch ändern –! Rowohlt hat während der ganzen Inkubationszeit kein Wort der Ungeduld laut werden lassen, und dafür möchte ich ihm die Hand drücken.

Denn daran kann ja kein Zweifel sein: »Sie schütteln doch Ihre Arbeiten aus dem Ärmel –!« Ja, im Ärmel…

So gewiß dieser Satz das schönste Kompliment für unsereinen ist, so gewiß hat es noch keinen Autor der leichten Form in Deutschland gegeben, der es nicht nötig gehabt hätte, sich zu entschuldigen, daß er auf der Welt ist. Polgar hat das gefühlt und Kerr, Roda und Reimann, Klabund und Walter Mehring –: keiner, der nicht an einer Stelle einmal gesagt hätte, daß leicht nicht immer leicht ist. Die Kommilitonen von der Wälzer-Fakultät haben es viel leichter, weil sie es schwerer haben; der Deutsche liebt es, wenn sein Autor schwitzt und man es nachträglich gewahr wird. Mir ist die Stelle aus der Biographie Wilhelm Buschs erinnerlich, wo der einem Leser seiner Werke auf eben jene Ärmel-Frage in etwas lauterem Tonfall als sonst erklärt: »Erlauben Sie, nur zwei Zeilen wie: ›Das Gute, dieser Satz steht fest, ist stets das Böse, das man läßt‹, haben mich sogar sehr viele Mühe gekostet« – und sein Leser hats ihm gewiß nicht geglaubt. Denn allgemein verbreitet ist das Mißverständnis, daß, was sich leicht lesen ließe, auch leicht hingeschrieben sei.

So ein Buch hats nicht einfach: die Leute, die politisch nicht einverstanden sind, lassen den Autor den Besitz ihres Parteibuchs gern mit ästhetischen Einwürfen entgelten, und kaum einer hat den Mut, dabei die eigne Farbe zu bekennen. So ist, wer den Typus Hellpach satirisch vornimmt, veraltet oder schwach in der Form oder nur feuilletonistisch, oder was man so sagt, wenn eben Literaturkritik versetzte Politik ist. Was nach Wahrheit schmeckt, nennt man oft geschmacklos, und den Feind muß man bagatellisieren. Dichter der Gegenseite sind keine.

Von Herrn Wendriner zum siebenten Arrondissement; von *Rheinsberg* zu zwei Leuten, die auf den Wolken ihre Beine baumeln lassen; von Liebesgedichten zum pariser Bordellbesitzer ist es ein weiter Bogen, der zu schlagen war. Möglich, daß ein Druckfehler stehen geblieben ist. Aber eines ist nicht darin:

Falsche Rücksichtnahme. Ich habe die Dinge bis zu dem Punkt zu Ende gesagt, bis zu dem meine Erkenntnis reicht, und ich habe, wo ich nur konnte, verschärft. Vieles, was etwa im Jahre 1914 entstanden ist, würde ich heute anders formulieren, aber nicht anders denken.

Geh, Buch, und sage dem Leser, ich ließe ihn grüßen. Was sich an Freundschaft, an Gesinnungsgleichheit, an sachlicher Hilfe dargeboten hat, das hat daran mitgewirkt, und oft habe ich nur ausgesprochen, was andre besser und schärfer gefühlt haben. Wenn ihnen das Herz voll war, ging mir der Mund über, weil wir uns in einem trafen: in dem Gefühl für Wehrlose, Niedergeknüppelte, Leidende, Stumme. Denen gilt dieses Buch.

1927

Start

Wir sind fünf Finger an einer Hand.

Der auf dem Titelblatt und:

Ignaz Wrobel. Peter Panter. Theobald Tiger. Kaspar Hauser.

Aus dem Dunkel sind diese Pseudonyme aufgetaucht, als Spiel gedacht, als Spiel erfunden – das war damals, als meine ersten Arbeiten in der *Weltbühne* standen. Eine kleine Wochenschrift mag nicht viermal denselben Mann in einer Nummer haben, und so erstanden, zum Spaß, diese homunculi. Sie sahen sich gedruckt, noch purzelten sie alle durcheinander; schon setzten sie sich zurecht, wurden sicherer; sehr sicher, kühn – da führten sie ihr eigenes Dasein. Pseudonyme sind wie kleine Menschen; es ist gefährlich, Namen zu erfinden, sich für jemand anders auszugeben, Namen anzulegen – ein Name lebt. Und was als Spielerei begonnen, endete als heitere Schizophrenie.

Ich mag uns gern. Es war schön, sich hinter den Namen zu verkriechen und dann von Siegfried Jacobsohn solche Briefe gezeigt zu bekommen:

»Sehr geehrter Herr! Ich muß Ihnen mitteilen, daß ich Ihr geschätztes Blatt nur wegen der Arbeiten Ignaz Wrobels lese. Das ist ein Mann nach meinem Herzen. Dagegen haben Sie da in Ihrem Redaktionsstab einen offenbar alten Herrn, Peter Panter, der wohl das Gnadenbrot von Ihnen bekommt. Den würde ich an Ihrer Stelle...«

Und es war auch nützlich, fünfmal vorhanden zu sein – denn wer glaubt in Deutschland einem politischen Schriftsteller Humor? dem Satiriker Ernst? dem Verspielten Kenntnis des Strafgesetzbuches, dem Städteschilderer lustige Verse? Humor diskreditiert.

Wir wollten uns nicht diskreditieren lassen und taten jeder seins. Ich sah mit ihren Augen, und ich sah sie alle fünf: Wrobel, einen essigsauern, bebrillten, blaurasierten Kerl, in der Nähe eines Buckels und roter Haare; Panter, einen beweglichen, kugelrunden, kleinen Mann; Tiger sang nur Verse, waren keine da, schlief er – und nach dem Kriege schlug noch Kaspar Hauser die Augen auf, sah in die Welt und verstand sie nicht. Eine Fehde zwischen ihnen wäre durchaus möglich. Sie dauert schon siebenunddreißig Jahre.

Woher die Namen stammen –?

Die alliterierenden Geschwister sind Kinder eines juristischen Repetitors aus Berlin. Der amtierte stets vor gesteckt vollen Tischen, und wenn der pinselblonde Mann mit den kurzsichtig blinzelnden Augen und dem schweren Birnenbauch dozierte, dann erfand er für die Kasperlebühne seiner ›Fälle‹ Namen der Paradigmata.

Die Personen, an denen er das Bürgerliche Gesetzbuch und die Pfändungsbeschlüsse und die Strafprozeßordnung demonstrierte, hießen nicht A und B, nicht: Erbe und nicht Erblasser. Sie hießen Benno Büffel und Theobald Tiger; Peter Panter und Isidor Iltis und Leopold Löwe und so durchs ganze Alphabet. Seine Alliterationstiere mordeten und stahlen; sie leisteten Bürgschaft und wurden gepfändet; begingen öffentliche Ruhestörung in Idealkonkurrenz mit Abtreibung und benahmen sich überhaupt recht ungebührlich. Zwei dieser Vorbestraften nahm ich mit nach Hause – und, statt Amtsrichter zu werden, zog ich sie auf.

Wrobel – so hieß unser Rechenbuch; und weil mir der Name Ignaz besonders häßlich erschien, kratzbürstig und ganz und gar abscheulich, beging ich diesen kleinen Akt der Selbstzerstörung und taufte so einen Bezirk meines Wesens.

Kaspar Hauser braucht nicht vorgestellt zu werden.

Das sind sie alle fünf.

Und diese fünf haben nun im Lauf der Jahre in der *Weltbühne* gewohnt und anderswo auch. Es mögen etwa tausend Arbeiten gewesen sein, die ich durchgesehen habe, um diese daraus auszuwählen – und alles ist noch einmal vorbeigezogen... Vor allem der Vater dieser Arbeit: Siegfried Jacobsohn.

Fruchtbar kann nur sein, wer befruchtet wird. Liebe trägt Früchte, Frauen befruchten, Reisen, Bücher... in diesem Fall tat es ein kleiner Mann, den ich im Januar 1913 in seinem runden Bücherkäfig aufgesucht habe und der mich seitdem nicht mehr losgelassen hat, bis zu seinem Tode nicht. Vor mir liegen die Mappen seiner Briefe: diese Post karten, eng bekritzelt vom obern bis zum untern Rand, mit einer winzigen, fetten Schrift, die aussah wie ein persisches Teppichmuster. Ich höre das »Ja –?«, mit dem er sich am Telefon zu melden pflegte; mir ist, als klänge die Muschel noch an meinem Ohr… Was war es –?

Es war der fast einzig dastehende Fall, daß dem Gebenden ein Nehmender gegenüberstand, nicht nur ein Drukkender. Wir senden unsere Wellen aus – was ankommt, wissen wir nicht, nur selten. Hier kam alles an. Der feinste Aufnahmeapparat, den dieser Mann darstellte, feuerte zu höchster Leistung an – vormachen konnte man ihm nichts. Er merkte alles. Tadelte unerbittlich, aber man lernte etwas dabei. Ganze Sprachlehren wiegt mir das auf, was er ›ins Deutsche übersetzen‹ nannte. Einmal fand er eine Stelle, die er nicht verstand. »Was heißt das? Das ist wolkig!« sagte er. Ich begehrte auf und wußte es viel besser. »Ich wollte sagen…« erwiderte ich – und nun setzte ich ihm genau auseinander, wie es gemeint war. »Das wollte ich sagen«, schloß ich. Und er: »Dann sags.« Daran habe ich mich seitdem gehalten. Die fast automatisch arbeitende Kontrolluhr seines Stilgefühls ließ nichts durchgehen – kein zu starkes Interpunktionszeichen, keine wilde Stilistik – keinen Gedankenstrich nach einem Punkt (Todsünde!) – er war immer wach.

Und so waren unsere Beiträge eigentlich alle nur Briefe an ihn, für ihn geschrieben, im Hinblick auf ihn: auf sein Lachen, auf seine Billigung – ihm zur Freude. Er war der Empfänger, für den wir funkten.

Ein Lehrer, kein Vorgesetzter; ein Freund, kein Verlagsangestellter; ein freier Mann, kein Publikumshase. »Sie haben nur ein Recht«, pflegte er zu sagen, »mein Blatt nicht zu lesen.« Und so stand er zu uns, so hat er uns geholfen, zu uns selbst verholfen, und wir haben ihn alle lieb gehabt.

Wir beide nannten uns, nach einem revolutionären Stadtkommandanten Berlins, gegenseitig: Kalwunde.

»Kalwunde!« sagtest du, wenn du dreiunddreißig Artikel in der Schublade hattest, »Kalwunde, warum arbeitest du gar nicht mehr –?« Und dann fing ich wieder von vorne an. Und wenn das dicke Kuvert mit einem satten Plumps in den Briefkasten fiel, dann hatte der Tag einen Sinn gehabt, und ich stellte mir, in Berlin und in Paris, gleichmäßig stark vor, was du wohl für ein Gesicht machen würdest, wenn die Sendung da wäre. Siehst du, nun habe ich das alles gesammelt… Und du kannst es nicht mehr lesen… »Mensch!« hättest du gesagt, »ick wer doch det nich lesen! Ich habe es ja alles ins Deutsche übersetzt –!«

Das hast du.

Und so will ich mich denn mit einem Gruß an dich auf den Weg machen.

Starter, die Fahne –! Ab mit 5 PS.   1927

Kurt Tucholsky

Peter Panter – Theobald Tiger – Ignaz Wrobel
Kaspar Hauser

haßt:	*liebt:*
das Militär	Knut Hamsun
die Vereinsmeierei	jeden tapfern Friedens-
Rosenkohl	soldaten

den Mann, der immer in
  der Bahn die Zeitung
  mitliest
Lärm und Geräusch
›Deutschland‹

schön gespitzte Bleistifte
Kampf
die Haarfarbe der Frau, die
  er gerade liebt
Deutschland

Lieb Vaterland

Streikjustiz

Du siehst sie durchs Gefilde hupfen:
die Wangen angenehm verpudert,
frech, nicht mehr jung, und auch verludert,
verschminkt... zwei rosarote Tupfen...

Die Waage wackelt hin und her.
Das Schwert – mein Gott – es ist aus Pappe,
sie trägt es scherzhaft als Attrappe,
ein eisernes ist ihr zu schwer.

Sie richtet so! O ja – man siehts!
die schwarzen, hohen Stöckelschuhe
zertrampeln alles – schaffen Ruhe.
So tänzelt Fräulein Streikjustiz.

Es raschelt des Talars Frou-Frou...
– »Du trugst doch früher eine Binde?«
– »Die hab ich noch! Dem, den ich finde,
schnür ich damit die Kehle zu!« –

1912

Die Kartoffeln

Ich las eines dieser patriotischen Bücher, die das deutsche Heer einer genauern Betrachtung unterziehen. Da stand auch eine historische Erinnerung, die es wert ist, daß wir sie uns aus der Nähe ansehn.

Bei der Belagerung von Paris im Jahre 1870, erzählt der Autor, haben sich die feindlichen Vorposten ganz gut gestanden. Man schoß durchaus nicht immer aufeinander, o nein! Es kam zum Beispiel vor, daß man sich mit Kartoffeln aushalf. Meistens werden es ja die Deutschen gewesen sein, die den Retter in der Not gemacht haben. Aber einmal näherte sich ein französischer Trupp von ein paar Mann, die Deutschen nahmen die Gewehre hoch, da sagte jemand auf deutsch: »Nicht schießen! Wir schießen auch nicht!« und man begann sich wegen auszutauschender Getränke zu verständigen.

Man könnte da von ›Landesverrat‹ sprechen, und tatsächlich untersagte nachher ein Armeebefehl diese Annäherungen aufs schärfste. Aber was ging hier Wichtigeres vor sich?

Doch offenbar eine Diskreditierung des Krieges. Denn es ist nicht anzunehmen, daß Pflichtvergessene beider Parteien hier böse Dinge inszenierten. Es waren sicher Familienväter, Arbeiter, Landleute, die man in einen farbigen Rock gesteckt hatte, mit der Weisung, auf andersfarbige zu schießen.

Warum schossen sie nicht? Offenbar waren doch der Nationalhaß, der Zorn, der angeblich das ganze deutsche Volk auf die Beine rief, nicht mehr so groß, wie damals Unter den

Linden, als es noch nicht galt, auf seine Mitmenschen zu schießen. Damals hatte mancher mitgebrüllt, weil alle brüllten, und das verpflichtete zu nichts. Aber hier waren Leute, die einen Sommer und einen Winter lang an den eigenen Leibern erfahren hatten, was das heißt: Töten, und was das heißt: Hungern. Und da verschwand der ›tief eingewurzelte Haß‹, und man aß gemeinsam Kartoffeln... Dieselben Kartoffeln; dieselben Kapitalisten. Aber andere Röcke. Das ist der Krieg. 1913

Der Kontrollierte

Da ist die berliner Straßenbahn... Aber es wird ja auf den anderen Bahnen nicht viel anders sein... Also da sitzen nun die Leute da und träumen und glotzen und unterhalten sich und manche lesen – –. Auf einmal betritt ein uniformierter Mann den Wagen und sagt: »Die Fahrscheine bitte!« – Das ist ein Beamter, der hauptsächlich zur Kontrolle der Schaffner angestellt ist.

Pflichtschuldig wühlt alles in den Taschen. Alle reichen das Stückchen Papier dem Beamten hin. Nur einer hat seinen Fahrschein verloren.

Es ist doch ein Bedientenvolk, das deutsche. Denn nun sehen alle den Mann an, als ob er ein Verbrechen begangen habe. Denn sie bilden sich ein, der Beamte kontrolliere sie. Dabei ist der Beamte höflich und tut eigentlich nichts, was diesen Aberglauben bestärken könnte. Aber sie denken sich das so und sind voller Ehrfurcht und verabscheuen alle den Mann, der seinen Fahrschein verloren hat. Einen Augenblick hat er den ganzen Wagen gegen sich. Manche mögen ja ein bißchen teilnahmsvoll zusehen, wie er sich abmüht, und sie denken sich schaudernd in seine entsetzliche Lage…

Sie ducken sich. Sie bekommen einen roten Kopf. Der Verlierer einen dunkelroten. Er entschuldigt sich. Er sagt nicht: »Ich hab ihn verlegt, ich werde meinethalben nachbezahlen…« Er fühlt sich ertappt. Man sollte nicht denken, einen Erwachsenen vor sich zu haben, der vielleicht eine Frau hat, Kinder, die er erziehen soll, Angestellte, die er anschnauzt… Hier ist er ganz klein. Denn hier ist das Heiligste an einen Deutschen herangetreten: die Uniform. Und da hört der Spaß auf.

Eine Kleinigkeit, eine Belanglosigkeit, gewiß. Aber doch wieder eine einfache Beobachtung des täglichen Lebens, die zeigt, wie hier der einzelne gar nicht erst wagt, zu sagen: »Hallo! Hier bin ich!« – Sondern er bekommt einen roten Kopf, duckt sich und sucht den Fahrschein.

Und das ist eine Misere des deutschen Lebens.

1913

Die Aufpasser

Wenn ich aus meinem Fenster sehe, so erblicke ich drüben auf der anderen Straßenseite die ziegelrote Front einer berliner Gemeindeschule. Im Sommer, und wenn es warm ist, auch im Frühling – dann machen wir beide, die Gemeindeschule und ich, unsere Fenster auf. Ich höre dann so, wie dreiundfünfzig Kinderkehlen versichern, daß sie preußisch seien und auch preußisch sein wollten, und ich höre, wie man den ganzen Tag ununterbrochen zum lieben Gott Choräle hinaufschickt, so daß der alte Mann beinahe glauben muß, Preußen sei wirklich eine große Kinderstube.

Aber am ergötzlichsten ist es doch um 10 Uhr und um 11 Uhr, kurz, immer dann, wenn drüben gerade die Pause zu Ende gegangen ist. Dann warten die Klassen auf den Eintritt der Lehrer und Lehrerinnen, und wenn fünfzig Kinder in einer Stube sitzen, dann geht es natürlich nicht leise zu. Und da ist eine Klasse, sie wohnt gleich hinter den ersten Fenstern links in der zweiten Etage. Da sitzen lauter kleine Mädchen drin und machen einen Heidenspektakel, bis der Herr Lehrer hereinkommt oder das Fräulein Lehrerin, um ihnen das große Einmaleins und die kleinen Näharbeiten beizubringen. Und weil doch nun alles auf der Welt seine Ordnung haben muß, so hat man über das unruhige Gewimmel ein paar Aufpasser gesetzt, vielleicht sind es die Ersten der Klasse, und die müssen nun vorn auf dem Podium stehen und müssen aufpassen, daß niemand laut ist.

Und es ist nun ganz merkwürdig, aber um diese Zeit, um 10 Uhr oder um 11 Uhr, höre ich kaum etwas von der unruhigen Klasse, sondern immer nur zwei helle, kreischende Stimmen, es sind immer dieselben, und ich kenne sie schon, und sie schreien: »Ruhig! Wollt ihr wohl ruhig sein! Ihr sollt stille sein! Stille! Ruhig!« Und von der ganzen Klasse höre ich nichts als dies: Ruhe! Stille! Die anderen sind wirklich stumm und rühren sich nicht mehr, und nur die Aufpasserinnen wittern immer noch Rebellen und ersuchen im höchsten Sopran um anständiges Benehmen…

Was aber die deutsche Politik angeht, so will ich nichts gesagt haben.   1914

Deutscher Abend

Nun gönnt die Firma stillen Abendfrieden
dem Arbeitsmann, den Mädels, dem Kommis –
nun sitzt ganz Deutschland um den runden, lieben
gedeckten Tisch und sieht aufs Visavis.

Da liegt das Land: ganz schwarz und blau und dunkel.
Es klirrt der Wind im Telegrafendraht.
Ein gelbes Fenster grüßt dich mit Gefunkel:
hier spielt der Förster seinen Dauerskat.

Man hebt die Zeitung, läßt sie wieder sinken,
die Welt, ihr Lieben, geht den alten Lauf –
hieraufbezüglich kann man einen trinken,
die Pfeife qualmt, nun steigt der Mond herauf.

Und hundert Mimen spreizen ihre Glieder,
und hundert Bürger füllen sich mit Bier...
Und hundert Mädchen summen kleine Lieder,
denn morgen, morgen muß er fort von hier.

O Herr, so wie wir hienieden krauchen,
so segne Land und Leute und Kompott.
Verlaß dich drauf: wir könnens brauchen,
wir könnens brauchen, lieber Gott!

1914

Kleines Gespräch
mit unerwartetem Ausgang

Der Herrgott saß auf Wolkenkissen
und sah sich seine Erde an.
Was braust herauf? Sieh da, das is 'n
Aeroplan.

Ein Offizier grüßt freundlich lächelnd.
»Gestatten! Schwaben Nummer Vier!«
– und die Propeller surren fächelnd –
»Wir sind nu hier! –

Was sagen Sie zu unserm Siege?
Wir brachen spielend den Rekord.
Wozu? Wir brauchen das zum Kriege…«
»Zum Krieg? Zum Mord!«

»Erlauben Sie, Sie sind zu schwächlich…«
»Und wer gab euch das viele Geld –?«
»Das Volk! Das Volk war es hauptsächlich
vom Rhein zum Belt.«

»Das Volk? Hat es so krumme Nacken?
Ist denn bei euch das Volk so dumm?«
Hier lachte Gott aus vollen Backen.
Man kippte um.

1914

Wetterhäuschen

Mal gehts uns gut. Dann brüllt der Chor der Rache.
Die Weltenunterjocher werden wild.
Der Bizeps steigt. Der Kluge ist der Schwache.
Nur Macht ist Recht, die Mannessehne schwillt –
       Mal gehts uns gut.

Mal klappts nicht so. Sieh da: die Idealen
zitieren Luther, Goethe und von Kleist.
Ein Krämervolk nur pocht auf seine Zahlen,
und man besinnt sich plötzlich auf den Geist –
       Mal klappts nicht so.

Und jenachdem der Stand schlecht oder bene,
drehn sich aus ihrem kleinen Haus von Holz
Mars aus Papiermaché, Pallas Athene,
ein jedes unumschränkt und stolz –
       Ganz jenachdem.

Sieh ohne Ehrfurcht auf die bunte Puppe;
sie ist beweglich, drum erkenn daraus:
Wer vorne steht, ist ja wohl gänzlich schnuppe –
der Himmel machts ... und nicht das Wetterhaus!

1916

Professoren

Er ging durch alte Winkelgäßchen,
im schlappen Hut, in faltigem Rock.
Ein kleines Bäuchlein wie ein Fäßchen
…nicht jung mehr… graues Stirngelock…
    Vergaß er auch sein Regendach,
    man raunte: »Der versteht sein Fach!«
Ein stilles, manchmal tiefes Gewässer:
    der alte Professor.

Und heut? Im lauten Weltgebrause
bewegt sich der Privatdozent.
Er redet in und außerm Hause
von Politik mit viel Talent.
    Beziehungen zur Industrie
    sind sehr beliebt, drum hat man sie.
Wild fuchtelnd fordert den Krieg bis aufs Messer
    der neue Professor.

Man sagt, weltfremd sei er gewesen.
Wie sind sie heute so gewandt!
Man sagt: er konnte nichts als lesen.
Wie wäscht sich heute Hand und Hand!
    Der lehrt nicht mehr, der propagiert.
    Und wer erzieht den, der studiert?
Ich kann mir nicht helfen, er war doch viel besser:
    der alte, deutsche, zerstreute Professor.

1918

Weihnachten

So steh ich nun vor deutschen Trümmern
und sing mir still mein Weihnachtslied.
Ich brauch mich nicht mehr drum zu kümmern,
was weit in aller Welt geschieht.
Die ist den andern. Uns die Klage.
Ich summe leis, ich merk es kaum,
die Weise meiner Jugendtage:
    O Tannebaum!

Wenn ich so der Knecht Ruprecht wäre
und käm in dies Brimborium
– bei Deutschen fruchtet keine Lehre –
weiß Gott! ich kehrte wieder um.
Das letzte Brotkorn geht zur Neige.
Die Gasse grölt. Sie schlagen Schaum.
Ich hing sie gern in deine Zweige,
    o Tannebaum!

Ich starre in die Knisterkerzen:
Wer ist an all dem Jammer schuld?
Wer warf uns so in Blut und Schmerzen?
Uns Deutsche mit der Lammsgeduld?
Die leiden nicht. Die warten bieder.
Ich träume meinen alten Traum:
Schlag, Volk, den Kastendünkel nieder!
Glaub diesen Burschen nie, nie wieder!
Dann sing du frei die Weihnachtslieder:
    O Tannebaum! O Tannebaum!   1918

Das Königswort

Dies ergötzte hoch und niedrig:
Als der edle König Friedrich,
August weiland von ganz Sachsen,
tat zum Hals heraußer wachsen
seinem Volk, das ihn geliebt,
so es billigen Rotwein gibt –
als der König, sag ich, merkte,
wie der innre Feind sich stärkte,
blickt er über die Heiducken,
und man hört ihn leise schlucken…
Und er murmelt durch die Zähne:
»Macht euch euern Dreck alleene!«

Welch ein Königswort! Wahrhaftig,
so wie er – so voll und saftig
ist sonst keiner weggegangen.
Wenn doch heute in der langen
langen Reihe unsrer Kleber,
Wichtigmacher, Ämterstreber,
einer in der langen Kette
nur so viel Courage hätte,
trotz der Ehre und Moneten
schnell gebührend abzutreten!
O, wie ich sein Wort ersehne:
»Macht euch euern Dreck alleene!«

Edler König! Du warst weise!
Du verschwandest still und leise

in das nahrhafte Zivil.
Das hat Charme, und das hat Stil.
Aber, aber unsereiner!
Sieh, uns pensioniert ja keiner!
Und wir treten mit Gefühle
Tag für Tag die Tretemühle.
Ach, wie gern, in filzenen Schuhen
wollten wir gemächlich ruhen,
sprechend: »In exilio bene!
Macht euch euern Dreck alleene!«

1919

Krieg dem Kriege

Sie lagen vier Jahre im Schützengraben.
Zeit, große Zeit!
Sie froren und waren verlaust und haben
daheim eine Frau und zwei kleine Knaben,
weit, weit –!

Und keiner, der ihnen die Wahrheit sagt.
Und keiner, der aufzubegehren wagt.
Monat um Monat, Jahr um Jahr...

Und wenn mal einer auf Urlaub war,
sah er zu Haus die dicken Bäuche.
Und es fraßen dort um sich wie eine Seuche
der Tanz, die Gier, das Schiebergeschäft.
Und die Horde alldeutscher Skribenten kläfft:

»Krieg! Krieg!
Großer Sieg!
Sieg in Albanien und Sieg in Flandern!«
Und es starben die andern, die andern, die andern...

Sie sahen die Kameraden fallen.
Das war das Schicksal bei fast allen:
Verwundung, Qual wie ein Tier, und Tod.
Ein kleiner Fleck, schmutzigrot –
und man trug sie fort und scharrte sie ein.
Wer wird wohl der nächste sein?

Und ein Schrei von Millionen stieg auf zu den Sternen.
Werden die Menschen es niemals lernen?
Gibt es ein Ding, um das es sich lohnt?
Wer ist das, der da oben thront,
von oben bis unten bespickt mit Orden,
und nur immer befiehlt: Morden! Morden! –
Blut und zermalmte Knochen und Dreck...
Und dann hieß es plötzlich, das Schiff sei leck.

Der Kapitän hat den Abschied genommen
und ist etwas plötzlich von dannen geschwommen.
Ratlos stehen die Feldgrauen da.
Für wen das alles? Pro patria?

Brüder! Brüder! Schließt die Reihn!
Brüder! das darf nicht wieder sein!
Geben sie uns den Vernichtungsfrieden,
ist das gleiche Los beschieden

unsern Söhnen und euern Enkeln.
Sollen die wieder blutrot besprenkeln
die Ackergräben, das grüne Gras?
Brüder! Pfeift den Burschen was!
Es darf und soll so nicht weitergehn.
Wir haben alle, alle gesehn,
wohin ein solcher Wahnsinn führt –

Das Feuer brannte, das sie geschürt.
Löscht es aus! Die Imperialisten,
die da drüben bei jenen nisten,
schenken uns wieder Nationalisten.
Und nach abermals zwanzig Jahren
kommen neue Kanonen gefahren. –
Das wäre kein Friede.
                              Das wäre Wahn.
Der alte Tanz auf dem alten Vulkan.
Du sollst nicht töten! hat einer gesagt.
Und die Menschheit hörts, und die Menschheit klagt.
Will das niemals anders werden?
Krieg dem Kriege!
                              Und Friede auf Erden.

1919

Die Schule

Wer die Schule hat, hat das Land.
Aber wer hat die bei uns in der Hand!

Du hörst schon von weitem die Schüler schnarchen.
Da sitzen noch immer die alten Scholarchen,
die alten Pauker mit blinden Brillen,
sie bändigen und töten den Schülerwillen.
Und lesen noch immer die alte Fibel
und lehren noch immer den alten Stiebel:

Wie in den alten Zeiten die wichtigen Schlachten
die großen Völkerentscheidungen brachten,
wie die Fürsten und die Söldnerlanzen
den großen blutigen Contre tanzen,
und ohne die heilige Monarchie
sei die Hölle auf Erden – und schließlich, wie
die Völker nur eigentlich Statisten seien.
Man müßte ihnen die Dumpfheit verzeihen.
Könnten eben nichts weiter dafür…

Und sie lernen vom Kupfercyanür.
Und von den braven Kohlehydraten.
Und von den beiden Koordinaten.
Und von der Verbindung mit dem Chrome.

Lernen auch allerhand fremde Idiome.
Ut regiert den Konjunktiv.
Polichinelle ist ein Diminutiv.
Und was so dergleichen an Stoff und an Wissen.

Himmelherrgott! ist die Schule beschmissen!
Seelenmord und Seelenraub!
Unter die Kruste von grauem Staub

drang auch kein Luftzug der neuen Zeit.
Der alte Schulrat im alten Kleid.
Wundert euch nicht! Was kommt aus dem Haus
schließlich nach Oberprima heraus?

Ein nationalistischer langer Lümmel.
Gut genug für den Ämterschimmel.
Gut genug für die alten Karrieren –
als ob die heute noch notwendig wären!

Türen auf und Fenster auf!
Lege deine Hand darauf,
lieber Herr Haenisch, und zeige den Jungen,
wie die alten Griechen sungen –
aber ohne die Philologie
und ohne die Kriegervereinsmelodie!

Wer die Jugend hat, hat das Land.
Unsre Kinder wachsen uns aus der Hand.
Und eh wir uns recht umgesehn,
im Handumdrehn,
sind durch die Schulen im Süden und Norden
aus ihnen rechte Spießbürger geworden.

1919

An unsre Kleine

Da liegst du, Mädchen, in den Kissen,
du junge deutsche Republik.
Ein Jahr erst alt. Du kannst nichts wissen
von jenem grauenvollen Krieg,

der dich gebar. Du bist noch niedlich.
Doch eines Tages bist du groß.
Dann arbeit du und lebe friedlich
und mach dich von den Ammen los.

Es säugte diese dich und jene.
Die Milch war sauer. *Die* gesund.
Und bald kriegst du die ersten Zähne
und steckst den Beißring in den Mund.

Bald bist du groß. In späten Tagen
steh du einst stark und glücklich da!
Dann sollen alle Leute sagen:
Famoses Kind –!
                    Und gar nicht der Papa!

                                        1919

Der Mantel

Gegenüber von mir, in der Elektrischen Bahn, sitzt eine
Frau mit einem dicken, feldgrauen Mantel. Das Tuch ist an
manchen Stellen merkwürdig dunkel, an manchen heller –

es ist kein sehr feiner Mantel mehr. Und wie sie da so sitzt, muß ich auf einmal daran denken, was dieser Mantel schon alles gesehen hat.

Lieber, alter Mantel! Wo bist du überall gewesen? In Flandern hat er dich getragen, durch Lehm und Dreck, in grauen Regentagen und in den langen, dunkeln Nächten, wenn er Posten schob – in Polen vielleicht und in Rumänien. Du tratest mit dem Stück Mensch, das da in dich eingewickelt war, zum Appell an, und du marschiertest in Reih und Glied mit tausend anderen Mänteln an Seiner Majestät vorüber, und der freute sich, wie viele Mäntel doch seine Armee hätte. Die Menschen sah er nicht … Du wurdest gebürstet und geklopft, und wie ein Anhängsel begleitete dich in deinen Feldzügen ein kleines, unglückseliges Menschenkind, das sich so nach Hause sehnte und nach Ruhe, und das endlich, endlich wieder bei Muttern sitzen wollte. Was da in dich eingewickelt war, Mantel, das war nicht faul und nicht träge, und die Front hat es auch nicht erdolcht. Aber es war ein Mensch…

Du hattest es gut, lieber Mantel. Du fühltest nichts, warst also gewissermaßen das Ideal eines Soldaten. Und es kam ja auch schließlich, wenn man es recht bedenkt, bei dieser Armee viel mehr auf den Mantel an, als auf das, was drinnen war. In der Kammer wurdet ihr Mäntel gepflegt und gehegt und ausgezählt und sorgsam behütet. Die Menschen waren billig, billig wie die hingeschlachteten Jungen von Langemarck…

Lieber alter Mantel! Was hast du schon alles gesehen! Brutalitäten und Not und Hunger und Blut und Todeszuckungen und Offiziere in hellen, bequemen Kraftwagen und Paraden und Lügen, Lügen, Lügen… Du bist weit in der

Welt herumgekommen, und jetzt trägt dich seine Frau oder seine Schwester, und sie versucht, sich in deinem dünnen, fadenscheinig gewordenen Stoff zu wärmen. Kriegsjahre, diese Kriegsjahre zählen siebenfach – schier dreißig Jahre bist du alt. Ruh dich aus, du hast genug erlebt. Hast gesehen, wie ein Volk zugrunde ging, weil vierzehn Millionen Mäntel draußen waren und kein Kopf. Aber wozu braucht der alte Preuße einen Kopf?…

Leb wohl! lieber alter Mantel. 1919

Schlußwort

Ich denke, daß es mir mit dem Stabsoffizier so geht wie allen Polemikern bei allen Polemiken: wir reden aneinander vorbei. Wir sprechen nicht dieselbe Sprache. Entscheidet euch.

Die Tapferkeit des Frontoffiziers ist von mir nie bestritten, sondern ausdrücklich bestätigt worden. Sein Tod scheint mir das natürliche Ende einer selbstgewählten Laufbahn, aber kein Argument zu sein. Mein verehrter Gegner gibt zu, daß das deutsche Offizierskorps zu verfallen begann, daß es Aussätzige nicht herausgesetzt hat, daß es langsam anfaulte. Mehr ist hier nicht behauptet worden. Vielleicht noch eine Kleinigkeit: daß diese ganze Welt überlebt, mehr: schlecht war.

Natürlich gab es anständige und gute Offiziere. (Es gab auch anständige Helferinnen.) Mit der Front und der Etappe hat das Ganze nichts zu tun. Ich habe hier schon auseinandergesetzt: Der Etappenoffizier war nichts als ein deutscher Offizier in gehobener Lebenslage. Und da hat er versagt. (So wie er vorne nicht versagt hat.) Aber was hätten wir nun erlebt, wenn dieses ganze Korps in die große Heimatetappe siegreich zurückgekehrt wäre? Man hätte doch wohl auswandern müssen.

Der Kampf gilt nicht den Kriegsoffizieren. Die sind dahin. Er gilt der Weltanschauung, mit der sie das Volk vergiftet haben und noch vergiften. Der Anschauung, daß Titel und Beförderungen den Menschen ausmachen; daß außerhalb des Dienstes die dienstlichen Unterschiede fortgelten; daß nicht der Mann zum Mann, der Deutsche zum Deutschen stehe, sondern der Herr zum Kerl. Der Kampf gilt der verrotteten Anschauung, daß man das Selbstgefühl des Deutschen nur stärken könne, wenn man ihm die Erlaubnis gibt, andre Deutsche zu treten – daß man ihn darin bestärkt, seine Arbeit nur dann zu tun, wenn er die Möglichkeit hat, sich und seinen Dienst sinnlos überschätzen zu lassen und durch Überbetonung seiner Existenz andern Leuten, Landsleuten, Schwierigkeiten zu machen. Die falsche Gehobenheit des Mannes vor der Front (der seinerseits wieder vor den Vorgesetzten zusammenklappte) spiegelt sich in jedem Schalterbeamten, in jedem Büropolizisten, in jedem Kanzleimenschen. Es sind Offiziere in derber Karikatur. Zu beschuldigen sind die Urbilder. Zu bekämpfen sind die Urbilder.

Es gab einen traditionell in der deutschen Armee der letzten Jahrzehnte feststehenden Offizierstyp. Seine Weltanschauung, sein Horizont, seine Ethik, seine Stellung im Volkstum – das Leben begänne, wieder lebenswert zu werden, wenn das alles für immer ausgespielt hätte.

1920

Dämmerung

Es konnte die Augen aufschlagen: wie ein richtiger Mensch. Es konnte lange Sätze sprechen und die Arme hin- und herschlenkern: wie ein richtiger Mensch. Es konnte sich an- und ausziehen, laufen, springen, tanzen und Kricket spielen, Whisky trinken und Zeitungen lesen: alles wie ein richtiger Mensch.

Diese Zeit hat etwas durchaus Gespensterhaftes. Die Leute gehen täglich ihren Geschäften nach, machen Verordnungen und durchbrechen sie, halten Feste ab und tanzen, heiraten und lesen Bücher –: aber es ist alles nicht wahr.

Was man so gemeinhin Kunst und Kultur nennt: sie sind nicht möglich ohne gemeinsame Voraussetzungen. Die sind nicht mehr da. Die Grundfesten wanken. Es ist durchaus nicht allen gemeinsam und selbstverständlich, daß das Vaterland das Höchste ist, woran sich anzuschließen Pflicht und Gewinn sei – sondern das ist sehr bestritten. Es ist durchaus nicht allen gemeinsam, daß die Familie der Endpunkt der Entwicklung und etwas Selbstverständliches sei – das ist sehr bestritten. Es ist durchaus nicht selbstverständlich, daß der Kapitalismus notwendig oder gar nutzbringend sei – das ist sehr bestritten. Sie reden verschiedene Sprachen, die babylonischen Menschen, und sie verstehen einander nicht. Sie sprechen aneinander vorbei, und sie haben weniger gemeinsam denn je.

Seltsam, dieses Bürgertum. (Und in Deutschland sind alle Bürger.) Seltsam dieses starre Festhalten an Formen, die leer sind, an Dingen, die es eigentlich nicht mehr gibt. Vorbei, vorbei – fühlt ihr das nicht?

Berühmtheiten, die kaum welche sind – denn es dämmert eine Zeit herauf, die das nicht mehr anerkennt; Feste, die keine sind – denn es rumort in der Tiefe, und der Boden schwankt leise; Geschäfte, die zwar immer noch nach einem alten ›Recht‹ abgeschlossen werden – aber die Vorstellungen von diesem Recht lösen sich auf, lösen sich langsam auf wie Kristalle im Wasser und zergehen zu nichts. Wohin führt das alles –?

Wir versuchen, dem gänzlich Neuen mit den alten Mitteln, den alten Witzchen beizukommen. Und werden seiner nicht Herr. Es verfängt alles nicht: Humor nicht, Satire nicht; offener Kampf, Gewalt, Propaganda – die Pfeile fallen matt zu Boden. Wohin führt das alles –?

Wir wissen es nicht. Töricht, sich dagegen zu sträuben. Töricht, die Zerfallssymptome zu leugnen. Eine Welt wankt, und ihr haltet an den alten Vorstellungen fest und wollt euch einreden, sie seien so nötig und natürlich wie die Sonne. Empfinden nur wir in den großen Städten das stärker als andre? Haben wir zu wenig Distanz? Leuchtet hier, in den Brennpunkten des Hohlspiegels, alles stärker auf? Richtig mag sein, daß die Provinz das alles noch nicht fühlt – daß dort noch die Leute über uns und unsern scheinbaren Übereifer lächeln und vermeinen, das gute Alte sei noch nicht tot und werde eines Tages wiederkommen. Es kommt nie wieder, und der erste August 1914 hat nur beschleunigt, was sowieso schon im Rollen war. In leisem Rollen – und nun stürzt es.

Spaßmacher besingen die neue und die alte Zeit; in bürgerlichen Zeitschriften untersucht einer ganz ernsthaft, ob die Exposition in dem neuen Roman des Schriftstellers W. ganz geglückt sei; Theater spielen in viele Akte zerdehnte Aphorismen, die wir ohnehin gewußt haben; Schemen wanken auf der Erde einher – und es ist alles nicht wahr. Der Sinn des Lebens ist in Frage gestellt, und ich glaube fest daran, daß diese grauenvolle Krankheit auch kräftigere Länder als dieses arme Deutschland anfressen wird.

Was es ist, weiß ich nicht. Ich glaube auch nicht, daß die russischen Theoretiker es ganz genau wissen – sie sind sicherlich mehr Werkzeug als Inspiratoren, Werkzeug, wie Luther ein Werkzeug war. Ist es die geknebelte Menschenseele, die nicht mehr Maschine einer Maschine sein will – ist es das Aufbegehren, der Aufschrei der Mutter selbst? Ich weiß es nicht. Ich fühle nur dumpf, daß da etwas herankriecht, das uns alle zu vernichten droht. Uns: das ist unser altes Leben, das sind die grünen Inseln, die wir uns im Strom des lächerlich lauten Getriebes noch zu bauen verstanden haben – uns: das ist unsre alte Welt, an der wir – trotz allem – so gehangen haben. Wohin treiben wir?

Horcht hin, und ihr hört einen neuen Herzschlag der Zeit. Ich wundre mich jeden Tag, daß noch die Zeitungen erscheinen, daß die Leute ernsthaft über Bilder disputieren, über Musik sich ereifern. Ist das noch wahr? Gibts das noch?

Ein tiefes Erschrecken ist jäh durch alle gegangen, und sie hangen an viel mehr als nur am Geld, wenn sie in blinder Wut die Bolschewisten bekämpfen und bespeien. Es geht um viel mehr als um den Bolschewismus, der ein dummes Schlagwort geworden ist, dazu da, daß sich jeder nationalistische dumme Junge den Mund dran verbrenne. Fest steht und treu… Aber ihr wankt, leugnet nicht. Ihr wankt.

Kultur und Kunst sind ihre verschlungenen Pfade so oft gegangen, daß die Bahnen ausgeschliffen sind – wir legen sie mit einem Ruck zurück. Die Alten haben, nach dem schönen Satz: »Der Weg ist das Ziel«, freiwillig der Form geopfert, und sie haben weise daran getan. Wir tun es nicht mehr. Wir brauchen die fünf Akte eines Dramas nicht mehr, nicht mehr die feierlichen Formen des Rechts und der verschleierten Egoismen. Wir wissen zu viel, haben zu tief in den Menschen hineingesehen und entblößen ihn fast ganz. Der Materialismus ist eine platte und öde Sache – in der Hand eines Geistigen ist er eine gefährliche Waffe. Lange Reden und dicke Bücher schaffen es nicht mehr; ungeduldig steht etwas an dem großen Tor und klopft und klopft. Und es wird ihm wohl eines Tages aufgetan werden müssen…

Manche verkriechen sich. Nicht nur die Feigen – auch die Feinen und die Stillen. Sie wollen nicht mehr mittun. Aber es wird mit ihnen etwas getan; es reißt sie immer wieder hinein; es hilft gar nichts, Scheuklappen anzutun. Armselig versagt selbst die aus dem Alten herübergenommene Sprache mit den alten Floskeln, mit den schwerfälligen Bildern, mit den Ornamenten einer alten Zeit. Nichts stimmt mehr, kraftlos fallen die alten Worte herunter, weil sie am Neuen keinen Halt mehr haben. Mit keinem Scherz, keinem Witzwort, keiner Weisheit triffst du in diese Höhen.

Das bürgerliche Zeitalter ist dahin. Was jetzt kommt, weiß niemand. Manche ahnen es dumpf und werden verlacht. Die Massen ahnen es dumpf, können sich nicht ausdrücken und werden – noch – unterjocht. Was sich da träge gegeneinanderschiebt, gereizt sich anknurrt und tobend aufeinander losschlägt –: im tiefsten ist es der unüberbrückbare Gegensatz zwischen Alt und Neu, zwischen dem, was war, und dem, was sein wird. Das sind Worte: Bolschewismus und Preußentum, Revolution und Konsistenz – gemeint ist die Angst vor dem Neuen, das keiner kennt.

Was wissen wir von der Zeit? Wir stehen davor wie der Wanderer vor der roten Felswand, viel zu nah, um ihre Struktur, geschweige denn ihre Schönheit zu sehen! Was wissen wir von unserer Zeit? Wir sind ihre Instrumente, und ich glaube, daß *der* noch ihr bestes ist, der sich ihr nicht entgegenstemmt.

Eine Welle flutet über die Erde. Sie ist nicht rein ökonomischer Natur, es geht nicht nur ums Fressen und Saufen und Verdienen. Es handelt sich nicht nur um die Frage, wie man die wirtschaftlichen Güter der Welt verteilen wird, wer arbeiten und wer ausnutzen soll. Es geht um mehr, um alles.

Es scheint wieder eine der Perioden gekommen zu sein, wo ganz von vorn angefangen werden wird, wo wieder der Mensch auf der Scholle steht und Gräser, Tiere und sich selbst mit grenzenlosem Erstaunen betrachtet. Und die Hände ausstreckt und nichts wissen will als von einem ausgestirnten Himmel und von seiner eignen Macht. Erwachen sie aus dem dumpfen Traum von Bräuchen und Kulturen?

Daß uns das die Kunst kosten wird, nebenbei. Daß wir die ›ewigen Werte‹ draufgeben müssen, sei erwähnt. Urtriebe bestehen – aber die Modalitäten ihrer Auswirkung sind keinen immer gültigen Gesetzen unterworfen. Wohin treiben wir?

Die Form ist angefressen, an vielen Stellen gesprengt, hinfällig und unnütz. Der Inhalt fiktiv wie des Königs Kleider. Man muß an ihn glauben, wenn man ihn sehen will.

Wohin treiben wir? Wir lenken schon lange nicht mehr, führen nicht, bestimmen nicht. Ein Lügner, wers glaubt. Schemen und Gespenster wanken um uns herum – taste sie nicht an: sie geben nach, zerfallen, sinken um. Es dämmert, und wir wissen nicht, was das ist: eine Abenddämmerung oder eine Morgendämmerung.   1920

Der Ausweis

»Die Losung, Bursche!«
»Hie gut Brandenburg allewege!«
»Passiert!«

Wenn der Deutsche mal irgendwo hingehen muß, braucht er einen Ausweis. Es gibt in diesem Lande wahrscheinlich überhaupt kein Haus und keinen Raum, für die man nicht einen Ausweis brauchte. Der Vorgang ist immer derselbe: den ahnungslosen Wanderer überfällt ein barscher Mann, knurrt ärgerlich: »Ausweis?« wirft die Leute ohne den Fetzen Papier wieder zurück und läßt die Leute mit dem Fetzen Papier ins gelobte Land. Wo bekommst du einen Ausweis her?

Um einen Ausweis zu bekommen – manchmal heißt der Ausweis Paß oder Anmeldeschein oder Passierkarte oder Personalpapier – um einen Ausweis zu bekommen, mußt du in Deutschland in ein Büro gehen. In dem Büro sitzt ein

Mann, der frühstückt. Du klopfst vorsichtig an, gehst leise herein (daß du dir nicht die Stiefel vor der Tür ausziehst, liegt nur daran, daß du noch nicht genügend Chinese bist), siehst dich unendlich ehrfurchtsvoll im Heiligtum um und wagst endlich, den Mund aufzumachen: »Guten Tag!« Nichts. Der Beamte klappt seine Stulle auf. Käse. Mutter hätte auch... Der Beamte ist ärgerlich. Du sagst nichts. Eine dicke Fliege stößt sich den Kopf an der Fensterscheibe. Nach einer langen Weile bekommst du eine revolutionäre Wallung und machst: »Rhm!« – Gar nichts. Nach einer längeren Weile wendet der Käsemann den Kopf, sieht dich, der du ärgerlich hinter der Schranke aufgebaut stehst, vorwurfsvoll an und hebt den Kopf mit einem Geräusch, das ungefähr ›He‹ heißen kann. Du sagst deinen Vers auf. Du wolltest, sagen wir, nach Schlesien fahren und einen ausgestopften Bernhardiner mitnehmen und deine alte Tante, und du brauchst dazu eine Ausfuhrbewilligung und eine Einreiseerlaubnis und einen, Herrgottnichtnochmal, einen Ausweis.

Die Tragödie beginnt. Der Käsemann macht dir soviel Schwierigkeiten, bis dir die Lust vergeht, in deinem ganzen Leben je noch einmal nach Oberschlesien zu fahren, und bis deine alte Tante und der ausgestopfte Bernhardiner gänzlich von den Motten zerfressen sind. Du hattest dir das so einfach gedacht – aber der Mann belehrt dich eines bessern. Ungeheuerer Kummer türmt sich vor dir auf: denn welchen Zweck hätte sonst das Dasein des Mannes hinter der Schranke, wenn er dir keinen Kummer machen könnte? Nach unendlichem Gewürge bekommst du einen Ausweis.

Spaß beiseite. Besonders seit dem Kriege ist über Deutschland eine Ausweisseuche hereingebrochen. Im Felde war es eine der leichteren Leutnantskrankheiten (die schwereren wurden mit Salvarsan behandelt), für all und jede Tätigkeit des Muschkoten die Notwendigkeit eines Ausweises vorzuschreiben. Der Mann wollte aus der Kammer ein paar Hosen empfangen? – Ausweis. Ein Unteroffizier wollte Krähen schießen? – Ausweis. Ob man ohne Ausweis sterben durfte, stand dahin, aber sicherlich hat eine Tafel gefehlt: ›Das Betreten des Kriegsschauplatzes ohne Ausweis ist verboten.‹ In den meisten Fällen wickelte sich im Felde die Sache so ab, daß man den verlangten Ausweis auf den Büros nach langem Hin und Her ziemlich anstandslos bekam, so daß es also eigentlich auf dasselbe herauskam, ob jeder Mann einen gewissen Waldsaum passierte oder ob alle Leute erst dem Schreiber das Leben sauer machten. Auf diese Weise wurde unendlich viel Papier verschmiert und Zeit vertan.

Denn abgesehen von der Wichtigkeit, die jede deutsche Dienststelle aus sich zu machen gewohnt ist, abgesehen davon, daß ein großer Teil dieser Brillennation seinen Dienst nur im Zimmer zu leisten imstande ist – und wenn kein Dienst da ist, dann macht sie einen –: abgesehen davon sind die preußischen Gehirne in der Tat so konstruiert, daß sie ohne umständliche Listen, Registraturapparate und den – Ausweis nicht auskommen können. Wie bekannt, sehen englische Hauptbücher viel einfacher aus als deutsche, und das Geschäft geht drüben auch. Was den Leuten hier fehlt, ist der gesunde Menschenverstand. Dafür haben sie den Ausweis.

Ein Teil des kriegs- und zwangswirtschaftlichen Systems ist so eine Ausweisangelegenheit, und das Lustigste und

Traurigste daran ist, daß die ›Behörden‹ genau wissen, daß sie den Tintenkampf mit dem Leben immer verlieren, den praktischen Anforderungen des Tages doch nicht gerecht werden, und daß ihnen letzten Endes alle Schieber durch die Lappen gehen. Wen trifft's denn? Den Dummen. Die Geschickten haben immer einen Ausweis. Woher? Sie haben ihn.

Die Ausweiskrankheit sitzt diesem Volk tief in den Knochen. Hervorgerufen ist sie durch den unseligen Drang der Bürger, immer und überall Behörde zu spielen. Wenn sich sechs sonst gescheite und vernünftige Leute in Deutschland zusammentun und ein Amt aufmachen, dann Gnade Gott! Hermann Wagner hat das einmal schlagend dahin formuliert: »Der Zweck unserer Innung war, mit gleichgestellten Behörden Kompetenzstreitigkeiten auszufechten, uns mit übergeordneten Behörden gut zu stellen und untergeordneten Behörden klar zu machen, daß sie untergeordnete Behörden waren.« Viel mehr tut die Gesellschaft auch wirklich nicht, es sei denn, daß sie sich maßlos wichtig macht.

Ein Mittel dazu ist der Ausweis. Die vielzitierte preußische Disziplin versagt nämlich immer dann, wenn kein Schutzmann da ist, der das Leben reglementiert. In meinem Leben habe ich nicht so zuchtlose Gesellen gesehen, als die alten Zwölfender des Militärs, jene Unteroffiziere, die acht, zehn, zwölf Jahre lang die Segnungen der preußischen Geistigkeit am eigenen Leibe erfahren hatten. Die hätten doch nun innerlich diszipliniert sein sollen! Mahlzeit. Sie waren täppisch wie die jungen Hunde, wenn sie ohne Verbotstafeln und ohne den Ausweis einherstolperten. Ohne Ausweis machte ihnen der ganze Weltkrieg keinen Spaß.

Wir finden den Ausweis in tausenderlei Gestalt wieder. In hundert überflüssigen Ab- und Anmeldescheinen, in einem restlos albernen polizeilichen Meldesystem, das nur in diesem gottgesegneten Lande blüht (und das noch keinem Verbrecher geschadet, aber tausend anständigen Menschen eine Last gewesen ist) – wir finden ihn in sinnlosen Meldungen und Rapporten, die niemand liest, und die nur dann wichtig werden, wenn sie nicht gemacht worden sind – wir finden ihn in Listen und Protokollen, die jeder zu führen glaubt – wir finden ihn in den läppischsten Formularen und Erlaubnisscheinen, die ausgestellt, ausgefüllt, unterschrieben, gestempelt und abgegeben werden müssen. Und dabei ersäuft das Land in Unordnung.

Das ist keine parteipolitische Frage, die mit dem Ausweis. Wenn das einmal aus den deutschen Köpfen herausginge: daß jedes kleine Murxamt sich einbildet, der Mittelpunkt der Welt zu sein und sich des weitern einbildet, die Leute hätten alle nichts zu tun, als diese albernen Formalitäten zu erfüllen – wenn das einmal aus den Köpfen herausginge!

Jeder, der dies hier liest, nickt vielleicht mit dem Kopf und lächelte und sagt: Ja. Recht hat er. Aber obs deshalb einen Ausweis weniger geben wird? Jeder hält alle Ausweise für überflüssig – nur den seinen nicht. Und munter schmiert ein ganzes Volk, statt zu arbeiten, weiter Formulare.

Und es soll mich gar nicht wundern, daß eines Tages, wenn Erich Ludendorff in den Himmel kommt (und wo wäre er bei der anerkannt guten himmlischen Justiz wohl sonst hin?) – daß dem verdienten General ein dicker Wachtmeister mit ein paar kleinen Flügelchen auf dem Rücken

entgegenschaukelt, sich gerade aufrichtet, die Knochen zu-
sammenreißt und alleruntertänigst und gehorsamst meldet:
»Ich bitte um einen Ausweis!«   1920

Rausch, Suff und Katzenjammer

Eine Woge von Betrunkenheit raste vor sechs Jahren über
dieses Land, durch die Bürostuben, die Kasernenhöfe, die
Rinnsteine, durch öffentliche Häuser, Börsensäle, Schul-
klassen und Redaktionszimmer. Niemand mag heute daran
zurückdenken. Wenn man am 1. August dieses Jahres die
bürgerliche Presse las, so fühlte man sich genötigt (mit einer einzigen Ausnahme: der ›Berliner Volkszeitung‹), den
Herren Redakteuren je ein Eisenkreuzchen aus Blech zum
Andenken an die große Zeit zu schenken. Sie haben sie alle
vergessen. Man muß aber an sie zurückdenken.

Zehn Tage vor Eröffnung der großen Zeit, so um den 20.
Juli herum, ahnte noch kein Mensch, daß Deutschland vom
lieben Gott ausersehen sei, den Völkern der Erde ein leuch-
tendes Beispiel zu werden für und für, Amen. Die Bürger lagen im Seesand am Meer oder krabbelten auf den Bergen
umher, der Arbeiter schuftete oder begoß seine Laubenko-
lonie, die Börse machte in gewohnter Ruhe ihre Geschäfte –
alles war still. Und nur eine ganz kleine Schar von Menschen
in Europa wußte, daß dieser ganze Kontinent eine Minute
vor dem Untergang stand, und daß zwei Zeiten anbrechen
würden: eine kleine für die Proletarier und eine große für die
Verdiener.

Der seit langem geschürte Militärwahnsinn des Keimschen Flottenvereins und der zahllosen militärischen Gruppen und Grüppchen, die sich bis in die Schulen hinein erstreckten, trug seine Früchte: der Mob stand auf, der Sturm brach los, der Wilhelm winkte und alle, alle kamen. Kamen, um zu verdienen, um befördert zu werden, um eine Rolle zu spielen … und kamen aber auch, im Suff ihres Patriotismus, während der allerersten Wochen – das muß gesagt werden –: um zu sterben.

Was der General Ilse, ›der Kindermörder von Ypern‹, bei Langemarck in den Tod jagte, waren gutgläubige, frische deutsche Jungen, die, fanatisiert, nicht wußten, für welch eine schlechte Sache sie rufend und singend in den Tod gingen. Der Sohn Heinrich Brauns, Otto Braun, ist so ein Beispiel davon. Der Rest war fürchterlich.

Ich kannte aus dem Frieden den Sohn eines Generals von Werder, der so dumm war, daß ihm auf Betreiben des Vaters das Einjährige ohne Prüfung geschenkt wurde. Ich sehe den Jungen noch wie heute in einem Auto den Kurfürstendamm herunterfahren: in voller Kriegsbemalung, auf ein großes Schlachtschwert gestützt, strahlend, eitel und in der ganzen Gloriole seiner königlich preußischen Dämlichkeit. Er war ein Sinnbild seiner Epoche.

Denn was so unbeschreiblich an diesen ersten Wochen war, erkannten damals nur wenige, und weil heute die Zeit des Rausches fast vergessen ist, wissens auch heute nicht allzu viele: das Schlimme in Deutschland war das völlige Fehlen jeder Ethik. Für alles, aber auch für alles, auch noch für die letzten Schweinereien war der Rock des Kaisers und das Wort ›dienstlich‹ eine Deckung. Mißbrauch von Gefangenen zu Kriegsarbeiten in der Feuerzone, Unterschlagung,

Verführung von Mädchen, Mord an Zivilisten, die man zu diesem Behufe Franktireurs getauft hatte, ekelhafteste Schlächterei der Verwundeten – dies alles und noch viel mehr vollzog sich unter dem fast einmütigen Gesang von ›*Deutschland, Deutschland über alles*‹, und unter den brausenden Akkorden des Liedes versanken Europa, Menschlichkeit, Charakter und Christentum.

Der große und zum Glück erfolglose Bittgottesdienst, den Wilhelm, kniend inmitten seiner Truppen, auf dem Schloßplatz zelebrierte, war für ihn durchaus keine Komödie. Er glaubte daran, wie er an die Pickelhaube und damit an sich selbst glaubte. Es gab eine Kommißfrömmigkeit, von der vor allem die Pfaffen befallen wurden, und obgleich nach unserem guten alten Dogma Religion Privatsache ist, muß doch gesagt werden, daß es kaum etwas Widerwärtigeres gab, als die maßlose Dummheit (zur Verlogenheit langte es kaum), mit der die Priester aller drei Konfessionen ihre Bibeln so lange drehten und wendeten, bis unten der Spruch herausfiel: »Du sollst töten.«

Man log sich gegenseitig einen Landsknechtkrieg vor, indes hinten die gerissenen Kapitalisten bei den schneidigen, aber dummen Militärs in Lederlieferungen und Pferden mogelten und gaunerten. Man tat so, als sei der ganze Krieg von Joseph von Lauff oder von Ganghofer: frumb und mit der Kartaun gerüstet zog ein Fähnlein Landsknecht' mutig und mit frischen deutschen Liedlein ins Feld, nicht wahr? Und die operettenhaften Arrangeure eines blutigen Karnevals wollten nicht sehen, daß geknechtete und ohnmächtige Proletarier und Kleinbürger zitternd, klagend oder stumpf in der Massensuggestion befangen vor die Maschinengewehre torkelten. Der Kaiser spielte: historisches Ausstattungsstück. Die Wirklichkeit spielte: Tobsuchtsanfall Europas bis zum Weißbluten.

Aber was wußte Berlin, was wußte Deutschland damals davon? Vorläufig zogen die Abonnenten des *Berliner Lokalanzeigers* (und leider auch andere) von Café zu Café, verlangten mit Stentorstimme mutig, tapfer und deutsch die Entfernung des welschen Akzents, der Feldwebel auf dem Bezirkskommando sagte nicht mehr Adieu, sondern auf Wiedersehen, und es zeigte sich nach kurzer Zeit, daß man alle Gemeinheiten auch ganz gut ohne Fremdworte in seiner Muttersprache ausüben konnte. Es war wirklich eine große Zeit.

Eine Pressemache bis zur Marneschlacht war gar nicht nötig. So tobsüchtig und militärfromm benahmen sich späterhin die reklamiertesten Redakteure nicht, wie das Schreibervolk zu Kriegsbeginn. Wenn ihr nur zurückblättern wolltet! Hat sich denn die Presse seitdem gewandelt? Wie könnt ihr einer Gilde Vertrauen schenken, die solch einen Bockmist prophezeit, zusammengestellt und aufgeschrieben hat? Kaum an irgend einer Stelle haben die Redakteure und Zeitungsleser gewechselt (gefallen sind von den Kriegsbegeisterten nur wenige; man war reklamiert), und heute noch prangen dieselben Namen an denselben Stellen, wo im Jahre 1914 unwiderleglich bewiesen wurde, daß es mit England nun aber endgültig zu Ende ginge. Es war wirklich eine Große Zeit!

Schämen sich die Deutschen der Erinnerung? Schämen nicht! Sie denken nur nicht daran, weil man ja unangenehme Lagen seines Lebens leichter zu vergessen geneigt ist, als die

schönen Tage. Sie schämen sich nicht. Die braven Krieger-
vereinler denken nur nicht immer an die Zeit, wo sie – es war
im September 1914 – Balkonplätze für den Einzug Kaiser
Wilhelms des Zweiten Unter den Linden durch Zeitungsin-
serat suchten und ausboten...

Lehre? – Nie wieder Krieg. Mittel? – Den Heeresdienst
auch dann zu verweigern, wenn ihn ein Gesetz vorschreibt.
Beginn des Kampfes gegen den Kampf? – Heute.

Der Mann mit den schwarz-weiß-roten Abzeichen, mit
der schwarz-weiß-roten Binde um den Arm hatte unter
heftigem Gejohle so viel Schnaps aus der schwarz-weiß-roten Flasche zu sich genommen, daß er endlich, leise gluck-
send, umsank. Da lag er im Rinnstein und schnarchte, be-
schmutzt, bespritzt – die Hunde schnupperten an ihm
herum und hoben ein Bein – da lag er, der Preuße, in allen
Gassen, da lag er. Und als er aufwachte und sich schwankend
erhob, stieß er tief auf, zog die Luft ein, riß die verklebten
Äuglein auf und murmelte: »Es war – hup – eine Große
Zeit!«

Wir andern aber wollen uns ihrer erinnern, den Burschen
nicht vergessen und sorgsam darauf achten, daß beide nicht
wiederkommen.   1920

Ein Aufruf

Aus der Festungshaftanstalt Ansbach schreibt mir Erich
Mühsam:

»Sie fragen mich an, ob Sie für uns (wir sind hier in Ansbach fünf Festungsgefangene, in ganz Bayern noch etwa

hundertundzwanzig) – von der Amnestie werden wir ja ausdrücklich ausgenommen – etwas tun können. Es gibt in allen Anstalten besonders bedürftige Genossen, denen mit Likör, Tabak, Zigarren, Zigaretten, Eßwaren jeder Art und Geld geholfen werden kann. Ich nenne Ihnen ein paar Namen von braven gefangenen Proletariern, die sonst ganz ohne Protektion dastehen. Vielleicht wäre es Ihnen möglich, dahin mal eine Hilfsaktion zu dirigieren. Da ist zunächst ein über fünfzigjähriger Arbeiter Gottfried Bareth in Sankt Georgen Bayreuth, der sehr arm und schwer magenleidend ist; eine Tafel Schokolade oder eine Dose kondensierter Milch wäre für ihn eine große Wohltat. In Nieder-Schönenfeld bei Rain am Lech käme Ludwig Egenspurger in Betracht, der gern raucht und sich keine Zigaretten leisten kann. Ebenso geht es dem – seiner politischen Betätigung wegen – relegierten Studenten Ernst Ringelmann in Lichtenau bei Ansbach. Natürlich sind auch wir hier in Ansbach für jede Unterstützung dankbar.«

Eine Regierung, die eine Amnestie nur deshalb erläßt, weil sie nicht die Machtmittel hat, die Täter eines vollendeten Hochverrats zu fassen und zu bestrafen, verfolgt dafür, getrieben von der peitschenden Rachsucht bürgerlicher Kreise, die Anhänger der Münchner Räte-Republik mit Haß und Ausdauer. Über den Wert oder Unwert dieser Männer und ihrer Bestrebungen ist so lange nichts zu sagen, wie die Kappisten frei herumlaufen und dank einem Notgesetz die Möglichkeit haben, es nächstes Mal besser zu machen. Erich Mühsam hat fünfzehn Jahre Festung bekommen. Dafür dürfen Marloh, Kessel und Hiller schon eine ganze Menge.

Wer einmal – im Gefängnis oder bei den Preußen im Krieg – vom Boden seiner Tätigkeit abgeschnitten war, der weiß, was Einsamkeit ist, und weiß auch, wie jedes kleine Zeichen erfreut; eine Karte, ein Paket oder ein Buch vom andern Ufer, von der Welt, der man einmal angehört hat.

Ihr, die ihr dieses lest, wolltet und wollt gewiß helfen. Ihr kommt nur nicht dazu, und ein guter Vorsatz wird rasch vergessen. Vergeßt nicht. Denkt an diese kleine Schar von Idealisten, die grade noch mit dem Leben davongekommen sind und es nun für die feige Rachsucht einer schwachen Regierung in qualvollen Jahren hergeben sollen. Der Mörder Kurt Eisners darf aus seiner Haft monarchistische Artikel schreiben – diesen Männern da geht es nicht gut. Kein Leitartikel, keine Volksversammlungsrede und keine Arbeit der Organisationen dringt unmittelbar hinter die Festungsmauern. Helft anders.

Ich bitte für eingekerkerte und notleidende Menschen geistigen Kalibers und reinen Willens um Geld oder unverderbliche Nahrungsmittel oder Bücher. Auch Tabak in jeder Gestalt ist sehr willkommen.

Sendet, was ihr senden wollt, an den Verlag der Weltbühne, Charlottenburg, Dernburgstraße 25, mit der Aufschrift: ›Für die politischen Gefangenen Bayerns‹. Jede Sendung wird hier quittiert.

Bayern spielt sich seit einiger Zeit als europäischer Großstaat auf. Die eingesperrten Geistigen Bayerns wenigstens sollen sehen, daß das Land noch zu Deutschland gehört, und daß wir auch noch da sind.   1920

Hexenprozesse in alter und neuer Zeit

Es gibt ein dickes zweibändiges Werk von Soldan-Heppe *Geschichte der Hexenprozesse*. (Neu herausgegeben von Max Bauer, Georg Müller, München.) Mit Druckerschwärze gedruckt. Mit Blut geschrieben.

Es gab größere Roheiten, aber es gab wohl kaum auf der Welt eine kältere Grausamkeit als in diesen alten Protokollen der Hexenprozesse: »Wird gebunden, winselt: könn es nicht sagen, soll ich lügen? Oh weh, oh weh liebe Herren! Bleibt auf der Verstockung. Der Stiefel wird angetan und etwas zugeschraubt. Schreit: Soll ich denn lügen, mein Gewissen beschweren, kann hernach nimmer recht beten! Wird weiter zugeschraubt, heult jämmerlich.« Und dies war eine Frau, die im Jahre 1662 in Eßlingen auf der Folter lag.

Ihr wißt doch wies war: Auf der schmalen Grundlage der wirklichen Existenz von hysterischen Frauen und neurasthenischen Männern, auf der Grundlage, daß es Religionsreformatoren gab, die das heilige Dogma und die heilige Kasse Roms störten, baute sich der Glaube an die Hexen in Europa auf. Was im Leben verquer gehen mochte: die Hexen waren daran schuld. Und bei einem solchen Hexenprozeß kam mancher mit mancherlei auf seine Kosten. Die Wichtigmacherei von Ämtern, die Betonung des kirchlichen Machtstandpunktes, Denunziationssucht, persönliche Feindschaften und die Raserei eines Blutrausches, der die Gehirne völlig umnebelt hielt.

Denn nicht das war das Furchtbare, daß es dergleichen gab, sondern daß keiner – Richter nicht und Zuschauer nicht – das Entsetzliche empfanden, wenn ein zerfolterter

Stumpf im dicken Turm in Schweiß, Blut und Dreck sich die letzten Schreie abpreßte. Es ist ja nicht wahr, wenn heute der liberale Geschichtsschreiber entschuldigend hinzufügt, die Richter dieser Zeit seien eben im Wahn ihrer Epoche befangen gewesen. Menschenleid ist zu allen Zeiten dasselbe gewesen, und wer es nicht gefühlt hat, wenn es ihm ans Herz klopfte, hatte das schlimmste Laster, das Weise, Religionsstifter und Ethiker kennen: die Trägheit des Herzens. Blinde wurden gefoltert, lallende Greise und kleine Kinder, mehr als einmal ist es vorgekommen, daß schwangeren Hexen auf dem Holzstoß das Kind aus dem Leibe sprang: und irgendein schwarztalariger Schuft saß dabei und blätterte gleichmütig in seinem *Hexenhammer*, wie das widerwärtigste und hinterhältigste Prozeßbuch aller Zeiten hieß. Das Urteil der Geschichte über die Hexenprozesse, die übrigens vorwiegend die katholische Kirche belasten, ist fertig. Aber die Knochen der Geschundenen, verscharrt oder verbrannt, sind dahin, und keine Sekunde Qual und kein Tropfen Todesschweiß kann durch dieses Urteil der Geschichte ausgelöscht werden. Die Peiniger hören es nicht mehr, zu ihren Lebzeiten waren es große Herren, und das Ganze wäre vergraben und vergessen – –.

Wenn wir heute nicht die Militärjustiz hätten.

Wenn nicht heute – seltsam umgekehrt, aber im Grunde gleichartig – dasselbe Schauspiel noch einmal aufstiege: gequälte und getötete Menschen und befriedigt grinsende Quäler.

Zu Beginn der großen Zeit haben wir Bücher, Broschüren und täglich zweimal die Presse über uns ergehen lassen müssen, die da predigten, so etwas Aufgeklärtes, Fortgeschrittenes, Wertvolles wie die Deutschen unsrer Zeit gäbe es überhaupt nicht mehr. Die deutschen Militärprozesse der Gegenwart sind umgekehrte Hexenprozesse.

Die Tatsache, daß ein politischer Gefangener, der das Unglück hat, in die Hände der Reichswehr zu fallen, vogelfrei und rechtlos geworden ist, bekümmert hierorts kein Gemüt. Ein sausendes Koppelschloß, kalte und verschmutzte Zellen, halb ausgehungerte Menschen, die vor einem uniformierten Monokelmann zwecks Herstellung eines Geständnisses angebrüllt werden – hier ist reines Mittelalter. Denn das verstehen wir ja darunter: daß alle an den Zweck denken, aber keiner an das Individuum. Die Pfaffen und ihre Richter im Mittelalter hätten schön getobt, wenn einer etwa ihre Mütter oder ihre Schwestern so zugerichtet hätte, wie sie es mit ihren Hexen taten. Nur wäre ihnen eben ein Vergleich gar nicht in den Sinn gekommen. Es waren ja nur Hexen...

Es sind ja nur Sozialisten... Kommt bei den modernen Militärgerichten noch der verderbliche politische Zweck hinzu, der doppelt verwerflich ist, weil man den Haß unter dem Paragraphen verbirgt, so verschiebt sich der Vergleich zwischen Gegenwart und Vergangenheit zugunsten der alten Zeiten. So wie das Prozeß- und Exekutionsverfahren gegen die Hexen völlig einseitig war (der Untersuchungsrichter war letzten Endes überhaupt an keine Bestimmung gebunden), so dünkt dem deutschen Normalgehirn jedes Mittel gegen die Landesfeinde recht, die er neuerdings ›Bolschewisten‹ nennt. Das Wort ist neu. Der Begriff ist alt. Gemeint ist also ziemlich alles, was nicht deutschnational ist oder dem Zentrum angehört (selbst der große Haufe erzkonservativer Juden, die bei der Demokratie stehen, gelten dem deutschen Bürger als revolutionär).

Wo ist ein Unterschied zwischen dem Hexenprozeß in alter und neuer Zeit? Die von früher waren ehrlicher. Sie legten sich gar keine Scheu auf, sie taten auch nicht so als ob – sie zerquälten, vergewaltigten, zerschnitten und zerprügelten, was ihnen als verdächtig eingeliefert wurde. Wir sind vornehmer geworden, wir haben Paragraphen. Wir haben eine Justitia, die, mit Binde und Waage abgebildet, das Werk der Militärrichter krönt. Und die haben gute Nerven, weil sie ja die Qualen, die sie verhängen, oder deren Ausübung sie durch ihren Freispruch der Kameraden begünstigen, nicht mitanzusehen brauchen. »Ein Weib in Düren, das in wiederholter Pein standhaft leugnete, blieb, mit ungeheuren Beingewichten beschwert, an der Schnur hängen, während der Vogt zum Zechen ging; als er wiederkam, hatte der Tod die Arme von allen Qualen erlöst. Diesem Vogte fehlte indessen die Geistesstärke, mit der man sonst in solchen Fällen behauptete, daß der Teufel sein Opfer geholt habe; er wurde wahnsinnig.« Die marburger Richter werden ihren Verstand, soweit das Militär einen solchen duldet, behalten…

Die vollkommene Nichtachtung der Menschenleben kennzeichnet die Epoche des mittelalterlichen Blutrausches. Ganze Geschlechter durchtobten ihre Zeit, hypnotisiert von einer Idee: von der Idee des Hexenwahns. Sie sahen kein Blut und keine Schwären, keine aufgetriebenen Frauenleiber und keine zerbrochenen Beine – sie sahen nur die Idee. Unsere sehen keine marburger Arbeiterleichen, keinen Hans Paasche, keinen Schottländer, keine Matrosen, keine Frauenleiche im Wasser – sie sehen nur ihre Idee. Die Idee der absoluten Herrschaft eines verblödenden und rohen Militarismus (jeder Mann sein eigener Feldwebel!) – die Idee Ludendorffs.

Die Gegner der Hexenprozesse wurden als Zauberer und Ketzer verschrien, exkommuniziert, verhaftet und verbrannt. Die Gegner der Militärjustiz werden als ›Bolschewisten‹ verschrien, verhaftet und ermordet.

Die Hexenprozesse haben aufgehört, als sich eine neue Erkenntnis in den Köpfen Bahn brach. Die Militärprozesse dieser Schandjustiz werden aufhören – –

Wann werden sie aufhören?   1920

Hepp hepp Hurra!

»Das deutsche Volk«, hat einmal einer gesagt, »besitzt zwei Leidenschaften: das Bier und den Antisemitismus.«

Wenn man die Vorbereitungen zu den preußischen Wahlen mitansieht, muß man sagen, daß das Bier zwar achtprozentig, der Antisemitismus aber hundertprozentig ist. Die blinde Wut, mit der in Wahlparolen und an Stammtischen auf die Juden geschimpft wird, schmeckt verdächtig fatal. Was wird hier gespielt?

Die Unzufriedenheit eines übervölkerten und geistig blockierten Landes ist allgemein. Die deutschnationale Wahlparole »Schlagt die Juden tot!« ist deshalb nicht ungeschickt, weil sie sich auf vorhandene Volksinstinkte verlassen kann, und weil sie gewandt von den wahren Urhebern des nationalen Elends ablenkt. Die Judenriecherei der nationalen Gesellschaft in Deutschland erinnert an die romantische Aufgeregtheit französischer Nationalisten, die hinter allem Unheil der Welt den boche und seine Spione wittern. Hierzulande kann nichts schief gehen, ohne daß Monokelgesichter, die man sich besser in der Hose denkt, den Juden die Schuld geben. Die Filme sind schlecht, weil sie von Juden hergestellt werden, die Lebensmittel sind teuer, weil die Juden wuchern, die Presse ist verjudet, die Regierung ist verjudet (vom lieben Gott verlautet noch nichts Näheres), und den Krieg haben wir verloren, weil Juden heimtückisch die Front unterhöhlten. Nun war der besiegte Militärbeamte Ludendorff kein Jude, und ich wüßte nicht, daß in der deutschen Diplomatie, die in den Krieg hineingeschlittert ist, sehr viel Juden tätig gewesen wären. Die ganz Strammen haben sich sogar ausgerechnet, daß Wilhelm II. in seiner Blutzusammensetzung verjudet sei, und so, in anmutiger Mischung von schnarrendem Offiziersgetön und Biergebrüll gegen die Juden, zieht ein Gesindel in den Wahlkampf, das eine Welt ins Unglück gestürzt hat. Hepp hepp Hurra!

Über den Antisemitismus ist, wie über jede Abneigung einer Rasse gegen die andre, wohl zu reden. Was aber hier getrieben wird, ist Volksverdummung schlimmster Art, und das alte Wort Roda Rodas paßt wie gehauen hierher: »Der Antisemitismus… eine ganz nette Sache. Aber er wird wohl erst etwas werden, wenn ihn die Juden in die Hand nehmen!« Das ist ganz richtig, denn jeder kluge Jude, der die Nachteile seiner Rasse durchschaut hat, könnte viel bessere und schlagendere Dinge gegen das Judentum anführen, als alle deutschnationalen Vollbärte zusammen.

Was diese Ritter von der traurigen Gestalt anfingen, wenn sie keine Juden hätten, ist nicht auszudenken. Sie leben geradezu von ihnen. Und kaum ein Argument stimmt.

Ein typisches Mischvolk wie die Deutschen, das besonders in seiner östlichen Zusammensetzung von Wenden, Kaschuben, Polen und einem Schuß Niedersachsen niemals eine einheitliche germanische Rasse bildete, hat keinen Grund, über Rassenvermischung zu schelten. Und das vor allem deshalb, weil die Deutschen weniger die Fehler der Juden, als die assimilierten Juden germanische Untugenden angenommen haben.

Nichts stimmt. Der Vorwurf, daß das öffentliche Leben verjudet sei, ist ein Eingeständnis germanischer Schwäche. Der französische Zeichner Caran d'Ache zeichnete einmal eine Landstraße, auf der ein Jude und ein Franzose sich begegnen. In der Mitte zwischen ihnen liegt ein Frankstück. Beide bücken sich gleichzeitig danach. »Mais c'est le juif que aura le franc!« (»Aber der Jude faßt das Geld!«) Der Vorwurf des Wuchers dem Juden gegenüber ist bei dem Verhalten der deutschen Landwirtschaft, die die Großstadt systematisch sabotiert, ein Unding. Auf einen Schmuhl kommen zehn Piesekes, und was die Grenadierstraße im Kleinen kann, das kann Herr Stinnes im Großen schon lange.

Politisch lenkt die Wahlparole gegen die Juden die Aufmerksamkeit eines schwer düpierten Volkes von seinen eigentlichen Verbrechern ab: von den Diplomaten, die zu dumm waren, bei einem fremden Volk mehr als den Smokingschnitt zu studieren, von einer preußischen Verwaltungskaste, die auf dem ›Untertan‹ herumregierte und sich für eine eingebildete Tätigkeit bezahlen ließ, von den Richtern, deren Fünfmännerskat der Justitia dem wahren Volksempfinden dauernd ins Gesicht schlug, von den Offizieren, die mit Christus auf einem schlechten Fuß standen, weil der nur g. v. Heimat war – kurz, von den Repräsentanten eines schlechten Deutschtums, das einen zweifeln ließ, ob es ein besseres gab. Ohne Juden macht dem Deutschnationalen der Wahlkampf überhaupt keinen Spaß. Ohne Juden könnte er ihn nicht führen.

Er führt ihn aber, weil es leider eine große Menge Leute gibt, die sich vom Papagei nur dadurch unterscheiden, daß sie nicht so hübsch anzusehen sind. Die Hausfrau des kleinen Mittelstandes, viele mittlere Beamte, die Honoratioren der kleinen Stadt – all das hat eine dumpfe Wut gegen den geistig flinkeren Juden und benutzt mit Wonne die Gelegenheit, dem lästigen Konkurrenten eins auszuwischen. Keiner ahnt, wie er sein Vaterland blamiert, wenn er zugibt, daß ein verheerender Einfluß seiner Juden ein ganzes Land ruinieren könne. Die ärgsten Durchhalteschreier im Kriege waren nicht Juden, sondern interessierte Offiziere und Beamte, teutonische Professoren und evangelische Frauen, die durch ihre Maulfertigkeit das Land ins Unglück gehetzt haben. In ein Unglück, das man nun den Juden zuschreiben will.

Deren Haltung ist nicht einwandfrei. Unter den deutschen Juden gibt es bekanntlich (und ganz besonders in Berlin) eine große Anzahl von Leuten, die sich ihres Judentums wie einer Krankheit schämen, und die ihren Kindern bei Tisch in Gegenwart der Dienstboten mit einem ängstlichen »Stike!« das Wort ›Synagoge‹ verbieten. Diese guten Kaufleute und schlechten Musikanten waren gern bereit, dem Kaiser ihre Söhne hinzugeben – aber sie sind gar nicht bereit, der konkursverwaltenden Regierung, die das Abenteuer des schlechten kaiserlichen Deutschlands auszulöffeln hat, ihre Steuern hinzugeben. Und aus einer sinnlosen Angst vor einem Bolschewismus, den sie immer gefürchtet und niemals gefördert haben, sind sie bereit, mit jeder Ordnungsstütze Halbpart zu machen. Wäre die Deutschnationale Partei nicht so hirnlos dumm, antisemitisch zu sein, so würde sich ihr ein großer Teil der von Natur aus konservativen Judenschaft zuwenden; ja, ich kenne sogar Fälle von Juden, die so ehrvergessen sind, deutschnational zu wählen. Der größte Teil rettet sich in die zu nichts verpflichtende Demokratische Partei, weil die, wie alles, so auch die jüdische Frage hübsch vertuscht. (Gibt es doch sogar große demokratische Tageszeitungen, für die das zionistische Problem nicht existiert.)

Aber so tief dringen völkische Hochschüler, Oberförster und Turnlehrer nicht. Da wogt unentwegt die deutsche Mannesbrust, da weht der linsenbesetzte Vollbart im Winde, da schmettert deutscher Heldengesang Lieder in die Luft, die Welsche, Juden und Neger auf eine Stufe stellen, nur, weil sie nicht deutsch sind. Übermäßiges Betonen der nationalen Eigenart ist noch stets eine Schwäche gewesen.

»Kauft nicht bei Juden!« – Das ist nun eine Wahlparole für denkende Menschen, dadurch ist auf einmal eine trauliche Einheitsfront geschaffen, und der bayerische Bierphilister, der ostpreußische Schnapsbrenner, der rheinische Großindustrielle – hier kämpfen sie auf einmal getreulich Schulter an Schulter. Ich habe gar nichts gegen Kollektivurteile, die

immer ungerecht und doch oft gerecht sind. ›Der Jude‹ …
Das ist richtig und falsch, weil man nicht den einzelnen
meint, sondern den Typ. Es ist ein Urteil über eine Gesamtheit wie zum Beispiel diese: Der deutsche Offizier hat im
Kriege nichts getaugt; der deutsche Richter genießt in politischen Strafprozessen nicht das Vertrauen des Volkes; der
preußische Verwaltungsbeamte neigt dazu, auf Kosten der
Allgemeinheit seinen Schreibapparat zu überschätzen.

»Kauft nicht bei Juden!« Sie kaufen doch. Der ganze
Antisemitismus ist wie zerblasen, wenn es ans Geschäfte-
machen geht, und kein deutschnationaler Schieber geniert
sich, mit irgendeinem lodzer Juden in Ausfuhrbewilligun-
gen ein Ding zu drehen. Genierte sich im Kriege der
Offizier, seine dreihundert Eier als ›Funkergerät‹ mit Hilfe der Einwohnerschaft galizischer Städte so in die Heimat
zu verschieben, daß die ehrfurchterschauernde Judenschaft
noch etwas von ihm lernen konnte? Er genierte sich nicht.

Das hat einen Krieg verloren. Das weiß heute noch nicht,
daß eine Welt über Eigenschaften, die man hierzulande den
Kindern als Tugenden aufpropft, einst mit Haß und nun
mit achselzuckender Verachtung hinweggeschritten ist.
Und weiß diese bittere Wahrheit nicht, die einmal Georg
Metzler in der *Weltbühne* gesagt hat: »Was die Juden unter
den Deutschen, das sind die Deutschen unter den Nationen!«

Und wenn Ludendorff einmal vor seinen himmlischen,
nicht aus Preußen stammenden, also unbefangenen Richter
tritt, dann wird der das Flammenschwert heben und wird
sprechen: »Erich! Zwei Millionen Tote! Was hast du getan?«

Und der ergraute Kadett wird die Hornbrille abnehmen, sich den Kragen zurechtrücken und in preußischer Tonart, stramm und doof, antworten: »Lieber Gott, es waren die Juden!«   1921

Alte Schlager

Schlager sind Lieder, bestehend aus Musik und Worten, die kaum noch etwas mit ihren Autoren zu tun haben, sondern die aus der Literatur zum Gebrauchsgegenstand des Volkes oder des jeweiligen Volkskreises avanciert oder degradiert sind. Solche Lieder zum sonntäglichen Gebrauch des deutschen Bürgertums aus den Jahren 1740 bis 1840 hat Gustav Wustmann, der Schöpfer des ausgezeichneten Werkes *Allerhand Sprachdummheiten*, veranstaltet, und ihre Neuausgabe liegt jetzt vor. (*Als der Großvater die Großmutter nahm*, im Insel-Verlag.)

Da sind sie alle noch einmal, jene heute schon ganz oder halb verschollenen Lieder, deren letzte leise Klänge wir noch aus dem Munde unsrer Großeltern haben herüberwehen hören: *Denkst du daran, mein tapferer Lagienka* und *Fordere niemand, mein Schicksal zu hören* und *Fern im Süd das schöne Spanien* und *Es kann ja nicht alles so bleiben hier unter dem wechselnden Mond* und viele andre. Kulturgeschichten lügen. Lieder lügen nicht.

Sondern sie enthüllen objektiv und klar die Seelenverfassung der Geschlechter, die sie gesungen haben, und das ist interessant genug. Eine reiche Literatur lag zum Aufblättern vor diesem Bürgertum – heraus nahm es sich, was seinem Geisteszustand am meisten zusagte: das Süße und das Empfindsame und das Zerklüftet-Romantische (man denke an die alten Öldrucke, die noch in manchen schweizer Hotels zu hängen pflegen) – das Edle und das Leis-Neckische. Es ist fesselnd, zu beobachten, was mit so einem Lied geschieht, wenn es in aller Munde ist, wie es eine ganz andre Klangwirkung bekommt, als die war, die dem Dichter vorgeschwebt hat; viele Zeilen erstarren und werden zu einem einzigen Begriff (bei *Drunten im Unterland, da ists halt fein* denkt sich zum Schluß niemand mehr etwas, sondern das wird nur noch um des Rhythmus willen gesungen); manche Gedichte werden zu Kinderliedern; manche erhalten einen komischen Beigeschmack. Auch Lieder werden geboren, leben, haben ein Schicksal und sterben. Es ist übrigens an diesen Liedern auf das deutlichste zu sehen, wie Worte nicht den Gehalt zwischen den Zeilen aufbewahren können, nicht jenes Unnennbare, das dem Lied erst seine Farbe gibt. Sing einem ganz alten Mann das *Maurische Ständchen* vor – er wird die Assoziationen: Werbung, Gefallsucht, Abweisung, das Parfum eines Haares haben, du aber hältst die graue Mathematik in Händen und wunderst dich über den alten Mann…

Ihr werdet hübsche Dinge in dem Bändchen finden. Mein Lieblingsgedicht ist darin – das *Herbstlied* von Salis-Sewis:

> Braun sind schon die Felder
> Gelb die Stoppelfelder,
> Und der Herbst beginnt.
> Rote Blätter fallen,
> Graue Nebel wallen,
> Kühler weht der Wind.

Mit dem reichen Schlußvers:

> Geige tönt und Flöte
> Bei der Abendröte
> Und bei Mondenglanz;
> Schöne Winzerinnen
> Winken und beginnen
> Deutschen Ringeltanz.

Das kann sich neben Gedichten von Claudius sehen lassen.

Und dann ist noch etwas sehr Merkwürdiges aus diesem Buche zu lernen. In den ersten Jahren dieses Jahrhunderts sang Julius Freund das schöne Lied vom letzten Taler und lobte die alte Zeit: »Da war noch Sittsamkeit, Bescheidenheit...« Womit er also etwa die Gründerjahre gemeint haben mochte... Aber in den Jahren um 1870 pries man sicherlich auch die gute alte Zeit – und in dieser – zwei Generationen vorher, also um 1810 – sang Langbein:

> Als der Großvater die Großmutter nahm,
> Da wußte man nichts von Mamsell und Madam;
> Die züchtige Jungfrau, das häusliche Weib,
> Sie waren echt deutsch noch an Seel und Leib.

> Als der Großvater die Großmutter nahm,
> Da herrschte noch sittig verschleierte Scham...

Aber als er sie wirklich nahm – im Jahre 1747 –, da sang Hagedorn:

Zu meiner Zeit
Bestand noch Recht und Billigkeit.
Da wurden auch aus Kindern Leute,
Da wurden auch aus Jungfern Bräute,
Doch alles mit Bescheidenheit...

Und zu ›seiner Zeit‹ schalt wohl Abraham a Santa Clara über die ›Erzschelmereien‹ der neuen Läufte.

Es ist ein Volk des ewigen Gestern, dieses deutsche. Gestern, gestern, nur nicht heute... Die Geschichtsbücher bewahren nur das Gute, Edle und Schöne auf – der Alltag versinkt. Und der gelockt gekräuselte Sonntag, überliefert und sorgfältig für die Tradition gepflegt, behält sein Recht. Ja, damals –! Als ob nicht jedes Damals relativ genau so hart, so laut und so erbarmungslos gewesen wäre wie jedes Heute, als ob nicht immer die Cäsaren, die Fugger, die Cagliostros und die Devisenhändler oben gelegen hätten! Aber objektive Geschichtsbetrachtung scheint nur möglich zu sein, wenn man an den Epochen gänzlich unbeteiligt ist – und nur der Schwächling verliert sich in der gefühlvollen Rückbetrachtung.

Heute wie damals. Wie wäre sonst der Fridericus-Wahnsinn zu erklären, der über die Geistesgestörten dieses Landes dahinbraust! Die gute alte Zeit –! Hagedorn aber nannte die von den heutigen Drahtziehern gepriesene Epoche: »O schlimme Zeit!«, und so bestätigt sich auch hier wieder, daß es die Invaliden des Lebens sind, die den Leierkasten der Erinnerung auf dem Buckel schleppen und ewig auf ihm werkeln.

Ein schwaches Volk ist stets ein König Lear!
Die Jugend ist um ihretwillen hier;
Es wäre töricht zu verlangen:
Komm, ältle du mit mir.

1922

Der Hund als Untergebener

»Und der Dackel Männe hatte alle zu Vorgesetzten«, steht
in Heinrich Manns *Untertan* von der deutschen Familie.
Hast du einmal den deutschen Bürgersmann beobachtet
(und ganz besonders die deutsche Bürgersfrau), was sie auf
der Straße alles mit ihrem Hund angeben? Es scheint wirklich so, als ob die meisten Menschen hierzulande einen
Hund nur deshalb besäßen, um noch einen ›unter sich zu
haben‹. Bedrückt von Wohnungsamt, Polizeirevier, Haus-
wirt, Kolonialwarenhändler, Außenhandelsnebenstelle, Fi-
nanzamt und ähnlichen Versorgungsanstalten benötigt die
mannhafte deutsche Seele einen Sklaven, um die Superio-
rität ihrer Herrenrasse darzutun.

»Komm mal her! Kommst du gleich her! Willst du mal
gleich herkommen! Lumpi! Lump! Lumpichen! Lump,
Lump, Lump!« Lump hat furchtbar zu tun: er riecht grade
die untere Rundung einer Litfaßsäule an, auf die eine Einladung zum Husarentag in Rathenow geklebt ist... Er denkt
gar nicht daran, zu gehorchen. Es betrübt nun den Bürgersmann und die Bürgersfrau gar nicht so sehr, daß der ge-
waltunterworfene Sklave nicht kommt – aber welche Selig-
keit, befehlen zu können! Welche Freude, einen um sich zu

haben, der mit treu dämlichen, gefeuchteten Augen zu dir emporblickt, manchmal gehorsam jedem Winke, und dem gegenüber du dich als Mann fühlst, als Freier und als Herr.

Ich weiß schon: viele Leute züchten Hunde, weil sie wirklich etwas davon verstehen, und vielen Leuten ist der Hund ein wahrer Freund, in den sie sich eingefühlt und eingelebt haben. Aber ein großer Teil der in den Mietshaus-schubläden untergebrachten Individualitäten (ein durch seine Aufzeichnungen berühmt gewordener Irrer nannte seine Visionen immer: »rasch hingemachte Männerchen«) – ein großer Teil dieser, entschuldigen Sie das harte Wort, Menschen hat an dem Hund nur einen Untertan. Sie regieren auf ihm herum. Der Schweifwedelnde quittiert mit fröhlichem Gebell, einem leicht pestilenzialischen Geruch bei Regenwetter und einer Treue, die fast so unentwegt ist wie die der Monarchisten. Er ist egal treu, hat um den Kopf eine Hundemarke und in demselben so viel Gemüt, daß die ganze Nation empört und beleidigt ist, wenn man sich über ihre falsche Beziehung zum Hund lustig macht. (Was sie aber nicht hindert, dieses bewegliche und auf die Bewegung angewiesene Tier in Tausenden von lebendigen Exemplaren in kleine muffige Hundehütten zu sperren und die so Angeketteten bis an ihr Lebensende zu quälen.)

Nein, ich hasse den Hund gar nicht. Wohl aber eine bestimmte Gattung Mensch, die ihn behandelt wie ein Brigadekommandeur die unterstellte Formation, und die mit ihm herumwirtschaftet, weil auch er aus Deutschland ist.

Und so ist die Reihenfolge: Der Verflossene in Doorn hatte die Schranzen, die hatten die Militärs, die hatten die Ämter, und die hatten den Untertan. Und er hat den Hund.

Und weil der zum Glück seinen Floh hat, und der Floh wiederum den Verflossenen pieken durfte, so ist der Zirkel der göttlichen Gerechtigkeit auf das Herrlichste geschlossen, und es ist immer noch besser, daß der Deutsche seinem Hund pfeift als der Kaiser seinem Deutschen.

1922

Drei Minuten Gehör!

Drei Minuten Gehör will ich von euch, die ihr arbeitet –!

Von euch, die ihr den Hammer schwingt,
von euch, die ihr auf Krücken hinkt,
von euch, die ihr die Feder führt,
von euch, die ihr die Kessel schürt,
von euch, die mit den treuen Händen
dem Manne ihre Liebe spenden –
von euch, den Jungen und den Alten –:
Ihr sollt drei Minuten inne halten.
Wir sind ja nicht unter Kriegsgewinnern.
Wir wollen uns einmal erinnern.

Die erste Minute gehöre dem Mann.
Wer trat vor Jahren in Feldgrau an?
Zu Hause die Kinder – zu Hause weint Mutter…
Ihr: feldgraues Kanonenfutter –!
Ihr zogt in den lehmigen Ackergraben.
Da saht ihr keinen Fürstenknaben:
der soff sich einen in der Etappe

und ging mit den Damen in die Klappe.
Ihr wurdet geschliffen. Ihr wurdet gedrillt.
Wart ihr noch Gottes Ebenbild?
In der Kaserne – im Schilderhaus
wart ihr niedriger als die schmutzigste Laus.
Der Offizier war eine Perle,
aber ihr wart nur ›Kerle‹!
Ein elender Schieß- und Grüßautomat.
»Sie Schwein! Hände an die Hosennaht –!«
Verwundete mochten sich krümmen und biegen:
kam ein Prinz, dann hattet ihr stramm zu liegen.
Und noch im Massengrab wart ihr die Schweine:
Die Offiziere lagen alleine!
Ihr wart des Todes billige Ware…
So ging das vier lange blutige Jahre.
Erinnert ihr euch –?

Die zweite Minute gehöre der Frau.
Wem wurden zu Haus die Haare grau?
Wer schreckte, wenn der Tag vorbei,
in den Nächten auf mit einem Schrei?
Wer ist es vier Jahre hindurch gewesen,
der anstand in langen Polonaisen,
indessen Prinzessinnen und ihre Gatten
alles, alles, alles hatten – –?
Wem schrieben sie einen kurzen Brief,
daß wieder einer in Flandern schlief?
Dazu ein Formular mit zwei Zetteln…
wer mußte hier um die Renten betteln?
Tränen und Krämpfe und wildes Schrein.

Er hatte Ruhe. Ihr wart allein.
Oder sie schickten ihn, hinkend am Knüppel,
euch in die Arme zurück als Krüppel.
So sah sie aus, die wunderbare
große Zeit – vier lange Jahre…
Erinnert ihr euch –?

Die dritte Minute gehört den Jungen!
Euch haben sie nicht in die Jacken gezwungen!
Ihr wart noch frei! Ihr seid heute frei!
Sorgt dafür, daß es immer so sei!
An euch hängt die Hoffnung. An euch das Vertraun
von Millionen deutschen Männern und Fraun.
Ihr sollt nicht strammstehn. *Ihr* sollte nicht dienen!
Ihr sollt frei sein! Zeigt es ihnen!
Und wenn sie euch kommen und drohn mit Pistolen –:
Geht nicht! Sie sollen euch erst mal holen!
Keine Wehrpflicht! *Keine* Soldaten!
Keine Monokel-Potentaten!
Keine Orden! *Keine* Spaliere!
Keine Reserveoffiziere!
Ihr seid die Zukunft!

Euer das Land!

Schüttelt es ab, das Knechtschaftsband!
Wenn ihr nur wollt, seid ihr alle frei!
Euer Wille geschehe! Seid nicht mehr dabei!
Wenn ihr nur wollt: bei euch steht der Sieg!
– *Nie wieder Krieg* –!

1922

92

Kleiner Mann vor der Weinstube

Einmal stand ich nachts um halb eins vor einer Likörstube am Potsdamer Platz. Ging ja hoch her – diddeldumdei! Da drinnen soff das durch den Versailler Schandvertrag geknebelte Volk sich kolossal einen an – die Leute, die herauskamen, schwitzten den schlechten Alkohol durch die Poren, ihre Augen waren sanft verglast, als hätten sie ein Kolleg des Theosophen Steiner mitangehört. Ab und zu kam, wie ein paar Kugeln aus der Kanone abgeschossen, ein beschwipstes Paar aus dem Laden heraus – sie immerzu lachend und er vergnügt-zornig und ununterbrochen redend. Dann entschwanden sie gen Cythere... Und drinnen toste die Schnapsschlacht weiter.

Vor dem Schaufenster aber, in dem ein paar leere Flaschen prunkend aufgebaut waren, stand ein ganz kleiner, zerlumpt anzusehender Mann. Er hatte keinen Kragen und war von oben bis unten in eine Kruste Schmutz gekleidet, die man bei sehr milder Prüfung als Anzug ansprechen konnte. Es war wohl auch einmal einer gewesen. Er hatte vergnügte kleine Äuglein, war aber vollkommen nüchtern. Ein kleiner gutmütiger Bart hing ihm schüchtern unter der Nase.

Da stand er und horchte auf den fröhlichen Lärm in der Schankverschleißstätte. Und jedes Mal, wenn ein des süßen Weines voller Mann besonders laut brüllte, dann wackelte er vergnügt mit dem Kopf, und seine Schultern zuckten. Das ganze kleine Körperchen schüttelte sich vor Vergnügen. Er war ja ganz nüchtern: aber er freute sich, daß es noch Leute gab, die das Geld hatten, sich derart zu besaufen. Er hatte kein Geld, sich einen Rausch zu kaufen: nun berauschte er sich hier an dem Schwips der andern. Das gab es also noch – Gottseidank! Und der kleine Mann strahlte.

Ich blieb zwanzig Minuten stehen und beobachtete ihn. Bei jedem Krach, bei jedem Hallo, bei jedem Schlachtgeschrei, den das Dividendenwasser den durstigen Kehlen entlockte, zuckte er zusammen und freute sich. Nach zwanzig Minuten ging er. Herzensfroh, im tiefsten befriedigt und durchaus vergnügt: er hatte sich himmlisch amüsiert und machte nun froh nach Hause. Ein zufriedner Zaungast bei der Freude der andern. Und also ein Untertan nach Hergts und Helfferichs Herzen. 1922

Ein deutsches Volkslied

>Das Volk ist doof, aber gerissen.«

In deutschen Landen ist augenblicklich ein Lied im Schwange, das den vollendetsten Ausdruck der Volksseele enthält, den man sich denken kann – ja, mehr: das so recht zeigt, in welcher Zeit wir leben, wie diese Zeit beschaffen ist, und wie wir uns zu ihr zu stellen haben. Während der leichtfertige Welsche sein Liedchen vor sich hinträllert, steht es uns an, mit sorgsamer, deutscher Gründlichkeit dieses neue Volkslied zu untersuchen und ihm textkritisch beizukommen. Die Worte, die wir philologisch zu durchleuchten haben, lauten:

Wir versaufen unser Oma sein klein Häuschen –
sein klein Häuschen – sein klein Häuschen –
und die erste und die zweite Hypothek!

Bevor wir uns an die Untersuchung machen, sei zunächst gesagt, daß das kindliche Wort ›Oma‹ so viel bedeutet wie ›Omama‹, und dieses wieder heißt ›Großmutter‹. Das Lied will also besagen: »Wir, die Sänger, sind fest entschlossen, das Hab und Gut unsrer verehrten Großmutter, insbesondere ihre Immobilien, zu Gelde zu machen und die so gewonnene Summe in spirituösen Getränken anzulegen.« Wie dies –? Das kleine Lied enthält klipp und klar die augenblickliche volkswirtschaftliche Lage: Wir leben von der Substanz. So, wie der Rentner nicht mehr von seinen Zinsen existieren kann, sondern gezwungen ist, sein Kapital anzugreifen – so auch hier. Man beachte, mit welcher Feinheit die beiden Generationen einander gegenübergestellt sind: die alte Generation der Großmutter, die noch ein Häuschen hat, erworben von den emsig verdienten Spargroschen – und die zweite und dritte Generation, die das Familienvermögen keck angreifen und den sauern Schweiß der Voreltern durch die Gurgel jagen! Mit welch minutiöser Sorgfalt ist die kleine Idylle ausgetuscht; diese eine Andeutung genügt – und wir sehen das behaglich kleinbürgerliche Leben der Großmama vor uns: freundlich sitzt die gute alte Frau im Abendsonnenschein auf ihrem Bänkchen vor ihrem Häuschen und gedenkt all ihrer jungen Enkelkinder, die froh ihre Knie umspielen...

Das ist lange her, Großmutter sank ins Grab, und die grölende Korona der Enkel lohnt es ihr mit diesem Gesang: »Wir versaufen unser Oma ihr klein Häuschen...« Ist dies ein Volkslied –? Es ist seine reinste Form. Man darf freilich nicht an früher denken. Früher sang wohl der Wanderbursch sein fröhlich Liedchen von den grünen Linden und den blauäugigen Mägdelein – weil das sein Herz bewegte. Nun, auch dieses Lied singt von dem, was unser Herz bewegt: von den Hypotheken. Hatte früher Walther von der Vogelweide sein »Tandaradei« durch die Lüfte tönen lassen und den Handel den Pfeffersäcken überlassen, so ist es heute an den Kaufleuten, »Tandaradei!« zu blasen, und die Liederdichter befassen sich mit den Hypotheken. Wenn auch freilich in naiver Weise. Denn es ist dem Liedersänger entgangen, daß die Hypothek selbst ja eine Schuld ist, die man unmöglich vertrinken kann – meint er doch wahrscheinlich die für die eingetragene Hypothek als Darlehn gegebene Summe, die der Schuldner in leichtfertiger Weise verbraucht. So singt das Volk. Hier spricht die Seele deines Volkes. Hier ist es ganz. Es soll uns nicht wunder nehmen, wenn nächstens in einem schlichten Volkslied das Wort ›Teuerungszulage‹ oder ›Weihnachtsgratifikation‹ vorkommt – denn dies allein ist heute echte, unverlogene Lyrik.

Dichter umspannen die Welt in brüderliche Liebe, Poeten sehen Gott in jedem Grashälmchen – das ehrliche Volk aber gibt seinen Gefühlen unverhohlen Ausdruck. Noch lebt es von den Gütern der Alten. Langsam trägt es Sommerüberzieher, Sofas, Überzeugungen und Religionen auf – neue schafft es zur Zeit nicht an. Was dann geschieht, wenn die alle dahin sind, darüber sagt das Lied nichts. Vorläufig sind sie noch da – und so lange sie noch da sind, lebt das Volk von der Substanz.

Und versauft der Oma sein klein Häuschen.

1922

Bilder aus dem Geschäftsleben

Republiken oder Kaiserreiche –
's ist immer das gleiche, immer das
gleiche!

Der Portier

Der Portier hat einen Stehbauch und ist ein stattlicher Mann. Er war früher herrschaftlicher Diener oder Schutzmann. Er ist 1,80 Meter groß und hat, wenn er nicht glattrasiert ist, einen martialischen Schnurrbart. Der Portier kennt alle Leute des Hauses und grüßt sie morgens, wenn sie kommen. Er grüßt genau abgestuft: den Chef militärisch, straff und untergeben, mit einer Miene, die besagt: »Wir zwei beide gehören doch zusammen!« – die unterstellten nachgeordneten Direktoren sehr höflich und mit einer gewissen Anerkennung; die Prokuristen höflich; die gewöhnlichen Angestellten kurz, aber sachlich, die Lehrlinge gar nicht. Die Schreibmaschinendamen werden je nach der Hübschheit von ihm gegrüßt, dabei verklärt ein gewinnendes und väterliches Lächeln seine erhabenen Züge. Der Portier kennt sämtliche Kneipen der Umgegend sowie alle Chauffeure. Der Portier frühstückt in seiner Loge riesige Wurststullen; zu Mittag ißt er große Scheiben Rindfleisch und trinkt dazu aus einem riesigen Glase Bier. Wenn sein Schnurrbart vor Schaum trieft, und gerade jemand kommt, so zieht er gemächlich schlürfend den Schaum ein und geht majestätisch, um zu sehen, was es da draußen gibt.

Der Portier weiß genau, wann wer zu spät kommt. Dann

sieht er den Übeltäter befehlshaberisch von oben bis unten an, so daß dem noch übler zumute wird, als ihm sowieso schon war. Der Portier hat nicht gern, wenn gewöhnliche Leute den Fahrstuhl benutzen. Der Portier ist immer im Betrieb, der Fahrstuhl nur, wenn er es wünscht. Der Fahrstuhl ist nur für den Portier und die Chefs da. Portiers sind ein unumgänglicher Schmuck der Fassade. Der Portier nimmt Trinkgelder im Schatten seines riesigen Bauches, stumm, höchstens nur leise einen Dank brummelnd, wie wenn eine feierliche Handlung, die sich von selbst versteht, vonstatten gegangen wäre.

Der Portier kommt sich unentbehrlich für den Fortgang des gesamten Betriebes vor.

Der Angestellte, der etwas werden will

Der Angestellte, der etwas werden will, ist von beflissenem Eifer. Er steht kurz vor seiner Beförderung zum (…nach Belieben auszufüllen). Dieser Angestellte ist schon eine Viertelstunde vor Beginn des Dienstes da und geht niemals mit den andern nach Hause, sondern bleibt, sehr wichtig mit einer Feder hinter dem Ohr, bis sieben Uhr des Abends. Der Angestellte, der etwas werden will, steckt auffallend viel mit den Prokuristen zusammen und schielt heimlich-sehnsüchtig auf die Sondertoilette, die jene benutzen dürfen. Der Angestellte, der etwas werden will, hat manchmal schon etwas Herablassendes im Ton, wenn er mit den jüngeren Kollegen spricht. Er kritisiert niemals Maßnahmen der Geschäftsleitung, sondern findet selbst für die blödsinnigsten Anordnungen der Chefs immer irgendeinen Entschuldigungsgrund. Wenn das ganze Büro schreit: »Na, das versteh ich nicht!« – so sagt er mit einer gewissen Überlegenheit: »Wahrscheinlich sind die Chefs der Meinung, daß...« Der Angestellte, der etwas werden will, arbeitet musterhaft, mit zusammengepreßten Lippen, und achtet sehr darauf, daß kein anderer etwas werden kann.

Eines Tages wird seine Mühe gelohnt: er wird befördert. Es überrascht ihn wenig. Er sieht bereits darauf, die nächste Stufe zu erklimmen. Er ist mit Vorsicht zu genießen, weil er beim Klettern gern nach unten tritt.

Der Prokurist

Der Prokurist ist meistens ein etwas ergrauter Mann, den eine leise Resignation umspielt. Geschäftsteilhaber kann er nicht werden, das weiß er ganz genau. Er hat so ziemlich alles erreicht, was man in diesem Hause erreichen kann: vom Portier zuvorkommend und vertraulich gegrüßt zu werden, von niemand als vom Chef Weisungen entgegenzunehmen, ziemlich selbständig walten zu können, eine ganz angenehme Tantieme zum Abschluß des Bilanzjahres zu beziehen. Er hat kaum noch Wünsche. Der Prokurist hat ein eigenes Zimmer mit einem gediegenen polierten Schreibtisch und ein paar Blumen darauf. Eine bronzene Aschenschale und eine glänzende Papierschere deuten auf ein stattgehabtes Jubiläum. Der Prokurist meldet sich am Telefon nur mit seinem Namen, einfach, stolz-bescheiden, so nach der Melodie: »Ich habe dem nichts hinzuzufügen!« – Der Prokurist hat Klingeln auf dem Tisch, auf die er regierend drückt. Meist kommt niemand. Der Prokurist ist viel cheflicher als der Chef und handelt sämtliche Ausgaben bis zur Bewußtlosigkeit herunter. Die Chefs wissen, was sie an ihm haben, hüten sich aber, es ihn allzusehr wissen zu lassen. Der Prokurist kennt sämtliche Akten und Korrespondenzen von Anbeginn der Welt an. Er hat alles, unter anderm eine sehr häßliche Frau, von der man sich nicht denken kann, daß sie jemals jung gewesen ist. Auch vom Prokuristen sich das vorzustellen, ist nicht ganz einfach. Die jüngeren Angestellten flüstern sich zu: »Der hat hier als gewöhnlicher Korrespondent angefangen!« – Aber das ist nur so eine Façon de parler – eine rationalistische Erklärung des Götterglaubens. Es glaubt auch niemand so recht daran. Der Prokurist war, ist und wird sein. Er gehört zum Haus wie die alte Uhr auf dem Gang und die Eingangstür, deren Muster man im Schlafe sieht. Der Prokurist soll eine kleine Einlage im Geschäftskapital haben. Er hat ein laufendes Konto. Niemand weiß genau, was er eigentlich bezieht. Er kommt sich vollkommen unentbehrlich vor.

Die Schreibmaschinendame

Das junge Mädchen, das an der Schreibmaschine tippt, ist manchmal hübsch. Sie kommt morgens, zwei Minuten nach neun, ein bißchen atemlos ins Geschäft, weil sie die Straßenbahn versäumt hat. Sie lacht den Portier an und geht rasch an ihre Mitrailleuse. Das Schreibmaschinenmädchen klappt die Maschine auf, ordnet ihre Papiere und raschelt damit. Dann beginnt sie, ihren anwesenden Freundinnen eine lange Geschichte von gestern zu erzählen; sie ist bei ihrer Tante gewesen und hat so schrecklich viel Baumkuchen gegessen, daß ihr heute noch ganz… »Emmi, du hast ja eine neue Bluse an!« – Start der neuen Bluse. Begeisterungsschreie. Innerliches Gefühl: »Steht ihr gar nicht!« – Hierauf begibt sich die Schreibmaschinendame mit ihrer besten Freundin auf den Ort, wohin keine Sonn' mehr scheint, und teilt ihr etwas unter dem Siegel der Verschwiegenheit mit. Es betrifft Franz, der wieder geschrieben hat. Wenn er nicht geschrieben hätte, wäre alles aus gewesen. So ist aber nicht alles aus. Beinahe wäre es aber. Sie kehren mit angeregten Augen auf den Kriegsschauplatz zurück. »Wo waren Sie denn so lange?« Darauf lautet die Antwort: »Gott – –!« was mit drei ›t‹ auszusprechen ist.

Das Schreibmaschinenmädchen nimmt Stenogramme auf und hat ihre erkorenen Lieblinge und Feinde unter den diktierenden Männern. Einer ist schick, einer unangenehm, weil er so schnell diktiert, einen kann sie überhaupt, ohne nähere Begründung, nicht leiden, und von dem, für den sie immer schreibt, möchte sie gern versetzt werden. Sie stenografiert flott, fragt nie und klappert nachher, daß die Funken stieben. Fremdwörter sind ihr ein Greuel; dem Prokuristen, wenn er sie nachher liest, auch. Der Schreibmaschinendame muß man Schokolade mitbringen, am besten von Zeit zu Zeit, weil sie sonst schlecht funktioniert. Mit Schokolade funktioniert sie allerdings nicht besser. Das Schreibmaschinenmädchen hat einen Bräutigam, der gegen Mittag anzutelefonieren pflegt. Die Stimme des Mädchens am Telefon wird dann leise, umgibt sich gewissermaßen mit einem Schutzwall gegen die Zuhörer und hat doch einen zärtlichen Klang des tiefsten Einverständnisses. Nach vier Tagen kauft sich das Schreibmaschinenmädchen dieselbe Bluse wie ihre Freundin. Sie steht ihr. Das Schreibmaschinenmädchen heiratet früher oder später oder wird

Sekretärin

Die Sekretärin ist eine ausgekochte Dame, der keiner etwas erzählen kann. Das Haus munkelt, sie habe mit dem Chef ein Verhältnis. Das stimmt aber nicht: dazu ist sie viel zu schlau. Die Sekretärin ist zuckersüß zur Gattin des Chefs, was diese mit besonderem Mißtrauen erfüllt. Die Sekretärin ist Herrin über die Zeit des Chefs. Sie sitzt im Vorzimmer und sagt: »Herr Hannemann hat jetzt keine Zeit!«, auch, wenn er gar nicht da ist. Die Sekretärin setzt alles durch, was sie haben will, weil sie im Schatten des Gewaltigen arbeitet. Die Sekretärin ist gerissen, sehr fleißig und lügt weitaus besser als die meisten Leute im Hause. Die Sekretärin weiß genau, was der Chef mag oder nicht mag – sie richtet sich auch in den meisten Fällen danach. Sie hat öfter eine Hornbrille, immer aber eine souveräne Verachtung für den breiten Heerbann der Angestellten. Die Sekretärin wünscht nicht, daß jemand in das Sekretariat kommt. Ihre erste Regierungshandlung ist gewöhnlich, dortselbst ein Schild anzubringen: »Unbefugten ist der Eintritt streng verboten.« Die Sekretärin hat neben der Schreibmaschine eine reizende kleine Kaffeetasse, einen Nagelpolierer und ein unpassendes Buch. Sie kommt sich total unentbehrlich vor.

Der Chef

Der Chef ist ein verheirateter Mann von etwa fünfundvierzig Jahren und einem nie ganz neuen Hut. Der Chef kommt gegen halb zehn ins Büro, fragt: »Was Neues?«, erwartet auf diese Frage keine Antwort und macht sich an die Post. Der Chef hat eine Laune (die andern haben auch eine Laune, bringen sie aber nicht ins Büro mit, sondern geben sie in der Garderobe ab). Der Chef ist sehr gewitzt, mitunter klug; in gewissen Sachen dagegen von Gott geschlagen und mit einem Brett vor dem Kopf versehen. Der Chef hat ganz andere Sachen im Kopf, als das Personal denkt. Vor allem denkt er gar nicht soviel an das Personal, wie das Personal annimmt. Der Chef hat seine eigene Meinung über seine Leute, meistens die richtige. Eine falsche ist ihm mit gar keinen Mitteln aus dem Gehirn zu schlagen. Der Chef telefoniert immer. Der Chef hat nie Zeit. Der Chef hört nie zu, wenn man etwas mit ihm bespricht. Der Chef ist imstande, nach einer ganz wichtigen Erklärung eines Angestellten, die sich der den ganzen Nachmittag über ausgedacht hat, zu sagen: »Sagen Sie mal, haben Sie eigentlich mal das Unkostenkonto durchgesehen?« – Der Angestellte verliert den Faden, ärgert sich grün, verhaspelt sich und berichtet mit erstickter Stimme über das Unkostenkonto. Der Chef vergißt das meiste, was man ihm sagt, und macht die Sekretärin dafür verantwortlich. Der Chef ist schon als solcher zur Welt gekommen – denn die Karriere eines Chefs ist eine rätselhafte Sache. (Er sagt, er habe es durch eigene Tüchtigkeit so weit gebracht. Manchmal ist das wahr.) Der Chef organisiert von Zeit zu Zeit den Betrieb völlig um. Das schadet aber nichts, weil ja doch alles beim alten bleibt. Der Chef ist einen Tag im Jahr wirklich guter Laune – am Morgen des Tages nämlich, an dem er auf Urlaub geht. Gegen Mittag ärgert er sich dann fürchterlich über seine Sekretärin und verläßt abends voller Wut das Haus. Der Chef geht öfters zu Konferenzen, manchmal frühstücken, und mitunter hat er ›Gänge‹. Er kommt dann mit kleinen Paketen zurück, die er im Büro liegen läßt. Der Chef sieht resignierend auf die sich öffnende Tür seines Zimmers: was Gutes erwartet er auf keinen Fall. Der Chef wird abwechselnd als Blutsauger, Wohltäter, verrückter Kerl, maßloser Arbeiter und Halbgott angesehen. Das ist alles falsch: er ist nur Chef. Der Chef beeinflußt, ohne es zu wissen, den gesamten Ton seines Hauses – wie der Herr so das Gescherr. Der Chef sagt, wenn er morgens zur Tür hereinkommt: »Das Schild da müßte mal erneuert werden!« – Noch niemals ist es einem Chef gelungen, diesen Wunsch in die Wirklichkeit umzusetzen. Der Chef will sich immer zur Ruhe setzen und hat häufig den ›ganzen Kram satt‹. Das sind leere Versprechungen – er macht den Kram bis an sein Lebensende. Dann tritt ein neuer an seine Stelle. Der Alte gewinnt nunmehr die Lichtkonturen eines höheren Wesens und vereinigt in sich alle guten Eigenschaften der Welt. »Ja, wie der Alte noch da war – –!« Der neue Chef (siehe oben).

Der Registrator

Der Registrator ist in erster Linie Abteilungsvorsteher und als solcher auf feine Sitten und Gebräuche bedacht. Er registriert die Akten um ihrer selbst willen. Er ist persönlich beleidigt, wenn jemand diese Akten nun auch einsehen will. Ihm genügt das Gefühl, daß alles in Ordnung ist. Er ist stolz und unzugänglich und sieht in sämtlichen andern Abteilungen des Hauses einen bösen Feind. Er behandelt jedermann, als ob er aus einer andern Firma sei. Der Registrator wahrt die Selbständigkeit seiner Abteilung und würde auch den Kaiser Napoleon, wenn der Wert darauf legte, ihn zu besuchen, unter N ablegen. (Oder unter B – wegen Bonaparte? Erbitterter Streit mit dem zweiten Registrator.) Der Registrator kennt sämtliche Vorgänge, ohne jemals genau zu verstehen, was sie eigentlich bedeuten. Da sich alles bei ihm ansammelt, was im Geschäft passiert, so ist er im Laufe der Jahre zu der Überzeugung gekommen, daß eigentlich er es ist, der alles hervorbringt. Er hat einen glänzenden Bürorock und ist von einer welterschütternden Pedanterie. Es kommt vor, daß in einer Registratur gesuchte Sachen auch gefunden werden. Meistens aber will der Registrator nicht gestört werden. Er resigniert. Er kommt sich durchaus unentbehrlich vor.

Beschluß

Lieber Leser, alles stimmt nicht und kann nicht stimmen. Schüttle nicht gleich mit dem Kopf, wenn es bei dir ein bißchen anders ist – das ist ein Zufall. Wenn du aber sagst: »Das muß ich ausschneiden und Herrn Neumann schicken, dem alten Kamel!« – dann ist der Autor, wenn man von dem nicht übermäßig berechneten Honorar absieht, reichlich belohnt. 1924

Eine deutsche Kindheit

»Auf! Nieder! – Auf! Nieder!«

Pestalozzi

Vor Jahren hat einmal ein früherer Kadett und Offizier, Joachim Freiherr v. Reitzenstein, ein Buch geschrieben, das ich hier angezeigt habe und das seine Kinderjahre in einem preußischen Kadettenkorps schilderte: *Vergitterte Jugend* (erschienen im Verlag Dr. Eysler & Co. zu Berlin). Herr v. Reitzenstein war damals bei mir, und ich habe ihn gefragt, ob die novellistische Fassung dieser Erinnerungen der Wirklichkeit entspräche. Er erzählte mir, daß die Wirklichkeit tausendmal grauenhafter gewesen sei, und daß er die novellistische Form aus vielerlei Gründen gewählt habe; der Wahrheit täte sie aber keinen Abbruch. Die Geschichten enthielten die jämmerlichsten und rohesten Quälereien der Kadetten untereinander, Scheußlichkeiten von einem fast krankhaften Ausmaß, durchaus unterstützt durch die militärische Erziehung und das militärische System. Die Angaben des Autors sollten sonderbar bestätigt werden.

Ein Universitätslehrer hat im Verlag Paul Steegemann zu Hannover Erinnerungen aus seinen Kadettenjahren erscheinen lassen (Leopold v. Wiese: *Kindheit*). Das ruhig geschriebene und würdige kleine Werk enthält Satz für Satz und Faktum für Faktum dieselben Dinge wie Reitzensteins Geschichtensammlung.

Der erste Eindruck des Zehnjährigen im Kadettenhaus Wahlstatt ist ein Trommelsignal und das Kommando des

Offiziers vom Dienst beim Abendbrot: »Wir wollen beten!«
Der zweite: »Der Stubenälteste kam auf mich zu und fragte,
warum ich noch nicht eingekleidet wäre. Ich antwortete, daß
ich es nicht wüßte. ›Na, du scheinst ja ein netter Dussel zu
sein‹, war die Entgegnung. Mir brannte die Wange von der
ersten Backpfeife, die ich zur Begrüßung erhalten hatte.«

Aus Kinderbriefen schreit die Not eines gequälten Herzens, ein Kind ruft aus dem Dunkel nach der Mutter, weil es
sich nicht mehr zu helfen weiß. Es regnet Püffe, Fußtritte
und Ohrfeigen. Es hagelt Schläge mit dem Lineal und bos-
hafte Quälereien. Die tun dem Körper weh. Schlimmer ist,
daß die Seele gepeinigt wird: gepeinigt von der seelenlosen
Stupidität einer rohen Rotte, die nichts von dem natürlichen
und kraftüberquellenden Übermut gesunder Jungen hat,
sondern schon im Keim, karikaturistisch überzüchtet, alle
schlechten Eigenschaften der spätern Kaste. Herzensroheit,
Verachtung alles Geistigen, individuelle Feigheit und Mißbrauch der Gruppenübermacht. Das Kind weiß nicht mehr
ein noch aus. Schreibt verzweifelte Briefe nach Hause. Weint.
Will fliehen. Macht ein, zwei vergebliche Fluchtversuche.
Stellt sich verrückt. Und ist doch so eingeschüchtert und
überrumpelt von der Umwelt, die seine einzige greifbare Realität darstellt, daß es sich nicht muckst und rührt, daß es der
Mutter nicht und nicht dem Kommandeur sagt, was es auf
dem Herzen hat, wen es auf dem Herzen hat. Es ›petzt‹ nicht.
Und als es gar nicht mehr weitergeht, wird der Stube von
dem preußischen Erzieher, einem Offizier, mitgeteilt, daß es
ihre Pflicht sei, noch mehr als bisher »an seiner militärischen
Erziehung zu arbeiten«. Das ist die klare und selbstverständlich strafbare Aufforderung zur Mißhandlung.

»Die Stube wußte Bescheid; bald auch die Kompanie. Hier lag offenbar der Tatbestand für eine glatte Lage vor.« Was ist eine glatte Lage?

Die glatte Lage ist das Ideal aller guten Nationalisten. Es ist die rohe körperliche Züchtigung eines einzelnen durch die Kollektivität, deren einzelne Angehörige keine Verantwortung tragen, und gegen die es keine Berufung gibt. Es wird mit Instrumenten geschlagen. Das Opfer wird gewöhnlich nach einer Minute ohnmächtig. Wiese wird es.

Am schlimmsten sind nicht einmal die Vorgesetzten, am schlimmsten sind die kleinen Vorgesetzten: die Kameraden.

Es ist kein Zufall, daß ein Soziologe dieses Buch von der Kindheit geschrieben hat. Die hohenzollern-brandenburgische Tradition, die militärische Tradition folgt in ihrem Bestreben, Untergruppen durch Eifersüchteleien zu schwächen, so daß sie als ganze nicht mehr gefährlich werden können, einem alten Gesetz. »Es war allgemeine Übung der Inkas«, sagt Simmel, »einen neueroberten Stamm in zwei ungefähr gleiche Hälften zu teilen und in beide je einen Vorsteher einzusetzen, und zwar mit einer geringen Rangdifferenz zwischen beiden.« So auch hier. Die deutschen ›Untertanen‹, stets viel zu sehr beschäftigt, die Reihenfolge ihrer kleinen Würden unter sich auszumachen, haben niemals Zeit gehabt, gegen ihre eigentlichen Bedrücker vorzugehen, deren schlimmste allerdings sie selbst waren. Die Stubenältesten und die offiziell nicht abgestempelten, aber um so stärkern Vorgesetzten durch Prestige hausten im Kadettenkorps wie die Räuber. Das hatte auch seine materiellen Gründe: diese zukünftige Elite der Nation erpreßte Geld und Nahrungsmittel von den Kameraden, wo sie nur konnte. Wiese: »In Wirklichkeit waren es erpreßte Abgaben, auf die man einging, um sich etwas Ruhe vor den Peinigern zu verschaffen. Freilich war das auf die Dauer ein Irrtum. Wie überall in der Welt, wo der Schwächere dem Stärkeren schutzlos gegenübersteht, weckte jeder entrichtete Zins stärkeres Begehren nach größern Leistungen.« Und wenn man ein paar Breitengrade weiter südlich geht und die weiße Hautfarbe in ein dunkleres Braun verwandelt, so ändert sich nichts. Albert Londres berichtet in seinem Aufsehen erregenden Werk: *Dante n'avait rien vu* über die französischen Militärstraflager in Nordafrika, ›Biribi‹ genannt, von den Funktionen der dortigen Stubenältesten, die man ›caïd‹ nennt. (Caïd ist eigentlich die Bezeichnung für einen arabischen Statthalter.) Londres sagt darüber: »Wenn ein Gefangener von seiner Familie ein Paket bekommt, so trägt er es zunächst zum caïd. Der caïd trifft seine Wahl und läßt liegen, was ihm nicht gefällt. Bei der Bataillonsausgabe von Wein setzt der caïd den Zuber neben sich und gibt selbst aus. Was übrig bleibt, gehört ihm; er verwendet es für sich oder verkauft es. Der Tabak, den jeder empfängt, gehört dem caïd. Wenn der Strafgefangene dem caïd Tabak gibt, so ist das keine Gefälligkeit, sondern eine Zinszahlung (il lui paie une redevance).« Man beachte die gleiche Terminologie zweier so verschiedener Autoren. Beide sprechen von einem ›Zins‹. Nun, diesen Zins hat der kleine Wiese reichlich bezahlen müssen.

Heute betrachtet er sein Unglück soziologisch. »Daß der Gruppengeist trotz aller versachlichten Normen und trotz der Grade von der Eigenart der vorbildlichen oder autoritären Menschen abhängig ist, zeigte sich mir besonders darin, daß das Gemeinschaftsleben innerhalb der Kompanie in jedem Jahre wesentlich anders, daß auch das Verhalten der Kadetten zwischen den beiden Kompanien sehr verschieden war … Am entscheidendsten war stets der Umstand, welche ›Clique‹ tonangebend war.« Dabei erwähnt Wiese allerdings nicht, daß diese Clique nicht vom Himmel heruntergefallen ist, sondern daß die Gruppe sie als ihren Extrakt gewissermaßen ausgeschwitzt hat. Es gibt keine Regierung, die einem nicht zu den Heloten zu zählenden Volk auf die Dauer künstlich aufgepfropft wäre: jede Regierung ist im Tiefsten, besonders im Passiven, der Ausdruck ihres ganzen Volkes. Die Einzelheiten aber, die Wiese von diesen Kadettencliquen angibt, schreien zum Himmel.

Prügel. In die Fresse schlagen. Die glatte Lage. Eisernes Lineal auf weiche Kinderhände. Spitze Federn in die Kehrseite. Ein Maikäfer wird an einen Faden gebunden, dem Opfer zum Schlucken gegeben und wieder herausgezogen. (Strafverschärfung: der Maikäfer wird vorher in Tinte gebadet.) Stundenlanges Strammstehen. Herunterstopfen sämtlicher Tellerabfälle einer ganzen Tischgemeinschaft. Würgen mit der Halsbinde, bis der Gewürgte ohnmächtig wird. Von den sexuellen Anomalien soll hier nicht gesprochen werden. Das ungefähr waren die Grundpfeiler der gerühmten deutschen Heereserziehung.

Wer waren die Erzieher? Die Erzieher waren ehemalige Kadetten, die nicht einsehen konnten, warum es andre besser haben sollten, als sie es selbst einmal gehabt hatten, und die sich einredeten, »doch auch recht tüchtige und ordentliche Menschen geworden zu sein«. Sie ließen die Dinge also nicht nur treiben, sondern begünstigten und provozierten sie sogar. Sie verhinderten nicht, sie stifteten an. Daß dabei einer dieser Jugenderzieher einen uns auch sonst teuern Namen trägt, mag als lustiger Zufall gebucht werden. »Der Kompaniechef, der im Herbst 87 den Hauptmann v. Scheidt abgelöst hatte, Herr Noske, war zeitweise ein ganz jovialer Mann, der sich sehr gern reden hörte und sich irrigerweise für ein pädagogisches Genie hielt.« Es scheint in der Familie zu liegen.

Wiese litt annähernd acht Jahre unter diesem Auswurf einer Nation. Bei der Konfirmation stand ein Haken seines Uniformkragens offen, und einer der als Hauptleute kostümierten ewigen Feldwebel sagte zu der Mutter des Kadetten: »Er wird sich sehr zusammennehmen und noch sehr bessern müssen, wenn noch was Ordentliches aus ihm werden soll, gnädige Frau!« Hoffentlich hat er dann später immer hübsch seine Kragen geschlossen gehalten.

»Wenn ich diese Aufzeichnungen veröffentliche, geschieht es, weil sie mir Warnungen zu enthalten scheinen, deren die Gegenwart bedarf. Viele Eltern und Lehrer sehnen sich heute nach der alten, mehr oder weniger militärischen Erziehungsweise zurück und wähnen, daß den Kindern die Zucht und Bindung der Internate alten Stils, vor allem des Kadettenkorps, not täte. Überall in Deutschland mehren sich die Anzeichen einer freiwilligen ›Militarisierung‹ des Erziehungswesens, wobei ich unter Militarisierung nicht äußere Kriegsvorbereitungen, sondern eine innere Formung der Jugend nach Regeln und Grundsätzen eines unfreien Geistes verstehe.« Leopold v. Wiese, der uns wegen seiner anständigen und menschlichen Haltung im Kriege im besten Gedächtnis ist, ein Mann, dessen künstlerische Vergangenheit und wissenschaftliche Leistungen dafür bürgen, daß er nicht eine blinde Hetzschrift geschrieben, hat hier das schärfste sachliche Urteil über die militärische Erziehung gesprochen.

Die militärische Erziehung macht den Menschen zu einem Gruppenbestandteil und stützt die Fiktion mit den schlechtesten Mitteln. Sie appelliert dabei an tiefe barbarische Urinstinkte des Menschen, an seine Eitelkeit, an gewisse Berührungspunkte der Sexualität mit dem Sadismus, an das Männchen im Mann und an das Fleischfressende im Menschen. Die Verantwortung ist so aufgeteilt, daß niemand sie mehr trägt, und hier ist an die vorzügliche Stelle aus Simmels Soziologie zu erinnern: »Ebenso gefährlich wird dem einzelnen die Zugehörigkeit zu einer Gesamtheit auch nach der Seite des Tuns, hier handelt es sich darum, daß das wahre oder das vorgebliche Interesse einer Gemeinschaft den einzelnen zu Handlungen berechtigt oder verpflichtet, für die er als einzelner die Verantwortung nicht tragen möchte ... Korporationen politischer ... Art üben so empörende Unterdrückungen individueller Rechte – wie es dem einzelnen, wenn er als Person sie verantworten sollte, doch unmöglich wäre oder doch ein Erröten abzwingen würde.« Die Faulheit und geistige Unfähigkeit von Erziehern und Vorgesetzten, wirtschaftliche Interessen und ein Tiefstand der öffentlichen Gruppenmoral haben das deutsche Militär groß gemacht. Dieser Militarismus ist in alle Berufszweige und Schichten so tief eingedrungen, daß er die Deutschen unfähig gemacht hat, koordiniert zu arbeiten. Sie können es nur subordiniert. Die dauernd gestellte Frage, wer ›mehr zu sagen‹ hat, schiebt sich als tote Last in jeden Arbeitsorganismus ein. Eine unproduktive Hemmung, eine Verderbnis der Seelen und ein Mord an Tausenden und Abertausenden der jungen Generation.

»Am befremdlichsten ist mir der Rückblick auf die Wahlstätter Jahre, daß mir aus der langen Zeit meines Aufenthalts im Vorkorps kaum ein Fall bekannt ist, den ich als Beweis von Ritterlichkeit unter den Kadetten anführen könnte.«

Und: »Eine Möglichkeit, durch irgend etwas andres als durch Körperkraft und physischen Mut legal zu imponieren, gab es nicht. Geistige Leistungen erregten bis zum Beweise des Gegenteils den Verdacht der Schlappheit.« Schlapp sind unsre Heerführer nie gewesen.

Nicht nur die Reichswehr mit einem demokratischen Minister an der repräsentativen Spitze hat sich die Aufgabe gestellt, die ›Tradition‹ hochzuhalten. Schulen, Internate, ein Teil der Volksschullehrer, die Oberlehrer, ein Teil der Universitäten, selbstverständlich die Studenten, diese phantasielosen Rivalen der alten Offizierkorps: die ganze herrschende Klasse Deutschlands, soweit sie von Einfluß ist, seufzt nach einem neuen, staatlich sanktionierten Militarismus und nimmt vorläufig mit dem privat konstruierten kleinern Kreise vorlieb. Viel ethisch und praktisch begründeter Widerstand ist nicht vorhanden. Selbst die Kommunisten schwenken langsam in Gruppen rechts ein und ersehnen sich einen neuen Militarismus mit umgekehrten Vorzeichen.

Das Buch Leopold v. Wieses ist ein Warnungsfanal für ein verhetztes Volk. Von der Reichsleitung ist nach ihrer

Vorbildung und Klassenzugehörigkeit nicht das geringste Verständnis für das, was in dem Buche schmerzlich und ruhig ausgesprochen ist, zu erhoffen. Es wird an uns sein, einer verkommenen und in Roheit verluderten Schicht im Innern und einer Welt draußen zu sagen, daß es noch andre Deutsche als diese, daß es neben den Unteroffizieren und Generalstabskadetten, neben brüllenden Wachtmeistern und rotangelaufenen Frontgötzen, neben größenwahnsinnig gewordenen Beamten, neben Prügelnden und Verprügelten noch andre Deutsche, daß es noch Menschen in Deutschland gibt.   1924

Der Primus

In einer französischen Versammlung neulich in Paris, wo es übrigens sehr deutschfreundlich herging, hat einer der Redner einen ganz entzückenden Satz gesagt, den ich mir gemerkt habe. Er sprach von dem Typus des Deutschen, analysierte ihn nicht ungeschickt und sagte dann, so ganz nebenbei: »Der Deutsche gleicht unserm Primus in der Klasse.« Wenn es mir die *Leipziger Neuesten Nachrichten* nicht verboten hätten, hätte ich Hurra! gerufen.

Können Sie sich noch auf unsern Klassenprimus besinnen? Kein dummer Junge, beileibe nicht. Fleißig, exakt, sauber, wußte alles und konnte alles und wurde – zur Förderung der Disziplin – vom Lehrer gar nicht gefragt, wenn ihm an der Nasenspitze anzusehen war, daß er diesmal keine Antwort wußte. Der Primus konnte alles so wie wir andern, wenn wir das Buch unter der Bank aufgeschlagen hatten und ablasen. Meist war er nicht mal ein ekelhafter Muster-knabe (das waren die Streber auf den ersten Plätzen, die gern Primus werden wollten) – er war im großen ganzen ein ganz netter Mensch, wenn auch eine leise Würde von ihm sanft ausstrahlte, die einen die letzte Kameradschaft niemals empfinden ließ. Der Primus arbeitete wirklich alles, was aufgegeben wurde, er arbeitete mit Überzeugung und Pflichtgefühl, er machte seine Arbeit um der Arbeit willen, und er machte sie musterhaft.

Schön und gut.

Da waren aber noch andre in der Klasse, die wurden nie-mals Primus. Das waren Jungen mit Phantasie (kein Primus hat Phantasie) – Jungen, die eine fast intuitive Auffassungs-gabe hatten, aber nicht seine Leistungsfähigkeit, Jungen mit ungleicher Arbeitskraft, schwankende, ewig ein wenig su-spekte Gestalten. Sie verstanden ihre Dichter oder ihre Phy-sik oder ihr Englisch viel besser als die andern, besser als der ewig gleich arbeitsame Primus und mitunter besser als der Lehrer. Aber sie brachten es zu nichts. Sie mußten froh sein, wenn man sie überhaupt versetzte.

Es müßte einmal aufgeschrieben werden, was Primi so späterhin im Leben werden. Es ist ja nicht grade gesagt, daß nur der Ultimus ein Newton wird, und daß es schon zur Dokumentierung von Talent oder gar Genie genügte, in der Klasse schlecht mitzukommen. Aber ich glaube nicht, daß es viele Musterschüler geben wird, die es im Leben weiter als bis zu einer durchaus mittelmäßigen Stellung gebracht haben.

Der Deutsche, wie er sich in den Augen eines Romanen spiegelt, ist zu musterhaft. Pflicht – Gehorsam – Arbeit: es wimmelt nur so von solchen Worten bei uns, hinter denen sich Eitelkeit, Grausamkeit und Überheblichkeit verbergen. Das Land will seine Kinder alle zum Primus erziehen. Frankreich seine, zum Beispiel, zu Menschen, England: zu Männern. Die Tugend eines deutschen Primus ist ein Laster, sein Fleiß eine unangenehme Angewohnheit, seine Artigkeit Mangel an Phantasie. In der Aula ist er eine große Nummer, und auch vor dem Herrn Direktor. Draußen zählt das alles nicht gar so sehr. Deutschland, Deutschland, über alles kann man dir hinwegsehen – aber daß du wirklich nur der Primus in der Welt bist: das ist bitter. 1925

Ein Satz

Wenn Sie in einer Gesellschaft unter lauter offenen, netten und freundlichen Menschen, die ungezwungen plaudern, klar blicken und so gar keine Würde um sich verbreiten, einen sehen, der mit herausgestreckter Brust jedes seiner Worte posaunt, unter einer niedrigen Stirn zwei kleine kalte Augen, ohne daß Sklaven vorhanden wären, herrisch blitzen läßt, weil ihm nichts daran gelegen ist, etwas zu gelten, aber alles daran, mehr zu gelten als die andern, einen, der im Knopfloch ein Bändchen trägt und auf der Backe vielleicht eine schlecht verheilte Narbe, der sich sein Monokel einklemmt, wenn er etwas lesen will, das er doch nicht verstehen wird, einen, der feige und gewalttätig zugleich aussieht, und dessen ganzes Gehaben an einen mühsam gezähmten Schlächterburschen gemahnt, der auf dem Tanzboden gleich einen Krawall anfangen wird, einen, der entschlossen ist, für

die dümmste Sache mit dem ganzen Einsatz seiner Persönlichkeit voll und ganz einzutreten, und der so viel Prestige
hat, daß ihm für die Humanitas nichts übrig bleibt, der sich,
selbst ein leerer Sack, hinter seinen Titel, seine Dekoration
und seine gesellschaftliche Stellung verkriecht, die er auch im
Sitzen straff betont, einen, dem nur wohl ist, wenn er unter
Kerls, die nicht schreiben und lesen können, aber von ihm zu
fressen bekommen, mit der Reitgerte imponieren darf, und
der sich hütet, in andre Gesellschaftsklassen zu gehen, weil
man ihn da lächelnd abtäte, einen, der mit gut gepflegten, ein
wenig zu dicken Fingern auch von jüdischen Bankiers gern
nimmt, wenn es etwas zu verdienen gibt, und der den Kellner der Weinabteilung zur Abspiegelung seiner Macht
braucht, den gekrümmten Trinkgeldrücken vor dem Thron
seiner Eitelkeit, einen, der sich hinter dem Staat verbirgt,
wenn er etwas ausgefressen hat oder Pension bezahlt haben
möchte – wenn Sie so einen sehen, dann können Sie darauf
schwören: dieser Mann ist ein Nationalist.   1925

Zwischen zwei Kriegen

Paris, 5. Februar 1925

Die Stimmung für Deutschland ist in Frankreich umgeschlagen.

Die treuesten Blätter des Cartel des Gauches zeigen das
äußerste Mißtrauen gegen die fortdauernde deutsche Brüskierungspolitik, und die Meinungsäußerungen des politischen Gewerbes drücken in diesem Fall die tatsächliche
Stimmung des Landes aus: die Franzosen sind enttäuscht.

In völliger Unkenntnis der deutschen politischen Psyche haben sie geglaubt, das Resultat der französischen Wahlen vom 11. Mai werde die öffentliche Meinung in Deutschland über eine gewisse Friedfertigkeit Frankreichs belehren. Der tiefe Pessimismus, dem wir hier immer Ausdruck gegeben haben, ist nur zu berechtigt gewesen: eine seit sechs Jahren verhetzte Nation, die heute noch nicht anerkennen will, daß sie den Krieg verloren hat, erwartet entweder nichts oder zuviel von dem Kabinett Herriot. Zuviel: mit verschränkten Armen und ohne die leiseste Gegenäußerung guten Willens harrten die deutschen Nationalisten auf die Räumung sämtlicher besetzter Gebiete und womöglich auf einen Schuldennachlaß, welchen Ausdruck schwächlich-demokratischer Politik man sich in Deutschland großmütig hätte gefallen lassen. Die meisten erwarteten allerdings gar nichts, weil sie über die wahre Zusammensetzung und die Innenpolitik dieses Kabinetts überhaupt nicht unterrichtet waren. Die Länder kennen einander nicht.

Nun scheinen mir allerdings die ersten Schritte Herriots auf dem Wege der deutsch-französischen Annäherung nicht allzu glücklich gewesen zu sein: der Mann ist den hellen und den dunkeln Kräften seines Landes tausendfach verbunden, kann nicht so, wie er gern will, und wird dazu immer wieder durch die Ungeschicklichkeiten des in die Politik hineinpfuschenden deutschen Reichswehrministeriums, durch mehr oder minder gewichtige Nachrichten über moralische und tatsächliche Bewaffnungsversuche aufgeschreckt. Seine Gesten über den Rhein waren nicht klar, nicht deutlich genug, der alte Aberglaube, ein europäisches Land dürfe sich nicht in die Innenpolitik des andern mischen (während es

Innenpolitik ohne Rückwirkung nach außen heute nicht mehr gibt), mag ihn zu falschem Takt, zu falscher Zurückhaltung veranlaßt haben. Augenblicklich ist man zur Freude aller nationalistischen Totschläger wieder dabei, sich gegenseitig auf der Leiter des Prestige hochzuärgern. Das alles wären politische Fehler, die man wiedergutmachen kann.

Die Politik aber ist ein Gewerbe, wie jedes andre auch. Die modernen Staatsmänner drücken den Gesamtwillen ihres Landes nur insofern aus, als die Bürger ihren Beauftragten zwischen der speziellen Delegierung und dem Augenblick, wo der öffentliche Protest eine Regierung hinwegfegt, auf dem breiten Spielraum jede Betätigung nach dem Trägheitsgesetz erlauben. So wird Politik gemacht. Für die Folgen unzähliger unkontrollierbarer Einzelakte sind nachher die Massen verantwortlich. Und die Massen der beiden Länder kennen einander nicht.

Es gibt heute zwei Gruppen, die bewußt an der Annäherung der beiden Völker arbeiten: das sind die pazifistischen Politiker und die Künstler.

Die pazifistischen Politiker beider Länder scheinen mir einem großen Fehler verfallen zu sein: sie sehen nur sich, sie hören nur sich, sie urteilen nur nach sich. Die französischen Namen, die jedem Deutschen in Paris geläufig sind, lassen sich an den Fingern einer Hand aufzählen, und wenn die Hand keinen Daumen hat, schadets auch nicht. Es sind immer dieselben. Daß es weite, außerordentlich einflußreiche Kreise der Bourgeoisie gibt, die den Deutschen knapp zu einem Interview empfangen, die nicht grade deutschfeindlich sind, aber eben diese politische Annäherung so nicht wünschen: das ahnen die meisten kaum. Die ungeheuerliche

Überschätzung des politischen Apparats führt zu diesen Kongressen, Reden, Zusammenkünften, die ebenso löblich wie im Endzweck völlig nutzlos sind.

Es gibt eine Analogie zu dieser raschelnden Geschäftigkeit, dieser leerlaufenden Dreschmaschine gutgläubiger Außenseiter: das sind die Propaganda-Reisen Matthias Erzbergers während des Krieges. Dieselbe Verkennung von Spezialmilieu und Ausland, derselbe hoffnungslose Optimismus, dieselbe Überschätzung der eignen Kraft. Was sind die zu Hause? Bewirkt diese partielle öffentliche Meinung irgend etwas? Stürzt sie noch Minister? In Deutschland sicherlich nicht. Das Maximum dessen, was wir öffentlich in den letzten Jahren erreicht haben, ist: daß man uns nicht eingesperrt hat.

Dazu kommt, daß auf beiden Seiten der jeweilige Export von Pazifisten dem andern Lager eine Bedeutung dieser Männer vorspiegelt, die sie in ihrem eignen Lande nicht haben. Den Artischocken nicht unähnlich, gelten sie in der Fremde als eine Delikatesse und werden zu Hause für einen Sechser gehandelt. Sie repräsentieren in der Tat nichts. Die Galanterie, mit der man sich gegenseitig wichtig nimmt, Interviews gibt, Besuche empfängt, von bereits Überzeugten beachtet wird, kann nicht darüber hinwegtäuschen, daß das pazifistische Gros viel weniger gefährlich ist, als die Schreier auf der andern Seite wahr haben wollen. Vorsichtig schwankend, tausend nicht dazugehörige Dinge in den Pazifismus verflechtend, stets gute Staatsbürger, aber schlechte Musikanten, hier Kolonien verlangend und da ein Heer, hier die Wehrpflicht bei Verteidigungskriegen lobend und da einen Pazifismus mit der absoluten Souveränität paaren wollend – so sind alle diese ethischen Skatvereine im Grunde ein harmloses Gesellschaftsspiel und ein Jahrmarkt der Eitelkeiten. Man plaudert bei einem Täßchen Tee… das hat man im Jahre 1908 auch schon getan, womöglich in denselben Salons, in denselben Klubs, und die vier Jahre Unterbrechung waren ein etwas ärgerlicher Zwischenfall, über dessen konkrete Einzelheiten ein gut erzogener Mensch nicht gern spricht. Sie gleichen den Gesandten jener kleinen versailler Randstaaten, deren ganzes Budget für die Botschaften draufgeht, und hinter denen nichts steht, nicht einmal ein Land.

Weil es in diesen Kreisen für eine taktische Weisheit gilt, unter keinen Umständen seinen Heimatfilm scharf zu entwickeln, sondern ihn lieber ein bißchen verschwommen zu lassen, sind die Länder auf ihre Presse angewiesen. Und so sieht denn auch die Information aus.

In Deutschland, wo man im w. t. b. den Mantler nach dem Winde hängt, und wo die kleine Lokalpresse fast ganz in den Händen reaktionärer Buchdruckereibesitzer ist, hat man von Frankreich eine gradezu groteske Vorstellung. Es ist für einen anständigen Berichterstatter unmöglich, in diesen Zeitungen aufklärend zu wirken; sie wollen das gar nicht. Neben den unsinnigen Depeschenfetzen nichts Gescheites über Frankreich, nie eine Schilderung der französischen Familie, der französischen Studenten, der französischen Geistlichkeit, nichts. Die Kinderei, erwachsene Menschen mit doppelten Ehebrüchen, pariser Raubmördern, ältern Kokotten in Longchamps zu unterhalten, wird in Text und Bildern von den Verlegereien eifrig gefördert. Die paar Ausnahmen zählen nicht.

In Deutschland will man nicht. In Frankreich ist mehr guter Wille, sich zu informieren, aber die Quellen rieseln dünn. Was der Pariser über Deutschland aus seiner Tagespresse erfahren kann, ist mit einer Ausnahme unzureichend: die eine Ausnahme heißt *Temps* und gibt im Kern durchaus wahre und ausgezeichnet dokumentierte Schilderungen aus Deutschland, die dann in den meisten Fällen durch ihre Übertreibungen und politischen Schlußfolgerungen alles andre als den Pazifismus bewirken. Die *Europe Nouvelle*, deren berliner Korrespondent, Camille Loutre, ein guter politischer Kenner Deutschlands genannt werden muß, ist eine Revue, nur von einem bestimmten Teil der Gebildeten gelesen.

Der Franzose weiß nicht. Er weiß nicht, daß das Entwaffnungsproblem zu keiner Stunde in Deutschland öffentlich diskutiert werden konnte, weil die alten Talare die alten Stahlhelme schützen, er weiß nicht, daß die effektive Militärgefahr geringer und die moralische weitaus größer ist, als ihm seine Karikaturen vorspiegeln; er ahnt dumpf, daß sich Deutschland nicht gewandelt hat – und er hat recht damit. Herriot ist über diese Dinge bedeutend besser informiert – er weiß wirklich genau, was bei uns vorgeht, und nichts ist deshalb törichter als diese läppischen Versuche, durch ›Landesverratsprozesse‹ ernsthafte Erörterungen über die deutsche Reichswehrpolitik und ihren Etat zu verhindern. Diese Richter mögen sich nicht einbilden, damit noch etwas zu retten.

Neulich hat ein deutscher Auch-Pazifist den Franzosen gründlich und gebildet bewiesen, daß sie geographisch, historisch, militärisch, technisch, bevölkerungspolitisch (ohne

Fach-Adverbien tun wirs nicht) nichts von Deutschland zu fürchten hätten. Und wenn man bedenkt, daß der selige Friedenskaiser mit solcher Literatur fünfundzwanzig Jahre lang gewirtschaftet hat, so war es ein recht segensreicher Aufsatz. Ein andrer hat es mit dem Reichsbanner. Nun ist Saalschutz noch keine Idee, und so nützlich die Kleinarbeit dieser Leute in den Landstädten ist, Gegengewicht für die unendlich feigen nationalistischen Verbände, so suspekt ist Führung und verblasenes Programm einer Gemeinschaft, deren wachsende Militarisierung grade auf keinen geistigen Wandel schließen läßt. Ist es taktisch klug, das zu sagen –? Es ist wahr.

Die zweite Gruppe, die eine französisch-deutsche Ver-mittlung besorgen will, sind die Künstler. Hier haben wir dasselbe Bild: Sterne sechster Ordnung werden im Ausland künstlich aufmontiert, einer immer furchtbar eifersüchtig auf den andern, und dem Landsmann ist, wenn er sie vor dem fremden Parkett so tänzeln sieht, zu Mute wie dem gutmütig schmunzelnden Feuerwehrmann, der weiß, daß die heilige Johanna im Ballett eine dicke alte Frau mit sechs Kindern ist. Daß sich die Intellektuellen der avant-garde gegenseitig verstehen, ist nichts Wunderbares und besagt gar nichts: der Ausdruck ›avant-garde‹ ist überdies irrefüh-rend, das Gros geht gewöhnlich später ganz andre Wege, und die fine fleur eines Landes bedeutet in so groben Din-gen wie Krieg und Friede überhaupt nichts. Die gute Jugend beider Länder leidet an denselben Schmerzen, ist europa-müde, sucht, findet nicht und hat ihren kleinen Trost, im Unglück ausländische Genossen zu haben. Im übrigen ist sie einflußlos, denn das, was hier in Frage steht, kann nicht ästhetisch gelöst werden. Vor dem Kriege haben auf allen deutschen Bücherborden französische Werke im Original und in der Übersetzung gestanden, was die Inhaber nicht gehindert hat, sich am 1. August 1914 auch mit der Seele den Bezirkskommandeuren, jenen Hofhunden des Schutzzolls, zur Verfügung zu stellen. Sie werden es wieder tun.

Die einzigen, die wir auf der Höhe der Zeit sehen, sind die Kaufleute. Während in allen Büros des Pazifismus und der Société des Nations dasselbe ehrgeizige, nicht mehr junge, ein wenig hysterische Mädchen gutmütige alte Teppen von Gelehrten, ausrangierte Generale, Politiker mit versetztem heimischem Mißerfolg und solche, die es werden wollen, um sich versammelt – währenddessen machen sie Geschäfte. Sie allein sehen das fremde Land so, wie es auf ihrem Gebiet wirklich ist: Leistungsfähigkeit, Kreditwürdigkeit, Möglichkeit des Profits und Diskontsatz. Nur sie geben sich keiner Täuschung hin, verlangen nur, was sie bezahlen, und sind nach dem Krieg am raschesten versöhnt, weil sich Geldschränke nicht zanken. Die andern tauschen Boxer, Tänzer, Schlager und Pazifisten aus – sie: Schecks. Und keine Handelsverträge. Sie allein sind wahrhaft realpolitisch.

Wir schreiben das Jahr 1925, aber wir haben keine Zeitgenossen. Das hält alles noch kurz vor Erfindung der Dampfmaschine, läßt eine Diplomatie am Werke, die mit unendlichen Kniffen, Listen und Intrigen um ein Nichts kreiselt, deren junge Herren mit den zu großen Händen und den zu knappen Jacketts müde-interessiert dem Geschwätz der Kammern lauschen, wohl wissend, daß keiner ihr Budget verkürzt, und das ist schließlich die Hauptsache. Sie spielen Staat, verhandeln, zum Beispiel, heute noch nicht sachlich und offen über eine wirkliche Entwaffnung und übertragen auf die Société des Nations die Konventionen der feinen Gesellschaft.

Wenn man einem im Januar 1914 gesagt hätte, daß sich die Staaten, die dem einzelnen manchmal beim Geschäft lästig fielen, sich aber sonst nicht bemerkbar machten, zwölf Millionen Menschen von den Schlachtfeldern Europas in die Kalkgruben abholen würden und das sechs Monate später –: er hätte gelacht. Sechs Monate später marschierte er oder lieferte Rucksäcke und Kriegsgedichte.

Wir gehen nicht den Weg des Friedens. Was sich jetzt, hinter den Kulissen, zu verbrüdern beabsichtigt, sind leider nicht die besten Teile der Völker – es sind ihre schlechten: Industrie-Raffer und die Militärs. Es gäbe andre Kräfte – sogar in Deutschland, wo die radikale Bewegung der Zentrumsjugend unter Vitus Heller zu den bedeutendsten Erscheinungen gerechnet werden muß. Aber das sind erst Keime – ob sie aufgehen werden, steht dahin. Und Einfluß haben sie heute noch nicht.

Wir gehen nicht den Weg des Friedens. Es ist nicht wahr, daß freundliche Gespräche am Genfer See den Urgrund künftiger Kriege aus dem Wege räumen werden: die freie Wirtschaft, die Zollgrenzen und die absolute Souveränität des Staates. Die Kinder unsrer bekanntesten Männer haben alle Aussicht, unbekannte Soldaten zu werden. Deutschland hat nicht nötig, sich in eine Monarchie zu verwandeln – diese Republik tut es auch, und viel gefährlicher als bärtige Wotan-Anbeter sind die philosophischen Verfechter eines schwarz-rot-goldenen Befreiungskampfes. Wir stehen da,

wo wir im Jahre 1900 gestanden haben. Zwischen zwei Kriegen.   1925

Die Zentrale

Die Zentrale weiß alles besser. Die Zentrale hat die Übersicht, den Glauben an die Übersicht und eine Kartothek. In
der Zentrale sind die Männer mit unendlichem Stunk untereinander beschäftigt, aber sie klopfen dir auf die Schulter
und sagen: »Lieber Freund, Sie können das von Ihrem Ein-
zelposten nicht so beurteilen! Wir in der Zentrale...«

Die Zentrale hat zunächst eine Hauptsorge: Zentrale
zu bleiben. Gnade Gott dem untergeordneten Organ, das
wagte, etwas selbständig zu tun! Ob es vernünftig war oder
nicht, ob es nötig war oder nicht, ob es da gebrannt hat oder
nicht –: erst muß die Zentrale gefragt werden. Wofür wäre
sie denn sonst Zentrale! Dafür, daß sie Zentrale ist! merken
Sie sich das. Mögen die draußen sehen, wie sie fertigwerden!

In der Zentrale sitzen nicht die Klugen, sondern die
Schlauen. Wer nämlich seine kleine Arbeit macht, der mag
klug sein – schlau ist er nicht. Denn wäre er's, er würde sich
darum drücken, und hier gibt es nur ein Mittel: das ist der
Reformvorschlag. Der Reformvorschlag führt zur Bildung
einer neuen Abteilung, die – selbstverständlich – der Zentrale unterstellt, angegliedert, beigegeben wird... Einer
hackt Holz, und dreiunddreißig stehen herum – die bilden
die Zentrale.

Die Zentrale ist eine Einrichtung, die dazu dient, Ansätze
von Energie und Tatkraft der Unterstellten zu deppen. Der

Zentrale fällt nichts ein, und die andern müssen es ausführen. Die Zentrale ist eine Kleinigkeit unfehlbarer als der Papst, sieht aber lange nicht so gut aus.

Der Mann der Praxis hats demgemäß nicht leicht. Er schimpft furchtbar auf die Zentrale, zerreißt alle ihre Ukase in kleine Stücke und wischt sich damit die Augen aus. Dies getan, heiratet er die Tochter eines Obermimen, avanciert und rückt in die Zentrale auf, denn es ist ein Avancement, in die Kartothek zu kommen. Dortselbst angelangt, räuspert er sich, rückt an der Krawatte, zieht die Manschetten grade und beginnt, zu regieren: als durchaus gotteingesetzte Zentrale, voll tiefer Verachtung für die einfachen Männer der Praxis, tief im unendlichen Stunk mit den Zentralkollegen – so sitzt er da wie die Spinne im Netz, das die andern gebaut haben, verhindert gescheite Arbeit, gebietet unvernünftige und weiß alles besser.

(Diese Diagnose gilt für Kleinkinderbewahranstalten, Außenministerien, Zeitungen, Krankenkassen, Forstverwaltungen und Banksekretariate, und ist selbstverständlich eine scherzhafte Übertreibung, die für einen Betrieb nicht zutrifft: für deinen.) 1925

Wofür?

Gleich Kindern laßt ihr euch betrügen,
Bis ihr zu spät erkennt, o weh! –
Die Wacht am Rhein wird nicht genügen,
Der schlimmste Feind steht an der Spree.

Georg Herwegh

Am 1. August habe ich hier auseinandergesetzt, wofür zwölf Millionen Menschen in vier Blutjahren ihr Leben gelassen haben. Die wenigen Zeilen haben genügt, auf einer Tagung des Reichsbanners einen Teil seiner Führer zu einer feierlichen Bannbulle gegen *Das Andere Deutschland* zu veranlassen. Nachdem der Streit nun eine Weile hin- und hergegangen ist, scheint es mir, als seinem Veranlasser, richtig, ein paar Worte dazu zu sagen.

Der moderne Krieg hat wirtschaftliche Ursachen. Die Möglichkeit, ihn vorzubereiten und auf ein Signal Ackergräben mit Schlachtopfern zu füllen, ist nur gegeben, wenn diese Tätigkeit des Mordens vorher durch beharrliche Bearbeitung der Massen als etwas Sittliches hingestellt wird. Der Krieg ist aber unter allen Umständen tief unsittlich. Es ist nicht wahr, daß in unsrer Epoche und insbesondere in der Schande von 1914 irgend ein Volk Haus und Hof gegen fremde Angreifer verteidigt hat. Zum Überfall gehört einer, der überfällt, und tatsächlich ist dieses aus dem Leben des Individuums entliehene Bild für den Zusammenprall der Staaten vollkommen unzutreffend.

Wer Zeit und Lust hat, mag einmal einen gebundenen Jahrgang seines Morgenblattes aus dem Jahr 1914 durchblättern. Im April, im Mai, Anfang Juni wußte auf allen Seiten kein Redakteur und kein Leser, was zwei Monate später geschehen würde; präpariert war nur die Massenbereitschaft, sofort anzutreten, wenns klingelte. Sie sind angetreten, ohne mehr von den Ursachen des Alarms zu wissen, als was ihnen die Telegrafenagenturen der Regierungen vorzusetzen beliebten. Wir wissen heute, daß damals auf allen Seiten schändlich gelogen worden ist.

Um eine Wiederholung zu vermeiden, gilt es also, den sittlichen Unterbau einer unsittlichen Idee zu zerstören. Dieser Unterbau heißt: Es ist süß und ehrenvoll fürs Vaterland zu sterben.

Was die Süße anbetrifft, so wird ja auch der verlogenste Kriegshetzer nicht mehr wagen (wenn es nicht gerade ein Militärpfarrer ist), von diesem Bonbon des Patriotismus zu sprechen. Wer ihn einmal geschmeckt hat, wer am nebelgrauen Wintermorgen Verwundete mit blutdurchtränkten Verbänden aus einem Wäldchen hat hinken sehen, wer den Zerschossenen, dem die Eingeweide heraushingen, hat brüllen hören: »Schießt mich tot, schießt mich tot!« – wer das gesehen und gehört hat, der weiß, wie süß es ist.

Ist es ehrenvoll? Nein.

Die Ehre wohnt einer Sache nicht inne, sie wird ihr erst beigelegt. Wenn die überwiegende Mehrheit eines Staates soweit aufgeklärt und erzogen ist, daß sie den Massenmord von Einzelmord nicht mehr unterscheidet, so ist es mit der Ehrung des Soldaten vorbei. Es bleibt das tiefe Bedauern für die Gefallenen, Mitleid mit den Hinterbliebenen, Pflicht, für diese Hinterbliebenen zu sorgen (dieser Pflicht kommt der kriegerische moderne Staat nicht nach –), und es bleibt die tiefste Verachtung für einen wirtschaftlichen Vorgang, der sich mit den Zutaten des Films behängt, um sich populär zu machen, und der seine Bilanz im stillen zieht. Sie ist nicht mit roter Tinte geschrieben.

Wer ein modernes Schlachtfeld gesehen und zuinnerst erlebt hat, wer auch nur die Fotografen dieser internationalen Greuel kennt, Fotografien, die das böse Gewissen der Offiziere und solcher, die es werden wollen, sorgfältig vor der Öffentlichkeit versteckt, wer die Fleischpakete in den Massengräbern und die eklen Stümpfe der zerhackten Überlebenden – welch ein Leben! – kennt: wer davor nicht zurückschrickt, wer das nicht mit allen erdenklichen Mitteln verhindern will, wer hier nicht der jungen Generation ein Fanal aufrichtet –: der ist kein Mensch, der ist ein Patriot.

In diesem Sinne habe ich am 1. August meinen kleinen Aufsatz geschrieben und in diesem Sinne kämpft *Das Andere Deutschland*.

Wir strecken dem Reichsbanner unsere Hand hin, und wir erwarten vom Reichsbanner das gleiche.

Im Anfang nach dem Kriege war der Nationalismus, die Freikorps, die nationalistischen Jugendverbände, die verhetzten und irregeleiteten Gruppen junger Leute. Das Reichsbanner steht heute noch in der Defensive, wie alles, was in Deutschland Republik ist. Die Verneinung eines gegebenen Gedankens genügt, um eine Gruppe zu bilden; sie genügt nicht, um auf die Dauer tatkräftige Gruppenarbeit zu leisten. »Ich bin kein radaulüsterner Nationalist« – das ist sehr schön. Aber was bist du denn?

Das etwas verblasene Ideal ›Republikaner‹ heißt noch gar nichts. Es hat in der Geschichte Monarchien gegeben, die weitaus liberaler, pazifistischer und sozialgesinnter waren, als die Regierung der jetzigen deutschen Republik, und das allgemeine Bekenntnis zur Republik besagt nichts und verpflichtet zu nichts.

Nimmt das Reichsbanner Rücksicht auf die ihm angehörenden Frontsoldaten?

Aber man höre doch endlich mit dem Unfug auf, zum Kriegsdienst gepreßte Arbeiter und Kaufleute mit Landsknechten zu vergleichen. Die im Jahre 1914 freiwillig gegangen sind, wußten nicht, wohin sie gingen, sie kannten den modernen Krieg überhaupt nicht. Und so verständlich es menschlich ist, daß der, der die schrecklichsten Qualen dieser Hölle hat durchmachen müssen, einen Ausgleich für das ausgestandene in der Bewunderung seiner Mitbürger sucht, so sehr niemand die Pein, vier Jahre lang seiner Menschenrechte beraubt gewesen zu sein, nutzlos erlitten haben will, ein so starkes Erlebnis für ihn selbst der Krieg gewesen sein mag: eine menschliche Klassifizierung ›Frontsoldaten‹ gibt es nicht.

Wir haben keine Zeit, uns mit demokratischen Rechtsanwälten über das Wesen des Krieges zu unterhalten, und nun etwa die Bewegung dafür büßen zu lassen, daß jene in ihrer Jugend keine gute Seelenpflege genossen haben. Wir können auch nicht darauf warten, bis die nächste Generation von Sozialdemokraten oder Demokraten heranwächst, die vielleicht aus dem Kriege gelernt haben könnte. Viel Aussicht ist dafür nicht vorhanden. Wir wenden uns direkt an die junge Generation und sagen:

Die Ideale, die man euch gelehrt hat, sind falsch.

Es gibt kein staatliches Interesse, kein wirtschaftliches

Interesse, kein Volksinteresse, für das solche schweinischen Ungeheuerlichkeiten begangen werden dürfen, wie sie im Kriege auf allen Seiten begangen worden sind. Niemand ist so ein Ungeheuer, daß er allein getan hätte, was jeder Instanzenzug getan hat. Kein Mensch war ein so großer Verbrecher, daß er den Tötungsplan selbst entworfen, ihn selbst in allen Einzelheiten ausgeführt und selbst die Früchte des Sieges davongetragen hätte. Weil jeder immer nur etwas tat, merkte er nicht, was getan wurde.

Wir wenden uns an euch, weil ihr das Deutschland vom Jahre 1940 sein werdet. Und ohne uns zum Wortführer der Millionen Gefallener zu machen, unter denen es Pazifisten, Gleichgültige und Kriegsfreudige gegeben hat, machen wir uns zum Wortführer trauernder Frauen und Kinder und zum Wortführer einer durch Gasgranate und Feldsyphilis im tiefsten verletzten Volkskraft, und wir beschwören euch, mit uns gegen kleinbürgerliche Ängstlichkeit und vorbei an unaufgeklärten Konfusionsräten den sittlichsten Kampf zu führen, der jemals gekämpft worden ist:

Den Kampf gegen den Krieg.   1925

Waffe gegen den Krieg

Ich trete heute an meine Leser mit einer Bitte heran.

Wir sind uns alle darüber einig, daß die pazifistische Arbeit der letzten Jahre nicht kräftig genug gewesen ist, und die Gründe hierfür sind oft genug dargelegt worden. Jetzt haben wir einmal Gelegenheit, etwas Wirksames für die Ausbreitung unsrer Ideen zu tun – und wir sollten es tun.

Im Verlag der Freien Jugend (Berlin C2, Parochial-Straße 29), ist ein Bilderalbum erschienen: *Krieg dem Kriege!* Die Unterschriften der Bilder sind deutsch, englisch, französisch und holländisch. Ernst Friedrich hat es zusammengestellt.

Durch einen Zufall bin ich darüber unterrichtet, mit welcher Selbstaufopferung, mit welchen Schwierigkeiten, mit welcher Mühe dieser Band mitten in der Inflationszeit zustande gekommen ist. Friedrich hat eine übermenschliche Arbeit getan, und er hat sie gut getan. Es dreht sich jetzt nicht darum, das Buch geschwollen zu zensieren und ihm irgendwelche kleinen Mängel vorzuhalten – dazu haben wir an solchem Propagandastoff viel zu wenig, eigentlich gar nichts. Wir müssen etwas andres tun.

Das Buch, das fast zweihundert der entsetzlichsten und grausigsten Dokumente wiedergibt, sollten wir bestellen und verbreiten. Und zwar sollten wir es nicht nur unsern Freunden zeigen, denen, die schon Pazifisten sind, also nicht den alten Fehler wiederholen, der so oft gemacht wird: Missionare nach Rom zu schicken – sondern wir sollten es den Gegnern zeigen. In Versammlungen, in Schulen, in Vereinen, an Stammtischen – dieses Grauen kennt ja keiner von denen.

Und man sollte das Buch auch Frauen zeigen, grade Frauen zeigen. Möglich, daß eine in Ohnmacht fällt. Aber es ist besser, sie fällt beim Anblick eines Buches in Ohnmacht als nach Empfang eines Telegramms aus dem Felde …

Friedrichs lächerlichste Gegner standen, wie er selber erzählen kann, nicht auf der militaristischen Seite. Die Schwierigkeiten, die jedem radikalen Friedenssoldaten von den eignen Gesinnungsgenossen gemacht werden, von jenen, die aus den ›Bedenken‹ nicht herauskommen, sie sind uns allen bekannt. Weil er sie überwunden, soll man sich einer Waffe bedienen, die er uns geliefert hat.

Die Fotografien der Schlachtfelder, dieser Abdeckereien des Krieges, die Fotografien der Kriegsverstümmelten gehören zu den fürchterlichsten Dokumenten, die mir jemals unter die Augen gekommen sind. Es gibt kein kriminalistisches Werk, keine Publikation, die etwas Ähnliches an Grausamkeit, an letzter Wahrhaftigkeit, an Belehrung böte.

Das böse Gewissen, mit dem die Offiziere und Nationalisten aller Art verhindern und natürlich verhindern müssen, daß das wahre Gesicht des Krieges bekannt werde, zeigt, was sie von solchen Veröffentlichungen zu befürchten haben. Geschriebene Bücher schaffen es nicht. Kein Wortkünstler, und sei es der größte, kann der Waffe des Bildes gleichkommen.

Und weil im Reichsarchiv, das völlig in den Händen von Kriegspropagandisten ist, niemals eine derartige Publikation gegen den Krieg anzutreffen sein wird, weil dort Anreißerei für den Krieg in der schlimmsten Form eingestandenermaßen betrieben wird –: deshalb soll man sich einer Gegenwaffe bedienen, die die Bemühungen jenes von der Allgemeinheit bezahlten und überflüssigen Instituts lahm legt. Hier ist die Waffe. Wer das sieht und nicht schaudert, der ist kein Mensch. Der ist ein Patriot.

Denen, die mir so oft bejahend zugehört haben, lege ich nahe:

Das Buch in einem oder mehreren Exemplaren zu kaufen und für seine Verbreitung zu sorgen. 1926

Keinen Mann und keinen Groschen –!

Man denke sich einen Feuerwehrhauptmann, der allwöchentlich in der Stadtverordnetensitzung seines Heimatortes aufmuckt und folgende Rede hält:

»Wir Feuerwehrleute sind die ersten im Staate! Ihr habt für uns zu zahlen, daß euch die Knochen knacken! Wer nichts bewilligt, ist ein Schuft! Wir, die Feuerwehrleute, geben den Ton bei euch an! Wir Feuerwehrleute allein haben den echten deutschen Geist! Wir, wir, wir –!«

Spräche er so, so klopfte ihm nach der zweiten Ansprache sicherlich ein verständiger Mann auf die Schulter und sagte: »Lieber Herr Hauptmann! Regen Sie sich wieder ab! Die Feuerwehr ist eine Notwendigkeit, denn mal brennt es immer irgendwo. Aber dafür, daß Sie Ihre sicherlich schwere Pflicht tun, bekommen Sie bezahlt – Sie sollen auch die Gerätschaften haben, die Sie brauchen. Was aber den echten deutschen Geist betrifft, die Gesinnung und alles das... das ist nicht Ihre Sache. Tun Sie Ihre Pflicht, überlassen Sie den Bürgern und Steuerzahlern, was die für Ihre Feuerwehr ausgeben wollen, und im übrigen: schweigen Sie.«

So spräche ein Mann mit seinen fünf gesunden Sinnen.

Dieselben Reden wie die eines aus dem Leim gegangenen Feuerwehrhauptmanns hören wir ständig von unsrer Reichswehr. Nur liegt da die Sache weitaus schlimmer.

Von Geßler wollen wir nicht ernsthaft reden. Der Mann ersetzt, was ihm an Macht in seinem Bereich fehlt, durch Unverfrorenheit im Auftreten jenen Parlamentariern gegenüber, die es nicht besser verdienen, weil sie sichs gefallen lassen. Der wahre Reichswehrminister heißt Hans von Seeckt.

Wenn wir Seeckt den besten deutschen Politiker nennen, so heißt das zunächst nicht viel, denn ernsthafte Rivalen hat er nicht. Er ist aber nicht nur der Mann, der mit der weitesten Sicht seit Jahren unbeirrbar auf sein unheilvolles Ziel zustrebt, sondern er ist der Mann, der, völlig befangen in der kaiserlichen Offizierserziehung, die Interessen seiner Kaste, nicht die seiner Person, über die wahren Interessen seines Landes setzt. Geht das so weiter, ist uns der Krieg im Osten sicher.

Zur Zeit des Noske, vor dem Kapp-Putsch, acht Tage vor der Ermordung Rathenaus, habe ich mich jedesmal wegen ›Unkens‹ auslachen lassen, und wer sich die Mühe nehmen will, die alten Nummern der *Weltbühne* nachzulesen, kann das feststellen. Ich bin bereit, auch dieses Mal mitanzusehn, wie die Herren Realpolitiker die Achseln zucken werden – das beweist aber, wie richtig unsere Politik ist. Und dies ist unsere Politik:

In einer Zeit, in der wir in Deutschland nicht Geld genug haben, um tuberkulöse Arbeiterkinder zu versorgen, um Notwohnungen zu bauen – in einer Zeit, die selbst dem, der arbeitet und arbeiten will, grade das knappe Auskommen gibt, ohne die leiseste Garantie, was denn nun im Alter mit ihm werden wird – in einer Zeit, in der alle kulturellen und sozialen Bedürfnisse der Nation aufs äußerste gefährdet und darniederliegen – in einer solchen Zeit scheint es mir ein verbrecherischer Wahnsinn, die Militärausgaben fortlaufend von Jahr zu Jahr zu steigern.

Das Heer, so wie es da ist, mit seinen 100 000 Mann (offiziell), mit seinem Mangel an Flugzeugen und schwerer Artillerie (offiziös) – dieses Heer ist für einen Angriffskrieg, ja, selbst für einen Verteidigungskrieg gegen eine gerüstete Macht nach außenhin vorläufig unbrauchbar. Nun will Seeckt zweierlei:

Er sagt in seinen Erlassen deutlich, daß er auf seinen Kriegsschulen mit einem Heer rechnet, wie es sein könnte und sein sollte – aber nicht, wie es ist. Er schafft zweitens eine entsetzlich gefährliche Waffe, gefährlich in den Händen der Arbeitergegner, denen schon der zahmste Demokrat als Umstürzler erscheint. Die Waffe hat schon zweimal zugeschlagen: in Sachsen und Thüringen. Jeder der Geschlagenen weiß, wie es damals zugegangen ist.

Ich rede gar nicht von dem überheblichen Ton, in dem uns immer wieder versichert wird, daß uns der Geist von Sedan not täte, daß die Armee dazu da sei, den Deutschen ein Ideal vorzuleben, und nicht von andern schönen Lesebuchphrasen, mit denen man höchstens einem nationalen Studenten der Juristerei imponieren kann. Ich rede hauptsächlich von dem, was bezahlt werden soll.

Der Heeresetat jeden Jahres ist ein Musterbeispiel von Verworrenheit und unübersichtlichem Kram. Es gibt kaum zehn Parlamentarier, die überhaupt wissen, was sie da bewilligen – weil sie viel zu faul oder zu fleißig, auf alle Fälle zu überladen und zu falsch beschäftigt sind, um diesen gradezu ungeheuerlichen Etat wirklich durchzuarbeiten. Daß die sozialistische Partei ihn nicht, schon als Geste gegen Seeckt und dessen Untergebenen Geßler, ablehnt, zeigt, wie volksfremd dieses Parlament geworden ist. Wir wollen ihm ein bißchen unter die Arme greifen.

Genau so, wie das Parlament mit seinem Kuhhandel um den Volksentscheid den klaren Willen der Massen, die es doch vertreten soll, *verfälscht,* genau so wenig kümmert es sich um uns, die wir es ja erst delegiert haben, um unsern Willen, das Heer betreffend. Unser Wille ist klar.

Wir wollen keinen Krieg.

Wir wollen keine sinnlosen Milliardenausgaben für eine Sache, die uns kulturfeindlich erscheint, deren einzelne Vertreter ehrenhafte Leute sein mögen, die aber im ganzen nichts als Unheil im Reich anrichtet. Wir arbeiten nicht dafür, daß die Offiziere morgens, nach alter schlechter Sitte, von ihrem Burschen begleitet, spazieren reiten können; wir arbeiten nicht dafür, daß Zehntausende von jungen Bauernsöhnen von nützlicher Arbeit abgehalten werden und unproduktiv ihr Leben in einem geschäftigen Müßiggang verlungern; wir arbeiten nicht dafür, daß der Kasernenhofgeist in Familien und Gemeinde dringt – und wir arbeiten nicht für den Mord. Wir haben das satt.

Und so gewiß, wie wir uns abwenden, wenn die »Militärmusik mit blitzenden Instrumenten forsch, daß einem das Herz im Leibe lacht«, dahermarschiert, so gewiß wenden wir uns von einem Mechanismus ab, dem wir sittliche Werte überhaupt absprechen und der der Feuerwehr weit, weit unterlegen ist. Diese Leute verhüten das Feuer nicht. Sie bereiten es vor.

Und weil das Parlament schläft und sich in Geschäftsordnungsdebatten erschöpft, wo es zu handeln gilt – deshalb wollen wir die Steuerzahler aufklären, damit endlich einmal Ordnung in den Laden kommt. Ich habe absichtlich nicht von dem gesprochen, was in Geßlers Häusern und Lagern in den letzten Jahren vor sich gegangen ist. Selbst, wenn um die Schwarze Reichswehr nicht Hunderte von Menschen unschuldig ins Zuchthaus gegangen wären, selbst, wenn niemand ermordet worden wäre, lehnen wir die Reichswehr ab, die wir nicht nötig haben.

Es ist nicht wahr, daß die Welt über uns herfallen wird, wenn wir kein Heer mehr besitzen; kein Heer wird sie davon abhalten, nicht einmal die Maschinerie des kaiserlichen Heeres hat das vermocht. Die Armee ist heute in Deutschland politischer Selbstzweck.

Und im Namen der Mütter, die den nutzlosen Tod ihrer für einen Dreck gefallenen Söhne beweinen, im Namen jener Millionen junger Menschen, die von diesem aberwitzigen Tun genug haben und den einfachsten Steinklopfer höher schätzen als einen Telefongeneral – im Namen aller dieser wehren wir uns gegen die Vergeudung unsrer Steuergroschen, die man uns abpreßt, und rufen:

DIESER REICHSWEHR KEINEN MANN UND KEINEN GRO-SCHEN –! 1926

Das Mitglied

In mein' Verein bin ich hineingetreten,
weil mich ein alter Freund darum gebeten,
    ich war allein.
Jetzt bin ich Mitglied, Kamerad, Kollege –
das kleine Band, das ich ins Knopfloch lege,
    ist der Verein.

Wir haben einen Vorstandspräsidenten
und einen Kassenwart und Referenten

und obendrein
den mächtigen Krach der oppositionellen
Minorität, doch die wird glatt zerschellen
in mein' Verein.

Ich bin Verwaltungsbeirat seit drei Wochen.
Ich will ja nicht auf meine Würde pochen –
ich bild mir gar nichts ein ...
Und doch ist das Gefühl so schön, zu wissen:
sie können mich ja gar nicht missen
in mein' Verein.

Da draußen bin ich nur ein armes Luder.
Hier bin ich ich – und Mann und Bundesbruder
in vollen Reihn.
Hoch über uns, da schweben die Statuten.
Die Abendstunden schwinden wie Minuten
in mein' Verein.

In mein' Verein werd ich erst richtig munter.
Auf die, wo nicht drin sind, seh ich hinunter –
was kann mit denen sein?
Stolz weht die Fahne, die wir mutig tragen.
Auf mich könn' Sie ja ruhig »Ochse« sagen,
da werd ich mich bestimmt nicht erst verteidigen.
Doch wenn Sie mich als Mitglied so beleidigen ...!
Dann steigt mein deutscher Gruppenstolz!
Hoch Stolze-Schrey! Freiheil! Gut Holz!
Hier lebe ich.
Und will auch einst begraben sein
in mein' Verein.   1926

Ein Lump

Ich entsinne mich noch sehr genau des Skandals, den es setzte, als inmitten der Inflationszeit Maximilian Harden beschuldigt wurde, er hätte gegen die Auslandshilfe gehetzt. Seine Informationen, die er an das Ausland gegeben hätte, seien geeignet gewesen, Kreditgeber zu verjagen – und so habe er hungernde deutsche Kinder und Notleidende geschädigt. Vaterlandsverräter ... und die ganze preußische Musik.

Nun war das nicht einmal richtig. Harden hatte einige Lügen offizieller deutscher Amtsstellen berichtigt – weiter nichts. Aber jetzt:

Als dem Deserteur in Doorn der Aar mit Grundeis ging, gab er dem *New York American* ein Interview, worin er nicht nur seine Befürchtungen darlegte, sondern Amerika aufforderte, einem Lande, das Enteignungen vornähme, keine Kredite zu geben.

Dieser entlaufene Monarch wagt also, die Handelsbeziehungen eines Landes zu stören, weil man ihm nicht rechtswidrige Forderungen erfüllen will.

Wir sind seit Jahren gewöhnt, daß im Kampf zweier Parteien die eine immer den guten Onkel aus Amerika an die Wand malt: Wart, wart! Wenn du nicht willst, was ich will – dann wird dir der Onkel keine Dollars geben! Diese Prophezeiungen sind erlaubt, wenn auch etwas kindlich. Daß aber einer hingeht und den Amerikaner – selbstverständlich erfolglos – aufzuputschen versucht, das ist denn doch neu. Immerhin: kein Zeilenschinder vom *Berliner Lokalanzeiger* läßt ein Wörtchen verlauten – in der *Deutschen Tageszeitung*: kein Muck.

So soll denn wenigstens hier stehen, wie er da gehandelt
hat, für Geld, für sein eignes Geld.

Wie ein Lump. 1926

Feldfrüchte

Sinnend geh ich durch den Garten,
still gedeiht er hinterm Haus;
Suppenkräuter, hundert Arten,
Bauernblumen, bunter Strauß.
 Petersilie und Tomaten,
 eine Bohnengalerie,
 ganz besonders ist geraten
 der beliebte Sellerie.
Ja, und hier –? Ein kleines Wieschen?
Da wächst in der Erde leis
 das bescheidene Radieschen:
 außen rot und innen weiß.

Sinnend geh ich durch den Garten
unsrer deutschen Politik;
Suppenkohl in allen Arten
im Kompost der Republik.
 Bonzen, Brillen, Gehberockte,
 Parlamentsroutinendreh …
Ja, und hier –? Die ganz verbockte
 liebe gute SPD.
Hermann Müller, Hilferlieschen
blühn so harmlos, doof und leis

wie bescheidene Radieschen:
außen rot und innen weiß.

1926

Einigkeit und Recht und Freiheit

Was die Freiheit ist bei den Germanen,
die bleibt meistens schwer inkognito.
Manche sind die ewigen Untertanen,
möchten gern und können bloß nicht so.
 Denn schon hundert Jahr
 trifft dich immerdar
ein geduldiger Schafsblick durch die Brillen.
Doof ist doof.
     Da helfen keine Pillen.

Was Justitia ist bei den Teutonen,
die hat eine Binde obenrum.
Doch sie tut die Binde gerne schonen,
und da bindt sie sie nicht immer um.
 Unten winseln die
 wie das liebe Vieh.
Manche glauben noch an guten Willen...
Doof ist doof.
     Da helfen keine Pillen.

Was die Einigkeit ist bei den Hiesigen,
die ist vierundzwanzigfach verteilt.
Für die Länder hat man einen riesigen

        Schreibeapparat gefeilt:
        Hamburg schießt beinah
        sich mit Altona;
        Bayern zeigt sich barsch,
        ruft: »Es lebe die Republik!«
        Jeder denkt nur gleich
        an sein privates Reich…
    Eine Republik wider Willen.
    Deutsch ist deutsch.
                    Da helfen keine Pillen.

                                              1927

Wiedersehen mit der Justiz

                        Amnestie –! Amnestie –!

Es ist noch alles da.

Wenn man das drei Jahre lang nicht genossen hat: die
moabiter Justizfabrik und die unhöflichen Gerichtsdiener und diese Richterköpfe und die kleinen verschreckten
Schöffen, Mikrozephalen oder Kolonialwarenhändler, und
die artigen Verteidiger, die immer ein bißchen etwas vom
Komplicen an sich haben, und die Angeklagten, die nicht
wissen, wie ihnen geschieht – wenn man das drei Jahre lang
nicht genossen hat, so darf man erfreut feststellen, daß noch
alles da ist. Justitia… Ein Vormittag, und die Binde sitzt hinten.

Das letzte Mal stand ich vor den Talaren neben Siegfried
Jacobsohn und bewunderte seine kluge Zurückhaltung und

überlegene Kälte einem Geschöpf gegenüber, das einundeinhalbe Stunde, ohne Atem zu holen, sprach: da hatte das Abonnement des *Berliner Lokal-Anzeigers* treffliche Früchte getragen, und die Stunde patriotischen Anschauungsunterrichts, die wir bekamen, war gratis. Und umsonst.

Was ich in letzter Zeit in Moabit und am Alexanderplatz vor den Gerichten zu sehen bekommen habe, zeigt wieder das alte Bild: die Strafen sind gar nicht einmal so grauslich, so drakonisch, so ganz und gar unsinnig, und vom Standpunkt eines Verteidigers, dem es lediglich auf das Resultat anzukommen hat, kann sich im allgemeinen der deutsche Angeklagte nicht mehr beschweren als irgendeiner seiner ausländischen Schicksalsgenossen. Damit ist natürlich nicht gesagt, daß die deutschen Richter gut richten. Sie richten schlecht.

Da ist der redende Richter: jener Typus, der die Angeklagten, Zeugen und Verteidiger überhaupt nicht zu Worte kommen läßt, sondern der für sie alle spricht. Ganz abgesehen von den äußeren Ungehörigkeiten, die sich diese Richter dauernd zuschulden kommen lassen: (während der Aussagen und der Plädoyers nicht zuzuhören, Akten zu schmieren, ungeduldig mit den Fingern auf dem Tisch herumzutrommeln, wenn der Verteidiger etwas zu sagen wagt), ganz abgesehen von solchen kleinen Äußerungen, die trefflich auf das Innere schließen lassen, ist der ganze Wahnwitz von Überheblichkeit, Folgen einseitiger Auswahl und Kastengeist immer noch da.

Vor allem wirkt der deutsche Richter wie einer, der seinen Beruf als Berufsstörung auffaßt. Man hat von diesen zweifellos zu schlecht bezahlten Beamten den Eindruck, daß sie ihre Arbeit unlustig tun und daß sie nichts als das eine und einzige Bestreben haben: möglichst rasch fertig zu werden. Es kommt nicht so sehr darauf an, in welcher Weise eine solche Sache erledigt wird, wie darauf, daß sie erledigt wird. Auf dem Wege zur ›Erledigung‹ von Prozessen und Personen liegen die Steine des Anstoßes, die da stören: ausführlicher Zeugenbericht, Plädoyers, unvorhergesehene Anträge… kurz, alles, was über die angesetzte Zeit hinausgeht. Daher mürrisches, eiliges Wesen, hochfahrende Handbewegungen, Wegräumung aller Schwierigkeiten, die Zeit kosten können.

Zweiter Wahnwitz: confessio regina probatorum. Was das Mittelalter mit Hängegewichten und Daumenschrauben erzielte: das Geständnis, dieses Kronjuwel aller Beweismittel, das erzwingt der deutsche Richter mit dem weder materiell-rechtlich noch prozessual zu begründenden Satz: »Ich mache Sie darauf aufmerksam, Angeklagter, daß Sie durch ein Geständnis Ihre Lage verbessern!« Hinter dieser Fibelpsychologie steckt in erster Linie Bequemlichkeit. Einem geständigen Angeklagten braucht nichts nachgewiesen zu werden, Zeugenaussagen fallen fort oder werden doch wesentlich vereinfacht, und die ganze Sache kann rasch zu Ende sein. Der rechtlich unzulässige Satz beruht ferner auf der kindlichen Annahme, daß Reue eine simple Empfindung sei, jederzeit herzustellen, jederzeit greifbar, und solche Annahme entspringt eben dem gottähnlichen Getue von Funktionären, die da glauben, sie hätten das Recht zu strafen, das heißt also: moralische Urteile zu fällen wie jenes imaginäre Wesen, das die Zeugen im Eid anrufen, weil sie – entgegen den Bestimmungen – meist niemand darauf aufmerksam macht, daß diese religiöse Formel durchaus vermeidbar ist. Der Richter hat aber lediglich die Aufgabe, die Gesellschaft, so wie sie heute ist, vor Menschen zu schützen, die die Sicherheit dieser Gesellschaft bedrohen. Davon ist in Moabit und am Alexanderplatz nichts zu merken. Dort wird gestraft. Wie wird gestraft –?

Aus einer einzigen Sitzung:

Ein Schupomann nimmt einen Betrunkenen auf die Wache mit; der Betrunkene fühlt sich, ob zu recht oder unrecht, zu hart angefaßt und bittet während der Sistierung die Umstehenden, ihm Zeugenadressen aufzuschreiben. Der Richter: »Das wäre ja noch schöner, wenn jeder Sistierte unterwegs auf dem Wege zur Wache Anträge stellen könnte!« Falsch: Abgesehen von der Papierredensart, die einen Besoffenen im Rinnstein Anträge stellen läßt, hat natürlich jeder das Recht, sich Zeugenaussagen zu erbitten. Der Richter zum Angeklagten: »Erst betrinken Sie sich, und dann benehmen Sie sich dem Beamten gegenüber disziplinwidrig!« Falsch: Der Mann ist dem Beamten überhaupt keine Disziplin schuldig. Wir leben nicht in einer Reichswehrkaserne, und das einzige, was ein Polizeibeamter bei einer Sistierung verlangen kann, ist etwas Negatives: nämlich das Fehlen von Widerstand gegen die Staatsgewalt. Hier wird nicht befohlen; hier wird nicht gehorcht. Der Richter zu dem Zeugen: »Haben Sie mit dem Angeklagten etwas getrunken?« Der Zeuge: »Ich ja, er nicht.« Der Richter: »Er hat überhaupt nicht getrunken?« Der Zeuge besinnt sich: »Doch, der Angeklagte hat zwei Glas Bier getrunken.« Der Richter zum Angeklagten: »Also Sie haben auch getrunken!« Falsch: Der Konsum von zwei Glas Bier hat nichts mit

Trinken zu tun; der betreffende Richter würde sich mit Recht beleidigt fühlen, wenn ihm jemand sagte, er ›tränke‹ vor der Sitzung, und diese Behauptung mit dem Konsum von zwei Glas Bier begründen wollte.

Aus einer einzigen Sitzung: »Das ist also dieselbe Geschichte, die wir eben gehabt haben – wieder Widerstand gegen die Staatsgewalt!« Der Angeklagte kann für die Reihenfolge der angesetzten Termine nichts, und es ist eine Willkür, ihn die vorige Sache entgelten zu lassen.

»Nach den jüngsten Vorkommnissen auf den berliner Straßen sind wir Richter zu der Überzeugung gekommen, daß es unsre Pflicht ist, die Beamten besonders zu schützen; das sind wir den Beamten schuldig.« Grober Unfug: Der Richter sieht die letzten politischen Vorkommnisse, die mit der kleinen Polizeiübertretung eben dieses Angeklagten überhaupt nichts zu tun haben, so an, wie es eben ein Leser der *Täglichen Rundschau* tut, und läßt den Angeklagten einen politischen Meinungskampf entgelten.

Dritter Wahnwitz: Anrechnung der natürlichen Begleitumstände eines Delikts als strafverschärfend. Beispiel: Ein Straßenhändler stiehlt seinem Freunde eine Summe von 42 Mark. »Als strafverschärfend kommt hinzu, daß der Angeklagte einen Mann bestohlen hat, der selber nicht in günstigen Vermögensumständen lebt und sich sein Brot sauer verdienen muß.« Wahrscheinlich glaubt der Richter, daß sich Straßenhändler bei Diebstählen an ein Vorstandsmitglied der Dresdner Bank zu halten haben oder doch zum mindesten an einen gutverdienenden Filmschauspieler. Steigt ein Einbrecher nachts heimlich in eine Wohnung, so donnert nicht nur der § 250 Ziffer 4 auf ihn herunter, sondern seine Heimtücke, seine Tätigkeit zur Nacht, seine Hinterlist werden ihm außerdem noch als strafverschärfend angekreidet. Er wird also bestraft, weil er sich zur Nachtzeit zur Begehung eines Raubes in ein bewohntes Gebäude eingeschlichen hat, und dann noch einmal besonders dafür, daß er sich zur Nachtzeit zur Begehung eines Raubes in ein bewohntes Gebäude eingeschlichen hat. Nichts dümmer als die Begründung dieser Urteile.

Was in Moabit an Moral gelehrt wird, gehört auf den Kehrichthaufen.

Es ist noch alles da. Eines sogar ist hinzugekommen, das habe ich noch nie gesehn und sah es zum ersten Mal: den Schnellrichter. Der verfährt nach § 212 StPO.

Der Mann sitzt, um auch äußerlich darzutun, was er ist, gleich im Berliner Polizeipräsidium, in einem Zimmerchen, an dem die Stadtbahnzüge vorbeidonnern. Die Angeklagten werden ihm unmittelbar aus der Haft vorgeführt. Nachteile: Der Richter kennt die Aktenzeichen der Kommissare, weiß also, daß dieser Angeklagte von der Polizei als ein gewerbsmäßiger Ladendieb angesehn wird und jene Frau als eine gewohnheitsmäßige Kupplerin, und er richtet sich, hopp-hopp-hopp, darauf ein. Der Schnellrichter ist ein Herr Krönker, ein Mann von der Wasserkante, und es ist nicht unlehrreich, zu sehen, was dieser Landgerichtsrat treibt.

Seine Urteile sind, soweit ich das gesehen habe, nicht gar so schlimm wie etwa die des Herrn Siegert. Krönker steht in dem Ruf, ›noch nicht einer der Schlimmsten‹ zu sein. Aber wie der Mann Recht spricht: das als Opfer zu erleben, gönne ich keinem seiner Kinder, wenn er welche hat.

Erste Ungehörigkeit: Ton und Haltung des Richters. Ein solches Benehmen würde etwa einem Geschäftsmann alle Viertelstunde ein paar schallende Ohrfeigen eintragen. Der Mann hat eine Art, mit den Angeklagten, die er kaum ansieht, herrisch, hochfahrend und ungezogen zu sprechen, die jedem Menschen auch noch den letzten Rest von Ehrgefühl aus dem Leibe treibt. Es ist mir kein Paragraph der Strafprozeßordnung bekannt, wonach ein Angeklagter verurteilt ist, solche menschliche Erniedrigung zu erdulden.

Zweite Ungehörigkeit: Der Schnellrichter weist nicht jeden Angeklagten darauf hin, daß er nach § 26 GVG das Verfahren ablehnen kann. Nun stelle man sich die Lage solcher Proletarier, immer ohne Verteidiger, vor: entweder macht der Richter den Angeklagten überhaupt nicht auf die immerhin eigenartige strafprozessuale Lage aufmerksam, oder er tuts in unzulänglicher Weise: »Wollen Sie lieber eine Schöffengerichtsverhandlung?« Der Angeklagte, der in Haft ist, befürchtet nun, weiter in Haft zu bleiben, wenn er die Schöffen verlangt, er wird auch so und so oft weiter in Haft belassen und ist auf alle Fälle der Dumme.

Dritte Ungehörigkeit, und dies ist die schlimmste: Nach Verkündung des Urteils pflegt Herr Krönker die Leute im Ton eines gereizten Feldwebelleutnants zu fragen: »Nehmen Sie das Urteil an, ja oder nein?« Der Justizminister Doktor Schmidt wird in seinem Leben eine Menge verwickelter juristischer Situationen gesehn haben, und es geht ihm der Ruf eines anständigen Menschen voraus. Ich frage ihn, ob er es für loyal hält, wenn ein Richter wie dieser die Angeklagten nicht darauf aufmerksam macht, daß sie das Recht auf Berufung haben, daß meist nach einer solchen

Verhandlung Verdunkelungsgefahr nicht mehr besteht und daß mithin Haftentlassung zu erfolgen hat. Es ist vollständig gleichgültig, ob Herr Krönker durch Bestimmungen verpflichtet ist, die Angeklagten in dieser Weise zu belehren oder nicht: die einfachste richterliche Gewissenspflicht gebietet, Wehrlose über ihre Rechte aufzuklären.

Das Schöffengericht taugt schon nicht viel, weil die Siebung der Schöffen ganzen Volksschichten die bürgerlichen Ehrenrechte abspricht; du und ich, wir werden niemals Laienrichter werden. Was aber in diesem ›Schnellgericht‹ getrieben wird, geht denn doch noch über alles hinaus, was Moabit wagt. Es ist natürlich gleichgültig, ob ein von der kapitalistischen Gesellschaft zermürbter lungenkranker Mensch wegen Bettelns drei Wochen oder vier Wochen in Haft kommt: der Richter kann von sich aus die soziale Frage nicht lösen, auch er ist nur ein Vollstrecker. Aber es muß wohl verlangt werden, daß dieser Schnellrichter, daß die langsamen Richter in Moabit vor allem einmal die einfachsten Menschenrechte respektieren.

Auf keiner Tagung des Deutschen Richtervereins ist von den Schmerzen des Volkes etwas zu hören: Jedes Volk hat die Richter, die es verdient.   1927

Warum stehen

eigentlich Angeklagte vor dem Richter? Es strengt an, stundenlang zuzuhören, sich zu verteidigen, und dabei ununterbrochen zu stehen. Die Attitüde soll wohl die Wehrlosigkeit des Angeklagten nach außen so recht manifestieren, seine

Subordination, die der da von ihm verlangt, nach der Melodie: »Vor allen Dingen stehen Sie mal auf, wenn Sie mit mir reden!« Denn Hochachtung und geistige Überlegenheit spielen sich in Deutschland meistens in jenen Formen ab, wie sie zwischen westpreußischen Gutsbesitzern und polnischen Saisonarbeitern üblich sind. So auch vor Gericht.

Humane Richter, also solche, die unter dem Talar keine Reserveoffiziers-Uniform tragen, erlauben manchmal den Angeklagten – als ganz besondere Gnade – sich hinzusetzen. Selbstverständlich ist, daß auch der Angeklagte sitzen darf; habt ihr weiter keine Mittel, um ihm klarzumachen, daß er sich hier zu verantworten habe?

Nein, sie haben keine. Und sie können keine haben, weil sie sich ja einer Amtsanmaßung schuldig machen: nämlich einer göttlichen. Das bestandne Assessorexamen und die Bestallung irgend eines Beamten scheint zu genügen, um aus Herrn Landgerichtsrat Blumenkohl den Stellvertreter Christi auf Erden zu machen: er straft. Er hat nicht zu strafen. Er hat keine Verhaltungsmaßregeln zu erteilen, er hat nicht Moral zu blasen, er hat zu schweigen, zu verstehen und dann das einzige zu tun, wozu ihn Menschen allenfalls delegieren dürfen: die Gesellschaft zu schützen.

Sitzend stülpt er dem vor ihm Stehenden eine Strafe über den Kopf, deren Nuancen er nicht kennt. Unter hundert Richtern sind wahrscheinlich nicht vier, die den Unterschied zwischen zwei und drei Jahren Zuchthaus überhaupt abzumessen vermögen. Für die körperlichen, die seelischen, die sexuellen Nöte eines eingesperrten Verbrechers haben sie nicht viel Verständnis – woher sollten sie auch? »Wir geben in solchen Fällen immer zwei Jahre«, hat mal einer im Beratungszimmer gesagt. Das schien sein fester Satz, billiger tat ers nicht.

Nun, und später sitzt ja der bis dahin stehende Angeklagte genug... Nur einmal wünschte ich, daß Angeklagte stehen, solange stehen, bis sie zum Umsinken müde sind. Das ist dann, wenn so ein Richter vor dem Seinen steht. Und weil auf die himmlische Instanz nicht viel Verlaß ist: vor einer irdischen.   1927

Der Rechtsstaat

> Vous êtes dans le rêve ; moi, je suis dans la vie. Croyez-moi, mon ami, la Révolution ennuie: elle dure trop... Et mettez-vous dans la tête que personne ne s'interésse plus à la Révolution et qu'on ne veut plus en entendre parler.
>
> Anatole France: *Les Dieux ont Soif*

Während die demokratische Republik Deutschland den dunkeln Spießbürger Herrn Külz in den ›Welt-Nothilfe-Verband‹ des Völkerbundes gegen Erdbeben und Überschwemmungen delegiert, wo der Maire von Zittau zusammen mit dem reaktionären Roten Kreuz gute Figur machen wird; während der Reichskanzler Luther, jeder Kubikfuß ein Kommunalbeamter, den aufhorchenden Journalisten fromme Märchen aus Südamerika erzählt, während auf allen Kongressen, Festessen, Ausstellungen und Fliegerempfängen deutsche Tüchtigkeit in den geduldigen Himmel

gehoben wird – während Deutschland so in schön geschwungenen Bogen dem Jahr 1913 entgegentaumelt, sich
wiederum einen Platz an der Sonne erobernd, den man mit
viel Blut eines Tages wird aufwaschen müssen: währenddessen ist ein kleines gelbes Buch erschienen.

Ernst Toller. *Justizerlebnisse.* (Laubsche Verlagsbuch-
handlung, Berlin.)

Das Buch zerfällt in zwei Teile: in den ersten, der meist
Vorkommnisse aus dem bayerischen Bürgerkrieg erzählt –
und aus jenem andern, der Tollers und seiner Gefährten Erlebnisse in der Haft wiedergibt.

Der erste Teil ist historisch zu werten. Daß damals, in einem Agrarland, eine Revolution versucht worden ist, die das
bayerische Volk in seiner Gesamtheit nicht hat haben wollen, daß diese Revolution mißglückt ist, und daß nun die
weißen Sieger ihre Rache genommen haben, das sind geschichtliche Tatsachen, die heute kein Pathos, sondern nur
noch sorgfältige Untersuchung durch solche Revolutionäre
verdienen, die aus Mißerfolgen lernen wollen. Toller hat das
Pathos fast ganz zugunsten einer glücklichen Sachlichkeit
vermieden – er erzählt. Er gibt Tatsachen wieder; wenn er
das Urteil gegen Leviné für einen Justizmord hält, so kann
ich ihm da nicht folgen. Das Urteil war niemals juristisch zu
werten, und es wäre von den bayerischen Richtern ehrlicher
gewesen, sich nicht lange mit Paragraphen aufzuhalten, um
ein Verdikt zu fällen, das vorher feststand. Der lächerliche
Versuch, die Erschießung Levinés juristisch zu begründen,
ist ein Nonsens. Seine Widerlegung scheint mir überflüssig.

Was folgt, verdient grade heute unsre Beachtung, weil
sich kein Mensch mehr darum kümmert. Man soll diese Be-

amten stets mit der Nase in ihren eignen Unrat stoßen – sie werden zwar nicht stubenreiner davon, aber tut mans nicht, werden sie übermütig. Sie sind es schon.

Der zweite Teil des Buches ist die maßvoll ruhige Aufzeichnung eines Mannes, der wie ein Tier unter seinen bayerischen Peinigern – gegen Gesetz und Recht – gelitten hat. Die Verurteilung Tollers, der sich übrigens keinen Augenblick lang seiner Verantwortung entzogen hat, anders etwa als die geschlagenen und heute gefeierten Heerführer –, die Verurteilung seiner Genossen – die sinnlose Erschießung durch die Ordnungsbestien der damaligen Zeit – ja, selbst noch die viehische Ermordung Landauers sind Erscheinungen, die in einem Bürgerkrieg nicht wunder nehmen dürfen. Diese Justizuntaten sind zum Teil begangen, als die Täter in des Wortes wahrster Bedeutung rot sahen – die Urteile sind Rache- und Haßäußerungen, die mit Justiz gar nichts zu tun haben: bis dahin ist das alles begreiflich. Was aber dann vor sich gegangen ist, ist eine Schande. Eine Schande für die bayerischen Beamten und eine Schmach für die Reichsregierung, die es jahrelang mit angesehen hat.

Toller und seine Genossen sind zu Festung verurteilt worden. Das Gesetz versteht darunter eine Haft, deren Hauptschwergewicht in der Entziehung der Freiheit liegt. Die Festungsstrafe ist bisher fast überall sehr milde vollzogen worden – man hat den Gefangenen hundert Erleichterungen gestattet, ihnen kleine Ausgänge gewährt, Besuche in der freisten Form erlaubt… Hier war nichts davon.

Hier wurde Rache genommen. Hier wurde durch ein ausgeklügeltes und rohes System von Brutalität, Feigheit und Herrscherwahnsinn mittlerer Spießbürger und kleiner

Unteroffiziersnaturen gequält, gefoltert, gedrückt und gepeinigt.

Die Tabelle der ›Disziplinarstrafen‹, die während eines Jahres über die Wehrlosen verhängt worden sind, schreit zum Himmel. Es ist ganz ausgeschlossen, daß auf Seiten dieser Männer eine dreihundertundfünfundsechzig Tage währende Renitenz vorlag – hier muß ein System auf Seiten der Quäler vorgelegen haben, und es hat vorgelegen. Die Hälfte des Jahres saßen manche in Einzelhaft, die Hälfte des Jahres lag über vielen das Schreibverbot, das Verbot, Pakete zu empfangen, das Besuchsverbot, das Verbot, auf dem Hof spazieren zu gehen und schlimmeres. Bettentzug, Kostentzug, Bücherentzug – es wimmelt nur von solchen Quälereien. »Männlein wurde am 28. Juli 1921 mit Einzelhaft bestraft, weil er eine Bewegung mit dem linken Fuß beim Rapport machte, mit der er dem Vorstand seine Nichtachtung bezeugen wollte.« Es gibt keine Bewegung, mit der man diesem Vorstand seine Nichtachtung nicht bezeugen soll – aber man kann aus dem Beispiel ermessen, welch Ton in der bayerischen Hölle geherrscht hat. Leute, die Mut und Rückgrat hatten, kamen in die Zwangsjacke. Haben Sie einmal eine gesehen? Nein, Sie haben sie vielleicht nicht gesehen, wir leben achttausend Schritt von unsern Zuchthäusern, aber wir kennen sie nicht. Nun darf man bei Betrachtung dieser Dinge eines nicht vergessen, das ich stets anführe, wenn zum Beispiel von Hölz gesprochen wird.

Was dem Mann in der Freiheit als eine Lappalie erscheint, ist im Gefängnis von eminenter Wichtigkeit für die Seelenverfassung der Gefangenen. Wir dürfen nie außer acht lassen, daß das Gesichtsfeld und die Erlebnissphäre des Gefangenen auf ein Minimum zusammengeschrumpft ist, daß das Feld, in dem er körperlich und geistig lebt, sehr beschränkt ist. Nimmt man selbst an, daß jeder Gefangene während seiner Gefängniszeit abstumpft, so bleibt doch noch mindestens die Hälfte seiner gewöhnlichen Energie übrig, die nun statt auf Quadratkilometer auf Quadratmeter seelischer und körperlicher Erlebnisse angewiesen ist. Die Folge davon ist, daß jedes Erlebnis, jede Sinnenreaktion tausendmal stärker ist; daß jedes Vorkommnis tausendmal größern Eindruck hervorruft, als es das im freien Leben zu tun pflegt, wo es sofort wieder von andern verdrängt wird. Hier bleibt es haften, stockt, verstopft die innern Kanäle und ist dem, der so viel Zeit hat, zu denken, eine ständige Folter. Da wird eine vielleicht sachlich harmlose Beleidigung durch die stets zu schlecht bezahlten Gefängniswärter zur blutigen Schmach, die den nächsten Zwischenfall noch mehr und noch schärfer empfinden läßt – und dieses Moment muß man immer in die Rechnung einsetzen, wenn man von Gefangenen spricht. Kommt dazu die Quälerei, erwachsenen Männern auf Jahre hinaus die Frauen zu nehmen, so kann man sich die Atmosphäre vorstellen.

In Niederschönenfeld ging es zu wie in einem Tollhaus. Nur saßen die gefährlichen Irren nicht in den Zellen.

Die Briefzensur für ankommende und abgehende Briefe: ein einziger Willkürakt; unter keinen Umständen Urlaub, auch nicht, wenn alle Sicherheitsmaßregeln angeboten wurden und es sich etwa um den Tod einer alten Mutter handelte; sinnlose Verschärfung der Haft während des Kapp-Putsches, der ja immerhin nicht von linken Revolutionären ausgeführt wurde; lügnerische Denunziationen durch das

Personal; Hunger; Peinigung, Qual ohne Ende. Das endete im Fall Hagemeister mit dem Tod.

Die Bayern haben sich durch ihre Richter, also durch eine Instanz, die für die Feststellung des Sachverhalts ohne Bedeutung ist, attestieren lassen, daß sie am Tode Hagemeisters nicht schuld seien – die Tatsachen im Buche Tollers sprechen lauter, reiner und wahr. Der Mann ist in seiner Zelle verreckt wie ein Hund; ohne ärztliche Hilfe, ohne Zuspruch, ohne Freund. Wer ihm helfen wollte, verfiel der politischen Rache des obersten Personals, das wahrhaft an dieser Schande schuld hat.

Da ist zunächst der damalige Justizminister Müller-Meiningen zu nennen, ein Bursche, der sich seinerzeit ›Demokrat‹ nannte, und den die Demokratische Partei niemals wegen seiner Haltung zur Verantwortung gezogen hat. Also hat man das Recht, die Partei für mitschuldig zu erklären. An ihr wäre es gewesen, von einem solchen Menschen abzurücken. Einer der schlimmsten war ferner ein Herr Hoffmann, der inzwischen befördert worden ist – er leitet heute den gesamten Strafvollzug in München; man kann sich ungefähr vorstellen, wie der aussieht. Sie alle übertraf Herr Kraus.

Kraus, der heute, zur Belohnung, mehr Gehalt bekommt als damals, scheint auf die Gefangenen losgegangen zu sein wie ein Berserker. Toller hat ihn in diesem Buche bewußt und vorsätzlich beleidigt und ihn herausgefordert, ihn zu verklagen – er wird sich hüten. Denn der Wahrheitsbeweis sähe wahrscheinlich vernichtend für ihn aus, und er hat alle Ursache, zu schweigen. »Ich bin Festungsvorstand, Sie Gefangener! Ich befehle, Sie gehorchen. Ich weiß, warum ich hier bin. Ich bin hergekommen, um durchzugreifen, und ich greife durch, wenn es sein muß, mit Waffengewalt!« Das etwa ist die Tonart jenes Noske, der heute noch die SPD ziert – und genau so regierte Kraus. »Es ist selbstverständlich, daß die Angehörigen vom Strafvollzug betroffen werden müssen.« – »Wer seine Gesinnung nicht ändert, wird nicht entlassen.« – »Beschwerden sind Vielschreiberei und beweisen hetzerische Unzufriedenheit.« Soweit die Festung, auf der sonst Duellanten anders behandelt werden ...

Man kann sich danach ausmalen, wie es in den bayerischen Zuchthäusern ausgesehen hat und noch aussieht, in denen politische Gefangene sitzen – es ist natürlich völlig gleichgültig, was die bayerische Regierung als ›politische Gefangene‹ ansieht – diese da sind sämtlich so politisch, wie es die Richter sind.

Alle Beschwerden Tollers an den Reichstag, den damaligen Präsidenten Ebert blieben erfolglos. Ebert war viel zu feige, um es mit Bayern, das kräftig zurückgeschlagen hätte, anzulegen – er tat das lieber mit Sachsen und Thüringen. Aber wo er euch doch vom Bolschewismus ›gerettet‹ hat ...

Was lehrt aber nun das Buch Tollers –?

Die Tatsache, daß im Rechtsstaat Deutschland Hunderte und Hunderte von solchen Männern, wie es Hoffmann, Müller-Meiningen und jener Kraus sind, ungestraft, frei und in allen Ehren umherlaufen. Hier scheint mir das Gefährlichste, das Grausigste, das sittlich Depravierendste zu liegen.

Diese Leute sprechen natürlich von ihren Taten, sie erzählen sich die Einzelheiten dessen, was sie damals angerichtet haben, am Stammtisch, in ihrer Familie, sie erzählen es ihren Kindern – und loben es. Und die, denen sie es erzählen, lernen also daraus, daß es gottgefällig, ersprießlich und vorteilhaft ist, so zu handeln – und so erzieht jeder dieser Übeltäter zehn andre. Das gleiche gilt für die uniformierten Totschläger; für Polizeibeamte aller Farben – für alle jene, die »den lausigen Kommunisten mit dem Gesicht an der Wand mal erst acht Stunden haben stehen lassen«, wozu sie meist mit bewunderungswürdigem Mut ein MG dahinter aufbauten … Diese alle sind frei.

Verschickt Mussolini seine Feinde in die Kolonien, lassen die Bolschewiki weiße Monarchisten in den Gefängnissen erschießen, geschieht etwas Gewalttätiges in China, dann können wir uns gar nicht lassen vor lauter Entrüstung. So etwas von moraltriefenden Leitartikeln war noch nicht da. Weil aber diese wackern Bürger gern etwas fordern, was sie ›Staatsbejahung‹ nennen, so sei ihnen empfohlen, mit ihrer Entrüstung zu Hause anzufangen. Hic Rhodus.

Aber dazu sind sie zu feige. Dazu langts nicht. Kein Wort in der großen Presse über das, was da in Bayern geschehen ist, was heute noch, stündlich und täglich, mit mißliebigen Oppositionellen geschieht, kein Hahn kräht danach, wenn es sich um anonyme Proletarier handelt.

Und was am unangenehmsten an diesen Scheindemokraten wirkt, das ist ihre Verlogenheit. Sie wagen niemals, das zuzugeben, was sie täglich und stündlich tun. Sie knütteln jede Freiheit nieder – aber wenn man sie an ihren schrecklichen Festtagen reden hört, glaubt man, es seien lauter Freiheitshelden. Hätten sie doch den Mut, einmal, nur einmal das zu bejahen, was sie tun – man könnte sich mit ihnen unterhalten. So aber gibt es keine Verständigung. Menschen leiden lassen und dann nicht einmal den Mut aufbringen, es zuzugeben – Demokratie, du Phantom! Feiertagsgespenst! hohles Nichts! Katheederschmuck! Zierat am Gefängnisportal! Ornament der Kredit-Konten!

Das Buch Tollers hat eine Wirkung gehabt:

Die bayerische Regierung hat ihn nach Erscheinen des Werkes aufgefordert, die noch ausstehenden Verpflegungsgelder für seine Festungszeit zu bezahlen, und es ist zu hoffen, daß er den Brüdern eine ähnlich tapfere Erklärung abgegeben hat, wie er das bei seiner Zeugenvernehmung in Berlin durch einen bayerischen Beamten getan hat.

Toller ist den Sozialdemokraten, die an seinem Unglück mitschuldig sind, unangenehm, und den Kommunisten zu sehr ›bürgerlicher Ideologe‹, oder was sie sonst für einen falschverstandenen russischen Ausdruck kopieren. Schon deshalb ist es unsre Sache, für ihn zu sein. Dabei lasse ich das dichterische Phänomen Toller ganz außer Betracht – ich halte es für gleichgültig, ob der Mann ein großer Künstler ist oder nicht. In diesem Zusammenhang interessiert der Kämpfer Ernst Toller, dessen Mut, dessen Charakterstärke und dessen saubere Sachlichkeit über allem Zweifel erhaben sind.

Ehre seinem Werk.

Dieser Rechtsstaat aber hat jedes Anrecht verloren, uns durch den Mund seiner führenden Kleinbürger irgend eine Moral zu predigen. Er schweige, gehe in sich und fange mit seelischer Reinigung bei sich zu Hause an.

1927

Über wirkungsvollen Pazifismus

Frei – das heißt doch wohl: befreit.

Ferdinand Hardekopf

Die Mutter, die in einigen zwanzig Jahren an der zer-
krümmten Leiche eines kleinen Kindes heulen wird, neben
sich den Schlauch einer ungenützten Sauerstoffflasche und
einen bedauernden Arzt: »Gegen dieses Giftgas, gnädige
Frau, sind wir zur Zeit noch machtlos – Ihr Kind ist nicht
das einzige Opfer in der Stadt…« – diese Mutter wird sich
in ruhigen Stunden immerhin fragen dürfen, wo denn eigentlich der vielverschriene Pazifismus in den letzten zwanzig Jahren gewesen sei; ob wir denn nichts getan hätten; ob
es denn keinen Krieg gegen den Krieg gebe…

Tatsächlich wird der Pazifismus von den Mordstaaten
sinnlos überschätzt; wäre er halb so gefährlich und wir-
kungsvoll, wie seine Bekämpfer glauben, dürften wir stolz
sein. Wo stehen wir –?

Die historische und theoretische Erkenntnis der anarchi-
schen Staatsbeziehungen ist ziemlich weit fortgeschritten.
Die Friedensgesellschaften der verschiedenen Länder, die
inoffiziellen Staatsrechtslehrer, Theoretiker aller Grade arbeiten an der schweren Aufgabe, aufzuzeigen, wo die wahre
Anarchie sitzt. Langsam schält sich das Bild des wirklichen
Zustandes der Erde heraus: der Staat, noch bis vor kurzem
Subjekt und Götze und Maßstab aller Dinge, unterliegt nun
selbst einer ihm peinlichen Untersuchung, er wird Objekt,
und ein lamentables dazu, und muß sich gefallen lassen, in

seinen Grundfesten angezweifelt zu werden. Immer mehr zeigt sich, was wahre Kriegsursache ist: die Wirtschaft und der dumpfe Geisteszustand unaufgeklärter und aufgehetzter Massen.

Was aber fast überall völlig fehlt, das ist die pazifistische Propaganda im Alltag, auf der Gasse, in der Vierzimmerwohnung, auf öffentlichen Plätzen – der Pazifismus als Selbstverständlichkeit. Vier- oder fünfmal im Jahr sind wir da, auf Kongressen, oft in Versammlungen. Und dann gehen alle nach Hause, und das ›Leben‹ tritt in seine Rechte; das Leben – das ist in diesem Falle die offizielle Staatsgesinnung, die den Krieg lobt; das Kino, das den Krieg verherrlicht; die Zeitung, die den Krieg nicht in seiner wahren Gestalt zu zeigen wagt; die Kirche, die zum Kriege hetzt (die protestantische mehr als die klügere katholische); die Schule, die den Krieg in ein bombastisches Panoptikum umlügt; die Universität, die den Krieg feiert –, überall der Krieg.

Wie weit das geht, zeigt das Verhalten derer, die im Kriege gelitten haben wie die Tiere.

Kein Mensch vermag eine ganze Epoche seines Daseins als sinnlos zu empfinden. Er muß sich einen Vers darauf machen. Er kann seine Leiden verfluchen oder loben, zu verdrängen versuchen oder sie lebendig halten – aber daß sie sinnlos gewesen seien, das kann er nicht annehmen. Der Pazifismus hat seinen großen Augenblick versäumt, welcher das Ende des Jahres 1918 war. Wir haben den Millionen, die zurückgekehrt sind, kein seelisches Äquivalent für ihre Leiden gegeben – hätte man die Krüppel als Opfer einer Idee gefeiert, so wäre das im Menschen wohnende Element der lebensnotwendigen Eitelkeit Triebfeder zum Frieden, zur Kriegsverneinung geworden. Die andre Seite hat diese gebornen Agenten des Pazifismus eingefangen.

Das wahrhaft katholische Raffinement, mit dem die schwer in ihrer Gesundheit Geschädigten, mit dem die neuen Hammel für den neuen Krieg überall bearbeitet werden, ist erstaunlich und doppelt erstaunlich, weil fast niemals dagegen Einspruch erhoben wird, daß in dieser Staatspropaganda die Behauptung in die Voraussetzung geklemmt wird. Daß der Krieg nützlich, ethisch gut, zu bejahen und überhaupt lobenswert ist, darüber wird nirgends diskutiert; zweifelhaft ist immer nur die Form, wie man ihm opfern müsse. Die Schande ist überall gleich groß: in Amerika paradiert die kriegshetzerische amerikanische Legion auf öffentlichen Plätzen, ein übler reaktionärer Kriegerverein; in Deutschland schmoren die Kyffhäuserverbände in der Sonne der Gunst geschlagner Generale; in Frankreich enthüllen sie heute Kriegerdenkmäler über damals mit Recht verabscheute Greueltaten – und so verschieden die Nuancen sind, so gleichartig ist die Grundgesinnung. Von der Dankbarkeit, die wir unsern lieben, hochverehrten, heldenhaften, gesegneten und zum Glück stummen Gefallenen schulden, von diesem Hokuspokus bis zum nächsten Krieg ist nur ein Schritt. Was hier gemacht wird, ist Reklame.

Ich denke, daß wir der einen Knüppel zwischen die Räder werfen sollten.

Die einzige katholische Kirche hat begriffen, daß man große Erfolge nur mit der Arbeit im kleinen erringen kann; die Nationalisten aller Länder haben davon einen Tropfen Öles empfangen. Nur wir, nur die Pazifisten, fast gar nicht.

Eine Mobilisierung ist nur möglich, wenn jede Wickelgamasche greifbar auf dem Bord liegt, und wenn die Gemüter so präpariert sind, daß eine geistige Mobilmachung durch eine herbeigepfiffene Zeitungsmeute in vier Tagen entfesselt werden kann. Wenn man zwanzig Jahre um sich herum immer nur hört, daß man dem Staat Gehorsam, Leben und – aber darüber ist zu reden – Steuern schulde, so springt alles gehorsam an, wenn die Trompete bläst. Am 1. August 1914 war es zu spät, pazifistische Propaganda zu treiben, war es zu spät, militaristische zu treiben – tatsächlich ist auch damals von den Militaristen nur geerntet worden, was sie zweihundert Jahre vorher gesät haben. Wir müssen säen.

Jeder Psychologe weiß, daß es hart und schwer ist, die Schwelle des Widerstands zu überwinden, die die Dressur in die Seele eines Individuums gelegt hat. Theoretische Schriften über den Staatsgedanken des Pazifismus, Diskussionen über dieses Thema müssen sein – sie bleiben völlig wirkungslos, wenn sie nicht in die Terminologie, in die Vorstellungswelt, in das Alltagsleben des einzelnen übersetzt werden.

Da es keinen Staat gibt, für den es zu sterben lohnt, und erst recht keine Prestigefrage dieser größenwahnsinnigen Zweckverbände, so muß Symbol für Symbol, Äußerlichkeit für Äußerlichkeit, Denkmal für Denkmal umkämpft, erobert, niedergelegt werden. Es steht kein pazifistisches Kriegerdenkmal, die einzige Art, der für einen Dreck hingemordeten Opfer zu gedenken – es gibt nur trübe Anreißereien, das Beispiel der trunken gemachten und Helden genannten Zwangsmitglieder des betreffenden Vereins zu befolgen. Was die Generale mit ihren ehrfurchtsvoll gesenkten Degen, mit Fahnen und ewigen Gasflammen; mit Uniformen und Hindenburg-Geburtstagsfeiern; mit Legionsabzeichen und Filmen heute ausrichten und ausrichten lassen, ist das schlimmste Gift. Entgiften wir.

Das kann man aber nicht, wenn man, wie das die meisten Pazifisten leider tun, dauernd in der Defensive stehen bleibt. »Man muß den Leuten Zeit lassen –« und: »Auch wir sind gute Staatsbürger –« Ich glaube, daß man weiterkommt, wenn man die Wahrheit sagt:

Daß niemand von uns Lust hat, zu sterben – und bestimmt keiner, für eine solche Sache zu sterben. Daß Soldaten, diese professionellen Mörder, nach vorn fliehen. Daß niemand gezwungen werden kann, einer Einberufungsorder zu folgen – daß also zunächst einmal die seelische Zwangsvorstellung auszurotten ist, die den Menschen glauben macht, er müsse, müsse, müsse traben, wenn es bläst. Man muß gar nicht. Denn dies ist eine simple, eine primitive, eine einfach-große Wahrheit:

Man kann nämlich auch zu Hause bleiben.

Und man kann nicht nur zu Hause bleiben. Wieweit zu sabotieren ist, steht in der Entscheidung der Gruppe, des Augenblicks, der Konstellation, das erörtert man nicht theoretisch. Aber das Recht zum Kampf, das Recht auf Sabotage gegen den infamsten Mord: den erzwungenen – das steht außer Zweifel. Und, leider, außerhalb der so notwendigen pazifistischen Propaganda. Mit Lammsgeduld und Blöken kommt man gegen den Wolf nicht an.

Und wir sind nicht nur zu wenig Kämpfer des Friedens – wir sind es auch viel zu abstrakt, viel zu hoheitsvoll, viel zu theoretisch. Die kleinste Zelle ist zu bearbeiten, also die Familie, die Frau und die Gemeinde. Hier sind immer das

›Werk von Locarno‹, die interparlamentarischen Konferenzen, der Völkerbund so sehr skeptisch betrachtet worden, weil die Einweihung eines Krieger-Gedenksteins; der Mißbrauch von Schulkindern zur Demonstrierung unsittlicher Ideen; die amerikanischen Kriegsfilme, die für alle Welt gemacht sind und von aller Welt nach verschiedener Melodie beklatscht werden, wirkungsvoller sind als alles Gerede in feierlichen Sälen. Der gute Wille des Herrn Löbe, der nicht vorhandene Wille des Herrn Breitscheid und der schlechte Wille gewisser französischer Sozialisten bewirken gar nichts. Aber eine Straßenabsperrung, Bilder in den illustrierten Zeitschriften, Filme, Predigten und Schulfeiern – die bewirken etwas. Wir dringen lange nicht genug dahin, wo allein unsre Wirkungsmöglichkeit sitzt: in den Bauernhof, in die Werkstatt, in die Schulklasse, in das Büro und in die Familie. Und warum nicht –?

Weil wir nicht die Sprache der Leute reden.

Um propagandistisch verstanden zu werden, muß man vereinfachen und verdicken, untermalen und übertreiben – man muß klar und simpel sein und allen verständlich. Hier und nur hier steckt die Mobilisierung des Friedens.

Wir kennen den Geisteszustand, der in allen Ländern im ersten Kriegstaumel geherrscht hat. Ihn hat man heraufzubeschwören, ihn genau auszumalen – und ihn zu bekämpfen. Prophezeit: so und so wird es sein. Ihr werdet zu euern sogenannten Staatspflichten gezwungen werden, die nichtig und verdammenswert sind – befolgt sie nicht. Ihr werdet eingeredet bekommen, daß drüben der Feind steht – er steht hüben. Man wird euch erzählen, daß alle Letten, Schweden, Tschechen oder Franzosen Lumpen seien – die Erzähler sind es. Ihr seid dem Staat nicht euer Leben schuldig; ihr seid dem Staat nicht euer Leben schuldig; ihr seid dem Staat nicht euer Leben schuldig.

Und die Fahne, die da im Wind flattert, weht über einem zerfetzten Kadaver. Und wenn euch ein Auge ausgeschossen wird, bekommt ihr gar nichts oder sechzehn Mark achtzig im Monat. Und jeder Schuß, den ihr abfeuern müßt, ist ein Plus im Gewinnkonto einer Aktiengesellschaft. Und ihr karrt durch den Lehm der Straßen und stülpt die Gasmasken auf, aber ihr erntet nicht einmal die Frucht eures Leidens. Und die wahre Tapferkeit, der echte Mannesmut, der anständige Idealismus des guten Glaubens – sie sind vertan und gehen dahin. Denn man kann auch für einen unsittlichen Zweck höchst sittliche Eigenschaften aufbringen: aufopfern kann man sich, verzichten, hungern, die Zähne zusammenbeißen, dulden, ausharren – für einen unsittlichen Zweck, Getäuschter, der man ist, Belogener, Mobilisierter … seiner primitiven Eigenschaften, der barbarischen.

Stoßen wir vor –? Sagen wir das den Leuten –? Befreien wir sie von der fixen Idee des Staates, der kein Recht hat, über sie zu verfügen, und der sich dieses Recht anmaßt, indem er Religion, Ethik, Geschichte und Rechtsvorstellung verfälscht? Ich halte die Kleinarbeit etwa des *Andern Deutschlands* in Hagen für wertvoller, für wirkungsvoller, für eindringlicher als die Tätigkeit ganzer Friedensgesellschaften, die zu Leuten sprechen, die schon überzeugt sind. Wer ›hat‹ den sogenannten ›Neutralen‹, den Indifferenten, den Kaufmann, den Angestellten, den Niemand –? Die andern. Nicht wir.

Das ist unser Fehler. Was ist das für eine Propaganda, die

immer mit einer Art bösen Gewissens herumläuft! Aber es gibt bei der pazifistischen Arbeit ein paar Grundsätze, über die gar nicht mehr zu reden ist. Die sind:

Jedes Gedenken der Gefallenen, also Ermordeten, ohne die klare Ableugnung der Kriegsidee ist eine sittliche Schande und ein Verbrechen an der nächsten Generation. Es gibt keine Staatsgrenze, die die Verbrüderung mit Gleichgesinnten sperren könnte. Man muß schon offizieller deutscher Freimaurer sein, einer von denen, die ›die Existenz einer Menschheitsidee‹ leugnen, man muß Priester sein oder deutscher Universitätsprofessor, um zu glauben, daß das Ethos in Saarbrücken oder in Herbesthal ende. Da fängt es an. Sich im Kriege zu drücken, wo immer man nur kann – wie ich es getan habe und Hunderte meiner Freunde – ist das Recht des einzelnen. Jubel über militärische Schauspiele ist eine Reklame für den nächsten Krieg; man drehe diesem Kram den Rücken oder bekämpfe ihn aktiv. Auch wohlwollende Zuschauer sind Bestärkung.

So denken Hunderttausende und schweigen.

Ich weiß, daß nach einer wilden Tirade eines braven Rechtsanwalts, der im Reichsbanner seinen Patriotismus absonderte, nachher am Biertisch einer gesagt hat: »Kinder, hat der Wrobel nicht eigentlich recht?« Und dann gab es ein verlegenes Schweigen, und dann waren sich alle einig, daß man ›so etwas eben nicht sagen könne‹. Man kanns sagen. Man muß es sogar sagen. Ich habe diese Gesinnung weder erfunden, noch halte ich ihre Formulierung für eine geistige Tat. Aber das Einfache sagen, das Allereinfachste, das, was jede Mutter verstehen sollte, die nicht verhetzt ist, zu sagen, was jedes Kind begreift – das ist so bitter nötig und wird so

wenig getan. Ich habe gar kein Gefühl für die staatspoliti-
sche Bedeutung von Ministerreden, wenn während der Zeit,
wo diese Ansprachen gehalten werden, sich die jeweiligen
Kriegsminister wie die Tollen gebärden; wo sie wieder und
immer wieder ihre Reklame-Denkmäler gebärden; wo sie
wieder und immer wieder die ermordeten Mörder ehren
und an das allerdumpfeste Gefühl im Menschen appellie-
ren: an das Hordengefühl, das aufheult, wenn der Schritt der
Kolonnen vorbeidröhnt. Ich auch! ich mit! ich mit!

Hier hat die Propaganda einzusetzen. Hier ist mit jedem,
selbstverständlich auch mit den jeweils verbotenen Mitteln,
aufzuklären: wie ein Staat wirklich aussieht; wie die Struktur der Gesellschaft ist; wie die wahren Grenzen in Europa
und anderswo laufen – und wie das Leben noch des letzten
Generalfeldmarschalls zu kostbar ist, um auch nur eine Pa-
trone, einen Säbelhieb und die Übertretung eines uralten
Gebots an ihm zu verschwenden.   1927

Grimms Märchen

Deutschland, die verfolgende Unschuld.

Karl Kraus

Zu den Bibeln des Deutschtums, wo es am knastrigsten ist,
gehört auch ein dicker Wälzer, *Volk ohne Raum* von Hans
Grimm. Der Mann hat in Deutsch-Südwest gelebt und hat
vor dem Kriege einige beachtliche Novellen veröffentlicht.
(*Der Gang durch den Sand*; alle seine Arbeiten sind bei Al-

bert Langen in München erschienen.) Nach dem Kriege aber fuhr es in ihn; wie alle Deutschen ein schlechter Verlierer, kochte er die erlittene Niederlage metaphysisch auf und tat an der vorhandenen Überbevölkerung des deutschen Landes und vermittels eines mäßigen Romans dar, daß Deutschland wiederum Kolonien brauche. Stil und Poesie erinnern etwa an den Pastor Frenssen – die gleiche dilettantische Innigkeit, die da glaubt, wenn der Schreiber ergriffen sei, müsse es auch der Leser sein, die gleiche protestantische Provinziallyrik mit Hummelgesumm und Waldesrauschen, die zwar Naturverbundenheit aufweist, von der Seele der Natur aber nur so viel weiß, wie aus dem bäurischen Grundbuch hervorgeht. Es ist so recht ein prächtiges Ferienbuch für unsre Landgerichtsdirektoren.

Anzumerken, daß Hans Grimm ein im tiefsten Kern anständiger Mann ist; die üble Ausnutzung, die der Roman durch deutsch-nationale Annexions-Politiker erfahren hat, mag ihm selber nicht sehr behaglich sein, wir werden das gleich sehen.

Die dreizehn Briefe aus Deutsch-Südwest-Afrika sind die Frucht eines Nachkriegs-Besuchs, den Grimm der ehemaligen deutschen Kolonie, die er immer noch, wie alle seine Freunde, mit ihrem falschen Namen benennt, gemacht hat. Was hat er uns zu vermelden?

Deutschland hat seine ehemaligen Kolonien durch den Vertrag von Versailles eingebüßt, darunter auch Deutsch-Südwest. Dieses Gebiet fiel an keine einzelne Nation unter den Siegern, sondern es wurde Mandatsgebiet des Völkerbundes. Der Völkerbund vertraute die Verwaltung des Landes der benachbarten Südafrikanischen Union an, die 1909 aus dem Burenkrieg hervorgegangen ist, die Union stellte den Landpfleger, der seinerseits dem Völkerbund für seine Verwaltung Rechenschaft ablegen muß. Der Mandatsverwalter hat auf Grund des Friedensvertrages das Recht, die deutschen ehemaligen Kolonisten des Landes zu verweisen; eine Entschädigung dieser Leute sollte durch Deutschland erfolgen. Im Jahre 1924 wurde durch das londoner Abkommen bestimmt, daß alle Deutschen, die vor einem bestimmten Stichtag im Lande waren, die Untertanenschaft der Union erhalten sollten, wenn sie nicht ausdrücklich darauf verzichteten. Nach dem Stichtag erhalten Zugewanderte die vollen politischen Rechte des Landes nur, wenn sie die Verleihung der britischen Untertanenschaft bei Verlust der deutschen beantragten, nach fünf Jahren können sie dann volle Bürger werden.

Grimm klagt nun, hier werde ein großer Betrug verübt. Das ehemalige Deutsch-Südwest sei in Wahrheit gar kein rechtes Mandatsland mehr, sondern durch die gesetzlichen Schiebungen der Union sei es im besten Zuge, von der Union verschluckt und damit englisch zu werden oder doch unter englischen Einfluß zu kommen. Im übrigen trete man die Rechte der dort ansässigen Deutschen mit Füßen und quäle sie durch Nichtanerkennung der deutschen Sprache und nicht sehr freundliche Behandlung. Die Deutschen, fügt Grimm hinzu, beugten sich diesem Regime, indem sie unterkröchen, von Hause aus hätten sie keine Unterstützung. Dies ist die Lage.

Unsre erste Frage: was geht das Grimm eigentlich an? Ist das Land noch deutsch?

Darauf antwortet er: Nein, deutsch sei es nicht, aber die

Deutschen hätten es dem Handel erschlossen, was richtig ist, und es gebe, was noch richtiger ist, einen Eigentumsbegriff, der durch Arbeit und durch Verbesserung des Objekts entsteht. Liebe und Interesse der Deutschen, die so viel Schweiß und Blut für das Land aufgebracht hätten, seien also verständlich.

Weil hier aber kein Bierfilz-Kolonialpolitiker spricht, sondern ein sauberer, aufrechter Mann, verlohnt es, diese typisch deutsche Anschauung über das, was Kolonien eigentlich sind und sein wollen, zu betrachten.

Zunächst ist merkwürdig, zu sehn, wie schlecht diese Teutschen schreiben. Ich will gar nicht von dem wahrhaft Morgensternschen Satz reden: »Der Vogel, der im Volksmunde Pfefferfresser und in Wirklichkeit nach seinem Rufe tok, tok, tok Tokan heißt« – dieses ›in Wirklichkeit‹ hätte der alte Mauthner erleben sollen. Es sind auch nicht jene Schachtelsätze, die man nur mit allen zehn Fingern lesen kann, auf jeweils einen Nebensatz einen Finger haltend, um den Faden nicht zu verlieren; nicht allein solche Flüchtigkeiten wie: »aber die Begegnungen sind nicht fertig«, was besagen will, daß der Autor sie noch nicht alle aufgezählt hat; ein Ort wird der »am meisten geschichtliche« genannt – das mag vielleicht in einer Tages-Broschüre hingehen, obgleich ein guter Schriftsteller immer gut schreiben sollte. Nein, das allein ist es nicht. Es ist jener seltsame und ekle Stil, den man etwa mit ›Grammatik in Latschen‹ umschreiben könnte, ein Stil, der den Leser gewissermaßen in die Seiten pufft: du weißt schon, wie ichs mene, ich brauche mich nicht so exakt auszudrükken. Traulich duftet es nach süßem Tabak; wann sich Pappa zum letzten Mal die Füße gewaschen hat, steht noch sehr dahin, die Frauen haben viel Gemüt und wenig Bidet, und im Garten blühen Himbeeren, Kirschbäume und die deutsche Seele. So ein Stil ist das.

Helmspitzen blitzen in dieser Wüste auf – um im Bilde zu bleiben, denn Bilder, Vergleiche und Terminologie dieser Schriftsteller haben weniger die deutschen Klassiker, als die Klassiker der Armee-Lügen, die Heeresberichte, zum Vorbild. Da stehen ununterbrochen Deutsche an vorderster »Frontstelle«, da gibt es auch noch »Miesmacher« – kurz, sie halten, wie die leeren Pferde-Droschken, die keiner mehr nehmen will, allesamt an der Ecke 1914.

Was an der Sache auffällt, ist eine unerträgliche Vermanschung von Lyrik und Geschäft, von Handelsinteressen und gehobenem Patriotismus, von höher klopfenden Herzen und Nationalwirtschaft. Das ist grausig. Im Grunde sind ja alle Menschen immer Marxisten und niemals etwas andres gewesen – es fragt sich nur, ob sie den Mut haben, es sich einzugestehen oder ob sie ihre Konten mit Gefühlen drapieren, die je nach der herrschenden Mode ein Kreuz oder die noch heiligeren Flaggen ihrer Länder tragen. Grimm drapiert nicht – er macht seine Rechnungen auf schwarz-weiß-rotem Papier auf. Denn wozu brauchen wir Kolonien?

Des Landeswertes wegen? »Das Land ist immer noch ein armes Land; wären im Jahre 1908 in der Küstenwüste bei Lüderitzbucht nicht die Diamanten entdeckt worden, so vermöchte es bis auf diesen Tag die Kosten einer bürgerlichen Verwaltung und bürgerlichen Lebens aus eignen Mitteln nicht zu bestreiten… Das Land ist arm wegen der Unsicherheit und Kärglichkeit der Regenfälle…« Wir brauchen Kolonien.

Für die Ausfuhr? »Sie haben wahrscheinlich recht mit Ihrer Behauptung: Bekämen wir das alte Kolonialreich, wie es war, wieder, es wäre nur eine Nothilfe mit vielen andern Verwicklungen, und vor dem Kriege habe die Ausfuhr nach dem alten Kolonialreich nur etwa 1,5 Prozent betragen.« Wozu brauchen wir Kolonien?

Für die deutsche Überproduktion an Menschen, da doch Deutschland nicht ausreicht? Deutschland hat seine Bebauungsfläche noch niemals richtig ausgenutzt, weil erstens die deutsche Landwirtschaft von den Schutzzöllen so geschützt wird, daß an eine moderne Intensivierung der Bodenbewirtschaftung gar nicht gedacht wird, und zweitens wirft eben dieses arme, übervölkerte Land sein Geld zu den Fenstern des Reichswehrministeriums hinaus, anstatt sein Ödland den siedlungshungrigen Proletariern aus den Großstädten zu erschließen. Vor allem aber ist der deutsche Menschenüberschuß, nie, niemals in die deutschen Kolonien abgewandert, und wer das etwa behaupten wollte, der lügt.

Hans Grimm lügt nicht – hier nicht und nicht anderswo. Er erzählt nur holde Märchen. Ausnutzen läßt sich dieses arme Land Südwest nicht; exportieren kann es kaum etwas; zu importieren ist wenig; den Bevölkerungsüberschuß Deutschlands nimmt es tatsächlich nicht auf – wozu brauchen wir Kolonien?

Und hier geschieht nun etwas typisch Deutsches.

Der Deutsche beginnt, wie alle Welt, mit wirtschaftlichen Erwägungen, eine durchaus gesunde und rationale Methode. Greift die nicht durch – aber nur dann –: dann wird er moralisch. Vielleicht tun das alle Menschen, aber der

Deutsche hat es in dieser Fähigkeit zu einer Meisterschaft gebracht, die ihresgleichen sucht. Wenn man auf den deutschen ›Geist‹ dieser Sorte trifft, so kann man in neunundneunzig Fällen von hundert darauf schwören, daß dem Herrn Geist-Inhaber etwas fortgeschwommen ist, wofür er sich zu trösten sucht. Der Geist ist in Deutschland immer die letzte Rettung nach den Niederlagen – sie gehen auf den Geist, wie andre auf den Abort. Als Sieger brauchen sie ihn nicht.

Diese Art Deutscher hat nie unrecht, er geht nie in sich, kommt nie auf den Gedanken, daß auch er vielleicht jemandem Unrecht getan haben könne – er siegt, und wenn er nicht siegt, dann borgt er sich einen Sieg, und den findet er immer in dem, was er ›Staatsräson‹ oder ›Gesinnung‹ oder ›Innenleben‹ oder ›vaterländische Religiosität‹ oder sonst dergleichen nennt. Diese Linie läßt sich von Luther an verfolgen, der das Unglück Deutschlands gewesen ist, und wenn Sie heute Rathenau, Scheler oder dergleichen lesen, so finden Sie dasselbe, schön formuliert. Am besten aber können das die geschlagenen Nationalisten. So auch Grimm. Wozu brauchen wir Kolonien –?

Für die Wirtschaft? »Mir scheint, solche Auffassung stammt aus früherer westlerischer und vielleicht auch hamburger Betrachtungsweise.« Ah, das sind die ›Krämer jenseits des Kanals‹, jene Händler, die der Held Sombart in schönen feldgrauen Tagen den deutschen Edelkaufleuten gegenübergestellt hat; nun aber, nach dem schiefgegangenen Gasangriff, wird ein Geistangriff angesetzt. Zum Sturm, marsch-marsch …!

»Die höchste Bedeutung eignen Koloniallandes für ein

übervölkertes, eingeengtes Land liegt auf der ›moralischen‹ Seite.« Und die sieht so aus:

»Es wandern zur Zeit etwa elfhundert deutsche Menschen im Jahre in das Mandatsland Deutsch-Südwest ein, mit meistens verworrenen Erwartungen. Wenn hundert Jungens an einer Frontstelle ihren Drang erfüllen und selbständige, unabhängige deutsche Männer werden können, statt als Putschisten und Krawaller und Ewigunzufriedene über Deutschland verteilt und wartend zu sitzen, und weiter, wenn zehn Jungens an einer deutschen Frontstelle und entfernt von den viel mehr eingebildeten als wirklichen inneren Streitgegenständen der Heimat durch Sonne und Luft und Freiheit und Tat und ungehinderte Männlichkeit zu deutschen Führern werden, ist das wenig?«

Damit also zehn oder hundert deutsche Psychopathen ihren sadistischen Trieb nicht mehr in Lichtenberg an den Arbeitern, sondern in der Wüste an den Kaffern austoben können: darum brauchen wir Kolonien. Damit die degeneriertesten Zellen dieses Volkskörpers, deren ursprünglich einmal gesunde und gute Beschaffenheit durch den Krebs der national-tierischen Eigenschaften überwuchert ist, gedeihen und sich gar noch auf eine Führerschaft vorbereiten können, an der das Land bereits einmal Millionen von Menschen und Mark verloren hat: darum brauchen wir Kolonien. Weil junge Engländer, unter ganz andern Verhältnissen und in einem andern Jahrhundert, die Herrenhaftigkeit und Männlichkeit ihrer Rasse in wehrloser Welt entwickeln konnten, deshalb tun wir das ›auch‹ (du deutschestes aller Wörter!) – und weil die Romantik freier und junger Menschen angesichts der Überbürokratisierung und grauen Nivellierungsarbeit dieses Parlamentarismus rechtens einen Weg ins Freie sucht, aber keinen findet, weil sie falsche Weltkarten haben –: darum brauchen wir Kolonien. Wir brauchen keine Kolonien.

Wir brauchen keine Kolonien, weil dieses Mandatsland durchaus kein »erster praktischer Versuch in die afrikanische und menschliche Zukunft hinein« ist. Diese Vereinigung von Kapitalisten und gefügigen Gewerkschaftsbürokraten, die sich Völkerbund nennt, ist ein Versuch, ein Gebilde, das sich vielleicht entwickeln kann, aber seine Aussichten nehmen mit jedem Tage ab. Unser Genf liegt in Moskau.

Ganz etwas anderes, wenn Grimm sagt:

»Auf andre als auf übernationale Weise läßt sich die koloniale Frage des an Menschen überfüllten Mittel- und Westeuropa nicht lösen.« Aber man kann nicht zum Zwecke der Ausbeutung in Afrika ›übernational‹ spielen und zu Hause den Nationalklimbim mit höchstem Ernst und den blutigsten Mitteln fortführen. Entweder – oder. Entweder ihr seht ein, daß der Gedanke der absoluten Souveränität ein Anachronismus ist, daß die zwischen den Staaten herrschende Anarchie nicht nur unsittlich, sondern im höchsten Grade unpraktisch ist, oder ihr seht es nicht ein. »In Afrika, da ging es nicht – in Tempelhof, da gehts«, hat vom Parademarsch einmal Julius Freund gesungen.

Was da in Süd-Afrika geschieht, mag eine Schiebung sein – uns geht sie nichts an, und der deutsche Arbeiter, der deutsche Landarbeiter hat andre Sorgen, die ihm Süd-West nicht abnehmen kann. Haben wir denn ein Recht an diesem Lande?

Unter meinen Kindheitseindrücken an das deutsche Militär rangieren zwei an erster Stelle. Der früheste, also stärkste, ist eine nach Urin stinkende Latrine einer stettiner Kaserne; und jene, denen die Terminologie der Psychoanalyse das bißchen Verstand genommen hat, mögen deutend ergründen, wie schon der Knabe eine ganze Institution mit dem herben Geruch der Männerausscheidungen identifizierte, und tatsächlich habe ich das auch heute noch in der Nase, wenn ich einen General sehe. Der zweite Eindruck war ernster.

Im Jahre 1904 zogen sie aus der Alexander-Kaserne: hochgewachsene Männer in der damals ungewohnten grauen Kolonialuniform, Mann neben Mann, Trupp hinter Trupp, die Musik vorn und die weinenden Frauen hinterher. Diese Freiwilligen ahnten mehr, als daß sie wußten, wohin sie gingen. Immerhin: man hatte sie wenigstens nicht gezwungen. Sie verdursteten, verreckten und verbluteten dann auf dem heißen Sande, und Frenssen hat nachher einen schönen Roman daraus gemacht und die Schiffahrtslinien ein schönes Geschäft. Da marschierten sie hin... »Muß i denn – muß i denn« spielte die Musik; sie mußten ja wohl.

An vielen Stellen der Grimmschen Schrift ist davon die Rede, daß die Gräber dieser Gefallenen eine laute Sprache redeten, und das tun sie auch. Aber Grimm versteht das Deutsch der Toten nicht. Sie rufen: wofür? Sie rufen: wenn wir das gewußt hätten! Sie rufen: Herr, vergib uns, denn wir wußten nicht, was wir taten! Das rufen diese Gräber. Blut schafft kein Recht.

»Nach dem Kriege mit den Hereros versuchte die deutsche Schutzgebietsregierung, die Hererofrage als einen Teil der Eingeborenenfrage dadurch vorläufig zu lösen, daß sie den rückkehrenden Aufständischen das Halten von Großvieh verbot.« Diese hundsföttische Gemeinheit, über die der alte Herero Dernburg einiges auszusagen vermöchte, trieb die Leute in die Wüste, ließ sie zu Tausenden draufgehen und setzte die imperialistische Eroberungspolitik konsequent fort. Und wenn die Nationalhereros einen Schriftsteller Hans Grimm hätten, so würde der einen herrlichen Roman, in zwei Bänden, schreiben, wie unterdrückt, wie ausgebeutet, wie mißhandelt sein Volk sei…

Ob die Deutschen bei den Eingeborenen beliebter seien als die Engländer oder die Buren, kann ich nicht beurteilen. Grimm druckt den Bericht eines antideutschen Buren ab, in dem etwa zu lesen steht, die Kaffern hätten lieber vor den Deutschen stramm gestanden, als bei den Buren gearbeitet, ein nicht unalltäglicher Vorgang, den man in Deutschland auf vielen Kasernenhöfen beobachten kann.

Daß die Buren, für die sich einmal der sentimentale deutsche Spießer, Ludwig Thoma obenan, schwer begeistert hat, wie der Deutsche ja immer lieber die Freiheit der Griechen, der Buren und der Chinesen besingt, als sich die eigne zu erringen: daß die Buren nicht die besten Brüder sind, glauben wir gern. Aber was, in aller Welt, geht uns das an? Was haben wir dort zu suchen?

Grimm ist kein objektiver Mann; er hat… er hat: »Rückgefühl«. So bezeichnet dieser deutsche Schriftsteller den Begriff ›ressentiment‹, und es ist ungemein bezeichnend, wie diese Puristen deutsch schreiben wollen, ohne deutsch denken zu können. Denn ›Rückgefühl‹ ist überhaupt nichts; das Fremdwort ›ressentiment‹, mit dem wir eine durch alten Groll getrübte Empfindung bezeichnen, ist sehr schwer zu übertragen, mit einer plumpen Übersetzung am allerwenigsten. Ja, also Grimm hat ›Rückgefühl‹ – aber nennen wir doch die Sache beim Namen. Er kann die Niederlage nicht verwinden.

Das gedemütigte Selbstbewußtsein muß irgendwo heraus – bei ihm entfliehts nach Süd-Afrika. Es ist unbeschreiblich, wie die geschlagenen Deutschen die Geschichte in Terminologie und Anschauung verfälschen. Hausse in Anführungsstrichen: der ›sogenannte‹ Friedensvertrag; bei Grimm heißt es einmal: »ein leer gestohlener Ort«, wenn aber die deutschen Truppen Belgien besetzten, dann nahmen sie kriegerische Operationen vor – so verschieden ist es im menschlichen Leben. Immer wieder wird angemerkt, daß das Reich ›gezwungen‹ auf seine Kolonien verzichtet hat; ja, hat denn schon irgend jemand einen Friedensvertrag unter anarchisch lebenden kapitalistischen Staaten gesehen, in denen der Besiegte etwas ungezwungen aufgegeben hat? Natürlich ist der Vertrag von Versailles ein Friedensvertrag wie alle andern in der Weltgeschichte auch – von Recht und solch schönen Vokabeln kann gar keine Rede sein. Die Gewalt hat gesprochen. Paßt euch nicht? Dann müßt ihr keine Kriege anfangen. Wer riskiert, kann auch verlieren. Ihr aber seid schlechte Verlierer.

Sie haben die Neutralität Belgiens gebrochen; sie haben den Krieg vorbereitet wie alle andern Nationen und haben ihn zuletzt leichtsinnig heraufbeschworen, ihn gefördert, die Krisis nicht abgedämmt – jetzt beklagen sie sich. »Das wahnwitzigste, noch fortwährend zunehmende Unrecht vor Gott wie um der ganzen zukünftigen Menschheit willen«, das

man uns antut… Wenn ihr kein Recht über den Völkern anerkennt, wenn ihr glaubt, daß es gegen die ›Ehre‹, diesen
Fahnenpopanz, geht, einen übernationalen Schiedsspruch
anzunehmen, und ihr habt das immer geglaubt, dann dürft
ihr euch nicht wundern, wenn im Fall der Niederlage die
Gegenseite über euch herfällt, wie ihr über sie habt herfallen
wollen. Anarchie ist Anarchie – und einer liegt immer unten.

Dabei ist Grimm anständig genug, die ungeheuren Fehler,
die Deutschland in Afrika gemacht hat, zu sehen und sie zu
vermelden. Daß die englische Bürokratie höfliche Formen
aufweist und nicht so lümmlig mit den Leuten umgeht, wie
das ein deutscher Regierungsassessor gewohnt war und wohl
noch oft ist, gibt er zu. Er sagt: »Eitelkeit, gehemmter Ehrgeiz und der klassenbeschränkte Wunsch zum Voran haben
bei uns, mehr als wirkliche Uneinigkeit getan hat, die vielen
Vereine und Parteien mit ihren Posten und kleinen Wichtig-
keiten hervorgerufen und haben mehr als wirkliche Stam-
mesverschiedenheit die heimische Kleinstaaterei aufkommen
lassen; aber durch das deutsche pedantische Gewissen ge-
wannen die deutschen Trennungen, heißen sie Vereine, heißen sie Parteien, heißen sie Kleinstaaten, erst Dauer.« (Bei aller Verehrung: hören Sie das, Professor Foerster?)

Und daß die Deutschen den Druck und den Verlockun-
gen da unten nicht standhalten… die Deutschen sind nun
einmal unter den Nationen das, was die Juden unter den
Deutschen; das ist schmerzlich zu hören, aber wahr, wenn
auch lustigerweise beide Vergleichsobjekte dagegen, wild
fauchend, also getroffen protestieren.

Nein, wir brauchen mitnichten Kolonien. Grimm versucht, ein Bedürfnis erst hervorzurufen, das jene ausfüllen

sollen. »Der Nachmarsch nach Südwest aus Deutschland ist bitter nötig« – also nicht vorhanden. Wir brauchen keine Kolonien; eine erfreuliche und eindeutig klare Erklärung des deutschen Reichskanzlers, Hermann Müller, hat das rechtens betont. Kolonien sind ein Anachronismus.

Grimm aber spricht von dem »schwindelhaften Erwachen der Farbigen, jenem heißgeliebten Thema aller Berichterstatter«, und davon, daß »Afrika mit Asien und seinen unterdrückten und erwachenden Völkern« nichts gemein hat. »Die mögliche Erhebung von Ganzafrika gegen die Unterdrückung der imperialistischen Mächte und besonders Englands gehört zum dicksten Schwindel, der gläubigen Deutschen je vorgedruckt wurde.« Nun, der dickste Schwindel... die Banknoten, die die Herren Havenstein und Cuno der Nation vorgedruckt haben, waren auch ganz schön... Aber immerhin genügt ja auch die partielle Erhebung eines neuen, schwarzen Proletariats, wie Grimm das richtig voraussieht; die Zeiten, wo man mit den schwarzen Arbeitern machen konnte, was man wollte, sind vorbei.

Vorbei die Zeit der Kolonien – es ist ein neuer Gedanke in die Welt gezogen, einer, der dumpfem Fühlen wachen Ausdruck verliehen hat: der Gedanke des neuen Rußlands. Dem und seinen Gegnern gehört die Zukunft. Der gerissene Neudeutsche wird sich wahrscheinlich sehr bald dahinterklemmen und, in Firma Saure Trauben & Co., bei den beginnenden Kolonialkämpfen weniger die neue Idee, als die Schwierigkeiten der Konkurrenten sehen; deutsche Außenpolitik besteht ja traditionell zum größten Teil aus Schadenfreude.

Altdeutsche Ideologie aber ist entweder eine bewußte

Lüge oder, wie bei Grimm, sanfte Verträumtheit, die dem sonst so erfahrenen und real bewanderten Mann merkwürdig zu Gesicht steht. Vorbei, vorbei. Denn so beginnen die schönsten aller Grimmschen Märchen:

»Es war einmal.«   1928

»Das ist nämlich Herr Meyer –!«

Wenn man in Frankreich einen Regenschirm kaufen will, geht man in ein Regenschirmgeschäft und kauft ihn. Das heißt: ein Fremder tut so. Der kluge Franzose aber kennt jemanden, der jemanden kennt, der eine Frau hat, die einen Schwager besitzt, der Beziehungen zu einem Uhrmacher hat, der nebenbei mit Regenschirmen handelt. Und davon lebt eine Nation.

Wir Deutsche aber haben es mit der Sachlichkeit. Ernst und neutral rollt bei uns die Arbeit hin, daß es nur so raucht: die Schreibmaschinen klappern, es funkelt die Schreibtischgarnitur, die Schalter klappen herunter, die Rechenmaschinen rasseln – wir kennen keine Menschen mehr, wir kennen nur noch die Sache. Aber …

Aber manchmal erweicht auch das deutsche Herz, manchmal schleicht sich ein lindes Lüftchen zarter Menschlichkeit in die harten Beziehungen: Kunde – Geschäftsmann; Arbeitnehmer und Arbeitgeber; Arzt – Patient – manchmal menschelt es in Deutschland. Und wollt ihr wissen, was sich hierbei ziemt, so fraget nur bei schönen Frauen an.

Die Frau hat ja – trotz aller Willfüers und trotz allen Studiums – eine schöne und direkte Beziehung zum Arbeitspartner erfunden. Etwa so: »Also, Kiki, was war auf dem Termin – beim Arbeitsgericht? Was hast du erreicht?« – »Der Richter war reizend. Also ein netter Mensch…« – »Ja, gewiß. Aber was ist nun mit dem Mädchen? Müssen wir ihr den Lohn bezahlen?« – »Er hat gleich gesehen, mit wem er zu tun hat – er hat gesagt: Bitte, gnädige Frau, ereifern Sie sich doch nicht, wir werden das alles regeln. Ein ganz reizender Mensch. Er sah übrigens sehr nett aus. Ich weiß gar nicht, was ihr immer gegen die Richter habt.« – »Ja… aber was ist mit dem Lohn? Was hast du erreicht?« – »Ein reizender Mensch. Zu den andern war er lange nicht so nett.« – »Wer zahlt?« – »Wir.«

Denn die Frau liebt es nicht, wenn es gar so unpersönlich zugeht, und darin hat sie ja wohl auch recht.

Sieh – da steht nun die große Bank, und da hinein sollst du gehen, gnädige Frau, und einen Scheck einlösen. Einen ganz gewöhnlichen Barscheck; es ist nichts weiter nötig, als daß du deinen Namen hinten heraufschreibst und das Datum – das hat schon dein Mann getan? Um so besser – also gar nichts ist nötig, als daß du hingehst, den Scheck präsentierst, wartest… dann bekommst du dein Geld, das zählst du… es ist ganz einfach. Mitnichten ist es einfach.

So tut keine Frau. Eine Frau kennt in der großen Einöde der fremden Bank einen Mann. Sie kennt Herrn Meyer.

Sie kennt Herrn Meyer von einem Ball bei der Freundin; von einer Motorbootfahrt; aus Tirol; durch die Schwiegereltern – jedenfalls kennt sie ihn. Und nun kann ihr nichts mehr geschehen.

Nun geht sie frohen Gemütes in die Bank; den bösen Portier, diesen ersten und letzten Mann, sieht sie kaum an, was kann ihr der! Sie kennt doch Herrn Meyer! Und der ist mehr als der Portier. Sie hastet durch die große Halle – sie geht eigentlich gar nicht in die Bank, sie macht eher einen kleinen Privatbesuch: sie geht zu Herrn Meyer.

Da ist er. »Guten Tag, Herr Meyer!« – Guten Tag, sagt er sehr höflich – und es setzt ein kleines herzerfrischendes Schwätzchen ein... wie es denn so ist im menschlichen Leben... und wie es geht... und was die Kinder machen... und ob Gerlachs von sich haben hören lassen – nicht? Das ist aber schade... und wie es der Frau geht – gut? Das ist aber fein... und, ja, Herr Meyer, ich habe hier nämlich einen kleinen Scheck...

Herr Meyer prüft ihn. Der Scheck ist in Ordnung – aber Sie müssen nochmal an den Schalter sechs, weil es Dollars sind, gnädige Frau! Sie strahlt, sie geht, sie macht, sie tut. Hätte ihr das ein anderer gesagt, das mit dem Schalter sechs –: es wäre ihr als finstere Schikane erschienen. Aber Herr Meyer? Herr Meyer ist reizend – er hilft einem immer so nett... Hier ist der Scheck. Da das Geld. Auf Wiedersehen, Herr Meyer!

Solcher Meyer gibt es gar viele, und sie versüßen uns das Leben. In den Reisebüros, auf den Banken, in den Kliniken, auf den Redaktionen... überall laufen etwelche Meyers umher und sind freundlich zu denen, die sie nicht kennen, und noch freundlicher zu denen, die sie kennen. Korruption ohne Bestechung, und das Ganze schadet auch nichts – aber »es putzt ungemein«, wie Herr Grünlich sagt.

Herr Spitzweg! Alte Junggesellen, die in ihrer Dachwohnung an Kakteen riechen – die wirst du heute wohl nicht mehr malen können. Aber einen ernsten Beamten, wie er vor einer Privatbekanntschaft den Schalter aufzieht und das Amtsgericht herunterläßt; wie Strenge und Milde sich lieblich in seinen Zügen paaren; wie er die Würde des Amtes mit einer gewissen parkettgebohnerten Höflichkeit zu vereinen weiß; wie er in den Geschäften um die Dünne eines Haares mogelt, andere grade nicht benachteiligend, seine Bekanntschaften aber doch vorziehend; wie er dies jedoch nicht eingesteht, sondern die Schwierigkeiten seines Tuns noch übertreibt, damit die Gefälligkeit nachher um so größer aussehe; wie er im Grunde mit seinen Bekannten genau das macht, was er auch sonst tut, durch den Ton der Musik aber anzeigt, er sei eine ›Beziehung‹ –: das, Herr Spitzweg, könntest du heute malen, und es wäre gewiß eine gute deutsche Zeichnung.   1930

Der Richter

In meinem Buch *Deutschland über alles* steht auch etwas über die Unabsetzbaren zu lesen. Daran nimmt einer der Betroffenen Anstoß, und zwar – anläßlich einer Besprechung des Beradtschen Buches über den *Deutschen Richter* – so:

»Vor einiger Zeit erschien der Aufsatz eines Schriftstellers über deutsche Richter, ihm war eine Zeichnung beigegeben mit dem Bilde eines Mannes im Richtertalar, das statt eines Kopfes ein Paragraphenzeichen trägt. In dem Aufsatz ist die These aufgestellt, man habe das Recht, bei einer Gesellschaftskritik den niedersten Typus einer Gruppe als deren Vertreter anzusehen. Man kann einem Anwalt nicht unterstellen, daß er sich diese These zu eigen machen will, mit der man den Richterstand wie den Anwaltstand, überhaupt jede Berufsgruppe beliebig herunterziehen kann.«

Der Richter, der dies geschrieben hat, gilt als objektiv und reformfreudig. Hoffen wir, daß seine Urteilsbegründungen verständiger sind als dieser Gedankengang.

Zunächst ist der schwere deutsche Aberglaube zu beseitigen, als sei es ein Sakrileg, eine ›Berufsgruppe herunterzuziehen‹. Diese Kollektiv-Ehren, gezüchtet von emsigen Vereinsmeiern und Generalsekretären, kosten heute Stück für Stück einen Groschen. Selbst wenn sich einer bei der Beurteilung einer solchen Gruppe irrt, so ist das noch nicht gar schlimm; hinter dieser Anschauung des Richters steckt der schwer ausrottbare Irrtum, als sei der ›Beruf‹ und die Zugehörigkeit zu einer Gruppe an sich schon etwas Heiliges. Richter sein ist noch gar nichts. Richter sein ist genau so schwerwiegend wie der Entschluß, Jura zu studieren, und jeder weiß, wie der zustande kommt. Mit diesem falschen Pathos wollen wir uns nicht aufhalten.

Der Richter hat aber auch im einzelnen unrecht.

In meiner Arbeit steht nicht zu lesen, daß der niederste Typus einer Gruppe ihr Vertreter ist; er ist es so wenig wie der höchste, den die Herren zu ihrem Lob gern herangezogen haben möchten. Ich habe gesagt, daß der niederste Typus charakteristisch für das Niveau einer Gruppe ist: jener Typus nämlich, den sie grade noch ertragen kann. Beispiel:

Vergewaltigt ein deutscher Arzt eine minderjährige Patientin und sind dieser Tatbestand und die strafrechtliche Verantwortlichkeit des Täters einwandfrei erwiesen, so wird die gesamte Ärzteschaft von dem Mann abrücken, mehr als das: sie wird ihn aus ihren Reihen entfernen. Also ist dieser

Typus der Gruppe nicht aufs Konto zu setzen. Sie kann nichts dafür, daß er einmal in ihren Reihen gewesen ist – sie erträgt ihn nicht, sie schließt ihn aus.

Läßt sich ein deutscher Richter materiell bestechen, so reagiert die Gruppe sofort – alle Mitglieder werden den Mann ausgestoßen wissen wollen, das ehrengerichtliche Verfahren wäre in diesem Fall nur noch eine Formalität. Also ist der mit Geld bestochene Richter kein Prototyp des deutschen Richters.

Um aber den Stand der Unabsetzbaren richtig zu beurteilen, darf es wohl erlaubt sein, neben den Festreden des Reichsgerichts jenen Typus zu betrachten, den man in hundert und aberhundert Gerichtsstuben amtieren hören kann, in Gleiwitz und in Köln, in Breslau und in München. Da ist es mitunter schwer, ruhig zu bleiben... diese Mischung von subalternem Geist, von Überheblichkeit, von dummen und sachlich verkehrten Moralanschauungen, von Einsichtslosigkeit in wirtschaftliche Zusammenhänge, von vermuffter Seelenkunde, die keine ist... gibts das oder gibts das nicht? Das gibts.

Und solange die Gruppe der Richter nicht gegen diesen Typus demonstriert, und sei es auch nur in einer ernsthaften Opposition, solange sich ›die‹ Richterschaft in falsch verstandenem Kollegialitätsgefühl immer gegen den ›Laien‹ auf die Seite des so überschätzten Fachmannes stellt –: solange nenne ich einen deutschen Richter einen deutschen Richter. Und ich möchte das so verstanden wissen, wie es ein Proletarier versteht, der – den Bericht von nationalsozialistischen Strafprozessen im Gedächtnis – vor diesen Talaren steht.   1930

Die Mäuler auf!

Heilgebrüll und völksche Heilung,
schnittig, zackig, forsch und päng!
Staffelführer, Sturmabteilung,
Blechkapellen, schnädderädäng!
    Judenfresser, Straßenmeute…
    Kleine Leute. Kleine Leute.

Arme Luder brülln sich heiser,
tausend Hände fuchteln wild.
Hitler als der selige Kaiser,
wie ein schlechtes Abziehbild.
    Jedes dicken Schlagworts Beute:
    Kleine Leute! Kleine Leute!

Tun sich mit dem teutschen Land dick,
grunzen wie das liebe Vieh.
Allerbilligste Romantik –
hinten zahlt die Industrie.
    Hinten zahlt die Landwirtschaft.
    Toben sie auch fieberhaft:
    Sind doch schlechte deutsche Barden,
    bunte Unternehmergarden!
    Bleiben gestern, morgen, heute
    kleine Leute! kleine Leute!

1930

Beschlagnahmefreies Gedicht

Ich bin klein.
Mein Herz ist rein.
Soll niemand drin wohnen als nach Belieben
auszufüllen allein.
Lieb Vaterland, magst ruhig sein,
fest steht, daß Ponds Creme das beste für die Haut ist.
Hipp.
Wer seine Obrigkeit läßt walten,
der bleibet immer wohlbehalten.
Hipp, hipp.
Wenn ich nur meinen Adolf hab,
bis an mein schwarz-weiß-rotes Grab.
Hurra.
Ein Veilchen stund an Baches Ranft,
so preußisch-blau, so lind und sanft;
da kam ein kleines Schaf daher,
jetzt steht da gar kein Veilchen mehr.
Hurra.
Ein Richter steht im Walde,
so still und stumm.
Er war republikanisch bis zuletzt,
drum haben sie ihn in den Wald versetzt,
und da steht nun der Richter,
auf seinem linken Bein,
ganz allein.
Lieb Vaterland (siehe oben).
Siehst du die Brigg dort auf den Wellen?
»Rechts müßt ihr steuern!« hallt der Schrei.

Die Republik kann nicht zerschellen,
Frau Wirtin hatte auch ein Ei.
Die Zeiten werden schön und schöner.
Ich denk an Männer, kühn und barsch:
An Noske, Geßler und auch Groener.
Lieb Vaterland (siehe oben).

1932

Bühne und Weltbühne

Bühnenluft

Das ist beileibe kein Romantitel (Aber man sieht ordentlich die Umschlagzeichnung: ein eleganter Herr mit kleinem Bärtchen begutachtet aus der Loge die Primadonna, die sich gerade produziert...)

Nein, ich meine wirklich die Luft, die einem entgegenweht, wenn der Vorhang eine Minute oben ist. Dann haucht das große Bühnenloch eine kühle Wolke von Staub, Leim und Holzgeruch aus, die ein empfindsames Parkett in schauerndes Entzücken versetzt. Bühnenluft... Dann mag man sich wohl ausdenken, wie es hinter der Szene gerade zugeht, wie der Regisseur gehetzt herumläuft, der Held auf sein Stichwort wartet, alle ein bißchen erregt sind. Puh – macht man, und atmet beseligt die vertraute Luft ein, den nicht sehr gesunden Brodem aus Staub, Leim und Holzgeruch. Mag es sich um eine Waldlandschaft, um eine Straße handeln, mag der Regisseur bemüht sein, uns einen Palastkorridor vorzutäuschen: immer ist der Geruch der gleiche.

Wir rücken uns in den Sesseln zurecht, die erste Unruhe hat sich gelegt, die Akteure sind jetzt klar verständlich –. Das Spiel beginnt.   1913

Kritik

Da oben spielen sie ein schweres Drama
mit Weltanschauung, Kampf von Herz und Pflicht:
Susannen attackiert ein ganz infama
Patron und läßt sie nicht.

Ich sitze im Parkett und zück den Faber
und schreibe auf, ob alles richtig sei;
Exposition, geschürzter Knoten – aber
ich denk mir nichts dabei.

Mein Herz weilt fromm bei jenem lieben Kinde,
das lächelnd eine Kindermagd agiert:
ich streichle ihr im Geiste sehr gelinde,
was sie so lieblich ziert.

Nun sieh mal einer diese süßen Pfoten,
dies Seidenhaar mit einem Häubchen drauf –
es gibt da sicher manch geschürzten Knoten:
ich löst ihn gerne auf.

Wer sagte da, daß ich nicht sachlich bliebe?
(Nu sieh mal einer dieses schlanke Bein!)
Begeisterung, Freude am Beruf und ›Liebe‹ –:
So soll es sein!

1913

Auf die Weltbühne

Mein gutes Blatt! Wie hast du dich verändert!
Den Musentempel schließt du beinah zu;
mit Politik, Kunst, Wirtschaft dicht bebändert,
so geht dein Vorhang auf: auch du, mein Kind, auch du?
Du willst dich gleichfalls in den Strudel stürzen?
Randstaaten? Westfront? Die Veränderungswahl?
Nur eines kann mir meinen Kummer würzen:
    Es war einmal...

Es war einmal... da glaubten wir noch beide
an Kunst und an Kultur, an Menschentum –
an deine ziegelrote Wand schrieb ich mit Kreide
die Namen meiner Lieben an zum Ruhm.
Wir dachten: essen und organisieren
sind Selbstverständlichkeiten, tief im Tal –
und auf den Bergen gehen wir spazieren...
    Es war einmal...

Du lieber Gott, wie hat sich das gewandelt!
Wir schuften, bis dem Land die Schwarte knackt.
Und kein Professor, der nicht gerne handelt
mit weichem Klitschebrot, das er sich backt.
Es war einmal... Glück auf zur neuen Reise!
Eng wars einmal – heut bist du bunt und weit.
Doch kehr noch manchmal dich zurück im Kreise
    zur alten Zeit!

1918

Karl Kraus liest

Der zwanzigjährigen *Fackel*

Du hast zwanzig Jahr ins Land gestrahlt.
Du hast manchen Schatten an die Wand gemalt –
   Rauchlos helle Flamme!
Und wir sprachen zu den feinen Röcken,
und wir sprachen zu den kleinen Schmöcken:
   »Daß dich Kraus verdamme!«
Gott sei Dank hast du noch nicht geendet!
Mancher schrie, von deinem Licht geblendet,
   manches Equipagenpferd ward scheu.
Viele kippelten im bloßen Gleiten.
Du hingegen – auch in großen Zeiten –
   bliebst dir selber treu.

Dienstag abend las im Klindworth-Scharwenka-Saal Karl
Kraus aus seinen Schriften. Und aus diesen schrecklichen,
unerbittlich grausamen Schriften stieg jener Klang auf, der
entsteht, wenn ein blutiges Kreuz mit der Welt zusammen-
stößt – aus jeder Zeile ruft: »Wie weit habt ihr euch von Güte
und Liebe entfernt!« – Er las Szenen aus den *Letzten Tagen der Menschheit*, einem zyklopischen, unaufführbaren
Drama – unaufführbar deshalb, weil der Reichtum, unbekümmert um dramatische Gesetze, über die Ränder der
Form quillt. Darin ist Kraus wie Rabelais: unbekümmert um
die Wirkung. Man könnte getrost dies und das streichen – aus
dem Gestrichenen machte ein anderer ein neues Stück.

    Aber was will das alles gegen Form und Inhalt besagen!
Form: letzte Schleifung des Wortes, dem jener der treueste
Diener ist – die Sprache verrät sich in ihren Bildern selbst,
sie enthüllt den Sprechenden und enthüllt eine Epoche, die,

unfähig sich neue Formen zu bilden, ihre Embleme aus einer vergangenen Zeit nimmt, ohne ahnen zu lassen, daß sie nicht mehr passen. (»Der Staat zog das Schwert.« Kein Wort wahr: die Büros schrieben eine neue Steuer aus.) Form: Durchblutung des Wortes, feinstes Gefühl für die Nuance, für den Dialekt, für die kleinen Sprachbequemlichkeiten, die sich der oder jener erlaubt. Der norddeutsche Dialekt ist manchmal nur mit einem Wort angedeutet – und der ganze Kerl steht vor einem. Inhalt. Diese Dinge sind zum allergrößten Teil in den Kriegsjahren geschrieben worden. Dieser infernalische Haß gegen eine große Zeit, diese unbedingte Ablehnung, durch nichts zu erschütternde Ablehnung des Blutvergießens ist damals eine Tat gewesen. Heute schreibt dergleichen die halbe Schweiz und ein Zehntel Deutschlands, und das will nicht viel besagen. Aber damals, als die Wellen der vaterländischen Begeisterung allzuhoch gingen – damals dergleichen gewagt und gesagt zu haben: das will etwas bedeuten. Und er hats gewagt.

Das Wort »Du sollst nicht töten« prallt mit dem andern vom »Gehorsam gegen die Obrigkeit« zusammen – und das große Wort gewinnt Macht über das kleine utilitaristische. Du sollst nicht töten…! Und ein so konstruiertes Auge sah sich nun die große Zeit an und zeichnete ihre schrecklichsten Bilder.

Was hier gestaltet ist, mag sich oft erst nach der Gestaltung ereignet haben. Und was sich nicht ereignet hat, das hat nur vergessen, sich zu ereignen – so grauenhaft echt ist das alles. Die großen Worte fallen ab, und es bleibt eine ungeheure Kulturschande, die durch nichts zu entschuldigen ist.

Der Vorleser Kraus ist einer der stärksten Eindrücke. Er sieht fast niemals auf, er liest richtig vor – nur manchmal beschreiben diese seltsamen schmalen Finger einen Halbkreis oder sie zeichnen eine Geste übertrieben auf... nur die Stimme herrscht. Nein: der Wille herrscht. Seine Stirnader schwillt. Mit ungeheurer Intensität bricht das Geschriebene und Erlebte noch einmal heraus – eine Eruption seltenen Grades. Er darf es wagen, entgegen allen Vortragsgesetzen, fortissimo zu beginnen und andante fortzufahren – weil es wahr ist, in jedem Augenblick wahr. Schrei auf Schrei entringt sich dieser gequälten Brust, Ruf auf Ruf, Klage auf Klage. Und Anklage auf Anklage...

»Ich habe sie in Schatten geformt«, heißt es einmal. Das hat er. Wie Schemen, aber erschrecklich lebendig, tanzen diese bunten Burschen noch einmal vorbei, wie Schemen kichert das und posaunt und telegrafiert und hält Reden auf einem Bankett – seltsam tot und seltsam lebendig. Es gibt ja schließlich bei diesen Dingen nur ein Kriterium: die Gänsehaut. Und hier ist Pathos, das keinen rationalistischen Witz verträgt, der glatt und matt herunterfallen würde.

Du sollst nicht töten...! Das ist eine harte Forderung, eine unbequeme Forderung, eine unrationalistische Forderung. Er vertritt sie, er schreit sie hinaus, er pocht mit ehernem gekrümmten Knöchel an die Tür des Todes, die mit den Landesfarben angemalt ist. Und es klingt hohl...

Dies ist keine Parteiangelegenheit und keine Landesfrage. Hier ruft ein Mensch und gibt euch alles in allem: Kunst, Gesinnung, Politik und sein rotes, reines Herzblut.

1920

S. J. hat hier so oft auseinandergesetzt, wer und was Karl Kraus ist, daß mir zu tun fast nichts mehr übrig bleibt. Kraus hat nun (im Verlag der Schriften von Karl Kraus, München, Luisenstraße 31) zwei Bände erscheinen lassen: *Weltgericht* – dieselben, die in Nummer 17 Eduard Saenger besungen hat. Er wird mich keineswegs hindern, es auch zu tun. Hier ist das gesammelt, was Kraus in der großen Zeit und zu der großen Zeit zu sagen hatte. Das war wie ein Schrei aus einer andern Welt, als er im Jahre 1914 – und so begann es – zu sprechen anhub: »In dieser großen Zeit, die ich noch gekannt habe, wie sie so klein war; die wieder klein werden wird, wenn ihr dazu noch Zeit bleibt...« Das waren die ersten Worte eines, der vom August bis zum November 1914 vor Schreck jäh verstummt war (die andern hatten längst ihre Sprache, und was für eine, wiedergefunden). Die dramatis personae dieses Weltgerichts sind tot oder werden es bald sein. Ihr schlechter Atem wird leben. Noch lebt er. Karl Kraus hat ein Geheimnis: er zitiert wörtlich die Zeit, und in seiner Luft, auf seinem Papier enthüllt sie all ihre Widerlichkeiten. Man hat gesagt, er habe nicht gewagt, diesen oder jenen Mächtigen anzugreifen. Was war ihm dieser und jener! Er tat nichts weiter, als die Welt, so wie sie da war, mit den Forderungen Jesu zu vergleichen, und der Höhenabstand war schwindelerregend. Und er hat weniger Wilhelm angegriffen, weil der nur ein Symptom war – er griff alle an, weil er verstanden hatte, daß alle schuld waren.

In diesen beiden Bänden findet sich schon ein Teil des Rohmaterials, aus dem die ungeheure Tragödie der *Letzten*

Tage der Menschheit gebaut worden ist: da tanzen die Schmöcke als Polichinells einen blutigen Reigen, da dichten die Dichter, da fotografieren die Fotografen, und alle sind sich darüber einig, daß man mit Speck, Lederlieferung, Poesie und Presselügen durchhalten müsse. Und sie haben durchgehalten. Wir spürens heute noch.

Was aber wie ein roter Faden durch das Buch geht, ist ein Gedanke, so schauerlich und so groß, wie ihn nur wenige gefaßt haben: die Entdeckung des alten Ornaments, das auf die neue Zeit aufgeklebt ist. Daß es einen Kaiser gab und zugleich Eisenbahnen... daß einer das Schwert zog und einen Gas-Angriff befahl, und daß man Schlacht sagte, wo Schlachten gemeint war, Schlachtungen durch Maschinen, und daß die Technik die Verantwortung tötete, die die Kollektivität ohnehin schon eingeschläfert hatte. Böse Wahrheiten? Aber Wahrheiten. Es stehen beklemmende Sätze in dem Buch: »Es war bis zur Stunde, da der Wiener doch unterging, mir immer das unheimliche Wunder unsrer Existenz, daß dieses ganze Zubehör von Menschen und Maschinenbestandteilen nicht plötzlich mit einem ›Ah woos‹ sich hinlegte und seine Selbstauflösung den mühevollen Gesten eines unmöglichen Betriebs einfach vorzog.« Und diese paar Worte da, in ihnen eingefangen in das Elend von achtzig Millionen: »...daß der Marschallstab der oberste Traum eines jeden Soldaten sei. Und ich war zu neugierig, ob er in einem dieser Erdäpfeltornister Platz hätte, an die angebunden solch ein armes, verschmutztes, verquältes Stück Mensch die große Zeit durchkeucht.« Kraus hat erkannt, wer gesündigt hat. Keine Herren. Beileibe nicht. »Sie waren nur Mörder aus Mangel an Phantasie, nicht weils die Sache wollte. Und Herzen mußten zu schlagen aufhören, weils ihnen bei der Sorte an Protektion gefehlt hat. Nicht zum Zweck, nicht als Opfer der Natur, nicht in despotischer Verantwortung, die vor der Sünde seelisch sich behauptet, nein, durch vergnügte Spießbürger, die nicht wußten, obs die Schweinejagd war oder nur die Menschenjagd, ist alles das vollbracht worden. Harmlose Mordskerle waren es, gemütliche Kanaillen, Folterknechte aus Hetz.« Und er prägt das Wort von dem ›Sklavenaufstand‹, und da steht: »Im Angesicht sterbender Männer wird ein Wesen, das mit dem Lorgnon zuschaut, für Tapferkeit dekoriert; Finanzgauner, deren Sprache kaum zur Verständigung über die notwendigsten Berufspraktiken reicht, tragen das Kleid vorzeitlicher Ehre; Cafétiers nehmen mit Veteranen den Appell ab; Judenbuben sind die Dichter der Nation, der sie nicht angehören; und in der Plankengasse habe ich zugeschaut, wie ein Straßenkehrer einen Unterstraßenkehrer wegen vorschriftswidrigen Grußes gestellt hat. Ist nicht, was uns rings umgibt, die aufgewärmte Rache von Vorgesetzten, die Untergebene waren? Von Kellnern, die dem Piccolo heimzahlen, was sie auszustehen hatten? Von einst selbst geschundenen Abrichtern? Dem letzten Knecht ist noch ein Untertan das Pferd.« (Heinrich Mann: »Wie Diederich in der Furcht seines Herren, hatte Guste in der Furcht des ihren zu leben. Beim Eintritt ins Zimmer war es ihr bewußt, daß dem Gatten der Vortritt gebühre. Die Kinder wieder mußten ihr selbst die Ehre erweisen, und der Teckel Männe hatte alle zu Vorgesetzten.«) Und was Karl Kraus in einem seitenlangen Satz über den berüchtigten Einwand, man dürfe nicht generalisieren, sagt, müßte allen Generalen in die Ohren geschrien werden.

Österreich? Preußen. Deutschland. Und die ganze Welt, soweit sie militaristisch durchsucht ist. Ehre dem Tapfern, ders gesagt hat und wieder gesagt und wieder gesagt. Sie hatten aber keine Ohren, zu hören, sondern nur zwei linke Hände, die nicht wußten, was recht ist, und zwei Füße, mit denen sie gingen, es sich zu richten. Dann aber schritten sie stolz, und ohne auf das Gekläff eines Literaten zu horchen, dahin, wohin sie gehörten: in den Abgrund.

1920

Der berühmteste Mann der Welt

> All der Unsinn, den Mister Chaplin macht, kommt nicht aus dem vergeblichen Versuch, klug zu sein, sondern aus den mißlingenden Versuchen, so zu sein wie andere Leute auch.
>
> *St. John Ervine*

Kein Parlamentarier ist der berühmteste Mann der Welt und kein Politiker, weder Wilson noch Poincaré – kein Erfinder ist es, kein Tenor, kein Flugzeugführer. Der berühmteste Mensch ist zweifellos Herr Charlie Chaplin, über den alle einmal gelacht haben: die Pariser und die Londoner, alle Amerikaner und die australischen Matrosen, die Besucher der chinesischen Kinos und neuerdings auch die Deutschen, der alte Kontinent und der neue – und daß der Mars noch nicht über ihn gelacht hat, liegt nur an der mangelhaften Verbindung zu diesem kinolosen Möbel.

Mister Chaplin ist so:

Die Gegend betritt ein kleinerer Mann mit einem kleinen schwarzen Hütchen, einem Stöckchen, einem Schnurrbärtchen. Er geht, wie noch nie ein Mensch auf dieser Welt gegangen ist: er watschelt rasch und eilfertig auf zwei Füßen, deren Spitzen ganz nach auswärts gedreht sind. Er hat schwarze, fast traurige Augen, und er sieht bekümmert in die Welt, weil es nun doch gleich einen Kummer geben wird. Richtig, da ist er.

Der Kummer ist ein dicker Mann, ein roher Bursche von ungeheurem Format, mit dem Herr Chaplin sofort aneinandergerät. Weshalb, ist nicht ganz klar. Diese Filme sind überhaupt nicht ganz klar. Aber es kommt ja nicht auf ihre Handlungslosigkeit an und auf das Gewirr von Prügeln, Feuerwehrschläuchen, jungen Mädchen, auslaufenden Milchflaschen und herunterfallenden Gipsbüsten. Es kommt auf ihn an, auf Mister Chaplin.

Aus den acht oder zehn Filmen, die bis jetzt nach Deutschland gekommen sind, bleibt eine Fülle von Einzelheiten haften, deren jede vollendet gespielt ist.

Mister Chaplin lädt dreizehn Stühle auf seinen Rücken, sieht aus wie ein Morgensternsches Stuhlschwein und starrt vor lauter Stuhlbeinstacheln: Mister Chaplin ist aus dem Gefängnis entflohen, wo die amerikanischen Sträflinge bekanntlich gestreifte Kleidung zu tragen haben, und erwacht morgens im Bett: verwundert und deprimiert gleiten seine schwarzen, klugen Augen über den gestreiften Pyjama und über die Gitterstäbe seines Bettes – also doch? Wieder Gefängnis? – Nein, der Diener bringt den Kaffee. Und wie Herr Chaplin dann sofort aus dem geduckten Flüchtling ein feiner Herr wird, mit einer Zuckung der Schulter, einem ganz unmerklichen Zusammenreißen in den Augen: das ist schlechthin meisterhaft.

Herr Chaplin muß hungrig zusehen, wie ein dicker Mann von vierundzwanzig Tellern sein Frühstück ißt; dann soll er die leeren Teller abräumen. Ein Blick, zwei Löffel, und Herr Chaplin beginnt mit sieghafter Geste auf den Tellern Xylophon zu spielen.

All diese Einfälle dauern nur einen Augenblick, das geht alles ganz rasch vorüber, wird mit den sparsamsten Mitteln exekutiert. Er hat sich hinter einem umgestürzten Küchentisch verbarrikadiert und bewirft seine Partner mit gebratenen Kartoffelklößen: blitzschnell taucht die Assoziation ›Schützengraben‹ in ihm auf: er ergreift zwei leere Weinflaschen, steckt den Kopf über den Tisch und beäugt unendlich strategisch den Feind durch dieses neue Scherenfernrohr – und blitzschnell taucht er wieder unter.

Er hat eine Komik des Nichttuns entwickelt, die ganz ungeheuerlich ist. Der Mann, der sich nicht traut, durch eine Tür zu gehen, dreimal ansetzt und viermal umkehrt, ist noch niemals so gespielt worden wie von ihm. Er sitzt in der Heilsarmee und muß über irgend etwas lachen, das neben ihm vorgeht – der strafende Blick des Predigers fällt auf ihn – Großaufnahme: man sieht ihn fröhlich grinsen, und dann ist das Lachen wie mit einer Zange abgekniffen. Unruhig ruckelt ein gerüffelter Schuljunge auf seinem Platz, und ganze Völkerschaften liegen unter dem Tisch.

Womit er das alles erreicht, ist völlig unbegreiflich. Manchmal nur mit einer kleinen Bewegung – er kann mit den Schultern weinen. Einmal wird er massiert – Chaplin sieht den riesigen Bademeister und sein beklatschtes und malträtiertes Opfer. Er wird der Nächste sein... Und in den unergründlichen Augen liegt eine solche Angst, eine solche tiefe und fast tierische Furcht und dazu ein Gran Ironie, daß es so etwas gibt... Und er bewegt sich nicht, und man hört ihn jeden Gedanken denken.

Er ist so gütig und so freundlich zu aller Welt! Neben ihm steht ein kleiner Spielhund aus Tuch, ein Spielzeug, wie es die Kinder haben. Eine Flasche läuft aus und bekleckert ihm die Hosen. Ingrimmig und schockiert sieht er den Hund an. Dann stellt es sich heraus, daß es doch die Flasche war. Und leise streichelnd, mit einer unendlich zarten Bewegung bittet er das Hündchen um Verzeihung...

Der Mensch muß eine unerhörte Beobachtungsgabe haben, ein stehlendes Auge. Er kann die Bewegungen aller Handwerke nachmachen. Einmal frisiert er den Kopf eines Bärenbettvorlegers: mit welch femininer Grazie und mit welch gelangweilter Selbstverständlichkeit er Kamm und Bürste handhabt und nach dem Schamponieren leicht und elegant und oberflächlich den nassen Kopf abtrocknet! Das zeigt die natürliche Komik dieses großen Künstlers. Wenn unsere Mimen auf der Bühne einen Handwerker nachmachen, dann sieht man, daß sie ihn niemals beobachtet haben: so klopft kein Schuster, so schreibt kein Schreiber, so bewegt sich kein Kutscher. Chaplin kennt sie alle.

Er bekommt es fertig, nur durch seine Erscheinung andere Leute lächerlich zu machen. Er braucht nur aufzutreten, mit dem kleinen Hütchen, mit dem kleinen Stöckchen, mit dem kleinen Schnurrbärtchen, watscheln auf seinen unmöglichen Beinen – und alles drum herum hat plötzlich unrecht, und er hat recht, und die ganze Welt ist lächerlich geworden. Es gibt ein Bild von ihm aus dem Kriege, auf dem der Zeichner den deutschen Kaiser abgebildet hat und seine Generale – mit starrenden Schnurrbärten und furchteinflößenden Helmen. Ihre Augen kullern ihnen fast aus dem Kopf, sie sehen alle auf eine Sache. Denn vor ihnen latscht Chaplin durch den Saal, sich leise einen pfeifend und unbeschreiblich frech sein Stöckchen schwingend. Und der ganze Militarismus ist hinten heruntergefallen.

»All der Unsinn, den Mister Chaplin macht, kommt aus den mißlingenden Versuchen, so zu sein, wie andere Leute auch.« Er hat einmal gesehen, wie der Mixer mixt und wie er in dem Affentanz von Eisstückchen, Cherrycoblern, Silberbechern und Herumhantieren an jedem Ei kurz riecht, bevor er es in den Topf schlägt… Aha, das macht man so. Und wenn er, Chaplin, mixt, riecht er auch an dem Ei. Aber bevor er es aufschlägt. Das kommt in der Fixigkeit nicht so genau darauf an…

Man sagt, daß er alle seine Filme probeweise Kindern vorspiele. Wenn das nicht wahr ist, ist es brillant erfunden. Denn diese Filme mit der nachdenklichen Komik, mit der lustigen Tragik wenden sich an das Kind im Menschen, an das, was wohl bei allen Völkern gleich geblieben ist: an die unverwüstliche Jugendkraft. Er stellt das primitivste dar, aber das genial. Und er zeigt, wie lächerlich es ist, ein erwachsener Mensch zu sein, der sich ernst nimmt.

Als er einmal von Europa zurück nach Los Angeles fuhr, begrüßten ihn auf einer kleinen amerikanischen Station zweihundert kleine Jungen, alle als Mister Chaplin verkleidet: mit dem kleinen Hütchen, mit dem kleinen Bärtchen und mit dem kleinen Stöckchen. So watschelten sie auf ihn zu... Und weil er sehr kinderlieb ist, hat er ihnen allen guten Tag gesagt.

Er ist, wie alle großen Komiker, ein Philosoph. Versäumen Sie nicht, ihn sich anzusehen. Sie lachen sich kaputt und werden ihm für dieses Lachen dankbar sein, solange Sie leben.

Da geht er hin und ruckt nach all dem Kummer an einem kleinen Hut und watschelt ab und sagt mit den Beinen: »Auf Wiedersehn –!«   1922

Das ist klassisch!

Nestroy auf der Bühne... Fritzi Massary erzählte einmal, wie sie nach der modernen Neueinstudierung eines Klassikers einen alten würdigen Herrn aus ihrer Loge aufstehen sah. Er drehte sich zu einem hinter ihm sitzenden heftig applaudierenden jungen Mann um und sagte zu ihm bedeutungsvoll: »Armer junger Herr! Sie wissen nicht, wie das gespielt werden muß!« Und verließ das Lokal. Das ist eine schöne Geschichte.

Die übrigens trefflich auf Nestroy zu passen scheint. Wenn man die raschen Urteile der meisten Theaterkritiker – besonders in Norddeutschland – liest, die Johann Nestroy für einen überlebten Possenreißer mindern wiener Genres zu halten pflegen, dann freut man sich doppelt, daß Egon Friedell die Rosinen aus Nestroys Konditenbäckerei gesammelt hat. (*Das ist klassisch!* Nestroy-Worte. Wiener Drucke 1922.)

Karl Kraus, den Friedell natürlich zitiert, hat ja schon früher in einem Sonderheft der *Fackel* diese Aussprüche gesammelt und mit einem wundervollen Vorwort versehen: *Nestroy und die Nachwelt.* Da steht zu lesen, welch ein ›Fetzen Shakespeare‹ dieser Mensch gewesen ist, wie – besonders in der fulminanten Sprachtechnik – Wedekind an ihn grenzt, und was er für eine Art Witz gehabt hat. Ein ›geölter Blitz‹ – das Wort paßt hierher: denn es ist Urkraft, mit allen Mitteln eines modernen Gehirns gelenkt.

»Es glaubts kein Mensch, was der Mensch alles braucht, bis er halbwegs einem Menschen gleichsieht.« Und: »Der Radibub bricht auch mit seiner Geliebten, versöhnt sich aber hernach; doch wenn der Mann von Ehre bricht, dann ist der Bruch auf immer gebrochen; dieses ist der Hauptunterschied zwischen dem Manne von Ehre und dem Radibuben.« – »Einen Gang hat s', als wie eine Prozession, die aus einer einzigen Person besteht.« Und: »Beim Iffland, o je, da lamentieren die Familien aktweis, daß man ganz hin werd'n möchte – und um was handelt sich die ganze Verzweiflung? Um 200 Gulden-Schein. Wenns den Bettel im Parterre zusammenschießeten und hinaufschickten, so hätt eine jede solche Komödie im ersten Akt schon ein End.« Kürzer, man kann nicht. (Man denke übrigens an unsre Sexualstücke, wo ein auf die Bühne hinaufgesandtes Bett den gleichen Dienst täte.)

Es sind ein paar reizende Rollenbilder Nestroys in dem Büchlein. Wer kann das heute noch bringen? »Junger Herr, Sie wissen nicht, wie das gespielt werden muß!« Schade – wir hätten es gern einmal gesehen.   1922 pflege ich gemeinhin alte *Weltbühnen* zu lesen. Nein, meinen Kram nicht – sondern etwas ganz andres.

Erstens ist es sehr lehrreich, zu sehen, wie alte Aufsätze noch wirken – wie, wenn sie gut sind, die Sache zwar verstaubt, veraltet ist, aber wie neu, im hellen Glanze, der Kerl erstrahlt, ders geschrieben hat. Wie das Unwichtige wichtig und das Wichtige unwichtig wird – wie die ›Affären‹ vorbei sind und mausetot, wie aber der Stil noch frisch ist und die Gesinnung und der Mensch, der dahinter steht.

Und wenn ich dem S. J. seine alten Theaterkritiken durchgeblättert habe und Morgenstern und Walser und Hardekopf – Gott, bevor ich an das Blatt kam, hatten wir schließlich sehr anständige Mitarbeiter! –: dann lese ich, immer mal wieder, Polgarn.

Dies ist ja zum Glück keine Zeitschrift mit einem ungedienten Unteroffizier als Redakteur – die meisten deutschen Redakteure lassen ihre Mitarbeiter nicht ausreden, sondern bakeln an ihnen herum, und so sieht das auch alles aus! –, und so darf ich denn wagen, was anderswo nicht möglich wäre: einen Mitarbeiter dick und offen zu loben.

Loben? Ich muß ihn streicheln. Nein, wir alle sollten ihn streicheln.

Da sind tausendundeine Theaterkritik – ich kenne kaum einen dieser Schauspieler, keines der wiener Theater, ich verstehe so viele sachliche Anspielungen gar nicht – und dennoch ist es wie ein warmes Bad, das zu lesen. Das zergeht auf der Zunge – aber ich muß schon lachen, denn keines solcher Worte hat der verehrte Liebling meiner Sonntagnachmittage unzerspöttelt gelassen. Im sauersüßen Tadel einfach unerreichbar, sodaß man nicht weiß, ob da einer mit einer Drahtbürste geliebkost oder mit einer Puderquaste geschossen hat. Welche Fülle an Bildern! Es gibt einen spezifisch Polgarschen Witz: er verlegt Sinneseindrücke von einer Sphäre in die andre, vergleicht einen Theaterbombast mit einem Gericht, einen optischen Eindruck mit einer Hautempfindung und vermengt auf das freundlichste die Gebiete des menschlichen Daseins. Seine Kunsturteile sind von unangreifbarer Sauberkeit – seine Grazie einzig. Da ist eine kleine Geschichte *Scharlach* und eine *Wie der Goethe entstand*! Man müßte das alles abschreiben.

Warum das hier gesagt wird? Erstens aus Spaß. Zweitens aber, um einmal zu sagen, wie blödsinnig diese Wertung nach Quantität ist. Sind wir eigentlich Akkordarbeiter? Ich muß mich sehr vorsehen, so etwas zu sagen – sonst denken die Leute, ich spräche pro domo –: aber ich bin ein aufgehörter Schriftsteller und habe kein domum. Aber jener! Ist er denn deshalb weniger als andre, weil er sofort, schon in der zweiten Zeile, das Wesentliche sagt und nicht erst auf der achten Seite in Schwung kommt? Ja? Muß man Wälzer schreiben oder irgendeinen abendfüllenden Unfug, um ernst genommen zu werden?

Laß sie doch Literaturgeschichte schreiben, Polgar. In unsrer stehst du an erster Stelle – unter ›Besserer alleinstehender Herr in ungenierter kleiner Wohnung‹.

Und wir bedanken uns für so viele freundliche Stunden und wünschen dir alles Gute!   1923

The Kid

Diese grotesk-sentimentale Mischung
ist uns fremd. Sie entbehrt der Logik,
und ohne Logik ist deutsche Film-
dichterei nicht zu denken.

Deutsche Allgemeine Zeitung

Wenn Ludendorff halb so komisch wäre –! Nach einem
leicht pathetischen Vorspiel voll edler Spielastik und bema-
kelter Mutterschaft, wobei auch das Kreuz des Erlösers
nicht fehlt, watschelte Charlie Chaplin von hinten in den
Vordergrund des Films und in unser aller Herzen. Der Herr
befinden sich offenbar zur Zeit in nicht sehr guten Vermögensumständen. Er hat mehr Löcher als Kleidungsstücke,
und ganz heil ist nur sein Stock. Er zieht aus einem Debet
seiner Hose eine alte Konservenbüchse, wählt unter den
dort angesammelten aufgelesenen Stummeln einen, klopft
ihn ordentlich zurecht, wirft Streichholz und Handschuhe,
wegen nicht mehr fein, in eine alte Tonne – und hört ein
Baby schreien. Das Baby liegt neben dem Müllkasten. Da
hebt es Chaplin auf: und was sich dann begibt, ist so schön,
daß nicht nur der ganze deutsche Film dagegen versinkt –
das will nicht allzuviel heißen – sondern es ergreift so, daß
man für eine ganze Stunde aus diesem Lande herausgerissen
wird, weit, weit fort unter richtige Menschen. Der Film *The
Kid* hat gar keinen richtigen Inhalt. Aber Chaplins Herz hat
einen, und zu diesem Herzen gehört der feinste Kopf unter
den lebenden Filmdarstellern und der klügste unter den
Schauspielern überhaupt. Dieses Herz ist bei den Unterdrückten, und es hat eine gefährliche Waffe: sein Gehirn.

Komisch ist alles: komisch der Gang, komisch die Füße, komisch das Hütchen und komisch der Rhythmus dieser gleitenden, sehr sparsamen Bewegungen. Chaplin zieht den armen ausgesetzten Müllkastenjungen auf, und die hinreißende Herzenskomik dieser Vorgänge liegt vor allem darin, daß dieses kleine Stück Malheur durchaus für voll genommen wird: wenn es Eierkuchen gibt, zählt Papa die Dinger (wie die Geldscheine) – und jeder kriegt die Hälfte, einer bleibt übrig, und auch der wird ehrlich geteilt. Zwei Kameraden bestehen den harten Kampf mit dem Leben: der Kleine schmeißt die Fenster ein, die der Große kittet, und so haben beide ihr Auskommen. Dann aber wird der kleine Kompagnon krank, der Arzt kommt, und Vater Staat, dieser unehrlichste aller Strichjungen, nimmt dem Großen den Kleinen weg. Chaplin rettet ihn, befreit ihn, wieder wird er ihm gestohlen, er erträumt sich, vor einer alten Haustür schlafend, den Himmel, bekommt den Jungen wirklich wieder, der findet seine bemakelte Mama – aus.

Warum hat eine Welt über diesen Film gelacht?

Weil er an die Urinstinkte appelliert. Weil er überall siegen muß, wo es auch nur Andeutung einer Zivilisation gibt. Weil hier ein Sieger des Lebens ist, der zwar den Unterdrückten angehört, aber doch – mit allen Mitteln arbeitend – triumphiert.

Vor allem hat Chaplin als einziger die reine Komik der absoluten Bewegung entdeckt. Eine Situation, deren Kern sich oft wiederholt: er verscharrt das Balg zunächst, um es loszuwerden, wieder neben dem Müllkasten, wo er es gefunden hat. Wie er gräbt und wirtschaftet! Hinter ihm steht, ohne daß er es weiß, der böse Feind, diesmal ein riesenhafter Schutzmann. So, nun ist er fertig, das Kind liegt glücklich unter alten Lumpen und Mohrrüben. Er dreht sich um und stößt an den wehrumpanzerten Bauch des Sergeanten. Tausend Schauspieler machten jetzt: Schreck! Dieser hält in der Bewegung des Rückwärtsdrehens gar nicht inne, in demselben Schwung nimmt er den Kleinen wieder auf und watschelt fort: »Verboten? nicht gut? Schön – weiter.« Warum das komisch ist, weiß ich nicht, und ich habe es auch nie ergründen können. Tatsache ist nur, daß man vor Lachtränen zwanzig Meter nichts sehen kann.

Dazu kommt die unüberwindliche Sucht, es immer der großen Welt gleich zu tun. Sie haben nicht Brot auf Hosen, aber eine alte Bettdecke ist Pyjama, ein Teller Fingerschale, und in allem Kummer hat man immer so viel feine Sitte, noch schnell vor dem Todessprung am Hütchen zu rücken. Wegen fein.

All das ist bewußt. Bewußt, den Kleinen beten zu lassen und währenddessen plinkernd an die Decke zu gucken: Gut und schön, diese Frömmigkeit – aber ich kann das doch nicht mitmachen; bewußt, mit dem Kleinen zu laufen, wie noch nie ein Mensch gelaufen ist, und dann schnell, rechts und links vorm Tor, Aufstellung zu nehmen, der böse Feind rasend vor Wut mitten durch, und man ist noch einmal, für die nächsten zehn Sekunden, gerettet; bewußt, ein rundes Loch in den Rohrstuhl zu schneiden, darunter den Nachttopf zu setzen und das Kind nun oben drauf (gewissermaßen gleich an die Kanalisation angeschlossen); bewußt, diesen Rohrstuhl dann noch einmal prüfend vor sich hinzustellen: zurücktretend wie der Maler von der Staffelei, wie wohl das Werk auf die Entfernung wirke... Bewußt ist alles.

In einem kleinen Büchlein (Louis Deluc: *Charlot*, Paris 1921, bei de Brunoff) findet sich am Schluß ein großer Aufsatz Max Linders, der lange bei Chaplin zugesehen hat. »So beruhen alle meine Filme«, heißt es da, »auf der Idee, mich in die höchste Verlegenheit zu setzen, um mir Gelegenheit zu geben, gradezu verzweifelt ernst bei dem Versuch zu bleiben, ein richtiger kleiner Gentleman zu sein.« Und: »Das Theaterpublikum ist von Herzen zufrieden, wenn es den reichen Leuten nicht gut ergeht. Ein Stückchen Eis in den Ausschnitt einer feinen Dame fallen lassen: das ist, in den Augen des Publikums, Schicksal, das bedeutet, ihr das zuzufügen, was sie von Rechts wegen verdient.« Und: »Zweifellos ist es günstig für mich, daß ich so klein bin; so kann ich Kontraste ohne große Mühe herstellen. Jeder weiß, daß der ›Kleine‹, der verfolgt wird, zunächst einmal die Sympathie der Masse auf seiner Seite hat. So betone ich meine Schwäche…« Aber dann siegt er doch, und alle Welt lacht Tränen. Nebenbei: welch ein Witz, daß eine Welt über einen Juden lacht! (Der Centralverein jüdischer Staatsbürger deutschen Glaubens wird zögern, ob er diesen anerkennen soll: Einstein, ja – die Ostjuden, die zwei Etappen vorher darstellen: nein – und Chaplin? »Macht er Riches?«) Wer da nicht lacht, ist chaplinblind.

Grade, wenn der Film am besten schmeckt, hört er auf. Im Tauentzien-Palast, wo man die Presse einlädt, ohne einen Stuhl parat zu halten, mußte ich dank der Unfreundlichkeit der Direktion dieses Filmwunder stehend erleben. Ich hätte gern noch einmal so lange gestanden. Man möchte die Arme heben und ihm zurufen:

Gott sei Dank, daß es dich gibt! Dein Herzblut hat dein

Gehirn passiert – du fühlst mit dem Kopf und denkst mit dem Herzen! Bereicherer des Lebens, deine besten, lustigsten Filme werden wir wahrscheinlich erst in zehn Jahren zu sehen bekommen, weil die deutsche Filmproduktion feige ist. Deinen witzigsten Film haben wir nicht gesehen; den, wo du den deutschen Kaiser gefangen nimmst – weil wir, ach Gottchen, in einer Republik leben. Aber es gibt dich doch, Tröster der Herzen! In einer englischen Zeitschrift warst du während des Krieges abgebildet: der ihr Kaiser stand da, Hindenburg und dicke deutsche Generale – Brille und Sauerkohl und eine unbeschreibliche Würde. Aber alle zogen die Brauen hoch: denn du watscheltest durch den Saal, pfeifend, ohne sie anzublicken, mit dem kleinen Hütchen und dein Stöckchen schwingend. Und alle Würde und alles Teutschtum waren auf einmal zum Teufel. In deinen Filmen ist echteste Menschlichkeit und tiefste Logik des Herzens. Dich kennen mehr Menschen, als Goethe und Napoleon zusammen gekannt haben – fünf Weltteile haben dich gesehen, und gelacht haben sie alle. Du hast zwei linke Füße und das Herz auf dem rechten Fleck. Sei gegrüßt –!

Weißt du, daß wir Bessern hier versauern und nicht aus der ewigen Schule herauskommen können, aus dem Kasernenhof, aus dem Internat Deutschland? Wir sind festgebakken und warten. Weißt du, wie wir warten? Auf die Stunde; die in die Freiheit führt –? Draußen, da wären wir doppelt dankbar für deine ernsten Späße und dein lustiges Pathos – draußen würden wir noch einmal anfangen, zu leben, aufzunehmen, zu verarbeiten, und überhaupt wieder vorhanden sein. Wir warten. Aber keiner kommt. Und wir sind dir dankbar, Charlie Chaplin, weil du uns eine Ahnung davon gibst, daß die Welt nicht teutsch und nicht bayerisch ist, sondern ganz, ganz anders. Aus dem Keller, de profundis, sei gegrüßt –! 1923

Der Linksdenker

> Er ist ein Gespenst und doch ein Münchner.
>
> *Alfred Polgar*

Das war ein heiterer Abschied von Berlin: sechs Wochen Panke und ein Abend Karl Valentin – die Rechnung ging ohne Rest auf.

Ich kam zu spät ins Theater, der Saal war bereits warm und voller Lachen. Es mochte grade begonnen haben, aber die Leute waren animiert und vergnügt wie sonst erst nach einem guten zweiten Akt. Am Podium der Bühne auf der Bühne, mitten in der Vorstadtkapelle, saß ein Mann mit einer aufgeklebten Perücke, er sah aus, wie man sich sonst wohl einen Provinzkomiker vorstellt: ich blickte angestrengt auf die Szene und wußte beim besten Willen nicht, was es da wohl zu lachen gäbe… Aber die Leute lachten wieder, und der Mann hatte doch gar nichts gesagt… Und plötzlich schweifte mein Auge ab, vorn in der ersten Reihe saß noch einer, den hatte ich bisher nicht bemerkt, und das war: ER.

Ein zaundürrer, langer Geselle, mit stakigen, spitzen Don-Quichote-Beinen, mit winkligen, spitzigen Knien, einem Löchlein in der Hose, mit blankem, abgeschabtem Anzug. Sein Löchlein in der Hose – er reibt eifrig daran herum.

218

»Das wird Ihnen nichts nützen!« sagt der gestrenge Orchesterchef. Er, leise vor sich hin: »Mit Benzin wärs scho fort!« Leise sagt er das, leise, wie es seine schauspielerischen Mittel sind. Er ist sanft und zerbrechlich, schillert in allen Farben wie eine Seifenblase; wenn er plötzlich zerplatzte, hätte sich niemand zu wundern.

»Fertig!« klopft der Kapellmeister. Eins, zwei, drei – da, einen Sechzehnteltakt zuvor, setzte der dürre Bläser ab und bedeutete dem Kapellmeister mit ernstem Zeigefinger: »'s Krawattl rutscht Eahna heraus!« Ärgerlich stopft sich der das Ding hinein.

»Fertig!« Eins, zwei, drei… So viel, wie ein Auge Zeit braucht, die Wimper zu heben und zu senken, trennte die Kapelle noch von dem schmetternden Tusch – da setzte der Lange ab und sah um sich. Der Kapellmeister klopfte ab. Was es nun wieder gäbe –? »Ich muß mal husten!« sagte der Lange. Pause. Das Orchester wartet. Aber nun kann er nicht. Eins, zwei, drei – tätärätä! Es geht los.

Und es beginnt die seltsamste Komik, die wir seit langem auf der Bühne gesehen haben: ein Höllentanz der Vernunft um beide Pole des Irrsinns. Er ist eine kleine Seele, dieser Bläser, mit Verbandsorgan, Tarif, Stammtisch und Kollegenklatsch. Er ist ängstlich auf seinen vereinbarten Verdienst und ein bißchen darüber hinaus auf seinen Vorteil bedacht. »Spielen Sie genau, was da steht«, sagt der Kapellmeister, »nicht zu viel und nicht zu wenig!« – »Zu viel schon gar nicht!« sagt das Verbandsmitglied.

Oben auf der Bühne will der Vorhang nicht auseinander. »Geh mal sofort einer zum Tapezierer«, sagt der Kapellmeister, »aber sofort, und sag ihm, er soll gelegentlich, wenn er Zeit hat, vorbeikommen.« Geschieht. Der Tapezierer scheint sofort Zeit zu haben, denn er kommt gelegentlich in die Sängerin hineingeplatzt. Steigt mit der Leiter auf die Bühne – »Zu jener Zeit, wie liebt ich dich, mein Leben«, heult die Sängerin – und packt seine Instrumente aus, klopft, hämmert, macht… Seht doch Valentin! Er ist nicht zu halten. Was gibt es da? Was mag da sein? Er hat die Neugier der kleinen Leute. Immer geigend, denn das ist seine bezahlte Pflicht, richtet er sich hoch, steigt auf den Stuhl, reckt zwei Hälse, den seinen und den der Geige, klettert wieder herunter, schreitet durch das Orchester, nach oben auf die Bühne, steigt dort dem Tapezierer auf seiner Leiter nach, geigt und sieht, arbeitet und guckt, was es da Interessantes gibt… Ich muß lange zurückdenken, um mich zu erinnern, wann in einem Theater *so* gelacht worden ist.

Er denkt links. Vor Jahren hat er einmal in München in einem Bierkeller gepredigt: »Vorgestern bin ich mit meiner Großmutter in der Oper *Lohengrin* gewesen. Gestern nacht hat sie die ganze Oper nochmal geträumt; das wann i gwußt hätt, hätten wir gar nicht erst hingehen brauchen!«

Aber dieser Schreiber, der sich abends sein Brot durch einen kleinen Nebenverdienst aufbessert, wird plötzlich transparent, durchsichtig, über- und unterirdisch und beginnt zu leuchten. Berühren diese langen Beine noch die Erde?

Es erhebt sich das schwere Problem, eine Pauke von einem Ende der Bühne nach dem andern zu schaffen. Der Auftrag fällt auf Valentin. »I bin eigentlich a Bläser!« sagt er. Bläser schaffen keine Pauken fort. Aber, na… latscht hin. Allein geht es nicht. Sein Kollege soll helfen. Und hier wird

die Sache durchaus mondsüchtig. »Schafft die Pauke her!«
ruft der Kapellmeister ungeduldig. Der Kollege kneetscht
in seinen Bart: »Muß das gleich sein?« Der Kapellmeister:
»Bringt die Pauke her!« Valentin: »Der Anderl laßt fragen,
wann.« – »Gleich!« Sie drehen sich eine Weile um die Pauke,
schließlich sagt der Anderl, er müsse dort stehen, denn er sei
Linkshänder. Linkshänder? Vergessen sind Pauke, Kapellmeister und Theateraufführung... Linkshänder! und nun,
ganz shakespearisch: »Linkshänder bist? Alles links? Beim
Schreiben auch? Beim Essen auch? Beim Schlucken auch?
Beim Denken auch?« Und dann triumphierend: »Der Anderl sagt, er ist links!« Wie diesseits ist man selbst, wie jenseits der andre, wie verschieden, wie getrennt, wie weitab!
Mitmensch? Nebenmensch.

Sicherlich legen wir hier das Philosophische hinein. Sicherlich hat Valentin theoretisch diese Gedankengänge
nicht gehabt. Aber man zeige uns doch erst einmal einen
Komiker als Gefäß, in das man so etwas hineinlegen kann.
Bei Herrn Westermeier käme man nicht auf solche Gedanken. Hier aber erhebt sich zum Schluß eine Unterhaltung
über den Zufall, ein Hin und Her, kleine magische Funken,
die aus einem merkwürdig konstruierten Gehirn sprühen.
Er sei unter den Linden spaziert, mit dem Nebenmann, da
hätten sie von einem Radfahrer gesprochen – und da sei gerade einer des Wegs gekommen. Dies zum Kapitel: Zufall.
Der Kapellmeister tobt. Das sei kein Zufall – das sei Unsinn. Da kämen tausend Radfahrer täglich vorbei. »Na ja«,
sagt Valentin, »aber es ist grad *einer* kumma!« Unvorstell-
bar, wie so etwas ausgedacht, geschrieben, probiert wird.
Die Komik der irrealen Potentialsätze, die monströse Zer-

legung des Satzes: »Ich sehe, daß er nicht da ist!« (was sich da erhebt, ist überhaupt nicht zu sagen!) – die stille Dummheit dieses Witzes, der irrational ist und die leise Komponente des korrigierenden Menschenverstandes nicht aufweist, zwischendurch trinkt er aus einem Seidel Bier, kaut etwas, das er in der Tasche aufbewahrt hatte, denkt mit dem Zeigefinger und hat seine kleine Privatfreude, wenn sich der Kapellmeister geirrt hat. Eine kleine Seele. Als Hans Reimann einmal eine Rundfrage stellte, was sich wohl jedermann wünschte, wenn ihm eine Fee drei Wünsche freistellte, hat Karl Valentin geantwortet: »1. Ewige Gesundheit. 2. Einen Leibarzt.« Eine kleine Seele.

Und ein großer Künstler. Wenn ihn nur nicht einmal die berliner Unternehmer einfangen! Das Geheimnis dieses primitiven Ensembles ist seine kräftige Naivität. Das ist nun eben so, und wems nicht paßt, der soll nicht zuschauen. Gott behüte, wenn man den zu Duetten und komischen Couplets abrichtete! Mit diesen verdrossenen, verquälten, nervösen Regisseuren und Direktoren auf der Probe, die nicht zuhören und zunächst einmal zu allem nein sagen. Mit diesem Drum und Dran von unangenehmen berliner Typen, die vorgeben zu wissen, was das Publikum will, mit dem sie ihren nicht sehr heitern Kreis identifizieren, mit diesen überarbeiteten und unfrohen Gesellen, die nicht mehr fähig sind, von Herzen über das Einfache zu lachen, »weil es schon dagewesen ist«. Sie jedenfalls sind immer schon dagewesen. Karl Valentin aber nur einmal, weil er ein seltener, trauriger, unirdischer, maßlos lustiger Komiker ist, der links denkt. 1924

Der Brötchentanz

Ist der neue Chaplin-Film schon in Berlin? Ich glaube nicht. Vergessen Sie nicht, auf den Brötchentanz zu achten, und verlangen Sie ihn Dakapo. Warum gibt es keine Dakapos im Film?

Die Jagd nach dem Gold (The Gold rush, La Ruée vers l'Or) ist ein Goldgräberabenteuer aus Alaska; daß es eine Parodie sein soll, wüßte man nicht, wenn mans nicht wüßte. Es beginnt mit dem Zug der Zehntausende in die Schneeberge – und schließlich geht ein Rauschen durchs Parkett. Er. Er hat einen Sack auf dem Buckel und einen Schal, aber sonst ist er ganz so ausgestattet wie immer: Hütchen, Stöckchen, Schnurrbärtchen… Er wandelt frohen Mutes auf dem schmalen Rand einer Felswand, wankt und klettert… Plötzlich taucht aus einer Höhle hinter ihm ein riesiger Bär auf, das Publikum kreischt, was wird jetzt werden? Nichts – Charlie geht still seines Weges, die braune Gefahr immer hinter ihm her, schließlich verschwindet der Bär in der Felshöhle, und etwas später dreht sich der Goldgräber um und visiert die Gegend. Indianer? Raubtiere? Nein. Weiter. Dieser Ritt über dem Bodensee leitet das Fest ein.

In dem, was folgt, ragt an erster Stelle der Brötchentanz.

Chaplin hat in seiner Blockhütte schöne junge Mädchen zu Gast geladen – er wartet auf sie. Sie kommen nicht, er schläft ein und träumt, sie seien gekommen. Und das ganze kleine Fest zieht an seinen Augen vorüber, und zum Schluß, zum Nachtisch, muß er doch den Damen eine Unterhaltung servieren, und weil er nicht singen kann und auch kein Grammophon hat, tanzt er ihnen etwas vor. So:

Er pikt auf zwei Gabeln zwei lange Brötchen, stellt die Gabeln auf den Tisch und packt sie. Und nun sind es plötzlich zwei Beine, Tänzerinnenbeine, oder seine eigenen. Die Brötchen sind seine quer gestellten Schuhe, und das unsichtbare Gabelwesen fängt an, zu tanzen. Es ist eine der genialsten Erfindungen dieses genialen Komikers.

Zu den Klängen eines Foxtrotts wirft das Ding die Beine, rutscht und schleift, einmal macht es dieses Kunststück, ganz weit zu grätschen, daß man glauben muß, es werde gleich in der Mitte aufplatzen, es grüßt mit den Beinen und kokettiert mit den Beinen – und man vergißt völlig, daß es ja nur zwei Brötchen, auf Gabeln gespießt, sind, die uns da etwas vortanzen... Diese schlumpige Grazie, dieser Spitzentanz in Lumpen, den wir so oft von ihm selbst gesehen haben: Chaplin wiederholt das mit einem Nichts, mit etwas, das gar nicht da ist, mit der kindlichen Andeutung von Beinen. Er muß das tagelang vorm Spiegel geübt haben. Wenn einem der Atem vor Lachen ausgegangen ist, verbeugt sich das Ding mit einem zierlichen Knicks. Husch, husch, die Waldfee... mit zwei Sechserbrötchen.

Es geschieht vorher und nachher viel Komisches, aber dies ist doch die dickste Perle. Ich habe den Film in Narbonne gesehen, und wenn Sie mich nach den Sehenswürdigkeiten dieser Stadt fragen: ich weiß nur diese eine, den Brötchentanz. 1925

Chaplin in Kopenhagen

Die dänische Fähre rauschte davon, und die Eisenbahnwagen und ich – wir machten ein ziemlich dummes Gesicht, weil wir nicht wußten, wie uns das bekommen würde. Vor Warnemünde die Wellenbrecher sahen wir gar nicht an – welch ein bezügliches Wort...! Aber nun befahl der Kapitän den Kolben, zu stampfen, und die langen D-Zug-Wagen begannen leise zu zittern, Kellner sprangen im Speisesaal auf und ab, Hühner waren geschlachtet worden, Heringe hatten sich in Zuckeressig gewälzt, Bier war auf Flaschen gezogen worden, die Fähre fuhr, und die dänische Eisenbahn rollte, und ein Hotelbett war gedeckt, Staubsauger heulten, der Panter stolperte durch Kopenhagen und merkte kaum, daß er angekommen war – denn dieser ganze Aufwand wurde vertan, weil in der Stadt ein kleiner Mann mit Hütchen auf einer Filmleinwand das deutsche Heer aber gründlich besiegte und Kaiser, Kronprinz und Hindenburg total gefangen nahm... Hin.

Die Sache spielte sich in einem Kinotheaterchen acht-undvierzigsten Grades ab – die andern siebenundvierzig hatten schon gelacht, seit zehn Jahren hatten sie gelacht... General Chaplin ließen auf sich warten: zwei amerikanische Filme schoben sich vorüber, Gottbehüte uns, und nahmen nie ein Ende, und immer, wenn ich geglaubt hatte, nun aber perfekt dänisch zu können, zeigte sich, daß das nächste Bild etwas ganz anderes besagte als der vor mir hin her und übersetzte Text. Und zwischendurch schlief ich ein und gedachte wehmütig der Schule der Weisheit und fuhr mit einem leichten Schrei wieder auf, und dann war es immer noch nicht aus, und die Monate gingen vorüber, es wurde Herbst und wieder Winter, und immer waren da noch die beiden Großaufnahmeköpfe auf der Leinwand zu sehen, und will sich nimmer erschöpfen und leeren… Und dann, und dann kam Er.

Es beginnt mit einer vollendeten Verhöhnung des Militärs – so etwas von schiefen Kehrtwendungen und Gewehrjonglierübungen und Getrapple… pfui Deubel, Herr Major! Worauf der junge Rekrut Charlot in einem Zelt zu träumen beginnt…

Er stand im Schützengraben, hinter ihm schlugen die Granaten ein, was ihn jedesmal zu einem schmerzlichen Zusammenzucken bewog… man hat seine Nerven – und wenn eine Flasche nicht zu entkorken war, hob er sie hoch, und der böse Feind schoß den Hals ab, und wenn es eine Zigarette zu entzünden galt, hob er sie hoch, und Krupp schoß sie in Brand – es war alles in bester Ordnung. Regnete es? Dann stak der ganze Unterstand im Wasser, aber jeder Mann, wie man das gelernt hatte, lag ordnungsmäßig zugedeckt, zweimal: mit der Decke und mit Wasser, einer sah nur noch mit dem Mund und den Zehen heraus, und dem trieb Charlie ein Bootchen mit dem Nachtlicht hin, auf daß es ihm die Füße briete… Tats, ergriff den Lautsprecher und zog sich unter das Wasser zurück, durch die Röhre atmend… Läuse? Für Läuse hat der Soldat ein Reibeisen, das man an die Wand nageln kann: zwecks Rückenschubberung. Der Krieg war restlos erledigt.

Dann ein echter Chaplin-Augenblick: alle bekommen Post, nur er nicht. Da lehnt er traurig am Unterstandpfosten und guckt verstohlen einem Soldaten, der den Heimatbrief liest, in das Papier … und lacht mit, wenn es etwas zu lachen gibt, und ist ernst und gefaßt und heiter – alles auf der Nebenleitung, bis es der andre merkt und ihm hinter die Ohren haut, und dann ist es aus. – Sturmangriff!

Sieh da, die Deutschen! Es sind derartige Schießbudenfiguren, daß sich ein ernster Mensch nicht gut verletzt fühlen kann, es sei denn, er wäre humorlos wie ein deutscher Beamter. Diese Soldaten da haben Bärte wie die Urwälder und sind dick wie die Tonnen oder lang wie die Zäune, nur der kleine Leutnant, der sie alle in den Hintern tritt, ist ein kurzer Daumen. (Wahr ist vielmehr, daß der deutsche Offizier seine Soldaten nicht in den Hintern, sondern in die Seele getreten hat.) Na, und dann läuft Chaplin zum Feind über und überlistet denselben mit Tücke und einer Kostümierung als Baumstumpf (der beinahe gefällt wird), und die Deutschen halten immerzu die Hände hoch und werden ununterbrochen besiegt, beinah so wie die Franzosen in dem Weltkriegsfilm des Herrn Hugenberg. Der Unterschied zwischen den beiden Filmen ist überhaupt nicht so sehr groß – nur ist Chaplin seiner eine Spur seriöser. Und dann erscheint ein Auto, und die beiden Chauffeure haben breite Mützenbänder mit Adlern drauf, aber was Sie denken, ist nicht. Kein Kronprinz wird hier gefangengenommen, kein Kaiser wird hier gefangengenommen, kein Hindenburg wird hier gefangengenommen. ›Ein‹ Offizier …

Ja, wir wahren unsre Würde im Ausland.

Es gibt kaum eine deutsche Auslandsvertretung, die offen und ehrlich zur Republik steht, und es gibt überhaupt keine, in der etwas von Demokratie zu merken wäre – aber unsre Würde, die wahren wir. Wir trauen uns nicht, die Fahne der Republik im Ausland zu zeigen, denn unsre Republik ist auf den Feiern des Reichsbanners soo groß und in der Gösch soo klein – aber nun haben sie glücklich die Filmbilder, in denen Hindenburg und die andern erscheinen, herausgestrichen, und nun wirkt der Film wirklich deutschfeindlich, obgleich ers gar nicht ist. Denn während vorher die Farce durch die vollkommene Sinnlosigkeit übersteigert war, sich so von der Wahrheit gänzlich entfernend, liegt nun eine Spur von Gesinnung in dem zusammengeschnittenen Film, von dem Chaplin nichts weiß. Es geht nichts über Diplomatie.

Und wie ich mir so die Lachtränen wegwische, denke ich, was das für eine Nummer von Republik ist. Wenn zum Beispiel ein höherer deutscher Polizeibeamter in Kopenhagen mit seinen französischen, dänischen, schwedischen Kollegen am Tisch sitzt, dann läßt er als Tafelfähnchen die alten Farben seines Kaisers aufziehen... »Die Herren lieben die neue Fahne nicht«, sagt der Wirt. »Sie nennen sie: Heringssalat.« Mit dem Takt ist das so eine Sache: man hat ihn, oder man hat ihn nicht. Wozu sollte ihn dieser haben? Die Republik bezahlt ihm sein Gehalt, das er grinsend einstreicht, Achtung verlangt sie nicht von ihm, und es geht nichts über die Lümmelhaftigkeit von nationalen Deutschen, die sich im Ausland herumtreiben. Über Ernst Tollers Aufenthalt in Kopenhagen gibt es nur eine Stimme des Lobes. Aber das ist freilich ein Landesverräter, der hier den billigen Ruhm verschmäht hat, vor Fremden auf Deutschland zu schelten. Ein Beamter darf das tun, und er tut recht daran. Mancher verdients nicht anders.

Der Film *Das Gewehr über!* aber sollte an einer Stelle gespielt werden, wo er noch nie gespielt worden ist, und wohin er gehört. Ob dieser Film heute noch im Ausland von
jener innern Aktualität ist, die seine Wiederaufnahme recht-
fertigt, ist Sache seiner Beschauer. Auf einen Fleck Erde
aber gehörte er, vor eine Gattung Menschen, die den Mut
nicht aufbringen, zu Ende zu denken, die in Lüge leben und
in Kompromissen.

Dieser helle Film gehört in das dunkelste Deutschland.
Übern Rhein, Chaplin, übern Rhein –!   1927

Fünfundzwanzig Jahre

»Mein geronnenes Herzblut« sagte Siegfried Jacobsohn,
wenn er die rote Reihe der Halbjahrsbände der *Weltbühne*
betrachtete, die immer vor ihm standen. Seine Arbeit war
darin, seine Liebe und sein ganzes Leben. Einundzwanzig
Jahre hat er dem Blatt jede wache Stunde gewidmet, und er
träumte, wenn nicht von Mozart, dann sicherlich von neuen
zu gewinnenden Mitarbeitern. Er deckte sich jede Woche einen kleinen Geburtstagstisch: »Sächelchen tue ich euch in
die nächste Nummer …!« und vorausgenießend schmeckte
er die Qualität der Arbeiten ab, deren Entstehung fast immer seiner Initiative, seiner Tatkraft, seiner liebevollen
Überredung zu verdanken waren. Und jetzt stehen die fünfzig Bände vor uns; man muß schon zweimal kräftig aus-
schreiten, wenn man die lange Reihe abgehen will. Fünfundzwanzig Jahre sind um. Wir dürfen zurückblicken.

Am 7. September 1905 erschien die erste Nummer. Am Geburtstag Albert Bassermanns: für S. J. ein schönes Vorzeichen.

Nach jenem Spektakel, den eine künstlich aufgepustete und von S. J. später im *Fall Jacobsohn* aufgeklärte Plagiataffäre des jungen Theaterkritikers an der *Welt am Montag* hervorgerufen hatte, war Jacobsohn in die Versenkung untergetaucht. Er war auf Reisen gegangen, hatte innerlich wieder von vorn angefangen und in fernen Ländern frischen Mut geschöpft. Mit Hilfe von Freunden, die die Literatur und das Theater ebenso liebten wie er, war es ihm möglich gewesen, die neue Zeitschrift ins Leben zu rufen. Er hat von der ersten Nummer bis zum letzten Novemberheft des Jahres 1926 alles allein gemacht – keine Krankheit, keine Reise, keine Ungunst der Stunde haben ihn jemals veranlassen können, die Redaktion auch nur für eine einzige Woche abzugeben.

1905. Siegfried Jacobsohn, der ›Abschreiber‹, macht ein eignes Blatt auf.

Mir ist für den Mann kaum etwas so charakteristisch erschienen, wie die ersten drei Worte, mit denen seine Theaterkritik in der Nummer eins begann. »Medias in res«, heißt es da; fangen wir mitten in der Sache an! Er hat immer mitten in der Sache angefangen.

Die *Schaubühne* erschien. In den ersten drei, vier Jahrgängen stand S. J., ohne es zu wollen, im Mittelpunkt der Zeitschrift. Seine Theaterkritik der Woche war das Rückgrat; drum herum fanden sich wichtige und fesselnde Aufsätze über das Theater und auch über die Literatur … aber ganz am Anfang war da noch kein eigner Ton, die einzelnen

Nummern bildeten noch nicht solche wohlorchestrierten Einheiten wie später. Der Theaterkritiker S. J. war auf der Höhe. Der Redakteur war noch im Werden.

Das änderte sich in den Jahren 1908 und 1909. Das Blatt bekam eine neue Ausstattung von E. R. Weiß; es war sorgfältiger gedruckt als zu Beginn, die neue Zierleiste am Anfang verkündete ein neues Programm. Das Theater war für S. J. die Welt – doch nahm er den Begriff so weit, daß niemals, weder bei ihm noch bei seinen gleichgesinnten Mitarbeitern, ein enges Spezialistentum daraus wurde. Drängten nicht in das Theater die jungen Kräfte der neuen Generation? Verlohnte es sich nicht, für Reinhardt und gegen Reinhardt, gegen Brahm und für Brahm: für die Wahrheit in der Kunst zu kämpfen? Er kämpfte.

Blättert man heute in diesen alten Heften, so wird zweierlei klar.

Einmal, welche ungeheure Spanne uns von der Vorkriegszeit trennt, obgleich Deutschland auf das emsigste bemüht ist, sie, was den Tiefstand des politischen Niveaus angeht, wieder zu erreichen, ohne daß die Tapferkeit jener literarischen Generation erreicht wird, der S. J. angehört hat. Denn es kann nicht bezweifelt werden, daß dieses Geschlecht, das ich einmal der Kürze halber mit dem Wort ›Autoren des Verlages S. Fischer zu Beginn des Jahrhunderts‹ bezeichnen will, starke und eigenwillige Talente gehabt hat, Männer von Format, die man nicht damit abtun kann, daß man mit Befriedigung feststellt, sie seien heute ›tot‹. Mit dem Begriff der Dauer und der Nachwelt ist das so eine eigne Sache – S. J. hat das nie überschätzt, weil er immer gewußt hat, daß es schon etwas bedeutet, seine Zeit auszufüllen.

Und dies ist das zweite, das aus der Lektüre der alten *Schaubühne* ersichtlich ist: daß es nämlich für den Wert einer Zeitschrift nicht entscheidend ist, ob sie, gedruckt im Jahre 1932, auch noch im Jahre 1989 lesbar ist, sondern daß es darauf ankommt, seine Zeitgenossen zu packen, aufzuwühlen, zu bilden und zu fassen. Die *Schaubühne* hat eine Zeitaufgabe erfüllt, und sie hat sie gut erfüllt. Tot –?

Der Streit um Ibsen ist dahin; heute kramen ältere Damen im Parkett bei den *Gespenstern* ihre Handtaschen um und fragen ihre Tochter: »Hast du zu Hause das Licht ausgeknipst?« Und ahnen nicht, daß der große Apothekersmann auch für sie gekämpft hat, dafür, daß hundert Vorurteile gefallen sind, gekämpft für hundert Dinge, die der Tochter gewiß selbstverständlich erscheinen. Kunstwerke erhalten sich selten – Resultate bleiben.

Für solche Resultate hat sich die *Schaubühne* eingesetzt, mit viel Gehalt, mit großem Wissen und, weil das Blatt jung gewesen ist, mit viel Lärm. Zeitschriften haben, wie die Menschen, ihre Jugend, ihre Reife und ihr Alter, und unter S. J. ging das parallel mit seiner eignen Entwicklung vor sich. Welch Getöse –!

»Du bist kein Polemiker«, sagte er öfter zu mir, wenn ich später zu bösartigen und scharfen Angriffen schwieg, und ich erwiderte ihm: »Dick sein ist eine Weltanschauung.« Er war dünn. Er hatte Lust zu kämpfen, er hatte das flinke Florett und eine tödlich treffende Hand. Er war ein ritterlicher Gegner – doch wohin er schlug, da wuchs kein Gras mehr.

Welche ›Affären‹! Die sind nun heute wirklich mausetot; man kann sie nur geschichtlich werten, und ich werde mich hüten, sie aufzuwärmen, indem ich auch nur die Namen nenne! In dem ›kleinen Mann‹ war so viel Kampfeswille, so viel Begeisterung, im literarischen Kampf anzutreten; man hatte manchmal das Gefühl, als komme ihm der Gegner grade recht, als habe er nur darauf gewartet, ihn abzutun. Das vollzog sich sehr oft in Form eines geistigen Zweikampfes; er gab schon damals dem Gegner das Wort im Blatt, antwortete sofort, und man hatte niemals den Eindruck, daß er nun das ›letzte Wort‹ behielte, weil ers typographisch hatte. Er traf – aber er blieb dabei stets in den Regeln des Spiels.

Welche Affären –! Theaterdirektoren, die wie heute ihren Beruf als eine Mischung von Pacht, Unterpacht und weltfremdem Snobismus auffaßten; die große Presse, der die Unabhängigkeit des kleinen Mannes peinlich war, und deren Redakteure ihr schlechtes Gewissen an einer guten Sache ausließen; Schieber aller Arten; kleine Leute im Kaufladen der Kunst, deren Geheul erschütternd zum Himmel klang – es war sehr schön. Niemand hat heute mehr Muße, solche homerischen Redekämpfe durchzustehen, die Zeit ist anders geworden, aber damals war das Land, das sich außerordentlich ›nervös‹ vorkam, ruhiger, und ein Thema hielt länger im Gedächtnis der Leute vor. (Glückliche Revuedichter aus dem Jahre 1901!) Und hatte S. J. einmal jemand beim Wickel, dann ließ er ihn sobald nicht los. Er verfolgte ihn, er schlug, er wich nie zurück, er war ein Polemiker von Geblüt. Davon wissen viele zu klagen.

Und in diesen Jahren – etwa um 1911 – bildete sich in der *Schaubühne* das heraus, was später den Geist der *Weltbühne* ausmachen sollte: die blitzblanke Redaktionsarbeit; die treffliche Auswahl der Mitstreiter; das unsichtbare, aber stets spürbare Patronat des Regisseurs, der für alle seine Leute die gleiche gute deutsche Sprache forderte, von einer Unerbittlichkeit im Stil, die von keinem seiner Gegner jemals erreicht worden ist.

Das ging bis ins Winzigste. Das Blatt erweiterte sich; zum Ernst gesellten sich Scherz, Satire, Ironie und tiefere Bedeutung, denen eine Stelle zu gönnen in diesem durchweg zweideutigen Leben kaum irgendein Blatt zu ernsthaft seyn kann. Das damalige *Kasperle-Theater* wurde eine Weile lang von Christian Morgenstern beliefert, der bezaubernde Späße für uns gedichtet hat; Karl Walser ließ seine zart angepinselten Puppen tanzen, und die Zeitsatire machte oft ein Journalist, der im Kriege gestorben ist: Walter Turszinsky, der Scherze von seltener Schlagkraft beisteuerte. Ewigkeitswert hatte das alles nicht, aber Zeitwert, und das ist schon viel. Wir Jungen verschlangen das Blatt, und ich besinne mich noch genau, wie ich jenen Aufsatz *Der Fall Lanz* las, der, wie kaum ein zweiter, in die Seele Siegfried Jacobsohns blicken läßt; ich hätte damals noch nicht gewagt, auch nur einen Beitrag einzureichen und fühlte mich doch schon völlig als zur Familie gehörig – das da ging uns alle an. Welche Grazie! welche Leichtigkeit noch im wuchtigen Schlag! welche Melodie! – alles Eigenschaften, die den Schreibenden bei dem schlechtern Typus des Deutschen höchst verdächtig machen. Den Nobelpreisträger legitimiert der Schweiß.

Was im Blatt stand, das drang weit ins Land – totschweigen half nicht, kreischen half nicht, nach ›Motiven‹ suchen half nicht, denn es waren keine andern da, als nur eines: der niemals zu unterdrückende Drang, die Wahrheit zu sagen.

»Ich habe«, sagte S. J. einmal stolz, »mein ganzes Leben immer nur getan, was mir Freude gemacht hat.« Und dieses war seine Freude: zu arbeiten, die Schreibenden zu ermuntern, die Wahrheit zu sagen – auch gegen alle andern, wenns not tat.

So traf ich das Blatt an, als ich im Januar 1913 endlich wagte, einen kleinen Artikel einzureichen. Ich hatte mich im damaligen Herrnfeld-Theater krank und wieder gesund gelacht... ich versuchte, das aufzuschreiben. Und ich platzte vor Stolz: S. J. ließ mich kommen. Und hat mich dann nie mehr losgelassen.

Er ermunterte mich zu kleinen Versen, von denen ich ihm eine Probe gezeigt hatte; er ›kommandierte die Poesie‹; ich durfte mit ihm manchen Artikel, der dann anonym erschienen ist, zusammen schreiben: welch ein Lehrmeister! Er war unerbittlich, er ließ nicht nach, mogeln galt nicht – es war ein ehrliches Spiel. Es gibt viele Dinge in der alten *Schaubühne*, von denen ich heute nicht mehr sagen kann, wer sie eigentlich gemacht hat: er oder ich oder wir beide. Er öffnete mir bei der Arbeit die Kammern seiner Seele. Nur an seine Aktenmappe hat er mich nie herangelassen.

Nun möchte ich mir gewiß nicht nachträglich das Verdienst zuschreiben, aus der Theaterzeitschrift *Die Schaubühne* die politische Zeitschrift *Die Weltbühne* gemacht zu haben. (Den Namen hat, wenn ich recht bin, eine zürcher Zeitung in einer freundlichen Besprechung der *Schaubühne* vorgeschlagen.) Ich baute aber damals meinen Doktor, und mein Repetitor, ein kluger und nachdenklicher Mann, erzählte mir beim Kapitel Handelsrecht, das der liebe Gott segnen möchte, viel von der Börse. Witziges, Radikales, Erheiterndes … »Warum schreiben Sie das nicht?« fragte ich ihn. »Wo sollte ich das schreiben?« sagte er. »Meinen Sie, daß das einer druckt?«

Das hinterbrachte ich Siegfried Jacobsohn, und am 25. September 1913 erschien zugleich mit einem Börsenaufsatz von ›Vindex‹ eine ›Antwort‹:

»K. St. in Helsingborg. Da Sie doch in Ihrem nächsten Brief, getreueste aller Leserinnen, die bange Frage stellen werden, warum und zu welchem Zweck Vindex den Tabaktrust in der *Schaubühne* vornimmt, und ob er sich nicht vielleicht in der Adresse geirrt habe, so sei Ihnen gleich heute gesagt: Wenn hier neun Jahre das Theater und nur das Theater betrachtet worden ist, so habe ich damit noch nicht das Recht verwirkt, einmal andre Dinge betrachten zu lassen und zu betrachten. Ein Feld abgesondert von allen zu beackern, hat seine Reize, seine Vorteile, aber auch seine Gefahren. Es gibt hundert Zusammenhänge mit den andern Feldern, die auf die Dauer doch nicht außer acht gelassen werden dürfen. Wir können uns nicht entziehen, wenn der Reichsbankdiskont hinaufgesetzt wird, und letzten Endes hängen wir alle an Fäden, die in der Burgstraße zusammenlaufen. An feinen Fäden, die wir nicht immer sehen. Aber gerade deswegen sollten wir sie sorgfältig ansehen, sollten wir lernen, wie es auf der Welt zugeht. Denn schließlich sitzt im Theater, dessen Bühne wir seit neun Jahren zu säubern versuchen, auch ein Publikum, von dem hier noch zu wenig gesagt worden ist. Jetzt also wollen wir öfters das Fenster des Arbeitszimmers öffnen, ein wenig hinausblicken und Ihnen dann berichten, was es draußen gibt – liebste aller meiner Leserinnen.«

Damit hats angefangen. S. J. hatte immer den Flair für seine Zeit.

Sein Mitarbeiterkreis dehnte sich aus. Er hatte seine Lieblinge. Primus war Alfred Polgar, ohne den in der Theatersaison keine Nummer denkbar war, und das Wunder erfüllte sich: diese grundsätzlichen Theaterbetrachtungen aus Wien interessierten die Berliner, weil es hier nicht um ein Fräulein Pospischill, sondern um die Sache des Theaters, um die Sache der Kunst ging – diesen Polgar hat S. J. wohl am meisten von uns allen geliebt, und mit Recht.

Dann war da Harry Kahn, der am längsten von uns allen dabei ist. S. J. hat ihn den »Samumisten« genannt, oder er sich selber…? Sein Temperament fegte denn auch dem Wüstenwind gleich durchs Blättchen; es gab da herzerfrischende Polemiken, wie die gegen den seligen Kasimir Edschmid, eine prachtvolle Leistung. Herbert Ihering ist hier mit seinen ersten Theaterkritiken hervorgetreten; Ferdinand Hardekopf gab mit Puder gezeichnete Pastells; Peter Altenberg war in fast jeder Nummer zu finden.

Das Theatergeschäft, die wirtschaftlichen Grundlagen dieses eigenartigen Betriebes wurden beleuchtet; die Herren hätten gern im Dunkel gearbeitet, sehr lieb ist ihnen diese öffentliche Kritik nicht gewesen. Die Börse… die Bodenspekulation… die Mode… und immer mehr die Politik… So bis zum 1. August 1914.

S. J. saß damals in seinem geliebten Kampen, wo sie ihn beinah festgehalten haben; von dort aus schrieb er sein kleines Kriegstagebuch *Die ersten Tage*, das sehr lehrreich für die Stimmung jenes Unglücksmonats ist. Dann kam er nach Berlin. Seine erste Aktion erstreckte sich auf das Theater: er

empfand es als eine Kulturschande, mit welch rohen Kriegs-
possen die berliner Bühnen ihren Kassierern und einer Zeit
gerecht zu werden versuchten, die S. J. aus dem Gefühl innerer Sauberkeit überschätzt hat: die Possen waren für diesen
Krieg grade richtig. Und es ist nur konsequent gewesen, daß
das Oberkommando den kulturellen Mahner als unbequem
und die patriotischen Juchzer (»Landsturm mit Waffe – mit
Knarre und mit Affe«) als recht angemessen empfunden hat.

Das Blatt lavierte durch den Krieg, an Verboten vorbei,
durch die Papierrationierung, und, mit einer Ausnahme,
schwieg es da, wo es nicht sprechen konnte. Keine Nummer
wäre erschienen, wenn gesagt worden wäre, was zu sagen
war. Was mich angeht, so schwieg ich fast drei Jahre.

Im Sommer des Jahres 1918 wurde die ästhetische Stille,
die bis dahin gewaltet hatte, prickelnd unterbrochen. Als ich
meine ersten Arbeiten aus Rumänien schickte, hätte ich nie
geglaubt, daß sie gedruckt werden könnten. Aber irgend ein
Instinkt sagte mir: Es ist Zeit. Es ist Zeit. Es ist Zeit. Ach,
es war gar nichts vom ›Dolchstoß‹ zu spüren… hätten wir
nur –! Doch schien sich zu Hause manches gelockert zu
haben, die Gewalthaber waren unsicher geworden, und das
nutzten wir aus. Ich begann zuzuschlagen, erst sanft, dann
stärker, immer stärker, andere folgten… S. J. riskierte das.
Dann strudelte der November über uns zusammen.

Die Rolle des Blattes in der Nachkriegszeit ist bekannt.

Vom 1. April 1918 hießen wir nicht mehr *Die Schaubühne*, sondern *Die Weltbühne,* und ich glaube, daß wir
diesen Namen gerechtfertigt haben.

Zunächst galt es, die vier Jahre erzwungenen Schweigens
nachzuholen. Ich begann mit einer Artikelserie *Offizier*

und Mann, und nun ging es los. Die Wirkung war beispiellos. Broschüren und Bücher erschienen gegen uns; das Blatt war so verhaßt, wie es beliebt war, und das wollte etwas heißen. S. J. lebte auf – in diesen Jahren hat er seine Meisterprüfung als Redakteur abgelegt, wenn es einer solchen noch bedurft hätte. Von allen Seiten strömten ihm das Material und die Menschen zu; er sichtete, verwarf, nahm an und holte immer neue Leute in seinen Kreis. Offiziere, die niemals eine Seite hatten drucken lassen, gaben ihm Informationen und stellten ihm ihre Erinnerungen zur Verfügung; von der Wirtschaft berichtete mit Felix Pinner unser Morus; die Zeitkritik flammte.

Mit Morus tat sich S. J. erst sehr geheimnisvoll. »Du wirst ja sehen…« sagte er. »Wer ist es denn?« Tiefes Geheimnis. Ein Arzt? Ein Journalist? Nun, ich sah: daß hier nämlich einer den sonst so trocknen und nur für die Besucher der Burgstraße lesbaren Handelsteil so amüsant, so lebendig und so schonungslos witzig gestaltete, daß seine Artikel zugleich mit denen Jacobsohns wohl am meisten gelesen worden sind und gelesen werden.

Das Theater ließ Jacobsohn nie außer acht, nun grade nicht, nun grade nicht. »Verbiete du dem Seidenwurm zu spinnen«, sagte er, wenn ich zweifelte. Erst in den allerletzten Jahren hat das nachgelassen: »Wozu soll ich etwas mit Liebe betrachten, was ohne Liebe gemacht ist«, pflegte er zu sagen. In diesen Nachkriegsjahren hat die *Weltbühne* in Deutschland gute Reinigungsarbeit getan.

Wir haben uns einige Male den tragischen Spaß gemacht – nach dem Kapp-Putsch, nach der Ermordung Rathenaus –, unsre Voraussagen zusammenzustellen: es war erschrekkend. Was die Berufspolitiker, diese berufsmäßig Blinden, mit wegwerfendem Pusten durch die Nase abzutun geglaubt hatten, das war fast immer blutige Realität geworden; wir hatten traurig Recht behalten. Jene wußten viel mehr Einzelheiten als wir, aber sie fühlten nichts. Am Zeigerblatt der *Weltbühne* kann man die Geschichte der Nachkriegszeit ablesen.

S. J. ließ nicht nach. Am 18. August 1925 erschien die erste Veröffentlichung über die Feme-Morde, eine Aktion, die heute noch nicht ganz abgeschlossen ist; Carl Mertens hat hier eine mutige Tat getan, für die wir ihm alle dankbar sind. Er hat sie damals nur tun können, weil S. J. den Kopf hinhielt. Er hat ihn für seine Leute immer hingehalten, für sie und für die Sache, die sein Leben gewesen ist.

Am 3. Dezember 1926 ist er gestorben. Carl von Ossietzky, der schon am 20. April 1926 zum Blatt gekommen ist, und ich halten sein Erbe in Händen.

Wir können es nur in Händen halten, weil der Verlag der *Weltbühne* einen Fall statuiert hat, der mir selten zu sein scheint. ›Der Verlag‹ ist die Frau unsres S. J. Das Blatt hat unter ihr seine Tradition gewahrt: es ist frei geblieben.

Frei wozu, wissen wir. Aber frei wovon…?

Die *Weltbühne* hat immer zwei gewichtige Gegenpole gehabt: die Parteien und die große Presse.

Was die Parteien angeht, so ist der Deutsche gern da individualistisch, wo es das zu sein sich gar nicht verlohnt, und da kollektivistisch, wo andre ihr Privatherz zu sitzen haben. Er verlangt gern von ›seinem‹ Blatt, daß es ›Farbe bekennt‹.

Nun, die *Weltbühne* ist zunächst nicht ein Blatt, das vom Leser redigiert wird. »Sie haben nur ein Recht: mein Blatt nicht zu lesen«, sagte S. J. Und schrieb einst an einen verdienten Mann, der in einer Gefühlsaufwallung die *Weltbühne* abbestellte: »Da verlieren Sie mehr als ich.« So sehr wir mit der Leserschaft in Verbindung stehen: wir haben ihr niemals das Recht eingeräumt, durch Druck oder Drohung, durch Empfehlung oder Anwendung jener legendären ›Beziehungen‹ unsre Haltung zu beeinflussen. Ich für mein Teil kann aufhören, zu schreiben – aber ich könnte, solange ich schreibe, es nicht nach dem Diktat eines Verlegers tun. »Dies«, sagte der Verleger, der seine Zeitung verkaufen wollte, »ist der Maschinensaal... hier sind die Verlagsräume... sehen Sie, das ist die Expedition... hier ist die Anzeigenannahme – und das da, ach Gott: das ist bloß die Redaktion.«

Das Blatt ist unabhängig geblieben, und wenn wir Fehler machen: dann machen wir wenigstens unsre Fehler.

Also nicht die von Parteien.

Farbe bekennen –? Wie verblaßt sind diese Farben, wie vermischt, wie verschmiert mitunter! Und es ist seltsam, daß in den allermeisten Fällen die Forderungen der Parteibonzen, fügten wir uns ihnen, negativ bleiben. Sie wissen genau, was wir nicht sagen dürfen – aber mit dem Positiven ist es dann recht im argen, wenn man davon absieht, daß jemand uns verpflichten wollte, verblasene Parteiprogramme aufzusagen, mit denen wir nichts anfangen könnten und unsre Leser auch nicht. Es ist eine Anmaßung, in geistigen Dingen den dort Beschäftigten Kategorien vorzuschreiben, und die Frage: »Sind Sie für oder gegen die Calvinisten?«

kann auch so beantwortet werden, daß sie gar nicht beantwortet wird.

Der alte Vorwurf »Partei! Partei!« ist hierin nicht enthalten. Wie denn anders soll eine Partei im Kampf der Wirklichkeiten kämpfen, wenn nicht mit einem festen, also stets etwas starrem Programm? Das Bedauerliche im deutschen Parteileben ist höchstens darin zu suchen, daß diese Programme mit wenigen Ausnahmen so vieldeutig und verschwommen sind, daß man mit ihnen nichts beginnen kann. Es führt aber notwendig zu einer Verengung des geistigen Horizonts, wenn die Parteien den Maßstab ihres Dogmas nun auch an Leistungen legen, die zunächst auf dem Felde des Geistes getan werden. So reich ist keine Parteilehre – nicht einmal die katholische –, daß nicht nach kurzer Zeit eine Beschränkung, eine Borniertheit der wohl behüteten frommen Schäflein zu spüren wäre… Daher werden hier keine Wahlparolen ausgegeben: wir sind nicht die praeceptores Germaniae, und Freiheit ist auch eine schöne Sache.

Denn es ist nicht nur ein sittliches Gebot, ›zu sagen, was ist‹ – es ist auch eine Temperamentsfrage. Bei der allgemeinen Verschmuddeltheit, bei jener unfaßbar leisen Korruption des deutschen Lebens, das den einzelnen Zeitungsmann nicht mit großen Summen, sondern mit einem Schulterklaps und einer Zigarre, einer Einladung zum Abendessen und der schmeichelhaften Anerkennung einer Macht besticht, die fast nie ausgenützt wird, braucht die Zeit ein Ventil, durch das der Dampf entweichen kann. S. J. hat einige Male den Idealfall erreicht: das Blatt mit Arbeiten zu füllen, die hier und nur hier stehen konnten. »Man muß protestieren.«

Nun ist der Einwand der Parteidogmatiker: »Was soll

das? Wozu kann das führen?« nicht ganz von der Hand zu weisen. Es besteht in der Tat die Gefahr des Leerlaufs, und zwar des doppelten: beim Autor, der sich an der stilistisch saubern Leistung wie an einem Selbstzweck erfreut, und beim Leser, der die Arbeit schmunzelnd liest: Der hats ihm aber ordentlich gegeben! Dabei bleibt es mitunter; in diesem bösen Fall stellt die *Weltbühne* den moralischen Verdauungsschnaps braver Bürger dar, die für die Abteilung ›Gutes Gewissen‹ das Blatt abends nach Geschäftsschluß lesen. Das wäre keine Wirkung – da ist nur ein Effekt.

Wodurch aber wirken wir?

Ein kleines Blatt hat seiner Konstruktion nach nicht jene Bindungen, unter denen die große Presse zu ihrem Schaden zu leiden hat.

Was bei der Mehrzahl der deutschen Zeitungen, nämlich bei den Provinzzeitungen, angerichtet und vor allem verhindert wird, das weiß nur der, der dort einmal einem Umbruch beigewohnt hat. Der Redakteur ist so gut wie machtlos, wenn er nicht dem Druckereibesitzer oder dem Vertreter des die Zeitung beherrschenden Konzerns in die Seele kriecht: dann darf er tun, was er will, weil er das will, was der Direktor täte. Die Reihe der Rücksichten reißt nicht ab: die auf die Inserenten (vom Standpunkt dieser Blätter aus verständlich); die auf die Empfindlichkeit der Bürger (unverständlich – weil denen, wenn man es geschickt anfängt, Mut imponiert); Interessentenverbände ohne Zahl… Was da alles ›nicht gebracht werden kann‹ – die Herren haben es nicht leicht.

Das liegt zum Teil daran, daß sie ihren Einfluß so unendlich überschätzen.

Welchen Einfluß hat zunächst die *Weltbühne*? Soweit ich das im Laufe von siebzehn Jahren zu beurteilen gelernt habe: einen mittelbaren. Durch tausend Netzkanälchen laufen aus dieser Quelle Anregungen, Formulierungen, Weltbilder, Tendenzen und Willensströmungen ins Reich – wir folgen hier ganz und gar S. J., der niemals übel genommen hat, wenn man ihn benutzte, nachdruckte, ja sogar ausplünderte: »Wenn nur das Gute unter die Leute dringt.« Und es gibt heute schon eine Reihe vernünftiger und mutiger Provinzredakteure, unter denen ich Walther Victor in Zwickau einmal obenan nennen möchte, sie fangen nicht ohne eignes Risiko die Bälle auf, die von hier aus geschleudert werden, und geben sie weiter.

Hier mußten sich also die Wege, die zur großen Presse führen, von den unsern trennen.

Welchen Einfluß hat nun diese große Presse?

Ich glaube: kulturell einen ungeheuren; politisch einen viel, viel kleinern als sie denkt. Das sieht man zunächst an den umsonst ausgegebenen Wahlparolen, die von dort kommen – sie werden kaum beachtet. Macht? Wird denn von den Verlegern Macht auch nur gewollt? Sie haben es ganz gern, wenn man diese Macht bei ihnen voraussetzt und respektiert; angewandt wird sie fast nie. Sie wird in Rechnung gesetzt. Und da steht sie denn.

Wer also hat die Macht –?

In Amerika sind es die großen und kleinern Verbände, deren Masse in Washington auf die prompt funktionierenden Politiker drückt. In Frankreich ist es die Klubatmosphäre der Ministerien und der beiden Kammern, die das Geschick des Landes bestimmt, gemischt ist diese Atmosphäre aus den wirtschaftlichen Interessen und einer mit ungeheuerm Raffinement gemachten Personal-, Klatsch- und Intrigen-Politik. Das Land kocht die Suppe, in Paris wird sie zubereitet. Im dezentralisierten Deutschland liegt es anders.

Die Begleitmusik der Presse hat dabei die vierte Stimme. Ich möchte sonntags einmal das sein, was der Außenpolitiker eines großen Blattes sich wochentags zu sein einbildet. Dabei liest man ihn, aber man folgt ihm nie.

Die vier Großmächte des Landes: Landwirtschaft, Industrie, Heer und Kirche teilen sich in die Gewalten; daran kann zur Zeit keine Presse etwas ändern. Und es ist ja sehr bezeichnend, daß die Zeitungen dieser Gruppen, wie etwa die *Germania,* hauptsächlich von Berufspolitikern und nur daraufhin gelesen werden, ob man ihren bewußt faden und farblosen Artikeln etwa ansehen kann, wie der Fraktionsvorstand über dies und jenes denkt, und was die eigentlichen Macher der Parteien nun wirklich wollen.

Der Weg, diese bereits vorhandene Machtposition durch die künstlich herbeigeführte Zustimmung der Herren Wähler zu untermauern, führt über hundert Korrespondenzen, über den Maternversand und vor allem über die Nachrichtenagenturen, die noch aus einem Ausbruch des Vesuvs eine Apotheose des Faschismus machen. Der Redakteur macht dann den Umbruch und die Schlagzeile.

Hiermit wollen wir nicht konkurrieren.

Ein Teil unsrer Freunde ist mit der großen Presse personaliter verbunden, wie das ja bei Schriftstellern gar nicht anders sein kann. In den meisten Fällen erwächst den Beteiligten daraus kein Schaden: in den großen demokratischen Zeitungen und in denen der Mitte liegt das geistige Niveau

so hoch, daß, wo gekämpft wird, mit geistigen Waffen gekämpft wird, und nur die kleinern bevorzugen die dümmste Taktik: unsre Arbeit zu verschweigen. Sie lesen uns alle –
aber sie sagens nicht. Feierstunde der Redakteure.

Sicherlich hat die *Weltbühne* Anständigkeit und Unabhängigkeit nicht gepachtet. Die kindliche Zeitungsgewohn-
heit, so zu tun, als sei man mit seinem Blatt ganz allein auf
der Welt, und den Leser um Gottes willen nicht wissen zu
lassen, daß es auch noch andre vernünftige und tapfre Leute
gibt, haben wir nie mitgemacht. Man kann in vielen Fällen
widereinander streiten, wenn es die Sache erfordert – die
Zeit der Literaturpolemik alten Stils ist vorüber.

Immerhin haben wir auf unserm Gebiet vor den großen
Blättern eines voraus: die Freiheit.

Auch eine Wochenschrift hat ihre Traditionen und ihre
moralischen Gebundenheiten, ihre Freundschaften und
ihre Feindschaften. Aber erstens sind die hier der Zahl nach,
absolut und relativ, kleiner als anderswo, und zweitens kann
ich mich auf keinen Fall besinnen, wo wir aus jenem flauen
Gefühl: ›Das kann man doch nicht…‹ geschwiegen hätten.
Wenn uns S. J. nichts vererbt hätte: seine Zivilcourage haben wir von ihm übernommen.

Sie wirkt sich aus.

Unsre Auflage auf die von *Westermanns Monatsheften*
zu bringen, wäre nur möglich durch die Umwandlung des
Blattes in eine wiener Hauspostille. Unser moralischer Wir-
kungskreis ist erfreulich groß; der merkantile ständig im
Wachsen. (Er ist heute weit größer, als er jemals unter S. J.
gewesen ist; die Zeit braucht solche Blätter.) Ich mag das
Spiel nicht mitspielen, das darin besteht, die eigne Leser-

schaft für die Aristokratie des Geistes zu erklären, eine billige Art der Abonnentenwerbung. Aber es sind gute Leute unter denen, die in jeder mittlern und kleinen Stadt die *Weltbühne* lesen – sie haben sich zum Glück noch kein Knopfloch-Abzeichen ausgedacht, das sie tragen, doch könnten sie sich in jedem Gespräch erkennen. Durch Unabhängigkeit des Urteils; durch Sinn für Humor; durch Freude an der Sauberkeit. Und durch einen Glauben an die Sache, der auch bei uns unbeirrbar steht.

Jedes Blatt hat seine Lücken, seine Versager, seine schwachen und seine starken Zeiten. Eins aber ist sicher:

Solange die *Weltbühne* die *Weltbühne* bleibt, solange wird hier gegeben, was wir haben. Und was gegeben wird, soll der guten Sache dienen: dem von keiner Macht zu beeinflussenden Drang, aus Teutschland Deutschland zu machen und zu zeigen, daß es außer Hitler, Hugenberg und dem fischkalten Universitätstypus des Jahres 1930 noch andre Deutsche gibt. Jeder Leser kann daran mitarbeiten.

Tut er es in seinem Kreise durch die Tat: es ist unser schönster Lohn. In diesem Blatt sind wir frei und sind wir ganz; auch uns ist die *Weltbühne* im Andenken an Siegfried Jacobsohn: »unser geronnenes Herzblut«.

S. J.

Wärst du noch da!
                         Soviel wartet auf dich.
Alles wartet vergebens.
Du tätest dein Werk so säuberlich
wie im Laufe deines Lebens.

Ich seh dich am Tisch. Und die trübe Zeit
wäre hell – denn du bist heiter.
Du pfiffst auf die härteste Schwierigkeit:
du lachst und arbeitest weiter.

Du kanntest das Blatt und seinen Ort
im Strudel der tausend Parteien.
Leise schobst du die Bonzen fort
und ließest die Schreier schreien.
    Du warst dem, der schreiten und folgen kann,
    der treuste Begleiter.
    Pfiff der Wind recht laut: wir sahn dich nur an –
    du lachst und arbeitest weiter.

Aber nun bist du untergetaucht.
Wir sehn noch nach deinen Zielen.
Jeder hat mal einen Vater gebraucht...
du warst der Vater von vielen...

1930

Reisebilder

Berlin! Berlin!

Quanquam ridentem dicere verum
Quid vetat?

Über dieser Stadt ist kein Himmel. Ob überhaupt die Sonne scheint, ist fraglich; man sieht sie jedenfalls nur, wenn sie einen blendet, will man über den Damm gehen. Über das Wetter wird zwar geschimpft, aber es ist kein Wetter in Berlin.

Der Berliner hat keine Zeit. Der Berliner ist meist aus Posen oder Breslau und hat keine Zeit. Er hat immer etwas vor, er telefoniert und verabredet sich, kommt abgehetzt zu einer Verabredung und etwas zu spät – und hat sehr viel zu tun.

In dieser Stadt wird nicht gearbeitet –, hier wird geschuftet. (Auch das Vergnügen ist hier eine Arbeit, zu der man sich vorher in die Hände spuckt, und von dem man etwas haben will.) Der Berliner ist nicht fleißig, er ist immer aufgezogen. Er hat leider ganz vergessen, wozu wir eigentlich auf der Welt sind. Er würde auch noch im Himmel – vorausgesetzt, daß der Berliner in den Himmel kommt – um viere ›was vorhaben‹.

Manchmal sieht man Berlinerinnen auf ihren Balkons sitzen. Die sind an die steinernen Schachteln geklebt, die sie hier Häuser nennen, und da sitzen die Berlinerinnen und haben Pause. Sie sind gerade zwischen zwei Telefongesprächen oder warten auf eine Verabredung oder haben sich – was selten vorkommt – mit irgend etwas verfrüht – da sitzen sie und warten. Und schießen dann plötzlich, wie der Pfeil von der Sehne – zum Telefon – zur nächsten Verabredung.

Diese Stadt zieht mit gefurchter Stirne – sit venia verbo! – ihren Karren im ewig selben Gleis. Und merkt nicht, daß sie ihn im Kreise herumzieht und nicht vom Fleck kommt.

Der Berliner kann sich nicht unterhalten. Manchmal sieht man zwei Leute miteinander sprechen, aber sie unterhalten sich nicht, sondern sie sprechen nur ihre Monologe gegeneinander. Die Berliner können auch nicht zuhören. Sie warten nur ganz gespannt, bis der andere aufgehört hat, zu reden, und dann haken sie ein. Auf diese Weise werden viele berliner Konversationen geführt.

Die Berlinerin ist sachlich und klar. Auch in der Liebe. Geheimnisse hat sie nicht. Sie ist ein braves, liebes Mädel, das der galante Ortsliederdichter gern und viel feiert.

Der Berliner hat vom Leben nicht viel, es sei denn, er verdiente Geld. Geselligkeit pflegt er nicht, weil das zu viel Umstände macht – er kommt mit seinen Bekannten zusammen, beklatscht sich ein bißchen und wird um zehn Uhr schläfrig.

Der Berliner ist ein Sklave seines Apparats. Er ist Fahrgast, Theaterbesucher, Gast in den Restaurants und Angestellter. Mensch weniger. Der Apparat zupft und zerrt an seinen Nervenenden, und er gibt hemmungslos nach. Er tut alles, was die Stadt von ihm verlangt – nur leben… das leider nicht.

Der Berliner schnurrt seinen Tag herunter, und wenns fertig ist, dann ists Mühe und Arbeit gewesen. Weiter nichts. Man kann siebzig Jahre in dieser Stadt leben, ohne den geringsten Vorteil für seine unsterbliche Seele.

Früher war Berlin einmal ein gut funktionierender Apparat. Eine ausgezeichnet angefertigte Wachspuppe, die selbsttätig Arme und Beine bewegte, wenn man zehn Pfennig oben hineinwarf. Heute kann man viele Zehnpfennigstücke hineinwerfen, die Puppe bewegt sich kaum – der Apparat ist eingerostet und arbeitet nur noch träge und langsam.

Denn gar häufig wird in Berlin gestreikt. Warum –? So genau weiß man das nicht. Manche Leute sind dagegen, und manche Leute sind dafür. Warum –? So genau weiß man das nicht.

Die Berliner sind einander spinnefremd. Wenn sie sich nicht irgendwo vorgestellt sind, knurren sie sich in der Straße und in den Bahnen an, denn sie haben miteinander nicht viel Gemeinsames. Sie wollen voneinander nichts wissen, und jeder lebt ganz für sich.

Berlin vereint die Nachteile einer amerikanischen Großstadt mit denen einer deutschen Provinzstadt. Seine Vorzüge stehen im Baedeker.

In der Sommerfrische sieht der Berliner jedes Jahr, daß man auch auf der Erde leben kann. Er versuchts vier Wochen, es gelingt ihm nicht – denn er hat es nicht gelernt und weiß nicht, was das ist: leben – und wenn er dann wieder glücklich auf dem Anhalter Bahnhof landet, blinzelt er seiner Straßenbahnlinie zu und freut sich, daß er wieder in Berlin ist. Das Leben hat er vergessen.

Die Tage klappern, der Trott des täglichen Getues rollt

sich ab – und wenn wir nun hundert Jahre dabei würden, wir in Berlin, was dann –? Hätten wir irgend etwas geschafft? gewirkt? Etwas für unser Leben, für unser eigentliches, inneres, wahres Leben, gehabt? Wären wir gewachsen, hätten wir uns aufgeschlossen, geblüht, hätten wir gelebt –?

Berlin! Berlin!

Als der Redakteur bis hierher gelesen hatte, runzelte er leicht die Stirn, lächelte freundlich und sagte wohlwollend zu dem vor ihm stehenden jungen Mann: »Na, na, na! Ganz so schlimm ist es denn aber doch nicht! Sie vergessen, daß auch Berlin doch immerhin seine Verdienste und Errungenschaften hat! Sachte, sachte! Sie sind noch jung, junger Mann!«

Und weil der junge Mann ein wirklich höflicher junger Mann war, wegen seiner bescheidenen Artigkeit allgemein beliebt und hochgeachtet, im Besitze etwas eigenartiger Tanzstundenmanieren, die er im vertrauten Kreise für gute Formen ausgab, nahm er den Hut ab (den er im Zimmer aufbehalten hatte), blickte gerührt gegen die Decke und sagte fromm und fest: »Gott segne diese Stadt!«   1919

Saisonbeginn an der Ostsee

232 km. Warnemünde. (Plan s. S. 114)
Gasthöfe am Strande: Hübner mit
Konditorei, 150 Zimmer zu 1.25 M –
5 M, Frühstück 1.25 M, Pension
5–6 M.

Baedeker 1914

Es läuft der Vorfrühlingswind
durch kahle Alleen;
seltsame Dinge sind
in seinem Wehn.

Hugo von Hofmannsthal

Oben an der Nordostküste Deutschlands rollen die Wogen
in langen Linien auf den Strand – es ist sehr kalt und frisch,
und der Sand ist ganz naß. Horch! läutets da nicht silberhell
durch die Lüfte? Du hast dich nicht verhört, herzliebster
Leser: ist ers doch, der rosafüßige Frühling, der soeben –
mit Genehmigung der zuständigen Wetterwarte – seinen
Einzug gehalten hat. Frühling, ja, er ists! Marie, der Lenz
ist da – und allenthalben hebt ein geschäftiges Leben und
Treiben an und versetzt die biedere Bevölkerung der Wasserkante in die höchste Aufregung.

Die Ostseewirte sind aus langem Winterschlaf erwacht
und recken faul die gewaltigen Glieder. Langsam kriechen
sie aus den wärmenden Speckhüllen, die sie in der rauhen
Jahreszeit vor den Unbilden des unwirschen Klimas geschützt haben, die Fenster fliegen auf, und in riesigen
Schwaden entweicht ein trüber Grogdunst in den hellblauen
Frühlingshimmel. Kräftige Fäuste packen die Stoffüber-

züge, mit denen winters die Wälder zugedeckt werden, zerren daran und reißen sie herunter; die jubelnde Jugend reinigt den Strand und schüttet frischen Sand als Streu für die zu erwartenden Kurgäste auf. Saisonbeginn!

Die fleißigen Gemeindeväter treten zu ernster Beratung zusammen: gilt es doch, die Kurtaxe mit Rücksicht auf den Ernst der Zeit um das Dreifache zu erhöhen und den lieben Gästen das Leben im Ort so angenehm wie möglich zu gestalten. Nachdem noch rasch der Mindestpreis für das Zimmer mit voller Pension (Mittagessen mit einbegriffen, Beleuchtung, Bewässerung, Bedienung und Beschlafung extra) auf 410 Mark festgesetzt worden ist, eilen die wetterfesten Männer an die Arbeit.

Da heißt es, angeschwemmte Strandgutplanken zum Familienbad zusammenzuzimmern, Strandkörbe werden ausgebessert, ja, ein luxuriöser Badeort, dessen Name hier nicht genannt sein soll, trägt sich bestem Vernehmen nach mit der Absicht, einen Rettungsring anzuschaffen. Er soll Ende August eintreffen. Der Strand wird rasch von Quallen und Tang befreit und beides vor die einzelnen Häuser ausgebreitet, zwecks Herstellung der ff. Seeluft. Viele große Badeorte schließen mit Berlin Lieferungsverträge für den kommenden Sommer ab, und große Kisten Flundern rollen aus der Residenz an, wohin sie das fleißige Fischervölkchen verschoben hat. Die Weinkarte (mit Gummizug) wird aktualisiert, auch werden große Sterilisationsapparate aufgestellt, mit denen man Seewasser trinkbar machen kann. Bei dieser Gelegenheit wird der alte Bestand in den Weinkellern aufgefrischt. Waisenkinder verteilen längs des Strandes Bernsteinstücke, die später bestimmungsgemäß von den aufjubelnden Kurgästen gefunden werden. Viele Muscheln erleiden einen qualvollen Tod: sie tragen als Aschbecher und Briefbeschwerer verkleidet, das Bild Hindenburgs und werden mit Recht den daheimgebliebenen Verwandten zum Andenken mitgebracht.

Auf mancherlei Besuch gilts sich einzurichten. Tiere und Menschen suchen in heißer Sommerszeit das kühlende Naß der Ostsee auf – an manchen Orten verkehren auch Sachsen. Zinnowitz läßt auf dem Gemeindehaus ein großes blank poliertes Hakenkreuz anbringen; im dortigen Herrenbad werden Badehosen nur nach vorheriger Revision durch den Badearzt abgegeben. (Es sollen dabei böse Vertuschungsmanöver vorgekommen sein.) Ein herzerfrischender antisemitischer Wind pfeift brausend über den judenreinen Strand des anmutigen Badeörtchens; seine Toiletten sind sämtlich schwarz-weiß-rot angestrichen und mit frommen Wünschen für die Monarchie versehen. Horrido –! Die Stellung kann bezogen werden.

Ein sanfter Zephyr hingegen mauschelt um die geschwungene Bucht Heringsdorfs. »Freya«, der germanische Dampfer, das einzige arische Lebewesen weit und breit, ächzt durch die Fluten; pflichttreu, alt und gebrechlich, hat das wackre Boot, das kurz vor Erfindung der Dampfmaschine in Dienst getreten ist, schon manchen Kummer erlebt. Es ist auch heuer zur Stelle. In den Hotels wibbelt und kribbelt es: einem neu eingetretenen Angestellten, der ein Zimmer aufzuschrubben versucht, wird vom Direktor seine Ungehörigkeit ernst verwiesen, und der zweite Gemeindevorsteher geht mit seinem Söhnchen spazieren, um ihm eine Fensterscheibe zu zeigen, die er einmal als Knabe eingeschlagen hat. Nach gutem alten heringsdorfer Brauch ist sie bis heute nicht erneuert.

In Mecklenburg hängen sich die Schiffer die Umhänge-bärte um, die ihnen ein so biderbes Aussehen verleihen, und die übrige Landbevölkerung lernt noch einmal rasch aus dem Polyglott Kuntze das gute Platt, um bei den Preisanga-ben durch mangelhafte Verständigung mit dem hochdeut-schen Kurgast gedeckt zu sein. Ostpreußens Steilküste strahlt in schönster Ausstattung und ist am besten dran: Mücken und Berliner sind daselbst unbekannt.

Auf den Dünen werden die Polizeiverordnungsschilder neu angepinselt: »Das Betreten der Dünen und das Ausrei-ßen derselben ist streng untersagt. Königl. Preuß. Hafen-amt. 14. Juli 1876.« (Wie habe ich immer die Leute beneidet, die am 13. Juli 1876 da gebadet haben! Die durften noch!) Rasch werden einige hundert Schilder mit der Aufschrift ›…ist verboten‹ ausgeteilt – die Lücke kann später beliebig ausgefüllt werden. Am Horizont dampft inzwischen das deutsche Kriegsschiff zu Reklamezwecken hin beziehungs-weise her. Ganz Berlin kann mit Operngläsern feststellen, wofür es seine dicken Steuern bezahlt…

Die frisch gesalzenen Wogen rollen an den Strand. In ei-ner Reihe, die ganze Küste entlang, stehen die Wirte, gro-ßen Raubvögeln gleich, vor ihren Horsten und lauern auf Beute. Sie klappern mit den Schnäbeln, die leeren Kröpfe baumeln im Winde, ab und zu fällt einem von ihnen hinten ein kleiner Prospekt heraus. Sie scharren ungeduldig mit den riesenhaften Fängen im Sande. Und warten.

Sieh! Da naht ein langer Zug ernster Männer dem Strande. Es ist der Landrat von Swinemünde, gefolgt von einer unabsehbaren Reihe Badeort-Delegierter. Von Holstein bis Samland ist alles vertreten. Die Geistlichkeit beider Konfessionen sowie heringsdorfer Kultusbeamte eröffnen den Zug. Fahnen wehen ihnen voran. Die Emma-Möwen kreischen und klacksen kleine Glückwünsche. Der Wind weht. Schulkinder singen. Der Zug steht.

Und hervor tritt der Landrat und hält eine schöne Rede, in der er auf die gute alte Zeit hinweist und darauf, wie grade die Ostsee allezeit treu zum Deutschen Reiche gehalten habe, weil in ihr (früher: auf ihr) dessen Zukunft liege, und weil Neptun der Gott des Meeres sei. Biegen oder Brechen sei auf See stets die Losung gewesen. Von der Schmutzkonkurrenz der Nordsee wolle er schweigen – hie gut Ostsee allewege! Die Möwen schreien. Die Geistlichkeit spricht Gebete, Messen und Broochen und erfleht vom Himmel eine feiste Saison. Das Meer wird eingesegnet.

Und der Landrat hebt den Zylinder und spricht. Auftakt und Anfangssignal der Sommerzeit 1922: »Hiermit erkläre ich die Ostsee für eröffnet –!«   1922

Park Monceau

Hier ist es hübsch. Hier kann ich ruhig träumen.
Hier bin ich Mensch – und nicht nur Zivilist.
Hier darf ich links gehen. Unter grünen Bäumen
sagt keine Tafel, was verboten ist.

Ein dicker Kullerball liegt auf dem Rasen.
Ein Vogel zupft an einem hellen Blatt.

Ein kleiner Junge gräbt sich in der Nasen
und freut sich, wenn er was gefunden hat.

Es prüfen vier Amerikanerinnen,
ob Cook auch recht hat und hier Bäume stehn.
Paris von außen und Paris von innen:
sie sehen nichts und müssen alles sehn.

Die Kinder lärmen auf den bunten Steinen.
Die Sonne scheint und glitzert auf ein Haus.
Ich sitze still und lasse mich bescheinen
und ruh von meinem Vaterlande aus.   1924

Der Türke

Ich habe in Paris einen Türken kennengelernt, der war französischer Untertan, sprach englisch und konnte Deutsch.
(Mitunter ist es gar nicht so einfach im menschlichen Leben.) Im Kriege hatte dieser Polyglott Kuntze bei der türkischen Armee Dolmetscherdienste getan, und da hat er wohl
vieles gelernt, vieles aufgeschnappt... Er übersetzte sehr
gewandt; als wir mit einem Engländer nicht recht zu Rande
kamen, vermittelte er wortgetreu, ohne Verdrehungen und
Abkürzungen – sehr gut. Dann sprach er mit mir, Deutsch.
    Er sprach und sprach, und je länger er sprach, desto we-
niger paßte ich auf das auf, was er sagte – und zum Schluß
fielen mir fast die Augen aus dem Kopf. Wo hatte ich diesen
Jargon schon einmal gehört? Was war denn das, was dieser
Mensch sprach?

Ich fragte ihn nach einem gemeinschaftlichen Bekannten. »Donnerwetter!« sagte der Türke, »das war vielleicht ein Kerl!« Ich sah ihn an, in seinen Augen war kein Arg; er war fest überzeugt, reines Deutsch gesprochen zu haben. Ja – ich nickte beifällig. Und dann sprachen wir von der Verpflegung in der Kriegstürkei. »Da haben wir eine Nummer jesoffen!« sagte der Türke, »einfach verheerend –!«

Ah –! Jetzt wußte ich, wo der sein Deutsch gelernt hatte. Und durch sein Deutsch erschienen wie durch einen Schleier die Lehrmeister dieser erfreulichen Grammatik: mit hohem Kragen, mit Monokel, mit leicht geröteten Gesichtern, mit den nötigen ›Harems‹-Adressen in der Brusttasche, beklunkert mit deutschen, österreichischen und türkischen Orden, mit dem ganzen Bahnhofsspinat. »Der Kümmeltürke soll ma reinkomm, übersetzen!« Er näselte wie sie. Er schleppte die Worte wie sie, ließ die Endsilben fallen, hatte genau den Timbre fauler Verachtung, der es nicht verlohnt, das Maul aufzumachen. Er hatte es alles abgeguckt.

»Kenne die Brüder da unten janz jenau!« sagte der Türke. Und im Geiste segnete ich die deutsche Kultur, die so schöne Früchte trägt und an der die Welt im allgemeinen und dieser Türke im besonderen so herrlich genesen war.

1924

Das menschliche Paris

Dienst ist Dienst, und Schnaps ist
Schnaps.

Deutsches Soldatenwort

»Vous m'excusez, monsieur, que je
vous dérange...«

Eine französische Bettlerin

Worin besteht der Zauber von Paris? In der Architektur? In
der silbrigen Luft? In der Mode? In den Frauen? Im Sekt?
In all dem zusammen? Nein.

Das, was die einzige Atmosphäre dieser Stadt ausmacht,
ist ihre Menschlichkeit.

Wenn man aus Deutschland kommt, versteht man es erst
gar nicht. Wir sind doch gewöhnt, daß ein Gasbeamter ein
Gasbeamter ist und weiter nichts – daß ein Gerichtsdiener
Gerichtsdiener, ein Schaffner Schaffner und ein Billettverkäufer Billettverkäufer ist. Wenn sie wirklich die starre
Maske des ›Dienstes‹ ein wenig lüften, so geschieht das meistens, um Unhöflichkeiten zu sagen. Herr Triebecke hat sich
eine bunte Mütze aufgesetzt, und Herr Triebecke ist völlig
verschwunden: vorhanden ist nur noch einer, der ›seinen
Dienst macht‹. Ja, die freiwillige Einordnung in jede Kollektivität, in der man sich geborgen fühlt, geht so weit, daß
man in deutschen Diskussionen oft zu hören bekommt:
»Ich als Schleswig-Holsteiner«, »Ich als mittlerer Beamter«
und sogar: »Ich als Vater...« Nur, einfach: ›Ich‹, ich als
Mensch – das ist selten.

Es ist sehr bequem so. Aber hinter den Bergen wohnen

auch Leute, und sie denken darin ganz anders. Es ist sehr preußisch gedacht, wenn man sich nach dem Ausschluß der starren Dienstauffassung gleich das Chaos vorstellt. Entweder – oder. »Na, soll vielleicht der Weichensteller im Dienst Zeitungen lesen?« – Nein. Aber er soll ein Mensch sein, der Weichen stellt, und kein Beamter, der – an besonders hohen Feiertagen – auch ›mal Mensch‹ ist.

Paris hat Herz. Das geradezu lächerliche Zerrbild, das der Völkische sich und andern von Franzosen an die Wand malt, ist nicht einmal eine Karikatur – es ist blanker Unsinn. Es ist objektiv so falsch wie etwa eine Schilderung der Eskimos, die besagte: »Der Eskimo ist ein stiller Privatgelehrter, der sein Leben in den kleinen überhitzten Kollegräumen seiner Universität verbringt.« Der Franzose ist kein Spiegelaffe – der Franzose ist ein Mensch. Und lebt sein Leben mit einer leichten Freude, mit einer Innigkeit, mit einer herzlichen Liebe zur Natur und den anderen Menschen, die wir fast vergessen haben.

Es ist mir bekannt, daß unsere entsetzlichen wirtschaftlichen Zustände da herangezogen werden. Das ist nicht ganz richtig. Ich habe das Berlin vor dem Kriege sehr genau gekannt – es konnte sich auch damals mit Paris nicht vergleichen. Ich will Ihnen ein paar Beispiele geben:

Die Pariser Métro ist stippevoll. In der zweiten Klasse quetschen sich die Leute wie die Heringe – wir Berliner kennen das. Sie hören fast nie ein böses Wort. Es mag wohl hier oder da einmal vorkommen, daß eine ganz leise, ganz höfliche Diskussion anhebt… Aber die körperliche Berührung gilt hier nicht als eine Beleidigung, die – unter Rittern – nur mit Blut abgewaschen werden kann, sondern es drängen und pressen sich gewissermaßen Mitglieder einer Familie. Man ist nicht gerade übermäßig vergnügt, so zu stehen – aber man nimmt es hin. Auch ist man nicht so von Offensivgeist durchtränkt wie in Deutschland. Ich besinne mich, kurz vor meiner Abfahrt in einem charlottenburger Bäckerladen gewesen zu sein – es war in einer sehr feinen Gegend, am Reichskanzlerplatz – und da war alles aufeinander böse: die Kunden, der Meister, die Bäckerjungen und die Hörnchen. Ohne jeden Grund übrigens. Das habe ich hier noch nie gefunden. In der Elektrischen, draußen im Südosten der Stadt, gab neulich eine dicke Frau mit vielen Markttaschen dem Schaffner eine Handvoll Kirschen – und niemand fand etwas dabei, es war die natürlichste Sache von der Welt. Und das war kein Trinkgeld oder seine Ersparnis – es war einfach Nettigkeit, die der Schaffner auch ganz richtig auffaßte: er freute sich, weil die Kirschen so schön rot waren, steckte sie ein, und alle Passagiere hätten sicherlich ebenso wie die dicke Frau gehandelt. Natürlich. Und es ist eben nicht jene übertünchte Höflichkeit, hinter der weiß Gott welche Bestie steckt, gezähmt durch die gedrechselten Formen französischer Tradition. Das ist nicht wahr. Denn es ist sehr bezeichnend, daß gerade der kleine Mann, der Handwerker, die Gemüsefrau, der Arbeiter – daß gerade sie fast immer höflich, herzlich und natürlich sind. Und das Familiäre guckt überall hindurch – man begegnet selten der absolut abweisenden Härte.

Obgleich es die sicherlich auch gibt. Denn es wäre grundverkehrt, nun die Franzosen zu Idealmenschen zu stempeln, und ich mag diese deutschen Literaten und Reisenden gar nicht, die hier in jedem Aschbecher ein ›echt französisches Dokument alter Tradition‹ sehen. (Besonders die Kunsthändler sollte man in dieser Beziehung einzeln und sorgfältig totschießen.) Ich finde den Typus dieser bedingungslos begeisterten Franzosenlecker genau so übel wie die vorpommerschen Landrichter, die von Frankreich zwar nichts wissen, aber furchtbar darauf schimpfen. Man muß die Dinge auch einmal abseits von der Ruhr und abseits von Picasso sehen können.

Und da sieht Paris so aus:

Der Franzose ist ein bürgerlicher Mensch. Ein Mensch, der, weil es so viele Fremde in Paris gibt, sehr höflich und nett mit aller Welt ist, aber im Grunde sehr abgeschlossen und sehr zurückhaltend lebt. Es gibt in allem Ausnahmen. Es gibt auch hier Postbeamte, die vor lauter Beamtenhochmut nicht antworten, wenn man sie außerhalb ihrer Dienststunden etwas fragt – aber sie sind nicht der Typus. Es gibt auch hier sicherlich Mißgriffe, Irrtümer, menschliche Niederträchtigkeiten… Ich bin keine Frau und weiß nicht, inwieweit eine alleinstehende Dame in einem Arbeiterviertel geschützt ist. Mein Eindruck ist, daß ihr unter normalen Verhältnissen kein Mensch etwas tun wird – ich habe hier noch nie beobachtet, daß man eine anständige Frau auf der Straße belästigt hätte. Was aber viel, viel wichtiger als alles dieses ist:

Die Leute sind nicht nur höflich, sie sind herzlich. Fragen Sie um Rat – Sie werden ihn fast immer, auch von wildfremden Leuten, bekommen. Ich bin in Vierteln, die ich nie gesehen hatte, in die Läden gegangen, habe eine Kleinigkeit gekauft und die Leute nach den dortigen Wohnverhältnissen gefragt – sie haben mir immer ausführlich, der Wahrheit gemäß und entgegenkommend geantwortet. Was sie nicht ›nötig‹ hatten – nein, gewiß nicht. Aber hier ist, primär, ein Mensch zum andern erst einmal höflich – und nur, wenn es einen Zwischenfall gibt, weicht das. Zwei, drei, vier Mal ist es mir begegnet, daß ein kleiner Ladenbesitzer nicht das Gewünschte führte. Immer – ohne jede Ausnahme – hat man mir freundlich Bescheid gesagt, wo ich die Ware sonst kaufen könnte – mitunter kam der Mann oder die Frau selbst mit heraus und zeigte mir Richtung und Weg.

Dazu kommt ein andres. Der Pariser führt sein Leben, ganz ehrlich, so, wie es ist, wie er es sich leisten kann. Nicht darüber und nicht darunter. Ein Freund erzählte mir, daß ihm im Zuge nach Paris der Sohn eines reichen Seidenfabrikanten Auskünfte über die Lokale in Paris erteilt hätte. Über manche wußte er nicht Bescheid. »Ça – c'est pour les gens du monde.« Dazu zählte er sich nicht. Die Gens du monde waren für ihn nicht höher und nicht tiefer – aber anders. Und aus dieser menschlichen Natürlichkeit, die soundso oft zu erkennen gibt: Dazu haben wir kein Geld – entspringt eine viel größere Ehrlichkeit im Verkehr. In den allermeisten Fällen kann man darauf schwören, daß das sichtbare gesellschaftliche Milieu auch der wirklichen Vermögenslage entspricht – denn es gibt keinen, für den man ein andres vorzutäuschen hätte. Sie leben ihr Leben ohne Anführungsstriche – sie verteilen ihre Ausgaben anders als wir, geben zum Beispiel für die Wohnung prozentual mehr Geld aus – aber das tun alle, und so gleicht sich das aus.

Und auch in den Familien findet man hier einen viel natürlicheren Ton als bei uns. Ich spreche nicht von den großen Salons, in denen sehr reiche, sehr bekannte Leute von

Welt verkehren – sondern gerade von Frau Machin und Madame Chose. Da ist alles viel natürlicher, viel freier – nicht gespreizt und nicht feierlich oder prätentiös aufgemacht. Es ist eine Stadt der Menschlichkeit.

Und man fühlt in Paris nach einiger Zeit, wenn man gemerkt hat, daß einem keiner an den Nerven zerrt, daß alles glatt und angenehm vonstatten geht, daß das Dasein gleitet und nicht hakt – man empfindet, wie einfach im Grunde das Leben ist. Was wollen wir denn alle Großes? Gesundheit; die Mittel, die nötig sind, um in unserer Klasse zu leben; keine übermäßigen menschlichen Katastrophen in der Liebe oder mit den Kindern – schließlich, so erheblich sind unsere Ansprüche gar nicht. Und anfangs empfand ich das pariser Glück immer als etwas Negatives: keine Nervosität und keine unhöflichen Menschen in der Untergrundbahn und keine endlosen Schwierigkeiten, wenn ich einmal nachts nach Hause fahren wollte, und keine Rempeleien in Lokalen.

Heute weiß ich, was es ist: Es ist die einfache, leichte und natürliche Menschlichkeit des Parisers.   1924

Die rue Mouffetard

Paris, im Juni.
Nun, man soll Paris nicht mehr ›entdecken‹ – ich weiß schon. Aber erstens haben wir zehn Jahre blockiert gelebt (wenn sich seit 1914 die Völker besuchten, so taten sie das meistens mit der Flinte in der Hand...) und zweitens habe ich etwas Merkwürdiges gefunden. Wenn Sie wieder einmal

nach Paris kommen – was ich Ihnen von Herzen wünsche –, so versäumen Sie nicht, es sich auch einmal anzusehen.

Da ist also das Panthéon. Eine kalte Sache, vorn mit einem Gitter und vielen zähnefletschenden Amerikanerinnen, die alle nachsehen, ob auch Murray recht hat, ob alles an seinem Platz steht und ob Zola noch da liegt. Und wenn sie das festgestellt haben, dann gehen sie befriedigt wieder ins Hotel. Wie sagt die alte berliner Posse: »Aber sonst hats keenen Zweck –!«

Das Panthéon also lassen Sie liegen, und hinter dem Panthéon, an der Polytechnischen Hochschule, da fängt eine Straße an, die heißt die rue Mouffetard. Und in der können Sie einen kleinen Begriff bekommen, wie Paris einmal gewesen ist.

Es ist eine ziemlich lange, sehr enge und krummgewundene Straße. Kaum, daß einmal ein Wagen durchfährt – alle Menschen gehen auf dem Damm. Und wieviel Menschen! Es wimmelt von Frauen und Männern und Kindern und Katzen. Da wohnen ganz kleine Leute – Handwerker, Kleideraufkäufer, Althändler, Gott weiß, wo sie da alle wohnen. Da gibt es ein Restaurant, in dem bezahlt man zwei Sous, und dann darf man mit einer mitgebrachten Holzgabel auf gut Glück in einem Kessel umherfischen, in dem die noch einmal aufgekochten Abfälle aus den großen Restaurants schmoren… Eine Art Eßlotterie. Und obgleich es sehr arme Leute sind, die da wohnen, so wirkt doch nichts eigentlich verkommen – es hat alles seinen Schick und seine Ordnung – da sind Schlächterläden und Obstläden und Milch- und Gewürzhandlungen und Krämereien… Und die Hausfrauen kaufen richtig ein.

Welche Häuser! Es sind ein paar alte darunter, auf der Wand von Nr. 9 steht noch eine Inschrift aus dem 17. Jahrhundert – tief in einem Hausflur liegen noch ein paar alte Grabsteine… und Höfe können Sie da sehen! Bringt sie der Film, so sagt man: »Herr Maler, Sie müssen nicht übertreiben, so etwas hat es wohl einmal gegeben, aber das existiert nicht mehr!« – Doch, das gibt es noch.

Höfe, die nur eine Art Lichtschacht sind, mit Wäschestücken, an Stricken aufgehängt, mit Gebälk und Latten und verrostetem Eisen und nassen, schlüpfrigen Wänden, mit Kindern und Katzen, Katzen und Kindern. Die Menschen schlafen da in den unwahrscheinlichsten Verschlägen – was sehr romantisch aussieht, wenn man nur vorbeigeht und nicht selbst da schlafen muß – und, übrigens, von Apachen gibt es nichts zu sehen. (Das ist auch so eine Unsitte der Durchreisenden, daß sie gleich auf dem Bahnhof diese vier Dinge haben wollen: Apachen, Mongmarta, Muhläng Rusch und eine Mätresse. Auf dem Bahnhof.)

Viele Häuser sind sehr alt – und was vor allem diese Straße so anziehend macht, das ist ihr fast südliches, bewegtes und ganz und gar ungezwungenes Straßenleben, wie man es sonst hier eigentlich nicht überall sieht. Das Ganze wirkt schon ein kleines bißchen ›interessant‹ – nicht etwa, daß sich die Leute so vorkämen, die bewegen sich wie immer, bummeln da entlang, handeln, feilschen, arbeiten und schwatzen… Nein, aber wenn man aus der Straße herauskommt – oben bei der Kirche St. Medard, wo sich einstmals die jansenistischen Verzückten in hysterischen Gebeten wälzten – wenn man da oben herauskommt, dann sieht man die Avenue des Gobelins herunter, und da ist wieder das normale Ansichtskarten-Paris, mit den breiten Straßen, bäumebepflanzt, den elektrischen Bahnen... Und man guckt sich erstaunt um, wo man denn eben gewesen ist. Da ist noch der enge Eingang zur rue Mouffetard, und hier ist alles freigelegt, hier sind moderne Häuser mit Radio-Antennen drauf... Was war das –?

Was das war –? Ein Stück altes Paris.   1924

Place des Vosges

Viereckig liegt der Platz. Die Bäume, Gitter
und Häuser rings sehn mich quadratisch an,
und in der Mitte trabt ein Marmorritter,
ein unbeschreiblich kaiserlicher Mann.
Ich sitz und knack an Papageiennüssen
und bin schon bis zur dreißigsten gediehn –
da hab ich plötzlich daran denken müssen:
Was macht wohl jetzt, im Augenblick, Berlin?

Vor Josty staut sich hier und da ein Wagen.
Ein Dicker kauft ein ›Acht-Uhr-Abendblatt‹
(um Viertel sechs) – zwei dünne Kellner tragen
das Eis, das jeder zu verzehren hat.
Und in der Untergrundbahn Kellerräumen
ruft einer: »Wolln Sie nich den Korb wechziehn?«
»Sie Lümmel!« hallt es noch in meinen Träumen...
Was macht wohl jetzt, im Augenblick, Berlin?

Kaufleute schuften. Alle Uhren treiben.
Und alle Welt hat Dienst. Kein Mensch flaniert.
Ein Redakteur darf einen Aufsatz schreiben
auf Poincaré, der doch nicht inseriert.
Die Damen gehen shopping voller Eile
und wackeln emsig mit dem Hinterteile...
    Auch dieser Platz war einmal ohne Tadel;
    hier wohnte früher guter, alter Adel.
    Jetzt kümmert sich kein feiner Mann um ihn.
    Vielleicht aus Neugier jener oder dieser...
    Ich aber denk als alter Spree-Pariser:
    Wie lieb ich dich! Von weitem. Mein Berlin –!

1924

Sie werden wieder...

Sie werden nun wieder ins Ausland gehen. Sie werden wieder...

Sie werden wieder nach Amerika fahren, wie früher, und niemand wird so viel Wesens davon machen wie, natürlich, bisher. Sie werden wieder in Madrid sitzen, in Paris und in San Francisco. ›Deutsche im Ausland‹ wird das geheimnisvolle Gruseln verlieren, das es für die braven Kinder seit dem Jahre 1914 gehabt hat, wo sich ernsthafte Männer nur verstohlen, unter der Bank, fremde Zeitungen herumzeigen konnten, weil der Lehrer Staat es so wollte. Sie werden wieder in Christiania Geschäfte machen und nach den Kanarischen Inseln fahren, wenn es wieder erschwinglich sein wird. Und dann –?

Dann werden sie wieder nichts lernen – ich weiß nicht, welche Interpunktion ich diesem Satz anhängen soll: einen Punkt oder ein Fragezeichen. Werden sie dieses Mal die Augen aufmachen? Die alte Generation, der fast alle unsre politischen Führer angehören, sicherlich nicht mehr. Man hat stets ablehnen müssen, sich mit Erscheinungen wie Hergt oder Hermann Müller oder Wels oder Stresemann ernsthaft auseinanderzusetzen, weil das ja nun doch kein Niveau ist, auf dem man sich bewegen kann. Aber die Jungen –?

Der Deutsche war vor dem Kriege in vielen Schichten kosmopolitischer als irgendein andrer. Er beherrschte die Tatsachenwelt des Auslandes vielfach erstaunlich gut, sprach mehr und besser Sprachen als etwa der Franzose, der nicht konnte, oder der Engländer, der nicht wollte. Und was ist dabei herausgekommen?

Als der Krieg ausbrach, zeigte sich, daß der Deutsche nichts, nichts, nichts gelernt hatte. Er verstand nichts – und versteht nichts. Er hat bis heute nicht begriffen, daß eine Welt gegen ihn nicht aus rein wirtschaftlichen Ursachen geeint stand – er konnte sich diese Uniformität der Abneigung nur erklären aus Wirtschaftsneid und aus Hintertreppenintrigen. Daß es etwas ganz andres war, ist ihm nicht aufgegangen.

Über Deutschland hinweg haben sich Rußland und Frankreich die Hand gereicht. Größere Gegensätze sind kaum denkbar: im Fühlen, im Denken, im Religiösen, im Sozialen. Und doch haben sich die beiden in gewissen menschlichen Punkten verstanden; der Russe, zum Beispiel, ist heute in Frankreich nicht übermäßig beliebt (wenn auch nicht grade unbeliebt; aber die Hausse ist vorbei) – und doch verstehen sie sich. Es ist, als ob es zwischen allen andern Völkern des Erdballs irgend etwas Gemeinsames gäbe, wovon der Deutsche ausgeschlossen ist. Und das sind nicht die Fakten und nicht die Moden und die Literaturen und überhaupt nichts, was man mit Händen greifen kann. Es ist grade das, was der Deutsche für sich gepachtet zu haben meint: die Weltseele.

Und wenn die neue Generation, die nun hinauskommt, nicht die Augen aufzumachen versteht, wenn auch sie sich wieder an den realen Tatsachen Genüge sein läßt oder – umgekehrt – Dinge ins Ausland hineingeheimnist, die nicht drin sind: dann wird das Land erneut an einer Welt vorbeileben und wiederum eines Tages nicht verstehen, daß die Geschichte gegen das Land auch über das Land hinweggeht.

1924

Der Fall Knorke

Eines Tages beschloß der Berliner, etwas Schönes, Angenehmes, Liebliches, etwas, das das Herz erfreut, mit
Knorke
zu bezeichnen.

›Knorke‹, mhd. knorricht, wahrscheinlich von ›Knorz‹ abgeleitet, Sanders S. 367, soviel wie ›Knorren habend‹ – kein Druckfehler für Korken. Eine Ehrung für den General Knorck (1719–1786, Reiteroffizier Friedrichs des Großen) erscheint wenig wahrscheinlich. Eines Tages war das Wort da.

Vorher hatten wir: ›dobje‹ – das kam aus dem Krieg.

Auch ›schnieke‹ war sehr beliebt, das hieß wieder mehr ›fein, elegant, gut ausstaffiert‹. Aber ›knorke‹ war doch das schönste von allen. Wenn das Wort ausgesprochen wurde, hatte man mit dem angezogenen rechten Unterarm vertikal zur Fußstellung eine kurze Bewegung nach der rechten Brusthälfte hin zu machen, was das Wort wesentlich unterstrich. Dadurch wurde ›knorke‹ erst knorke. Und als das gar einmal ein Komiker auf dem Theater machte und zweimal in einem Stück hintereinander, da war der Erfolg des neuen Ausdrucks besiegelt. Knorke, Mensch –!

Die Knorkitis wütete. Alles war knorke: Essen, Frauen, Börsengewinste – (es ist schon lange her, schon lange her!) – Anzüge, Renntips und Kinogrößen. Die Dadaisten hatten ja erfunden, daß man ein Wort nur in die Welt zu setzen brauchte – wie etwa: dada – und daß sich dann der Sinn von ganz allein einstellt. Knorke setzte Fett an: es präzisierte sich, gewann Form und Sinn und wurde ein Begriff. Unmöglich, etwa ein ganz kleines Kind ›knorke‹ zu nennen – etwas widerstrebt da dem feinen Sprachempfinden. Knorke ist nichts Winziges – ein Marienkäfer ist nicht knorke. Knorke ist: bunt, laut, glänzend, ersten Ranges, über das Maß zufriedenstellend, imponierend, die Erwartungen eines guten Hausvaters voll erfüllend. Klara ist knorke.

Knorke überschwemmte die Grammatik. Es war Adjektiv und Adverbium – (»eine knorke Sache« und »er spielt knorke« – also: wie beschaffen und in welcher Weise) – auch kam das Wort in den nordwestlichen Landstrichen Berlins als Substantiv wild vor: »Justav is eine Knorke –!« Ein mystischer Sprachvorgang.

Kurz, das Wort wurde das, was die französische Sprache

so hübsch »une scie« nennt, eine Säge. Das haben wohl alle Sprachen: der Ursprung der Epidemie ist meist dunkel, ein hingeworfenes Wort, ein Coupletrefrain, eine Volkswendung – auf einmal ist es da und macht alle Welt toll. Im Französischen hieß es früher bei allen Gelegenheiten: »A la gare!« oder »Ça-ça fait riche!« Jetzt heißt es: »Sans blague!« – Ohne Spaß, was ›sans blague‹ alles angerichtet hat, das glauben Sie nicht, sans blague –! Es paßt so schön auf alles, was es überhaupt nur gibt. Du hast Durst, Schatz? Sans blague –! Herriot hat eine Rede gehalten? Poincaré hat keine gehalten? Sans blague –! Es gibt jetzt einen Expreß-Autobus in Paris? Jackie Coogan hat sich in das Goldene Buch der amerikanischen Botschaft an der Seine eingeschrieben? Sans blague –! Es paßt immer. Sans blague ist knorke.

Knorke ist das, woran sich der Ausländer zu allererst die Zunge wund stößt. Wenn er klug ist, läßt er die Lippen davon. Denn nichts ist merkwürdiger, als Ausländer knorken zu hören. Im ersten Augenblick muß man lachen, ja, man ist sogar geneigt, zu sagen: Sie können aber gut Deutsch! Aber nachher ärgerts einen doch ein bißchen; es ist, wie wenn ein frisch eingeladener Gast ins Schlafzimmer der Hausfrau läuft, und sich da die Möbel ansieht. Knorke? Wieso: Das ist *unsere* Knorke.

Der Fall Knorke war ein bitterer Fall. Knorke überschwemmte alles: die Straßenbahngespräche, die Volksversammlungsreden, die Diskussionen, die Telefongespräche, die Lieder, die Scherzgedichte – knorke, knorke! Wer aber genau hinhorchte, konnte dem gesunden Wort etwas anhören. Es trug seinen Untergangskeim in sich. Auf dem Höhepunkt angelangt, verfiel es der Krankheit seiner Art.

Als eines Abends ein frecher Lümmel das Wort in die volle Untergrundbahn hineinbrüllte, lachte kein Mensch mehr. Das Wort erschrak und ließ sich nochmal brüllen. Es geschah nichts dergleichen. Die Knorke erstarb dem Knaben im Munde. Was war geschehen –?

La scie, die Säge, hatte ausgesägt. Es taumelte durch die Wochen, die Rinnsteine schrien es sich noch mitunter zu, dann verfiel es sichtlich, wankte traurig umher, senkte das Haupt und war so gut wie verschieden.

Auf einmal sagte niemand mehr knorke. »Knorke? Den Ausdruck kenn ich nicht!«, das durfte ungestraft gesagt werden! – Es war aus.

Lebe wohl, ›Knorke‹. Ruhe sanft. Hab keine Angst: deine Familie stirbt nicht aus. Du bekommst Nachfolger. Die Menschen brauchen das wohl, etwas, das alle sagen, etwas, das alle tun, etwas, woran alle glauben. Mal ist es Knorke, und mal ist es die Höhensonne; mal ist es ›Sans blague‹, und mal ist es die Theosophie – Knorke kommt und Knorke vergeht, unser Leben ist wie Knorke, der Wind trägts umher, wirbelt es hierhin und dorthin – und was bleibt in den meisten Fällen übrig?

Chorus mysticus: »Knorke!« –   1924

Der Erbfeind

Wenn man durch die Straßen von Paris geht, so sieht man nicht selten ein merkwürdiges Bild:

Am Eingang eines Ladens sitzt ein Kätzchen und sonnt sich. Paris ist die Stadt der Katzen. Und zwei Schritt von ihr:

ein riesiger Schlächterhund, der daliegt, die Pfoten lang vor sich hingestreckt, stolz, ruhig, im Bewußtsein seiner Kraft. Um das Kätzchen kümmert er sich gar nicht. Das Kätzchen sieht auch ihn nicht an. Manchmal gehen sie aneinander vorbei, wie eben alte Bekannte aneinander vorbeigehen. Vielleicht begrüßen sie sich leise im Tier-Esperanto – aber sie beschnuppern sich nicht einmal. Katze und Hund – friedlich leben sie nebeneinander.

Als ich das zum erstenmal sah, glaubte ich an ein Wunder der Dressur. So sehr war ich, aus Deutschland kommend, geneigt, den Zustand des ewigen Zähnefletschens, Heulens, Fauchens und Bellens als den primären anzusehen. Aber als ich immer und immer wieder beobachtete, wie Hund und Katze hier einträchtig miteinander auskommen, da schien es mir doch anders zu sein.

Man kann also bei aller Verschiedenartigkeit des Wesens so friedlich nebeneinander leben, ohne sich Löcher ins Fell zu beißen? – Aber warum geht es? Warum geht es hier?

Weil man die kleinen Katzen von Jugend an, wenn sie noch nicht sehen können, mit den Hunden zusammensperrt. Weil man die kleinen Hunde zu den Katzen trudeln läßt, wenn sie noch alle in einem Wollknäuel und in einem Milchnapf die Welt sehen. Und niemand hetzt sie aufeinander, niemand findet Gefallen daran, daß ›sein‹ Hund schneller, kräftiger und männlicher ist als die Katze des andern. Niemand gerät in einen Tobsuchtsanfall, wenn er eine Katze sieht, die doch stets mit allen Mitteln – Stöcken, Steinen und Hunden – verjagt werden muß. »Kusch!« und: »Such doch das Kätzchen! Wo ist die Katz – Katz – Katz?« Denn es ist doch zu komisch, nicht wahr?, wenn ein Köter hinter der

Katz her ist, und die springt auf einen Zaun und faucht von oben gebuckelt herunter. Ja, das ist eine Freude. Denn Zwist der andern, das ist immer schön.

Wenn man aber die Lebewesen von klein auf richtig erzieht, in dem einzig möglichen Stadium abfängt: wo das Gehirn noch weich ist, wo es noch Eindrücke und Lehren empfangen kann – wenn man ihnen dann den Frieden als eine Selbstverständlichkeit aufzeigt: dann geht es auch. Es geht sogar besser. Aber freilich: die unvernünftigen Tiere haben keine Fahnen, keine Stahlhelme, keine Telefongenerale, keine Pfaffen, die zum Schlachtfest die Ware segnen, daß sie gut faule; keine Privatdozenten, die den Krieg sittlich fundieren, und keine Heldenmütter, die ihre Kinder für das Schußfeld eines M.-G. aufziehen. Das haben die Tiere alles nicht.

Die pariser Katzen und Hunde werden also mit Erfolg zum Frieden erzogen. Ein ererbter Friede. Und wann treten wir an die Menschen heran? Wenn sie reif, erwachsen, ernsthaft, hart und fast unempfänglich geworden sind – wenn sie die alten Kinderlehren fest in Fleisch und Blut haben. Und wer hat bei uns die Kinder?

Geschichtslehrer, die zum Kriege hetzen; Universitätsprofessoren, die zum Kriege hetzen; Kindergärtnerinnen, die zum Kriege hetzen; Fürsorgevorsteher, die zum Kriege hetzen. Und dann leben wir nachher mit aller Welt, und mit Frankreich insbesondere, im Streit – wie Hund und Katze. Nein, leider nicht wie diese Hunde und diese Katzen. Sondern wie Hyänen: wie Ludendorff und Léon Daudet.   1924

Luftveränderung

Fahre mit der Eisenbahn,
fahre, Junge, fahre!
Auf dem Deck vom Wasserkahn
wehen deine Haare.

Tauch in fremde Städte ein,
lauf in fremden Gassen;
höre fremde Menschen schrein,
trink aus fremden Tassen.

Flieh Betrieb und Telefon,
grab in alten Schmökern,
sieh am Seinekai, mein Sohn,
Weisheit still verhökern.

Lauf in Afrika umher,
reite durch Oasen;
lausche auf ein blaues Meer,
hör den Mistral blasen!

Wie du auch die Welt durchflitzt
ohne Rast und Ruh –:
Hinten auf dem Puffer sitzt
du.

1924

In der Geburtsstadt Fragonards

Grasse, im November.

»Sie müssen sich unbedingt Cannes ansehen!« hatte mir Victor Margueritte zum Abschied gesagt. Und Frau Margueritte hatte hinzugefügt: »Das ist das Deauville des Mittelmeers!« Wenn Saison ist. Jetzt ist aber noch keine Saison.

Die Kulissen der großen Welt liegen stumm und still. Die Bühnenarbeiter richten die Soffitten her und bauen an Hafendamm und Kasino. Selbst das Meer gibt sich noch nicht die richtige Mühe, faul und grau plätschert es ans Ufer. Hier wogen also die in leichte Gewänder gekleideten Damen und bewegen zierlich…, aber um das festzustellen, hat mich die *Vossische Zeitung* nicht nach Frankreich geschickt. Es ist das auch schon ein bißchen oft beschrieben worden, scheint mir. Aber was selten und fast nie beschrieben wird, das ist dies: Wie sieht die Existenz eines Zimmerkellners in der Hochsaison aus? Was denken sich diese Leute? Wie arbeiten sie? Unter welchen Bedingungen? Und, was noch wichtiger ist: wie sieht die feine Welt von hinten, von unten, von dieser Seite gesehn aus? Warum nimmt niemals einer von uns für ein paar Monate die Arbeit eines Stewards, eines Kellners, eines Bedienten an und schildert die Welt einmal von da aus? Romane und Genrebilder werden es nicht werden – aber sicherlich eine sehr lehrreiche Ergänzung zu den bis zum Überfluß wiederholten Bildern aus der eleganten Welt… Das sind so Bücher, die nicht geschrieben werden.

Drehen wir uns um und gehen wir zum Bahnhof. Das nette Leben fängt ja doch immer erst an der Kleinbahn an.

Der Deutsche kann das Bücherlesen nicht lassen. Ich auch nicht. Ich habe gelesen, und ich habe mir da etwas ausgeknobelt... Wie wird es wohl werden? Der Zug rumpelt durch die Nacht, an kleinen Stationen mit unlesbaren Namen hält er, es ist ganz schwarz um mich her. Denn so dankbar man für diesen November-Sommer hier unten sein muß: Die Tage haben um Schlag fünf ein Ende, schon nach vier Uhr blitzen überall Lichter in das Halbdunkel des Nachmittags, und dann ist es aus: man sieht nichts mehr.

Im Dunkel des Abends liegt ein lichterbestickter Teppich. Eine Stadt, scheints, Hunderte von glitzernden Punkten in einem Tal, auf den Anhöhen, überall. Kein Lichtermeer... ein Lichtergerinnsel. Das ist Grasse, und in Grasse ist Fragonard geboren, Fragonard, der freche, entzückend leichte, himmlisch beschwingte Hofmaler Ludwigs des Sechzehnten. Aussteigen, Zahnradbahn – guten Abend. Bleich und mondsüchtig liegt auf der Anhöhe der Stadt das Hotel. Sie kennen das Gefühl, das einen beschleicht, wenn der Kellner die Zimmertür hinter sich geschlossen hat... allein. Ich öffne die Fenstertür, trete auf den Balkon.

Unter mir liegt die Stadt. Im Talkessel, auf die Berge geklettert, über Rampen und treppenartige Steigungen verstreut, mit Lichtpunkten besät, leuchtend, schimmernd, glitzernd, halb verlöschend... trink, Auge! Und ich sehe und sehe. So hat der Bauern-Breughel einst gemalt: das Weite und das greifbar Nahe gleich weit und gleich deutlich. Da sind kleine Plätzchen, von einer Laterne notdürftig beleuchtet, man sieht grade eine Strecke Wegs von ein paar Metern, die ist leer; um ein andres Licht sind Menschen versammelt, die bereden etwas; weiter oben rollt ein Automobil langsam und vorsichtig die beleuchtete Straße entlang, dann verschwindet es; da sucht eines mit zwei Glotzaugen den dunklen Weg ab; hier liegt eine beleuchtete Halle; da ist ein Haus mit rötlich-gelblichen Lichtern; da eins mit weißen; in der Ferne verdämmern andre; ein Brückchen führt über einen kleinen Abgrund; bis weit ins Land kann man sehen, und oben auf den Bergen wohnen auch Menschen und blinken Lichter. Und jeder Lichtfleck erzählt eine kleine Geschichte – es ist wie ein Rundblick für Andersen. Gute Nacht, Grasse –!

Der Tag hält, was der Abend versprochen hat. Treppauf, treppab klettere ich durch die Stadt. Sie ist in der Mitte ganz alt, die Gäßchen sind so eng, es geht steil abwärts und brüsk nach oben. Der französische Baedeker murmelt etwas vom sechsten Jahrhundert – jedenfalls waren 1746 die Österreicher einmal hier, kriegshalber, es muß schrecklich für die armen Soldaten gewesen sein: monatelang ohne Nachrichten aus dem Burgtheater...

Alte Häuser, alte Gassen. Aber was das Merkwürdigste ist an diesem alten Bergstädtchen, das ist die unbekümmerte Modernität ihrer Bewohner. Wir haben gelesen, daß in den verlassenen Herrensitzen Kurlands arme Bauern hausen – die Dürftigen im Zivilisierten. Hier ist es umgekehrt. In diesen alten, alten Häusern liegen gut ausgestattete Geschäfte mit modernen Auslagen, hübsche Wohnungen – und alles ist so blitzsauber, reingefegt, so bis ins letzte Stäubchen gekehrt, daß man an gewisse hamburger oder lübecker Straßen erinnert wird. Gekalkt, gewaschen, geschrubbert, es strahlt nur so von Sauberkeit.

Fabrikschornsteine? Sie haben im Stadtbild kaum gestört. Grasse fabriziert Süßigkeiten und Parfümerien. Ich sehe zu, wie man kandierte Birnen macht und gezuckerte Rosenblätter und Veilchen zu Süßzeug umarbeitet, und, wahrhaftig, auch die kleinen gelben Kügelchen der Mimose. Ich darf probieren; sie schmecken nach gar nichts, und ich mache ein bewunderndes Gesicht, es ist das erstemal, daß ich eine Rose esse. Und ich sehe zu, wie Parfum hergestellt wird, eine komplizierte Sache, es riecht wie in einer Premiere, und die großen Kolben und Retorten der Kochapparate stehn in einem alten Kloster, mitten im Refektorium. Auch hier eine musterhafte Sauberkeit.

Ja, aber Fragonard –! Fragonard ist in Grasse – einen Augenblick mal! – 1732 geboren, und er war kurz vor der Revolution in seiner Heimatstadt und dann wieder während der Revolution. Wo er geboren ist…? Da ist die kleine Straße de la Font-Neuve, aber sie hat mehrere Häuser, zwei rechts und zwei links, und Genaues weiß man nicht. Hier hat ›Frago‹ zum ersten Male die Beinchen in den Rinnstein gesteckt… Und hat gerufen: »Mutta! Schmeiß Stulle runta –!« Aber vor welchem Haus: das steht nicht geschrieben.

Auf einem Platz mit wunderschöner Weitsicht ins Land steht auch ein Denkmal für den seligen Maler. Seien wir höflich und gucken wir weg.

Bis zu seinem vierzehnten Jahr hat Fragonard in Grasse gelebt. Später besuchte er zum Ausgang des achtzehnten Jahrhunderts seinen Vetter Maubert, und dem hat er für 3600 Livres – laut Quittung vom 10. März 1791 – fünf Bilder gemalt: *Der Einstieg, Die Verfolgung, Vertrauliche Mitteilung, Krönung* und *Die Hingabe*. Für wen hat er sie gemalt? Für seinen Vetter Maubert? Natürlich nicht, sondern letzten Endes für Pierpont Morgan, der sie gekauft hat. Grasse hat nur die Fotografien, und das ist auch etwas wert. Aber weil Grasse eine pietätvolle Stadt ist, so hat es ein kleines Palais zu einem reizenden Museum ausgebaut, das kleinste Museum der Welt, von Herrn Carnot begründet, und darin ist noch manches Hübsche zu sehen. Reproduktionen nach Bildern des Meisters, ein paar Originalskizzen, jene Fotografien und, verhüllt von einer grünen Decke in einer kleinen Vitrine: der Malkasten Jean Honoré Fragonards. Es ist ein einfacher, alter Kasten mit vielen kleinen Flaschen und Fläschchen, so, wie er ihn benutzt hat; auf jedem Etikett steht noch in vergilbten Buchstaben, welche Farbe jetzt darin trocknet... Ein Pinselchen, zart und lang, liegt dabei.

In den Nebenräumen provenzalische Kunst und Andenken, Möbel und Bauerngerät, alles in dem reinlichen und fröhlichen Geschmack der Provence. Eine lustige, runde Kinderwiege; eine zärtliche Sänfte; himmlische alte Kommoden; eine rötlich flammende, riesige Chaiselongue im Stil Louis' XIII., eine gradezu verlockende Chaiselongue; ein Ton-Tier aus dem siebzehnten Jahrhundert, eine Art Schildkrötenuhu oder Uhuschildkröte, ein geflügelter Traum; Stricke, mit denen der Marschall Bazaine, eingesperrt auf St. Marguerite, entfliehen sollte (er entfloh aber durch die Tür, weil er als Soldat den geraden Weg liebte, direkt nach Spanien, wo er auch gestorben ist); Waffen und Bilder und Putten. Das Ganze so fein im Geschmack, so reinlich im Stil, und ein zweites Treppenhaus führt hinunter in den Garten, vor eine jener Fassaden französischer Hotels, die die Straße niemals zu sehen bekommt.

Jetzt ist es Abend. Und während ich dieses schreibe, unterbreche ich mich, trete ans Fenster, schlage die Vorhänge zurück und sehe noch einmal auf die ruhende Stadt. Da blinkt es, kreisrunde und kleine Sterne, eckige und leuchtende Scheiben, das Laub rieselt, ein Wagen rollt, und aus einer fernen Schmiede klingt das fröhliche Ping-Pang der Werkstatt. Die Glocken rufen sich die Stunde zu und singen, hoch und tief, das schöne Lied von der Pünktlichkeit; eine ganze Viertelstunde lang ist es halb acht. Ein kleiner Viadukt verschwimmt im Dunkel; diese leuchtende Linie, das ist der Boulevard mit den dunklen Bäumen; Licht steht bei Licht, so weich, so zärtlich, so fest... Eine Stadt, die man streicheln möchte. Hoch über dem Tal fliegt der Mond durch die ziehenden Wolken, silbergrau verdämmern die Berge, und dort hinten liegt, unsichtbar, das Meer... Und von den schweigsamen Bergen herunter kommt es und greift ans Herz, ungesungenes Lied und ungesagte Worte, Sehnsucht in der Ferne nach der Ferne.

»Kennen Sie Grasse?« fragte ich Herrn Wendriner.

»Grasse?« sagte er und stocherte sich in den Zähnen. »Warten Sie mal – Grasse...? Ja, da warn wir mal, von Cannes aus. Na, ich danke! Ein kleines Nest, ganz nett, gewiß, aber kein anständiges Kasino, gar nichts Elegantes. Wir sind bloß durchgefahren und haben eine Kleinigkeit gegessen, Bouillon baisse, oder wie das heißt. Richtig! Meine Frau hat sich noch mächtig den Magen an den Langusten verdorben. Wissen Se: Grasse ist nischt –!«   1924

Nationales

Die Engländer sind die Römer der Neuzeit. Die Franzosen sind die Chinesen des Westens. Die Japaner sind die Engländer des Ostens. Die Belgier sind die Polen des Westens. Nur was die Bayern eigentlich für ein Volksstamm sind – das hat noch kein Mensch herausbekommen.

Die Dänen sind geiziger als die Italiener. Die spanischen Frauen geben sich leichter der verbotenen Liebe hin als die deutschen. Alle Letten stehlen. Alle Bulgaren riechen schlecht. Rumänen sind tapferer als Franzosen. Russen unterschlagen Geld. Das ist alles nicht wahr – wird aber im nächsten Kriege gedruckt zu lesen sein.

Man kann sich einen Franzosen vorstellen, der Englisch spricht. Man kann sich auch einen Amerikaner vorstellen, der richtig Englisch spricht. Man kann sich zur Not einen Engländer vorstellen, der Französisch spricht. Ja, man kann sich sogar einen Eskimo vorstellen, der italienische Arien singt. Aber einen Neger, der sächselt: das kann man sich nicht vorstellen.

Der Deutsche denkt sichs aus; der Italiener erfindets; der Engländer setzt es in die Praxis um; der Amerikaner kauft das Patent; der Japaner machts nach; der Spanier wills gar nicht haben; bei dem Norweger spricht sichs langsam herum – und der Franzose ernennt alle Beteiligten zu Mitgliedern der Académie Réaumur. Hierauf schreibt der erstaunte Deutsche eine Bibliographie des Vorfalls.

Unter der gleichen Tünche von Religion, Telefon, Kino, Presse und Polizei offenbaren die europäischen Staaten in der Tiefe ihre eigentlichen Charaktere: Golf, Stierkämpfe, Ordensbändchen, Skat, Theaterklatsch und Paprika. Über die Religion und die andern abstrakten Dinge läßt sich handeln – in diesen Nationaleigentümlichkeiten sind die Vereine von unnachgiebig strenger Individualität.

Auf der Straße liegt ein toter Mann. Der Deutsche legt ihn rechts; der Engländer prüft, ob er sich nicht etwa das Leben genommen hat; der Franzose klebt ihm eine Stempelmarke auf den Bauch – und Mussolini läßt auf alle Fälle dementieren, er sei es nicht gewesen.

Die falschen Staaten von Europa: England, Frankreich, Spanien, Italien, Ungarn, Preußen, Estland, Lettland, Rumänien, Bayern. Die Grenzen stehen fest. Die richtigen Staaten von Europa: Arbeitslose, Arbeitsmänner, Arbeitgeber und Nutznießer fremder Arbeit. Die Grenzen fließen.

Man ist in Europa ein Mal Staatsbürger und zweiundzwanzig Mal Ausländer. Wer weise ist: dreiundzwanzig Mal.

1924

Reise durch die Jahreszeiten

In Aix auf der Chaussee schien die Sonne. Der kleine Taschenkalender zeigte auf Winter, aber das Land lag in dem hellen Licht eines Vorfrühlingstages – reingefegt die Wege, strahlende Wärme, die meisten Bäume kahl, aber mit einem hellen, grünlichen Schimmer um die Spitzen. Der Himmel war weißlich-blau, es spritzte nur so von Licht.

Die Provence ist keine französische Provinz wie die anderen. Der Boden scheint nicht aus Erde gefügt; es wunderte einen nicht, wenn er plötzlich zu atmen anhübe wie ein unendlicher Leib. Das Land blüht einem entgegen, willig und weich streckt es sich gegen den Himmel. Große Wälder sind selten; aber überall sind kleine Büsche und Baumgruppen aufgebaut, mitunter auch ist eine ganze Strecke Landes bewaldet, weich, abgerundet, fast immer wie ein verwilderter Park. Hell strahlte die Sonne, im November. Nichts von November.

Ein paar Stunden nach Osten, in Nîmes, ist tiefer grauer Herbst. Das ist nun schon nicht mehr die Provence. Die Wolken liegen ganz tief auf der Stadt, ein schneidender Regenwind heult um die Ecken. Und als die Sonne wieder hervorkommt, beleuchtet sie einen bunten, fröhlichen Herbsttag, klar, kräftig, mit frischem Hauch bis tief in die Lungen erfrischend. Die alte römische Arena bleibt liegen, wo sie liegt, auch die alte Pforte des Augustus – heute ist Mittelalter. Haben Sie einmal die zahllosen kleinen Bilderchen von Doré zu Balzacs *Contes Drolatiques* gesehen? Diese Hunderte von kleinen Holzschnittchen, auf denen würdige Äbte ihren Bauch durch die Landschaft schieben und die stolzen Ritterfräulein mit den hohen spitzen Hüten aussehen wie die Medizinflaschen mit weißen Rezepten dran? Wo die kleinen Ritter zu Tausenden einen steilen Abhang herunterkegeln und ein anonymes Schwert, aus einer Mauer herausschlagend, den getreuen Knappen in zwei bis drei Teile zerspaltet? Auf denen sind fast immer Burgen zu sehen, Burgen mit Zinnen, einer Zugbrücke und dicken, bauchigen Festungstürmen, geradezu gemütlichen Befestigungen… So ein Mittelalter war das.

Und so ein Mittelalter steht noch heute.

Aigues-Mortes, eine ganz kleine Stadt, die zwischen Nîmes und dem Meer liegt, hat ihre Stadtmauer und alle Befestigungen wohl erhalten. Gewiß hat die Dekoration heute jeden Sinn verloren; denn drin liegt nichts anderes als draußen – aber unmittelbar vor der Mauer ist doch ein freier Raum, auf einer Seite sogar offnes Feld – und so entsteht denn die Fiktion, man habe es hier wirklich noch mit einer mauerbehüteten Stadt zu tun. (So, in dieser Form: Mauern, Zugbrücke und tiefer Graben – so denken heute noch viele Staatsmänner.) Die Festungstürme sind ganz dick, es gibt sechzehn Stück, mit richtigen Zinnen und Kugelspuren und allem Komfort. Die Mauern haben einen Durchmesser von drei Metern und gehen um die ganze Stadt, insgesamt fast zwei Kilometer; auf ihnen bin ich herumgegangen und habe auf das graue, schwach rötliche Dachgewirr der alten Häuser gesehen. Überall sind Pechnasen angebracht, diese alten Vertiefungen, von denen man Pech und geschmolzenes Blei und Steine und was man sonst noch so auf Fremde wirft, herunterstürzen konnte… Hier und da in einer verschwiegenen Ecke auch etwas, was man früher ›Privé‹ nannte. Vor den Mauern liegt, aber geschützt zu erreichen, der dicke Turm, die Tour de Constance, so genannt nach einer historischen Constanza. Er ist beinahe siebenhundert Jahre alt und scheint mit jedem Jahr dicker geworden zu sein – seine Mauern sind sechs Meter stark. Sie sind so dick, daß man unten, im Wachraum, die Fensteröffnungen, die in den Mauern liegen, zu Zellen ausgebaut hat. In diesen Zellen saßen Gefangene. Denn der Turm war einmal Staatsgefängnis, und er hat viele Hugenotten in seinen Mauern leiden sehen. Und auf einer Wand im Saal eines der oberen Stockwerke haben die Protestanten ihre Namen geschrieben, alle mit einem W – das bezeichnete zwei verschlungene V und hieß: Vae victis! Und auf einem Stein ist noch in dünner Schrift zu lesen: ›résister‹…

Und einmal sind siebzehn Mann entwichen; Tag für Tag haben sie Steine gelockert und weggeschlagen, und während die einen das taten, sangen die anderen mit lauter Stimme Choräle, damit die Wachen nichts hörten… Und ein tiefer Keller ist da, in dem man Frauen sterben ließ – – es ist alles wie bei Doré – nur wahr.

Durch den goldenen Herbsttag gehe ich ans Meer. Man muß zwei Stunden durch die Ebene gehen, am Kanal du Midi entlang, und blickt man hinter sich, so zeichnet sich die kräftige Silhouette der alten Festung am Himmel ab, wie damals. Aber man muß den Eisenbahndamm wegdenken.

Und in Avignon ist noch Herbst, in Avignon, wo die Päpste hausten, als sie Rom nicht gefielen und Rom ihnen nicht. Und wo sich Konkurrenzpäpste auftaten und einmal drei gegeneinander regierten. Die Stadt hat eine Dependance: das ist Villeneuve les Avignon – längs der Rhône liegen hüben und drüben diese alten Schlösser und gehören so dazu und schämen sich so gar nicht, altmodisch zu sein, als seien sie gestern gebaut. Man hat mit Maßen restauriert; ganz können das ja die Architekten nicht lassen, und wenn sie – wie das manchmal zu sehen ist – ›wiederherstellen‹, dann wird einem himmelangst und man denkt an den Bodo Ebhardt, der auftragsgemäß das Königlich Preußische Mittelalter wieder hervorzuzaubern hatte. Ganz so schlimm ist es hier nun nicht, und wenn man davon absieht, daß ebenso nötige wie blecherne kleine Anstalten so häufig den Aspekt ganzer großer Gebäude ruinieren (Achtung, Setzer!) – dann präsentiert sich das Land im Süden Frankreichs doch mit einer Fülle von gut erhaltenen und gepflegten Baudenkmälern.

Das Palais der Päpste in Avignon ist so eines. Jahrhunderte wurde daran herumgebaut, abgerissen, wieder aufgerichtet, gebrannt, eingerissen und zusammengekittet – das Ganze steht wie ein Trutzstein in der Stadt. Neben dem Palais eine Kirche, mit einer goldenen Mutter Gottes auf der Spitze, die segnend und schützend die Hände über ihr Haus breitet. Aber hinten, auf ihrem Rücken, läuft der eiserne Draht eines Blitzableiters. Sicherheitshalber.

Herbst ist in Avignon, es saust in den Bäumen, und wenn man die beiden großen Rhônebrücken passiert, so wird man fast in den strudelnden Fluß geweht, der rasch dahinfließt. Der Tag leuchtet, viele Bäume haben ihr stumpfes Grün aus dem Sommer behalten, viele haben flammendes Gelb und Hellbraun und betonen die Bläue des Himmels. Und wenn das blendende Licht um alle Konturen zittert, fühlt man: Wie schön mag dieses Land erst im Sommer sein! Welche Weichheit, welche Zärtlichkeit der Farben, welche Lieblichkeit! Man kann in der Provence die Kunstdenkmäler systematisch untersuchen, auf Stilreinheit, Baualter und Grundriß; man kann den Olivenhandel statistisch und tabellarisch darstellen, daß es nur so saust von Zahlen – man kann aber auch in diesem wunderschönen Lande spazieren gehen.

Abschied vom Frühling und Abschied vom Herbst. Der Zug fährt durch blaues Grau, dann durch Nacht. Der große Bahnhof taucht auf, mit einer leuchtenden Turmuhr. Ein rötlicher Glanzkreis schimmert um die elektrischen Lampen, die Reisenden nehmen den Raglan fester um – es ist kalt.

Ich sehe noch einmal die Strecke zurück, auf der ich gekommen bin, dankbar und glücklich. In den Augen ist noch der Schimmer des Lichts, in den Gliedern noch die Erinnerung an Glanz und Wärme. Zwischen Paris und Nizza liegt mehr Schönheit, als eure Amüsierweisheit sich träumen läßt! Noch einen Gruß in Gedanken... Da rufen die Zeitungshändler, da rollen die Taxis, da flirrt das Licht der Métrostationen, da liegt – winterlich, in den bunten Abendlichtern – Paris.   1925

Vierzehn Käfige und einer

Man fährt im Alten Hafen ab, am Quai liegen viele kleine Schiffchen, die für drei Francs dahin führen: es ist eine Spazierfahrt geworden, was einst der Schlußstrich unter ein Leben war. Der Motor knattert, das Schiffchen fährt ab. Da liegt Marseille.

Die Häuser stehen, eng aufgebaut, um das Becken des Alten Hafens herum; ganz von links oben, von den Hügeln, grüßt die Kirche von ›Unsrer lieben Frau, die wacht‹, eine goldene Puppe. Das Schiffchen gleitet unter einer sehr hohen Eisenkonstruktion hinweg, an der eine Fähre befestigt ist. An Fortifikationen vorüber, in die Meeresbucht hinaus. Wir halten auf eine kleine Insel.

Die kleine Insel ist das Château d'If. Es liegt – falls Sie Ihren Atlas zur Hand haben – vor der Stadt Marseille, gegenüber den beiden Inseln Ratonneau und Le Frioul, die durch einen Damm verbunden sind. Ist bei Ihnen nicht drauf? Na, schadet nichts. Château d'If ist die Insel, auf der Edmond Dantès eingesperrt saß, der Graf von Monte Christo.

Die kleine Insel taucht auf, wird deutlich sichtbar. Ein betongraues, halbverfallenes Gemäuer ist zu sehen, wir legen an. Hinauf, den gewundenen Gang durch niedrige Mauern, nach oben. Da stehen noch verfallene Kasernen mit den bourbonischen Lilien; das Schloß ist im Jahre 1592 erbaut worden, eine Bastille des Südens. François der Erste hat schon im Jahre 1524 den Grundstein gelegt und eine Phiole Öl und eine Metallschachtel mit Weizen und eine Flasche Wein daruntergetan. Es ist ein weißliches, bröckliches Gemäuer, die Mauern und der Steinboden haben sich fast assimiliert. Dann ist da eine kleine Zugbrücke aus Holz, die Planken sind locker, ein dunkler Torbogen und dann der Gefängnishof.

Der Hof ist ganz klein, von vier Mauern umgeben, die nicht allzu hoch sind, von oben glänzt quadratisch der blaue Himmel. Unten ist das Licht getönt, milchig und hell kaffeebraun. Unten steht ein Brunnen und an einer Mauerwand eine Ansichtskartenbude. Und ringsherum sind die cachots, die Käfige.

Zu ebener Erde liegen einige; und oben, rings um den ganzen Hof herum, an allen vier Mauern entlang, läuft eine kleine Galerie mit einem Eisengeländer, von der aus man in die obern Käfige gelangen kann. Vor jeder Tür ist ein Holzschild angebracht, auf dem steht gemalt, wer da einmal ein-

gesperrt war. Wie in einem zoologischen Garten, man vermißt den Zusatz: Geschenk des Herrn Konsul Friedheimer.
Ich gehe hinein.

Der Reiseführer rühmt den Gefängnisräumen nach:
»bien aërés et avec vue sur la mer.« Ja, es zieht durch die
kleine Luke, und wenn man den Kopf an die Eisengitter
legt, kann man auch ein Stückchen vom Meer sehen, in dem
die freien Fische wohnen. Der Boden ist ausgemauert,
schwärzliche Spuren an den Wänden deuten auf ehemalige
Kamine. Es muß hier höllisch kalt gewesen sein, damals…
Da saßen sie also.

Meistens waren es politische Häftlinge, die hier gesessen
haben, alles Leute, die die Regierung nicht töten konnte
oder wollte, und deren Freiheit ihr höchst unbequem war.
Damals war das recht einfach: man benötigte nur die lettre
de cachet, um etwas zu erreichen, wozu man heute ein ganzes Volksgericht auf die Sessel setzen muß, mit allem Drum
und Dran: Voruntersuchung, einem Vorsitzenden, einseitig,
wie nur der Haß ist, einer verhetzten Presse und dem ganzen riesigen Apparat. Das war also einfacher. Manchmal ließen auch hochmögende Eltern ihren Sohn ein bißchen einsperren, bloß so…

Da saßen:

Ein reicher Kaufmann aus Marseille, wegen angeblicher
Verschwörungen gegen den Kardinal Richelieu; riskierte einen Hungerstreik, den er elf Tage lang durchhielt; starb am
zwölften Tag. Ein marseiller Matrose, der seinen Vorgesetzten erschlagen hatte; saß einunddreißig Jahre. Ein Abbé
Faria. Er und der Matrose haben da noch im neunzehnten
Jahrhundert gesessen – und wie! Da ist eine Höhle, ein fen-

sterloser Raum, in den man keinen Hund sperren würde, mit einer Vertiefung als Abtritt. Darin ›büßte‹ der Inkulpat.

Auf der andern Seite hat Dantès gesessen, eben jener, dessen Schicksal Dumas in seinem Schmöker benutzt hat. Der Gefangene hat sich zum Abbé Faria einen Verbindungsgang gegraben, der noch gezeigt wird.

Dann liegt da noch zu ebener Erde ein cachot, dem Publikum nicht zugänglich. Darin saßen im Jahre 1871 einhundertundsechzehn Gefangene. Communards. Einhundertundsechzehn – das ist keine Zahl für uns andre…

Herauf die kleine Treppe, auf die obere Galerie. Da saßen: Ein Abbé, der ein Mädchen verführt haben soll; ein Kanzelredner, der mit England konspiriert hat; ein Mann, der versucht hat, Napoleon zu ermorden; der berühmte ›Mann mit der eisernen Maske‹; Louis-Philippe Égalité. Mirabeau (kein politisches Gefängnis, in dem der nicht gesessen hätte); ein Herr Mollard, der sechzehn Jahre hindurch saß, weil seine Eltern das so wollten. In diesem Raum tagte dann später eines der Revolutionstribunale. Ein großer Giftmörder, der im Jahre 1588 in Aix verbrannt worden ist; und Straßenräuber und ein Mann namens Meynier und… und… und…

Die Höhlen sehen aus eine wie die andre: meist sehr geräumig, hoch, immer mit der kleinen vergitterten Luke, durch die man das Meer sieht und manchmal auch nur den Innenhof und ein Stückchen Himmel. Hier und da ist eine schwere Bohlentür erhalten, mit einem altmodischen Schloß.

Man kann sich das nur schwer vorstellen, daß in diesen Räumen Menschen gelitten haben; daß der Tritt der Wache auf der Zugbrücke und der Ruf eines Schiffers die einzigen

Laute waren, die man hier hören konnte, das Klirren der Waffen und das Klappern von Flaschen – wenn es nicht einer der Häftlinge einmal vorzog, stundenlang wie ein Tier zu brüllen.

Oben, auf der Höhe des Gebäudes segnet das Werk Gott. Da ist eine Kapelle. Denn es gibt keine menschliche Niederträchtigkeit, die nicht einen Zusatz von Religiosität und höherer Weihe besäße, gleichsam, als ob sich die Leute doch in einer Art von Rückversicherung immer des Lieben Gottes vergewissern wollten. Von oben sieht man weit in die Runde: die benachbarten Inseln, die merkwürdig fahle steinige Küste, das rauchige Marseille. Alle Steine sind – wie übrigens auch alle Wände in den cachots – über und über beschmiert mit Zeichnungen, Buchstaben, Zeichen, die teils von Besuchern herrühren, teils von den Mietern der Zimmer.

Früher soll ein Führer die Besucher herumgeführt haben, ein altes Original, Grosson hat er geheißen, der sich mit einem angeblich vergessenen Gefangenen bauchrednerisch unterhielt. Die Damen bekamen Frissons, und der Eingemauerte bat um Tabak. Der Führer nahm ihn in Empfang. Eine Arabeske des Spaßes hinter einem Werk der schlimmsten Lebensqualen.

Ich klettere wieder herunter, in den quadratischen Hof. Entworfen hat ihn keiner, er dürfte von van Gogh sein. Mit einer solchen Verbissenheit ist er da, so angehaßt sind die Mauern, so verflucht seine viereckige Verzweiflung. Er ist praktisch, der Hof: es ist das Maskenflügelsystem des modernen Gefängnisses, nach außen projiziert: von unten kann die frühstückende Wache bequem alles verfolgen, was sich da oben begibt. Ich sehe hinauf – kein Gesicht zeigt sich mehr an den Gittern. Der Hof schweigt, die Ansichtskartenverkäuferin rumort in ihrer Bude.

Und während ich den braunen Hof so vor mir sehe, muß ich daran denken, daß zu Hause, in meiner Heimat, *einer* sitzt, tagaus, tagein, Monate und Jahre in derselben fürchterlichen kleinen Zuchthausstube, allein, allein, allein. Wie lange ist Einzelhaft bei uns statthaft? Zwei Jahre? So habe ich seinerzeit gelernt. Aber was macht sich eine Republik daraus – sicherlich wird da eine ganz legitime Handhabe sein. Der Mann sitzt in seiner Stube, er darf sogar manchmal Zeitungen bekommen. Er heult und schreit; einmal brach er zusammen, als man ihn die Treppen hinunterführte zum täglichen Spaziergang, der angeordnet ist, auf daß er an seiner Gesundheit keinen Schaden nehme. Er hat Verbrechen begangen, wahrscheinlich – aber daß er sie nicht als Verbrechen ansah, daß er auf einen Staat spie, der ihm ungerecht und unmenschlich vorkam, daß er die Richter verlachte, die ihn aburteilen wollten und nicht konnten: das hat man ihm nicht verziehen. Wie besinne ich mich noch auf den Vorsitzenden, der in gar keiner Weise diesem Wehr- und Waffenlosen gewachsen war, der lachte ihn aus, höhnte ihn an... Das akademisch gebildete Rechtsprechungsorgan hatte dann weiter keinen Ausweg als diese geistige Waffe: »Sie sind ein ganz frecher Lümmel!« Er hätte hinzufügen sollen: Darf ich Sie auf die Toilette bitten? Er reagierte eben, wie es in seinen Kreisen üblich war.

Hier liegt der Hof. Zu Hause sitzt Hölz. Kein Besuch – aus Angst: die Zuchthausverwaltung scheint nicht viel Zutrauen zu ihren Beamten zu haben; keine Berührung mit andern – Vergeltung und Rache: an einem, der aufrecht geblieben ist auch vor diesen Richtern, die er tausendmal überragte.

Das Schiff stößt ab von dem grauen Gestade. Die Insel bleibt im Meer zurück wie ein versteinertes ruhendes Tier. Auf ihr haben Menschen gelitten. Sie leiden bei uns – gequält, verfolgt, verdammt. Unter François dem Ersten fing es hier an. Unter Friedrich dem Ersten sitzen in der deutschen Republik über siebentausend Kommunisten: Hölz an ihrer Spitze. Leb wohl, Château d'If. Was du konntest, können wir schon lange.   1925

Les Abattoirs

Ein grüngrauer, stumpfer Himmel liegt über La Villette, dem Arbeiterviertel im Nordosten der Stadt. Ein Stückchen Kanal durchschneidet quer die Straßen, von hier fahren die Kähne mit dem Fleisch durch rußige Wiesen. Es ist sieben Uhr früh.

Gegenüber dem begitterten Eingang zu den dunkeln Gebäuden des Schlachthofes hocken, sitzen, bummeln vor den Caféhäusern merkwürdige Männer und Frauen. Viele haben blutbespritzte Hosen, blutgetränkte Stiefel, ein grauer Mantel bedeckt das ein wenig. Einer ist nur in Jacke und Hose, unten ist er rot, als habe er in Blut gewatet, auf dem Kopf trägt er eine kleine, runde, rote Mütze – er sieht genau aus wie ein Gehilfe von Samson. Er raucht. Eine Uhr schlägt.

Die Massen strömen durch die große Pforte, hinten sieht

man eine Hammelherde durch eine schattige Allee trappeln, mit raschen Schritten rücken die Mörder an. Ich mit.

Über den großen Vorhof, flankiert von Wärter- und Bürohäuschen, an einer Uhrsäule vorüber, hinein in die ›carrés‹. Das sind lange Hallen, nach beiden zugigen Seiten hin offen, hoch, mit Stall-Löchern an den Seiten. Hier wird geschlachtet. Als ich in die erste Halle trete, ist alles schon in vollem Gange. Blut rieselt mir entgegen.

Da liegt ein riesiger Ochs, gefesselt an allen vieren, er hat eine schwarze Binde vor den Augen. Der Schlächter holt aus und jagt ihm einen Dorn in den Kopf. Der Ochse zappelt. Der Dorn wird herausgezogen, ein neuer, längerer wird eingeführt, nun beginnt das Hinterteil des Tieres wild zu schlagen, als wehre es sich gegen diesen letzten, entsetzlichen Schmerz.

Eine Viertelminute später ist die Kehle durchschnitten, das Blut kocht heraus. Man sieht in eine dunkle, rote Höhle, in den Ochsen hinein, aus dem Hohlen kommt das Blut herausgeschossen, es kollert wie ein Strudel, der Kopf des Ochsen sieht von der Seite her zu. Dann wird er gehäutet. Der nächste.

Der nächste hat an der Stalltür angebunden gestanden mit seiner Binde. Die ist ihm jetzt abgenommen, er schnüffelt und wittert, mit geducktem Hals sieht er sich den Vorgänger an, der da hängt, und beriecht eine riesige weiße Sache: einen Magen, der, einer Meeresqualle gleich, vor ihm auf dem Steinboden umherschwimmt.

Auf einem Bock liegen drei Kälbchen mit durchschnittenen Kehlen, noch lange zucken die Körper, werfen sich immer wieder. Rasch fließt das Blut mit Wasser durchmischt in den Rinnsalen ab. Dort hinten schlachten sie die Hammel.

Zu acht und zehn liegen sie auf langen Böcken, auf dem Rücken liegen sie, den Kopf nach unten, die Beine nach oben. Und alle diese vierzig Beine schlagen ununterbrochen die Luft, wie eine einzige Maschine sieht das aus, als arbeiteten diese braunen und grauen Glieder geschäftig an etwas. Sie nähen an ihrem Tod. In der Ecke stehen die nächsten, sie sind schon gebunden, schnell nimmt der Schlächter eins nach dem andern hoch und legt es vor sich auf den Bock. Kein Schrei.

Drüben in der nächsten Halle wird à la juive geschlachtet. Der Mann, der schächtet, ist aus dem Bilderbuch, ein Jude: ein langes, vergrämtes Gesicht mit einem Käppchen, in der Hand hat er einen riesigen Stahl, scharf wie ein Rasiermesser. Er probt die Schneide auf dem Nagel, er nimmt irgendeine religiöse Förmlichkeit mit ihr vor, seine Lippen bewegen sich. Die süddeutschen Gassenjungen übersetzten sich dies Gebet so: I schneid di nit, i metz di nit, i will di bloß mal schächte!

Hier wird das Tier nicht vorher getötet und dann zum Ausbluten gebracht, sondern durch einen Schnitt getötet, so daß es sich im Todeskampf ausblutet. Ich bin auf den Schnitt gespannt.

Der Ochse ist an den Vorderbeinen gefesselt, durch den Raum laufen über Rollen die Stricke, und zwei Kerls ziehen langsam an. Der Ochse strauchelt, schlägt mit den Beinen um sich, legt sich. Der Kopf hängt jetzt nach unten, die Gurgel strammt sich nach oben... Der Jude ist langsam nähergekommen, den Stahl in der Hand. Aber wann hat er den

Schnitt getan –? Er ist schon wieder zwei Meter fort, und dem Ochsen hängt der Kopf nur noch an einem fingerbreiten Streifen, das Blut brodelt heraus wie aus einer Wasserleitung. Das Tier bleibt so länger am Leben, unter der Rückenmuskulatur arbeitet es noch lange, fast zwei und eine halbe Minute. Ob es bei diesem System, wie behauptet wird, länger leidet, kann ich nicht beurteilen. Das Blut strömt. Erst dunkelrotes, später scharlachrotes, ein schreiendes Rot bildet seine Seen auf dem glitschrigen Boden. Nun ist das Tier still, der Augenausdruck hat sich kaum verändert. Neben ihm hat sich jetzt ein Mann auf den Boden gekniet, der das Fell mit einer Maschine ablöst. Sauber trennt der Apparat die Haut vom Fleisch, die Maschine schreit, es hört sich etwa an, wie wenn ein Metall gesägt wird, es kreischt. Dann wird dem riesigen Leib ein Schlauch ins Fleisch gestoßen, langsam schwillt er an: es wird komprimierte Luft eingepumpt. Das geschieht, wird gesagt, um die Haut leichter zu lösen. Es hat aber den Nachteil, daß diese Luft nicht rein ist, und das Fleisch scheint so schneller dem Verderben ausgesetzt zu sein. Und es hat den Vorteil, daß sich die Ware, da die Luft nicht so schnell entweicht, im Schaufenster besser präsentiert.

Karrees und wieder Karrees – der Auftrieb auf dem benachbarten Viehmarkt, der zweimal wöchentlich stattfindet, ist stark genug: gestern waren es 13000 Tiere. Paris ist eine große Stadt, und es gibt nur noch kleinere Abattoirs, wie das an der Porte de Vaugirard, und eines nur für Pferde in Aubervilliers. Jetzt ist das Pferdefleisch annähernd so teuer wie das reguläre – der Verbrauch hat wohl etwas nachgelassen. La Villette hat das größte Abattoir – keineswegs das modernste –, mit dem in Nancy und den großen Musterschlachthöfen in Amerika und Deutschland nicht zu vergleichen.

Stallungen und Stallungen. Viele Tiere sind unruhig, viele gleichgültig. An einer Stalltür ist ein Kalb angebunden, das bewegt unablässig die Nüstern, etwas gefällt ihm hier nicht. Zehn Uhr zwanzig, da ist nichts zu machen. Ein Ochse will nicht, er wird furchtbar auf die Beine geschlagen. Sonst geht alles glatt und sauber und sachlich vor sich. An einer Tür stehen zwanzig kurz abgeschnittene Rinderfüße, pars pro toto, eine kleine Herde. Hier liegt ein Schafbock und kaut zufrieden Heu. Es ist ein gewerkschaftlicher Gelber.

Der wird an die Spitze der kleinen Hammelherden gesetzt, die das einpassieren, er führt sie in den Tod; kurz vorher verkrümelt er sich und weiß von nichts mehr, der Anreißer. Er ist ganz zahm und kommt immer wieder zu seinem Futterplatz zurück. Dafür schenkt man ihm das Leben. Das soll in den letzten Jahren schon mal vorgekommen sein.

Hier im großen Stall ist ein Pferch ganz voll von Schafen. Sie werden wohl gleich abgeholt, sie stehen so eng aufeinander, daß sie sich überhaupt nicht bewegen können, und sie stehen ganz still. Sie sehen stumm auf, kein Laut, hundertzwanzig feuchte Augen sehen dich an. Sie warten.

Durch Stallstraßen, an Eisfabriken und Konservenfabriken vorüber, zu den Schweinen. Eine idyllische Hölle, eine höllische Idylle.

In dem riesigen, runden Raum brennen in den einzelnen Kojen, die durch Bretterwände abgeteilt sind, große Strohfeuer. Die Rotunde hat Oberlicht, und die Schlächter, die Männer und Frauen, die die Kadaver sengen, sehen aus wie Angestellte der Firma Hephästos & Co. Die Schweine rummeln in den Kojen, durchsuchen das Stroh – der Schlächter mit einem großen Krockethammer tritt näher, holt, heiliger Hodler! weit aus und schlägt das Tier vor den Kopf. Meist fällt es sofort lautlos um. Zappelt es noch, gibt er einen zweiten Schlag, dann liegt es still. Keine Panik unter den Mitschweinen, kein Laut, kein Schrecken. Draußen, in den Ställen drumherum, schreien sie, wie wenn sie abgestochen werden sollen – hier drinnen kein Laut. Dem toten Schwein werden von Frauen die Borsten ausgerupft, mit denen du dich später rasierst, dann wird es ans Feuer getragen und abgesengt. Die schwarzen Kadaver, auf kleinen Wägelchen hochaufgeschichtet, fahren sie in den Nebensaal, wo man sie weiterverarbeitet. Hier, wie bei den Rindern, stehen Leute mit Gefäßen, die fangen das Blut auf. Das Blut raucht, es ist ganz schaumig, sie rühren ununterbrochen darin, damit es nicht gerinnt.

Die Schlächter stehen sich nicht schlecht: sie verdienen etwa zweihundert Franken die Woche. (Eine Umrechnung ergäbe bei den verschiedenen Lebensbedingungen ein falsches Bild; der Reallohn ist für deutsche Verhältnisse hoch: der französische Arbeiter wohnt schlechter als sein deutscher Genosse, ißt bedeutend besser, kleidet sich fast ebenso gut.)

Da an der Ecke stehen vor großen Trögen Männer und Frauen und kochen die Kalbsköpfe aus. Blutig kommen sie hinein, weiß kommen sie heraus. Auf dem Boden rollen die abgeschnittenen Köpfe mit den noch geöffneten Augen – ein Mann ergreift sie und pumpt sie gleichfalls mit der Luftpumpe auf. Jedesmal bläht sich der Kopf, jedesmal schließt das tote Kalb langsam und wie nun erst verlöschend die Augen... dann werden sie gekocht.

Das einseitige Stiergefecht dauert noch an, bis elf wird's so weitergehen. An der Uhr, vorn am Eingang, hängen die Marktnotizen.

Da ist zunächst eine große erzene Tafel, den Toten des Krieges als Erinnerung gewidmet, aufgehängt von den vereinigten Großschlächtereien der Stadt Paris. Namen, eine Jahreszahl... Ich studiere die Markttafeln. Und beim Aufsehen bleiben mir Worte haften, ein paar Worte von der Inschrift, die die Gefallenen ehren soll. So:

La Boucherie en gros
1914–1918

Die Parallele ist vollständig. 1925

Durcheinander

> Hering ist gut. Schlagsahne ist gut.
> Wie gut muß erst Hering mit Schlag-
> sahne sein –!

Am Place de la Concorde fragte ich einen Schupomann: »La rue de Rivoli, s'il vous plaît?« – »Da gehn Sie man hier gleich rüba!« sagte der. »Aber immer schön auf dem weißen Strich –!« Es war gar keiner da, kein weißer. Aber ich bog wirklich in die lange Straße ein, und da war das Warenhaus. Vor dem ersten großen Schaufenster stand eine zierliche Blondine. Original-Blondinen sind so selten – ich habe eine Brünette doppelt, vielleicht kann man tauschen...? »Verzeihung!« sagte ich, »gestatten Sie vielleicht, daß ich Sie an-

304

spreche –?« Die Blondine hatte hinten am Nacken dunkle Härchen und sah mich erstaunt an. »Qu'est-ce qu'il me chante, celui-là?« sagte sie. Ganz verwirrt trat ich zurück, einem älteren Major von der Reichswehr, mit dem Bändchen der Ehrenlegion im Knopfloch, genau auf die Lackstiefel. »Pardon –!« sagte ich. »Wollen Sie bitte mit mir deutsch sprechen?« sagte er. Was ist das –?

Also Socken. Socken im Warenhaus sind immer woanders, man muß sich herauf- und herunterbemühen, und das tat ich. »Gute, dicke, grauwollene Socken«, sagte ich. »Monsieur?« lächelte die kleine Verkäuferin. »Nee Socken – nich Mißjöh! Was ist denn hier – –!« – »Monsieur est Anglais?« sagte die kleine Verkäuferin. »Un interprète…« Da stand ich wie Pröppke auf dem Witwenball und wußte nicht ein noch aus. Aber sie mußte doch verstanden haben, was ich meinte, denn ich hatte so in den Socken herumgekramt, und sie wickelte mir ein Paar ein. Sie sahen aus wie Fausthandschuhe.

»Et avec ça – ?« sagte die kleine Verkäuferin. Da nahm ich die Socken und lief davon, und alle Leute hinter mir her, aber ich entkam glücklich durch einen Notausgang in die Damentoilette und von da auf die Straße.

»B. Z.!« rief ich zu einem Zeitungsverkäufer. »Paris-Soaaaah!« hauchte er mich an. Und ich wich erschrocken zurück. Wo war ich hier –? Das werden wir gleich haben. »La Tour Eiffel?« fragte ich einen jungen Menschen, der mit einem Paket hinter mir ging. »Dir ham se woll mit'n Klammerbeutel jepudert –?« fragte er mich. Aber ich verstand ihn nicht. Und da hing ein Plakat, daß Dranem heute abend auftrete, aber er hatte die Züge Max Pallenbergs – und die

Raquel Meller hing da, und darunter stand: Fritzi Massary … Was war das –?

Nun gingen die Pfadfinder und ein paar Engländer mit Hosen, in denen sie offenbar ihre Reisenecessaires untergebracht hatten, so weit waren die, und eine rundbusige Dame zwinkerte so mit den kleinen Äuglein … Ich war gerade dabei, mich zurechtzufinden, da fuhr ein Wagen vorüber, eine schöne Limousine. Halt! die Straße war versperrt, der Wagen hielt. Darin saß ein Mann, den kannte ich – das war Herr Painlevé. Ich konnte hören, wie er zu seinem Begleiter sagte: »Hier stehe ich – ich kann nicht anders …« Aber das hatte doch ein anderer gesagt! Das hatte doch … Wer war dieser Mann –?

Und da kam ein Lümmel die Straße heruntergefegt, er trug eine Zigarette hinterm Ohr und pfiff: »Wenn du meine Tante siehst – complimente-la de ma part!« Allmächtiger Nelson! Wo war ich –?

Ich war im Whisky-Nebel. Und hatte das Ideal der Ideale erträumt: Paris an der Panke. 1925

Berliner auf Reisen

Das mit dem Jägerhütchen ist ja schon längst nicht mehr wahr, und auch die Brille ist kein untrügliches Kennzeichen. Doch unter dem dicken Ulster, dem schnittigen Jackett und dem nach Maß gearbeiteten Oberhemd klopft das alte Herz. Welches –?

Es gibt zwei Sorten von Berlinern: die ›Ham-Se-kein-Jrößern?‹-Berliner und die ›Na – faabelhaft‹-Berliner. Die zweite Garnitur ist unangenehmer.

Der nörgelnde Berliner ist bekannt. Er vergleicht alles mit zu Hause, ist grundsätzlich nicht begeistert, und, viel zu nervös, um in Ruhe etwas Fremdes auf sich wirken zu lassen, bekleckert er, was er sieht, mit faulen Witzen. Seine Stadt hat für diese Tätigkeit das schöne Wort ›meckern‹ erfunden. Dieser Berliner meckert.

Sein Kollege, der ›Unerhöört‹-Berliner, tut etwas andres, nicht minder Schauerliches.

Ich habe jetzt seit etwa achtzehn Monaten lobende Berliner vor Augen gehabt, und wenn sie anerkennen, machen sie das so:

Der lobende Berliner hebt sich zunächst selbst, wenn er lobt. Sein Lob, das meist kritiklos und unbegründet ist, bringt ihn in innige Verbindung mit dem gelobten Objekt, nach der Melodie: »Was ich mir ansehe, ist eben immer gut – sonst seh ichs mir gar nicht erst an!« Ein Glanz des Belobten fällt auf ihn zurück, sein »Faabelhaft« gilt auch dem auserlesenen Publikum, das sich diese Sehenswürdigkeit ansehen darf, und enthält ein erhebliches Quantum Verachtung für die armen Luder, die nicht dabei sind.

Die Monomanie dieses Volksstamms ist größer als bei jedem andern. Daß Hundebesitzer auf ihren Köter stolz sind und sich in die Brust werfen: »Meiner läuft aber schneller!«, das ist auf der ganzen Welt so. Aber die ›Aura‹ des Berliners, sein unkörperlicher Körper reicht noch viel weiter: er erstreckt sich auf Zahnbürsten und Unterhosen, auf sein Automobil und auf seinen Füllfederhalter, auf alles, was bei ihm und mit ihm ist… Denn was er hat, ist wohlgetan, und so etwas gibts zum zweiten Mal nicht auf der Welt. Er sagts auch: »Wenn Se mal richtjen Kaffee trinken wolln, müssn Se zu mir kommen!« Und da der andre selbstverständlich nicht die einzig wahre Kinderflaschenquelle, nicht *den* Schneider, nicht *den* Zahnarzt hat, so strahlt die Sonne allein im Universum. Und hat der Nebenmann etwas, das er nicht auch haben kann, ja, an dessen Bewunderung sogar er nicht teilnehmen kann, dann ist es aus, und das Zeug verfällt der Verdammnis. Überall dabei sein; von allem verstehn; nur nichts auslassen: das sind die drei Farben seiner Stadt.

Hat der Berliner aber einmal gelobt, dann gibts keine Widerrede und vor allem nichts mehr am Ort, was nun noch des Lobes wert wäre. »Wenn Se den nich jesehn ham, ham Se übahaupt nischt jesehen –!« Dixit.

Die Form des berliner Lobes läßt deutlich erkennen, wie sehr der Tadel in dieser Stadt das Primäre ist – es wirkt immer wie ein ins Freundliche umgebogener, für dieses Mal nicht anwendbarer Tadel. »Das ist schon sehr begabt!« – wieviel Huld, wieviel Leutseligkeit steckt darin! Dies Lob grüßt wie eine dicke Hand aus einer hochherrschaftlichen Limousine.

Bevor der Berliner aber tadelt oder lobtadelt, setzt er sich gestrafft aufs Richterstühlchen, und niemals, unter keinen Umständen, ist er locker und unbefangen. Er will diss nu mal genau feststellen – und die eingezogenen Lippen und das leicht zurückgenommene Kinn demonstrieren, wessen sich das Objekt der Kritik zu gewärtigen hat. »Na, nu zeijen Sie mal, was Sie könn!« Worauf sich Notre-Dame, Sacha Guitry, die Seine und die Sonne in Chantilly abzuschwitzen haben.

Rasch fertig ist die Jugend mit dem Wort –? Dann scheint der Berliner ewig jung, jünger, noch jünger. Seine grauenhafte Unausgeglichenheit und seine ewig schwabbrige Nervosität lassen keinen Klang ausklingen – mit zitternden Nervenenden wartet er auf den ersten Eindruck, und hat er den, bleibt er dabei. Den wiederholt er dreitausendmal – unmöglich, ihn davon abzubringen. »Die Unterpartie ist zu kurz«, entscheidet er nach zehn Sekunden – den ganzen Abend zieht sich das wie ein Leitmotiv durch Unterhaltung, Kritik und Zwiegespräch, und noch abends im Bett, wenn er das Licht löscht, murmelt er, leicht beleidigt: »Ja, aber die Unterpartie war zu kurz…«

Der Berliner ist bekanntlich einer der schlechtesten Zuhörer – er will selber. (Daher können ihm auch die Frauen im allgemeinen nichts tun.) Und ich habe mich immer gewundert, warum weitgereiste Berliner so gar nichts von ihren Reisen mit nach Hause bringen… Jetzt weiß ich es. Sie hören nicht zu. Wenn die Sonne über dem Meer untergeht, wenn einer singt und eine tanzt, wenn Paris silbrig leuchtet, und wenn die Damen aus Lemberg abends lebende Gruppen stellen: der Kerl hört nicht zu. Er bringt das Subjekt, das zum Begriff ›Welt‹ bekanntlich hinzukommen muß, erst richtig zur Geltung. Ohne ihn ist sie nicht.

Die armen Leute… Sie sind sich selber im Weg, ihr Bauch ist ein optisches Hindernis, und wenn sie sich mal richtig amüsieren wollen, gucken sie in den Spiegel. Ihr Tadel ist ein persönlicher Frontalangriff, ihr Lob eine Ordensverleihung an sich selbst, und man greift kaum fehl, wenn man dahin geht, wohin der Berliner keinen Schritt rührt. Berlin ist so groß: es hat vier Millionen Einwohner. Berlin ist so klein: auf Reisen sieht der Berliner nicht über den Spittelmarkt. Und ewig werde ich an das Wort eines Landsmanns denken, der nach vierwöchigem Aufenthalt das Wort der Worte über Paris gesprochen hat. Dieses:

»Paris – wat is denn det für ne Stadt! Hier jibts ja nich mah Schokeladenkeks –!«

Der dies sprach, war aber gar nicht aus Berlin, und da kann man sehen, wie vorsichtig man sein muß.

1926

Wie sich der deutsche Stammtisch Paris vorstellt

Alle Woche habe ich hier in Paris einmal eine vergnügte Stunde: das ist, wenn ich mir von den deutschnationalen und deutschvölkischen Zeitungen erzählen lasse, wie es in Paris zugeht.

Eine Tageszeitung wird bekanntlich vom Leser geschrieben. Da der Leser keine Zeit hat, sie selbst zu schreiben – denn eine Talentfrage ist dies nicht –, so beauftragt er damit die Redakteure. Die schreiben genau das, was der Leser schriebe, wenn er schreiben könnte. Soweit Paris in Frage kommt, sieht das so aus:

Paris ist eine Stadt, deren weibliche Bewohner meistens in horizontaler Lage anzutreffen sind, und deren männliche, champagnerbesoffen, hysterisch nach dem Kopf Hindenburgs rufen. Das degenerierte Volk der Franzosen wälzt sich in nackten Paaren auf den Boulevards, ruft abwechselnd »Gloire!« und »à Berlin!« und hat überhaupt kein Nationalgefühl, darum wird es nächstens untergehen, und viel zu viel Nationalgefühl, darum wird Deutschland nächstens untergehen. Das Nähere siehe bei Otto Ernst, der, nach seinen Schreibereien zu schließen, den Nachttopf seines lieben Enkelchens als Tintenfaß benutzt.

Allen voran die *Deutsche Zeitung.* Die hat meines Wissens in Paris keinen Berichterstatter, der sich als solcher ausgibt, zitiert ihn aber munter, wenn sie ihre Lügen über Frankreich an den Stammtisch bringt. Von einer französischen medizinischen Erfindung: »In der Seinestadt brüllen es die Zeitungsverkäufer in den Straßen, in Deutschland spricht man nicht darüber. Da ist es akademische und wissenschaftliche Selbstverständlichkeit. Hier aber muß auch die Wissenschaft in ekelhafter sensationeller Weise ausgebeutet werden.« Nicht ein Komma davon ist wahr.

Und es scheint mir an der Zeit, diesen verbrecherischen Lügen, diesen halbgebildeten Schmöcken gegenüber, die von ›Inflationsorgien‹, von ›Hunger in den pariser Straßen‹, vom ›Großstadttaumel‹ sprechen, die Wahrheit zu sagen, die deren Leser freilich nicht erreichen wird.

Die französische Inflation ist mit der deutschen Inflation nicht zu vergleichen. Hier ist keine Regierung, die die Inflation böswillig anzettelt, um ihre auswärtigen Gläubiger zu täuschen, hier ist kein betrügerischer Bankrott, und hier ist eine viel größere Disziplin des kleinen Mannes und ein viel größeres Vertrauen zum Land.

Die tägliche Lebenshaltung der kleinen Beamten, der Angestellten und der Arbeiter ist, mit dem Frieden verglichen, schwieriger geworden; die bürgerliche Geselligkeit hat darunter gelitten, die Kultur leidet darunter. Von Erscheinungen, wie sie der tragische Karneval der deutschen Inflation gezeitigt hat, ist in Frankreich überhaupt keine

Rede, und es ist eine böswillige Erfindung, von »Lockerung der ohnehin leichten französischen Moral« zu sprechen. Das französische Bürgertum ist, in Paris und in der Provinz, weitaus spießiger, kleinlicher und zurückhaltender als die gleiche deutsche Schicht – jeder deutsche Großstädter, jeder deutsche Mittelstädter wirkt diesen Leuten gegenüber fast amerikanisch-smart. Es handelt sich nicht darum, hier Urteile abzugeben oder Vergleiche zu Gunsten der einen oder der anderen Nation anzustellen: es handelt sich darum, Tatsachen mitzuteilen.

Neben der ausgesprochenen Böswilligkeit der Redakteure vom *Berliner Lokalanzeiger* bis zu den völkischen Organen steht ihre Unfähigkeit zu sehen. So weit diese Tröpfe überhaupt französisch können, schreiben sie französische Zeitungen aus und ab, und so kommen diese Radau- und Skandalberichte zustande, die sich meistens auf die ›faits divers‹ (zu deutsch Schmus) der französischen Presse stützen. Es gibt aber ein ganz falsches Bild, wenn man Nachrichten aus dem *Matin* nach ihrer Aufmachung mit dem Auge des deutschen Zeitungslesers beurteilt. Die französische große Nachrichtenpresse ist sehr stark auf den Einzelverkauf abgestellt und befriedigt auch sonst, heftig amerikanisiert, die Tatsachenneugier der kleinen Leute. Man findet im *Matin* und noch mehr im *Journal* und im *Petit Journal* auf der ersten Seite den letzten Raubmord mit Fotografie, aber es ist geradezu widersinnig, danach auf die wirkliche Geistesverfassung des französischen Volkes und auf die wirklichen Zustände in Frankreich zu schließen. Die Zeitung übt in Frankreich denselben Einfluß aus wie überall; aber sie wird lange nicht so ernsthaft genommen, wie beispielsweise in Deutschland, sondern sie wird gelesen und häufig mit einem Achselzucken weggeworfen.

Weil nun aber die traurigen Abgesandten des Herrn Hugenberg und der deutschnationalen Telegrafenagenturen nichts von Frankreich kennen als sich selbst und vierzig Zeitungen, so ergäbe sich schon dann ein total falsches Bild, wenn diese Journalisten ehrlich arbeiteten. Das tun sie aber nicht, sondern sie fälschen. Sie fälschen den Volkscharakter dieses ultrabourgeoisen Landes zu einer tobsüchtigen und bösartigen Gesinnung um, sie fälschen die Figur der arbeitsamen und anständigen französischen Frau zur Allerweltskokotte, sie fälschen den wahrhaft friedfertigen französischen Volkswillen, der seine Ruhe haben will, zur Mentalität eines heulenden Irrenhauskandidaten.

So geht das jahraus, jahrein, und der von der Republik reichdotierte Pensionsoberst in Prenzlau spürt seine Hämorrhoiden weniger, wenn er mit Wonne liest, wie verderbt, wie degeneriert, wie verkommen Frankreich sei. Nun, solche Fememorde wie anderwärts sind hier nicht an der Tagesordnung; auch hat Frankreich eine Justiz. Aber immerhin ist dieses lügenhafte Geschwätz nicht ungefährlich.

Es ist heute zwölf Jahre her, daß das deutsche Volk geglaubt hat, zwei Fensterreden des Filmschauspielers Wilhelm und ein Aufmarsch an der französischen Grenze genügen, um ein ganzes Volk in den Boden zu rennen. Die Deutschen sind damals über den wahren französischen Volkscharakter, der in schlimmen Augenblicken seltsam kaltblütig die letzte Kraft zusammenzureißen pflegt, ebenso getäuscht worden, wie über die wahre Weltgeltung Frankreichs, die ein guter Werwolfmann nicht gelten läßt, weil er sie nicht kennt. Er wird darin auf das prächtigste von seinen Zeilenschindern unterstützt.

Man hat dieser Tage in Paris ein großes Institut für die geistige Zusammenarbeit der Völker Europas eingeweiht. Das ist für die Katze, so lange der Einfluß dieser käuflichen und gemeinen Presse weiter bestehen bleibt, so lange der deutsche Stammtisch seine politische Weisheit aus solchem Augenwischpapier bezieht.

Sie haben uns schon einmal in einen Krieg hineingehetzt, sie werden es wieder tun. An uns ist es, den verderblichen Einfluß dieser Presse mit den äußersten Mitteln zu bekämpfen.   1926

Kartengruß aus dem Engadin

Unten im weißen Nietzsche-Haus
geht Ludwig Fulda ein und aus und ein und aus.
Wegen kongenial.
                    Drum herum wallen und ziehn
Menschenbrocken, ausgespien
aus Berlin.
Herr Wendriner, Frau Wendriner.
Lauter ringfeine Smoking-Berliner.
Wenn sie durch die Landschaft gehen,
wird ihnen hintenrum so mondän.
Sie machen mit den Kellnern Krach,
sie sind wie im Geschäft: überwach.
Der Fexgletscher leuchtet in eisiger Ruh –
ihr Gesicht sagt: Das steht mir nämlich zu.

Ich hab es bestellt. Ich hab es bezahlt.
Für mich ist der Zauber hier aufgemalt.
Nachts unter den ewigen Sternen
werden sie in grauen Kasernen
untergebracht. Da, in den Riesenhotels,
schlummern die großen Frauen voll Schmelz
selig im Arm der Liebe. Na, Arm…
Die Leipziger Straße hat ihren Charme
hier hinaufgeschickt in sauerster Süße…

Du guter Leser – herzliche Postkartengrüße!
Hier gletschern die Gletscher. Der Fexbach rauscht.
Die Sonne brennt. Das Zeltdach bauscht
sich im heißen Mittagswind.
Ein Kindlein pflückt bunte Blumen lind.
Da sitzt Theobald und fühlt innerlich:
   Und wer pflückt mich?

1926

Vier Sommerplätze

Von der Normandie habe ich schon erzählt. Das ist ein hei-
teres, grünes Land, mit kleinen Badesträndchen und großen
mondänen Plätzen, um die bequeme Wege herumführen.
Bevölkert wird dasselbe von Eingeborenen und einigen
Fremden, die französisch sprechen; die Landessprache ist
englisch. Kleiner Mittelstand, der über die Schienenstränge
schlägt, ist bekanntlich das schauerlichste, was es gibt – nicht
zu Unrecht sind die Franzosen manchen Reise-Amerika-

nern und Valuta-Engländern gegenüber gereizt. Die affenartige Wiederholung einiger Inflationssymptome zeigt aufs neue, was es mit dem Nationalstolz auf sich hat: Romantik von gestern, vorgehängt vors Geschäft von heute. Wenn zum Beispiel kleine Ausschreitungen gegen Fremde vorkommen, dann sagt auch nicht ein Blatt: Dies ist blödsinnig – sondern jedes sagt: Es schadet unsern Handelsbeziehungen. Das haben wir alles schon einmal gehört. Im übrigen weiß vom normannischen Bauern keiner was, der nicht bei seinen Erbteilungen, Hypothekenaufnahmen und Grundstücksauflassungen dabei gewesen ist. Die Originalität von ›Sitten und Gebräuchen‹ liegt hauptsächlich da – der Stamm der Spittelmarktindianer macht keine Ausnahme.

Der Übergang von der Normandie nach Garmisch war etwas schroff.

Wir sind vor Jahren die ersten gewesen, die den Ruf »Reisende – meidet Bayern!« ausgestoßen haben, damals, als es sehr, sehr nötig gewesen ist. Etwas geholfen hat er. Und auch heute noch lockte es mich nicht in das Land, von dem der ursaupreußische Fridericus in seiner echt kernig-deutschen Sprechweise gesagt hat: »C'est un paradis, habité par des animaux« – aber ich war gewiß nicht zu meinem Vergnügen in Garmisch. Das muß auch schwer sein.

Auf den Wegen stapfen unwirsche Norddeutsche, Sachsen, als Diroler verkleidet, und solange sie nicht den Mund auftun, ist die Täuschung vollkommen: dann hält man sie für Berliner. Die Männer sehen alle viereckig aus, auf dem Hals tragen sie eine kleine Tonne, daran ist vorn das Gesicht befestigt. Morgens setzen sie es auf, und was für eines –! Die Frauen schlapfen daher. Alles baumelt an ihnen, auch die

Seele. Ich war seit zwei Jahren zum ersten Male wieder in Deutschland; in der Heimat kann ich nicht sagen, weil es sich ja um Bayern handelt – wir würden uns das beide verbitten.

Das erste, was auffällt, ist: Ganz Deutschland besteht aus Augen. Große Telleraugen, blanke Glasscheibchen, trübe Wasserflecke – sie starren dich an. Alle sehen alle an, ganz genau. Sie mustern, machen Inventur, prüfen, überprüfen, riechen mit den Augen. Auch machen sie eine unendliche Wirtschaft aus allem, sich und den andern das Leben schwer und das Reisen zu einer Dienstpflicht, der sie mit zusammengepreßten Lippen und angestrengtem Gesichtsausdruck obliegen; noch nie habe ich auf einer französischen Bahn einen solchen Trubel um nichts erlebt. Wo einer sitzt, ob das Fenster auf oder zu ist, und wie der Handkoffer liegt, und was es da alles gibt... es sind typische deutsche ›Probleme‹: anderswo gibt es sie gar nicht, oder sie sind keine. Muß das Dasein hier Kräfte kosten –!

Kostet es auch. Die Luft ist geladen mit Spannung – man empfindet das nie so stark, wie wenn man von draußen kommt, wo das Leben keineswegs paradiesischer, aber geölter dahinläuft, auch da, wo es stockt. Ein französisches Verkehrshindernis erfordert von den Beteiligten weniger Nervenkraft als der deutsche glatt abgewickelte Verkehr.

Alle sind gestrafft, ihrer Zuständigkeitsrechte sich durchaus bewußt, scharf abgegrenzt gegen den lieben Fernsten. Einmal bin ich durch eine Gruppe Sprechender auf einem Korridor mit einem leise gemurmelten Gebet hindurchgegangen – ich durchschnitt eine pappendeckelfeste Atmosphäre von Übelwollen und Offensivgeist. Stramm, stramm.

Dabei ist äußerlich alles praktischer, aber auch beinahe alles hübscher als in Frankreich: Konditoreien, Hotels, Straßen, Häuschen, Zigarrendüten. Und dennoch –

Leider haben sie auch eine Bar, wo Prokuristen und Zahnärzte so auszusehen sich bemühen, wie es in ihren Dienstvorschriften – den illustrierten Zeitungen – vorgeschrieben steht. Inferno. Mit heißen, roten Köpfen drehten sich prustende Klumpen in einem bonbongelben Licht zu den Klängen eines synkopierten Parademarschs. Einer trank eine Flasche Sekt und nahm damit zu sich: klassenbewußte Lebensbejahung, wohlverdientes Ferienglück, Distanzierung gegen die da unten. Ein guter Popo ist ein sanftes Ruhekissen.

Auch schwebten wir die Zugseilbahn hinauf, ich paßte auf, daß Fritzi Massary nicht herausfiel, und daß mir nicht übel wurde. Die befohlene Aufgabe wurde voll erfüllt.

Die Zugspitzbahn ist ein Triumph menschlichen Erfindergeistes, ein Wunderstück deutscher Technik, die Überwindung der Elementargewalten durch die Kraft der Beharrlichkeit und etwas völlig Blödsinniges. Wenn ich Zugspitze wäre: man müßte sich ja zu Tode schämen. Sieht man von den Ski-Leuten ab, die sich ›mit die Brettln‹ im Winter da heraufziehen lassen können, um herrlich wieder herunter, zu Tal, zu fahren – der Berg ist gar kein Berg mehr. Entzaubert, von seinem Thron jäh heruntergeholt, eine Plattitüde von dreitausend Metern. Oben stehen die Leute und wissen nicht genau, was sie da sollen. Manche lassen sich anseilen, um bis zum noch unasphaltierten Gipfel zu steigen: grinsend zog an uns ein bayerischer Führer vorbei, seine Opfer, das Seil über den Sommerüberziehern, zog er hinter sich her. Ihre Augen sagten: Ihr Lümmels in der Etappe …! Ein Grammophon mit Schinkensemmeln zeigte an, bis zu welchen Gebirgshöhen heute die menschliche Zivilisation vordringen kann. Polgar, der mit heraufgeschwebt war, suchte eine Ansichtskarte, die er an Hans Müller schicken könnte. Dann schwebten wir wieder herunter.

Von dem nun folgenden Fex-Platta oberhalb Sils-Marias kann ich diesbezügliche Aussagen nicht machen. Mein dort ansässiger Brotherr, S. J., schloß mich bei meiner Ankunft gerührt in seine bärtigen Arme, wies mir kurz das Nietzsche-Haus, drohte mit Ludwig Fulda, der darin sein Wesen trieb, und bedeutete mir streng: »Und dann ist hier noch viel Natur – setz dich hin und arbeite.« Darauf sperrte er mich in einen hängenden Stall, den er als Balkon ausgab, legte mir einen Band Reichsgerichtsunterscheidungen unter den wackelnden Stuhl, weiße Rückseiten alter Korrekturfahnen auf den Tisch und schloß ab. Zu den Mahlzeiten wurde ich ein Stündchen herausgelassen. Das Fextal soll eine sehr schöne Landschaftlichkeit besitzen.

Dann fuhr ich nach Hause.

Unterwegs stießen rauhe Schweizerkehlen noch manchmal einen alten schwyzerischen Schlachtruf: »Passug!« aus, was ich für den Anfang eines Landsknechtsliedes hielt, es ist aber ein Mineralwasser, ich kaufte auf einer Station ein Lokalwitzblatt und erwachte in Tränen gebadet, in Basel umgurgelten mich zum letzten Mal die Kehllaute der Saalmädchen, und am frühen Morgen, als auf dem Gare du Nord jemand neben mir sagte: »Na nu mah rin ins Vajniejen!« – da hatte Paris mich wieder.

Jetzt sitze ich in der Bretagne und lerne Englisch, um

durchzukommen. Zum Abschied in Bayern hatte ich Pallenberg gebeten, mir etwas Französisch aus seiner reich assortierten Sprechkiste zu holen; er tat es sofort und erklärte mit aufgeweichten Konsonanten, er sei ein armes Mädchen, das man im Kriege in einer belgischen Kupplerei beschäftigt – man braucht hier übrigens in der Bretagne kein Französisch. Doch, man brauchts, wenn man die kleinen windstillen Ecken aufsucht.

Nun senken sich langsam die Eindrücke der Reise nieder, wie weitflüglige Vögel nach einem langen Flug fallen sie sacht aus der Luft: In Quimper lag im Stadtfluß ein toter Hund, starr wie ein zackiger Baumstamm; der Speisewagen von Chur nach Basel hatte mattfarbene Ornamente, wie vom vorjährigen Picasso; bayerische Beamte sind manchmal höflich; kein hübsches Mädchen diesmal neidisch vorbeiziehn gesehn; es gibt einen gewissen norddeutschen Frauentypus, der nur mit Prügel zu regalieren ist, diese Frauenzimmer fühlen sich an wie gegen den Strich gebürstete Zylinderhüte; man möchte sein ganzes Leben lang allein sein; in der Schaukel der Zugspitzbahn stand ein einarmiger famoser österreichischer Offizier; man möchte nicht mehr allein sein.

Aus der Luft kommt noch ein Vogel matt herabgefallen.

Man möchte doch allein sein. 1926

If...

Es gibt ein englisches Theaterstück, darin wird gezeigt, wie ein junger Mensch einen Untergrundbahnzug erreichen will, er kommt zu spät, und an der Sperre lassen sie ihn nicht durch... der Zug fährt ihm grade vor der Nase weg. Zweite Szene: das noch einmal – aber nun stößt er den Mann an der Sperre beiseite, fliegt vor, taumelt noch grade in den abfahrenden Zug. Und darin sitzt ein Mädchen, mit dem er ins Gespräch kommt – in dem Zug sitzt ein Schicksal: sein Schicksal, das er erlebt hätte, wenn er damals den Zug erreicht hätte...

In Paris habe ich neulich eine Wohnung gesehen – das war meine Wohnung. (Du hast keinen Sperrdruck, S. J.? Sperr: ›meine‹ – es war meine, meine, meine Wohnung.) Einen Nachmittag lang habe ich geglaubt, ich könnte sie vielleicht haben.

Sie lag im fünften Stock, oder war es der sechste? Jedenfalls schob sich der Fahrstuhl nicht weiter hinauf, die Treppen hörten scheinbar auf – und dann kam eine kleine Privattreppe, und da hinauf gings. Oben war eine Tür, ein Korridorchen... Und dann das Arbeitszimmer aller Arbeitszimmer: ein riesiges, hohes Atelier; an der Breitwand führte noch eine kleine gewundene Treppe hinauf, da standen die Borde einer Bibliothek... Und von da in den Nebenraum, man sah durch die breiten Glasfenster über die vielen Giebel und die grauen Häuser. Totenstill. Und von da in ein Zimmerchen und noch eins und noch eins... Das dritte war mit einer Doppeltür versehen, die war mit hellblauem verschossenem Tuch gepolstert, »und die Schreie der Lust er-

stickten in dem Schlafgemach des teuflischen Verführers«.
Alles in der Miete miteinbegriffen. Und ein Badezimmer
war da – nie hätte man unter zwei Stunden darin verbracht;
man hätte Gäste dazu einladen müssen. Davor lag eine Son-
nenterrasse. So eine Wohnung war das.

Wenn Paris zu laut, zu bunt, zu lustig ist, dann fahre ich
da hinauf – und es hat mich verschluckt. Ich gehe langsam
die kleinen Stufen der Privattreppe nach oben; während der
Fahrstuhl erdwärts surrt, schließe ich vorschmeckend die
Tür. Da wird der Hut hingehängt, da der Mantel, die Tür
schnappt zu – wie der Griff vertraut in den Fingern liegt – da
ist das Atelier. Da die Post, oben brennt matt eine Lampe –
nun der Tisch in warmer Helle. Sie liegt auf dem kleinen Di-
wan und liest furchtbar eifrig. »Was liest du da?« sage ich.
»Paul Valéry«, sagt sie, »sag mal: was will der Mann eigentlich?« Ich lehne indiskrete Fragen ab – ich bin ein einfacher
Arbeiter im Weinberg des Herrn, und das ist feinste Literatur, viel zu teuer für mich. Sie steht auf und verjagt die graue
Seidenkatze, die buckelt. »Ich für mein Teil«, sagt sie, »gehe
ins Bett. Lisa ist schon da.« Lisa heißt gar nicht Lisa. Übrigens sind wir drei. Ich lasse das Duo schlummern und krame
ein bißchen am Tisch.

Vormittags ist es manchmal ganz hellgrau, dieses lichte
Grau der pariser Vormittage. Es ist so still, daß man die Kanarienvögel singen hört. Meiner singt nicht, die faule, gelbe
Kugel. Er sitzt da und blinzelt heimtückisch. Es ist so still …
Auf dem Tisch liegen die Notizen von gestern abend – man
muß seine Gefühle aufbewahren können – los gehts. Es hat
mich, der Kopf läuft langsam violett an, die Schreibmaschine
klingelt lieblich.

Nun lebe ich schon seit Jahren in dieser Wohnung – ich kann gar nicht denken, daß ich jemals anderswo gelebt hätte – hier ist Heimat. Elli ist längst nicht mehr da, aber sie hat einen Spiegel dagelassen – der grüßt immer zurück, man muß aber zuerst grüßen. Manchmal kommen Leute aus Berlin; die sagen: »Sie haben aber hier... Donnerwetter noch mal – ich suche nämlich auch eine Wohnung in Paris – wissen sie nicht...« Nein, ich weiß nicht.

Manchmal wache ich an späten Nachmittagen auf; da liegen oben an der Decke schon schräg die Lichtkringel – so lange habe ich geschlafen. Heute abend ist das hinter der École Militaire – es kann sehr heiter werden, wenn die braune Kommerzienrätin da ist. Pfeifend schlurre ich ins Badezimmer – unterwegs werde ich durch widrige Winde in die Küche getrieben, wo noch etwas Büchsenananas steht. Hat die Wirtschafterin sie aufgefressen? Büchsenfrüchte sind manchmal giftig. Gott segne sie alle beide.

Jetzt ist es schon so lange her. Wann bin ich eigentlich hier eingezogen...?, rechne ich einmal. Vier, fünf, warten Sie mal: sechseinhalb Jahre! Was ist hier alles entstanden? Bücher – zwei dicke Bücher – und sonst noch allerhand; liebevoll streicheln die Augen alles Erreichbare und alle Wände. Wenn ich verreist bin, sage ich manchmal so ganz nebenbei: »Meine pariser Wohnung – in meiner pariser Wohnung...«

If... Einen Nachmittag lang. Der Vertreter des Architekten, der die Wohnung für den gérant an Stelle des Hausbesitzers verhökerte, besaß einen copain, der war Prix de Rome und hatte eine Submission der Stadt Nantes zu vergeben. Unter diesen Umständen ist leicht zu begreifen, daß mir die Tochter der concierge, als ich auf Zehenspitzen das Haus anschlich, freundlich, aber ernst sagte: »Monsieur – il vient d'être loué.« 3 rue de la Terrasse, falls Sie die Adresse wissen wollen.   1926

Aus einem Pyrenäenbuch

Stierkampf in Bayonne

Auf den weiten Feldern der Ganaderia, der Zucht, schweift er: der König der Herde. Er weiß nicht, daß er sechstausend Francs kostet – aber daß er der unumschränkte Kaiser ist, der Alleinherrscher über die Jüngern und über alle Kühe – das weiß er. Er sieht keinen Menschen. Er läuft, wenn ihn die Lust ankommt, durch das saftige Gras, über kurzgebrannte Stoppeln, er wälzt sich in duftigem Heu, grast, äugt… So vergehen die Jugendjahre – fern in einer Stadt lebt schon der, der ihn einst töten wird. Er zieht die herbe Luft ein, die von den Bergen herunterweht, und brüllt.

Eines Tages kommen sie auf Pferden und mit dressierten Ochsen, den verschnittnen, dumpfen Ex-Stieren. Die wilde Herde wird getrieben, er wird abgesondert, er läuft mit den Städtern mit… Und findet sich in einem Waggon wieder, in einem dunkeln, rollenden Stall. Von der Bahnrampe aus trottet die Herde, sorgfältig vor Neckereien beschützt, zu einem runden, hohen Haus. Vierundzwanzig Stunden steht er allein im Verschlag, gereizt, unruhig. Nachmittags um vier Uhr vierzig öffnet sich die Tür, die grelle Sonne scheint herein, er stürzt heraus… Und steht in der Arena.

Während sie ihn geholt hatten, war ich über Bordeaux gerollt, wo ich zum ersten- und letztenmal auf dieser Reise, im Chapeau Rouge, ein ernsthaftes Abendessen zelebrierte, mit einem Rotwein, weich wie Samt; fort von Bordeaux, über die große Garonnebrücke hinweg – nach Bayonne. Sonntag? Sonntag ist Stierkampf.

In Paris hatten sie sich im vergangenen Jahr sehr groß getan: es bestände ein Gesetz, wonach in Frankreich der Stierkampf mit Pferden und Tötung des Stiers verboten wäre – und wenn die Leute aus der Provence oder sonstwoher im pariser Buffalo Stierkämpfe vorführen wollten, so dürften sie das keineswegs in der blutigen Ausgabe tun. Das taten sie auch nicht. Sie begnügten sich mit den provenzalischen Stierspielen – da bleibt der Stier am Leben. Bayonne aber liegt so nahe an der spanischen Grenze, daß die bunte Farbe, womit auf den Atlanten Spanien angemalt ist, abgefärbt zu haben scheint; es sind auch so viel Fremde da, vorzüglich Spanier… In Lille, wo niemand den Wunsch danach verspürt, darf man nicht stierkämpfen, in Paris auch nicht. In Bayonne darf man.

Die hohe runde Arena liegt im Nordosten, etwas außerhalb der Stadt – ich war noch gar nicht recht zur Besinnung gekommen, wo ich denn eigentlich wäre, Fluß und Brücke (die Adour) lagen schon hinter mir, da war schon die ganze Stadt auf den Beinen und rollte, lief, spazierte, hupte und kutschierte zur Arena. Die Sonne schien nicht, der Himmel war gefleckt blau und grau, die gesteckt volle Straße roch nach Staub und Blut.

Haben die Römer in ihren Arenen auf Steinstufen gesessen? Auch sie werden sich weiche Unterlagen mitgebracht haben – man kann Kissen mieten. Alle Welt klettert mit den kleinen Kissen über die Stufen, nimmt Platz, winkt, ruft, lacht… Eine schauerliche ›banda‹, die vorher rotbemützt die Stadt durchblasen hat, trompetet sich die Seele aus dem Hals. Stille. Tusch! Der ›Präsident‹ hat seine Loge betreten.

Jeder Stierkampf geht unter dem ›Präsidium‹ irgendeines Mächtigen vor sich – in Madrid ist es der König mit der Unterlippe, in den großen spanischen Provinzstädten der Präfekt, in den kleinen der Bürgermeister oder irgend ein uniformiertes Stückchen General – ihm und seiner Familie weihen die Kämpfer den Stier und das Spiel, die Geschicklichkeit und den Tod.

Der Herr Marquis ist mit seinen Damen aus Biarritz im Auto herübergekommen, nun tritt er an die Brüstung seiner Loge, die im Rang liegt, nimmt mit einer steifen Armbewegung den grauen Zylinder ab und begrüßt das Volk. Aber es ist ganz ausgeschlossen, daß der Filmregisseur Ernst Lubitsch diesen Mann auch nur dreißig Meter lang einen Grafen spielen ließe – er würde ihm vielleicht das Stativ zu tragen geben, aber als Komparse: nichts zu machen. Es ist so viel kleine Provinzeitelkeit auf diesem zerlederten Gesicht, der Ritter ist von seinem Schloß heruntergestiegen und begrüßt die lieben Leibeignen… Die Leibeignen vollführen einen großen Lärm und schwenken mäßig begeistert die Hüte. Der Graf aus Spanisch-Bautzen setzt sich. Es darf anfangen.

Die Truppe hält ihren Einzug. Es ist etwas kümmerlich damit, gar so viel sinds nicht, und sehr blitzend sieht das alles nicht aus. Die ersten Kämpfer, deren einer vorhin in einem großen Landauer angerollt kam, in der vollen Pracht seiner Ausrüstung, mit dem runden aufgerollten Zöpfchen am Hinterkopf, sie knien vor der Präsidentenloge nieder, der Zylinder erhebt sich mit dem Marquis, die unten murmeln die herkömmliche Formel. Die Besetzung in der Arena und oben auf den Bänken: es ist nicht Madrid, das uns hier umfängt; die Kämpfe gehen zwar streng formell wie in Spanien vor sich – aber das Ganze ist doch Provinz.

Los.

Der erste Stier von den sechsen kommt aus dem Stall gebraust. Da steht er. Musik, Licht nach dem Dunkel der Haft und so viel Menschen – was soll das? Das wird sich gleich erweisen.

›Juego do Capa‹. Die flinken Männer mit den roten Mänteln laufen vor der pathetischen Kuh auf und ab, sie schwenken die Tücher, hüpfen beiseite… Alles, was mit Vollkommenheit gemacht wird, sieht leicht aus. Das ist gar nichts, denkt man, und denkt falsch. Auf Alpenwegen bringen diese schweren, kräftigen, großen Tiere dem Spaziergänger das volle Bewußtsein dessen bei, was eigentlich ein Stier ist… Die da necken ihn wie ein Hündchen. Da kommen die ersten Pferde.

Es sind alte Kracken, gut für den Abdecker, abgearbeitete Kreaturen, die ihr ganzes Leben lang geackert, gezogen und getragen haben. Jede Arbeit ist ihres Lohnes wert: ihre offenbar dieses Lohnes. Ein Auge hat man ihnen mit einem Tuch zugebunden, was ihnen ein sonderbar verkommenes, verludertes Aussehen gibt. Sie lassen an Pferde von Strauchdieben denken, an Landschenken im Dreißigjährigen Kriege… Mit dem zugebundnen Auge der Innenseite des Kreises zugewendet, werden sie in die Arena geritten. Auf ihnen sitzen die Picadores.

Aber ich habe immer geglaubt, der Picador sei ein Mann, der, beritten, mit dem Stier kämpfte, ein Kampf, der dann manchmal für das Pferd ein böses Ende nähme... Der Picador ist ein Schlächter.

Niemand kann mit einem ausgewachsenen Stier kämpfen, wenn der nicht vorher zwei, drei Pferde erledigt hat, und nimmt er sie nicht an, so ist das für den Toreador eine böse Belastungsprobe. Das, was der Stier mit den Pferden macht, ist eine große körperliche Anstrengung für ihn, er arbeitet sich mit dem besten Teil seiner Kraft erst einmal an diesen Opfern ab... Ein Mann in roter Bluse führt das erste Pferd am Zügel. Es schnaubt.

Der Stier sieht das Pferd an. Der Picador riskiert eine mutige Geste mit seiner Lanze. Der Stier nähert sich; der Rotblusige hält das Pferd noch immer fest, wendet die Breitseite dem Stier zu, damit der es recht bequem hat. Der Stier nimmt dankend an. Er geht mit leichtem Anlauf an das Pferd heran, kracht mit ihm zusammen und bohrt das rechte Horn in den magern Leib. Er senkt den Kopf tiefer, er wühlt darin herum, das Ganze sieht aus, als erfülle er ohne alle Leidenschaft eine unumgängliche Formalität. Das Pferd trappelt, so gut es kann, auf den freien Hufen, zwei schweben in der Luft. Dann zieht der Stier das Horn heraus.

Das Pferd ist unten offen. Einige Därme und etwas Schleim hängen aus ihm heraus, es möchte sich hinlegen. Nichts. Der Picador ist abgestiegen, macht die Steigbügel zurecht und steigt auf den Fetzen Pferd zum zweitenmal. Der Stier soll noch einmal stoßen. Der Stier stößt noch einmal.

Nun baumelt dem Pferd ein graurosa Beutel zwischen den Beinen, einmal verfängt es sich in dem Geschlinge und tritt hinein. Der Picador ist abgestiegen... Und nun läuft doch wahrhaftig dieses gute, alte Tier – immer ohne einen Laut – durch die ganze Arena, es möchte hinaus, dahin, woher es gekommen ist, in den Stall, fort von hier... Man läßt es hinaus. Und alles wendet sich wieder dem Stier zu.

Ich sehe mich um.

Ich kenne das, was in den Augen mancher Beschauer und Beschauerinnen liegt, wenn Schmeling dumpf auf Samson-Körner boxt. Kein Sport ist vor Mißbrauch sicher. Hier ist nichts davon. Ich versäume die schönsten Kunststücke der Mantelleute, die mit dem Stier einen großen Fandango tanzen: aber in keinem Gesicht, in keinem Auge, in keiner Miene ist auch nur der geringste Blutrausch zu sehen. Sind diese Leute grausam?

So spricht der Weise:

»Ein anderer Grundfehler des Christentums ist, daß es widernatürlicherweise den Menschen losgerissen hat von der Thierwelt, welcher er doch wesentlich angehört, und ihn nun ganz allein gelten lassen will, die Thiere geradezu als Sachen betrachtend... Die bedeutende Rolle, welche im Brahmanismus und Buddhismus durchweg die Thiere spielen, verglichen mit der totalen Nullität derselben im Juden-Christentum, bricht, in Hinsicht auf Vollkommenheit, diesem letzteren den Stab; so sehr man auch an solche Absurdität in Europa gewöhnt sein mag.« Und:

»Man sehe die himmelschreiende Ruchlosigkeit, mit welcher unser christlicher Pöbel gegen die Thiere verfährt, sie völlig zwecklos und lachend tötet oder verstümmelt oder martert, und selbst die von ihnen, welche unmittelbar seine Ernährer sind, seine Pferde, im Alter auf das äußerste anstrengt, bis sie unter seinen Streichen erliegen.« Denn:

»Man muß an allen Sinnen blind oder durch den foetor judaicus völlig chloroformiert sein, um nicht einzusehen, daß das Thier im wesentlichen und in der Hauptsache durchaus dasselbe ist, was wir sind, und daß der Unterschied bloß im Akzidenz, dem Intellekt liegt, nicht in der Substanz, welche der Wille ist. Die Welt ist kein Machwerk und die Thiere kein Fabrikat zu unserem Gebrauch.« Daher:

»Nicht Erbarmen, sondern Gerechtigkeit ist man dem Thiere schuldig.«

Also keine Grausamkeit. Mangel an Gefühl.

Neben mir sitzt ein hervorragend unangenehmer junger Herr, er ist mit zwei Brautens erschienen und hat einen gar großen Mund. »Ho!« und »Ohé!« schreit er, er erteilt Noten an Stiere, Pferde und Matadore, er leitet die Sache gewissermaßen. Als der Stier einmal dringend in einem Pferd beschäftigt ist, ruft er dem Pferd hinüber: »Das hast du nicht gern, was? Das kann ich dir nachfühlen!« Mit dem setze ich mich ins Gespräch. Und er sagt, ganz und gar bezeichnend, in einem besonders scheußlichen Moment: »Mais regardez donc le toréador – le reste n'existe pas!« Für ihn nicht. Für keinen.

Immer noch Pferde. Der erste Stier ritzt eins auf und erledigt die zwei nächsten. Jetzt ist er böse und ermüdet. Und nun bekommt er es mit den Menschen zu tun.

Alles, was hier geschieht, hat seine jahrhundertealten Riten. Jede Bezeichnung, jede Bewegung, jede Möglichkeit ist traditionell. Zu dieser Tradition gehört die ›suerte‹ der Banderillas. Diese Piken, die dem wütenden Stier in den Nacken gesetzt werden, um ihn noch wütender zu machen, werden ihm vorher gezeigt, es ist ritterlich, ihn darauf aufmerksam zu machen, was nun kommt, und vielleicht interessiert es ihn auch. Der Banderillenmann stellt sich also zehn Meter vor dem Tier auf, dessen Flanken wie ein Blasebalg gehen, hebt die Piken hoch, senkt sie langsam, es ist, als wolle er den Stier mit zwei Zauberstöckchen beschwören: dann läuft er den Stier an. Es ist die graziöseste und eleganteste Bewegung, die ich in diesem Stierkampf gesehen habe: das Leben des Mannes hängt an zwei Zentimetern. Der Stier sieht ihn kommen, er schnaubt ihm entgegen, er stößt nach ihm – in die Luft, da hängen die Banderillas an seinem dicken Nakken, schwanken auf und ab, etwas Blut rieselt an ihnen herunter… Der Läufer hat nur eine ganz kleine Bewegung gemacht, um dem Stoß auszuweichen, der eben erst die Pferde aufgeschlitzt hat.

Jetzt ist der Stier ernsthaft wütend. Er brüllt, klagend und drohend, er wirft mit dem Vorderfuß Sand auf, versucht die langen Stäbe mit den Widerhaken abzuschütteln – und bohrt sie sich tiefer ins Fleisch. Wieder umspielen ihn die Mäntel der Capeadore, ein zweites Paar Banderillas wird ihm gesetzt, diesmal war der Läufer so dicht dran, daß er fast zwischen den Hörnern stand – das Publikum rast. Und nun noch ein drittes Widerhakenpaar. Inzwischen ist ein ruhiger Mann vor die Präsidentenloge getreten.

Der Stier sieht nichts, denn er ist mit seinen Tüchern befaßt. Aber was da zwischen dem Präsidenten und dem Mann in der Arena mit Kniefall und Zylindergruß ausgemacht wird: das ist der Tod. Der Mann läßt sich einen Degen und ein rotes Tuch geben.

Der Stier stürzt sich auf das rote Tuch wie ein Stier auf das rote Tuch. Der Mann hat kaum einen Schritt beiseite getan. Und nun zeigt er ihm den scharfgeschliffnen Degen. Der Stier sieht dumm herüber – er steht jetzt ganz nahe vor mir, es ist ein schwarzes großes Tier, an der nassen Haut läuft das rote Blut in kleinen Bächen herunter. Alle paar Sekunden blitzt etwas Weißes in seinem Auge auf, wie ein Funke, ein Lichtschaum. Der Toreador geht auf ihn zu, zielt…

Da steht der Stier mit dem Degen oben im Rücken und seinen drei Paar Widerhaken und tobt. Ist das das Ende? Die Zuschauer sind begeistert – aber es ist nicht das Ende. Einen zweiten Degen, bitte.

Es ist das Ende. Die rötesten Mäntel bringen ihn nicht mehr zum Aufsehen, er brüllt dumpf, fällt zur Seite, zuckt… Aus. Gruß an die Loge, grauer Zylinder, Hüteschwenken, Bravo, Hoch und Dank. ›L'Arrastre‹: ein sechsfaches Eselsgespann schleift den Stier und die beiden Pferde hinaus. Der nächste.

Der nächste ist ein junger, aufgeregter Herr, der wie ein Bajazzo aus seinem Stall herausgepurzelt kommt. Er macht den Leuten viel zu schaffen, und das soll er ja wohl auch. Er zerstößt das Pferd, das ihm sein Vorgänger leichtverwundet zurückgelassen hat, zu einem bösen Klumpen, der Picador fällt herunter, es geschieht ihm aber nichts. Der Stier zerquält ein Pferd, so daß es sich schon nach dem ersten Stoß nicht mehr erheben kann – und da liegt es. Ich kann genau das Auge sehen, das große, sanfte Auge. Das Auge versteht nicht. Es sagt: »Warum? warum?« – Es dauert lange, bis der

Mann mit dem kleinen handfesten Messer kommt, das schnell wie ein Keil in den Schädel geschlagen wird... es dauert so lange. Die Kapelle spielt, ein sanfter Walzer wogt über das sterbende, graue Pferd hin, weich und schaukelnd – ich weiß, wie der im Sand ruhende Körper unten aussieht... Da kommt der Abdecker. Le reste n'existe pas.

Dieser Stier hat einen schweren Tod. Der Toreador verbraucht 6 (in Buchstaben: sechs) Degen, bis er ihn so weit hat – und das Publikum wird ungeduldig. »Schlächterei!« schreien die fein empfindenden Leute. Weiße Taschentücher wehen zum Präsidenten hinauf – aber der rührt sich nicht, sondern sieht, den Kopf auf die Brüstung gelehnt, gelangweilt zu. Seine Damen gucken gar nicht hin. Nun fällt der Stier. Erlöster, nicht einstimmiger Beifall.

Aber während alles um den sterbenden Stier beschäftigt ist, liegt an der Ostwand des Zirkus im Sand das graue Pferd. Sie haben es mit einer Decke zugedeckt, man sieht das Hinterteil und den Schwanz. Es ruht. Und mir ist, als glänze dieser Kadaver mit einem sanften Schein um sich.

Nummer drei will gar nicht aus dem Stall. Hohngebrüll der Arena: »Feigling!« Das kann er nicht auf sich sitzen lassen. Er kommt, passiert die beiden Torwächter, die ihm zwei ganz kleine Haken applizieren... dann machte er seine siebenundsiebzig Stationen durch.

So sechs. Schnaubende Mäuler, sich bäumende Pferde, Pferde, die nicht wollen, aber herangezerrt werden, einmal ein Kunststück des Matadors: er neckt sitzend den böse gemachten Stier im Nacken, er rückt auf dem kleinen Holzstreifen, der die Arena innen wie eine runde Bank umgibt, immer näher an ihn heran, gibt ihm also die Zehntelsekunde vor, die er zum Aufstehen braucht – in diesem Spiel, wo es um die Zehntelsekunde geht… Und auch dieser Stier ist in einer Viertelstunde draußen, gezogen von den Mauleseln mit den roten Pompons. Ein Torero, Emilio Mendez, steht wie eine Bildsäule, bevor er zusticht, in einer vornübergebeugten Haltung leicht, wie auf dem Theater… Es ist ein dunkler, schwarzer Mann, in diesem Augenblicke sieht er genau aus wie Walter Hasenclever. Ein Stier wandelt mit einem Widerhaken im Nacken umher, als gehe ihn das Weitere nun nichts mehr an. Die Tücherleute machen die Muleta: Kein Allotria! Hier! Sterben gehn! Und da bequemt er sich denn.

Bei alledem ist kein Stierkämpfer ohne Schrammen und Wunden; bekommt ihn der Stier auch nur selten zu fassen, so ritzt er ihn doch oft mit dem Horn. Was viel gefährlicher auslaufen kann, als es den Anschein hat: ist das Horn vorher in den Eingeweiden der Pferde gewesen oder hat es auch nur Erde aufgewühlt, so riskiert der so leicht Verwundete den Tetanus.

Kurz vor Schluß gehe ich hinaus. Draußen umlagern die Kutscher, die Chauffeure, Knechte und Volk das Arenagebäude. Es steht hoch gegen den Himmel und sieht auf einmal böse aus. Ein Stierkampf von draußen… Ich weiß jetzt, was da drin geschieht – ich höre es an den Schreien. Zunächst bleibt alles still. Jetzt, jetzt muß er an sein Pferd geraten sein, ich fühle bis hierher den dumpfen Zusammenstoß. Die Arena schreit. »Hjai!« wie aus einer Kehle. »Hjai –!« Und dann ein langes Brausen und wirres Rufen… Langsam schlendere ich durch die Wagen.

Sind das Lieblinge, die Toreadore! Die Spanier verehren

ihre Stierhelden wie die Halbgötter. Der große Tenor der Arena, Nacional ɪɪ, hat vor ein paar Tagen, nachdem sie ihm bei einer Meinungsverschiedenheit den Kopf mit einer Weinflasche eingeschlagen haben, ein Begräbnis gehabt wie ein General. Kein Panthéon wäre ihnen für die großen Männer zu schade. Nun, das ist wohl überall dasselbe – nur gibt es sich anderswo wissenschaftlicher, gebildeter, immer mit dem Kulturfortschritt im Prospekt...

Herrgott aus Spanien! Wenn du Sonntag vormittags auf dein Land heruntersiehst, so steigen dir wohlgefällige Düfte in die Nase, süßer Weihrauch und die Lobreden deiner fetten Pfaffen. Wenn du aber nachmittags herunterhörst, so hörst du aus dreißig und vierzig Arenen: »Hjai –!«, hörst das Blasen der Bandas, das wirre Rufen und das Brüllen der sterbenden Tiere. Jeden Sonntag. Im Jahre 1924, lieber Gott, war es zweihundertachtundvierzigmal, daß du das in Spanien hören konntest – und dabei sind nicht die simplen Spiele mitgerechnet, die sich halbwüchsige Bauernknechte in kleinen Flecken mit den ganz jungen Tieren erlauben. Nur die offiziellen: zweihundertachtundvierzig. In Frankreich für dasselbe Jahr: sechzehn. Nicht viel – aber immer noch mehr als damals, als man im Jahre 1857 die Stierkämpfer zum Lande hinausjagte. Das Verbot ist praktisch längst außer Kraft gesetzt. Sie sind alle wieder da. Und sie heiligen deinen Feiertag.

Da kommen die Leute zu Hauf aus dem Mordturm – wenn ich noch einen Wagen haben will, muß ich mich beeilen.

Eine Barbarei.

Aber wenn sie morgen wieder ist: ich gehe wieder hin.

Das ist meine erste Begegnung mit den Pyrenäen:

Hinter mir die glatte, große, geteerte Automobilstraße, die von Biarritz nach San Sebastian führt, nun schlängelt sie sich ans Meer, und links, im Osten, liegen die blauen Berge: die Pyrenäen. Sie sind nicht allzu hoch – ihre Linien sind sanft geschwungen, der scharfe Grat ist hier selten, und alle Kuppen sind rund. Es ist wie erstarrte Musik in diesen Höhenzügen. Bei Hendaye stoßen die letzten Ausläufer fast ans Meer. Wir fahren an der Küste entlang.

›Côte d'Argent‹ ist ein guter Name für sie – die Wellen blitzen silberweiß. Rechts fällt die Küste steil ab, im Geröll suchen Männer nach Vogeleiern. Links stehen die ersten Felsen, nicht sehr majestätisch, aber für eine Anfangsbegrüßung Felsen genug. Der Wagen schnurrt um die Kurven. Wir fahren nach Spanien – zum Kloster des Ignatius von Loyola.

Vorläufig am Wasser entlang, immer am Wasser, und manchmal bremst der Chauffeur und erklärt uns die Landschaft. Wir rollen durch Saint-Jean-de-Luz und dann durch Hendaye, wo Pierre Loti gestorben ist, wo Unamuno zum großen Ärger der Spanier wohnt und Claude Farrère sich ein Haus bauen läßt – und das da: das ist der Bidassoa-Fluß, die Grenze. Nächtlich, an der Bidassoa lispeln… ich weiß schon: es hat anderswo gelispelt. Aber dies ist auch sehr schön.

Zollwächter, Gendarmen, Pässe, Hände an den Mützen, bitte sehr, danke sehr, Grenzpfahl, dasselbe auf der andern Seite. Spanien. Guten Tag.

Wie Balkons ein Straßenbild verändern! Fuentarabia, als pittoresk gepriesen, aber so leid es mir tut: blitzsaubere Straßen. Wie ich überhaupt auf allen meinen Reisen durch den Süden Frankreichs nicht habe finden können, daß das Geschrei von dem »verlodderten Süden« heute noch seine Richtigkeit hat. Marseille riecht um den alten Hafen herum wie eine Sardinenschachtel, das ist wahr, und in den engen Gassen hinter der Cannebière wird man kaum eine Wohnung mit allem Komfort finden. Aber die kleinen Städte im Midi, die südlichen Städte, die ich hier an den Pyrenäen gesehen habe, sind nicht schmutziger und nicht sauberer als jede kleine deutsche Stadt.

Vor Zumaya, da, wo die Route das Meer verläßt, um nach Süden zum Kloster abzubiegen, begegneten wir einer eleganten Limousine. »Das wird er sein!« sagte der Chauffeur unvermittelt. »Wer?« fragte ich. Es war, wenn ihn nicht alles täuschte, ein großer spanischer Tenor aus Madrid, der grade in San Sebastian gastierte. Er hatte ihn gehört. Und im Klappern des Viertaktmotors sang er ein paar schöne Stellen von Verdi, und nur in den Kurven legte er kleine Pausen ein. Anch'io sono pittore –! Er hätte eine schöne Stimme, teilte er mit, aber leider, leider fehle es ihm an Geld, sie auszubilden. Denn was jener Tenor heute sei, das vermesse er sich in spätestens zwei Jahren auch zu werden! Und so chauffierte er denn an der Unsterblichkeit vorbei, die Bremsen unter den Füßen, das Steuer in der Hand und eine unerfüllte Künstlersehnsucht im Herzen.

Der Tenor besuche übrigens wahrscheinlich Zuloaga, und er zeigte mir dessen große Villa im Grünen. Da malte er nun.

Jetzt bot die Landschaft nichts Bemerkenswertes, und der Chauffeur wurde gesprächig. Zigeuner zogen an uns vorbei, und er stellte fest, daß diese ›bohémiens‹ aus der Bohême kämen, also aus Böhmen. Das war mir neu. Und dann sprachen wir über die Spanier und über das Elend, das den kleinen Mann bedrückte – in der Tat begegneten uns hier, wie überall auf den spanischen Grenzfahrten, die ich gemacht habe, Gendarmen, Pfaffen, Pfaffen und Gendarmen, Gendarmen und Pfaffen. Hier wären alle Leute katholisch, sagte der Chauffeur. Zum Beispiel Protestanten, die gäbe es ja gar nicht. Die Protestanten hätten aber auch ihre Geistlichen, sagte er, man nenne sie Rabbiner. Ich erwiderte schonend, daß es auch Protestanten gäbe, die Pfarrer ihr eigen nennen – und das glaubte er schließlich. Und wir fuhren und fuhren.

Nach ein paar Stunden öffnen sich die Berge, ein Tal erscheint, der Wagen rollt auf einer breiten Zufahrtsstraße grade auf das Kloster zu. Mir bleibt das Herz stehen.

Die Basilika mit der hohen Kuppel ragt auf, zwischen grauen Fronten, rechts und links mit vielen holzverschlossenen Fenstern. Sie ladet den Weg ein, in ihren runden Portalen zu münden – er tut es. Weiter hinten, rechts der Chaussee, liegen die Seminargebäude für die hundertfünfzig Novizen der Jesuiten, die hier untergebracht sind – mit diesen Häusern stehen die Basilika und das Heilige Haus des Ignatius ganz allein in den Bergen. Das Tal rundum ist still; hier in den Bergen werden die schwarzen Eier ausgebrütet. Das große Haus, mit der Kirche und den paar Nebengebäuden – von hier ist die spanische Welt regiert worden, von hier wird auch heute noch so viel leise Regierung vorbereitet…

Der Ordensgründer hatte gewußt, was er tat. Die verblüffende Ähnlichkeit seiner geistlichen Übungen mit denen der Yogis ist längst aufgedeckt – es ist in der Sache wohl kaum ein Unterschied. Was das Militär aller Länder mit roher Gewalt versucht und nie zu Ende geführt hat, hier ist es mit der glänzendsten Geschmeidigkeit gelungen: Menschen ergreifen, umformen, in den Zustand der Halblähmung bringen, um dann aus den Geschwächten die größte Stärke herauszuholen.

Innen gleißt es vor Gold. Der Fußboden ist aus gehämmertem Silber, die Truhen und Altäre aus allem edeln Material zusammen, das es überhaupt gibt: Gold und Silber und Halbedelsteine und Alabaster und Marmor... Aber wie ist das gemeistert! An keiner Stelle schreit die Kostbarkeit – alles dient, scheinbar demütig, Gott.

Man darf sich einen Hausflügel ansehen. Und während wir in dem breiten, dunkelgetäfelten Treppenhaus umhergehen, dringt Stimmengewirr an mein Ohr. Vielleicht kann man hier nicht eintreten? Der spanische Führer macht eine einladende Kopfbewegung.

Da beten die Jesuiten.

Im dunkeln Halblicht des grauen Nachmittags sehe ich:

Den, der die Gebetsübung leitet, ein wundervoll feiner Kopf mit goldner Brille, schmallippig, mit grauen Augen. Ein andrer steht daneben. Die kleine Kapelle ist durch ein Gitter abgeteilt, da drinnen sitzen sie, die schwarzen Soutanen auf Dunkelbraun. Ich darf in einen kleinen Nebenraum treten, er hat einen hellen Teppich und ein kleines Fensterchen, das zur Kapelle führt. Davor kniet, aus irgendeinem Grunde von den andern ausgeschlossen, ein junger Novize, ein schöner, schwarzer Mensch von vielleicht zwanzig Jahren. Sein Gewand hat sich auf den Boden gebreitet. Ich stehe bewegungslos. Und lausche.

Die Stimme des Leiters hebt sich klar heraus. Aber was ist jenes andre? Es rollt, es kehrt wieder, ich kann nicht verstehen. Es sind offenbar viele Männerstimmen – und da sehe ich im Hintergrund der Kapelle zehn oder fünfzehn Novizen, die den Chor bilden. Jetzt höre ich: »Ora pro nobis – ora pro nobis – ora pro nobis – ora pro nobis –«

Es hat mich. Es kehrt immer wieder, und da die Wiederholung die einzig wirklich künstlerische Form ist, die es überhaupt gibt, was Buddha und sein genialer Übersetzer Neumann gewußt haben, weil das Ohr nach dem achten Mal nichts mehr zum Gehirn leitet, sondern eine feine Erschlaffung die Nerven befällt, so dringt das Gift in alle Poren ein. Durch Wiederholung wird das Wort fremd und kehrt verwandelt wieder. Welche wundervollen Handbewegungen! welche Köpfe! welche Summe von Charakter, Intelligenz, Wissen, Geistigkeit! Der Schmuck an den Wänden glänzt matt, weiche Teppiche dämpfen den Schritt – ich habe nie so elegant beten sehen.

Und plötzlich weht mich etwas an, eine lange Satzfolge – Worte… »Spinnfabrik – Vorarbeiter…« Ich habe später nachgesehen, was es war. Es war eine Seite des großen Oskar Panizza: gestorben, verdorben; die Bücher verboten, in alle Welt verstreut, vergriffen, das Wichtigste nie wieder aufgelegt… Es war die Seite über das Gebet. Hier ist sie:

»Auf einer meiner Reisen kam ich eines Tages in einer wundersamen Gegend, in Tirol, in eine Dorfkirche. Sie war edel und freundlich gebaut; im Innern luftige Hallen; an den

Säulen und Wänden auf den Postamenten standen Apostel und Heilige in verzückten Stellungen, ihre Marterwerkzeuge ostentativ in der Hand haltend; und unten in den Stühlen lagerten schwarze, gebeugte Massen: lebendige Menschen. Gleich beim Eintritt empfing mich ein eigentümliches Plätschern, Klirren, Schnurren und Rasseln, wie von englischen Webstühlen. Ich glaubte wirklich anfangs, es seien irgendwo im Keller versteckt Häckselmaschinen, die arbeiten, oder hinterm Chor eine Lokomobile, die Getreide drischt. Aber bald fiel mir auf, daß in den schnurrenden Geräuschen regelmäßig wiederkehrende Perioden von bestimmter Länge zu unterscheiden waren, und daß, vergleichbar dem auf jenen Webstühlen Gewobenen, bestimmte Dessins und Farbeinschüsse in maschinensicherer Abwechslung immer wieder kamen und gingen. Und hier waren diese Dessins zu meiner nicht geringen Verwunderung Sprachperioden und Satzkomplexe. ›Maria, Gebenedeite!‹ und ›jetzt und in der Stunde des Absterbens‹ waren die stets wie auf Stramin gewobenen, vorüberrauschenden Figuren und Lautnuancen. Und nun merkte ich wohl, daß es die im Kirchenschiff kauernde Menge war – lebende Menschen –, von deren Lippen und Zähnen dieses Schnurren und Brausen kam. Vorn, ganz weit vorn, stand in einem weißen Kittel der Vorarbeiter, und was er lallend und gurgelnd – und wie ich wohl sah, in seiner Arbeit eminent geschickt – angab, woben und schnurrten die andern nach; zuerst die Alten in den vorderen Kirchenstühlen; und dann hinten die Fabrikmädchen; und was diese mit den fleißigen Zähnchen lieferten, klang, als wenn man Erbsen in irdene Töpfe prasselnd fallen läßt; so hellen Diskant woben die kleinen Finger. Lang, lang blieb ich stehen, wohl eine halbe Stunde, stumm und erstarrt, und konnte es nicht fassen. Fast so lang, wie vor dem Rheinfall bei Schaffhausen; eingelullt von dem ewig gleichen Rauschen und Brausen und ganz versunken in Gedanken, und in Gedanken fortgetragen in eine kleine, ferne protestantische Kirche im Norden, wo ich als Knabe mein stummes Gebet still zu Gott sprach – bis endlich der Wasserfall aufhörte, und das Brausen ein Ende nahm; und ich erwachte; und nun wohl erkannte: das, was ich gehört hatte, waren die *Gebetsgeräusche der katholischen Kirche*; und das Webestück, die Arbeit, die sie vollbracht hatten, nannten sie –: *Gebet.*«

Das war es.

Langsam verließ ich den Raum, langsam fuhr der Wagen davon. Hinten in den Bergen, in denen jetzt der Nebel aufstieg, lag das Kloster des heiligen Ignatius von Loyola.

Das Kloster zu Ronceval ist jenseits der Grenze.

Der Botschaftssekretär an der spanischen Botschaft in Paris hatte gesagt: »Die Erlaubnis zur mehrmaligen Überschreitung der Grenze können wir Ihnen nicht geben. Die Franzosen haben Ihnen das erlaubt? Wenn Sie das wollen, müßten wir nach Madrid telegrafieren...« Nein, dachte ich. Primo de Riveran persönlich angehen, ihn am Ende stören, wenn er grade kühnlich sein Haupt in einer Untertanin Schoß legt – nein. Und jedesmal, wenn ich die spanische Grenze überschritt, ohne Bestechung, ohne Beziehung, ohne Schleichwege, jedesmal gedachte ich des Sekretärs in Dankbarkeit und gehorsamer Liebe. »Ich bin ein anständiges Mädchen!« rief die spanische Grenze in Paris. Aber wenn man nachher der Sache näher trat, da gings schon.

Ronceval – ganz richtig: das ist da, wo Roland erschlagen wurde. Man zeigt heute noch die Kampfkeulen, mit denen... aber das will ja niemand wissen.

Das Kloster liegt ein paar Wegstunden hinter Saint-Jean-Pied-de-Port, und man fährt durch schöne Waldschluchten, über denen Geier kreisen; sie äugen herunter, ob sie nicht in einer Schafherde etwas einkaufen können. Der Weg dreht sich höher, bis etwa zu tausend Metern, dann klettert er über einen Gebirgspaß, und da steht das gemütliche Gebäude.

Das Kloster war einmal. Es gibt da noch einen Abt und elf Mönche, die immens reich sind, alles Land im Umkreis gehört ihnen – aber Ronceval ist längst nicht mehr, was es war. Ein großes Trumm Häuser ist zu einem Gefüge miteinander verbunden, er umgibt Innenhöfe und die Kirche. Die Dächer haben sie mit einem scheußlichen Blech belegen lassen, und innen ist Zentralheizung, denn es ist sehr kalt hier im Winter. Aber ich glaube: ein Kloster mit Zentralheizung, das ist überhaupt kein Kloster.

Der Sakristan zeigt die Kirchenschätze. Aufgehäuft liegen da Kleinodien, Reliquien, Gold- und Silbergesticktes, ein Dorn von... ein Stückchen Knochen des... Der Sakristan muß wohl irgendeine Störung der innern Sekretion haben: er ist wachsgelb, er hat dünne, blutleere Lippen, einen merkwürdigen Mikrokephalenschädel. Er ruht nicht, bis ich alles gesehen habe, und verschont mich mit keiner Einzelheit.

Oben in der Kirche sitzen die Mönche und beten fett und laut ein Nachmittagsgebet. Ihre Stimmen hallen. Unten beichtet einer, sein Kopf verschwindet hinter dem Vorhang des Beichtstuhls, und ein herauslangender Priesterarm legt sich dem Sprechenden beruhigend um die Schulter. »Nichts«, hat ein kluger Mann gesagt, »macht dem Spanier soviel Vergnügen, als einen Menschen totzuschlagen und nachher in der Kirche ausführlich und zerknirscht darüber zu sprechen.« Auf Zehenspitzen gehe ich durch die Kirchentür ins Freie.

Von außen sieht das Kloster aus, als säßen in den wohlgeheizten Stuben zwölf Mönche und drehten die Daumen gemächlich umeinander. Aber man kann einen großen, schön eingerichteten Lesesaal sehen, und sie haben auch eine Bibliothek. Ich unterhalte mich mit einem spanischen Geistlichen, wir sprechen lateinisch. Das heißt: er spricht lateinisch. Ich sage alle meine Fehler aus alten Schulaufgaben auf, konstruiere ut mit dem Indikativ und benehme mich recht scheußlich. Si vales, bene est – ego valeo. Zum Abschied sage ich gar nichts mehr. Denn wenn ich jetzt noch »Bonus dies!« rufe, dann wird mir der geistliche Herr wohl eine kleben.

Lourdes

1 Der Soldat Paul Colin

Der Soldat Paul Colin von den elften Husaren, aus Liart (Ardennen) gebürtig, fuhr am 6. August 1914 zu seinem Truppenteil, der bei Tarbes in Garnison lag. Er traf alle seine Freunde aus der Dienstzeit. Am 15. September hielten dieselben jungen Bauern, Handwerker, Angestellten, als Husaren verkleidet, vor der großen Kirche in Lourdes – zum Abschiedsgottesdienst. Der Bischof von Lourdes und

Tarbes, Monseigneur Schoepfer, stand in vollem Ornat auf dem weiten Platz, mit der gesamten Geistlichkeit. Zehn Schritt von ihm entfernt: der Regimentsstab. Armee und Kirche – beide fühlten ihre Zeit gekommen, beide wußten: Autorität gedeiht im Kriege. Sie standen Schulter an Schulter. Da richtete sich der Regimentskommandeur, Herr de la Croix-Laval, vor der Front im Sattel auf und wandte sich erst zu seinen Leuten und dann zum Prälaten. Die Tausende hörten diese Worte:

»Und nun, Priester des ewig lebendigen Jesus Christus, fleh auf uns den Segen des Allmächtigen herab! Er soll mit uns sein und mit denen, die uns teuer sind! Er soll vor allem aber mit unsern Degen sein und uns den Sieg verleihen!« Zum Regiment: »Sabre en mains!«

Und der Bischof von Lourdes und Tarbes segnete die elften Husaren und flehte auf die Streiter Jesu den Segen des Himmels herab.

So schied der Soldat Paul Colin von der Heimaterde, gesegnet von seiner Kirche.

Der Soldat Paul Colin bekam an der belgischen Grenze in einem Wäldchen, dessen Namen er sich niemals merken konnte, einen Schuß in den rechten Oberarm. Anfangs war das eine leichte Wunde, und das erste Feldlazarett behandelte ihn entsprechend. Er wollte seiner Truppe wieder nachgehen, als es im Arm zu zucken begann. Da mußte er bleiben. Und dann transportierten sie ihn in ein größeres Lazarett und von dort in das Asyl von Unsrer Lieben Frau zu Lourdes (Hilfslazarett Nr. 32), und da lag er nun. Das Zucken war längst zum schneidenden Schmerz geworden, und sie hatten ihm gesagt, daß es ein innerlicher Bluterguß wäre; was sie aber nicht gesagt hatten, war ein kleines Wort, das über sein Schicksal entscheiden konnte. Brand.

Blut und Eiter liefen aus der Wunde, Geruch und Schmerzen waren gleich unerträglich, und weil es damals, wie man weiß, etwas hart herging, so schafften sie den zukünftigen Kadaver in die Leichenhalle, die grade leerstand. Da belästigte der Soldat Paul Colin keinen, und außerdem lag er gleich da, wohin er sicherlich in ein paar Stunden gehörte.

Die Schwester Mathilde, vom Schwesterorden aus Nevers, dem Orden, dem die selige Bernadette angehört hatte, die Schwester Mathilde gab den Mut nicht auf. Sie betete für den Soldaten Paul Colin und tränkte seinen übelriechenden Verband mit dem Wasser aus der Grotte von Lourdes.

Er blieb am Leben.

Ärztliches Attest, Bericht und Krankengeschichte finden sich im großen Werk von Fr.-Xavier Schoepfer, des Bischofs von Tarbes und Lourdes, *Lourdes pendant la Guerre*, nach vielen Hirtenbriefen für das Wohl Frankreichs, gegen die lutherischen Modernisten Deutschlands, was der Bischof genau wissen muß, denn er ist zu Wettolsheim im Elsaß geboren. Die Kirchenparade in Lourdes ist authentisch, die Beteiligung grade dieses Soldaten ist erfunden.

Und so wurde der Soldat Paul Colin vom Tode gerettet, bewahrt und gesegnet von seiner Kirche.

»Mit Gott, Soldaten!« – »Nimm dieses Wasser, mein Sohn…«

Denn die christliche Kirche treibt nicht nur die Gläubigen in die Gräben und segnet die Maschinen, die zum Mord bestimmt sind – sie heilt auch die Wunden, die der Mord geschlagen hat, und ist allemal dabei.

In den kleinen schmutzigen Straßen ist noch kein rechtes Leben, da gehen und kommen einzelne Leute, die Pilger schlafen wohl noch, denn mitternachts ist eine Messe, und während der ganzen Nacht knien Betende in der Basilika.

Jedes Haus ist ein Hotel; vom mittlern Gasthof bis zur Ausspannung sind alle Arten vertreten, und in jedem zweiten Haus ist ein Andenkenladen. Aber alles das will ich jetzt gar nicht sehen. Zur Grotte! zur Grotte!

Nun wird das Gewühl stärker, Wagen quetschen sich zwischen den Leuten hindurch, die elektrische Bahn poltert, noch mehr Läden, noch mehr Straßenverkäufer, die da brave Gruppenaufnahmen, Andenken, Kerzen und Vanille feilhalten – die ganze Luft riecht nach Vanille. Da: die Basilika.

Eine moderne hohe graue Kirche, rechts und links mit zwei weitausladenden Rampen, die den Platz wie zwei Arme umfassen. Einzelne Leute gehen durch einen Torbogen der Rampe zur Grotte. Und da sind auch die ersten Kranken.

Sie wanken auf Krücken, sie schleppen sich am Stock, sie werden auf Wagen dorthin gebracht, zweirädrige Sitzstühle, an denen vorn ein blaues Schild hängt: »Schenkung von Fräulein M. P. 1904«. Die Wägelchen werden von Krankenträgern geschoben: das sind Leute, die einen Ledergurt um die Schultern gehängt haben, es ist der Tragriemen, an den sie die Bahren knüpfen. Ich gehe ihnen nach.

Rechts ist eine Hügellandschaft, von einem Eisenbahndamm durchzogen. Links ragt die Längsseite der Kirche auf, Bäume stehen davor, und unter ihnen schallt es. Da stehen die Leute und beten. Und hier sind die Badezellen.

Es sind drei Abteilungen, in denen befinden sich die eingelassenen Wannen mit dem Quellwasser. Davor ist ein eingezäunter Platz, hier steht Krankenwagen an Krankenwagen. Man sieht bleiche, abgezehrte, fiebrige Gesichter. Männer auf der einen Seite, Frauen auf der andern. Vor ihnen ein Geistlicher. Er betet laut. Die Masse unter den Bäumen, an die Gitterstangen gedrückt, spricht die Worte nach. Wie *eine* Stimme steigt das auf:

Der Priester: »Seigneur, nous vous adorons!«

Die Masse: »Seigneur, nous vous adorons!«

Der Priester: »Seigneur, nous vous adorons!«

Die Masse: »Seigneur, nous vous adorons!«

Der Priester: »Seigneur, si vous voulez, vous pouvez me guérir!«

Die Masse: »Seigneur, si vous voulez, vous pouvez me guérir!«

Jede Formel wird dreimal gesprochen, die Worte hämmern sich ein. »Seigneur, dites seulement une parole et je serai guéri!« Die Pilger, die Angehörigen der Kranken und Fremde wiederholen sorgfältig Satz für Satz. Manche – besonders Frauen – stehen demütig da: ich will ja auch alles tun, wie es vorgeschrieben ist… Viele nehmen die Kreuzstellung ein.

Hier hängt alles vom Vorbeter ab. Ist das ein Mann mit schwacher Stimme, der schlecht artikuliert, dann gibt es Vormittage, an denen vierhundert Leute einfach Gebete aufsagen. Steht da aber einer, der, breitschultrig und robust, seine Stimme aufklingen läßt, die Vokale singt und Konsonanten herausschnellt, hat er den Funken: dann rieselt es durch die Menschen, es zündet, und nun ist es da.

»Jésus, Fils de Marie, ayez pitié de nous!«

Der Vorbeter setzt die Worte scharf an, er betont sie auf der ersten Silbe – »piiitié!« sagt er – »piiitié« sagen die Leute. Rings um mich angespannte Lippen, konzentrierte Augen, verhauchende Hingabe. Es ist so viel Wille in ihnen!

Und nun wie ein Schrei, ein Ruf aus tiefster Not, ein Befehl, ein Kommando –!

»Seigneur, faites que je voie!«

»Seigneur, faites que je voie!«

»Seigneur, faites que je voie!«

Hörst du es, Gott! Dein Kind ist blind, wir haben gebetet, geglaubt, sind zur Messe gegangen und stehen nun hier, bittend, heischend, verlangend, befehlend –!

»Seigneur, faites que je marche!«

Jetzt haben sie ihn: Er ist ihr Gott, gewiß, und er kann mit ihnen machen, was ihm beliebt. Aber der Priester hat nun einen roten Kopf bekommen vor Anstrengung und Kraft, mit Klammern hat er die Masse gepackt, und wenn es auch ausgestreckte Hände sind: Fäuste ragen da auf, sie drohen, sie wollen die Gnade vom Himmel herunterreißen, sie haben sie verdient, her damit –!

Die Kranken sitzen bleich in der Mitte. Es ist so wohltuend, Mittelpunkt zu sein! Endlich einmal heraus aus den engen Stuben, wo man sich schon an ihre Leiden gewöhnt hatte, ohne das matte Mitleid der abgestumpften Verwandten, die sanften Zusprüche der Geistlichen und die gleichgültigen Sprüche der Ärzte, die ja doch nicht helfen können… Nichts da. Hier wird eine Schlacht geschlagen. Hier sind es die Kranken, die in der Mitte stehen, alle sehen sie an, aller Blicke umfassen sie, das stärkt. Und dann wird einer nach dem andern in den Baderaum geschoben.

Hier soll niemand dabei sein. Die Krankenwärter passen scharf auf, daß keiner während der Bäder den Innenraum betritt. Kein profanes Auge soll das Mysterium sehen.

Schlägt man den Leinenvorhang zurück, der den innern Baderaum von der Außenwelt trennt, so sieht man, wiederum hinter Vorhängen, die eingelassenen Steinwannen. Hier stehen die Kranken an der Wand und entkleiden sich langsam – viele steigen mit dem Hemd hinein, manche, die Schwerkranken, werden nackt ausgezogen. Ununterbrochen schallt das Beten von draußen herein, wie ein dumpfer Marschchor, scharf, rechthaberisch, laut. Auch hier drinnen wird gebetet. Da heben sie einen Krüppel ins Wasser, die Krankenwärter beten dabei und schwenken ihn auf und ab, tauchen ihn bis zum Hals ein. Ein kleiner Junge schreit, er will nicht gebadet werden, nein! Ich befühle das Wasser – es ist eiskalt. Einer nach dem andern steigt hinein, wird hineingehoben, wie ein Wickelkind, und sie beten und beten. Priester stehen dabei und sehen zu.

Sei es, daß sie Furcht haben, die heilige Quelle könne nicht so viel hergeben, sei es aus diesem seltsamen und verständlichen Glauben heraus, Wasser, über das so viele Gebete hingebraust sind, wirke stärker als frisches –: dieses Wasser wird nur zweimal am Tage gewechselt, nachmittags und abends. Hunderte baden also in demselben Bad, und das Wasser ist fettig und bleigrau. Wunden, Eiter, Schorf, alles wird hineingetaucht. Nur wenn sich jemand vergißt, erneuern sie es sofort. Niemand schrickt zurück; vielleicht wissen sie es nicht. Ein völlig Degenerierter zittert nackt auf einem Stuhl, auf den man ihn hingesetzt hat, er hat Beinchen wie ein Kind; vorsichtig wird ein verklebter Verband abgenommen, ein Gesicht verzieht sich. Das eilige, brummelnde Gebete der Badewärter hebt sich vom dunklen Lautteppich des Chors ab.

»Mère du Sauveur, priez pour nous!«

»Mère du Sauveur, priez pour nous!«

Vor Kälte schlotternd ziehen sich alte Männer an, das nasse Hemd unter dem Rock, andere werden angekleidet wie Puppen. Ein Strom von Elend rinnt durch diese Kabinen. Ich war gebeten worden, nicht in die Frauenkabinen zu gehen, und ich habe es nicht getan.

Daneben liegen die Wasserhähne, aus denen man Trinkwasser schöpfen darf, da stehen sie mit Blechkannen und Bechern und Gläsern, manche schöpfen aus der hohlen Hand. Man sieht Bauern, die unglaubliche Mengen Wasser zu sich nehmen – viel hilft viel. Ich drücke mich zur Grotte hindurch.

Es ist eine kleine Felsgrotte, ein paar Meter tief, mit einem schmiedeeisernen Gitter. ›Entrée‹ und ›Sortie‹ steht daran, auf blauen Emailschildern in weißer Schrift; einen Augenblick lang zieht ein Straßenschild an meinem Auge vorüber… Seitlich an der Grotte steht eine Kanzel, auf ihr ein Geistlicher im Ornat, der die Betenden ermahnt, tröstet, anfeuert. Seine Worte hallen über die Köpfe hinweg und zerflattern in der Luft. Es ist sehr schwer, im Freien zu predigen… Langsam, unendlich langsam schiebt sich die Menge an der Kanzel vorbei, in die Grotte. Alle halten Kerzen in den Händen, und da flammt ein großer Lichtständer, das Stearin tropft und bildet merkwürdige Figuren. Zwei Meter vom Boden entfernt, in einer Höhlung oben in den Steinen, steht sie: Notre-Dame de Lourdes, Our Lady of Lourdes, Onze Lieve Vrouw van Lourdes, Gospa od Lourda, Nuestra Señora de Lourdes, Miesac Mary i Lourdes, Nossa Senhora de Lourdes – die Jungfrau Marie. Hier ist sie dem kleinen Bauernmädchen aus Lourdes zum erstenmal erschienen und hat Quelle und Heilung vorausgesagt. Vor ihr bekreuzigen sich alle, dann küssen sie den Stein, auf dem sie steht, der Stein ist glatt und speckig von den vielen Händen, die ihn gestreichelt haben. Ich denke an die verzückte, rasche Gebärde, mit der unter der Erde, in den Grotten von Bétharram, in der Nähe von Lourdes, eine Frau jenen Stalaktiten anfaßte, von dem es hieß, er bringe Glück. Sie sprang auf ihn zu, um keinen Augenblick zu versäumen. Nun preßt die Menschenmauer nach vorn. Ein Altar ist aufgerichtet, da brennen die Kerzen, fortwährend klappert Geld in die Kästen, und die Erde ist bedeckt mit Briefen, Kupfermünzen, Bildern, Blumen, Glasperlen, Weihgeschenken. Langsam, langsam werden wir wieder hinausgedrückt. Am Ausgang hängen alte Krücken, die haben die Geheilten aufgehängt, und ein Gipskorsett ist auch dabei.

Vor der Grotte, in Wagen und Bahren: die Kranken. Sie sitzen und liegen da, die Augen zum Himmel aufgerichtet, die Träger, die sie umgeben, beten – die Verwandten beten, manche sind halb bewußtlos und haben die Augen geschlossen und fiebern. Sie halten Rosenkränze in den Fingern. Viele singen.

Neugierige und Touristen stehen unter den Leuten, es wird fotografiert, gesprochen, in Büchern geblättert.

Bahren im Getümmel, Krankenwagen, gestützte Kranke – alles geht leise und freundlich vor sich. An der Kirche, an den Plätzen, überall sind im Freien Kanzeln aufgestellt, da predigen die fremden Priester, die mit den Pilgerzügen gekommen sind, in ihren Sprachen. Und nun ist es Mittag, und dann leert sich langsam der Platz.

So fängt der erste Tag der Pilger an, die in den ›trains blancs‹ ankommen, den großen Krankenzügen, mit Liegevorrichtungen für die Kranken, gestopft voll, mit Krankenschwestern und Pflegern, mit dem Bischof oder Erzbischof der Diözese, dem weltlichen Leiter, der die ermäßigten Billetts besorgt, und mit einem Arzt. Wenn sie ankommen, verteilen sie sich in der Stadt – die großen Unterkunftsbaracken gibt es nicht mehr.

Die Frommen gehen gleich nach der Ankunft zum Gottesdienst, zum Quellenbad, zur ›piscine‹; große Anschläge verkünden überall in der Stadt den Dienst des betreffenden Zugs, alles ist Tradition, alles ist vorausgesehen und eingespielt.

Ich sehe mich in den Hospitälern um: im Krankenhaus Notre-Dame-des-Douleurs, das trägt seinen Namen mit Recht; im Asyl, das nahe der Basilika liegt. Da ist der große Speisesaal mit den langen Tischen, sauber gedeckt; wird die Querwand beiseite geschoben, so sehen die Kranken in eine Kapelle und können so dem Gottesdienst beiwohnen, der für sie abgehalten wird. Im Vorgarten, auf allen Wegen Kranke. Man sieht schreckliche Gesichter.

Bevor es wieder beginnt, gehe ich durch die Kirchen. Die Basilika hoch oben, eine kleinere Kapelle und eine Krypta. Alles blinkt vor Neuheit, die Wände überladen mit Gold,

Schmuck und Ornamenten. Votivtafel an Votivtafel. Kriegs-orden, Haarlocken – eine Verkrüppelte hat unter Glas und Rahmen die braunen Nägel aufbewahrt, die ihr durch die Hand gewachsen waren und von denen sie nun befreit ist. Auf den Tafeln selten ein voller Name, immer nur die An-fangsbuchstaben. Die Bänke sind jetzt nicht so überfüllt, auch einige Beichtstühle sind leer, was sonst den ganzen Tag nicht vorkommt. Die Gläubigen, die hier umhergehen und alles bewundern, tragen Abzeichen – jeder Pilgerzug hat das seine. Man sieht silbrige Münzen und bunte Bänder aller Farben und Länder. Einmal höre ich deutsch sprechen.

Um drei Uhr nachmittags ist der große Platz zugesperrt, hinter den Rändern summt und wimmelt es an den langen Leinen, mit denen er abgegrenzt ist. Hier wird nachher die große Prozession entlanggehen, und obgleich es noch lange nicht halb fünf ist, stehen und sitzen da schon viele Frauen mit Kindern und auch Männer. Sie haben sich Klappstühle mitgebracht, die man für drei Francs kaufen kann, und war-ten unter den Bäumen. Noch werden viele Kranke an die Grotte gerollt und zum Bad; nachmittags sind es nur die Schwerkranken, die gebadet werden. Wieder stehen alle dichtgedrängt um den Priester, wieder ruhen die Kranken auf den Stühlen, wieder schallen die Gebete. Lauter, lauter.

»Hosanna, hosanna au Fils de David!«

Erst klingt mir das Wort ›Hosianna‹ in der französischen Version fremd, dann bleibt es haften, sie sprechen es mit vie-len ›n‹ in der Mitte, wiegen sich im Klang. Und nun kom-men schon die ersten Fahnenträger, sie stellen sich an der Grotte auf und singen, die Kranken werden einzeln abge-fahren, man stellt sie auf den großen Platz in die erste Reihe.

Da liegen sie auf Bahren, sitzen auf ihren Stühlen. Hinter ihnen die Massen.

Halb vier Uhr. Eine riesige Prozession formt sich, die Spitze steht auf der langen Esplanade, alle haben die Basilika im Rücken – denn sie werden erst den Rasenplatz umschreiten, mit dem Heiligen Sakrament in der Mitte. Oben, die Plattform der Kirche, ist schwarz vor Menschen, die beiden Rampenarme sind frei und leer. Die Träger sperren sie ab. Da kommt die Prozession.

Nach der Augenschätzung mögen es vielleicht zehntausend Menschen sein, die Nachprüfung ergibt annähernd die Richtigkeit. Sie schreiten langsam, Gesang schallt, man kann noch nicht hören, was sie singen.

In der Mitte des Platzes knien jetzt Priester, sie beten, und alle beten nach.

»Bienheureuse Bernadette, priez pour nous!«

Alle: »Bienheureuse Bernadette, priez pour nous!«

Der Platz braust. Spricht der Priester da vorn auf dem Platz lateinisch, so fallen alle ein, und die langen Sätze schnurren unter den Bäumen. Beginnt er zu singen, so singen sie mit.

»Seigneur, nous vous adorons!«

Das ist ein Franzose. Aber da kniet nun ein paar Meter weiter von ihm, schräg, ein Priester der Pilger, und das ist ein Italiener. Und als der seine Stimme erhebt, da verschwindet alles andere neben ihm. Welch ein Tenor!

»Signore –!«

Ah –! Durch Mark und Bein geht diese Stimme, sie peitscht die Leute auf, sie singt ganz allein unter den Tausenden. Jetzt ist die Sache in der richtigen Kehle.

Da naht die Prozession.

Von weitem sieht man die langen Arme schwarzer Priester in der Luft herumfuchteln: sie dirigieren den Gesang, rühren in den Massen. Brennt, Flammen –! Dann kommen sie.

Erst die Marienkinder, junge Mädchen in weißen Schleiern, sie singen mit hellen Stimmen. Man dirigiert sie auf die Freitreppe, da bleiben sie eng gedrängt stehen, und ihre weißen Schleier zieren die geschwungenen Balustraden. Dann die Männer, sie tragen Kerzen in den Händen und singen laut. Das Sakrament. Alles fällt auf die Knie, die Kranken neigen die Köpfe. Der Erzbischof zieht unter dem Baldachin dahin, den ein Mann in Reitstiefeln trägt, davor die Weihrauchkessel, die ununterbrochen geschwungen werden.

Nun macht das Sakrament die Runde, und es ist ganz still auf dem großen Platz. Nur zwei Priesterstimmen sprechen ein Gebet. Der goldne Stab wandelt langsam an den Kranken vorüber, zeigt sich, neigt sich… Nasse Augen, wohin ich sehe. Jetzt steht der Bischof unter seiner Geistlichkeit, grade vor dem Haupteingang der Basilika, da fallen die Geistlichen auf die Knie, er hebt die Hand, das Glöckchen klingt… totenstill ists unter den Bäumen. Und nun kommt der eindrucksvollste Augenblick des Nachmittags.

Der Gottesdienst hat geendet. Was nun –?

Jetzt brodeln die Leute aufgeregt durcheinander, dies ist der große Moment… Hat Maria geholfen –? Sie *wollen* ihr Wunder, sie suchen danach, sie stecken die Köpfe zusammen, die Luft ist geladen vor Erwartung.

Aus einer Ecke springt es auf, wer hat zuerst gerufen –? »Un miracle! Un miracle!« Alle laufen, da ist kein Halten mehr. Ein Hauchlaut der Verwunderung ertönt, wie beim Chor im Drama, der mit leisem »Ha –« vor einem Helden zurückweicht… »Un miracle! Un miracle!« Im Nu ist die Tür des Bureau des Constatations umlagert.

Das liegt in einer Seitenwand der Rampe, die Tür ist zugesperrt, denn die Ärzte drinnen wissen, was sich jetzt ereignen wird. Die Pilger würden die geheilte Kranke zu Boden reißen, sie betasten wollen, ihren Segen wünschen, sich ihre Kleider teilen zum Andenken. Viele Frauen schluchzen.

In den kleinen Zimmerchen des Bureaus warten Priester, fremde Ärzte, die Angehörigen. Die Kranke breitet ihre Zeugnisse aus, die besagen, daß und wie sie erkrankt war, sie wird untersucht, befragt, ausgehorcht… Die Kommission ist sehr vorsichtig, sehr skeptisch, sehr behutsam… Nun ja, eine Besserung… Vorläufig wird die Kranke ins Hospital entlassen. Draußen bilden Tausende Spalier und klatschen ihr zu, jubeln; strahlend durchfährt sie die Hecke der Begeisterten und heimst so etwas wie einen persönlichen Erfolg ein. Die Heilige Jungfrau hat sie ausgewählt, hat sie für würdig befunden, sie und keine andre.

Die andern werden nun in die Krankenhäuser abgefahren. Diesmal war es mit ihnen nichts. Vielleicht aber kommt noch die Heilung…

Ein Zug rollt an. Der Krankenträger, der hier die Ordnung aufrechtzuerhalten hat, trennt ihn nach Nationen. »Français?« fragt er. »Italien?« Ein schrecklicher Stumpf von einem Menschen sitzt in einem Stuhl, mit ganz großem Kopf, winzigen Gliedmaßen, eine Masse Fleisch. Das Ding nickt mit dem Kopf. Frauen mit wunderlichen Auswüchsen fahren vorbei, manchen hat man Tücher über das Gesicht gelegt, man ahnt nur das Entstellte darunter. Ein rothaariger junger Mensch wird herangefahren, er klappert mit den Zähnen, er hat Fieber, und seine langen gelben Zähne ragen seltsam aus dem spitzen Gesicht. »Français?« fragt der Krankenträger. »Italien?« Der Fahrer scheint es nicht zu wissen, und der junge Mensch antwortet nicht. Da will der Ordner nach dem Abzeichen sehn. Er lüftet die Decke… Aber das ist eine Frau, die darunter liegt! eine junge Frau mit welken Brüsten, und jetzt hat sie die Augen geschlossen und sich hintenübergelegt und sagt überhaupt nichts mehr. Sie verschwindet im Asyl. Und so kommen noch viele.

Die Menge diskutiert die Heilungen, die sich in den Gerüchten minütlich vergrößern, an Zahl, an Schwere, an Kraft des Mirakels. Sehr langsam zerstreuen sich die Massen im Staub der Nachmittagssonne.

Für den Abend ist die große Fackelprozession angesetzt, schon kurz nach dem Abendbrot laufen alle Leute in Lourdes mit kleinen Fackelchen herum, wie man sie uns auf den Kinderfesten in die Hand gesteckt hat. Blaugedruckte Papierschirme mit dem Bildnis der Jungfrau umhüllen die Kerze. Aber bevor das angeht, sehe ich doch noch etwas anderes.

Die Kranken können die Hospitäler nicht verlassen, sie können den Fackelzug nicht verstärken. Wenn der Pilgerzug groß genug ist, dann versammeln sich manchmal die Angehörigen vor dem großen Krankenhaus und ziehen an ihren Kranken vorbei. Und das ist das Erschütterndste, das ich in Lourdes gesehen habe.

Zum Fackelzug wird das *Ave Maria* gesungen. Verfasser und Komponist ist der Abbé Gaignet, ein Geistlicher aus der

Vendée, er schuf dieses Lied im Jahre 1874. Es hat unzählige Strophen, einfache Vierzeiler zu einer simpeln Melodie, und als Refrain ist ihm das Ave angesetzt, das in der französischen Liedbetonung ungefähr folgendermaßen klingt:

Avé

Avé

Avé Mariaa –

Es ist so einfach, daß es ein Kind nachsingen kann. Und da stehen sie nun vor dem Hospital de Notre-Dame-des-Douleurs und singen:

Sur cette colline

Marie apparut

Au front qu'elle incline

Rendons le salut:

Avé – Avé –

In den hohen hallenartigen Krankenzimmern ist helles Licht angezündet. Kerzen aller Art, kleine Tische sind aufgebaut mit beleuchtetem Kirchenschmuck. In den Betten liegen die Kranken und sehen mit glänzenden Augen auf den Zug, der da heransingt. Wir ziehen durch alle Gänge, durch die Korridore, in den Höfen sind wir, wir gehen durch alle Zimmer, durch alle, es soll keiner ausgelassen werden. Ave – Ave – Ave Maria…

Auf den Backenknochen liegt hektisches Rot, die Gesichter sind mit Schweißperlen besetzt, der Ausdruck ist fiebrig, aufgeregt… Ein Kind streckt die Hände nach den bunten Lichtern aus… Eine alte Frau schluchzt und kann nun gar nichts sehen vor Tränen. Ein Alter liegt mit gekreuzten Händen, ich weiß zufällig, wie sein Körper aussieht – er leidet Schmerzen. Wir steigen die Treppen hinauf, zum ersten

Stock, zum zweiten… Die Mauern hallen wider vom Chorgesang. Wachsbleiche Frauengesichter sehen uns an, es ist so viel Zärtlichkeit in diesen Augen, kraftlose Hände liegen auf Decken, einmal weint ein ganzer Saal. Mir steigt etwas in der Kehle auf.

Inzwischen haben sie sich vor der Kirche und um die Kirche versammelt. Auf den Rampen stehen sie Kopf an Kopf, die Plattform ist gedrängt voll, der Platz ist leer, aber weit unten, an der Esplanade, tauchen Feuerfünkchen auf… Sie fangen an.

Und da leuchtet die Basilika, ihre Konturen sind mit Glühlämpchen nachgezogen, ein Scheinwerfer erhellt die Spitze des Turmes, der liegt in bleichem Licht und sieht aus, als verschwinde er in den Wolken; oben auf dem Pic du Jer, einem Berg in der Nähe von Lourdes, blitzt ein Feuerkreuz. Und nun setzt sich die Prozession in Bewegung.

Hier hört jede Schätzung auf, es ist einfach ein breiter Lichtstrom, der sich dahinbewegt, die Pünktchen ergießen sich glitzernd über den tiefen Abgrund vor der Kirche. Bevor sie sich auf der Esplanade versammeln, gehen sie über die Plattform, sie ziehen an mir vorbei, und ich höre alle einundfünfzig Strophen des Marienliedes. »Espérance« – und »France« kann ich hören, und auch von der Wahrheit wird gesungen…

> La France l'écoute
> Se lève soudain.
> Et se met en route
> Chantant ce refrain:
> Avé – Avé
> Avé Maria – !

Aber nun sind die letzten hier oben vorüber, und der große Feuerzug ist auf dem Platz angekommen. Sie marschieren in Schlangenlinie, sie nähern sich auf dem gewundnen Lichtpfad immer mehr der Kirche ... Und als sie nun alle, alle vor dem Tor der Kirche stehen, wie um Einlaß singend, da zischen einige: Ssss! – es wird einen Augenblick still, und dann steigt unter den Fackeln das Credo zum Himmel.

Credo in unum Deum, Patrem omnipotentem ...

Sie singen es, Männer und Frauen, auswendig, alle die schwierigen lateinischen Worte, die sie französisch aussprechen: Spiritüs sanctüm ... Das steht wie ein Wall da unten. Unerschütterlich, voller Kraft klingt das Credo.

Et exspecto resurrectionem mortuorum. Et vitam venturi saeculi. Amen.

Das ist ein Tag in Lourdes.

III Siebenundsechzig Jahre

Vor siebenundsechzig Jahren fing es an. Lourdes war damals »ein Haufe trüber Dächer, von traurigem Bleigrau; so stehen sie da, unterhalb der Straße eng zusammengedrückt«. Taine hat seine Reise im März 1858 abgeschlossen, er kam grade einen Posttag zu früh. Sonst hätte er folgendes beobachten können:

In Lourdes lebte zu dieser Zeit eine kleine Müllerstochter, Bernadette Soubirous, sie war vierzehn Jahre alt. Das Kind war immer krank, es litt an Asthma, an Atemnot, an schweren Hustenanfällen. Die Alten hatten viele Kinder und wenig Brot, es ging ihnen nicht gut. Im Sommer hütete die

Kleine die Schafe in Bartrès, in der Nähe von Lourdes, bei einer Frau, die ihr Kind verloren und die kleine Soubirous genährt hatte; diese Frau ist heute noch am Leben. Lesen und schreiben konnte das Kind nicht – an kalten Wintertagen, wenn in den Hütten abends kein Feuer brannte, um zu wärmen, und kein Licht, um zu leuchten, versammelten sich die ärmern Bauernfrauen und ihre Kinder in der kleinen Kirche zu Lourdes, und da erzählte der Curé fromme Geschichten, von göttlichen Erscheinungen, wunderbaren Quellen, Segen und Heilungen der Gebenedeiten. Die Pyrenäen sind reich an solchen Legenden. Ihnen gemeinsam ist die plötzlich auftauchende Erscheinung, meist eine weiße Frau, sie vertraut dem ahnungslosen Hirten ein gutes Geheimnis an, das er nie verraten darf, sie gibt ihm einen Auftrag, sie zeigt ihm eine Quelle, die Quelle heilt Kranke. Um Lourdes wimmelt es: Unsre Liebe Frau in Barbazan, Unsre Liebe Frau von Nestè, Médoux, Bétharram, Garaison Bourisp – so viel Namen, so viel Wundererscheinungen, weiße Frauen, Heilquellen, Geheimnisse. In der abendlichen Kirche, wohlgeborgen vor den Schneestürmen, im Flimmer der Kerzen, die die Schatten im Halbdunkel auf Goldgrund tanzen ließen, saß die Kleine und sog in sich auf, was es da zu hören gab. Manchmal war sie traurig: in ihrer Atemnot hatte sie husten müssen und das Schönste nicht gehört.

Der Bruder ihrer Ziehmutter war ein Priester, er brachte oft bunte Bildchen mit und auch die Bibel und Heiligengeschichten, die das Mädchen nicht lesen konnte … Aber die Bilder konnte sie betrachten, die schönen Bilder mit der Heiligen Mutter Maria im weißen Gewande, mit den Rosenornamenten, die ihr fromme Maler zu Häupten gesetzt hatten, und sie sah sich diese Bilder gern an. Das, was ihr die Priester an solchen Winterabenden erzählten, war ihr geistiges Leben; denn sie war noch nicht eingesegnet und wußte nichts von Religion als diese vagen und frömmelnden Historien. Da war von Gott-Vater die Rede, von der Heiligen Jungfrau, von Jesus und von der Dreieinigkeit und wohl auch von der unbefleckten Empfängnis.

Denn drei Jahre vorher, am 8. Dezember 1854, war von Pius IX. das Dogma der conceptio immaculata verkündet worden, das beinah so viel Aufsehen gemacht hat wie das von der Unfehlbarkeit des Papstes. Diese Tatsache wird in der gesamten populären Bernadette-Literatur verschwiegen. Wir werden sehen, warum.

Am Donnerstag, dem 11. Februar 1858, fror es in Lourdes, der Himmel war grau, die Bauern machten, daß sie ihre Arbeit draußen beendigten, und beeilten sich, in die Hütten an den Herd zu kommen. Der Müller Soubirous brauchte sich nicht zu beeilen: es war kein Holz im Hause. Die Kinder sollten Holz holen. Bernadette ging in die Kälte hinaus, ihre jüngere Schwester Toinette und eine Freundin, Jeanne Abadie, begleiteten sie. Die drei stiegen an den Abhängen herum, überquerten den Bach, der jetzt, abgeleitet, am Eisenbahndamm entlangfließt, und kamen schließlich in die Grotte. Winterstille und Geriesel von trocknem Laub. Da hörte Bernadette ein dumpfes Geräusch. Sie hob den Kopf ...

»Ich konnte nichts mehr sagen, und ich wußte gar nicht, was ich denken sollte, denn als ich den Kopf zur Grotte wendete, sah ich an der Felsöffnung einen Busch, aber nur einen, hin- und herschwanken, wie wenn großer Wind wäre. Beinah zu gleicher Zeit kam innen aus der Grotte eine goldene Wolke und danach eine junge und schöne Dame, so schön, wie ich niemals eine gesehen hatte. Sie stellte sich an der Öffnung auf, oberhalb des Buschs. Sie sah mich an, lächelte und machte mir ein Zeichen, näher zu kommen, grade wie wenn sie meine Mutter wäre.«

Die beiden kleinen Begleiterinnen hatten nichts gesehen, nur Bernadette allein. Erst war es in ihren Berichten ›etwas Weißes‹, dann eine Dame, dann eine wunderschöne Dame, mit weißem Gewand, blauem Gürtel und gelben Rosen zu Füßen – aber sie sprach zunächst nicht, sie lächelte, Bernadette ging immer wieder in die Grotte. Die Mutter wollte das nicht. Die Grotte stand in keinem guten Ruf, Liebespaare pflegten sich dort zu verstecken, und wenn man wieder einmal am Morgen leere Flaschen und sonstige schöne Sachen dort gefunden hatte, stießen sich die Bauern in die Rippen und grinsten: »Heute nacht haben sie wieder Dummheiten in der Grotte gemacht!« Aber Bernadette ging wieder und wieder hin. ›Sie‹ erschien ihr achtzehnmal.

Beim drittenmal sprach die Dame. Sie bat die Kleine, während vierzehn Tagen in die Grotte zu kommen. Bernadette versprach das. Und dann: »Trink aus der Quelle und wasch dich in dem Wasser!« Es war aber keine Quelle da, das Kind kratzte die Erde auf, da lief ein dünnes Rinnsal über die Erde. Die Wunderquelle war geboren. Und später: »Sage den Priestern: sie sollen hier eine Kapelle bauen und in Prozessionen hierherkommen!« Und nun auf inständige Fragen, endlich, endlich: »Ich bin die conceptio immaculata.« Die Dame sprach das bäurische Platt. »Qué soy ér' Immaculada Councepsiou.« Und da war Bernadette schon nicht mehr allein.

Die Sache war durchgesickert, die Polizei mischte sich ein, mißtrauisch, liberal, halb aufgeklärt und durchaus dagegen. Der Priester des Orts war vorsichtig, skeptisch, außerordentlich klug. »Ein Wunder!« verlangte er als Bekräftigung, »ein Wunder!« Und vor der Namensgebung: »Sage deiner Dame, daß ich sie nicht kenne – sie solle sich vorstellen.« Sie stellte sich vor, und nach jeder Halluzination wurde das Publikum größer, der Glaube stärker, die Legendenbildung wilder.

Bei alledem hat man sich die kleine Bernadette als ein bescheidenes, artiges, schwächliches Kind zu denken, das kein Wesens aus der Sache machte. Sie hatte einen schweren Stand: der Geistliche wollte nicht heran, die Polizei drohte sie einzusperren, wenn dieser Unfug nicht aufhöre, und das Dorf verlangte seine Wunder. Ein alter Abbé, der als kleiner Junge sie noch gekannt hat, zeigte mir in Lourdes eine Fotografie, die angeblich an der Grotte während der Ekstase aufgenommen sein soll – ein offenbar gestelltes Bild, ohne jeden visionären Zug in dem kleinen Bauerngesicht. Das arme Ding, mit seinen Läusen unter dem Kopftuch, bekam von allen Seiten zugesetzt, es prasselte nur so auf sie herunter: Klagen, Bitten, Beschwörungen, Segenswünsche… Schon wollten einige durch Handauflegen von ihr geheilt werden.

Ein Zug, ein einziger in diesen zahllosen Berichten, ist rührend, er zeigt, wie tief sich die Halluzination in das Kind eingefressen hat und beweist ihre wirkliche Herzensunschuld. Sie hatte dem Steuereinnehmer Estrade und seiner Schwester ihre Geschichte erzählt. »Also, die Dame bat mich, vierzehn Tage lang in die Grotte zu kommen.« – »Sag

einmal genau, wie sie gesprochen hat!« sagte der Steuereinnehmer. »Die Dame sagte: Wollen Sie so gut sein...« Und
hier unterbrach sich Bernadette, senkte den Kopf und
flüsterte: »Die Madonna hat Sie zu mir gesagt...«

Und nun gings los.

Die Presse nahm sich der Affäre an, Artikel für und wider setzten ein ohne Ende, und die Polizei ließ die Grotte
mit Brettern versperren. Die Gegend stand auf dem Kopf.

»Ein Wunder! Ein echtes Wunder! Hat sie nicht von der
conceptio immaculata gesprochen? Aber das Kind hat das
Wort nie gehört, kann es gar nicht gehört haben!« – Die
Bernadette-Literatur legt auf diesen Punkt den allergrößten
Wert. Man könne nichts als Erinnerungen produzieren,
während man halluziniere, sagen sie, was falsch ist – dieses
schwierige Wort und der noch kompliziertere Begriff seien
dem Kinde unbekannt gewesen. Nein, das waren sie nicht.
Man wird nun verstehen, warum die Bernadette-Traktät-
chen so ängstlich darüber schweigen, daß das Dogma schon
drei Jahre, ex cathedra verkündet, vorgelegen hat. Es war
also nicht nur möglich, sondern höchst wahrscheinlich, daß
das Kind diesen Ausdruck von den Priestern aufgeschnappt
hatte, ohne zu begreifen. Und man weiß, wie Latein auf die
wirkt, die es nicht verstehen.

Die Grotte gesperrt? Streik der Bauarbeiter, Rumor unter den Bauern, die Grotte mußte wieder geöffnet werden.
Bis zum Kaiser drang der Lärm, denn nun war aus den Hal-
luzinationen eines kranken Kindes eine politische Affäre
geworden. Kulturkampf? Napoleon III. tat das, was er immer getan hatte: er zögerte. Aber die Kaiserin lag ihm in den
Ohren, es war das wohl auch kein casus belli, die innere Po-

litik erheischte Frieden... er gab nach. Der Polizeikommissar wurde versetzt, der Präfekt von Tarbes wurde versetzt – das Land hatte sein Wunder. Die ersten Heilungen wurden ausgerufen. Denn die Quelle war da, das war kein Zweifel. Jetzt war es eine große Quelle geworden: sie gab zwölfhundert Hektoliter am Tage her. Nun glauben sogar die orthodoxesten Katholiken nicht, daß Bernadette dieses Wasser aus dem Nichts gerufen habe. Der Abbé Richard hielt schon im Jahre 1879 dafür, daß nicht das Kind die Quelle erschaffen habe, sondern Gott – die Kleine habe nur durch das Wunder eine bestehende Quelle entdeckt. Leute, die mit einer Wünschelrute umgehen, wissen, wie manche Personen auf Wasser, Metalle und Steinarten reagieren.

Herr Fabisch aus Lyon fabrizierte eine Statue der Jungfrau, eben jene, die heute noch in der Grotte steht. Er ließ sich von Bernadette die Erscheinung beschreiben, war tiefgerührt von der weichen Frömmigkeit der Kleinen und lieferte das Äußerste an Talentlosigkeit. Die Statue hat siebentausend Francs gekostet, genau die gleiche Summe zu viel. Als man Bernadette das Werk zeigte, lief sie zunächst fort, ein beachtliches und gutes Zeichen von Kunstverstand. Dann wurde sie beruhigt, noch einmal an die Figur herangeführt, die aussieht, wie wenn sie aus Seife wäre, und man fragte sie: »Ist das deine Jungfrau, so, wie du sie gesehen hast?« – Und sie: »Keine Spur.« Aber Fabisch kassierte ein, und die Priester aus Lourdes stellten auf.

Bernadette hatte kein Glück mit den Statuen. In der Ordenskapelle der Schwestern von Nevers zu Lourdes steht eine, von der hat sie gesagt: »C'est la moins laide de toutes!«

Diese Madonna steht da, wo die Kleine bei den Schwe-

stern im Klostergarten herumgehüpft ist, und die Oberin
zeigte mir Kloster, Säulenhalle, Garten und eben diese Kapelle. Wenn die kluge und energisch aussehende Frau von
Bernadette und ihren Wundertaten berichtete, glaubte man,
eine Walze rolle ab. Sie sprach wie ein Museumserklärer. Sie
hatte das wohl schon so oft erzählt… Diesen eingelernten
Eindruck machten übrigens viele Geschichten, die ich in
Lourdes zu hören bekam.

Bernadette blieb bei ihrer Familie, und als sie es dort
nicht mehr ertragen konnte vor Besuchern, Fragen, Verhören, Freunden und Feinden, die sie alle, alle sehen wollten,
als sie immer und immer wieder ihren Bericht erzählen
mußte, brachte man sie ins Hospital. Das hatte noch einen
andern guten Grund: das Mädchen kränkelte. Im Krankenhaus wurde sie zunächst gepflegt, die Besuche wurden fern-
gehalten, später verrichtete sie Arbeiten in der Küche und
machte sich auch sonst nützlich.

Die Kirche rechnet mit Jahrhunderten und in eiligen Fällen mit Jahren. Erst vier Jahre nach diesen Erscheinungen,
am 18. Januar 1862, erschien der große Hirtenbrief des Bischofs von Tarbes, des Monseigneur Bertrand-Séverè. »Ja«,
sagte der Brief.

Kollekten, Gläubige, Kirchenbauten, Zusammenlauf aus
aller Welt. Die Pilgerzüge setzten in voller Stärke ein. Im
Jahre 1867 waren es schon 28 000 Menschen, die kamen. Das
Wunder war im Gang.

Das ging nicht ohne die bösesten Zänkereien ab. Der
Curé von Lourdes bekam den Monseigneur-Titel, aber das
tröstete ihn wenig, er fühlte sich zurückgesetzt; Prozesse
prasselten, die Orden bekriegten sich bis aufs Messer, war-

fen einander Habsucht, Neid, Mißgunst und übergroße Geschäftstüchtigkeit vor, und auch die Einwohner wüteten umher. Die Kirche hatte in kluger Voraussicht die Grundstücke gekauft, die der Grotte gegenüberlagen, um alle neugierige Nachbarschaft zu vermeiden. Welches Geschäft war den Lourdesen da aus der Nase gegangen! Was wäre das gewesen! ›Hotelzimmer mit direkter Aussicht auf die Wundergrotte und alle Zeremonien! Abends Dancing!‹ Ein Jammer. Es roch nicht gut zum Himmel, was da aufstieg.

Und dann war da diese kleine Bernadette, die der Anstrom der Neugierigen immer noch suchte. Eine unangenehme Konkurrenz, dieses Werkzeug Gottes… Sie durfte fernerhin nicht mehr in Lourdes leben, vor allem: unter gar keinen Umständen durfte sie dort begraben liegen. Nur keine Ablenkung! Sie lebte auch nicht mehr da, sie starb nicht da. Man hat sie nach Nevers gebracht, einer kleinen Stadt südöstlich von Orléans, in das Mutterkloster des Ordens des Soeurs de la Charité de Nevers, und dort erlosch sie im Alter von fünfunddreißig Jahren. Sie hat keine Wunder mehr angezeigt und auch keines tun wollen, sie war eine schwächliche Person, die in Ruhe leben und sterben wollte. Sie ist sehr krank gewesen.

Jetzt, zu ihrer Seligsprechung im vorigen Jahr, haben sie sie exhumiert: der Körper war gut erhalten, ihr linkes Auge, das der Erscheinung zugewendet war, soll offen gewesen sein, ihr Grab so nach Blumen geduftet haben, daß, wie in Lourdes erzählt wird, Briefe, die dort gelegen hatten, dufteten… Man hat sie in einem Glassarg ausgestellt, es kommen viele Gläubige. Ich habe eine Reliquie geschenkt bekommen, ein Stückchen von ihrem Totengewand.

Eine Heilige –? Noch nicht.

In Lourdes wird ein alter Mann aufbewahrt, es ist ihr Bruder, der einen Andenkenladen gehabt und sich vorzeitig vom Geschäft zurückgezogen hat. Er empfängt viele Besuche, will aber keine haben – er ist ein stiller und ruhiger, etwas bäurischer Mensch. Nein, ich habe sein Ruhebedürfnis geehrt und ihn in Frieden gelassen. Er weiß auch nicht viel von damals zu vermelden – er war sieben Jahre alt, als Bernadette ihre Erscheinungen hatte. Aber wenn er einmal gestorben sein wird und wenn alle persönlichen Erinnerungen verflogen sind, wenn die Gestalt der kleinen Bernadette weit, weit hinten im grauen Nebel der Geschichte verschwindet –: dann wird sie heilig gesprochen werden. Die Kirche ist so klug...

Denn über Bernadette Soubirous, die Müllerstochter, kann man heute noch kleine persönliche Bemerkungen machen, *sie ist zu nah* –. Jeanne d'Arc aber ist heilig und entlockt selbst einem so wilden Spötter wie Bernard Shaw – außen Stacheldraht, innen Gummibonbon – ein schönes Pathos.

Das ist die Geschichte der seligen Bernadette, zu der Hunderttausende in Lourdes beten. Tagaus, tagein... Aber immer andere. Denn das ist das Gefährliche an der Sache: tagaus, tagein darf man dergleichen nicht sehen. Der Mechanismus wird sichtbar.

Jede Pèlerinage ist höchstens vier, fünf Tage in Lourdes, und das ist sehr gut eingerichtet. Längerer Aufenthalt geht auf Kosten der Intensität. Man sieht zu viel.

Man sieht:

Die Ausstattung in den Kirchen. »Aber das übersteigt die kühnsten Träume. Mit Kunst, selbst mit Kunst in ihrer niedrigsten Entartung, hat das hier überhaupt nichts zu tun. Das ist nicht einmal schlecht…« Nein, es ist grauslich. »Das ist alles so häßlich! Wenn es wenigstens naiv wäre – aber leider: grade das ist es nicht.« Das sagt ein Freigeist? ein frecher Aufklärichtsmann? ein Kerl, der vom Katholischen nichts versteht –? Ach, es ist J.-K. Huysmans, dessen *À rebours* Oscar Wilde zum Dorian Gray angeregt hat; der in den Schoß der Kirche Zurückgekehrte, der reuige Sünder. Und der muß es ja wissen. Er erklärt uns auch den Jammer dieser Geschmacklosigkeiten.

»Unzweifelhaft: solche Attentate können nur den rachsüchtigen Possen des Dämons zugeschrieben werden. Es ist das seine Rache gegen die, die er verabscheut…« Sein Buch *Les Foules de Lourdes,* eines der interessantesten Dokumente über diese Stadt, ist das Zeichen eines beklagenswerten Geisteszustandes, mit vielen lichten Momenten. Er beobachtet außerordentlich scharf, aber alle seine Schlußfolgerungen sind falsch. Der Teufel –? Hier irrt der Großvater Dorian Grays; es ist nicht der Teufel, der Lourdes so scheußlich gemacht hat. Es ist der Bürger.

Lourdes ist ein einziger Anachronismus.

Diese organisierten Pilgerzüge mit der Eisenbahn und dem ermäßigten Billett, diese elektrisch erleuchtete Kirche, die aussieht wie ein Vergnügungslokal auf dem Montmartre, der grauenhafte Schund, der da vorherrscht, nicht nur in den dummen Läden, sondern in den Kirchen selbst, diese unfromm bestellten Altäre, Schreine, Ornamente, Decken und Beleuchtungskörper –: mit Industriearbeit ist das eben nicht zu machen. In Carcassonne steht in der Kathedrale ein altes Taufbecken, das ist siebenhundert Jahre alt, und man möchte davor knien, so fromm ist es. Aber der, der es gemetzt hat, hat geglaubt, er hat seinen Glauben in den Stein versenkt; er machte ein Geschäft, indem er es lieferte, gewiß – aber es war doch ein Taufbecken, und der Mann wußte sehr wohl, was er da unter den Händen hatte und was es galt. Heute –? ›Und liefern wir Ihnen einen Posten 1a Qualität Taufbecken zu besonders kulanten Bedingungen.‹ Es ist aus. Die kirchliche Kunst kopiert sich selber, und wenns gut geht, sind die Kopien wenigstens anständig. Die Versuche, zu modernisieren, mißlingen kläglich – zwischen Erfrischungsraum im Warenhaus und Bahnhofshalle ist da keine Dummheit ausgelassen. Gefühle kann man nicht fabrizieren.

Sind daran nicht die Juden schuld? Daran sind die Juden schuld. Huysmans: »Die Priester sollten daran denken, wie sehr heutzutage das jüdische Element unter den Verkäufern von frommen Andenken dominiert. Getauft oder nicht: es hat den Anschein, als ob diese Kaufleute neben der Sucht, Geld zu verdienen, nun auch das unfreiwillige Bedürfnis verspüren, den Messias noch einmal zu verraten: indem sie ihn in einer Gestalt verkaufen, die ihnen der Teufel eingeblasen hat.« Da kann man nichts machen.

Solch ein Wunderglaube, dessen Form die absolute Herrschaft der Kirche zur Voraussetzung hat, ihre Herrschaft besonders über die Finanzmächte der Länder – und ihm gegenüber diese Zeit: es ist eine Dissonanz der Epochen, die hier aufeinanderstoßen. Es klingt nicht. Und Kunstwerke bringt so etwas schon gar nicht hervor.

Und weil alles auf der Welt ein greifbares Symbol findet,

so leuchtet zwar abends die Basilika, oben strahlt das Kreuz in der Luft auf dem fernen Berge – aber heller als alles andre brennt eine Flammenzeile im dunklen Nachthimmel:

HÔTEL ROYAL

Unten klingt das Credo. Keine Zeit hat solche Sehnsucht nach Verkleidung wie die, die keine hat.

Ja, man sieht zu viel. Treibe dich vierzehn Tage in der Stadt herum, und du fühlst nie mehr nasse Augen, aber manchmal ein verdächtiges Zucken im Gesicht. In den Läden klingelt das Ave Maria, das einmal so schön geklungen hat, im Bauch von heiligen Jungfrauen, die man innen erleuchten kann; Ansichtskarten, Bilder, Rosenkränze sind von auserlesener Scheußlichkeit... Nebenerscheinungen? Ich weiß doch nicht. Die Pilger fassens nicht so auf. Und während ich mich in Rumänien so oft gefragt habe: »Wo, in aller Welt, kann man nur einen solchen ausgemachten Plunder kaufen?« – jetzt weiß ich es.

Ich sehe:

Die fetten Bischöfe, die hier Gastspiele geben, und die andern, die hier zu Hause sind – man sagt ihnen Schauspielergesichter nach, aber man müßte das differenzieren. Da gibt es ältere Heldenspieler, denen das Tripelkinn tragisch auf das Ornat fällt, da gibt es Bonvivants und Väterrollen, und einer sah aus wie ein listiger, verschmitzter Komiker – es hätte mich keinen Augenblick gewundert, wenn er die Soutane an zwei Zipfel angefaßt und ein Couplet getanzt hätte. Ich gehe durch die Verkäufer am Gitter, wo sich der dürre Gebetlaut von drinnen fortsetzt, aber hier ist es kein Latein, sondern: »Les cierges – les cierges – les cierges –« und »Vanillevanillevanille...« Soll ich ihnen etwas abkaufen? Wenn ich sparsam sein will, tue ichs nicht. Denn im Hotel hing eine Tafel.

Pilger… welch altes, schweres Wort. Man denkt an Männer mit Bärten und großen Stöcken, mit einem Bettelsack und einem Heiligenschein um den Kopf… »Die Herren Pilger«, stand im Hotel, »die ihre Einkäufe an Andenken im Laden des Hotels machen, erhalten eine Ermäßigung von 50 Prozent.« Hierauf sehn sich freudig an Pilgerin und Pilgersmann.

Und ich sehe: die Brancardiers.

Die Krankenträger leisten eine aufopfernde Arbeit. Es sind sämtlich Freiwillige, sie bekommen keinen Franc Bezahlung. Ihr Dienst ist unendlich ermüdend, er erfordert sehr viel Körperkraft, sehr viel Geduld, sehr viel Hingabe. Ihr Benehmen zu den Kranken ist rührend. Aber der angenehme Umstand, daß in allen Prozessionen und bei allen Veranstaltungen niemals ein Schutzmann zu sehen ist, wird dadurch aufgewogen, daß gewisse Träger sich schlimmer benehmen als acht Polizisten zusammen. Sie teilen ein und ordnen an, sie geben Befehle und sind nervös, lassen die Kranken in Frieden, aber treiben die Gesunden zu Scharen, obgleich das gar nicht nötig wäre – kurz: manche unter ihnen spielen die Rolle des dummen August, der herumwirtschaftet, während andre arbeiten. Da waren so schnurrbartgezwirbelte Gesichter, die krähten – Huysmans hat mal einen sagen hören: »Wir werden jetzt die Heilige Kommunion austeilen!« Mir war sonderbar zumute, als ich sie herumtanzen sah – das hatte ich doch schon einmal im Leben gesehen… »Il y a beaucoup d'anciens officiers parmi eux!« sagte mir ein Abbé. In Ordnung.

Über den Eisenbahndamm fahren die Züge, da flattern die weißen Tücher zur Begrüßung und zum Abschied, und die Leute singen, nach dem Wort eines katholischen Dichters, während der Fahrt so schön falsch, nicht als ob es nach Lourdes, sondern als ob es ins Fegefeuer ginge.

Vieles hiervon steht bei Huysmans. Sein Fanatismus hat ihn, den Frischbekehrten und also lächerlich Überhitzten, nicht gehindert, in Lourdes die Augen aufzumachen. Auf einen Teil der schwarzen Flecke hat er mich erst aufmerksam gemacht, und wenn ich zögerte, mir Luft zu machen, so stärkte mich ein Blick in sein Buch. Da stands noch viel schlimmer. Aber freilich: er glaubte an das Wunder.

Sein Résumé sieht so aus:

»Das steht fest: in Lourdes erreichen wir die letzten Niederungen der Frömmigkeit.« Sowie: »Lourdes ist ein riesiges Krankenhaus auf einem ungeheuern Jahrmarkt. Nirgends sonst gibt es einen solchen Tiefstand von Frömmigkeit, von Fetischismus bis zu postlagernden Briefen an die heilige Jungfrau...«

Man darf nicht verweilen. Man sieht zu viel. Doch nirgends Betrunkene, nirgends Leute, die in den Lokalen juchhein.

Tagaus, tagein Prozessionen, Menschenversammlungen, Fackelzüge... nach dem achten Mal spürt man die treibende Macht und die Räder.

Und zu allen diesen Prozessionen, Menschenanhäufungen, Fackelzügen ist zu sagen, daß meine Generation den Krieg gesehen hat, wo sich oft Zehntausende auf einem Platz zusammenballten oder im Karree aufgestellt waren – zur Schlachtung. Der Respekt vor der Quantität an sich ist vorbei. Und wenn es nicht meine eigne Sache ist, die da durch eine Menschenmenge gefördert oder bekämpft wird, wenn es mich nicht berührt, was die vielen Lichter aufflammen läßt – dann greift es mir nicht ans Herz, und ich würde lügen, wenn ich mich in den Strom der Begeisterung stürzte. Das Faktum allein, daß dreißig- oder vierzigtausend Menschen zusammenkommen, ist mir gleichgültig. Ja, wenn es der Weltfriede wäre, den sie da mit Gesang und Fackellicht verlangten! Wenn es ein einziger tobender Protest gegen den staatlichen Massenmord wäre, erhoben von Müttern, Witwen, Waisen… ich hätte wahrscheinlich geweint wie ein kleines Kind. So aber schlug die Quantität nicht in die Qualität um.

Man sieht zu viel. Man sieht, bei längerm Aufenthalt, wie es gemacht wird, sieht am Häuschen hinter der Basilika die Aufschrift ›Hommes‹ – ›Femmes‹ und ›Cabinets Reservés‹, woraus also zu schließen wäre, daß die Geistlichen, denen man sie reserviert hat, weder Männchen noch Weibchen sind… Man sieht die Kinoplakate an den Ecken, Fanale eines unentrinnbaren Zeitalters. Dies ist anders als der Jahrmarkt, der auch im Mittelalter jede religiöse Zeremonie und jede Hinrichtung begleitet hat. Dies hier ist mehr, selbständig richtet es sich neben der Kirche auf. Mady Christians, muß ich hier dich wiederfinden –? Wahrhaftig: da hingst du.

Oh, man hat auch religiöse Filme. Da läuft zum Beispiel ein Bernadette-Film, der in seiner Herstellung, mit seinen Schauspielern und Dekorationen an die dunkeln Filme gemahnt, die man vor dem Kriege in Budapest herzustellen pflegte… Es ist über die Maßen schauerlich. Der Vortrag des jungen Abbé aber ist es gar nicht, und die Worte, die er zum

Film spricht, stehen an Geschicklichkeit, berechneter Wirkung und Wirksamkeit tausendmal über dem Schund. Man will übrigens einen neuen Bernadette-Film herstellen. Der Abbé läßt es nicht an freundlichen Beschimpfungen derer fehlen, die nicht an Wunder glauben, und fordert jeden auf, ungestört seine gegnerische Meinung hier zum Ausdruck zu bringen. Kenner der Materie entsinnen sich des Geschreis, das es einmal gegeben hat, als die französischen Freimaurer als Demonstration einen ihrer Kongresse in Lourdes abhalten wollten. In solchen Fällen ist ja wohl der Staat nicht in der Lage, die öffentliche Ordnung zu garantieren…

Und wenn man diesen Film hinter sich hat, darf man das ›Römische Museum‹ ansehen, ein Wachsfigurenkabinett mit wilden Löwen, zerrissenen Christen und einem herrlichen Erklärer. Er redete wie eine Gebetmühle. Der Bruder der seligen Bernadette sei zwar kein Römer, aber er kenne ihn sehr gut: der Mann habe seine Schwester niemals richtig geschätzt, nein, nein. Da sagen sie, sie liege in Nevers begraben… Er, der Erklärer, wisse mehr – er dürfe nur noch nicht darüber reden. Das ist schade.

Die einzig wirkliche Erholung sieht anders aus. Oben, auf einer Anhöhe, liegt das Schloß und darin das Pyrenäische Museum. Es ist das schönste Museum, das ich in diesen Bergen gesehen habe – weil es klug angelegt ist. Französische Provinzmuseen stehn auf keiner sehr hohen Stufe, sie haben herrliche Kunstwerke, aber die Stücke werden nicht immer gut präsentiert. Hier in Lourdes aber hat ein kunst- und landeskundiger Mann, Herr Le Bondidier, die bäuerlichen Gerätschaften, die Bilder, gute Diapositive, Bücher und Kinderspielzeug, Pilgermünzen und Andenken so fein geordnet und mit einer solchen Liebe aufgebaut, daß einem das Herz im Leibe lacht. Ich konnte mich gar nicht trennen. Die kleinen Burgzimmerchen haben Nummern, die den Besucher ohne Katalog automatisch durch das ganze Schloß führen, und was man sieht, geht einen etwas an, steht hübsch da, langweilt nicht.

Herrn Le Bondidier habe ich in seinem Büro besucht. Er erinnert im Aussehen – o ihr Rassenphysiologen! – an Wilhelm Raabe. Er darf sich rühmen, die schönste Aussicht von ganz Lourdes zu besitzen: sein Arbeitszimmer sieht grade auf die Basilika – drei riesige große Fensterbögen zeigen ihm von hoch oben Kirche, Massen, Prozessionen und Fakkelzüge. Die Wände sind mit hellbraun getöntem Holz getäfelt, bunte baskische Bilder hängen da… endlich, endlich einmal einer, der nicht im Directoire-Stil sitzt und nicht in Louis I–XVI. Als der hochgewachsene Mann, von dem im Museum eine lustige Karikatur als Bergsteiger, der alles bei sich hat, hängt, das Zimmer einen Augenblick verläßt, sehe ich auf die Bilder an den Wänden und finde etwas. Da reitet ein dunkler Reiter durch blutige Nacht, hinter ihm ballen sich erschreckte Massen, der Reiter hat etwas auf dem Kopf, das ist ein Kürassierhelm, und als ich genauer hinsehe, entdecke ich die zwei Schnurrbartspitzen, *Kain* steht darunter. Es ist immer hübsch, wenn ein Volk durch seine Fürsten gut im Ausland repräsentiert wird.

Und wieder hinunter nach Lourdes.

Da rollt der Betrieb ab, der kirchliche und der kaufmännische. Bei Huysmans habe ich gelernt, daß es Ungläubige und Freimaurer aller Grade sind, die da ihre Geschäfte machen, es soll ganz schrecklich sein. Aber diese wilde Rotte nimmt den Pilger nicht einmal sehr hoch; die Preise sind nirgends unverschämt, wenn auch nicht niedrig. Selbst die Stadt will ihre Position nicht ausnutzen: sie beansprucht keine Beherbergungssteuer (taxe de séjour), verzichtet so auf Millionen und ist nur eine mäßig begüterte Gemeinde. Das hat seinen Grund:

Lourdes ist eine Stadt der kleinen Leute.

Der Tourist ist sofort kenntlich – er gehört meistens, wie Tante Julla das nennt, den ›besser gekleideten Ständen‹ an; in den Pilgerzügen aber dominieren Bauern und Küstenfischer der Bretagne und kleines und kleinstes Kleinbürgertum: Gärtner, Dienstmädchen, Portiers, kleine Beamte, Handwerker. Das sind nicht die Gesichter organisierter Industriearbeiter.

Und wenn die feinen Leute dabei sind, dann in so aufdringlicher und aufreizender Form...

Nach dem Allerheiligsten in den Prozessionen gehen sie. Da sah ich den Herrn Grafen und den Herrn Baron und dessen Söhne und so vornehme Herrschaften... Sie gingen in einer kleinen Gruppe, für sich: fromm, aber erster Klasse. Vor Gott sind alle gleich, gewiß, doch muß man das nicht übertreiben.

Es sind nun Leute von so vielen Nationen da, aber es ist immer derselbe Typus. Der bäuerliche, der kleinbürgerliche. Besonders die Frauen erinnern an Klatsch im Schlächterladen, an kleine Schneiderinnen, an Hebammen... Jede Nation hat ihre Eigenart; jemand beklagt sich über die ›Engländer, die alles für sich haben wollen, die besten Plätze, die Spitze bei den Prozessionen‹ – und die dann nach ein paar Tagen die ganze Geschichte satt bekommen und

Ausflüge in die Umgebung machen. Polen, Italiener, Spanier, Belgier, Holländer, Franzosen vieler Provinzen ... es ist alles da. Und alle aus derselben Schicht.

Es riecht nach Muff, nach unaufgeräumten Schlafzimmern, nach jenem Typus, der in Europa nicht leben und nicht sterben kann, nach kleinem Mittelstand, *der nicht weiß, daß ers ist.*

Er bestimmt die Atmosphäre in Lourdes, er gibt das Tempo an, auf ihn sind Vergnügungen, Hotels, Romantik, Prozessionen zugeschnitten. Es ist die Stadt der kleinen Leute.

Aber die Heilung –?

IV Der Sardellenkopf

> Man kann auch zum Kopf einer Sardelle beten, es kommt nur auf den Glauben an.
>
> *Japanisches Sprichwort*

Durch eine Wallfahrt nach Lourdes kann man organische Krankheiten heilen. Das ist der Fundamentalsatz der Gläubigen.

Erklärt wird er nicht. Bewiesen werden soll er durch das Bureau des Constatations Médicales.

Dieses Bureau besteht aus einem Chefarzt sowie mehreren andern Ärzten, die in Kommissionssitzungen die Heilungen prüfen und späterhin beglaubigen. Fremde Ärzte werden mit der größten Bereitwilligkeit zugelassen; sie dürfen an allen Sitzungen teilnehmen und bekommen Einsicht in alle Akten.

Niemand wird gezwungen, sich dem Bureau vorzustellen – wer sich geheilt glaubt, stellt sich selbst vor.

Das Bureau des Constatations ist vorsichtig, die Presse ist es minder. Die klerikalen Blätter, deren Verkäufer auf den Straßen von Lourdes schreien wie die Wilden, sind mit einem Wunder schnell bei der Hand. Die *Annales de Lourdes* und *La Revue de Lourdes* sind ernster zu nehmen, doch strotzen beide von pseudowissenschaftlichem Ernst und zelotischem Eifer gegen die, so nicht glauben.

Sämtliche persönlichen Anwürfe gegen die Mitglieder des Bureaus halte ich für falsch. Der törichte Vorwurf, sie seien bestochen, wird ja heutzutage kaum noch erhoben. Ganz abgesehen davon, daß die Ärzte, die dort tätig sind, den Eindruck rechtlicher und anständiger Männer machen und es sicherlich auch sind: bestechen…! Die katholische Kirche ist viel zu klug dazu. Nur der Unbegabte stiehlt, der Kluge macht Geldgeschäfte.

Es darf auch nicht gesagt werden, daß diese Ärzte etwa zu gutgläubig wären – die sehr kluge Praxis des Bureaus ist vielmehr Skepsis. Mächtige Waffe der katholischen Kirche gegen die Zweifler: dieses Bureau ist so streng in seiner Nachprüfung, daß die Kranken ihm den Spitznamen ›Bureau des Contestations‹ gegeben haben: Bestreitungsbüro. Und hat nicht eine Frau nach langem ärztlichem Examen aufgeschrien: »Dieser Mensch, der mir da gegenübersitzt, ist sicherlich ein Freidenker – er glaubt nichts!« Der Mann war der verstorbene Chefarzt, Herr Boissarie, ein frommer Katholik.

»Lourdes... wer glaubt denn das schon –!« Die Sache ist wohl nicht damit abgetan, daß man durch die Nase bläst, ein in Norddeutschland sehr beliebtes Argument. »Ich kenne keinen Menschen, der noch solches Zeug...« Du kennst keinen? Aber du vergißt, daß es nicht die andern sind, die die Ausnahme bilden, sondern du, du selbst, Freigeist oder Faulgeist oder wirklich Überlegner – du bist es, der auf einer großen Insel sitzt. Nach Lourdes sind gewallfahrt:

1873	140 000
1883	213 000
1908	401 000

nach dem Kriege jährlich etwa 500 000–800 000 Menschen.

Das sind die Zahlen der offiziellen Wallfahrer; Einzelpilger, Touristen, Neugierige sind nicht einbegriffen. Bisher mögen etwa zwölf Millionen Pilger dort gewesen sein. Das ist ein Welterfolg.

Kommen nun in Lourdes übernatürliche Heilungen vor –?

Ich behaupte:

Das Bureau des Constatations ist in der Mehrzahl der Fälle überhaupt nicht in der Lage, eine Heilung festzustellen.

Die Konstatierung einer Heilung ist eine Vergleichung: die des Zustandes vor dem Wunder mit dem Zustand nach dem Wunder.

Nun: das Bureau kennt den Zustand vor dem Wunder gar nicht.

Da es undurchführbar wäre, die Hunderttausende von Kranken vor dem Bad in den ›piscines‹ zu untersuchen, so stellt sich der angeblich Geheilte, den das Bureau jetzt zum ersten Mal zu sehen bekommt, mit einem Attest vor. Der Geheilte kommt also mit dem Zeugnis fremder Ärzte, die besagen, was ihm gefehlt hat. Nun untersucht das Bureau den Kranken nach der Heilung, es kennt also nur die eine Seite des Waagebalkens.

Denn wer sind diese attestierenden Ärzte? Professoren? Kleine Landdoktoren? Welchen wissenschaftlichen Wert haben ihre Gutachten? Wann sind diese Atteste ausgestellt?

Diese Atteste sind wochenlang vor der Heilung ausgestellt, in den seltensten Fällen eine Woche vorher. Aber jeder Kurpfuscher sieht seine Kranken vor und nach seinen Praktiken und ist wenigstens in den Zeitangaben gedeckt, wenn er sich bescheinigen läßt: »Nach Ihrer Behandlung fühle ich mich bedeutend besser.« Und die behandelnden Ärzte zu Hause sehen den Kranken erst nach Wochen wieder, frühestens nach einer – sie vermögen also wenig über eine exakte und sofortige Wirkung der Wallfahrt auszusagen.

Die Statistik ist so minutiös: sorgfältig gibt das Bureau des Constatations an, wieviel fremde und wieviel französische Ärzte dort gewesen sind … Aber das besagt gar nichts, denn sie können ja nichts sehen. Man öffnet ihnen alle Türen – aber es gibt wenig zu beobachten. Was sie untersuchen, sind kranke Männer und Frauen in einem bestimmten Zustand – was vorher war, wissen sie aus eigenem Augenschein nicht.

Die populäre Literatur wimmelt von Fotografien der Geheilten, eine Beweisführung, die etwa an die plattdeutschen Märchen denken läßt, in denen jemand vom Gnomenfürsten träumt, der da auf dem morschen Ast ritt und dann herunterpurzelte. »Und zum Beweis dessen, daß die Geschichte wahr ist – hier ist der Ast.«

Natürlich kämpfen die Lourdes-Leute wie die Mamelukken für ihre Sache. Und das ist nun ausnahmsweise kein Wunder. »Ce que l'amoureux fait pour sa maîtresse«, sagt Sighele einmal, »l'artiste le fait pour son art, le savant pour sa science, le sectaire pour la secte.« Und sie passen auf –! Ein kleiner Irrtum des Zweifelnden, ein Versehen des Kritikers im winzigsten Nebenumstand, und es erfolgt ein allgemeines Schütteln des Kopfes. Da seht ihrs! Der Mann ist nicht exakt, also nicht glaubwürdig, also haben wir recht. So wird hier gekämpft.

Worum wird gekämpft –?

Die offiziellen Zahlen der Heilungen sind verhältnismäßig klein.

1858	27	
1864	3	gänzlich unkontrolliert.
1874	31	Das Bureau besteht erst seit 1884.
1883	145	
1893	101	
1903	133	

Die Zahl für 1924 wurde mit 22 angegeben. Im Jahre 1925 wird sie aller Voraussicht nach noch geringer sein.

Unter den Propagandaberichten finden sich ein paar besonders schöne Fälle.

Da ist Herr Gargam, der im Dezember 1899 bei einem Eisenbahnzusammenstoß böse verletzt wurde: Fleischwunden, Schlüsselbeinbruch, Lähmung und Muskelsteife des gesamten Unterkörpers vom Gürtel an. Man hat große

Schwierigkeiten, ihn überhaupt zu ernähren. Die Schadensersatzklage gegen die Eisenbahngesellschaft Paris–Orléans führt zum obsiegenden Urteil: 3000 Francs jährliche Rente, die später auf 6000 erhöht wurde, sowie eine einmalige Auszahlung von 6000 Francs. Am 12. August 1901 verzichtet die Gesellschaft auf weitere Rechtsmittel und erklärt sich bereit, zu zahlen. Acht Tage später, am 20. August, ist Herr Gargam in Lourdes unter den Geheilten.

Da ist Frau Rouchel aus Metz, einer der bösesten Fälle von Lourdes. Die alte Frau litt an einem Lupus; ihr Gesicht war entsetzlich entstellt, es bestand aus einer einzigen Wunde. Sie kam am 4. September 1903 nach Lourdes; eine grauenhafte Qual, sie anzusehen, eine Plage für die Nachbarn. Die Wunde roch stark und eiterte. Sie wußte, daß sie allen lästig fiel und wollte nicht im Menschengetümmel bleiben, das stets vor ihr zurückwich; sie flüchtete sich in eine kleine Seitenkapelle der Kirche. Als das heilige Sakrament an ihr vorbeikam, fiel ihr Verband, mit Blut und Eiter getränkt, auf ihr Gebetbuch. Als sie ins Hospital zurückkam, war sie geheilt. Mirakel –!

Nachschrift: Frau Rouchel starb im Krankenhaus zu Bondecours mit völlig zerfressenem Gesicht. Und das war kein Lupus. Es war das tertiäre Stadium der Syphilis, von der ihr Arzt in dem Attest aus Gefälligkeit nichts gesagt hatte. Sie hatte beide Krankheiten. Die Geschichte machte in Metz einen Höllenspektakel, der Arzt wurde von seinen Kollegen fallen gelassen, die alle sehr wohl wußten, daß solche Erscheinungen des tertiären Stadiums oft ebenso rasch verschwinden, wie sie gekommen sind.

Und so gibt es noch viele schöne Fälle.

Die Kirche verlangt nun von einem Wunder, damit sie es als Wunder ansähe:

Es darf sich um keine nervöse Erkrankung handeln. Unmittelbarkeit der Heilung.

Der Ausschluß der Hysterischen… das ist nicht immer so gewesen. Denn es ist ja unzweifelhaft, daß der größte Teil der Wunderheilungen im Mittelalter Neurastheniker, Hysteriker, Hysterische, Nervöse betroffen hat – gaben die sich für geheilt aus, so sah man sie als begnadet, ausersehen und durch Gott und die Jungfrau geheilt an. Seit die Wissenschaft dieses Feld besetzt hat, hat es die Kirche geräumt. Sehr früh schon – etwa um 1734 – hat der Kardinal Prospero Lambertini, der spätere Papst Benedikt XIV., davor gewarnt, Nervöse in die Wundergeschichten einzubeziehen. Was aber wäre, wenn die Psychologie und die Psychiatrie den nervösen Krankheiten nicht so nahegerückt wäre? Die Kirche nähme diese Kranken noch heute für sich in Anspruch.

Vorläufig schwerer angreifbar steht sie auf dem kleinern Feld, das ihr geblieben ist: auf der wunderbaren Heilung organisch Kranker. Da läßt sie sich nichts abhandeln. Sie verlangt nur die Unmittelbarkeit der Heilung.

Von einer Unmittelbarkeit kann nun zunächst in keinem Fall die Rede sein. Bechterew sagt einmal, als er in seiner *Bedeutung der Suggestion für das soziale Leben* von Wunderheilungen spricht: »Der Boden für zukünftige Heilungen beginnt sich bereits in dem Augenblick vorzubereiten, wo der Kranke zum erstenmal das Gerücht von der Wunderkraft des Heiligtums vernimmt und in seiner Seele der erste Hoffnungsfunke entfacht ist.« Reißt also ein aufgegebener und scheinbar unheilbarer Kranker seine letzte Willensreserve zusammen und beschließt, nach Lourdes zu gehen, so beginnt der seelische Prozeß in diesem Augenblick: wochen-, vielleicht monatelang vor der Reise. Das später ausgestellte Attest besagt wenig.

Nun tagt die Kommission in Lourdes. Aber was sind denn das für Ärzte –! Ich habe mehr als hundert Befunde und Bescheinigungen dieser Leute gelesen, und ich muß sagen, daß mir so etwas noch niemals unter die Finger gekommen ist. Sie haben eine Heilung unter den Augen, sie sehen sie, sie können die neu funktionierenden Organe befühlen, radiographieren – und sie setzen an den Schluß aller ihrer Zeugnisse: »Solche Heilungen kommen in der Medizin nicht vor – sie haben also übernatürlichen, keinen medizinischen Charakter.«

Das unglückselige Wort Richets von der Unwandelbarkeit der physikalisch-chemischen Gesetze, so recht ein Zeugnis von Kurzatmigkeit des Verstandes, flachstem Glauben an die Unfehlbarkeit der Wissenschaft und leiser Überheblichkeit, dieses noch dazu aus seinem Zusammenhang gerissene Wort, hat denen in Lourdes grade noch gefehlt.

Und hierin gleicht Richet zu seinem Nachteil gar nicht den Theologen, und Rousseau hat allen Orthodoxen der Ratio dies ins Stammbuch geschrieben: »Tout au contraire des théologiens, les médecins et les philosophes n'admettent pour vrai que ce qu'ils peuvent expliquer, et font de leur intelligence la mesure du possibles.«

»Dieses Rückenmarksleiden wird niemals von uns geheilt – also ist es nicht heilbar. Ein Wunder! Ein Wunder!«

Ein Wunder von Ärzten.

Aber dann macht doch die Augen auf, wenn ihr dergleichen seht! Ihr habt solche Heilungen noch nie beobachtet? Dann steckt die Nase in die Bücher, lernt etwas und denkt nach, warum dennoch geheilt worden ist, auf welchem Wege, durch welche Einwirkungen… Zu grobfingrig, um diese Gewebe aufzudröseln, transponieren sie Kräfte, die sie nicht kennen, nach außen, und die Mutter Maria steht in aller Pracht vor ihnen.

»Kräfte, die sie nicht kennen…« Ach, dieses Wort darf man in Lourdes gar nicht aussprechen, ohne daß man von einem Hohngeschrei überfallen wird. Es gibt keine Kräfte, die wir nicht kennen! Das wäre ja noch schöner! Schwatzt nicht von unbekannten Kräften! Eben die sind Gott.

Nun habens ihnen die Gegner nicht so schwer gemacht.

Wundt: »Es hat keinen Sinn, alle seelischen Erscheinungen, von der normalen Assoziation und Assimilation an bis zu mehr oder minder phantastischen Illusionen und Sinnestäuschungen, unter dem Begriff der Suggestion zu vereinigen und diesen so zu einem Allerweltsbegriff zu machen, der, weil er alles bedeuten soll, in Wahrheit nichts mehr bedeutet. Das Wort ›Suggestion‹ erklärt ja überhaupt nichts. Es gewinnt erst einen psychologischen Wert, wenn man die elementaren psychischen Prozesse aufzeigt, deren besondere Verbindung in diesem Ort zusammengefaßt wird.« Und weil das die Gegner so oft schuldig bleiben – deshalb haben es die Wundergläubigen so leicht.

Die katholische Wundererklärung, auch die durch die Ärzte, grade die durch die Ärzte, ist scholastisch durchgearbeitet. Bleibt zum Beispiel eine kleine Narbe vom alten Leiden übrig, so scheut sich doch ein erwachsener Mann nicht, das als ›Signatur Gottes‹ anzusehen, gewissermaßen ein Fabrikzeichen: ›Nur echt mit…‹

Die Anschauungen, denen man in dieser katholischen Ärzteliteratur über Suggestion begegnet, sind zum Teil wahrhaft kindlich. Bertrin nimmt allen Ernstes das Diktum eines Laienhypnotiseurs auf, der ihm in Lourdes sagte: »In Lourdes gibt es überhaupt keine Suggestion. Die Priester, die die religiösen Beschwörungen vornehmen, denen die Menge respondiert, beten anstatt zu befehlen. So suggeriert man nichts.« Ich weiß nicht, wo der betreffende Herr hypnotisieren gelernt hat – aber ich möchte mich nicht von ihm behandeln lassen.

Eine der exaktesten Definitionen der Suggestion steht bei Bechterew. »Suggestion beruht auf unmittelbarer Überimpfung bestimmter Seelenzustände von Person auf Person mit Umgehung des Willens, ja, nicht selten auch des Bewußtseins des Aufnehmenden.« Und: »Nicht durch den Haupteingang, sondern sozusagen von der Hintertreppe aus gelangt der Eindruck… unmittelbar in die innern Gemächer der Seele.« Die Definitionen von Liébault, Löwenfeld, Forel, Wundt, Binet und den großen Franzosen erreichen das nicht an Klarheit – wetteifern kann nur noch Moll, bei dem es etwa heißt, Suggestion sei der Fall, wo eine Wirkung dadurch bedingt wird, daß man die Vorstellung ihres Eintretens erweckt. Und das ist der Fall Lourdes.

Wird nun hier ›ohne Mithilfe von Logik‹ suggeriert, wie Bechterew das als typisch angibt –? Viel klüger: es wird mit einer Scheinlogik gearbeitet. Die Legende der seligen Bernadette, die Geschichte der Wunderheilungen, ihre etwas mystische Theorie, die da auf Erklärung verzichtet, wo man

Erklärungen wünscht, und so das schöne Halbdunkel erzeugt, in dem der Glaube gedeiht – das alles greift ineinander wie die Zähne eines Räderwerks, und diese Wissenschaft für die kleinen Leute geht denen ein wie Öl. Die Kleriker haben auf alle Angriffe einen Einwand, für jeden Beweis einen Gegenbeweis, und es ist wie mit den Juristen: folgt man ihnen erst einmal auf diesen Morastboden der Klopffechterei, dann ist alles verloren. Sie nennen das beide – Kirche und Rechtswissenschaft –: die Gesetze der Vernunft. Und vergessen nur, daß sie stets herausinterpretieren, was sie vorher stillschweigend hineininterpretiert haben.

Nun ist aber Suggestion kein krankhafter Vorgang, sondern etwas dem menschlichen Leben durchaus Natürliches, eine Sache, mit der die Gesellschaft steht und fällt; ohne Suggestion ist kein Zusammenleben denkbar. Diese Spezialsuggestion von Lourdes setzt zunächst die Behauptung in die Voraussetzung, supponiert den Gott, den sie ja grade beweisen will, und appelliert außerdem an viel tiefere Instinkte.

»Unser ganzes Bestreben geht danach geliebt, bewundert, beneidet oder wenigstens bemitleidet zu werden, … die Gedankenwelt andrer zu bevölkern, die uns lieb sind oder die uns imponieren.« (Gleichen-Rußwurm.) Das ist es. Es ist der Geltungsdrang.

Ich habe im Bureau des Constatations ein junges Mädchen gesehen, das wollte sich eine Wunderheilung attestieren lassen. Die Unterhaltung war der Typus eines Kuhhandels. »Tun Sies doch, Herr Doktor!« – »Eine gewöhnliche Besserung von Sodbrennen – das genügt nicht, Fräulein!« Die Augen des Mädchens glänzten, sie hatte einen puterroten Kopf und kämpfte um ihr Leben. Draußen hatten sie eben eine scheinbar Geheilte vorbeigetragen, das Klatschen und die begeisterten Zurufe lagen noch in der Luft... sie auch! sie auch! Eine Rolle spielen, bewundert werden, auserlesen sein unter Tausenden... sie auch! Sie entfernte sich, enttäuscht, gekränkt, in ihren tiefsten religiösen Gefühlen getroffen, wie nach einem verlornen Gefecht.

Aber suggeriert der behandelnde Arzt nicht auch? Hypnotisiert er nicht? Ist nicht ein Teil seiner Wirkung eingestandenermaßen in seiner persönlichen Suggestion zu suchen?

Und hier scheint mir Zola, der mitgedacht wird, wenn Lourdes gedacht wird (was nach einem Raabeschen Wort ›Ruhm‹ bedeutet) – hier scheint mir dieser tapfere und wirkungsvollste Vorkämpfer, dessen Roman in Deutschland berühmter ist als bekannt, einen Schuß nicht abgefeuert zu haben. Wie haben sie ihn bespien! Wer erinnert sich nicht noch des Unflats, der bei den Frommen aufdampfte, als er tödlich verunglückte! Sie haben ihm sogar vorgeworfen, er habe in *Lourdes* die Geistlichen beschimpft, wofür es keine Stelle als Beleg gibt... Nein, es sitzt anderswo. Das Wort ›Suggestion‹ reicht in der Tat nicht aus.

Die Literatur über das Individuum in der Masse ist klein. Ganz zu schweigen von Experimentalpsychologen, deren lächerlichste Vertreter an Apparaten herumhantieren und Versuchsreihen aufstellen, die so lang sind wie ihr Instinkt kurz – es ist auch grundfalsch, die Natur der Massenerscheinungen am Individuum zu studieren und in verkehrter Gründlichkeit bei ihm anzufangen. Das Wesen des Meeres ist aus dem Tropfen nicht ersichtlich. Lourdes ist ein Massenphänomen und nichts als das.

»In eine Menge zu gehen, ist, wie in ein Choleradorf gehen«, hat ein englischer Soziologe gesagt. Der Gedanke, daß eine Versammlungsrede in kleinem Kreise leicht komisch wirkt, ist nicht neu, aber viel zu wenig ausgearbeitet. Denn hier sitzt der Kern. Was tut nun Lourdes mit den Massen –?

Es versetzt zunächst die fernen Kranken durch seinen Ruf, der künstlich genährt und gesteigert wird, in sanften Schwindel. Die Wallfahrten sind ja nicht spontan, sondern sorgfältig organisiert, die Beteiligung an ihnen ist häufig unter mehr oder minder starker Beeinflussung erfolgt. Die Millionen strömen zusammen, nicht nur von individuellem Willensimpuls getrieben, die Reisen rühren nicht aus lauter voneinander unabhängigen Einzelentschlüssen her, sondern sie sind kollektiv zustande gekommen. Die Disposition für die große Massensuggestion, die da einsetzt, ist also denkbar günstig. Kommt die manchmal ungenügende ärztliche Pflege hinzu, das Mißlingen von ärztlichen Kuren, die scheinbare oder wirkliche Unmöglichkeit, geheilt zu werden – so wird sich der Kranke um so eher dem neuen Hoffnungsstern hingeben.

Nun reist er nach Lourdes.

In dem Augenblick, wo der Patient den Zug betritt, kommt er aus der Masse nicht mehr heraus. Er ist nie mehr allein. In den Hospitälern liegen sie zu zwanzig, dreißig. Er ist fast ständig unter Tausenden, meist unter Hunderten, die Leidensgefährten sprechen miteinander. Die Ärzte unter meinen Lesern kennen die ›Wartezimmer-Gespräche‹ in den Polikliniken, wo Frau Knautschke Fräulein Lindemüller von ihrem großen Ding am Knie erzählt, und was der Doktor gesagt hat, und was man da tun müsse, und was man nicht tun dürfe... Jeder gibt seinen Senf dazu, Schauergeschichten steigen zur Decke, und alle sind schwere Fälle, und alle wollen bemitleidet und sehr ernst genommen werden. An guten Ratschlägen fehlts nicht. Das, genau das, ist die Luft von Lourdes. Ich habe die Unterhaltungen alter Frauen auf dem großen Platz während der Prozession mitangehört: kein Komma war anders als in der berliner Charité vor der allgemeinen Sprechstunde. »Un denn, Frau Millern, ick hab mein Mann imma heiße Linsen hinten ruffjepackt – das hatn ja sehr jut jetan...« Auf die Art.

Gruppen sind *ein* Leib. Aber das ist überall so. Ein Soldat wurde bei einer Besichtigung gefragt: »Sie stehen im Feuergefecht mit dem Gegner, der energisch vordringt. Ein Schütze neben Ihnen ruft, daß man sich nicht mehr halten könne, man müsse zurückgehen. Was tun Sie?« – »Ich gehe zurück!« sagte der Soldat. – »Warum?« – »Weil wir uns nicht mehr halten können.« Ganz Lourdes in einem Satz.

Man betrachte ja nicht die Massen in Lourdes als einen Haufen Ekstatischer und religiös Verzückter. Im Gegenteil: die Atmosphäre ist recht kleinbürgerlich; es sind Bauern und kleine Bürger, die da zur Heilung kommen, und tobende Ausbrüche sind recht selten. Als Hellpach noch Nervenarzt war, hat er einmal davon gesprochen, daß »nicht jede Epidemie, in der ein paar Hysterische sich herumtreiben, eine hysterische Epidemie ist; von den wirklichen hysterischen Epidemien ist die große Menge der bloß mit hysterischen Zügen Geschmückten sorgfältig zu sondern«. So auch hier. Nein, es ist ganz etwas anderes als Hysterie.

Es ist das Beispiel. Es ist die Nachahmung. Es ist die Geste.

Man falte einer Hysterischen in der Hypnose die Hände – und ihr Gesicht nimmt einen flehenden Ausdruck an. Man versetze sie mit zornigen Gesten in einen zunächst fingierten Zustand der Raserei, und das Blut steigt ihr langsam zu Kopf. (Der Schauspieler sei hier ausgenommen.) Espinas, der französische Tierpsychologe, erklärt so die geistige Ansteckung unter Tieren. Vom Gesumm der Wespen: »Die andern Wespen hören dieses Geräusch, können es sich aber nur vorstellen, indem diejenigen Nervenfasern, die es gewöhnlich auslösen, gleichzeitig mehr oder minder erregt werden… Wir denken nicht nur mit unserm Gehirn, sondern mit unserm ganzen Nervensystem.« Nun, hier in Lourdes wird nicht nur gesummt. Hier wird der Heilwille angespannt. »Die Wunden der Sieger schließen sich schneller als die der Besiegten«; das gilt auch körperlich. Die Seelenheiterkeit, die gute Stimmung, der Wille, gesund zu werden – wer kennt das nicht! Und der wird hier aufgereizt, angespannt, hochgepeitscht…

Ein besonders schönes Beispiel von Massensuggestion sind die Lungenkranken aus der Heilanstalt zu Villepinte, deren Belegschaft jedes Jahr wiederkam. 1896 werden acht von vierzehn Personen geheilt; 1897 acht von zwanzig, darunter nur vorübergehende Besserungen, 1898: vierzehn von vierundzwanzig. Unnötig, auszumalen, was sich das ganze Jahr hindurch in der Lungenheilanstalt abgespielt hat – die Gespräche, die gegenseitigen Ermunterungen, die ununterbrochenen Wach-Suggestionen, die Zeitungsartikel… Einen günstigeren Boden gibt es nicht.

Nun könnte man sagen: aber wie verhält es sich mit der Heilung von Kindern, die kaum oder noch gar nicht sprechen können, auf die also die Wirkung einer normalen Wort- und Bildsuggestion nicht in Frage kommen kann? Der Professor Bertrin führt eine große Anzahl an: 1897 ein Kind von knapp drei Jahren, 1896 ein Kind von zwei Jahren, er geht sogar bis auf das Jahr 1858 zurück... Aber grade bei Kindern erscheint mir die Sache besonders zweifelhaft: denn da sind es die Krankheitsberichte der Eltern, die ihr Kind geheilt haben wollen, und die nicht wissen, daß es grade bei Kinderkrankheiten verblüffende Fälle von raschen Zustandsveränderungen gibt.

Liest man die kirchlichen Bücher, so hat man den Eindruck, wie wenn sich dergleichen noch nie ereignet hätte. Damals, als der Präfekt von Tarbes die Grotte schließen wollte, erhob sich die ganze Gegend. »Von dem Tage an, als die Gendarmen erschienen und die Leute von Strafe hörten, war die Aufregung so stark, daß sich die ganze Gemeinde und auch die Nachbargemeinden, wie vom Widerspruchsgeist getrieben, für diese Neuerung begeisterten.« Aber das ist nicht Lourdes, sondern stammt aus einer Wundergeschichte, die in Trennfeld im Jahre 1892 spielte. Es kommt alles wieder, auch die Wunder, grade die Wunder. Sie haben ihre Gesetze.

Dergleichen ist ja nicht neu. Der Doktor Vachet aus Paris, der übrigens eine sehr verdienstvolle Aufklärungsschrift über Lourdes geschrieben hat, zeigt genau dieselben Methoden bei einem Mann auf, der sogar in Paris einen Saal knüppeldick voller Menschen hatte: Herr Béziat, ein Landwirt, der die Leute durch Zuspruch heilte. Und der sagte offen, was es ist: es ist der Wille. Wobei er die Bemerkung macht, daß der Kranke durch den fremden Appell an die ›Lebensquelle‹, die sich nun gegen die Krankheit aufbäumt, zunächst noch mehr leide – eine sehr feine und treffende Beobachtung.

Von den zahllosen Analogien und Kopien von Lourdes nur zwei.

Die schwindsüchtige Maria Bashkirtseff war im Jahre 1881 in Kiew. Ihr Tagebuch ist heute mausetot – aber es bleibt doch das rührende Zeugnis eines armen Vögelchens. Da betete man für sie, ihre Eltern beteten, sie auch; aber sie glaubte nicht an die Heilung. Und so wurde es denn auch nichts. Ihre kleine Schilderung von Kiew, die unter dem 21. Juli eingetragen ist, wirkt wie ein dünnes Abziehbild von Lourdes.

Und da ist das Heiligtum von Oostakker in Belgien, eine gradezu barocke Geschichte. Die Marquise von Courtebourne hatte sich in ihrem Schloß, wie es um 1870 Mode war, ein ›Aquarium‹ anlegen lassen, mit Teichen und Wasserkunst und allem übrigen. Ihr Abbé zeigt ihr ein Bild der Grotte von Lourdes – das möchte sie auch haben. Es wird eine Nachbildung bestellt und ausgeführt, mit der Statue der Madonna und allem, was dazu gehört, auch dem exportierten Wasser aus Lourdes. Und nun fangen doch wahrhaftig die Gläubigen an, hierher zu wallfahrten –! Unter den Geheilten strahlt das Glanzstück: de Rudder. Der Mann war ein Bettler, dem ein Sturz vom Baum sein Bein zerschmettert hatte. Bruch des Schienen- und des Wadenbeins, Operation ohne Asepsis: schwere Eiterung, in der Wunde sollen die Knochenenden deutlich zu sehen gewesen sein. Diesem Mann wuchsen am 7. April 1875 die verkürzten

Knochen zusammen, und wenn man sieht, daß der Metall-abguß dieses Mirakels im Bureau des Constatations hängt, so wird man füglich nicht mehr zweifeln. Wenn man nicht wüßte, daß der Abguß ein Jahr nach dem Tode von dem ex-humierten Leichnam abgenommen worden ist, abgenom-men worden sein soll… So ungefähr sieht das wissen-schaftliche Material der Kirche aus.

Lourdes ist lediglich ein Phänomen der Massensugges-tion.

Es gibt einen klaren Beweis von der Richtigkeit dieser These, einen Beweis e contrario. Das ist der Winter.

Im Winter finden keine Wallfahrten statt, weder die gro-ßen französischen noch die internationalen. Im Winter kommen lediglich ein paar versprengte Touristen, Neugie-rige, Hochzeitsreisende, die gelobt haben, nach ihrer Ver-bindung dorthin zu pilgern – es kommen aber auch Kranke.

Die Kirchen sind geöffnet, die Grotte ist geöffnet, man kann beichten und beten, wie im Sommer, man darf baden, wie im Sommer; man darf das heilige Wasser trinken, wie im Sommer.

Und es gibt keinen Fall der Heilung im Winter – keinen einzigen!

Es kann keinen geben, weil die Masse fehlt, die bro-delnde, Gebete plappernde, dahinziehende, sich pressende, chorsingende Masse. Der Pilger ist mit seinem Gott und seiner Grotte allein.

Und da langt es nicht. Da springt kein Funke über, da bäumt sich nichts auf, da peitscht nichts auf den Willen ein, da raunt nichts: Gesunde! da ruft nichts: Gesunde! da brüllt nichts: Steh auf und wandle! Im Winter geschlossen.

Der Arzt mit seinen Hilfsmitteln: Persönlichkeit, Wartezimmer, Operationssaal, weißer Mantel, Assistenten – er reicht Lourdes nicht das Zauberwasser. Er ist allein, der Kranke im Winter ist allein. Lourdes ohne die Masse ist nicht Lourdes.

Und nicht nur zeitlich ist das Wunder begrenzt – auch örtlich. Es gibt in den letzten vierzig Jahren keinen Fall, daß jemand aus Lourdes selbst geheilt worden wäre. »Wir sind zu nah«, sagte mir einer. Die Kirche läßt die Pilger nur wenige Tage zur Grotte wallfahren – frisch sollen die Eindrücke sein, gewaltig die Intensität, mit der gewollt und gebetet wird; Gewöhnung ist der Tod. Ein klarerer Beweis ist nicht möglich.

Am tiefsten hat hier, wie immer, Freud sondiert. In seiner Untersuchung über *Totem und Tabu* findet sich das finstre Loch aufgerissen. »Mit der Zeit verschiebt sich der psychische Akzent von den Motiven der magischen Handlung auf deren Mittel, auf die Handlung selbst… Nun hat es den Anschein, als wäre es nichts andres als die magische Handlung… die das Geschehen erzwingt.« Die magische Handlung in Lourdes ist das Bad.

Die Quelle hat, wie die Kleriker triumphierend feststellen, nachgewiesenermaßen nicht den geringsten therapeutischen Wert, sie ist eine Gebirgsquelle wie hundert andre auch. Aber das symbolhafte Bad, das an Heilbäder erinnert, gemahnt den Kranken, daß hier etwas zu seiner Gesundung vorbereitet wird, er kennt das, ja, ja, es ist ein Bad, gewiß, er ist in einem Kurort. In einem seelischen.

Um sich herum Kranke… »Man fühlt sich nicht so allein in seinem Malheur«, hat einmal ein Krüppel gesagt – Leidensgefährten, Bemitleidende und das Höchste: das Allerheiligste mit dem Erzbischof selbst dem Kranken zu Ehren! Hier wird das Ich groß geschrieben. Mit der äußersten Konzentration kehrt sich der Heilwille nach innen, ringt mit der Krankheit, kämpft: du oder ich!

Und nun ist die große Frage:

Wie weit reicht dieser Heilwille –?

Sieht man von allen Schauergeschichten, von allen Übertreibungen, von allen liederlichen Dokumenten ab, von den Luftblasen, die da aus dem Sumpf hochgurgeln – ein einziger Fall genügte. Ich nehme ihn an. Und damit wäre eben nur erwiesen, daß der Wille des Menschen, dieser allmächtige Wille, dem so viele Weise so verschiedne Namen gegeben haben, daß dieser Wille fähig ist, Veränderungen im Gewebe hervorzubringen. Die Kirche, die sich seit Marx mit dem Sozialismus beschäftigt wie eine Hausfrau mit Wanzenpulver, hat auch Medizin studiert und unterscheidet in ihrer medizinischen Scholastik sehr scharf. »Eine Hysterie kann nur eine Funktion hervorrufen, niemals ein krankes Organ ersetzen.«

Wenn aber ein Fall, ein einziger erwiesen wäre, von demselben Arzt unmittelbar vor und nach der Heilung beobachtet, attestiert, radiographiert –: wenn der erwiesen wäre, dann sind eben die Theorien falsch, denn es ist die Naturerscheinung, nach der die sich zu richten haben, nicht, wie der Theoretiker gern möchte, umgekehrt.

Also doch Unsre Liebe Frau von Lourdes –?

Nein.

Sie ist die Personifikation des menschlichen Willens, dem die Kirche das genommen hat, was sie der Gottheit gab. Innen sitzt es – nicht außen.

So ist es immer gewesen.

Da ziehen sie hin, die Schafe – Walter Mehring hat sie gesehn.

> Durch die Jahrtausende geht ihr Zug
> Mondhell leuchtenden Steißes –
> Immer ein schwarzes, ein weißes –
> Heiliger Nepomuk!

Da ziehn sie hin.

Ich weiß nicht, ob schon wieder deutsche Katholiken nach Lourdes wallfahrten. In großen Zügen tun sie das meines Wissens noch nicht. Sie werden keinen leichten Stand haben. Die französischen Katholiken sind, im Gegensatz zu den deutschen, die wildesten Nationalisten; es gibt zwar keine Pan-Franzosen, und selbst die *Action française* will keinem andern Volk etwas fortnehmen – aber wenn καθ'ὅλον erdballumspannend heißt, so ist das ein Erdball mit Hindernissen. Es ist mir nie klar gewesen, wie ein frommer Katholik dem andern ein Bajonett in den Leib jagen kann – fühlt er nicht, daß es die eklatanteste Religionsverletzung ist, die es gibt? Dafür zum selben Gott gebetet, dasselbe Sakrament verehrt, dieselben Bitten gesprochen, dafür …? Mir sind sämtliche Kunstgriffe der Kriegstheologen bekannt, man kann ja alles beweisen. ›Gebet dem Kaiser, was des Kaisers ist‹ und ›Gehorchet er Obrigkeit‹ – aber in der deutschen Kriegsliteratur zum Beispiel ist doch den Katholiken bei Aufstellung dieser kümmerlichen Sätze nicht so kannibalisch wohl gewesen wie der protestantischen Konkurrenz. Die jungen pazifistischen Katholiken in Deutschland, etwa die Leute um Vitus Heller, werden jedenfalls noch eine schwere Arbeit haben, wenn sie mit diesen französischen Glaubensgenossen zusammentreffen wollen. Denn da katholische Deutsche vor dem Kriege in Lourdes gewesen sind, zum Beispiel Bayern, so ist es theoretisch nicht ausgeschlossen und praktisch mehr als wahrscheinlich, daß Männer, die gemeinsam vor der Kirche das Credo gesungen haben, sich späterhin bis zur Unkenntlichkeit zerfetzt haben, als Soldaten, die sich damit noch brüsten, zum Beispiel Bayern.

Ich weiß sehr wohl, daß im allgemeinen dem deutschen Publikum nicht sehr wohl ist, wenn es gegen die Übergriffe der katholischen Kirche geht. Der Katholik ist dagegen; der Protestant hat Furcht, daß das Feuer auf sein Haupt übergreife, und der Jude sagt: politische Rücksichten und meint: Angst vor dem Antisemitismus. Mit einem kämpferischen freien Geist ist es bei allen dreien nicht weit her.

Die Aufgabe wird einem doppelt schwer gemacht: durch die wanzenplatten Monisten und die unzweifelhaften Verdienste des deutschen Zentrums in der Außenpolitik bis zum Jahre 1924. Aber das soll uns nicht hindern, die Wahrheit zu sagen.

Und sie kann um so leichter gesagt werden, als nur Renegaten und Angsthasen katholischer sind als die Katholiken selbst. Die verlangen nicht, daß man an Lourdes glaube; ich kenne katholische Franzosen, die mit Feuer und Schwert gegen die Trennung von Kirche und Staat kämpfen und über Lourdes mit einem Achselzucken zur Tagesordnung übergehen. Furcht vor dem Kulturkampf ist noch keine Toleranz.

Toleranz! Aber ich habe noch nie erlebt, daß die andern auf unsere Gefühle Rücksicht genommen hätten, etwa, wenn von der Wehrpflicht die Rede ist. Ihnen ist die Sache so selbstverständlich... Weicht nicht immer zurück, falsche Taktiker, Taktiker eurer Niederlagen. Und setzt auch einmal dem, der zugreift, die alte Formel der kirchlichen Druckerlaubnis aufs Heft: Nihil obstat. Imprimatur.

Hier soll kein Wort der persönlichen Verunglimpfung Geistlicher stehen. Die Tatsache bleibt, daß Lourdes Hunderttausenden eine Tröstung und eine Herzstärkung bedeutet. »Aber wenn nun die Leute ungeheilt zurückkommen«, fragte ich einen Abbé, »sind sie da nicht enttäuscht?« – »Im Gegenteil!« sagte er. »Es ist auf alle Fälle eine kräftigende Reise.«

Auf der manche sterben. Denn der Transport so schwer Kranker, die zum Teil gegen den ausdrücklichen Rat der Ärzte reisen und noch stolz darauf sind, ist anstrengend, qualvoll, trotz allem gefährlich. Von der öffentlichen Hygiene dieser nicht immer sauber zu haltenden Massentransporte gar nicht zu reden. Also Schließung? Es gibt keine Regierung, die das wagen dürfte. Es ist zu spät.

Und ich will nun den Frommen zum Schluß alles einräumen: daß es wundertätige Heilungen gibt, daß diese Heilungen von einem Wesen ausgehen, das Jungfrau Maria heißt... Was beweist das –?

Wunder sind eine Reklame. Wunder beweisen nichts für die Richtigkeit eines ethischen Systems.

Und wenn einer aus Feuerland daherkäme und mir das Abbild seines Gottes zeigte und sagte: »Sieh! Er tut Wunder! Er gibt Regen und Sonnenschein! Er heilt die Kranken und fördert die Gesunden! Er schließt die Wunden und trocknet Tränen, er erweckt Tote und trifft mit dem Blitz das Haupt unsrer Feinde! Er ist ein großer Gott!« – spräche er also, so prüfte ich das Gebäude und die Untermauerung seines Glaubens und seiner Metaphysik, seiner Lehren und seiner Sittengesetze.

Und fände ich dann etwa, daß es eine Religion ist, die von ihrem Schöpfer gute Lehren auf den Weg bekommen hat, diesen Schöpfer aber verraten hat um irdischer Güter willen; daß sie die Reichen begünstigt und die Armen mit leeren Tröstungen im Elend geduckt hält; fände ich, daß sie die Tiere nicht miteinbezieht in den Kreis des Lebens, und daß sie klüger ist als fromm, gerissener als weise, politischer als wahrhaftig; daß sie das gute Heidnische im Menschen tötet und den Verkrüppelten sorgfältig bewacht; daß sie gottlose Fahnen in ihren Tempeln aufhängt und segnet, die da töten, und verflucht, die den Staatsmord verhindern wollen – fände ich das alles:

ich schickte den Mann aus Feuerland zurück und pfiffe auf seine Wunder.

Französische Provinz

Das Hotel heißt Hôtel de France, und das Café heißt Café du Commerce; der Bahnhof liegt meistens draußen vor der Stadt, wo die neuen Häuser stehen, als schämte man sich seiner, und von da rumpelt ein Omnibus bis zum Marktplatz. Wenn das Rathaus alt ist, ist es schön, wenn es neu ist, weniger. Am Fuße der Kirche steht eine blecherne, runde

Anstalt. Der Gendarmerie hängt eine rote Fahne zum Halse heraus. Das ist die Schule, das ist die Sparkasse, das ist die Post. Noch etwas? Nein, nichts weiter. Keine Sehenswürdigkeiten, keine historischen Gedenkstätten, keine Aussichtstürme – gelobt seist du, kleine Stadt!

Der erste Eindruck der Dörfer und der ganz kleinen Städte in den Pyrenäen ist: tot. Das macht, die Leute halten die Fenster mit Holzläden geschlossen, die mitunter aus zwei groben Planken bestehen, der Fliegen wegen, des Lichts wegen, damit die Luft auf den Plätzen frisch bleibt… ich weiß nicht. Aber am hellerlichten Vormittag in einen Flecken zu kommen – das ist gespenstisch. Abends gehts noch an: da sitzen die Menschen vor den Türen, spazieren auch wohl herum und gehen vor dem Café auf und ab.

Unter den abendlichen Bäumen warte ich das Menü ab. Ich weiß schon, was da aus den offenen Fenstern herausschmurgelt: eine Suppe mit weichem Brot, ein Scheibchen Wurst als hors und ein Scheibchen Sardelle als d'œuvres, gebratene Fische, Rindfleisch, Huhn, meist beides nacheinander; wenn man dann dem Ersticken nahe ist, eine kräftige Schüssel Gemüse, und ein bißchen Käschen, Obstchen, Nachspeischen und Kaffeechen. Dazu, wenns schief geht, rauchende Salpetersäure; sonst einen angenehmen Landwein.

Da sitze ich nun und lese meinen französischen Roman, in dem unweigerlich vorkommt: »Il huma l'air frais«, dann spiele ich das Nationalspiel – ich versuche, mir mit den Regiestreichhölzern die Zigarette zu verderben: die Streichhölzer sind aus Schwefelwasserstoff und imprägniertem Holz angefertigt – brennen sie nicht, so riechen sie doch schön.

Soll ich in das Syndicat d'Initiative, ins Reisebüro, gehn, das es in jeder Stadt gibt? Sie sind groß an freundlicher Bereitwilligkeit und klein an Bücherbestand, und um Landkarten zu bekommen, muß man wahrscheinlich den Ministerpräsidenten selbst bemühen. Es gibt schöne Karten, aber es gibt sie nicht. Erst habe ich versucht, mich an Hand der Generalstabskarte zurechtzufinden. Wenn die Franzosen mit diesen schwarz besprenkelten Drucken den Krieg geführt haben, so ist das eine ganz große Leistung. Diese Karten sind wohl, wie so viele weibliche Gegenstände im Kriege, nur für Offiziere bestimmt gewesen. Dann habe ich eine Karte entdeckt, die das französische Ministerium des Innern herausgebracht hat, und die ist vollendet: in Druck, Klarheit, Aufmachung. Aber sie ist nirgends zu haben.

Mit dem *Guide Bleu* von Hachette versuche ichs erst gar nicht. Das ist eines von jenen Reisebüchern, deren Verfasser man immer gern bei sich hätte, um sie mit der Nase an alle Mauern zu stoßen, die man einrennen würde, wenn man ihre törichten Ratschläge befolgte. Das Kartenmaterial ist mäßig, die Stadtpläne sind voller Fehler, die Angaben über die Hotels unzuverlässig, die Wegbeschreibungen von entwaffnender Kindlichkeit, das Nachschlageverzeichnis wimmelt von Druckfehlern. Das hübsch ausgestattete Bändchen kostet, in schmiegsames blaues Leinen gebunden, fünfundzwanzig Francs. Nun wird es wohl Zeit zum Abendessen.

Suppe mit weichem Brot, Wurstscheiben und Sardellen, gebratene Fische… schade, daß es kein französisches Wort für ›Mahlzeit!‹ gibt. Man soll nicht undankbar sein: mein Seufzer ist der Tadel eines ächzenden Schlaraffen.

Im Hotel essen die Junggesellen und auch ein paar verheiratete Herren aus der Stadt. Man sieht an ihren Servietten, daß es Stammgäste sind. Sie führen ihre ernsten Gespräche; an den ganz wichtigen Stellen beugen sie sich vor, und ihre Augen sehen umher: Hast du auch nichts gehört –? Ich habe nichts gehört, auch sage ich nichts weiter. Einer präpariert einen Mordsspaß: er legt auf den Platz des Nachbarn, der noch nicht da ist, ein kleines Paketchen neben den Teller. Alle haben es gesehen und schmunzeln. Sagen Sie, sind eigentlich Frauen auch so harmlos und nett miteinander, wenn man sie allein läßt?

Und dann gehe ich auf mein Zimmer.

Das Auge bekommt ein Hotelzimmer für eine Person allein zu mieten – das Ohr nicht. Hotels sind die lautesten Niederlassungen der Menschen. Da, wo die Tür sitzt, ist das Brett einer Streichholzschachtel angebracht, damit man gut hört, wenn nachts der böse Dieb kommt; morgens früh, wenn die Hausdiener krähn, fährt schwere Artillerie im Korridor auf, und nebenan gurgelt sich jemand ausführlich den Rachen. Oben, eine Etage höher, geht ein Gewitter nieder. Man schläft eigentlich mit allen zusammen, wie in einer Scheune. Nein, es ist nicht nur das Ohr. Jedes gute Hotelzimmer hat mindestens drei Türen, damit man sich nicht so allein fühlt – und mindestens drei davon haben Glasscheiben. Dein Licht darfst du auslöschen, das der andern hast du umsonst. Aber das liegt wohl so im Wesen aller Hotels, mit Ausnahme der ganz vornehmen, in denen Boxer, Diplomaten, Verleger und andere feine Leute wohnen, und die französischen sind im allgemeinen nicht eben schlecht. Man muß nicht in alle Küchen gucken, wo man zu Gast ist – ich komme aus der Literatur und weiß das.

Stille. Wenn einen nicht das Sinnloseste stört, das es auf Gottes Erdboden gibt: Hundegebell. Meine Freundin Grete Walfisch hat mir neulich geschrieben: »Kein Hund bellt ohne Grund. Das ist eine alte Bauernregel, die Du ohne vorlaute Bemerkungen anzuerkennen hast.« Sicherlich hat er Gründe. Aber sie gehen mich nichts an, und die Beharrlichkeit, mit der er Löcher in die Stille bau-haut... Ich muß wohl ein schlechter Mensch sein. Ich mag keine bellenden Hunde. Aber man sollte nicht den Hunden einen überziehen, sondern ihren Besitzern, die sie anbinden.

Lärm sackt tief ins Gehirn, das saugt ihn auf wie Löschpapier das Wasser. Zum Schluß ist man ganz durchtränkt mit Lärm, niedergeknüppelt und unfähig, zu denken.

Nebenan brabbeln zwei Stimmen: eine Engländerin spricht und spricht und hört nie wieder auf. Wie kommt es, daß ich sie nicht mag? Daß der Satz: »Ich bin fest überzeugt: ein fluchender Franzose ist ein angenehmeres Schauspiel für die Gottheit als ein betender Engländer« mir aus dem Herzen geholt ist, und daß ich derselben Meinung wie sein Verfasser über den tiefen Grund dieser Abneigung bin: »Ich gestehe es, ich bin nicht ganz unparteiisch, wenn ich von Engländern rede, und mein Mißurtheil, meine Abneigung, wurzelt vielleicht in den Besorgnissen ob der eignen Wohlfahrt... Und jetzt ist England gefährlicher als je, jetzt, wo seine merkantilischen Interessen unterliegen – es giebt in der ganzen Schöpfung kein so hartherziges Geschöpf, wie ein Krämer, dessen Handel ins Stocken gerathen, dem seine Kunden abtrünnig werden und dessen Waarenlager keinen Abzug mehr findet.« Was ist das für eine Orthographie? Das ist die deutsche Orthographie aus dem Jahre 1842, die man auch anwendete, wenn man in Paris saß. Nein, nicht Börne. Der andre. Der andre.

Am nächsten Morgen klettere ich noch ein bißchen umher. An einer Mauer klebt ein altes Wahlplakat, immer, in jedem Dorf, unweigerlich.

»Mes chers concitoyens!« Und nun gehts los. Bis zum heutigen Tag hat noch nie ein Deputierter die Interessen des Distrikts wahrgenommen – das muß anders werden. »Agriculteurs! Qu'a-t-on fait pour vous? Rien. Petits propriétaires! Qu'a-t-on fait pour vous?« Das frage ich mich auch. Aber der Neue wirds ihnen schon besorgen: er ist für Ordnung, Privateigentum, den Schutz der wirtschaftlich Schwachen, die Besteuerung der andern – es ist ganz großartig. Unterschrift: »Jean Lenoir, Ancien Député, Maire de Capotanville, Président de la Ligue pour l'Ordre et la Liberté.« Trommelwirbel. Schade, daß das Plakat der vorigen Wahl nicht noch dahängt. Demokratie in der Praxis ist eine lustige Sache.

Das mit den Wahlplakaten ist übrigens halb so schlimm; die Wahlbeteiligung war nicht schlecht, aber bei den Bauern auch nicht übermäßig stark.

Immerhin ist hier in der Provinz der große Umschwung in der parlamentarischen Politik des Landes vorbereitet worden. Was nachher freilich die Parlamentarier damit anfangen…

In fast allen Pyrenäenstädten herrscht eine weiche, geruhsame Luft, besonders in den hübschesten unter ihnen, die am Anfang der Ebene liegen – freundlich geht es da zu. ›T'en fais pas!‹ ist ein schöner Grundsatz. Bring dich nicht um! Nun, hier bringt sich keiner um.

Ab und zu trifft man auf Fabriken, aber das ist, wenn man von gewichtigen Ausnahmen absieht, nicht gar so erheblich. Die Bedürfnisse der bürgerlichen und bäuerlichen Provinzfranzosen sind nicht groß, viel wichtiger ist ihnen: zu leben. Sie wissen alle, wozu sie da sind, hienieden. Und es ist gar kein Zweifel, daß sie mit solchen Gaben mehr vom Leben haben als jene, die sich abrudern. Alle diese Städtchen, Oloron und Mauléon und Tarbes und St.-Girons und Gaudens und Foix und Perpignan, erinnern mich immer an die Sonntagnachmittage zu Stettin, an denen mein Vater auf dem Balkon saß, eine Pfeife rauchte und auf die Sonntagsausflügler sah, die furchtbar eilige auf den Paradeberg wallen mußten. Er sprach das Wort, das ich von ihm geerbt habe, mehr vielleicht, als gut ist. »Wie sie rennen! Wie sie rennen!« Die Leute in der französischen Provinz rennen nicht. Sie leben.

Man darf nicht übertreiben. Bis zur reinen Idylle geht's doch nicht immer. Wenn ich so bei dem entzückenden Francis Jammes – etwa im *Monsieur le Curé d'Ozéron* – zu lesen bekomme, wie heiter, wie blumig, wie lächelnd-sonnig es in diesen Gefilden zugeht, so überkommt mich ein leiser Zweifel. Ich weiß doch nicht recht… Der *Hasenroman* von Jammes ist eine reizende Idylle, die man gern genießt, im schönen *Dichter Ländlich*, wie die deutsche Übersetzung glücklich genannt ist, geht's noch an – aber dieser gute Curé: das ist ein bißchen viel. Ja, gewiß, auch bei Jammes gibt es wohl schon Zinsen und Kapital und Banken und Ausschweifungen mit wollüstigen Tänzerinnen, aber das liegt weit, weit dahinten… bis nach Ozéron dringt das gar nicht, hier herrscht eitel Herzenseinfalt. Und wenn einmal von jenen anderen Dingen der wilden Welt die Rede ist, dann mit einer so geschickt-linkischen Unbeholfenheit, etwa wie die Kindersprache einer verheirateten Frau, die sich zur Abwechslung ein bißchen niedlich machen möchte, hasche mich, ich bin der Frühling ... Selbst der Böse ist noch lackiert und eigentlich gar kein Böser. Dieses Buch ist stellenweise nicht mit Zucker, sondern mit Sacharin bestreut.

Aber die französische Provinz an den Pyrenäen ist doch nett. Wenn man abends ankommt, verhüllt nur die wohltätige Dunkelheit die dunkle Masse, die da auf dem Marktplatz steht, und sie steht immer da. Das Kriegerdenkmal. Die französischen Kriegerdenkmäler sind nicht weniger schauerlich als die unsern – aber nicht so aggressiv. Oft tragen sie einfach auf einem schlichten Obelisk nur die Namen der Gefallenen ... mir wurde jedesmal heiß, wenn ich das las; welche Listen in den kleinsten Orten! was hat dieses Land gelitten! Wenn sie mehr als das aufgerichtet haben, dann sind sie sentimental und rührend empfindsam. In Mauléon zum Beispiel steht so eine Gedenktafel – und da ist gleich der ergriffne Beschauer mitgemeißelt worden: ein alter Bauer mit einem Kind an der Hand, die sich dem Denkmal grade nähern. Man schämt sich zu lächeln – aber man muß doch. Meistens freilich ragt, besonders vor Kirchen, irgendein Soldat auf, fix und fertig aus der Fabrik, derselbe mit Friedenspalme 2500 Francs, Fracht zu Lasten des Bestellers.

Es sind freundliche Städtchen, und man ist gern in ihnen. Liegen sie weit entfernt vom Brausen der Welt? Aber das ergreift sie ja mit. Wissen sie das? Nein, die meisten Menschen wissen das nicht. Das Neue ist da. Es hat sich nur noch nicht herumgesprochen. So hat das Trotzki formuliert: »Das Alltagsleben setzt sich zusammen aus der angesammelten spontanen Erfahrung der Menschen, es verändert sich ebenso spontan unter der Wirkung von Stößen, die von der Technik ausgehen oder von gelegentlichen Stößen seitens des revolutionären Kampfes, und« – hier sitzt es – »spiegelt in Summa viel mehr die Vergangenheit der menschlichen Gesellschaft als ihre Gegenwart wider.« Und daher wirken diese kleinen Städtchen so idyllisch.

Die Republik, hat ein witziger Franzose gesagt, war nie so schön wie unter dem Kaiserreich.

Paris ist nie so schön wie in der französischen Provinz.

Abschied von den Pyrenäen

Das ist mein Abschied von den Pyrenäen:

Aus Perpignan fährt die Bahn nach der spanischen Grenze – bis Cébère. Da kommt das tiefe Tunneltor, drüben, hinter den Bergkuppen liegt Spanien. Hier stoßen die Pyrenäen an die See.

Schiffer fahren mich auf dem Meer spazieren, wir führen ernste Gespräche und unterhalten uns über die teuern Bodenpreise in Cébère, wo alle Welt Grenzhandel treibt und alle Welt Geld verdient. Und davon reden wir, daß da im Norden Banyuls liegt, wo neulich abend das Kutterboot gekentert ist.

Da fahren wir nun in eine Grotte am Wasser; es ist eine kleine, kümmerliche Höhlung im Stein, das Boot schaukelt zwischen den Felswänden. Hinten brummt dumpf das Wasser – wenn es im Fels rollt, hört es sich an, als ob er einstürzen wollte.

Und mit meinen Händen befühle ich noch einmal, zum letzten Mal, den nassen Stein, den Berg in den Pyrenäen. Ich sehe durch die Erde bis zum andern Ende, bis zum Ozean, nach Hendaye und Bayonne. Höhlen liegen dazwischen – unten in Bétharram steht, fünfzig Meter tiefer unter der Erde, ein Grenzstein mit zwei Tafeln:

Basses-Pyrénées / Hautes-Pyrénées

Es ist die Departementsgrenze. Ordnung muß sein.

Wann wieder, Berge –?

Die Fischer stoßen ab, sie rudern noch ein bißchen um das Kap herum, in die offene See… Und dann sind wir in dem kleinen Häfchen von Cébère. Oben laufen die Zollbeamten auf dem Bahnsteig auf und ab und befühlen die Koffer, und die Gendarmen prüfen die Pässe und tun recht geschäftig und staatserhaltend. Der Zug pustet Rauch aus.

Da verschwinden die Berge im dunstigen Blau, längs der Eisenbahn werden sie immer niedriger, jetzt sind wir wohl schon in der platten, unendlich weiten Ebene. Sieh – eine Station! Palau-del-Vidre. Und die Höhenzahl: 22 m 706 mm über dem Meeresspiegel.

Es ist aus.

Erlöst vom Gebirge – erlöst vom Steigen und Klettern.

In meinem Herzen liegt eine kleine Flocke, eben geboren, ein Ei: Sehnsucht nach den Pyrenäen.

Zugabe. Über Toulouse muß gefahren werden – da kann der kleine Abstecher nur Freude machen. Umso mehr als Toulouse um drei Karat häßlicher ist als Lyon. Reste schöner Architektur stehen museal dazwischen. Unglücklicherweise ist es auch noch Sonntag, und auf den Straßen spazieren: achthundert Francs Monatsgehalt und neuer Sonntagsanzug; kalte Verlobung mit Wohnungseinrichtung; achtundvierzig Jahre Buchführung mit kleiner Pension und eigener Zusatzrente – die Leute wissen nicht recht, was sie mit ihrem freien Nachmittag anfangen sollen, sie gehen so umher: kurz, eine Stadt, wie Valéry Larbaud formuliert, où l'on sent tout l'après-midi une désespérante odeur d'excrément refroidi. Also: Albi.

Als ich abends ankomme, liegt der Ort grade in tiefem Dunkel, nur am Gefängnis brennt einladend eine kleine Laterne. Es muß doch nicht leicht sein, ein Elektrizitätswerk zu leiten. Im Hotel brennt eine Kerze auf einem Tisch. Ich trete in die Tür, strahlendes Licht flammt auf – kein schlechter Auftritt. Im Speisesaal tagt noch eine schöne Tabled'hôte, dieser Kotillon der Mahlzeiten. Alle Provinzherren stopfen sich die Servietten in den Hals und werden nun hoffentlich gleich rasiert.

Am nächsten Morgen gehe ich langsam durch die gewundenen Straßen, an den Häusern de Guise und Enjalbert vorüber, zwei Renaissancebauten mit herrlichen Portalen.

Da steht die Kathedrale.

Ich bin kein weitgereister Mann und kann nicht nachlässig hinwerfen: »Das Haus des Dalai-Lama in Tibet erinnert mich an der Nordseite an die Peterskirche in Rom...« Diese Kathedrale in Albi hat mich an gar nichts erinnert – doch: an eins. An Gott. Ihr Anblick schlägt jeden Unglauben für die Zeit der Betrachtung knock-out.

Wie ein tiefer Orgelton braust sie empor. Sie ist rot – die ganze Kirche ist aus rosa Ziegeln gebaut, und sie ist eine wehrhafte Kirche, mit dicken Mauern und Türmen, ein Fort der Metaphysik. Hier ist der Herrgott Seigneur in des Wortes wahrster Bedeutung. Ihr Bau wurde im dreizehnten Jahrhundert begonnen, ihr Stil ist so etwas wie eine Gotik aus Toulouse. Der riesige Turm verjüngt sich nach oben, seine Fenster werden immer kleiner und täuschen eine Höhe vor, die in Wirklichkeit gar nicht da ist. Ach was... Wirklichkeit! Diese Kathedrale ist nicht wirklich. Sie ist, im Gegensatz zu den Ereignissen in Lourdes, ein wahres Wunder.

Und rosa schimmern die Bischofsgebäude, die danebenstehen, der Himmel nimmt eine rosa Färbung an –

Innen ist die Kathedrale nicht so schön, es gibt zwar gute Einzelheiten, aber es ist eben eine hohe Kirche, deren Raum man leider aufgeteilt hat. Ich trete wieder heraus und gehe zwergenhaft von allen Seiten an dieses Monstrum heran. Es ist zum Erstarren.

Die Gärten des erzbischöflichen Schlosses liegen im Herbstlaub, mit rosa Ziegel als Fond. Von drüben schimmert der Fluß, le Tarn, ich sauge das alles in mich auf.

Im erzbischöflichen Schloß ist ein Museum, eine Bilderausstellung; ach, wer wird denn das jetzt sehn wollen! Aber da fällt mein Blick auf ein kleines Ausstellungsplakat... Ich muß mich wohl verlesen haben. Nein. »La Galerie de Toulouse-Lautrec.«

Toulouse-Lautrec? Hier? Im Bischofsschloß? Hier im Bischofsschloß. Und da stak ich nun den ganzen Tag.

In Albi ist Toulouse-Lautrec geboren, in Albi ist er gestorben (1901). Und ihm zu Ehren haben sie diese Ausstellung in drei Sälen zusammengebracht. Da hängen:

Die großen Plakate mit Aristide Bruant, das rote Tuch verachtungsvoll-königlich um den Hals; La Goulue, die die Beine wirft, daß man ihr in eine Wäscheausstellung sehen kann; ein altes Schwein, das sich über ein junges Gemüse beugt; die harten Fressen strahlend blonder Luder; der Urgroßvater des Jazz: Cake-walk in einer Bar; ein Kostümball, auf dem Börsenmakler als Marquis Posas mit Pincenez zahlend amüsiert schwitzen; ein kalkiger Jüngling auf grauem Karton, ein schlaffer, käsiger Mensch, sein ganzes Leben ist auf den paar Quadratzentimetern aufgezeichnet – und Yvette.

Yvette Guilbert, saluant le public. Ich bin kein Bilderdieb – außerdem ist das Bild zu groß gewesen. Sie stand da, den Oberkörper etwas vorgebeugt, und stützte sich mit einer Hand am zusammengerafften Vorhang. Die langen schwarzen Handschuhe laufen in Spinnenbeine aus. Sie lächelt. Ihr Lächeln sagt: »Schweine. Ich auch. Aber die Welt ist ganz komisch, wie?« Durchaus »halb verblühende Kokotte, halb englische Gouvernante«, wie Erich Klossowski sie charakterisiert hat. Es ist da in ihr ein Stück Mann, das sich über die Frauen lustig macht, selber eine ist, durchaus – und ganz tief im Urgrund schlummert ein totes, kleines Mädchen. Dieser Mund durfte alles sagen. Und er hat alles gesagt.

Und auf jedem zweiten Blatt immer wieder das Theater –

das Theater, das Toulouse-Lautrec mit Haßliebe verfolgt hat, ausgezogen, wieder angezogen, abgeschminkt, geküßt, geschminkt und verhöhnt hat. Weiche Mimen legen vor einem Spiegel Rouge auf; ist das eine lächerliche Profession, sich abends, wenn die Lampen brennen, in schmutzigen, kleinen Ställen Butter ins Gesicht zu schmieren! Da liegt eine Palette, dort ein Lithographiestein mit dem Bart Tristan Bernards. Spitze Schreie steigen von diesen Blättern auf, Brunst, Inbrunst, Ekel, Genuß am Ekel, in der vollendeten Verkommenheit liegt der Ton auf vollendet.

Ein weher Mund sieht dich an, sah ihn an – alles andere in diesem Frauengesicht ist dann dazugeworfen, wegen dieser Lippen ist er gezeichnet. Zarte Pastellkartons: ein weißes Jabot ist so auf Grau gesetzt, daß man den hauchdünnen Stoff abheben kann, und alle ernsthaften Bilder zeigen, was dieser Mann an technischem Können, an Fleiß, an Gewissenhaftigkeit des Handwerks in sich gehabt hat. Den Ungarn, die ihm heute in Paris frech nachschmieren, sollte man ihre Blätter um die Ohren wischen – es genügt eben nicht, in ein ›Haus‹ zu gehen und grinsend zu kolportieren. Ah, davon ist hier nichts.

Tierstudien sind da, von einer Einführung in die Form, Porträts, kleine Landschaften… und immer wieder Pferde, deren Bewegung er so geliebt hat. Dazwischen alte Kanaillen, mit halbentblößter Brust; wie haargenau sind die Quantitäten von Verfall, gesundem Menschenverstand, ja selbst von so etwas wie anständigem Herzen ausbalanciert…! Eine hat etwas Mütterliches. Und ein ganzer Salon ist da, der große Empfangssalon im Parterre, da sitzen die Damen, bevor sie nach oben steigen. Ein Salon –? Es ist der

Salon. Die Totenmarie und die Stupsnase und das dicke, hübsche Mädchen, und die Gleichgültige und die, die ewig nackt umherläuft... Und das Schönste von allem: *Étude de Femme 1893*. Ein junges Ding läßt frierend das Hemd gleiten, eine Brust sticht gespitzt in die Luft. Ein herbstlicher Frühling.

Drum herum Gemälde. Zweimal: seine Mutter. Porträts des Malers, Porträts anderer: ein bärtiges Gesicht mit Kneifer und aufgeworfenen Lippen. Einmal eine Verspottung seines verwachsenen Körpers.

Er ist in Albi geboren und gestorben. Wo?

Die Straße heißt heute rue de Toulouse-Lautrec, es ist das Haus Nummer 14. Außen eine glatte Front, eine hohe verschlossene Tür... Sein Vetter, der Doktor Tapie de Céleyran, empfängt mich.

Es ist ein älterer Herr mit schwarzem Käppchen auf dem Kopf: er führt mich ins Allerheiligste. Da liegt in Kästen das Œuvre Lautrecs: die Lithographien, die Originale und viel Unveröffentlichtes. Und er zeigt mir eine Geschichte, die der Knabe illustriert hat – seltsam gemahnen die angetuschten Federzeichnungen an Kubin. Er hat so viel gearbeitet... Und ich bekomme zu hören, daß die Familie und der Hauptverwalter des Nachlasses, Herr Maurice Joyant in Paris, der an einem großen Werk über den Maler arbeitet, seine Einschätzung durch das Publikum nicht lieben. »Er ist nicht nur der Zeichner der Dirnen gewesen, des Zirkus, des Theaters –! Er hat so viel andres gekonnt!« Zugegeben, daß sich ein Teil seiner Bewunderer stofflich interessieren. Aber hier liegt das Einmalige des Mannes, der bittere Schrei in der Lust, der hohe, pfeifende Ton, der da herausspritzt... Daß dahinter eine Welt an Könnerschaft lag, wer möchte das leugnen –! Und daß Toulouse-Lautrec kein wollüstig herumtaumelnder Zwerg war, oder ob er es war… gebt volles Maß! Und wir scheiden mit einem Händedruck.

Nachmittags bekomme ich im Museum zu sehen, was nicht ausgestellt ist: Entwürfe über Entwürfe, hingehuschte Skizzen, Angefangenes, Wiederverworfenes und Schulhefte, in denen die lateinischen und griechischen Exerzitien ummalt sind von Girlanden und Figuren. Da ist die Feder träumerisch übers Papier geglitten, weit, weit weg von Cicero und hat Pferde im Sprung aufgefangen, Füchse… die Männerchen, die der hier gemalt hat, sind schon kleine Menschen.

Und als der freundliche Konservator alles wieder zusammengepackt hat, gehe ich noch einmal in die hohen Zimmer und nehme Abschied, von Yvette Guilbert, von den zarten Farben und von dem dröhnenden Schlag eines Spazierstockgriffs auf einen Sektkühler. Es gibt das alles nicht mehr; man ist heute anders unanständig. Mit der Zeit – das geht so schnell! – sinken Gefühle zu Boden, optische Anspielungen, nur von denen einmal verstanden, die sich mitgekitzelt fühlten. Vor manchem stehe ich nun und kann es nicht mehr lesen. Aber ich verstehe es mit dem andern Nervensystem, dem Solarplexus – es springt da etwas über, von dem ich nur weiß, daß es zwinkernd, züngelnd und doch nicht verrucht ist. Es ist das Knistern, das entsteht, wenn sich Menschen berühren: Haßknistern, Spott… und eine etwas lächerliche Formalität. Die Liebe after dinner.

Von Albi sehe ich dann gar nichts mehr. Oder wenigstens: ich habe alles vergessen. Ich weiß nur noch, daß ich in eine

Flaschenfabrik hineingehen wollte, wie mögen wohl Flaschen gemacht werden, dachte ich – und da standen zwei ältere Arbeiter vor dem Portal. Sie sagten: »Heute nicht.« – »Warum nicht?« fragte ich. »Es wird gestreikt«, sagten sie, »Marokko.« Nun, es war das ein Teilstreik, und sie wußten das auch sehr genau. Sie sagten, es nütze ja doch nichts. Ich schwieg – denn ich bin in Frankreich. Aber ich wußte: es nützt immer. Nichts ist verloren. Es ist ein Steinchen, wenn ein paar Fabriken gegen den Staatsmord protestieren, wenn sie nicht mehr wollen, wenn die Arbeiter ihre Söhne nicht mehr hergeben wollen...

Und dann fuhr ich nach Toulouse zurück. Da wohnte noch jemand, den ich zu besuchen hatte.

Eine alte Dame empfing mich in ihrer Wohnung, die in einer stillen Straße liegt. Die Comtesse de Toulouse-Lautrec ist heute vierundachtzig Jahre alt. Sie geht langsam, sie ist frisch, freundlich, gut. Da kam sie auf mich zu, sah mich durch ihre Stahlbrille an... und dann begann sie von ihrem Sohn zu sprechen.

Sie spricht von seiner Jugendzeit, als er so fleißig in Paris gelernt hat; von seinem festen Willen, und –: »Er war ein so guter Schwimmer, wissen Sie!« sagt sie. Nur eine Mutter kann das sagen. Und nun wird sie lebhafter und macht mich auf die Kohlezeichnungen aufmerksam, die da hängen: die Köpfe zweier alter Damen, es sind die Großmütter Lautrecs. Wieder sehe ich:

In der Kunst gibt es kein Mogeln. Der Mann war in seiner Ausbildung ein Handwerker, ein Akademiezeichner wie Anton von Werner, und auf diesem Grunde hat er gebaut. Wissen die Leute, daß George Grosz zeichnen kann wie ein Fotograf? Man kann nur weglassen, wenn man etwas wegzulassen hat. Mogeln gilt nicht.

Und die Mutter zeigt kleine Bildchen, Illustrationen zu einem Werk Victor Hugos, niemals vollendet; der Verleger machte Geschichten, und Lautrec zerriß langsam das Bild, das er grade unter den Händen hatte. Und ein Album mit den ungelenken Zeichnungen des Knaben, schon sieht hier und da etwas andres heraus als nur die Kinderhand, die das Zeichnen freut.

Und sie spricht von seinem Leben und erzählt seine kleinen Schulgeschichten. Wie er stets gearbeitet hat... »Ich bin immer nur ein Bleistift gewesen, alle meine Tage«, hat er einmal von sich gesagt – und wie er niemals ohne sein Notizbuch ausging, in das er eine Unsumme von Details aufzeichnete; wie er lebte, und wie sie ihn doch nicht lange gehabt hat. Er starb mit siebenunddreißig Jahren. Zum Schluß, als er so krank gewesen ist, hat sie eine Reise nach Japan mit ihm machen wollen; er liebte Japan, da hängt noch ein japanischer Druck, den er sich gekauft hat. Aus der Reise ist nichts mehr geworden. Und die alte Dame sagt: »Il est si triste d'être seule.«

Und dann gehe ich von der, die diesen Meister geboren hat.

Wenn Er bläst: wird das Jüngste Gericht gerechter sein als die Verwaltungsbehörden auf Erden, die sich für Gerichte ausgeben? Wenn Er bläst, wird auch dieser kleine, etwas vornehme Mann erscheinen. »Henri de Toulouse!« ruft der Ausrufer. »Huse –« macht es. »Lautrec!« ruft der Ausrufer. »Meck-meck!« – lachen die kleinen Teufel. Da steht er.

»Warum hast du solch einen Unflat gemalt, du?« fragt die große Stimme. Schweigen.

»Warum hast du dich in den Höllen gewälzt… deine Gaben verschwendet… das Häßliche ausgespreizt – sage!«

Henri de Toulouse-Lautrec steht da und notiert im Kopf rasch den Ärmelaufschlag eines Engels.

»Ich habe dich gefragt. Warum?«

Da sieht der verwachsene, kleine Mann den himmlischen Maler an und spricht:

»Weil ich die Schönheit liebte –« sagt er.

Dank an Frankreich

> »Ich vermisse von Ihnen noch immer den hemmungslosen und kritiklosen, tiefen und erlösenden Aufschrei über das unendliche Glück, in Frankreich leben zu dürfen.«
>
> *Aus einem Freundesbrief*

Der lange D-Zugwagen schaukelt sanft von der Gare d'Austerlitz bis zur Gare d'Orsay. Ohne Ruck hält er. Das weiße Deckchen auf dem Polster ist verrutscht, ich streiche es sorgsam glatt. Und steige aus.

Da rollt und flimmert Paris. Die kleinen roten Lampen an den Autos glitzern wie funkelnde Rubine, die Hupen gellen, hinterher seufzen sie so sonderbar erschöpft auf; der kleine Nebenton sagt: Guten Tag! – Guten Tag, sage ich.

Und da gehe ich ganz allein über die Brücken der Seine und sehe, wie die Ausstellung noch immer illuminiert ist und wie der Concorde-Platz im bleichen Licht daliegt, auf ihm die Inselchen der rollenden Wagen... Guten Tag.

Und jetzt, wo niemand es hört, bewegen sich ganz leise meine Lippen, eine warme Welle schießt mir zum Herzen auf, und ich sage: Dank.

Dank, daß ich in dir leben darf, Frankreich. Du bist nicht meine Heimat, und ich bin kein alter Franzose, der auf einmal kein Deutsch versteht. Ich habe deine Kinderverse nicht auswendig im Kopf, ich muß mir erst vieles übertragen; nicht bei dir habe ich Männerchen auf die Zäune gemalt und eine lange ungehörige Zeichnung auf das Häuschen an der Ecke. Nicht bei dir bin ich verliebt durch die Straßen gelaufen, mit einem kleinen Brief in der Brusttasche und einem großen Schauder über dem Rücken... Keine Ecke sagt: hier bist du einmal... kein Haus sagt: hier oben hat sie einmal... Und doch bin ich bei dir zu Hause.

Du warst gastlich vom ersten Tage an. Du hast niemals den Fremden verspottet, wenn er Vokabeln, Bräuche, Stadtviertel verwechselte. Du hast dich nie gespreizt, du hast dich nie versagt. Wer dich zu suchen ausgeht, kann dich finden.

Du siehst von außen mitunter besser aus, als du bist – in einer Parfumfabrik riecht es nicht immer sehr gut. Du liegst in Europa, man kann dich nicht losgelöst von Europa betrachten, und du bekommst es nun zu fühlen, daß du dazugehörst, auch wenn du dich einen Teufel um das Fremde scherst. Ich kann nicht zu allem, was hier geschieht, ja sagen. Auch du hast deine Justiz, deine Verwaltung, deine Eisenhüttendirektoren und deine Arbeiter... Das ist deine Sache.

Darüber schwieg ich stets – aus Liebe. Und ich bekam es von zu Hause nicht schlecht zu hören: Franzosenliebling,

Französling, landfremdes Element, Undeutscher. Und von andern bekam ich nicht schlecht zu hören: er lobt nicht alles, was in Paris geschieht – er versteht nichts von dieser himmlischen Stadt. Nein, ich lobte nicht alles in dieser himmlischen Stadt.

Aber heute abend, wo ich auf der Brücke stehe und ins strahlende Wasser sehe, heute abend, wo ich wieder da bin und diese feine, graue Luft einatmen darf, das Brausen der Stadt höre, die Laute, die ich kenne und zutiefst fühle – heute abend laß mich dir danken.

Ja, du hast das größte Glück gegeben, das eine Umgebung verleihen kann. Lieben kann man überall, Geld gewinnen kann man überall, das äußere Wohlsein erreichen kann man überall. Aber um nichts glücklich sein, durch die Straßen streichen und die Häuser mit dem Blick umfangen: Gott sei Dank, daß ihr alle da seid! zum Nachbar ja sagen, immer nur runde Ecken vorfinden, betrunken sein, weil man diese Luft einatmet: das kann man nur bei dir. Deine Vergnügungen sind es nicht, deine Frauen sind es nicht, deine Kunstwerke sind es nicht. Nichts ist es und alles zusammen – du bist es. Und deine Menschen sind es.

Oft, wenn wir an die Frage kamen: »Und Sie sind… Engländer?« und ich sagte dann das Wort, dann entstand eine winzig kleine Pause, und eine Welt war in der Stille. Eine Welt von vier Jahren. Aber nie, nie, nie mehr als das – nie ein böses Wort, nie eine heftige Anspielung, ein Versuch, den Krieg nun noch einmal unter vier Augen zu gewinnen. Wer nicht mit Deutschen umgehen will, tut es nicht. Wer sich über den Nationalkram hinwegsetzt, tut es. Die Majorität ist neutral und hat Herzenstakt.

Und es sind besonders ›die kleinen Leute‹, die so liebenswert sind – Gevatter Epicier und Handschuhmacher, Herr Un Tel, Herr Chose, Herr Machin. Sie denken mit dem Herzen, sie fühlen mit dem Kopf, es sind vor allen Dingen einmal Menschen – on s'arrange. Ja, es gibt sogar höfliche Polizeikommissare.

Manchmal habe ich fast vergessen, wie gut ichs hatte. Es begann, selbstverständlich zu sein, und ich fing an, undankbar zu werden. Ich will das wieder gutmachen.

Ich habe mich nicht in dir verloren – ich habe mich wiedergefunden, wenn ich mich verloren hatte. Du hast gegeben und gegeben, geliehen und verschenkt... ich war so arm. Ich bin so reich. Und nun gibt es keine Vorbehalte mehr, keine Kritik und keine Betrachtungsweisen –: da stehe ich auf der Brücke und bin wieder mitten in Paris, in unser aller Heimat. Da fließt das Wasser, da liegst du, und ich werfe mein Herz in den Fluß und tauche in dich ein und liebe dich.   1927

Koffer auspacken

In der Fremde den Koffer auspacken, der etwas später gekommen ist, weil er sich unterwegs mit andern Koffern noch unterhalten mußte: das ist recht eigentümlich.

Du hast dich schon ein bißchen eingelebt, der Türgriff wird leise Freund in deiner Hand, unten das Café fängt schon an, dein Café zu sein, schon sind kleine Gewohnheiten entstanden... da kommt der Koffer. Du schließt auf –

Eine Woge von Heimat fährt dir entgegen.

Zeitungspapier raschelt, und auf einmal ist alles wieder da, dem du entrinnen wolltest. Man kann nicht entrinnen. Ein Stiefel guckt hervor, Taschentücher, sie bringen alles mit, fast peinlich vertraut sind sie dir, schämst du dich ihrer? Wie zu nahe Verwandte, denen du in einer fremden Gesellschaft begegnest; alle siezen dich, sie aber sagen dir: Du –! und drohen am Ende noch, sprichst du mit einer Frau, schelmisch mit dem Finger. Das mag man nicht.

Wer hat den Koffer gepackt? Sie? Eine warme Welle steigt dir zum Herzen empor. So viel Liebe, so viel Sorge, so viel Mühe und Arbeit! Hast du ihr das gedankt? Wenn sie jetzt da wäre... Sie ist aber nicht da. Und wenn sie da sein wird, wirst du es ihr nicht danken.

Die Sachen im Koffer sprechen nicht die Sprache des Landes, nicht die Sprache der Stadt, in der du dich befindest. Ihre stumme Ordnung, ihre sachliche Sauberkeit im engen Raum sind noch von da drüben. Da liegen sie und sprechen schweigend. Mit etwas abwesenden Augen stehst du im Hotelzimmer und erinnerst dich nicht... nein, du bist gar nicht da – du bist da, wo sie herkommen, atmest die alte Luft und hörst die alten, vertrauten Geräusche... Zwei Leben lebst du in diesem Augenblick: eines körperlich, hier, das ist unwahrhaftig; ein andres seelisch, das ist ganz wahr.

Ein Mann, der sich lyrisch Hosen in den Schrank hängt! Schämen solltest du dich was! Tuts ein Junggeselle, dann geht es noch an; mit sachlich geübten Händen baut er auf und packt fort, glättet hier und bürstet da... Ein Verheirateter, das ist immer ein bißchen lächerlich; wie ein plötzlich selbständiges Wickelkind ist er, ohne Muttern, etwas allein gelassen in der weiten Welt.

Der Bademantel erinnert nicht nur; in seinen Falten liegen Stücke jener andern Welt, aus der du kamst. Das ist schon so. Aber faltest du ihn auseinander, dann fallen die Stücke heraus, verflüchtigen sich, auf einmal hängt er vertraut und doch fremd da, ein gleichgültiger Bademantel, den das Ganze nicht so sehr viel angeht... Und da ist etwas praktisch zusammengerollt, hier ist ein besonderer Trick des Packens zu sehn, hast du die Krawatten gestreichelt, alter Junge? Als ob du noch nie gereist wärst!

Leicht irr stehst du im Zimmer, in der einen Hand einen Leisten, in der andern zwei Paar Socken, und stierst vor dich hin. Gut, daß dich keiner sieht. Um dich ist Bäumerauschen, ein Klang, Schmettern dreier Kanarienvögel und eine Intensität des fremden Lebens, die du dort niemals gefühlt hast. Tropfen quillen aus einem Schwamm, den du nie, nie richtig ausgepreßt hast. So saftig war er? Hast du das nicht gewußt? Zu selbstverständlich war es, du warst undankbar – das weißt du jetzt, wo es zu spät ist.

Eine Parfumflasche ist zerbrochen, das gute Laken hat einen grünlichen Fleck, ein Geruch steigt auf, und jetzt erinnert sich die Nase. Die hat das beste Gedächtnis von allen! Sie bewahrt Tage auf und ganze Lebenszeiten; Personen, Strandbilder, Lieder, Verse, an die du nie mehr gedacht hast, sind auf einmal da, sind ganz lebendig, guten Tag! Guten Tag, sagst du überrascht, ziehst den alten Geruch noch einmal ein, aber nach dem ersten Aufblitzen der Erinnerung kommt dann nicht mehr viel, denn was nicht gleich wieder da ist, kommt nie mehr. Schade um das Parfum, übrigens. Die Flasche hat unten ein häßlich gezacktes Loch, es sieht fast so aus, wie etwas, daraus das Leben entwichen ist...

Also das ist dummer Aberglaube, es ist ganz einfach eine zerbrochene Flasche.

Unten, auf dem Boden des Koffers, liegen noch ein paar Krümel, Reisekrümel, Meteorstaub fremder Länder. Jetzt ist der Koffer leer.

Und da liegen deine Siebensachen auf den Stühlen und auf dem Bett, und nun räumst du sie endgültig ein. Jetzt ist das Zimmer satt und voll, fast schon ein kleines Zuhause, und alle Erinnerungen sind zerweht, verteilt und dahin. Noch ein kleines – und du wirst dich auf deiner nächsten Station zurücksehnen: nach diesem Zimmer, nach diesem dummen Hotelzimmer. 1927

Auf der Reeperbahn nachts um halb eins

Im ›Grenzfaß‹, da, wo Preußen an Hamburg stößt, gibt es morgens um halb fünf eine herrliche Hühnerbrühe, die gut tut, und nun tanzen sie nicht mehr, nirgends – nun hat es sich ausgetanzt. In der ›Finkenbude‹ dürfen sie auch nicht schlafen – sie dürfen überhaupt nicht mehr in den früheren Logierhäusern schlafen, fast nirgends mehr – die Kommunalbehörden haben das aufgehoben, Gott weiß, warum. In der ›Finkenbude‹ (Finkenstraße) war, als wir eintraten, jener schnelle kühle Luftzug durch das Lokal geflitzt, der immer hindurchzuziehen pflegt, wenn Leute eintreten, die da nichts zu suchen haben – telepathisch geht ein unhörbares Klingelzeichen durch den Raum: »Achtung! Polente!« Und dann sehen die Leute so unbefangen drein, und die Kartenspieler spielen so eifrig und so harmlos, und alle sind so beschäftigt... Mit vielen »Hähäs« setzte uns ein langer Berliner auseinander, daß er nun bald wieder Arbeit auf einem Schiff annehmen würde... »Denn, nicha, Herr Wachtmeister – schöne Aussicht hier – was?« Gott weiß, was sie da kochten...

Im chinesischen Restaurant sangen sie beim Tanzen, die ganze Belegschaft, einstimmig und brausend – eine kleine Blonde hatte eine Kehle aus Blech – es klang wie aus einer Kindertrompete. Südamerikaner tanzten da und Siamesen und Neger. Die lächelten, wenn die kleinen Mädchen kreischten. Ich suchte, ob die Somali von Hagenbeck Vertreter entsandt hätten – aber so schön war hier niemand...

Im ›Hippodrom‹ trabten die Pferde für zwanzig Pfennig, und wenn man eine Mark aufwendete, durfte man sie galoppieren lassen; der Stallmeister drehte sich unentwegt um sich selbst, als stände er auf einer rotierenden Scheibe, und wippte mit der Peitschenschnur, die er manchmal aufknallen ließ... Die Pferde hatten müde, traurige Augen, weil sie nachts hier unten, ein paar Kellerstufen unter dem Trottoirpegel, herumlaufen mußten, ohne jemals ans Ziel zu kommen... Es waren nicht nur Nachtbräute da, auch Tagesdamen und Familien mit Schwägerin, Tante und Großmama, denn es war Sonnabend.

Da, an der Ecke, wollte uns der Portier hineinlocken – die Damen seien alle in Schwimmhosen, versicherte er. Aber das konnten wir uns gar nicht vorstellen...

Und in der rechteckig gewinkelten kleinen Gasse, die auf beiden Seiten durch Tore abgeriegelt war, standen und latschten viele junge Leute; und vor dem Eingang, an der Kleinen Freiheit, stand ein Zettelverteiler von der Deutschen Mitternachts-Mission und sprach die jungen Leute an: Hier, in den Häusern mit den verschlossenen Fensterläden hätten sie nichts zu suchen... »Was suchen Sie hier?« stand auf seinen Traktaten. Um den Redner herum standen zwanzig Menschen, und wenn sie ihn angehört hatten, gingen sie alle, einer nach dem andern, durch das Tor.

So leid es mir tut:

Sankt Pauli ist sehr brav und fast gut bürgerlich geworden. Der stöhnende Trubel der Inflation ist dahin; und es gibt keine ›Sailors‹ mehr, die vier Monate auf dem Meer mit dem Schiffszwieback und den Ratten und dem Kapitän allein waren, und vier salzige Monate lang keine Frau mehr gesehen hatten; und es gibt nicht mehr diese tobenden Nächte und nicht die bunten Verbrechen... Oder liegt es an uns, an unsern Augen –?

Menschen sind romantisch. Gegenstände sind es nicht. Die Romantik liegt im Auge des Beschauers.

Sieh die jungen Leute an, die da mit ihren Mädchen Sankt Pauli durchziehen – es ist ganz unleugbar, daß der Sport auch hier Wellen schlägt. Das sind neue Leute, unromantisch auch sie. Die älteren haben den Krieg gesehen, und alle die Inflation, und sie wundern sich so leicht nicht mehr. Bei aller Naivität: es wundert sie so leicht nichts mehr. Der Schauer vor dem ›Laster‹ ist dahin, und die Geheimnisse und vieles andere noch. Kühler sind die Augen, härter die Falten um den Mund, kälter und glatter die Gesichter. Die Polizeirapporte sind nüchterner –. Und es ist gut so.

Denn ich wünschte, daß wir die Reeperbahn, nachts um halb eins, so ansehen, wie man gesellschaftliche Vorgänge jeder Art nun einmal ansehen soll: sachlich, kühl, möglichst unromantisch – klar. Mit den Geschlechtskrankheiten ist es erst besser geworden, seitdem man ohne Schauer, ohne dummes Grinsen, ohne moraltriefendes Gewäsch davon und darüber sprechen darf – das ist mühsam erkämpft worden, aber es hat genützt. Tausende sind so bewahrt worden – Hunderttausende leichter geheilt. So soll man auch soziologische Vorgänge: Prostitution, Arbeitslosigkeit von Angehörigen der Handelsmarine; Konzessionsentziehungen; Zwistigkeiten zwischen Leuten, die unter Polizeiaufsicht stehen, und der Polizei; Wohnungsnot; Alkoholkonsum; Vergnügungsbetrieb –: kurz, Sankt Pauli – so soll man auch dies sachlich betrachten. Man kommt weiter damit. (Und das ist mit dem Nationalismus nicht anders.)

Längst bin ich aus Altona fort – ich stehe auf dem nächtlich leeren Gänsemarkt zu Hamburg und sehe eine kleine enge Gasse herunter, die brav und bieder geworden ist, seitdem sie die öffentlichen Häuser hier geschlossen haben. Niemand steht dort mehr in den Haustüren und winkt; wenn man herunterging, plapperte die ganze Gasse mit einem Male. »Na Kleiner! Komm! Dich kenn ich doch noch aus Honolulu!« Ich war niemals in Honolulu… es muß eine Personenverwechslung vorliegen… In meinen Ohren klingt noch wirre Musik von der Reeperbahn, nachts um halb eins. 1927

Das verzauberte Paris

Im August ist Paris die zweithäßlichste Stadt der Welt: staubig, heiß, stickig, grau und reizlos. Auf den Boulevards kann man manchmal auch einen Franzosen sehen – der ist dann aus Algier und sieht auch so aus. Die Original-Franzosen sind in Trou-sur-Mer und werden dort mit Flintenschüssen empfangen. ›Nepp‹ heißt: le coup de fusil – es gibt in Paris an der Kirche Saint-Philippe-du-Roule ein Restaurant, das gleich schießt. Und in diesem Sommer hats immerzu geregnet, immerzu, und dazwischen war es heiß, und hochmütig sahen die gerippten Flächen der geschlossenen Fensterläden auf uns herunter, die wir im Staube krochen... Auf einmal war alles ganz anders.

Heute ist Mariä Himmelfahrt, und über Nacht ist der Herbst gekommen. Ah, noch nicht der mit den gefärbten Blättern und den jagenden Wolken und den Windstößen an der Ecke – wir sind ja erst im August. Aber es gibt einen Anfang des Herbstes, den spürt man in der Luft; es hat da so einen kleinen Ruck gegeben – ›knack‹ hat es in der Natur gemacht, und nun ist auf einmal kein Sommer mehr, nun ist da etwas Neues.

Die Luft steht still.

Die Bäume stehen still und rühren sich nicht in der milden, schon eine Spur herben Sonne. Sie warten. Alles wartet auf etwas. Die Schatten im Laub sind dunkler, die Schatten in den Mauerwinkeln, wo die Spatzen wohnen, sind schwärzer, das Licht goldener, die Luft blauer, härter, klarer. Es beginnen die Spätsommertage, jene Tage, die man festhalten möchte, und bei denen man nicht genau weiß, wo

der Sommer aufhört und der Herbst beginnt... Schon...?
Schon.

So ein Tag ist das also heute.

Paris ist leer. Seit Sonnabend mittag sind nun selbst die ausgeflogen, die nicht an die See, nicht ins Gebirge gereist sind: sie haben den halben Sonnabend, den ganzen Sonntag und den ganzen Montag, der ein Feiertag ist. Paris ist leer. Paris ist verzaubert.

Man kann die großen Boulevards hinuntergehen; da sind noch einige Menschen, auch noch Wagen... Aber die langen Avenuen meiner Lieblingsviertel sind leer geblasen – man kann sich durch das Siebente träumen und durch das Achte – man kann auf dem Fahrdamm stehenbleiben und einer Katze zusehen, die hochmütig an der Tür sitzt, eine Concierge auch sie – aber sie zeigt viel weniger Interesse für ihre Mieter als die geschäftige Frau, die in jedes pariser Haus diesen Schuß von Kleinerleuteluft, Klatsch, Gemüsekram und Polizeispitzelei hineinträgt... Guten Tag, Katze. Hört nicht.

Leer ist Paris.

Die Stadt sieht straßenweise aus wie die alten Aufnahmen aus dem Kaiserpanorama unserer Jugendzeit, vor denen man sich immer gefragt hat, wann in aller Welt sie denn wohl aufgenommen sein mögen. Gibt es so leere Straßen –? Es gibt sie – und nicht nur um sieben Uhr morgens – nein, jetzt, am hellichten Tage, mittags um zwölf Uhr ist es hier fast überall wie auf dem Dorf. Da gehen Frauen einkaufen, und sauber gewaschene Paare tragen neue Handschuhe und unwahrscheinliche Halbschuhe spazieren, und alle jungen Männer haben viel zu hohe Kragen, und sie sind sehr glücklich.

Unter der Erde, in der Métro – kein Mensch. Leer rollen die Wagen dahin, fast unnütz. Viele Läden haben geöffnet, die nämlich, in denen man sich etwas zu essen kaufen kann. Und Zeitungen kann man kaufen – aber es kauft sie fast niemand. Daudet hat gut Artikel aus Belgien schreiben – zur Zeit langweilt er sich und also uns mit schönen Primaneraufsätzen über die französische Romantik… Man fühlt ordentlich, wie das linke Auge des Schreibenden nach Paris schielt, nach Paris, wohin er zur Zeit nicht zurück kann. Es dürfte das eine kleine Dummheit gewesen sein, Herr. Die Leute haben ja nicht schlecht gelacht, als er aus dem Untersuchungsgefängnis, der ›Santé‹, von seinen Freunden befreit wurde (»À votre Santé!« war noch das mindeste –), und an Orten, die ich gar nicht nennen kann, steht angeschrieben: »As-tu vu Daudet?« Haben Sie nicht den kleinen… Nein, wir haben ihn nicht gesehen.

Apfelblau ist Paris, und von einer reinlichen, ganz leichten Herbstluft durchflossen. Ob die Luft so gut ist, weil alle Politiker in den Ferien sind –? Der *Matin* hat sie abgebildet – man kann sie da hängen sehen –, und es sieht nicht schön aus. Politiker im hellen Sonnenlicht – das erinnert immer an das, was unter einem Stein kriecht, den man plötzlich hochhebt… Und oben stehen die Setzmaschinen des *Matin*, und da wird nun alles gesetzt – nichts verschweigen und nichts hinzusetzen, die reine Wahrheit… ach, du lieber Gott!

Ich entdecke ganz neue Sachen, die ich noch niemals gesehen habe – bisher stand sich die Stadt immer selbst im Wege. Ich gehe umher, neugierig, beklommen, es ist fast ein bißchen unheimlich. Sind Sie einmal als Junge während der Ferien im Schulgebäude gewesen? So etwas ist es.

Alles wartet. Es ist eine Atempause. Über ein Kleines.

Und die Lavaströme der Zurückgekehrten werden sich aus den Bahnhöfen in die Straßen ergießen, alle Minister und andere Leute vom Theater werden wieder da sein, die Zeitungen werden wieder lebhafter, niemand ist mehr ›i.V.‹, und dann wird Paris regnerisch-grau werden, angefüllt mit silbrigem Nebel, Musik, leuchtenden Festen, gelben Lichtern und aufgeregten Tänzen in den Couloirs des Parlaments.   1927

Das Wirtshaus im Spessart

Würzburg; Sonnabend. Die beiden Halbirren brechen frühmorgens in meine Appartements im ›Weißen Lamm‹. »Aufstehen! Polizei!« und »In dieser Luft kannst du schlafen?« Jakopp in einem neuen Anzug, greulich anzusehen, Karlchen, die Zähne fletschend und grinsend in einem Gemisch von falschem Hohn und Schadenfreude. Die seit einem Jahr angesagte, organisierte, verabredete, immer wieder aufgeschobene und endlich zustandegekommene Fußtour beginnt. Du großer Gott –

Abends. Wir hätten sollen nicht so viel Steinwein trinken. Aber das ist schwer: so etwas von Reinheit, von klarer Kraft, von aufgesammelter Sonne und sonnengetränkter Erde war noch nicht da. Und das war nur der offene, in Gläsern – wie wird das erst, wenn die gedrückten Flaschen des Bocksbeutels auf den Tisch gestellt werden…! Oben auf der Festung ist ein Führer, der ›erklärt‹ die alte Bastei und macht sich niedlich, wie jener berühmte Mann auf der Papstburg in

Avignon. Aber hier dieser feldwebelbemützte Troubadour singt denn doch ein anderes Lied: er sieht Friderikusn in jedem Baumhöcker, beschimpfte die aufrührerischen Bauern wie weiland Luther und überhäuft einen Mann namens Florian Geyer mit Vorwürfen: der habe unten in der Ratsstube gesoffen, während die Bauern hier oben stürmen mußten. Das muß ich in den letzten Jahren schon einmal gehört haben. Der Brunnen ist so tief, daß ein angezündeter Fidibus… wie gehabt. In der Burg liegt Landespolizei und kann auf das weite gewellte Land heruntersehn. Wir hätten sollen in der Gartenwirtschaft Steinwein trinken.

Ochsenfurt; Sonntag. Als die Uhr auf dem Rathaus sechs schlug, ließen wir die Würfel liegen und stürmten hinaus, um uns anzusehen, wie die Apostel ihre Köpfe heraussteckten, die Bullen gegeneinander anliefen und der Tod mit der Hippe nickte. Dann liefen wir aber sehr eilig wieder in die Wirtsstube, wo die Würfel auf dem Tisch plärrten, weil man sie allein gelassen hatte. Wenn wir nicht das Barock des Landes würdigen und, den geschichtlichen Spuren der großen historischen Ereignisse folgend, dieselben auf uns wirken lassen, dann würfeln wir. Wir spielen ›Lottchen guckt vom Turm‹, ›Hohe Hausnummer rasend‹ und ›Kastrierter Waldaffe‹ sowie die von mir erfundenen, schwereren Dessins: ›Nonnenkräpfchen‹, ›Gretchen bleibt der Kegel weg‹ und ›Das Echo im Schwarzwald‹. Wir müssen furchtbar aufpassen, weil mindestens immer einer mogelt. Ich würde nie mogeln, wenn es jemand merkt. Auch muß alles aufgeschrieben werden, damit nachher entschieden werden kann, wer den Wein bezahlt. Ich habe schon viermal bezahlt. Es ist eine teure Freundschaft.

Iphofen; Montag. Ich werde mich hüten, aufzuschreiben, wo wir gewesen sind. Als wir das erste Glas getrunken hatten, wurden wir ganz still. Karlchen hat eine ›Edelbeeren-Trocken-Spät-Auslese‹ erfunden, von der er behauptet, sie sei so teuer, daß nur noch Spinnweben in der Flasche… aber dieser war viel schöner. Ein 21er, tief wie ein Glockenton, das ganz große Glück. (Säuferpoesie, Säuferleber, die Enthaltsamkeitsbewegung – Sie sollten, junger Freund…) Das ganz große Glück. Das Glück wurde noch durch ein Glanzlicht überhöht: der Wirt hatte einen 17er auf dem Faß, der war hell und zart wie Frühsommer. Man wurde ganz gerührt; schade, daß man einen Wein nicht streicheln kann.

Iphofen ist ein ganz verschlafenes Nest, mit sehr aufgeregten Gänsen auf den Straßen, alten Häusern, einer begrasten Stadtmauer und einem ›Geologen und Magnetopathen‹. Habe Karlchen geraten, sich seine erdigen Fingernägel untersuchen zu lassen. Will aber nicht.

In *Ochsenfurt*, auf dem Wege hierher, haben wir am äußersten Stadttor einen Ratsdiener gesehen, der stand da und regelte den Verkehr. Die Ochsenkutscher, die Mist karrten, streckten den linken Arm heraus, wenn sie ans Tor kamen – hier muß eine schwere Seuche ausgebrochen sein, die sich besonders an Straßenecken bemerkbar macht. Schrecklich, die armen Leute! Das kommt davon, wenn sie auf dem Broadway den Verkehr regeln. Wir nehmen uns jeder zwei Flaschen von dem ganz großen Glück mit, um es unseren Lieben in die Heimat mitzubringen. Jeder hat noch eine Flasche.

Kloster Bronnbach; Mittwoch. Der Herbst tönt, und die Wälder brennen. Wir sind in Wertheim gewesen, wo der Main als ein Bilderbuchfluß dahinströmt, und wo die Leute mit einer Fähre übersetzen wie in einer Hebelschen Erzählung. Drüben, in Kreuzwertheim, war Gala-Pracht-Eröffnungs-Vorstellung des Welt-Zirkus. Vormittags durfte man die wilden Tiere ansehen: einen maßlos melancholischen Eisbären, der in einer vergitterten Schublade vor sich hinroch und schwitzte; etwas Leopard, und einen kleinen Panther, den die Zirkusjungfrau auf den Arm nahm, das Stück Wildnis. Da kratzte er. Und die Jungfrau sagte zur Wildnis: »Du falscher Fuffziga!« Das konnten wir nicht mitansehen, und da gingen wir fort.

Hier in Bronnbach steht eine schöne Kirche; darin knallt das Gold des alten Barock auf weißgetünchten Mauern. Ein alter Klosterhof ist da. Mönche und die bunte Stille des Herbstes. Wie schön müßte diese Reise erst sein, wenn wir drei nicht da wären!

Hier und da; Donnerstag. Große Diskussion, ob man eine Winzerin winzen kann. Miltenberg, Mespelbrunn und Heiligenbrücken: vergessen. In Wertheim aber stand an einem Haus ein Wahrspruch, den habe ich mir aufgeschrieben. Und wenn ich einst für meine Verdienste um die deutsche Wehrmacht geadelt werde, dann setze ich ihn mir ins Wappen. Er hieß: »Jeder hat ja so recht!«

Lichtenau; Sonnabend. Die Perle des Spessarts. Dies ist nicht das Wirtshaus im Spessart, das liegt in Rohrbrunn – aber wir benennen das um. Hier ist es richtig.

Unterwegs wurde Jakopp fußkrank; er taumelte beträchtlich, ächzte und betete zu merkwürdigen Gottheiten, auch sagte er unanständige Stammbuchverse auf, daß uns ganz angst wurde, denn wir haben eine gute Erziehung genossen. Wir waren froh, als wir ihn gesund nach Lichtenau gebracht hatten, den alten siechen Mitveteranen. Und als wir ins Gasthaus traten, siehe, da fiel unser Auge auf ein Schild:

»Autoverkehr! Automobil-Leichenwagen
nach allen Richtungen«

Des freute sich unser Herz, und froh setzten wir uns zum Mahle. Der Wirt war streng, aber gerecht, nein, doch nicht ganz gerecht, wie sich gleich zeigen wird. Wir gingen ums Haus.

Dies ist eine alte Landschaft. Die gibt es gar nicht mehr; hier ist die Zeit stehengeblieben. Wenn Landschaft Musik macht: dies ist ein deutsches Streichquartett. Wie die hohen Bäume rauschen, ein tiefer Klang, so ernst sehen die Wege aus… Die Steindachlinie des alten Hauses ist so streng – hier müßten altpreußische Reiter einreiten, etwa aus der Zeit Louis Ferdinands. Die Fenster sind achtgeteilt; um uns herum rauscht der abendliche Parkwald. Wir sitzen zu dritt auf einer Stange und bereden ernste Sachen. Dann gehen wir hinein.

…Wir schmecken einmal, zweimal, dreimal. »Dieser Wein«, sage ich alter Kenner, »schmeckt nach Sonne.« – »Und nach dem Korken!« sagen die beiden andern gleichzeitig. Herr Wirt! Drohend naht er sich. Nun heißts Mut gezeigt! Auf und drauf!

»Herr Wirt… es ist nämlich… also: probieren Sie mal den Wein!« – Er weiß schon, was ihm blüht. Und redet in Zungen, ganz schnell. »Wo ist der Korks? Erst muß ich den Korks haben! Also zuerst den Korks!« Der ›Korks‹ wird ihm gereicht – er beriecht ihn, er schnuffelt an der Flasche, er trinkt den Wein und schmeckt ab; man kann es an seinen

Augen sehen, in denen seltsame Dinge vorgehen. Urteil: »Ich hab gleich gesehen, daß die Herren keine Bocksbeuteltrinker sind! Der Wein ist gut.« Berufung… »Der Wein ist gut!« – Revision… »…ist gut!« Raus.

Da sitzen wir nun. Ein mitleidiger Gast, der bei dem Wirte wundermild zur Kur weilt, sieht herüber. »Darf ich einmal versuchen –?« Er versucht. Und geduckten Rückens sagt dieser Feigling: »Meine Herren, der Wein schmeckt nicht nach dem Korken! Wenn er nach dem Korken schmeckt, *dann möpselt es nach* –!« Natürlich möpselt es. Wir hatten keine Ahnung, was das Wort bedeutete – aber es ging sofort in unsern Sprachschatz über. Jeder Weinkenner muß wissen, was ›möpseln‹ ist. Aus Rache, und um den Wirt zu strafen, trinken wir noch viele, viele Flaschen Steinwein, von allen Sorten, und alle, alle schmecken sie nach Sonne.

Lichtenau; Sonntag. Bei uns dreien möpselt es heute heftig nach.

In einem Weindorf; Montag. Auf der Post liegt ein Brief der schwarzen Prinzessin, den haben sie mir nachgeschickt. Sie sei zufällig in Franken; sie habe gehört, daß ich… und ob ich nicht vielleicht… und ob sie nicht vielleicht… Hm. Sie liebt, neben manchem andern, inständig ihr Grammophon, das ihr irgendein Dummer geschenkt hat. Einmal spielte das Ding – mit der allerleisesten Nadel – die ganze Nacht. Sie hat da so herrlich amerikanische Platten, auf denen die Neger singen. Eine, das weiß ich noch, hört damit auf, daß nach einem infernalischen Getobe von Gegenrhythmen der Bariton eine kleine Glocke läutet, die Musik verstummt, er läutet noch einmal und sagt: »No more!« Ich telegrafiere ihr.

Abends ist Festessen. Wir haben uns eine Gans bestellt, die aber ohne inwendige Äpfel erscheint. Eine Gans für drei Mann ist nicht viel – besonders wenn einer so viel ißt wie Jakopp, so schnell wie Karlchen, so unappetitlich wie ich. Wir nehmen uns gegenseitig alles weg; den Wirt grausts. Jakopp hat die s-Krankheit. Er sagt ›Ratshaus‹ und ›Nachtstopf‹ und ›Bratskartoffeln‹. – »Das sind Bratskartoffeln, wie sie der Geheimrat Brats aus Berlin selbst erfunden hat.« Beim Würfeln gewinne ich furchtbar, und die beiden wollen nicht mehr mit mir spielen. They are bad losers.

Heimbuchenthal; Dienstag. Wie arm hier die Menschen sind! Alle Kinder sehen aus wie alte Leute: blaß, gelb, mit trüben Augen. Zu Fuß gehen ist recht schön. Manchmal sagen wir gar nichts – wir haben uns ja auch alles gesagt. Wir freuen uns nur, daß wir beisammen sind. Stellenweise hält einer ein Kolleg, keiner hört zu. Manchmal... wenn Männer untereinander und allein sind, kommt es vor, daß hier und da einer aufstößt. Es ist sehr befreiend. Bei einer Freundschaft zu dritt verbünden sich meist zwei gegen den Dritten und fallen über ihn her. Das wechselt, die Fäden laufen auf und ab, teilen sich und vereinigen sich; die Dreizahl ist eine sehr merkwürdige Sache. Eine Vierzahl gibt's nicht. Vier sind zwei oder viele.

Würzburg; Mittwoch. Abschiedsbesuch in der Residenz; das grüne Spielzimmer mit den silbernen Wänden, unter dem Grün glänzt das kalte Silber in metallischem Schein. Hier hat Napoleon geschlafen... schon gut. Das Gehen fällt uns nicht leicht – der Steinwein fällt uns recht schwer. Die ältern Jahrgänge vom Bürgerspital wollen getrunken sein. Wir trinken sie.

Würzburg; Freitag. Ich habe die beiden auf die Bahn gebracht, mit dem festen Vorsatz, sie nie wiederzusehen. Welche Säufer! Jetzt rollen sie dahin: der eine in sein hamburger Wasserwerk, der andere in sein Polizeipräsidium. Der gibt sich als ein hohes Tier aus; ist wahrscheinlich Hilfsschutzmann. Und mit so etwas muß man nun umgehen! Um Viertel vier läuft die Prinzessin ein.

Veitshöchheim; Sonnabend. Die Sonne strahlt in den Park, die Putten stehen da und sehen uns an, die Prinzessin plappert wie ein Papagei. Sie sagt ›daddy‹ zu mir, eigentlich höre ich das gerne. Nun ist die Sonne röter, der Abend zieht sachte herauf, und die Prinzessin wird, wie immer, wenn es auf die Nacht geht, Mutter und Wiege und Zuhause. Wir sagen gar nichts – wir haben uns lange nicht alles gesagt, aber das muß man auch nicht, zwischen Mann und Frau. Der 25er wirft uns fast um. Wir fahren nach Würzburg zurück, das Grammophon spielt, Jack Smith flüstert, und ich höre allen Atelierklatsch aus ganz Berlin. Gute – – Wie bitte? Gute Nacht.

Würzburg, den ich weiß nicht wievielten. Auf einmal ist alles heiter, beschwingt, vergnügt – die Läden blitzen, wir trinken mit Maß und Ziel, ich pfeife schon frühmorgens in der Badewanne. Wir werden noch aus dem Hotel fliegen – das tut kein verheirateter Mann.

Auf der schönen Mainbrücke steht ein Nepomuk – wir gehen hin und legen ihm einen Glückspfennig zu Füßen, um die Ehrlichkeit des Heiligen und der Bevölkerung zu prüfen. Morgen wollen wir nachsehen… (Wir sehen aber nicht nach, und nun liegt der Pfennig wohl heute noch da.) Die Prinzessin lugt schelmisch in die Schaufenster und unterhält sich auffallend viel über Damenwäsche, Kombinations, seidene Strümpfe... Der schönste Schmuck für einen weißen Frauenhals ist ein Geizkragen.

Gar kein Ort; gar keine Zeit. – – – –

Zwischen Nancy und Paris; heute. Der Abschied war gefühlvoll, unsentimental, wie es sich gehört. Jetzt flutet das alles vorbei, in schweren Wellen: Jakopp und das vom Wein leicht angegangene Karlchen; die Barockpuppen im Park der Residenz, das Wasserschloß und der möpselnde Mann; Lichtenau und Miltenberg. Es ist sehr schwer, aus Deutschland zu sein. Es ist sehr schön, aus Deutschland zu sein. Ich sage: »Nun dreh dich um und schlaf ein!« Sie dreht sich, aber zu mir. Gibt die Hand. Am Morgen ist das erste, das ich sehe, ein gelbes seidenes Haarnetz. Und ein Mund, der vergnügt lächelt. Wie die Bahn rattert! Tackt wie eine Nähmaschine, Takt und Gegentakt. Der Neger singt: »Daddy – o Daddy!«, die Musik arbeitet, eine kleine Glocke läutet, jemand sagt »No more«, und dann ist alles zu Ende.

1927

Wer kennt Odenwald und Spessart?

»Ich hab mein Herz...«

Was ein richtiger Deutscher ist, so kennt der sein Italien und Sizilien und die Riviera und Schweden und Norwegen... aber ob er auch sein eigenes Land genau kennt, das steht noch sehr dahin. Wer ist schon einmal auf der Kurischen Nehrung gewesen? Wer kennt die naturerfüllte, menschenleere Struktur des böhmisch-bayerischen Waldes? Deutschland hat zwischen Holstein und Zugspitze mehr Schönheiten als sich seine Schulweisheit träumen läßt.

Was das Herz in Heidelberg anbetrifft, so haben wir davon genug gesungen, der Mensch besteht nicht nur aus dem Herzen allein, und drum herum ist es auch ganz schön. Von Heidelberg nach Nordosten zu gibt es viel zu sehen, noch mehr zu wandern und allerhand zu trinken.

Das sieht nun so aus:

Wer diese süddeutschen Waldgebirge im Auto bereisen will, was fast mühelos zu machen ist, der richte sich so ein, daß er hübsch langsam fahren kann, er wird sonst wenig Genuß von seiner Fahrt haben. Reisen ist eine Kunst – mit dem Auto zu reisen ist eine große Kunst.

Wer Spessart und Odenwald aber zu Fuß durchwandern will, wird wahrscheinlich den größeren Genuß davontragen. Er wird drei Schönheiten in sich aufnehmen können: den Wald, den Wein und die kleinen Städte.

Diese kleinen Städte – am Main und am Neckar – sind in jeder Jahreszeit schön, am besten aber im Herbst, wenn die Luft klar über den alten Dächern steht und die Architektur sich scharf gegen den hellen Himmel abhebt. Wundervoll, wie Fluß und Landschaft fast immer zusammenstehen, wie organisch so ein Städtchen um den Fluß herum und an ihm entlang gewachsen ist, so daß sich das breite Flußbett mühelos in das Bild einordnet. Selten nur stört ein Fabrikschornstein oder ein verständnislos angelegtes Gebäude den Gesamtaspekt, den man nicht: »malerisch« nennen sollte, sondern: »natürlich« – die Städtchen sind in diese Natur hineingewachsen, gehören ihr einfach an und bilden mit ihr ein Ganzes. So am Neckar, so die alten kleinen Orte am Main, die noch oft ihren alten Charakter voll bewahrt haben. Für sie alle gibt es nur einen einzigen Wink an den Reisenden: man laufe keinen echten oder eingebildeten ›Sehenswürdigkeiten‹ nach, sondern lasse die Musik dieser süddeutschen Landschaft auf sich wirken wie einen Orgelklang. Wer sich vor der Reise in ein paar Landschaften Dürers versenkt, tut vielleicht mehr für eine gute Vorbereitung als der emsige Geschichtsjäger mit dem Führer in der Hand; es gibt ja Reisende, bei denen man das Gefühl nicht los wird, daß sie nur ausziehen, um zu sehen, ob auch noch alles da ist…

Besonders der Norddeutsche wird diese Gegend lieben, weil sie so anders ist als seine Heimat; sie ist, fast möchte ich sagen, gelassen, menschliche Ansiedlungen sind der Natur nicht abgerungen, sondern ruhen friedfertig im Grünen; bei allem Fleiß der Bevölkerung ist etwas Leichtes in der Luft, die Sorgen wiegen, scheints, nicht so schwer, und jeder freut sich, daß er auf der Welt ist.

Manchmal trifft mans ganz idyllisch: Kloster Bronnbach ist wie eine Fermate an Stille, nicht einmal der nahe Eisenbahndamm kann uns stören, Klosterhof und berankte Mauer atmen Ruhe und Beschaulichkeit; es sind das jene Flecken, die in jedem Großstädter unweigerlich den Wunsch erwecken: hier sollte man… hier müßte man… Und dann geht man weiter.

Das süddeutsche, spielerische, farbenfrohe Barock ist hier überall zu finden – es knallt mitunter vor Buntheit wie ein bunter Bauernstrauß, ist aber fast immer in künstlerischer Zucht gebändigt. Nebeneinander liegen stets der alte

Fachwerkbau der Bürger, die Zünfte, der Arbeitenden – und das feierlichprunkhafte Barock der damals Herrschenden, der Bischöfe, der kleinen Fürsten. Es stimmt aber gut zusammen, weil dieses Bürgertum seinen Stolz nach oben gehabt hat, man siehts an der Architektur, die ja überall für den, der sehen kann, einen soziologischen Wertmesser ersten Grades darstellt. Oft liegt eine Burg über dem Ort, ihn beschirmend, beherrschend, für sich reklamierend – wer Zeit hat und vor der Reise ein bißchen gelesen hat, wird erkennen, wieviel deutsche Geschichte hier über das Land gefahren, gezogen, marschiert, gestürzt und getobt ist. Es ist auch etwas von ihr hängen geblieben, wie ja immer etwas zurückbleibt; man fühlt hier ungeheuer intensiv, was das ist: Deutschland.

Man fühlts auch in den Wäldern.

Hier herrscht der Laubwald vor, und wenn er auch nie mehr das werden kann, was er nach den alten Jagdberichten einmal gewesen ist: ein Ort, strotzend von Getier, erfüllt vom Kreischen, Singen, Kriechen, Hüpfen und Röhren der Tiere, wenn unser Wald fast überall schon eine mäßig belebte und bewegte Holzkammer geworden ist, so atmet er doch sehr viel deutsche Luft. Der Spessart hat stellenweise noch den Charakter der alten Wildparks bewahrt, die einmal in ihm gewesen sind, auch laufen noch viele Wildsauen herum (aber fürchten Sie sich nicht, gnädige Frau, sie tun nichts; nur der einzelgehende Eber ist ein böser Bürovorsteher des Waldes; wenn Ihnen aber eine dicke Mama mit ihren kugeligen Kindern über den Weg trudelt, bergen Sie sich nur getrost an der Brust Ihres Gemahls, dem zwar auch nicht ganz wohl dabei ist, der es aber doch nicht so zeigen darf…) – der Laubwald also herrscht vor, hügelig aufgebaut, mit hohen, weiten Wipfeln; manchmal, bei grauem Wetter, steht so eine dunkelgrüne Masse starr und still in der Luft, ruhend, unbeweglich… Es liegt ein musikalischer Friede auf den Waldschneisen, weite sonnenbetupfte Wege gibt es, über die irgendein kleines Tier hoppelt, dann ist es wieder ganz still, und wenn nicht gerade, was selten ist, ein Flieger über die hohen Bäume dahindonnert, dann können Sie die Zeit vergessen und, wenn Sie wollen, auch sich selbst.

Ja, und dann der Wein.

Wer den Bocksbeutel gut kennt, dem werde ich nichts erzählen; wer ihn aber nicht gut kennt, der sei gewarnt. Er hat keine Blume, und man merkt ihm nicht so ohne weiteres an, was in ihm steckt – aber er hats in sich. Man trinke ihn möglichst auf den Weindörfern, und wenn die Zeit danach ist, versäume man niemals, den Most zu probieren (jeder verträgt davon ein Glas weniger als er glaubt) – und auch den jungen Wein des Vorjahres trinke man, den es überall offen zu kaufen gibt. Der Wein ist kräftig hart, eine richtige Männersache – für die mitwandernde Dame werden Sie, in den meisten Fällen, irgend etwas Nasses bestellen, aber nicht gerade Steinwein. Wenn Sie einen ganz besonders schönen und süffigen Wein gefunden haben, dann nehmen Sie sich ein paar Flaschen mit oder lassen Sie ihn sich nach Hause schicken, wohin er in dieser Qualität fast niemals dringt.

Es ist keine Leierkastenpoesie in dieser Landschaft, und die dummen Kitschlieder haben im Grunde nichts mit dem Odenwald, nichts mit dem Spessart, nichts mit den süddeutschen Waldgebirgen zu tun. Wer zwischen dem Dreieck: Frankfurt – Würzburg – Heidelberg einmal langsam

im Auto reist oder zu Fuß wandert, der hat an Wein, Städtchen und Wäldern ein Erlebnis, das ihn ins Mark Deutschlands führt, in jenes Deutschland, das der Deutsche nicht so
gut kennt, wie es das verdient. 1928

Der Reisebericht

Das Auto fuhr den Lago Maggiore entlang. Der Himmel
war strahlend blau, für den Monat Dezember geradezu unverschämt blau; die weite Wasserfläche blitzte, die Sonne
sonnte sich, und der See tat sein möglichstes, um etwas
Romantik zu veranlassen – dieses fast berlinisch gewordene
Gewässer, an dessen Ufern die deutschen Geschäftsleute
sitzen und über die schweren Zeiten klagen. Vorbei an
Locarno, wo die Hoteliers weltgeschichtliche Tafeln in die
Mauern gelassen haben – wegen Konferenz; vorbei an
Ascona... eine herrliche Aussicht: oben Emil Ludwig und
unten der See, ganz biographisch wird einem da zu Mute...
Brissago... und dann weiter... »Soll ich bis an die italienische Grenze fahren?« sagte der Fahrer. »Allemal«, sagte ich
in fließendem Schweizerisch. »Dürfen wir?« fragte ich.
»Die Grenzer kennen mich«, sagte der Fahrer; »ich drehe
auf italienischem Boden gleich wieder um.« Das war tröst-
lich und mochte hingehen, aus vielerlei Gründen. Los.
    Noch eine Biegung und noch eine... die Bremsen
knirschten, der Kies rauschte... nun fuhr der Wagen langsamer, denn da war eine Kette über den Weg gespannt, eine
dicke, schwarze Kette... ein italienischer Soldat hielt sie und
senkte sie, der Wagen fuhr darüber hinweg – und nun war

ich, zum ersten Male in meinem Leben, in Italien. Zehn Meter rollte der Wagen noch, am Haus der Zollwache vorbei – dann erweiterte sich der Weg zu einem kleinen Rondell, der Fahrer drehte… Da lag der See. Weit und breit waren nur drei Menschen zu sehen: an der Kette der Soldat; am Ufer schritt ein Bersagliere, er trug ein düsteres Gesicht im Gesicht sowie einen kleinen, dunkeln Bart, den Mantel hatte er vorschriftsmäßig-malerisch um die Schultern geschlagen, er sah aus wie ein Opernstatist. Gleich würde er den Arm hochheben und mitsingen:

> Den Fürsten befreit –
> Den Fürsten befreit –
> Den Fürsten befrei-hei-heit!

Nichts. Er schritt fürbaß. Das dritte menschliche Wesen war ein Knabe; der saß oben auf einem Baum und baumelte mit den Beinen. Am Ufer lag ein alter Stiefel. Der Fahrer drehte und schlug mit dem Wagen einen gewaltigen Reif, dann fuhr er knirschend über die immer noch gesenkte Kette, zurück in die Schweiz; einen Augenblick lang sah ich dem Soldaten in die Augen, es war ein blonder Mann, seine Lippen bewegten sich unhörbar und leise, er grüßte… Ich war in Italien gewesen. Das Ganze hatte eine einzige Minute gedauert – ich war in Italien gewesen.

Weil ich jedoch weiß, was ich meinem Beruf schuldig bin, und weil ich die Reisebeschreibungen meiner Kollegen hübsch der Reihe nach gelesen habe, und weil es sich überhaupt so gehört, so folge hier der

›Bericht von einer italienischen Reise‹
An einem strahlenden Dezembertage fährt man aus Italien
wieder heraus. Zum wievielten Male? Erinnerungen steigen
in einem auf… Teresita… Traviata… Pebecca…, und dann
damit die kleine Schwarze in Verona, bei der man – lange vor
den Faschisten – ein nahezu schwarzes Hemd festgestellt
hatte… lassen wir das. Man denkt an Genua, wo einem der
portugiesische Ministerpräsident die Hand gedrückt und
die prophetischen Worte gesprochen hatte: »Interessanten
Tagen sehen wir entgegen!« Die Wirkungen des faschisti-
schen Regimes sind in Italien nicht zu verkennen.

(a. Für Hugenberg-Blätter): Der ›Schmied Roms‹ hat
keine halbe Arbeit geleistet. Seine vielleicht nicht immer
starke Gesundheit hat alles überwunden: die Angriffe seiner
Gegner, die Angriffe der italienischen Emigranten, ja, sogar
eine deutschnationale Lebensbeschreibung hat ihm nichts
anhaben können. Die Herrschaft Mussolinis steht, wie ein
geübtes Auge sogleich festzustellen in der Lage ist, verhältnismäßig felsenfest. Sein Werk ist in allem und jedem erkennbar:

Stolz die Bevölkerung und mannhaft; schlicht die Kleidung und fest das Auge, ernst die Bärte und wacker der
Schritt. Die Ketten, mit denen dieser Mann die destruktiven
Elemente Italiens gebunden hat, liegen am Boden – man
fühlt sie, aber man sieht sie kaum. Das weibliche Element ist
auf den Straßen wenig vertreten – züchtig wirkt das italienische Mädchen, emsig schafft die italienische Frau im Innern des Hauses; die Jungfrau betreut ihre Kinder, die Mutter wartet auf einen Mann, der sie beglücke…, ein echtes
und reines Familienleben ist überall bemerkbar.

Kinder werden in Italien auf Bäumen großgezogen.

Stolz trägt der Soldat seine Waffen; die Waffe ist stolz auf den Soldaten, der Soldat ist stolz auf seine Waffe, und überhaupt sind alle – besonders vormittags – sehr stolz. Schon die Art, wie die italienischen Seen an die Ufer schlagen, berührt den deutschen Reisenden heimisch; Welle auf Welle rollt zierlich heran, ordnungsgemäß eine nach der andern, nicht alle zugleich – in keiner Republik wogt so der See, dazu bedarf es einer festen, einer diktatorischen Herrschaft. Handel und Wandel sind gesund, besonders der Wandel – an manchen Stellen steht die gesamte Bevölkerung unter Waffen. Was auffällt, ist das Vorkommen alter Stiefel an Seeufern. Italien aber ist ein Volk der Männer geworden, ein Hort des freien Mannes! Es lebe Italien!

(b. Für radikale Blätter): Das erste, was der Reisende in Italien erblickt, ist das Symbol dieses Landes: Die Kette. Ketten an den Grenzen und Ketten um die Gehirne, alle Taschenuhren liegen gleichfalls an der Kette... Versklavt ist dieses Italien und unfrei. Mürrisch tun die Soldaten ihren Dienst; geht man nah an ihnen vorbei, so hört man sie mit den Zähnen knirschen; kommt so eine Knirschung zur Kenntnis der Behörden, so wird der Betreffende eingesperrt, und zur Strafe muß er manch schwere Arbeit leisten. So hat neulich ein geknirscht habender Universitätsprofessor im Arrest die Frage vorgelegt bekommen: »Wie vereinbaren die deutschen Nationalisten ihre Lobeshymnen auf Mussolini mit seiner Politik in Südtirol?« Woraufhin der Professor dem Wahnsinn verfiel, in dem er heute noch weilt.

Das ganze Land steht unter Waffen. Zivilisten sieht man überhaupt nicht. Die Soldaten haben alle zu enge Stiefel an und sehen daher recht unglücklich aus; an manchen Stellen ist die Landstraße mit Stiefeln besät. Einen Soldaten sah ich, der war an eine lange Kette geschmiedet, die ihm drei Meter nachschleifte. Oben auf den Bäumen fristet die Jugend des Landes ihr kärgliches Leben; dorthin sind viele Knaben vor dem Terror geflohen. Auf den Häusern hingegen lasten schwere Hypotheken. Mussolini selbst ist gänzlich unsichtbar. Wahrscheinlich verbirgt sich dieser feige Tyrann hinter dem Wall seiner bewaffneten Soldateska: ich zum Beispiel habe ihn nicht ein einzige Mal zu sehen bekommen, ein Symptom seiner Herrschaft. Italien ist ein Land der Sklaverei geworden; sogar das Schilf am Seeufer rauscht nicht, wie in freien Ländern – es flüstert nur. Nieder mit Italien!

(c. Für alle Blätter): Die rein menschliche Einstellung der Italiener ist irgendwie sofort erkennbar. Rein kulturpolitisch-geographisch ist die italienische Mentalität typisch südlich: der Staat verhält sich dort zur Kirche wie die Einsteinsche Relativitätsphilosophie zur Kunstauffassung der zweiten chinesischen Kung-Periode und etwa noch wie die Gotik des frühen Mittelalters zu den Fratellinis. Ein Symptom, das dem geschulten Reisenden sogleich in allen Straßen auffällt.

Berückend der menschliche Zauber der Landschaft, die man durchfährt: Pinien gaukeln im Morgensonnenscheine, Zypressen säuseln, Schmetterlinge ziehen fröhlich pfeifend ihre Bahn, die fein geschwungenen Nasen der Kinder laufen mit diesen um die Wette, und wenn es regnet, so fühlt auch der Wanderer aus dem Norden: so kann es nur im sonnigen Italien regnen! Angemerkt mag werden, daß Neapel-Reisenden empfohlen sei, auf der Strecke Brissago–Pallanza nicht in Kottbus umzusteigen, was die Ankunftszeit beträchtlich verzögert.

Mein seliger Schwippschwager hat immer zu mir gesagt: »Peter«, hat er gesagt, »Reisen bildet. Sieh dich überall um, wohin du auch kommst, beobachte aufmerksam und berichte uns des öfteren aus den fernen Ländern.«

Was hiermit geschehen sei.   1930

Das Stundenkonto

Vor Monaten bin ich einmal mit der Puff-Puff-Bahn von Paris nach Berlin gefahren, denn ich wollte meinem Verleger ins treue Auge sehn… (»Sie werden auch nie lernen, ein Feuilleton richtig anzufangen. Das fängt man gefälligst so an: ›Das Flugzeug surrte über Le Bourget ab, das gute, alte Paris tief unter sich lassend…‹«) Ja, also ich fuhr mit der Bahn.

An der belgischen Grenze stimmte irgend etwas mit den Uhren nicht; mein mangelhafter mathematischer Verstand läßt es niemals zu, zu verstehen, was da eigentlich vor sich geht; einigen wir uns auf: mitteleuropäische Zeit in Idealkonkurrenz mit der Sommerzeit. Kurz und gut: die Uhren wiesen auf einmal eine Differenz von sechzig Minuten auf. Statt Viertel eins war es plötzlich Viertel zwei. Das ließ einen der Reisegefährten nicht ruhen. Er wandte sich an den belgischen Zugbeamten.

»Wir haben eine Stunde gewonnen, nicht wahr –?« sagte er. »Nein«, sagte der Mann. »Sie haben eine Stunde verloren.« – »Nein, gewonnen!« rief der Reisegefährte. »Nein, verloren!« rief der Schaffner. Es war wunderschön. Der Gefährte fing an, die Astronomie, etwas Regeldetrie und eine Prise Einstein in einem Topf zu rühren, den er triumphierend dem Schaffner präsentierte. »Wir haben also eine Stunde gewonnen«, sagte er, »wir kommen eine Stunde früher an –!« Es hätte nicht viel gefehlt, und er hätte die Hände vor dem Mund bewegt, wie es die Zirkuskünstler machen, wenn ihnen ein besonders schöner Salto gelungen ist… Der Schaffner nahm den Topf nicht an. Er sagte vielmehr etwas ganz Überraschendes.

»Sie haben eine Stunde verloren!« sagte er. »Denn Sie haben eine Stunde weniger zu leben.« Nie, niemals ist mir der Unterschied der beiden Länder so stark aufgegangen wie in diesem Augenblick.

Wir wollen immerzu ankommen, am liebsten gestern, wir möchten es ganz eilig haben, und wenn es schneller, noch schneller, am allerschnellsten geht, dann bilden wir uns ein, etwas gewonnen zu haben. Der Franzose will leben. Dieser Schaffner trug eine belgische Uniform, aber es war etwas durchaus Französisches, was er da gesagt hatte. Der Franzose will leben.

Und er lebt auch, als ob er tausend Jahre zu leben hätte. Verabrede dich am zweiten des Monats mit einem Pariser; es ist nicht ausgeschlossen, daß er dir eine Zusammenkunft für den achtundzwanzigsten vorschlägt. Frankreich ist so schön weit weg von Amerika… Am achtundzwanzigsten kommt er dann auch angewackelt, er hat es nicht vergessen. Alles, alles kannst du in Paris – aber etwas an einem einzigen Vormittag erledigen: das mach mir mal vor. Du hast gar keine Zeit, und der Franzose hat viel zu viel, und so kommt ihr schwer zusammen.

Natürlich hat auch der Schaffner einen Denkfehler gemacht; denn in Wahrheit ändert der vorgestellte Zeiger nichts an der Dauer unseres Lebens; aber so denken sie hier. Ich weiß nicht, ob man damit ›vorankommt‹; ich kann das auch nicht beurteilen, ob man so gute Geschäfte macht, ob das Land auf diese Weise konkurrenzfähig bleiben wird, bis in alle Ewigkeit… das weiß ich alles nicht. Ich weiß nur, daß die Franzosen erst einmal leben wollen, und dem hat sich alles andere unterzuordnen. Einmal hatte es ein Deutscher sehr eilig in Paris, als er bei Tisch saß, und er sagte das auch dem Kellner… Darauf jener: »Wenn Sie keine Zeit haben, dann müssen Sie nicht frühstücken –!« Das ist eine Lebensweisheit.

Die Franzosen bummeln nicht, sie sind nicht säumig, noch weniger etwa faul, wie schlechte Lesebücher das deutschen Kindern manchmal einreden wollen. Ihr Lebensrhythmus, ihr Arbeitstakt ist ein anderer, und wenn man mit ihnen fertig werden will, so muß man sich diesem andersgearteten Takt eben anpassen. Was für uns nicht immer einfach ist…

Ich will gar nicht einmal vom pariser Telefon erzählen, einer Maschine, die die Franzosen selbst nicht ernst nehmen, sonst funktionierte sie. Sie funktioniert aber nicht, und man tut gut, in eiligen Fällen zu dem Anzutelefonierenden hinzufahren; man wird Zeit sparen, Nerven und Kraft. Es liegt eine fast orientalische Ruhe im französischen Gehaben, die von der schnellen Sprache und einer fast unmerklich nervösen Atmosphäre sonderbar absticht. Und nichts bringt den Franzosen so durcheinander wie einer, der etwa ununterbrochen mitteilen wollte, wie eilig er sei, wie wenig Zeit er habe, wie schnell das alles erledigt sein müsse… Er wird auf Granit beißen. Er wird den französischen Charakter voll erkennen, der, bei aller Beweglichkeit, unglaublich störrisch sein kann, von einem Eigensinn, der ganzen Planeten standhält… Da wird nichts zu machen sein. Mit schweren Säbeln ist hier gar nichts auszurichten. Man fechte Florett.

Das Allermerkwürdigste ist, daß der Drang, das eigene Leben voll zu Ende zu leben, sogar den Erwerbstrieb überwiegt: erst das Leben, dann das Geschäft. Und es ist ungemein bezeichnend für die Lebensauffassung der Franzosen, daß sie in prekären Lagen vorziehen, weniger auszugeben, also zu sparen, als mehr zu verdienen. Mit dem Klischee »Es ist eben ein Rentnervolk« kommt man der Sache nicht näher – denn Rentner arbeiten nicht so viel, wie es hier Frauen und Männer allenthalben tun.

Dazu kommt, daß die neue junge Generation denn doch wesentlich anders aussieht – sie ist flinker, schneller, tangogescheitelter, autohafter, anders. Und doch französisch. Es ist – unübersetzbar –: »un peuple débrouillard«, ein Volk, das die Sache ›schon schmeißt‹, das sich herausfindet und herauswindet; das, scheinbar planlos, bis hart an den Rand des Abgrunds rollt und dann – im allerletzten Augenblick – eines jener Wunder vollbringt, von denen die französische Geschichte voll ist. So haben sie ein sauber geführtes Stundenkonto, anders als das unsere – und auf der Aktivseite steht ein Posten, der alle, alle andern überstrahlt: das Leben.

1930

Basel

Das empfinde ich jedesmal, wenn ich durch Basel komme, aber es hat noch keiner geschrieben... keiner.

Der vollkommene Wahnwitz des Krieges muß doch jedem aufgegangen sein, der da etwa im Jahre 1917 auf diesem Bahnhof gestanden hat. Da klirrten die Fensterscheiben; da murrten die Kanonen des Krieges herüber; wenn du aber auf diesem Bahnhof einem Beamten auf den Fuß tratest, dann kamst du ins Kittchen. Hier durftest du nicht. Dort mußtest du. Und wer dieses Murren der Kanonen hörte, der wußte: da morden sie. Da schlagen sie sich tot. Ein halbes Stündchen weiter – da tobte der Mord. Hier nicht. Das hat keiner geschrieben, merkwürdig.

Ich weiß ja nicht, wie sie das gemacht haben, daß die Kugeln der beiderseitigen Vaterländer nicht auf schweizer Gebiet abgeirrt sind, und manchmal sind sie ja wohl, und wenn ich nicht irre, hat es auch dadurch auf schweizer Seite einen Toten gegeben oder zwei. Es steht da von dem großen englischen Grotesk-Zeichner W. Heath Robinson in *Some Frightful War Pictures* ein grandioses Blatt: »Ein schweizer Schäfer sieht einer Schlacht an der Grenze zu.« Da sitzt also der Schäfer inmitten seiner Bähbäh-Schafe und raucht eine Friedenspfeife, hinter sich hat er einen Topf mit schweizer Milch stehn, und auf dem benachbarten Berge steht eine Sennerin mit etwas Ziege, und ein kleiner Mann jodelt Noten in die Luft... Die Grenze aber ist ein scharfer, punktierter Strich. Und hinter dieser Grenze, da gehen sie aufeinander los, die Deutschen und die Engländer, immer ganz genau an der Grenze entlang, und selbst die heruntergefallenen Mützen bleiben artig im Kriegsgebiet liegen und oben am Himmel ist ein wildes Gewimmel von Zepps und Flugzeugen, aber immer hübsch an der Wand lang und keinen Millimeter drüber. Und der Schäfer raucht.

So ähnlich wird es ja wohl gewesen sein.

Schade, daß das keiner geschrieben hat. Dieses Grausen, dieses Herzklopfen auf der einen Seite – und die strenge Absperrung auf der andern... nichts ist ja schrecklicher, als eine Mordtat zu hören, die man nicht sehn kann. Und an diesen Wahnwitz denke ich immer, wenn ich auf dem Bahnhof zu Basel stehe.   1931

Auf dem Nachttisch

Der Dreischichtedichter

In dem entzückenden Buch von Robert Walser: *Fritz Kochers Aufsätze* ist ein Bild vom Bruder Karl drin: *Der Dichter*. Da sitzt ein elegisch angezogener Jüngling auf einem dünnen Stuhl am Fenster und sieht in den Regen, der aus vierzehn Strichen besteht. Draußen ist ein bißchen Garten, die Gardine ist artig gemustert, und an der Wand hängt die Hälfte eines ovalen Bildes. Das ist alles.

Und ich glaube, das ist ein Sinnbild von Robert Walser. Der Dichter, in das Wetter starrend, den Kopf schwer aufgestützt: das ist ein Klischee. Darunter die Ironie: etsch! so ist es ja gar nicht. Darunter: sondern ich werde euch einmal zeigen, wie es ist. »Ein Mann mit drei Schichten.« So definiert ihn am glücklichsten Max Brod, der ihn am tiefsten begriffen hat.

Nun ist von Robert Walser eine Sammlung der *Aufsätze* erschienen – bei Kurt Wolff in Leipzig – jener Aufsätze, die fast alle in der *Schaubühne* gestanden haben. Und wenn man sie jetzt noch einmal so alle zusammen sieht, die *Birch-Pfeiffer* und *Kotzebue* und *Kino* und *Büchners Flucht* und *Lenz* – dann freut man sich, daß in dem Buch auch andre stehen, die man noch nicht kennt.

Er ist ein Klischeebeleber bis ins dritte und vierte Glied. Wer erinnerte sich nicht an den alten Goethe bei diesen Worten: »Auch Schauspieler Kayssler will wegmachen…«?

Wie sind alle Floskeln, die wir längst tot geglaubt hatten, noch einmal blühend da, schlagen die Augen auf und lächeln uns an! Walser würde hier sagen: »Dieses Bild darf man eigentlich nicht gebrauchen, aber ich schreibe einen erbärmlichen Stil, in Stil habe ich immer mangelhaft gehabt.« Nein, das ist keine romantische Ironie. Es ist vielmehr Liebe, eine unendlich feine Liebe – dieselbe, die auf jeder Seite seiner Romane übersehene Dinge verklärt.

Karl Walser hat in das Buch viel Kompott hineingezeichnet; aber das schadet nichts. Schaubühnenleser! Dies Buch ist Euer!   1913

Büchner

Der Tonfall von *Wozzek*, die Melodie von *Leonce und Lena* ist mir im Fleisch und Blut. Diese starke Wirkung beruht, glaube ich, nicht so sehr auf einer Technik, die zum Teil die Shakespearesche ist, wie auf einer Betrachtungsweise. Der Welt und des Theaters. Das Theater ist bei Büchner, der ein Dramatiker war von Geburt, ein buntes erleuchtetes Loch, vor dem die Zuschauer mit weit aufgerissenen Augen sitzen, die lieben Leute, denen man es doch ein bißchen deutlich machen muß, wie es so im Leben zugeht. Im Leben? Nun, jedenfalls in dem, das Büchner sich zurechtgelegt hatte. Der Rahmen war immer der gleiche: mochten das zarte Pastellprinzessinnen sein oder besoffene Hofmeister, arme Soldaten oder gelehrte Ärzte mit Knopfstock und lateinischen Floskeln – immer wurde das Typische gegeben. Und mehr als das: ein bißchen Ironie. Ein bißchen – eben ein bißchen

Theater. Die Rede allein macht es nicht, wenn nicht die Gegenrede dazu kommt. Der erste weiß schon immer, was der andere sagen wird: sie reichen sich gegenseitig das Stichwort zu, werfen es hin und her und spielen mehr mit der Sprache, als daß sie sie sprechen. Von den Wortspielen wissen alle Beteiligten, daß sie eigentlich nur zum Spaß angebracht sind – so, damit sich die Spieler und das Publikum unterhalten.

Aber manchmal, da geht dann doch das Blut und das Tempo mit ihm durch. Im *Wozzek* sind so ein paar Stellen, etwa: wie sie dem Kind mitteilen, daß sein Vater ermordet worden, und *Leonce und Lena* besteht zur Hälfte aus diesen Passagen, die singen und tönen und nie mehr loslassen. Und so ist auch der Anfang der einzigen Novelle, die wir von ihm besitzen: *Lenz*. »Den zwanzigsten ging Lenz durchs Gebirg.« Maestoso. Wie Paukenschläge am Anfang einer großen Symphonie.

Ist dies das Forte, so gibt es zwei Pianostellen: die zwei Gedichte. Die – denn außer unerheblichen Jugendgedichten sind sie die einzigen. Eins im *Wozzek*, eins in *Leonce und Lena*. Das zweite pianissimo, das erste von einer so zerrissenen, fürchterlichen Verzweiflung, daß es sich lohnt, nur dieses schrecklichen Wiegenliedes wegen das Stück zu lesen. Wie das aufhört:

Lauter kühle Wein muß es sein, juchhe!
Lauter kühle Wein muß es sein!

Mit dem Ton auf ›lauter‹ – und wem sich bei dem ›Juchhe‹ das Herz nicht zusammenkrampft, der ist kein Mensch.

Hundert Jahre – man sollte meinen, es würde nun auf den Schulen gelesen. Als Klassiker. Ach nein! Die Familie, der er angehört, hat nie großes Glück gehabt bis auf den heutigen Tag: der junge Schiller wird auf eben den Schulen nur wegen seiner körperlichen Identität mit dem alten geduldet, Panizza ist unbekannt im Irrenhaus gestorben – wir werden ihm nächstens einen Kranz aufs Grab legen, nicht wahr? – und Wedekind... Nun, man weiß ja, warum der ›zieht‹.

Lieber S. J., sagen Sie doch den Theaterdirektoren, sie möchten Georg Büchner aufführen. Hundert Jahre sind eine lange Zeit, und wenn einer so lange gewartet hat, dann will er sich im Grab auch einmal auf die andre Seite drehen. Gewiß: »Ein guter Mensch, der sein gutes Gewissen hat, tut alles langsam«, sagt der Hauptmann zu Wozzek. Ein gutes Gewissen haben doch die Theaterleute, und nun ists Zeit.

1913

Alte Verse

Es gibt von Hermann Hesse, dessen Prosabücher in über hundert Auflagen verbreitet sind, ein Gedichtbuch, das sehr unbekannt ist. Es ist bei Grote erschienen, und von den hundertneunzig Seiten Gedichte sind vielleicht nur zwei oder drei wirklich schön. Eins davon ist auch in der *Herbstwanderung* (des Bandes *Diesseits*). Es heißt: *Im Nebel*. Aber sonst...

Die Gedichte sind rührend schlecht. Sie stammen aus der Zeit, da Hesse noch Hermann Lauscher hieß und sehr jung war. Heute hat man leicht lächeln. Aber was hätte man damals gesagt, wenn einem das Manuskript vorgelegen hätte? Es ist viel schwerer (Goethe zu Eckermann), aus einer mittelmäßigen und nicht ganz gelungenen Sache sich das Richtige herauszuschälen, als einen Diamanten zu agnoszieren. Dies ist so eine halbe Angelegenheit: vieles ist nicht gekonnt, manches schief, und doch bricht hier und da eine Flut Licht durch die unbeholfenen Verse...

Kein Wort gegen Hesse. Die alten Verse mußten so sein, und es liegt kein Grund vor, heute großmütig dem Dichter auf die Schulter zu klopfen. Der Brunnen, der Mondschein auf glitzernden Giebeln der Kleinstadt, der Wind – vor allem der Wind, nachts, und der leise Hauch am Mittag und alle Winde der Jahreszeiten... Man kennt das. Und glaubt ihm nun, da er mehr und besseres gegeben hat, die Echtheit und Tiefe der alten Verse. Aber damals! Man soll vorsichtig sein, wenn einer kommt und einem solche Verse zeigt. Daß zu viele geschrieben werden, ist sicher. Daß nicht so leicht einer auf die Dauer verkannt wird, auch. Aber manchem jungen Menschen mag der Weg erleichtert werden, wenn sich die Rezensenten der Mühe unterziehen wollten, diese Verse sorgfältiger zu lesen, Klischee von Inhalt, Phrase vom Wort zu trennen. Denn immer wieder bricht ›es‹ durch: das Ingenium.   1913

Die diskreditierte Literatur

Das deutsche Lesepublikum scheint mit einem großen Wurstkessel verglichen werden zu dürfen. Oben stehen die Köche – das sind die Herren Verleger – und schütten und schütten Würste hinein. Wie lange noch, und der Kessel ist voll.

Wie soll das werden? Früher, das war eine schöne Zeit. Gewiß, die Bücher waren nicht so billig wie heute, und auch die Drucktechnik ließ noch zu wünschen übrig. Aber wie liebte man so ein schmales Bändchen, wie kannte man jeden Buchstaben auf dem Einband, wie zärtlich streichelte man das oft gelesene Buch! Heute hat sich der Druck verbessert, die Ausstattung ist fast durchweg gut – aber die Bücher sind wohlfeil geworden und die Liebe zu ihnen auch. Die billigen Bücher waren anfangs eine angenehme Zugabe zu den gewichtigen Dingen, die der Markt bot – heute sind sie ein Fliegengeschmeiß, und eines Tages werden sie nicht nur den ganzen Sortimenterverdienst, sondern auch das große Interesse für Bücher aufgefressen haben. Luxusausgaben mochten wir kaum noch sehen, seit Frieda Schanz für sechs Mark eine Leinenausgabe ihrer Balladen veranstaltet und ihren Namen vorne hineinsigniert hatte. Da saßen die Verleger, und ob sie die Auflage noch so begrenzten: niemand war da, der ihnen die Exemplare, nur für Liebhaber und Liebhaberinnen hergestellt, abkaufte. Da saßen sie und weinten. Und erfanden – das billige Buch.

»Auch die große Masse soll… Selbst der gemeine Mann… Das Volk…« klingelten die Schlagworte. Gut. Aber was Mittel war, wurde Selbstzweck, und was heut ein besseres Buch sein will, darf nicht mehr als eine Mark kosten. Warum soll ich heute noch fünf oder gar sechs Mark für ein Werk ausgeben, das ich nächstens doch in der billigen Ausgabe erwischen werde? Die Herren Dichter mögen gewiß nicht gut dabei wegkommen – und der Verleger? Die Masse macht es. Bald wird sie es nicht mehr machen. Noch sind sie nicht übersättigt, die Bücherkäufer – obgleich leise Anzeichen schon vorhanden sind – noch kaufen sie, wie es ihre Pflicht ist. Aber über ein kurzes, und sie haben es satt. Der Zeitpunkt scheint nicht mehr fern. Der Insel-Verlag hat die Fünfzig-Pfennig-Wiese abgegrast, Fischer, der es auch nicht nötig hatte, folgte, und heute gibt es überall für sechzig Pfennige ein Buch oder viele Bücher, die soviel gute Literatur enthalten, daß sie nicht anregen, sondern sättigen. Ein Insel-Almanach im Jahr ist schön; aber die Buchhändler werden merken, daß tausend solche billigen Bücher das teurere Buch nicht einführen, sondern diskreditieren. Viel Glück! Herunterzugehen, war nicht schwer. Jetzt heißt es: wieder heraufkommen.   1913

Busch-Briefe

Wenn ein gutes Buch von dreihunderttausend Leuten gelesen wird, so kann man darauf schwören, daß zweihundertachtzigtausend gar nicht das Kunstwerk lesen (und kaufen), sondern irgend etwas andres, irgend ein Ding, das sie sich zurechtgemacht haben. Sie lesen aus dem guten Werk für sich ein schlechtes heraus; sie hören bei Sternheim Kadelburgwitze, loben bei den *Buddenbrooks* das Milieu, das sie bei *Jettchen Gebert* und bei den *Wiskottens* gleichmäßig entzückte, und haben so auch von je einen Publikums-Busch gehabt.

Es geht die dumpfe Sage, dieser Busch sei ein Philosoph gewesen. Aber die Leute lachen ruhig weiter über seine Bildchen und sagen: Es wird schon nicht so schlimm gewesen sein. Durch seine Biographen ists nicht besser geworden, und ganz und gar verstanden haben ihn nur Hofmiller und die *Simplicissimus*-Gruppe von Doktor Owlglaß an der Spitze. Und grade dieser schwäbische Medikus, dem großen Niederdeutschen merkwürdig verwandt, hat schon oft auf diesen Wilhelm Busch hingewiesen, den die Leute so gar nicht kennen, und der nie großen Erfolg gehabt hat und haben wird. Von diesem andern Busch ist *Eduards Traum*, ein bilderloses, schmales Büchelchen, und von diesem andern Busch sind die wunderschönen Briefe an die Freundin Multatulis, an Maria Anderson. Hofmiller: »Jeder, der Busch liebt, sollte sie besitzen.«

Busch ist der Reiter über den Bodensee, der sehr gut weiß, daß er auf einer gefrorenen Eisdecke galoppiert. Und wie dieser kräftige Mann den brüchigen Untergrund fatal lächelnd aufzeigt und dann immer wieder zu dem starken Lebensgefühl zurückkehrt, das es ihm ermöglicht, trotz alledem weiter zu atmen: das findet sich auch hier in den nachdenklichen Briefen. »Wer die nackte Wahrheit will, der mahle $a^2 + 2ab + b^1$ auf der Wind- und Klappermühle, deren Wichtigkeit ich sonst nicht verkenne. Wir aber, wir reden den hübschen ›blühenden‹ Unsinn. Wir sagen: Die Sonne geht unter; der Mond geht auf. Hier ist der See. Der entschlummerte Tag haucht leise darüber hin. Die Wellen zittern und blinken. Sanft schaukelt der Kahn. Die Laute klingt. Aber tief unten im Grund liegt der Hort und Schatz der Wahrheit.« Er weiß alles. Wie wenig Worte taugen, und wie man das ganze Spiel in kein System und in keine Schablone bringen kann. Und wie man nicht sagen muß: ich bin, aber es ist nichts – sondern: es ist nichts, aber ich bin.

Mit allen Vorbehalten. Busch hat seine Bedenken gehabt. Er hat das Ganze hienieden aus der Vogelperspektive gesehen, und wer diese schönen Briefe liest, wird auch auf den vom siebenten Februar 1876 stoßen, und dann wird er gewiß zu lesen aufhören und ein Weilchen schmunzelnd knastern. Da steht: »Obgleich der Floh, wie Mann und Weib bekannt, gar pfiffig ist, besonders wenn es sich darum handelt, den ihm dräuenden Gefahren zu entschlüpfen, so scheint mir seine Intelligenz doch etwas einseitig zu sein. Winzig, unbändig, freiheitsdurstig, egoistisch, schnellvergänglich, wie er ist, dürfte es der plumpen Menschenhand wohl schwerlich gelingen, einen bildenden Einfluß auf ihn auszuüben... Ehe nun die Vorstellung beginnt, lockt er (der Flohzirkusdirektor) seinen Hund, langt aus dem haarigen Urwald einige stachlige Wildfänge hervor, ›dressiert‹ ihnen mit einer kleinen Schere die Achterbeene, tupft ihnen etwas Gummi auf den Rücken – das Stück beginnt – und was sonst gehupft, das krabbelt nun. Nach Schluß des Theaters können die Künstler gehen, wohin sie wollen.« Der Leser wird hier ein wenig nachdenklich in die Luft sehen und sich der Verse des Doktor Owlglaß erinnern: »Zwackt mich die Angst als wie ein Hummer/Kalt ins Genack,/So blas' ich meinen Schreck und Kummer/In einen Dudelsack.«

Und hier müssen wir unsern Schopenhauer wiederfinden: im Flohzirkus. 1914

Roßhalde

Wer Hermann Hesse lieb hat, den wird dieses Buch (aus dem Verlag S. Fischer) sehr interessieren. Hesse ist jetzt siebenunddreißig Jahre alt und der *Camenzind* lange her. Hesse hat die Welt seines erfolgreichsten Buches noch ein paar Mal gestaltet, und jedes Mal stärker, bewußter; am schönsten wohl im *Diesseits*, im *Heumond*.

Nun hat er sich gewandelt: er ist älter geworden, und es bereitet sich da irgend etwas vor. Wenn nicht vorn auf dem Titelblatt der Name Hesse stünde, so wüßten wir nicht, daß er es geschrieben hat. Das ist nicht unser lieber, guter, alter Hesse: das ist jemand anders. Eine Puppe liegt in der Larve, und was das für ein Schmetterling werden wird, vermag niemand zu sagen. Es ist schön, daß jemand im besten Mannesalter noch einmal frische Triebe ansetzt und wieder neue Blüten entfalten läßt.

Noch ist nichts fertig. Noch sind, was wir bei Hesse kaum gewohnt waren, manche Gestalten ein wenig schemenhaft und blaß. So das ganze Lager der Frau Veraguth und sie selbst, zu der nicht die Sympathie des Autors neigte. Diese Ehe zerfällt in zwei ungleiche Teile: auf der einen Seite eine schwerlebige Frau und ein Sohn, die nur auf dem Papier stehen; auf der andern ein prachtvoller Mann und der Freund dieses Mannes.

Als ich das Buch, das den Zerfall dieser Ehe schildert, zu Ende gelesen hatte, empfand ich das Ganze als ein Einleitungskapitel zu einem großen Werk. Wie Veraguth nach dem Tode seines geliebten jüngern Sohnes in die Fremde geht, zu seinem Freunde nach Indien, was nun folgt – das will ich wissen. Und Hesse ist wie dieser Veraguth: er hat die heimatlichen Zelte abgebrochen und geht – wohin?

Die Hand ist noch die des Meisters. Was wir von je an ihm so liebten und bewunderten: die starke Kraft und Sinnlichkeit seiner Sätze – das ist wieder da. Er kann, was nur wenige können. Er kann einen Sommerabend und ein erfrischendes Schwimmbad und die schlaffe Müdigkeit nach körperlicher Anstrengung nicht nur schildern – das wäre nicht schwer. Aber er kann machen, daß uns heiß und kühl und müde ums Herz ist.

Und noch eins: es freut einen so sehr, daß in diesem Buch, nachdem man uns über Gebühr mit läppischen Liebesgeschichten gelangweilt hat, einmal wieder der Wert einer rechten Männerfreundschaft aufgezeigt wird. Es ist ja in den großen Städten fast nicht mehr möglich, von solchen Dingen zu sprechen, ohne häßliche Nebengeräusche zu veranlassen. Da möchte man Hermann Hesse danken, daß ers uns wieder einmal geschrieben hat, wie fest dieses Band zwischen zwei Männern sein kann, gesponnen ohne hinterhältige Absichten, ohne Herrschsucht, geknüpft von Individualität zu Individualität, von Mensch zu Mensch.   1914

Das Reimlexikon

Genie ist Fleiß

Merkwürdig: wir wissen alle, daß es so etwas gibt. Wir wissen auch alle, daß es bei Reclam erschienen ist. Aber dann ist es aus, denn in der Hand hats selten jemand gehabt, und

wenn ich nur den erwischen könnte, ders schon einmal angewendet hat!

Der erste Eindruck ist überwältigend. Ein ganzes Buch
mit Reimen! Und richtig geordnet, so wie sich das gehört:
die auf -afer stehen zusammen und die auf -obeln und die
auf -under. Nun Dichter, auf den Plan! Der Verfasser, ein
Regierungsrat und Doktor juris, hats ganz ernsthaft gemeint, als er sich diese Höllenarbeit machte. Er belehrt uns
in der Vorrede über die Historie der Reimlexika, und erzählt uns auch von einem bösen Vorgänger, der sich den
Ruhm, das dickste Reimlexikon geschrieben zu haben, damit erschlich, daß er zum Beispiel bei den Reimen auf -aut
sechshundertundfünfzig Krautarten aufzählt. Pfui! Wir
hingegen arbeiten ehrlich, und los geht's. Was eigentlich los-
gehen soll, ist nicht ganz klar. Das Dichten? Jedenfalls, denn
zum handlichen Gebrauch ist das Büchlein hergestellt. Es
ist ja nun billig, sich darüber lustig zu machen – und wir
sind uns genugsam klar, daß es so nicht geht. Schön. Aber
man kann darin lesen. Ganz ernsthaft lesen, so, wie man
übrigens im Büchmann lesen kann oder im Brockhaus oder
in dergleichen Institutionen, die sehr zu Unrecht immer nur
für die trockene Praxis aus den Regalen geholt werden.

Es fällt einem schon so allerhand ein, wenn man im
Reimlexikon liest. Der Reim – was das für eine ulkige Sache
ist! Wie so ein Gleichklang am Schluß dem Ding gleich einen andern Aspekt gibt! »Der Segen, der Degen, aller-
wegen, wogegen.« Nun bloß noch ein bißchen Sinn: und das
Gedicht ist fertig. Doch – es ist fertig. Man lese einmal so
einen Abschiedsbrief eines Mannes an seine Geliebte (die er
nachher erschoß).

Behüt Dich Gott, geliebtes Kind,
In Deinen Locken spielt der Wind,
Das Hündlein wedelt, springt und bellt,
Dein Mut ist frisch und schön die Welt,
       Behüt Dich Gott!
Behüt Dich Gott in Freud und Leid,
Behüt Dich Gott in Ewigkeit!

Na? Dem und ihr mocht doch sicher gleich sein, was da drin stand – aber daß man die Zeilen so schön absetzen mußte und der geliebte Gleichklang: das wars, was das Herz bewegte! Immer klappts aber nicht im Lexikon, das muß ich schon sagen. Oder sind das vielleicht Reime, die ich doch für meine vierzig Pfennige verlangen kann? Die Proklamation, Die Aktion, Die Insurrektion: das reimt sich – aber Reime sinds doch nicht. Und was die Wörter mit der Endsilbe -ung angeht, nein, da tu ich nicht mit. Der Rösselsprung und Die Begüterung und Die Einigung und Die Beglaubigung – mein Geld möchte ich wiederhaben, mein Geld!

Und beim Blättern stoß ich auch auf den lieben alten Operettenreim -ieren. Ach, welche Couplets tauchen auf, wenn ich so lese: Ich erfriere, ich geniere, ich dressiere – amüsieren, animieren, kommandieren…! Offenbach, Cancan, -ieren -ieren -ieren -ieren…!

Manchmal reimt das Lexikon auch allein: In betreff – der Chef – das Reff. Oder: Der Floh – froh – inkognito – irgendwo – oh! – roh – schadenfroh – so – das Stroh – der Studio – ein Trikot – wo? Das ist der Liebig-Extrakt, und jeder kann sich seine Bouillon davon kochen.   1914

Der Untertan

Aber es wäre unnütz, euch zu raten. Die Geschlechter müssen vorübergehen, der Typus, den ihr darstellt, muß sich abnutzen: dieser widerwärtig interessante Typus des imperialistischen Untertanen, des Chauvinisten ohne Mitverantwortung, des in der Masse verschwindenden Machtanbeters, des Autoritätsgläubigen wider besseres Wissen und politischen Selbstkasteiers. Noch ist er nicht abgenutzt. Nach den Vätern, die sich zerrackerten und Hurra schrien, kommen Söhne mit Armbändern und Monokeln, ein Stand von formvollen Freigelassenen, der sehnsüchtig im Schatten des Adels lebt...

Heinrich Mann 1911

Dieses Buch Heinrich Manns, heute, gottseidank, in aller Hände, ist das Herbarium des deutschen Mannes. Hier ist er ganz: in seiner Sucht, zu befehlen und zu gehorchen, in seiner Roheit und in seiner Religiosität, in seiner Erfolganbeterei und in seiner namenlosen Zivilfeigheit. Leider: es ist der deutsche Mann schlechthin gewesen; wer anders war, hatte nichts zu sagen, hieß Vaterlandsverräter und war kaiserlicherseits angewiesen, den Staub des Landes von den Pantoffeln zu schütteln.

Das erstaunlichste an dem Buch ist sicherlich die Vorbemerkung: »Der Roman wurde abgeschlossen Anfang Juli 1914.« Wenn ein Künstler dieses Ranges das schreibt, ist es wahr: bei jedem andern würde man an Mystifikation denken, so überraschend ist die Sehergabe, so haarscharf ist das Urteil, bestätigt von der Geschichte, bestätigt von dem, was die Untertanen als allein maßgebend betrachten: vom Erfolg. Und es muß immerhin bemerkt werden, daß die alten Machthaber – ach, wären sie alt! – dieses Buch von ihrem Standpunkt aus mit Recht verboten haben: denn es ist ein gefährliches Buch.

Ein Stück Lebensgeschichte eines Deutschen wird aufgerollt: Diederich Heßling, Sohn eines kleinen Papierfabrikanten, wächst auf, studiert und geht zu den Korpsstudenten, dient und geht zu den Drückebergern, macht seinen Doktor, übernimmt die väterliche Fabrik, heiratet reich und zeugt Kinder. Aber das ist nicht nur Diederich Heßling oder ein Typ.

Das ist der Kaiser, wie er leibte und lebte. Das ist die Inkarnation des deutschen Machtgedankens, das ist einer der kleinen Könige, wie sie zu Hunderten und Tausenden in Deutschland lebten und leben, getreu dem kaiserlichen Vorbild, ganze Herrscherchen und ganze Untertanen.

Diese Parallele mit dem Staatsoberhaupt ist erstaunlich durchgearbeitet. Diederich Heßling gebraucht nicht nur dieselben Tropen und Ausdrücke, wenn er redet wie sein kaiserliches Vorbild – am lustigsten einmal in der Antrittsrede zu den Arbeitern (»Leute! Da ihr meine Untergebenen seid, will ich euch nur sagen, daß hier künftig forsch gearbeitet wird.« Und: »Mein Kurs ist der richtige, ich führe euch herrlichen Tagen entgegen.«) – er handelt auch im Sinne des Gewaltigen, er beugt sich nach oben, wie der seinem Gotte, so er seinem Regierungspräsidenten, und tritt nach unten.

Denn diese beiden Charaktereigenschaften sind an Heßling, sind am Deutschen auf das subtilste ausgebildet: skla-

visches Unterordnungsgefühl und sklavisches Herrschafts-
gelüst. Er braucht Gewalten, Gewalten, denen er sich beugt,
wie der Naturmensch vor dem Gewitter, Gewalten, die er
selbst zu erringen sucht, um andere zu ducken. Er weiß: sie
ducken sich, hat er erst einmal das ›Amt‹ verliehen bekommen und den Erfolg für sich. Nichts wird so respektiert wie
der Erfolg; einmal heißt es geradezu: »Er behandelte Magda
mit Achtung, denn sie hatte Erfolg gehabt.« Aber wie wird
dieser Erfolg geachtet! Würde er es mit nüchternem Tatsa-
chensinn, so hätten wir den Amerikanismus, und das wäre
nicht schön. Aber er wird geachtet auf ganz verlogene Art:
man schämt sich der alten Vergangenheit und beschwört die
alten Götter, die den wirklichen Dichtern und Denkern von
einst noch etwas bedeuteten, zitiert sie, legt Metaphysik in
den Erfolg und donnert voll Überzeugung: »Die Weltgeschichte ist das Weltgericht!« Und appelliert an keine höhere Instanz, weil man keine andre kennt.

Das ganze bombastische und doch so kleine Wesen des
kaiserlichen Deutschland wird schonungslos in diesem
Buch aufgerollt. Seine Sucht, Amüsiervergnügen an Stelle
der Freude zu setzen, seine Unfähigkeit, in der Gegenwart
zu leben, ohne auf die Lesebücher der Zukunft hinzuweisen, und seine Unfähigkeit, anders als nur in der Gegenwart
zu leben, seine Lust am rauschenden Gepränge – tiefer ist
nie die Popularität Wagners enthüllt worden als hier an einer *Lohengrin*-Aufführung, die voll witziger Beziehungen
zur deutschen Politik strotzt (»denn hier erscheinen ihm, in
Text und Musik, alle nationalen Forderungen erfüllt. Em-
pörung war hier dasselbe wie Verbrechen, das Bestehende,
Legitime ward glanzvoll gefeiert, auf Adel und Gottesgna-

dentum höchster Wert gelegt, und das Volk, ein von den Ereignissen ewig überraschter Chor, schlug sich willig gegen die Feinde seiner Herren«) –, und vor allem zeigt Heinrich Mann, wonach eben das Buch seinen Namen führt: die Unfreiheit des Deutschen.

Die alte Ordnung, die heute noch genau so besteht wie damals, nahm und gab dem Deutschen: sie nahm ihm die persönliche Freiheit, und sie gab ihm Gewalt über andere. Und sie ließen sich alle so willig beherrschen, wenn sie nur herrschen durften! Sie durften. Der Schutzmann über den Passanten, der Unteroffizier über den Rekruten, der Landrat über den Dörfler, der Gutsverwalter über den Bauern, der Beamte über Leute, die sachlich mit ihm zu tun hatten. Und jeder strebte nur immer danach, so ein Amt, so eine Stellung zu bekommen – hatte er die, ergab sich das Übrige von selbst. Das Übrige war: sich ducken und regieren und herrschen und befehlen.

Die vollkommene Unfähigkeit, anders zu denken als in solchem Apparat, der weit wichtiger war denn alles Leben, die Stupidität, zwischen Beamtenmißwirtschaft und Anarchie nicht die einzig mögliche dritte Verfassung zu sehen, die es für anständige Menschen gibt: sie bildet den Grundbaß des Buches. (Und offenbarte sie sich nicht heute wieder aufs herrlichste?) Sie können alle nur ihre Pflicht tun, wenn man sie ducken und geduckt werden läßt; unzertrennlich erscheint Bildung und Sklaventum, Besitz und Duodezregierung, bürgerliches Leben und Untergebene und Vorgesetzte. Sie fassen es nicht, daß es wohl Leute geben mag, die sachlich Weisungen erteilen, aber nimmermehr: Vorgesetzte; wohl Menschen, die für Geld ausführen, was andre haben wollen, aber nimmermehr: Untergebene. Das Land war – war... – ein einziger Kasernenhof.

Und noch eins scheint mir in diesem Werk, das auch noch die kleinen und kleinsten Züge der Hurramiene mit dem aufgebürsteten Katerschnurrbart eingefangen hat, auf das glücklichste dargestellt zu sein: das Rätsel der Kollektivität. Was der Jurist Otto Gierke einst die reale Verbandspersönlichkeit benannte, diese Erscheinung, daß ein Verein nicht die Summe seiner Mitglieder ist, sondern mehr, sondern etwas andres, über ihnen Schwebendes: das ist hier in nuce aufgemalt und dargetan. Neuteutonen und Soldaten und Juristen und schließlich Deutsche – es sind alles Kollektivitäten, die den einzelnen von jeder Verantwortung frei machen, und denen anzugehören Ruhm und Ehre einbringt, Achtung erheischt und kein Verdienst beansprucht. Man ist es eben, und damit fertig. Der Musketier Lyck, der den Arbeiter erschießt – historisch – und dafür Gefreiter wird; der Bürger Heßling, der – nicht historisch, aber mehr als das: typisch – alle andersgearteten wie Wilde ansieht: sie sind Sklaven der rätselvollen Kollektivität, die diesem Lande und dieser Zeit so unendlich Schmachvolles aufgebürdet hat. »Dem Europäer ist nicht wohl, wenn ihm nicht etwas voranweht«, hat Meyrink mal gesagt. Es wehte ihnen allen etwas voran, und sie schwören auf die Fahne.

Kleine und kleinste Züge belustigen, böse Blinkfeuer der Erotik blitzen auf, der Kampf der Geschlechter in Flanell und möblierten Zimmern ist hier ein Guerillakrieg, es wird mit vergifteten Pfeilen geschossen, und es ist bitterlich spaßig, wie Liebe schließlich zum legitimen Geschlechtsgenuß wird. Eine bunte Fülle Leben zieht vorbei, und alles ist auf die letzte Formulierung gebracht, und alles ist typisch, alles ein für alle Mal. Die alte Forderung ist ganz erfüllt: »Wenn nun gleich der Dichter uns immer nur das einzelne, individuelle vorführt, so ist, was er erkannte und uns dadurch erkennen lassen will, doch die Idee, die ganze Gattung.« Leider: so ist die ganze Gattung.

Aus kleinen Ereignissen wird die letzte Enthüllung des deutschen Seelenzustandes: am fünfundzwanzigsten Februar 1892 demonstrierten die Arbeitslosen vor dem Königlichen Schloß in Berlin, und daraus wird in dem Buch eine grandiose Szene mit dem opernhaften Kaiser als Mittelstaffage, einer begeisterten Menge Volks und in ihnen, unter ihnen und ganz mit ihnen: Heßling, der Deutsche, der Claqueur, der junge Mann, der das Staatserhaltende liebt, der Untertan.

Und aus all dem Tohuwabohu, aus dem Gewirr der spießigen Kleinstadt, aus den Klatschprozessen und aus den Schiebungen – man sagt: Verordnungen; und meint: Grundstücksspekulation –, aus lächerlichen Ehrenkodexen und simplen Gaunereien strahlt die Figur des alten Buck. Man muß so hassen können wie Mann, um so lieben zu können. Der alte Buck ist ein alter Achtundvierziger, ein Mann von damals, wo man die heute geschmähten Ideale hatte, sie zwar nicht verwirklichte, schlecht verwirklichte, verworren war – gewiß, aber es waren doch Ideale. Wie schön ist das, wenn der alte Mann dem neuen Heßling sein altes Gedichtbuch in die Hand drückt: »Da, nehmen Sie! Es sind meine *Sturmglocken*! Man war auch Dichter – damals!« Die von heute sinds nicht mehr. Sie sind Realpolitiker, verlachen den Idealisten, weil er – scheinbar – nichts erreicht, und wissen nicht, daß sie ihre kümmerlichen kleinen Erfolge neben den charakterlosen Pakten jenen verdanken, die einst wahr gewesen sind und unerschütterlich.

Und das Buch *Der Untertan* (erschienen bei Kurt Wolff in Leipzig) zeigt uns wieder, daß wir auf dem rechten Wege sind, und bestätigt uns, daß Liebe, die nach außen in Haß umschlagen kann, das einzige ist, um in diesem Volke durchzudringen, um diesem Volke zu helfen, um endlich, endlich einmal die Farben Schwarz-Weiß-Rot, in die sie sich verrannt haben wie die Stiere, von dem Deutschland abzutrennen, das wir lieben, und das die Besten aller Alter geliebt haben. Es ist ja nicht wahr, daß versipptes Cliquentum und gehorsame Lügner ewig und untrennbar mit unserm Lande verknüpft sein müssen. Beschimpfen wir die, loben wir doch das andre Deutschland; lästern wir die, beseelt uns doch die Liebe zum Deutschen. Allerdings: nicht zu diesem Deutschen da. Nicht zu dem Burschen, der untertänig und respektvoll nach oben himmelt und niederträchtig und geschwollen nach unten tritt, der Radfahrer des lieben Gottes, eine entartete species der gens humana.

Weil aber Heinrich Mann der erste deutsche Literat ist, der dem Geist eine entscheidende und mitbestimmende Stellung fern aller Literatur eingeräumt hat, grüßen wir ihn. Und wissen wohl, daß diese wenigen Zeilen seine künstlerische Größe nicht ausgeschöpft haben, nicht die Kraft seiner Darstellung und nicht das seltsame Rätsel seines gemischten Blutes.

So wollen wir kämpfen. Nicht gegen die Herrscher, die es immer geben wird, nicht gegen Menschen, die Verordnungen für andre machen, Lasten den andern aufbürden und Arbeit den andern. Wir wollen ihnen *die* entziehen, auf deren Rücken sie tanzten, *die*, die stumpfsinnig und immer zufrieden das Unheil dieses Landes verschuldet haben, *die*, die wir den Staub der Heimat von den beblümten Pantoffeln gerne schütteln sähen: die Untertanen!

1919

Feuerwerk

Die kleinen Bändchen aus dem Verlag der Weißen Bücher in Leipzig kennen wenige. Es sind entzückende Sächelchen darunter, so von Alain und von Bottom, davon ein andres Mal. Diesmal wollen wir uns nur über eines unterhalten, über Chestertons *Verteidigung des Unsinns, der Demut, des Schundromans und andrer mißachteter Dinge.*

Seit Oscar Wilde mit seiner Blume im Knopfloch ganz Wien verpestet hat, sind Paradoxa hierorts nicht mehr gesellschaftsfähig. Man tut das einfach nicht mehr. So, wie man die Sauce nicht mit dem Löffel ausschöpft oder den Hausherrn nicht dazu beglückwünscht, daß sein ältester Sohn nun endlich in den Verband Deutscher Bolschewisten eingetreten ist, so wenig sagt man noch: »Die Kunst ist wie die Frau. Beide sind…« Man trägt das längst nicht mehr. Als Harry Walden noch jung war… Na, da lachen Sie.

Aber so eine Art Feuerwerk ist das hier gar nicht. Haben Sie einmal ein Bild von Chesterton gesehen? Nein? Also stellen Sie sich einen ungeheuer dicken und etwas griesgrämigen Mann vor, mit Kneifer und etwas Schnauzbart, und es ist ja anzunehmen, daß der Verfasser des *Mannes, der*

Donnerstag war, und der *Orthodoxie* und der *Häretiker* und der *Magie* – daß dieser dicke Mann, sage ich, in dem von Tirpitz mit Erfolg ausgehungerten England in der Zwischenzeit noch dicker geworden ist. Er hat so viel Fett wie Humor.

Ob der ohne Shaw nicht zu denken ist, wie manche behaupten, weiß ich nicht. Kenner der englischen Literatur mögen ergründen, wieviel irischer Humor das ist, und wieviel adaptierter irischer Humor. Jedenfalls ist es eine der lustigsten Arten von Gehirnakrobatik, die sich denken läßt. Das ist im wahrsten Sinne des Wortes paradox – denn dem Schreiber hat erst etwas geschienen, und das hat er übertrudelt. Die Verteidigungen der Planeten, der Detektivgeschichten und des Schundromans gehören zu den besten Leistungen des literarischen Varietés. Rauchen gestattet! Stets wechselndes Programm! Und Sie lachen mehr als in einem deutschen Tivoli.

Am schönsten und hellsten aber strahlt der letzte Aufsatz: *Verteidigung des Patriotismus*. Dazu muß allerdings gesagt werden, daß er, pazifistisch, antinationalistisch und ganz befreit von allen Dogmen, vor dem Kriege geschrieben worden ist, vor jener Zeit, wo sogar G. K. Chesterton in der berechtigten Abneigung gegen Potsdam eine Grube fand, in die er hineinfiel, der dicke und kluge Mann – und daß der Aufsatz so recht auf niemand geht. Er ist um seiner selbst willen geschrieben worden. Und das sind meisthin die klügsten Dinge, die wir so einfach dahin sagen: ohne Interesse an jemand, ohne Ranküne gegen einen andern, ohne die Absicht, zu gefallen oder zu mißfallen. Es wäre hübsch, wenn sich recht viele Deutsche an dieser blitzenden Weisheit eines

Krämergeistes jenseits des Kanals erfreuten. Wir habens nötig.

In der Strafkolonie

Das ist nicht wahr, wenn die Leute behaupten, Träume seien verschwommen. »Jeder ist, während er träumt, ein Shakespeare«, sagt der Weise, und noch im unsinnigsten Phantasma der Nacht stehen Konturen und Farben unverrückbar fest. Bäume zum Greifen und saftig grün, und in den Gesichtern der Geträumten kann man die Fältchen mit den Fingern antasten. Klar und scharf ist alles im Traum.

So unerbittlich hart, so grausam objektiv und kristallklar ist dieser Traum von Franz Kafka: *In der Strafkolonie* (bei Kurt Wolff in München erschienen). Dieses schmale Buch, ein wundervoller Drugulin-Druck, ist eine Meisterleistung.

Seit dem *Michael Kohlhaas* ist keine deutsche Novelle geschrieben worden, die mit so bewußter Kraft jede innere Anteilnahme anscheinend unterdrückt, und die doch so durchblutet ist von ihrem Autor. Die Geschichte ist einfach die, daß in der Strafkolonie ein aufsässiger Soldat auf einen irren Apparat geschnallt wird, und dort foltert man ihn. Dort wird ihm seine Strafe, die These: »Ehre deinen Vorgesetzten«, auf den nackten Leib geschrieben. Nadeln besorgen das.

Seit dem parfümierten Salonsadisten Ewers sind diese Dinge ein wenig in Verruf geraten, und man muß heute schon immer hinzusetzen, das es sich bei einem solchen Buch nicht um die Bereicherung der Handbibliothek schwammiger Konfektionäre handelt. (Zu beschlagnahmen ist hier auch nichts, Herr Staatsanwalt!) Als ich so weit gelesen hatte, bis da der nackte Mann unter der Maschine liegt, in seinen Mund wird ihm von unten her ein Filzstück geschoben, damit er nicht schreien kann, seit Jahren hat man diesen Filzstumpf nicht gewechselt, und nun setzt sich diese komplizierte Maschinerie langsam in Bewegung, die Nadeln schreiben, und aus kleinen Kanülen spritzt Wasser das Blut fort – als ich so weit gelesen hatte, schluckte ich einen faden Blutgeschmack herunter und suchte nach einer Entschuldigung und dachte: Allegorie… Die Militärgerichtsbarkeit…

Aber dieses Kunstwerk ist so groß, daß es keiner Entschuldigung bedarf, und eine Allegorie ist erst recht nicht vonnöten. Es ist ganz etwas andres. Der leitende Offizier erklärt dem fremden Reisenden genau die Konstruktion der Maschine und begleitet jede Zuckung des Gefolterten mit sachverständigen Bemerkungen. Aber er ist nicht roh oder grausam, er ist etwas viel Schlimmeres. Er ist amoralisch. Die Angelegenheit hat mit Christentum überhaupt nichts zu tun, dieser Offizier quält nicht, er ist beileibe kein Sadist. Und wenn er nach der sechsten Stunde der Folterung die Leidenszüge des nun immer schwächer werdenden Mannes in sich hineinschlürft, so ist das nur eine grenzenlose und sklavische Verneigung vor der Maschine dessen, was er Gerechtigkeit nennt, in Wahrheit: vor der Macht. Und diese Macht hat hier keine Schranken.

Einmal schrankenlos herrschen können… Besinnt ihr euch noch: wie wir kleine Jungens gewesen sind und in mancherlei wirren Sexualnöten steckten, erträumten wir uns wohl eine Stadt oder ein Land, darin gingen die Leute alle nackt oder sie hatten Glaskleider an, Männer und Frauen. Und in diesem Lande wurde ausschließlich und schrankenlos und ohne die leiseste Seelenmotion coitiert. Das hatte mit Liebe gar nichts zu tun, es war das ein Schwelgen in der Möglichkeit rein manuellen Geschehens, ohne daß störend Lehrer oder Vater oder Mutter hinzukamen. (Eine Art der Sinnlichkeit, wie sie normale Erwachsene nie mehr empfinden können.) Was die Phantasie des Knaben reizte, war nicht nur das sexuelle Motiv, sondern vor allem die Schrankenlosigkeit. Das Indianerspiel war die Vorstufe dazu. Einmal schrankenlos herrschen können…

Diese Schrankenlosigkeit – hier bei Kafka ist sie geträumt und gestaltet. Und die Hindernisse, die sich einer reglementmäßigen Folterung in den Weg stellen, sind gleichfalls traumhaft. Nicht daran scheitert die Qual, daß etwa eine ganze Gesellschaft, die Ordnung, der Staat empört aufstünden, sie zu hindern – nein, die Ersatzteile der Maschine sind nicht in Ordnung, und der neue Kommandant der Strafkolonie ist, im Gegensatz zum alten, ein Modernist und unterstützt den Maschinenoffizier und sein Folterwerk nicht so recht, aber er duldet es doch auch… Und all das ist so maßlos kühl und unbeteiligt erzählt. Der Dichter hat noch Zeit, ganz, ganz kleine Einzelheiten auszupinseln, so wie man ja manchmal im Leben und im Traum bei katastrophalen Geschehnissen einen eingerissenen Fingernagel oder ein Blumenblatt auf dem Teppich als das Charakteristikum dieses Geschehnisses vor allem im Gedächtnis behält. Und so arbeitet denn vor den Augen des erregten Reisenden die Maschine, und die Nadeln schreiben und schreiben.

Und dann verschiebt sich das Bild, und in einem Kausalnexus, der nur durch die Tatsache des Traums verständlich wird, läßt der Offizier den Verurteilten frei, und weil seine Maschine nicht leer stehen kann, legt er sich selbst darunter und läßt sich rasch zu Tode peinigen. Nur deshalb: weil die Maschine nicht leer stehen kann. Und traumhaft wirr steigen die Räder aus diesem entsetzlichen Instrument, das ein gemeinsames Kind von Peter Behrens und Lyonel Feininger konstruiert haben könnte, die runden Räder steigen und fallen, und da spießt die Egge den Leib des Offiziers auf, und der Ausleger der Maschine hebt den Kadaver entsetzlich langsam nach außen und läßt ihn in jene Grube klatschen...

Der Reisende und der bisherige Verurteilte und der Posten haben machtlos zugesehen. Und dann gehen sie noch in der Stadt umher, und dann steigt der Reisende auf ein Boot und fährt fort. Und auf einmal ist das Buch aus.

Ihr müßt nicht fragen, was das soll. Das soll gar nichts. Das bedeutet gar nichts. Vielleicht gehört das Buch auch gar nicht in diese Zeit, und es bringt uns sicherlich nicht weiter. Es hat keine Probleme und weiß von keinen Zweifeln und Fragen. Es ist ganz unbedenklich. Unbedenklich wie Kleist.

1920

Schriftsteller

Schriftstellern ist kein Beruf – das ist
eine Beschäftigung.

Der alte B.

Die Lage des deutschen Schriftstellers ist haltlos. Wenn er
nicht Glück oder sehr viel Marktgeschick hat oder einen
guten Nebenberuf, kann er verhungern. Die Löhne des
Schriftstellers sind nicht in gleichem Schritt mit denen andrer Berufe gestiegen; die gestiegenen Unkosten treffen auch
ihn. Ob diese Lage zu verbessern ist und wie, soll hier untersucht werden.

Unter Schriftsteller sei hier einer verstanden, der nur davon
lebt, daß er mit seinen vervielfältigten Geistesprodukten auf
andre zu wirken versucht.

Der Schriftsteller hat drei Möglichkeiten, seine Ware abzusetzen: das Buch, das Theater, die Presse.

Für das Buchgeschäft ist zu sagen, daß die Kontrolle des
Autors an dem Absatz des Verlegers im allgemeinen mangelhaft ist. Neben der großen Zahl anerkannt reeller deutscher Verleger gibt es eine Unzahl kleiner Firmen, von denen die Sage geht, daß sie mehr drucken als verrechnen. Der
Autor kann das niemals nachprüfen noch beweisen. Seine
Beteiligung am Gewinn ist nicht groß. Sie beträgt heute
durchschnittlich fünfzehn Prozent – der immerhin sekun-
däre Apparat, der seine Ware marktfähig macht, überwiegt
also derartig, daß er von einem Dreimarkbuch zwei Mark
fünfundzwanzig abgeben muß. Die verbreitete Klage, der

Verleger tue nichts für seine Autoren, ist nur zu oft begründet – kaum ein Vertrag schützt davor.

Beim Theater liegen die Dinge ein wenig besser, beim Film schlechter. Die in Betracht kommenden Theaterautoren sind sehr stramm organisiert (ein Zeichen, daß es also geht, und daß die Geistigkeit des Berufes, die mit seinen Marktprodukten nicht verquickt werden darf, kein Hindernis für eine gewerkschaftsähnliche Organisation ist). Der Filmautor ist im Vergleich zum Regisseur und zum Darsteller meist ein armes Luder. Er wird mit kleinen festen Honoraren abgespeist.

Die Verhältnisse in der Presse sind beängstigend schlecht. Die Honorare der gelegentlichen Mitarbeiter sind ein Hohn; die tariflich geregelten Normalgehälter der Redakteure etwas niedriger als die der Maschinenmeister. Es muß dabei gesagt werden, daß die Dinge bei der sozialistischen Presse oft schlimmer liegen als bei der kapitalistischen.

Die Organisation der freien Schriftsteller ist mangelhaft. Der einzige in Betracht kommende Verband, der Schutzverband Deutscher Schriftsteller, wirkt in kleinen Bezirken mancherlei Gutes; er hilft seinen Mitgliedern prompt und rechtschaffen in den Streitfällen des täglichen Lebens – an den Grundfehlern hat er bisher nichts zu ändern vermocht. Typisch auch für diese Organisation ist, daß sie das Schriftstellerelend mit Almosen zu heilen glaubt, wo Kardinalbauten am Platze wären. Ihr Vorsitzender, Robert Breuer, ist Regierungsmitglied – eine Inkompatibilität, die ihm aus politischen Gründen im Verein vorgeworfen wird, ihn reizbar gemacht hat und die praktische Arbeit oft lähmt. Der Kernpunkt liegt aber nicht da. Mit einem Wechsel des Vorsitzenden wäre in politischer Hinsicht viel, in wirtschaftlicher gar nichts getan. (Der Wechsel ist inzwischen eingetreten.)

Was not tut, ist dies:

Der Schutzverband Deutscher Schriftsteller, der nicht die Schlechtesten von uns umfaßt, müßte durch ununterbrochene öffentliche Bearbeitung des deutschen Publikums vor allem einmal auf die Erkenntnis hinwirken, daß das Schriftsteller-Honorar kein hingeworfenes Geschenk, sondern ein erarbeiteter Verdienst ist. Er müßte, zweitens, die in Frage kommenden deutschen Schriftsteller zu der Auffassung erziehen, daß es sehr wohl ehrlos ist, gegen die Organisation oder gar zu billig zu arbeiten. Die meisten von uns arbeiten zu billig. Sie sagen, sie seien dazu gezwungen, um überhaupt leben zu können. Das ist für den Standpunkt von heute richtig. Wer noch nicht einen festen Marktwert besitzt, kann sich mit seinen Leistungen so weit er will über das allgemeine geistige Niveau erheben – es zahlt ihm keiner einen Pfennig dafür.

Ja, es geht weiter. Wer von uns nicht Vermögen hat, ist gezwungen, eine Nebenbeschäftigung zu suchen. Liegt sie auf ganz anderm Gebiet als auf dem literarischen, so ist das für ihn schlimm. Muß er aus seiner Kunst eine Butterfabrik machen, dann ist es umso schlimmer für ihn. Es fällt keinem ein Stein aus der Krone, wenn er für das Cabaret oder den Film schreibt – aber es geht doch aus diesem wirtschaftlichen Druck hervor, daß er von seinen rein politischen, rein literarischen Arbeiten nicht leben kann.

Mir ist bei fast allen Vertragsabschlüssen mit der Presse und mit dem Buchverlag aufgefallen, daß der Unternehmer mit den Unkosten für Papier, Satz und Druck als absolut feststehenden Faktoren rechnet, an denen nicht zu drehen und zu deuteln ist. Der Rest ist nach Abzug der übrigen Unkosten Reingewinn, und von dem darf sich der Schriftsteller nach etlichem Knapsen und Würgen etwas für sich heraushandeln. In allen andern Fragen steht der Unternehmer im Buchverlag und im Zeitungswesen geschlossenen Gruppen gegenüber, mit denen nicht zu spaßen ist. Den Schriftsteller nimmt er sich einzeln vor. Und siegt.

Es ist nicht richtig, wenn die Laschen und Lauen unsres Standes immer sagen, man könne uns nicht alle unter einen Hut bringen, weil wir zu verschieden seien. Wir sind es, Gott sei Dank, in geistiger Hinsicht. In wirtschaftlicher gar nicht. Ein Verlagsvertrag des Grafen Ernst zu Reventlow und einer von mir sind juristisch und wirtschaftlich der Art nach nicht verschieden. Was wir bei der Lampe machen, ist eine andre Sache. Draußen verkaufen wir Ware.

Es ist auch nicht richtig, daß eine straffe Schriftstellerorganisation wegen des Außenseitertums der Dilettanten nicht haltbar sei. Auf die Dauer kann weder die Presse noch etwa der Buchverlag vom schreibenden Dilettanten leben. Der Universitätsprofessor, der sich in seiner Zeitung gedruckt sehen will, ist nicht in Gefahr. Für die Lyrik schwitzende Jungfrau ist heute ohnehin bei der herrschenden Papierknappheit wenig Platz. Die Gefahr steckt anderswo.

Die Gefahr sind wir selbst. Es gibt viel zu viele unter uns, die, wenn sie noch nicht arriviert sind, sich geschmeichelt fühlen, mit einem Verleger überhaupt sprechen zu dürfen, und die finanziell nachgeben. Es gibt viel zu viele unter uns, die nicht begreifen, daß die patriarchalische Stellung des Unternehmers vorbei sein muß, und daß dieses: ›Treue um

Treue‹ eine höchst einseitige Geschichte ist, und die finanziell nachgeben. Wir, wir selbst sind die Gefahr.

Es kommt kaum vor, daß Leute von Ruf den Preis verderben. (Obgleich ich mich schon oft gewundert habe, für wie wenig Geld selbst die großen Familienblattkanonen zu haben sind.) Der Erfolgreiche hat aber in allen Organisationsfragen wenig oder gar keinen Sinn für seinen Stand, dessen Namen er an hohen Feiertagen tönend im Mund führt.

Ich bin Mitglied des Vereins Berliner Presse und muß immer leise lächeln, wenn ich von den pomphaften Empfängen und Festen dieses Vereins lese. Sie sind letzten Endes Benefizabende eines armen Provinzschauspielers, und das Wort ›beneficium‹ schließt Ehre und Geschenk gleichermaßen in sich. Diese Veranstaltungen bedeuten: Bei uns ist etwas nicht in Ordnung. Wie jede Wohltätigkeit, nach Multatuli, anzeigt, daß etwas nicht in Ordnung ist. Die Tatsache, daß der deutsche Redakteur in finanzieller Hinsicht meist ein ziemlich trauriges Dasein führt, paßt so gar nicht zu den Festsprüchen toastender Redner. »Meine Herren von der Presse…!« Du lieber Gott! Das lebt mit Frau und drei Kindern für vierzehnhundert Mark und weiß oft nicht, wovon die nächsten Schuhsohlen zu bezahlen sind.

Dem freien Schriftsteller gehts noch elender. Er stirbt aus. Er wird als wirtschaftliche Erscheinung bald gar nicht mehr zu denken sein. » Schriftstellern ist kein Beruf – das ist eine Beschäftigung.« Der freie Schriftsteller verschwindet – und das bedeutet das Ende einer Gattung Mahner des öffentlichen Gewissens.

Ich gehöre zu den Leuten, die glauben, daß das Ende des

Künstlers noch nicht das Schlimmste wäre, weil ich glaube, daß für die kommende Zeit Kunst nicht das wichtigste Ding sein wird. Aber ich meine, daß es kulturschädlich ist, wenn der verschwindet, der unabhängig und desinteressiert den Leuten die Wahrheit sagen kann. Schriftsteller kauft man sich heutzutage schon gar nicht mehr, weil Pfenniggeschäfte nicht lohnen. Heute kauft man Zeitungen. Zeitungen mit dem ganzen an ihnen hängenden Publikum und mit der Setzerei und der Druckerei und der Falzerei und, richtig, auch mit dem Redaktionsstab. Einer der Herren geht? Aber wir bekommen fünf neue.

Wir wissen alle, was das bedeutet. Wir wissen, daß die Presse in Deutschland nicht in dem Sinne korrupt ist, daß sie für einen Betrag von zehntausend Mark einen Angriff liefert. Aber wir wissen doch auch alle, daß ein großes Blatt eine Interessensphäre vertritt, die nicht ganz unabhängig vom wirtschaftlichen Standpunkt des Inseratengeschäftes ist und sein kann. (Ein witziger berliner Journalist pflegt zu sagen: »Die Unabhängigkeit des Inseratenteils ist garantiert.«) Und es ist natürlich sehr wichtig, zu kontrollieren, wer hinter einer solchen Zeitungsmacht steckt. Aber es ist noch wichtiger, die Existenz von Schriftstellern zu ermöglichen, die von gar keiner abhängen.

Der Schriftsteller außerhalb der Partei und außerhalb eines Pressekonzerns ist, im Gegensatz zu diesen Institutionen, erst der rechte und wahre Förderer der Kultur. Er und nur er kann, unbeschwert von allen Rücksichten und ohne Manöver des Taktes, das sagen, was zu sagen so oft bitter not tut. Er und nur er hat, wenn er ein rechter Kerl ist, keinen zu fürchten. Der Typ ist heute am Verhungern.

Ob von diesem Staat etwas zu erwarten ist, weiß ich nicht. Daß von dieser Gesellschaftsform nichts zu erwarten ist, scheint mir sicher. Wenn der Schriftsteller sich nicht sein Recht erkämpft, bekommt ers nie. Der Weg dorthin geht nur über den gewerkschaftlichen Zusammenschluß aller deutschen Schriftsteller mit klaren und festen Tarifverträgen. Der Tarif regelt nicht den Geist – er regelt den Verschleiß der Ware. Und wenn einer beim Verkauf mit Idealen kommt, dann ist das Geschäft faul, und wir werden betrogen. Wir werden betrogen. Wir lassen uns betrügen.

Der Schutzverband Deutscher Schriftsteller kann allein nichts tun, auch wenn er wollte. Wenn ihr euch nicht alle zusammenschließt, wenn ihr nicht alle so viel Solidaritätsgefühl füreinander aufbringt, wenn ihr nicht alle *den* einen Schuft nennt, der den Streik bricht – heute traut ihr euch noch nicht einmal, zu streiken, weil ihrs gar nicht könnt –, wenn ihr nicht zusammenhaltet: dann ist es mit dem freien Schriftsteller aus.

Man sollte glauben, die wirtschaftliche Not zwänge den Stand zur Erkenntnis seiner Lage. Aber so groß ist die Macht anerzogener und gewohnter Laschheit, daß kaum einer muckt, und daß sie so stolz, erhobenen Hauptes, und voll von Idealen, wie es gebildeten deutschen Männern gebührt, wirtschaftlich verkommen.

Wollt ihr euch, wollt ihr den deutschen freien Schriftsteller vor dem Untergang bewahren? Dann tut etwas. Tut euch zusammen, tretet in den Schutzverband Deutscher Schriftsteller ein, und wirkt in ihm dafür, daß ihr wirtschaftlich besser dasteht als eure Waschfrau. Gebt nicht nach, bevor ihrs erreicht habt!

1910 schrieb Wilhelm Schäfer in der noch heute geltenden ausgezeichneten Monographie *Der Schriftsteller* (Bei Rütten & Loening in Frankfurt am Main): »So ist die Lage des Schriftstellers in Deutschland die einer als Beruf nicht anerkannten Existenz, der trotzdem letzten Grundes keine andre Pflichterfüllung möglich ist als die ihres innern Berufs, und die darum äußerlich in schwierigen und haltlosen Verhältnissen lebt. Diese Verhältnisse bedrohen nicht einen beliebigen Stand, sondern grade den, der als der Hüter der Sprache auch der Träger der deutschen Bildung ist.« Das gilt noch heute.

Ich habe hier nichts zu enthüllen gehabt. Keine Zeile in diesem Aufsatz ist ein versteckter Angriff auf irgend jemand, keine Wendung verschleiert Namen. Ich hätte sie genannt, wenn ich gewollt hätte. Ich habe keine einzelnen Namen zu nennen. Keiner ist von Belang. Wichtig allein ist die Gesamtlage des Standes.

Die große Presse hat für die Geräusche in ihrem eignen Innern kein rechtes Ohr. Man kann wohl auch keinem Unternehmer zumuten, sich selbst einen Tadel ins Klassenbuch zu schreiben. Darum habe ich meinen Notschrei hier erhoben.

1920

Priester und Detektiv

Der lustige Fall, daß einer einen kleinen Religionstraktat schreibt und Detektivgeschichten und nachdenklich-unterhaltsame Betrachtungen über den europäischen Gesellschaftskörper, und das alles in einem hin –: dieser Fall ist wirklich eingetreten. Wer anders kann das getan haben als unser guter dicker alter Chesterton? Habt ihr einmal ein Bild von ihm gesehen? Ihr solltet das nicht versäumen. (Dick sein ist keine physiologische Eigenschaft – das ist eine Weltanschauung.) Der Dicke also, dem der Krieg viel von seiner schönen antiken Ruhe raubte, also daß es geschah, daß er statt guter Erkenntnisse mit giftigen Invektiven aufwartete – im Gegensatz zu Wells, im Gegensatz zu Shaw, die beide mehr nachgedacht hatten – der Dicke also hat vor Jahren ein Buch vom Vater Brown geschrieben, das nun übersetzt vorliegt. (*Priester und Detektiv*, bei Friedrich Pustet zu Regensburg und Köln, 1920.)

In den Geschichten geht es so her: ein ganz verwickelter und böser Kriminalfall harrt seiner Lösung – niemand weiß aus noch ein. Da kommt ganz zufällig, gerufen oder ungerufen, der bescheidene, unauffällige und kleine Vater Brown dazu, ein Priester, ein Sohn der katholischen Kirche, kommt, sieht, schweigt und siegt. Dieser Sherlock Holmes ist katholisch – ich hätte nie geglaubt, daß Sellerie und Spargel nebeneinander möglich wären. Es schmeckt. Es schmeckt sogar sehr gut.

Spaßig und neu ist an den Geschichten natürlich nicht die Fabel. Das kennen wir nun bis zur Übermüdung, und jeder einigermaßen gewandte Groschenjournalist in Deutschland und auf der ganzen Welt dürfte wohl nachgerade fähig sein, dergleichen zu erfinden. Spaßig ist das Beiwerk (wie fast immer in dieser Art Geschichten). Spaßig ist der unnachahmliche Chestertonsche Humor. »Glauben Sie nicht«, sagt einer, »daß es Sünde ist, Fünfpfennig-Brötchen zu essen? Man sollte sie wachsen lassen, bis sie Zehnpfennig-Brötchen geworden sind...« Spaßig sind die kleinen, scheinbar unabsichtlich eingestreuten Privatkollegs über Soziologie und das bürgerliche Leben. Als ob ich den berliner Westen vor mir sehe, den berliner Westen, wie er mit seinen Dienstboten umgeht, so ist mir, wenn ich das da lese: Es ist die Rede davon, daß in ein sehr vornehmes Diner ein Kellner hereinplatzt, offenbar mit irgendeiner Schreckensnachricht. »Der Kellner stand und starrte einige Sekunden, während auf jedem Gesicht am Tisch eine eigentümliche Scham zutage trat, durchaus ein Erzeugnis unsrer Zeit. Es ist die Vermischung des modernen Menschlichkeitsdusels mit dem schrecklichen modernen Abgrunde zwischen den Seelen der Reichen und der Armen. Ein echter historischer Aristokrat würde dem Kellner alles Mögliche an den Kopf geworfen haben, anfangend mit leeren Flaschen und aufhörend wahrscheinlich mit Bargeld. Ein echter Demokrat würde mit kameradschaftlicher Gradheit in der Stimme gefragt haben, was zum Teufel er denn habe. Aber diese modernen Plutokraten konnten einen armen Mann nicht in ihrer Nähe vertragen, weder als Sklaven noch als Freund. Brutal wollten sie nicht sein, und wohlwollend sein zu wollen, davor schreckten sie zurück.« Warum wohl nicht? Ist es das Gefühl einer Schuld…? Und wie famos, wenn manchmal in zwei Sätzen so ein Wurfgeschoß daherflitzt: »Ich finde, daß Leute, die Diamanten stehlen, nicht von Sozialismus reden. Sie sind eher von jener Art, die ihn ablehnen.«

Von Berlin nach Hannover – und wenn ihr einen Sitzplatz bekommt und dieses Buch und wenn euch keine dicke Frau ihr Kind so lange zu halten gibt (ihr seid sicherlich Intellektuelle, also fahrt ihr Dritter) – für so eine Eisenbahnfahrt ist dieser Chesterton grade recht. Man kann ihn aber auch auf dem festen Lande lesen.

Und sollte dann nicht versäumen, die andern, ernsten Werke von ihm zu studieren: *Häretiker* und *Orthodoxie*. Und das lustige: *Der Mann, der Donnerstag war*.

1920

Macht und Mensch

Der mathematische Grundriß zu Heinrich Manns Roman *Der Untertan* ist erschienen: der Essay-Band *Macht und Mensch* (bei Kurt Wolff in München). Hier ist herausgeschält, was dort unter Fleisch und Muskeln verborgen lag, hier hat einer sauber die Adern herauspräpariert – und klar und übersichtlich liegt das ganze große Netz vor uns. Es ist das bedeutendste Buch, das die Übergangsperiode hervorgebracht hat.

Demokratie war den Deutschen ein leerer Begriff. Unter dem Kaiser war das suspekt, demokratisch zu sein – und es hieß damals so viel wie heute ›bolschewistisch‹, nämlich, nach dem Wort des klugen Geheimrats Krüger: »Bolschewistisch ist alles, was einem nicht paßt.« Dafür sagte man damals demokratisch; man durfte auch liberal sagen – es kam auf dasselbe heraus. Diese Worte hatten allenfalls eine theoretische, politische, abstrakte Bedeutung – mit dem täglichen Leben hatten sie gar nichts zu tun. Das wandelte sich.

Der kleine Novemberschwips des Jahres 1918 hielt ganze sieben Tage an – dann begründeten sie die Deutsche Demokratische Partei, die mit der Idee der Demokratie so viel zu tun hat wie die Schopenhauer-Gesellschaft mit Schopenhauer. Wenn bei uns die Ideen populär werden, dann bleibt die Popularität, die Idee geht gewöhnlich zum Teufel. Die Idee, diese Idee in ihrer vollen Reinheit, die Idee der Demokratie – sie lebt in diesem Buche.

Der Band enthält die wichtigsten politischen Essays Heinrich Manns: *Geist und Tat*, jene erste Arbeit, mit der der Aktivismus in Deutschland eingeführt wurde, das heißt: der Gedanke, daß ein Parteiprogramm, das den Leuten nicht in allen Geschäften des Tages wehe tut oder sie anfeuert, zu nichts nutz ist. Er enthält des weitern den kleinen Aufsatz *Reichstag*, wohl das Vollendetste, was in den letzten Jahrzehnten überhaupt über die deutsche Politik geschrieben worden ist. Auf diesen sechs Druckseiten ist das politische Elend, die gänzliche Stagnation, die Trostlosigkeit dieses Bürgertums – und Bürger sind fast alle – ist all das eingefangen. Ich zitiere diesen Aufsatz seit dem Jahre 1911 – und er stimmt immer. Es hat vor dem Kriege gestimmt, es traf erst recht im Kriege zu, als sich ein ganzes Land von seiner Militärkaste unterjochen ließ, ohne es zu merken und ohne es jemals zuzugeben – und es trifft heute noch zu, heute noch … Da steht von den Konservativen: »Dies Lächeln! Es sagt: Komödie! Ihr alle seid Objekte der Gesetzgebung, die Subjekte sitzen hier. Es sagt: Ein Leutnant mit zehn Mann. Es ist ein Lächeln von Holofernes bis Dschingis Khan. Es ist das Wulstlächeln aller Schweine der Weltgeschichte: aller Herrenschweine.« Da heißts von den Liberalen: »Droben steht jetzt ein Freisinniger und beweist den Sozialdemokraten, daß sie beim Ausbruch eines Krieges gestreikt haben würden. Er ist sichtlich überzeugt, daß er heute gar nichts

Besseres tun könnte. Die Ironie rechts sieht und hört er nicht; flammend reckt er sich nach links und gegen den Umsturz. Die Wollust, positiv und erhaltend zu sein, macht ihm Kongestionen, er weiß nichts mehr. Und der Mann ist Jude. Sein Leben ist sicher nicht vergangen, ohne daß er die Feindseligkeit des christlich geschminkten Feudalstaates erfahren hat. Wenn er den Kopf wenden wollte, auf wie viele Blicke würde er dort rechts treffen, worin nicht freche Geringschätzung läge? Gleichviel, er sieht nicht hin, und für einen Augenblick ist auch er ein Herr, ein Machthaber, der zum Volk vom Pferd spricht (bevor es ihn wieder abwirft) und hinter sich Edelleute und Priester hat. Die Instinktverlassenheit dieses Bürgertums ist vollständig.« Da steht von dem Deutschen und seinen vorgesetzten Behörden: »Was er über die Diplomaten vorbringt, klingt flau; man hört die Demut, die sich einen Stoß gibt, um Ungezogenheit zu werden. Überlegenheit wird sie nicht. Die ›Herren dort oben‹ bleiben oben, noch im tiefsten Sumpf. Der Bürger läßt es ohne Widerspruch geschehen, daß auf alle seine Beschwerden der Staatssekretär als Antwort einen Witz macht. Warum sollte der Staatssekretär es sich schwerer machen? Seine wahre, ach, so schlecht weggekommene Gestalt kennt nur Europa. Hier drinnen sieht man nicht ihn bloß in gelber Weste, man sieht ihn gepanzert. Alle seinesgleichen, die sich draußen ducken müssen, in ihrem geistigen Elend, ihrem trüben Mangel an Weltläufigkeit und Kenntnis der Geschäfte: sooft sie zurückkehren aus den Niederlagen, die englische Kaufleute und französische Literatur ihnen beigebracht haben. Aha! welch ein Prunken vor den verschüchterten Landsleuten, welch Auftreten, welche furchteinflößende Autorität – zwischen den Niederlagen!« Auch nach der Niederlage noch.

Und es befindet sich in dem Buch ein Meisterstück der Geschichtsschreibung: der Abschnitt *Kaiserreich und Republik*. Anilinglanz, Rutsch in die Katastrophe und die falsche Revolution – sie sind alle drei noch nie markanter in Sätze deutscher Sprache eingefangen worden. Die hohle Natur des deutschen Kaisers, sein begeistertes Volk, dessen Blüte er war, der Krach im heißen Sommer Vierzehn und das Gleiten in einen Abgrund, dessen Tiefe selbst jene nicht ermessen hatten, die, mit den laschen Händen am Steuer, damals vorn und obenauf saßen – das ist hier zu finden. Und diese Abhandlung ist deshalb so groß, weil sie en bloc ablehnt. Weil sie nicht ›gerecht‹ wägt und dem Kaiser läßt, was des Kaisers ist, sondern weil sie einfach sagt: Nein. Nun kann nur Nein sagen, wer das Ja tief in sich fühlt und dieser weiß, was das ist: Demokratie. Dieser hat begriffen, daß sie nichts ist, was nun in den politischen Kegelklubs zu Hause ist und überhaupt etwa nur in den traurigen Parlamenten – sondern daß sie eine Sache des Herzens ist. Daß sie nichts ist als das tiefe Gefühl: Es gibt etwa auch außerhalb der Berufe und der sozialen Positionen, das uns alle gleich macht, soweit Menschen gleich sein können. Und sie können gleich sein. Mütter fühlen das. Männer können es auch. Wir spielen Rollen – aber wir sind eines Stammes. Und nur so kommen wir weiter, wenn wir das menschliche Niveau erhöhen. »Seine großen Männer! Hat man je ermessen, was sie dies Volk schon gekostet haben? Wieviel Talent, Entschließungskraft und adliger Sinn unterdrückt worden ist, was an Demut, Neid, Selbstverachtung gezüchtet ward, und was versäumt ward in hundert Jahren an der Nivellierung, der moralischen Höherlegung der Nation, damit in unermeßlichen Abständen je ein Manneswunder und Ausbund aller Herrlichkeit erscheinen konnte, übermästet von der Entsagung ganzer Geschlechter und dem lebenden Dünger der Nation entsprossen wie eine tierisch fette Zauberblume. Nun liegt und betet an!« Und sie beten an. Es ist so schön, anzubeten – die Macht anzubeten, einfach: die Macht.

Und es zeigt sich des weitern in den literarischen Aufsätzen des Buches, in jenen, die scheinbar nur über Zola oder über Voltaire sprechen, aber in Wirklichkeit doch nur über dies: wie die Macht den Menschen tötet – es zeigt sich auch in ihnen, daß der schlimmste Götzenglaube feuerländischer Insulaner Mathematik ist gegen diesen europäischen Glauben: den Glauben an die Macht.

Muß noch gesagt werden, daß dieses Buch, wie alles von Heinrich Mann, in einem kristallklaren Deutsch geschrieben ist, daß die Sätze springen, sich jagen, daß der Hieb sitzt, und daß die herrlichste Stilisierung nicht zuläßt, an der einmal erkannten Wahrheit zugunsten des Ornaments zu drehen? Ein Zivilisationsliterat? Ein großer deutscher Schriftsteller.

Werner Mahrholz hat neulich in der *Vossischen Zeitung* das Ethos Manns bemängelt – es käme nicht aus dem Herzen, er sei selbst ein Mann des wilhelminischen Zeitalters, ein Jongleur, ein Spezialist des Gefühls, Virtuos…

In den Romanen ist etwas davon, vielleicht hier und da ein Quentchen. In den Romanen ist die Liebe zur leuchtenden Verwesung, zum bunten Lärm und zur überheblichen Absonderung. Aber nicht im Ethos, grade da nicht. Der Künstler muß sich mit seinen Gestalten identifizieren – aber nicht mit ihrem Ethos so, daß neben dem einen kein andres Geltung haben sollte. Der Roman ist – wie Mann in dem Essay *Zola* aufzeigt – das Produkt der Demokratie. Alle – aber alle nebeneinander. Der ist kein Schauspieler. Und wären die *Armen* noch mißglückter –: es ist kein Beweis gegen den Politiker. Der zuerst aus dem Wege räumen muß, was uns alle am Atmen und Leben gehindert hat und noch hindert. Haß reinigt. Man muß also nicht für Heinrich Mann eintreten, wie Mahrholz meint, soweit es allein ums Artistische ginge – das ist eine Sünde –, sondern man muß grade für ihn eintreten, wenns ums Politische geht. Und wenn jener fragt: »Soll er Führer einer Jugend sein?« so weiß ich, daß ich nicht für die Schlechtesten meiner Altersgenossen und der Jüngeren spreche, wenn ich sage: Wir folgen ihm.   1920

Oskar Panizza

> Herr Moltke brauchte einst die Phrase: »Das Heer ist gegen Deutsche da – man säubert damit von der Straße, die Menschen, die dem Schloß zu nah' gewagt sich« – beim Champagnerglase fand seine Rede viel Hurrah! Doch irrt euch nicht, Ihr lieben Kinder der Gasse, denn kommt einst die Uhr, macht gegen Kronen und Cylinder Ihr Front und sagt Choc en retour!
>
> *Oskar Panizza*

Oskar Panizza. Diesen Mann kennen heute nur noch ganz wenige, und auch seine Bücher sind größtenteils vergriffen, und er selbst lebt in Franken in einem Irrenhaus. Dahin brachte man im Jahre 1904 den Dr. Oskar Panizza, der wohl, als er noch bei Verstande war, der frechste und kühnste, der geistvollste und revolutionärste Prophet seines Landes gewesen ist. Einer, gegen den Heine eine matte Zitronenlimonade genannt werden kann und einer, der in seinem Kampf gegen Kirche und Staat, und vor allem gegen diese Kirche und gegen diesen Staat, bis zu Ende gegangen ist. Goten und Römer haßte er gleichmäßig, und er haßte sie mit einer Inbrunst, einer Kraft und einem so starken Gefühl, daß die Flammen von damals noch heute zu uns herüberschlagen und uns ansengen, als habe man sie heute angezündet. Für seine Komödie *Das Liebeskonzil* wanderte Oskar Panizza anderthalb Jahre wegen Gotteslästerung ins Gefängnis – und abgesehen davon, daß man den § 166 des deutschen Gesetzbuches, der da die Gotteslästerung verdammt, abschaffen sollte: dieses Urteil traf gewiß keinen Kleinen, denn er hatte die Faust zum Himmel hinauf geschüttelt und Gott wirklich gelästert –, weil der die Syphilis erfunden hatte. Es gibt keine Stelle in dem gesamten Schaffen Wedekinds, die an Kühnheit und Größe an diese Szenen heranreicht.

Im Gefängnis schrieb Oskar Panizza allerhand Dialoge und Verse, und als er dann entlassen wurde, ging er nach Paris. Von dem, was er damals im Jahre 1896 – also vor vierundzwanzig Jahren – über sein Land und über sein Volk geschrieben hat, ist uns einiges aufbewahrt. (Diese Dinge dürfen heute in ihrem vollen Umfange noch nicht nachgedruckt werden, weil das Urheberrecht es verbietet.) Und da gibt es einen Dialog zwischen einem Optimisten und einem Pessimisten, der könnte heute geschrieben sein –.

»Meinen Sie, daß ein Volk, welches Jahrhunderte lang gefrondet wurde und in der Fron sich wohlbefand, jemals aus eigenem Antrieb den Blick zum Himmel erheben werde, jemals den Kopf aufrecht tragen lernen werde?« – »Haben wir nicht die Franzosen niedergeschlagen?« – »Ja, in der Fron.« Und dann entwickelt der Optimist (und das wäre der brave Vollbartdeutsche) dem andern, dem Pessimisten, dem Revolutionär die Wohltaten der deutschen Freiheit, die so ganz anders ist, als die aller andern Völker… Und sie unterhalten sich über Regierungsformen. – »Sie geben also die Wohltätigkeit einer monarchischen Regierungsform zu?« – »Ich gebe die Wohltätigkeit einer Regierungsform zu – wenn hinter dem Volk der Scharfrichter steht.« Und man denkt an Rosa Luxemburg und an Liebknecht und Paasche und alle die andern, wenn der Pessimist sagt: »Bis jetzt haben die Deutschen vom Köpfen leider immer nur die passive Form: das Geköpftwerden kennen gelernt.« Und dann zählt er die Opfer der herrschenden deutschen Dynastien auf, Schubert und Schiller, und spricht davon, wie es sich die kleinen Bürgermädchen als eine Ehre anzurechnen hatten, wenn ihr Fürst Höchstselbst sie zu bespringen geruhte. Und er kommt zu dem Ergebnis, das noch heute gilt: »Nehmen Sie die Fürsten weg, und es bleibt eine hilflose Masse, hilfloser als ein Kind.« – »Sind sie nicht glücklich?« – »Eminent glücklich.« Hier liegts ja eben. Das Kindische. Das Tölpelhafte. Sie sind in der Fron glücklich und merken es nicht. Wie der Nigger auf den Reisfeldern beugen sie den breiten Rücken unter der Peitsche des Aufsehers und fletschen noch humoristisch den Passanten an, der an ihnen vorbeigeht… Und dann wird der Pessimist ganz konkret und spricht ohne Umschweife von Berlin: »Gehen Sie nach Berlin! Was sehen Sie dort? Ist es nicht der asiatische Ton, der dort herrscht? Der Ton des Väterchens? Die Kniebeugung vor dem Mufti? Muckte Berlin jemals auf vor seinem Fürsten? Was ist das Höchste, das Berlin leistet? Eine Zote oder ein schmutziges Bonmot über ihn. Das ist immer so: Wem die Hände gefesselt sind, dem schlägt sich die Wut ins Gehirn. In Berlin werden täglich 40000 Majestätsbeleidigungen begangen – im Flüsterton. Erscheint ER aber, dann regt sich in ihnen das asiatische Gemüt, und sie stürzen zu Boden und küssen des Rosses Hufe. Sind es keine Hausknechte? Wollen sie mit diesen Leuten die Welt erobern?« – Und ist dieses Wort nicht noch heute in der freiesten Republik der Welt genau so gültig, wie es damals in der konstitutionellen Monarchie gültig war? – »Heute? Heute, wenn einer einen freien Gedanken ausspricht, bleiben ihm nur drei Wege: Irrenhaus, Gefängnis oder die Flucht«, auf der man dann erschossen wird…

Merkwürdig prophetische Worte finden sich in diesem Dialog. Es ist da soviel von asiatischer Sklavenhaftigkeit die Rede, und dann steht da: »Berufen Sie sich nicht soviel auf den Osten. Erwarten Sie nicht soviel knechtisches mehr von Rußland (1896). Dort hat es längst getagt. Jeder Gedanke ist dort ein Zündstück, jedes Gemüt eine Mine. Rußland, dieses lauernde Gehirn, wird eines Tages fürchterlich hervorbrechen, und das Volk der Bakunine und Dostojewskis wird sich seine Freiheit erköpfen.« Und bitter, hart und wie ein Peitschenknall schließt der Dialog: »Ich traue diesem Volke nicht, soweit es denkt. Denn soweit es denkt, ist es feig.«

Panizza stand dem Sozialismus nicht so nahe, daß er von großem Einfluß auf seine Werke gewesen wäre. Hier begehrt einfach ein Mensch gegen die Deutschen auf (das ist mitunter ein Gegensatz) und was dabei herauskommt, wenn sich ein Mann z. B. beim preußischen Militär rein menschlich und eben nicht militärisch benimmt, das wissen wir wohl alle. Weil aber die Literatur dieses Landes und seine Denker in Wirklichkeit gewöhnlich himmelweit voranstürmten und weil ja noch der bescheidenste Revolutionär aus dem Jahre 1848 heute, unter dem Panke-Sozialisten Ebert, ein Revolutionär ist, deshalb scheint es mir gut, von Zeit zu Zeit einen alten Wein aus dem Keller zu holen, ihn gegen das Licht zu halten und zu sehen, daß er alt, aber immer noch neu ist.   1920

Dada

Am Lützowufer 13 ist jetzt eine Dadaausstellung zu sehen. Weil wir sonst keine Sorgen haben.

Wenn man abzieht, was an diesem Verein Bluff ist, so bleibt nicht so furchtbar viel. Ich weiß sehr genau, was die Leute wollen: die Welt ist bunt, sinnlos, prätentiös und intellektuell aufgeplustert. Das wollen sie verhöhnen, aufzeigen, verneinen, zerstören. Darüber ist durchaus zu reden. (Wie überhaupt Kunstbolschewismus, Anzweiflung der Berechtigung des Wertes der Kunst eine Angelegenheit ist, die man nicht einfach abtun kann. Unglaube steckt an.) Aber die Formate da gefallen mir nicht.

Wer inbrünstig haßt, muß einmal sehr geliebt haben. Wer

so die Welt verneinen will, muß sie einmal sehr stark bejaht haben. Muß einmal umarmt haben, was er nun verbrennt. Wie aber ist der Eindruck?

Kleinere Literaten bemühen sich ein wenig krampfhaft, den Bürger zu schrecken und in anderer Leute Heiligtümer zu spucken. Das ist das Wort: Krampf. Man ist von neun bis sieben Uhr ununterbrochen zersetzend lustig und satirisch aufgelegt. Ein Dadaismus gegen drei Mark und dreißig Pfennige Entree. »Nur hier echt. Vor Nachahmungen wird gewarnt.«

Die Ausstellung selbst sieht aus wie ein ganz putziger Kramladen. (Obgleich ich glaube, daß Hunderte von Künstlergenerationen auf ihren Atelierfesten das witziger, schlagkräftiger, mutiger gemacht haben.) Ein dicker ausgestopfter Matrose hängt an der Decke und schaut selig auf das Getümmel von alten Hutschachteln, Pappkartons, verrosteten Nägeln, sehr unpassend angebrachten Gebissen und Malgemälden herunter. Es ist ziemlich still in der kleinen Ausstellung, und entrüsten tut sich eigentlich auch niemand mehr. Dada – – na ja.

Aber einer ist dabei, der wirft den ganzen Laden um. Dieser eine, um den sich der Besuch lohnt, ist George Grosz, ein ganzer Kerl und ein Bursche voll unendlicher Bissigkeit. Wenn Zeichnungen töten könnten: das preußische Militär wäre sicherlich tot. (Zeichnungen können übrigens töten.) Seine Mappe *Gott mit uns* sollte auf keinem gut bürgerlichen Familientisch fehlen – seine Fratzen der Majore und Sergeanten sind infernalischer Wirklichkeitsspuk. Er allein ist Sturm und Drang, Randal, Hohn und – wie selten –: Revolution.

Die andern ritzen. Der tötet. Die andern machen Witzchen. Dieser Ernst. Ist das ungeheuer mutig, über irgendeinem Bild von Giorgione, sagen wir mal, ›Scheibenkleister‹ zu schreiben und es mit zwei dicken weißen Pinselstrichen abzulehnen? Theaterdonner.

Das Boxmatch zwischen Grosz und dem Jahrhundert des Soldaten aber sollten Sie nicht versäumen zu betrachten.

1920

Rheinsberg

Im *Börsenblatt für den deutschen Buchhandel* finde ich eine Anzeige: *Rheinsberg, ein Bilderbuch für Verliebte* erscheine zu seinem fünfzigsten Tausend in einer feierlichen und vom Verfasser abgezogenen Luxusausgabe. Die Vorrede, steht da, schrieb Kurt Tucholsky. Aber das ist nicht das richtige. Wo werde ich in einen signierten Büttenband etwas Gescheites hineinschreiben! Die richtige Vorrede soll hier stehen.

Rheinsberg… Et hoc meminisse iuvabit… Die Sache war damals so, daß ich das Buch, nach dem später generationsweise vom Blatt geliebt wurde, an der See schrieb, auf die Postille gebückt, zur Seite die wärmende Claire, und es, nach Berlin zurückgekehrt, Herrn Kunstmaler Szafranski vorlas. Das war eine Freude –! Der Dicke sagte, einen solchen Bockmist hätte er wohl alle seine Lebtage noch nicht vernommen, aber wenn ich es ein bißchen umarbeitete, und wenn er es illustrierte, dann würde es schon gehen. Ich arbeitete um, ließ die hübschen Stellen weg, walzte die mäßigen etwas aus, und inzwischen illustrierte jener, denn was ein richtiger Plagiatmaler ist, der ist fleißig. Während er ab-zeichnete, ging ich zu Herrn Verlegermeister Axel Juncker.

Verleger sind keine Menschen. Sie tun nur so. Dieser warf mich mit Buch hinaus.

Nun ist das weiter keine Schande. R. Tagore ist, wie Hans Reimann berichtet, auch erst bei Kurt Wolff abgewiesen worden, und nur der plötzlich bekommene Nobelpreis rettete ihn davor, bei Ullstein verlegt zu werden. Ich erhielt den Nobelpreis nicht – Rosegger stand damals in der engeren Wahl –; aber nachdem mir Verlegermeister Juncker noch rasch mitgeteilt hatte, daß Liebespaare niemals so miteinander reden, nahm er es doch. Das war ihm ganz recht.

Inzwischen war Szafranski nicht müßig gewesen. Unter Zugrundelegung der Lipperheidischen Kostümbibliothek, seines reich ausgestatteten fotografischen Archivs und einiger anderer Vorlagen entsproß seinen dicken Händen langsam ein Werk, das man ruhig unter die besten Arbeiten Paul Scheurichs einreihen darf. Aber er wurde und wurde nicht fertig. Wir telefonierten damals recht lange und recht unfreundlich miteinander – schließlich bestellte er mich in die selige Queen-Bar und zeigte mir, was er angerichtet hatte. Ich trank vier Whiskys hintereinander. Dann sagte ich schüchtern, es sei sehr schön. Szafranski, leichtgläubig wie er nun einmal ist, glaubte das. Das Werk ging unter die Presse.

Es wurde ein Bombengeschäft. Über meine Verdienste will ich gar nicht erst reden; Szafranski kaufte sich jedenfalls von den seinen etwas, das er in befreundeten Kreisen als Häuschen ausgibt, und gehört heute zu den geachtetsten Mitbürgern Zehlendorfs. Der Verleger tat das, was Verleger immer tun: er setzte zu.

Nun hatten wir damals auf dem Kurfürstendamm die ›Bücherbar‹ aufgemacht, einen richtigen Studikerunfug, über den sich die Leute halb krank ärgerten, weil wir ein polyglottes Schild am Laden hatten, darauf in allen lebenden und toten Sprachen – auch auf gemauschelt – zu lesen war, daß es darinnen billige Bücher zu kaufen gäbe. (Wir haben noch unser Goldenes Buch, in das sich die illüstern Gäste eintragen mußten: Carl Meinhard war da und Hardekopf und Ludmilla Hell und Schriftsteller, die überhaupt nicht schreiben konnten und sich doch eintrugen… Die feinern Herrschaften kriegten einen Schnaps.) Die Presse brachte sich um. Die *Breslauer Zeitung* war dagegen, die *Vossische* dafür, Prag und Riga verhielten sich neutral – die Ausschnitte sind noch da – und der *Sankt Petersburger Herold* vom achtzehnten Dezember 1912 schrieb, wer einen Wilde erstehe, der bekäme Whisky Soda, und wer Ibsen kaufte, einen nordischen Korn. Das stimmte aber nicht – wir tranken selber. Und verkauften schrecklich viele *Rheinsbergs*.

Also gut, wir gaben die Bücherbar wieder auf, weil ein guter Ulk immer ephemer ist, und die Zeiten gingen dahin. Was Axel Juncker inzwischen mit dem Buche machte, ist nie ruchbar geworden. Er schien es nicht gern herzugeben – denn man bekam es nirgends zu kaufen. Szafranski behauptete, das würde wie folgt gehandhabt: Trete jemand in den Buchladen und verlange das Werk, dann lächle Juncker süffisant und frage bekümmert: »Muß es denn sein?« Und nur, wenn der sonderbare Käufer auf seinem Verlangen bestand, kroch der Verleger in den Keller und holte aus einer wohlbehüteten Ecke den kleinen Band, nicht, ohne ihn vorher sorgfältig abgestaubt zu haben. Aber schon aus dieser letzten Einzelheit geht ja klar hervor, daß die Geschichte nicht wahr sein kann.

Was Wilhelm den Zweiten anging, so ließ es selben nicht ruhn, und er entrierte ein Unternehmen, das später unter dem Namen ›Große Zeit‹ so berühmt geworden ist. Ich immer mit.

Und in Radsiwilischki – wir ließen gerade am deutschen Wesen die Welt genesen – in Radsiwilischki lief ein Schreiben des Verlegers ein, die erste Auflage sei vergriffen, und – was muß der gelitten haben, der Arme! – nun wolle er eine zweite drucken. Ich erwartete, vor die Front gerufen und belobigt zu werden. Das geschah nicht. Unser Hauptmann, der gegen die zivilische Heimat eine ähnliche Antipathie hatte wie mein Nebenmann, den sie zu Hause suchten, unser Hauptmann wurde auf einer Art Pferd angebracht, ein kurzes Kommando, und die kräftigen Tritte der wackern Feldgrauen erdröhnten auf dem welschen Pflaster. Das Nähere siehe unter Lissauer.

Als ich, von hinten erdolcht, wieder nach Hause kam, waren viele tausend Stück *Rheinsberg* verkauft. Der Verlag hatte sein mögliches getan: ganze halbe Jahre war das schädliche Buch, geeignet, die Stimmung der Heimat zu untergraben, vergriffen gewesen, weil ja auch alles Papier für die 1001 Heeresberichte gebraucht wurde – aber zum größten Bedauern Junckers hatte sich der Verschleiß doch nicht ganz vermeiden lassen. Wir wußten uns vor Honoraren gar nicht zu lassen. Ich zeigte damals meinen Vertrag, den ersten, den ich in meinem Leben gemacht hatte, dem damaligen Vorsitzenden des Schutzverbandes Deutscher Schriftsteller. Der weinte eine halbe Stunde vor Freude und streichelte mir dann leise den Kopf. Ich weiß bis heute nicht, was er damit hat sagen wollen. Und Juncker setzte inzwischen immerzu zu …

Natürlich ist die Geschichte von *Rheinsberg* wahr. Auch die Claire existiert noch. Sie lebt als eine wacklige, etwas tropfnasige Alte in Ducherow, unweit Pasewalk, wo sie neugierigen Fremden vom Rathauskastellan gegen ein Entgelt von fünfundzwanzig Pfennigen gezeigt wird; vormittags von elf bis eins und nachmittags von drei bis fünf. Sonntags ist sie zu. Ihr Lebensunterhalt wird in freundlicher Weise von unserm Verleger bestritten, sie ist also völlig verarmt.

Dieses da ist auch nicht die erste Luxusausgabe. Wir haben schon einmal eine gemacht, ganz privat, damals, als das Buch herauskam. Es waren dreißig Exemplare – und weil wir es unseren Damen schenken mußten, die im Verhältnis 29:1 unter uns aufgeteilt waren, malten wir in alle Exemplare, damit es keinen Ärger gäbe, eine schöne 1.

Bei den Rezensenten fand das Buch eine recht freundliche Aufnahme. Die netteste beim Dr. Owlglaß, dem alten Mitarbeiter des *Simplicissimus*, auf dessen Lob ich am meisten stolz gewesen bin.

Nun sind wir alt geworden und nur wenig schöner. Szafranski ist verheiratet, ich habe auch viel Unglück im Leben gehabt, und nur der Verleger setzt noch zu. Aber eines Tages werden auch wir dahin müssen, – denn das Schöne stirbt –, Szafranski wird zu Grabe getragen werden, seine Chefs, bei denen er arbeitet, werden ihm was blasen, sein Bruder wird ihm eine Rede halten und im Zylinder geradezu nett aussehen, ich werde auf sein Grab etwas Sellerie und kleine Erdbeeren pflanzen, die hat der Verstorbene immer so gern gegessen; und dann gehe auch ich und folge ihm nach. Und der Verleger wird in den Himmel kommen – doch, das kommt vor, man muß da nicht so rigoros sein, das Fegefeuer ist überfüllt – und die noch vorhandenen Exemplare von *Rheinsberg* werden versickern, das Papier wird zerbröckeln, und dann gibt es gar keine mehr.

Wenn aber im Jahre 1985 ein neugieriger und verliebter junger Herr den Bücherschrank seiner Großmama durchstöbert, wird er von ganz hinten einen ›auf Bütten abgezogenen und in rotes Bockleder gebundenen‹ Band herausklauben – Nummer 18, vom Verfasser signiert. »Was ist das?« wird der junge Mann fragen.

Und die Großmama wird sich den Band geben lassen, ihn ganz nahe an die Augen halten und dann leise lächeln. »Das«, wird sie sagen, »hat mir mal dein Großvater selig geschenkt, als wir uns verlobten. Aber du darfst es behalten und für deine Lydia mitnehmen.« Das tut der junge Herr. Er packt den Bocklederband mit einigen Dingen, die zu schenken in dieser Zeit schick sein wird, zusammen und sendet alles an Lydia. Und Lydia wird die schicken Dinge sehr bewundern, sich an ihnen und am zukünftigen Neid ihrer Freundinnen erfreuen und schließlich einen Blick in das Buch hineintun. Und ein bißchen darin blättern.

Weil aber die Zeit läuft und sich das, was zwischen den Zeilen eines Buches ausgedrückt ist, niemals länger als fünfzig Jahre hält und mit den Menschen, von denen es und für die es geschrieben ist, dahingeht – deshalb wird die Dame Lydia mit den Achseln zucken und sagen: »Reizend!« Und dann wird die Geschichte mit ihr und dem jungen Herrn ihren Fortgang nehmen.

Oben im Himmel aber, in einer besonders bevorzugten Ecke, gleich neben Cotta und Rowohlt, sitzt der Verleger und setzt zu.   1921

Das kleine Logbuch

Es ist mir eine Freude, ein kleines neues Buch Otto Flakes anzeigen zu dürfen, den ich neben Heinrich Mann für unsern bedeutendsten Essayisten halte. Dergleichen geht uns am meisten an.

Das kleine Logbuch ist bei S. Fischer erschienen, und es paßt in jede Manteltasche. Ob es auch in jeden Kopf paßt, das ist eine andre Sache.

Unsre Fragen stehen darin mit neuen Antworten, unsre Sorgen, unsre Zweifel und unsre Verzweiflungen. Der Stil ist schön und geglättet – aber dies Denken ist wild und zerrissen, und man sieht, daß sich da einer gequält hat, dem sein Land zur Last ward. Welches ist sein Land?

Flake ist Elsässer. Als man einmal einen seiner Landsleute fragte, warum er, der im Frieden so auf die Preußen geschimpft habe, nun aber auch nicht mit der französischen Besatzung verkehre, und zu welchem Lager er denn nun eigentlich gehöre, da sagte er: »Wir stehen halt in der Opposition!« Flake steht in einer positiven, in einer höchst fruchtbaren Opposition.

Mich hat in den kleinen Aufsätzen, von denen besonders die ersten brennend aktuell sind, am meisten die Stelle ergriffen, wo von dem Ausweg die Rede ist, den man nun wählen könne. Da heißt es: »Nicht nachgeben, nicht sich auf den Individualismus zurückziehen, der Verbannung auf die Südsee-Insel ist, verlogene Robinsonade. Noch stärker um das Tier Mensch wissen, ihm nicht einreden, daß, je mehr Masse aus der Tiefe komme, Masse umso besser, menschlicher, unverantwortlicher sei. Die Bestie in ihm, in mir, in uns Bestie nennen, den Funken Güte hegen, das heilige Feuer erst entzünden, denn seine Altäre brennen noch nicht.« Das ist die Frage unsrer Zeit.

Und der dieses schrieb, weiß auch vom Apparat, der Selbstzweck wird, von der unmöglichen Diktatur der Güte, die der Teufel stets den Engeln wieder abluchst, von der Idee und vom Menschen... »Er wird der Idee untertänig, von ihr bis zum Ende vorwärtsgepeitscht, nicht mehr er hat die Idee, die Idee hat ihn...«

Und fern von allen scharfen Formulierungen des heimischen Jammers auch die Sehnsucht des Städters nach dem Land. Wie unsentimental! »Ein Hahn krähte – neu. Ein Brunnen rauschte – neu. Bäume wiegten sich, Wind kam vom Morgen, neu, neu, noch einmal jung das in ihm Erstorbene.« Manches solcher Diktion könnte bei Wassermann stehen.

Im ganzen eine erfreuliche Hilfe für alle guten Deutschen, die schlechte Preußen und schlechte Bayern sind. Flake scheint mir in der Kulturpolitik das zu sein, was Hellmut v. Gerlach in der praktischen ist: ein unbeeinflußter Outsider mit klaren Augen. Gleich weit entfernt von den Mathematikern des Gehirns, die sich, erdenweit, Reformen errechnen und nichts von den Lebensströmen wissen, die hier erbrausen, wie von den lyrischen Schreibern, die, erdenweit, die Welt mit einer Phrase zudecken wollen.

Wenn man bedenkt, wie groß der Haß dieser Teutschen (nicht aller Deutschen) auf das Neue ist, wenn man die verschobenen Komplexe kennt, die versetzten Angriffe, die an den doorner Deserteur denken und, zum Beispiel, den Künstler Jeßner treffen – wenn man all das weiß: dann ist eine Erscheinung wie Flake eine geistige Wohltat.

Dies Buch für eure Tasche. Und für euern Kopf.

1922

Leskow

Tolstoi hat sich zweimal über Nikolai Leskow ausgesprochen: einmal tadelnd, einmal lobend. Worauf sich der Tadel gründet, weiß ich nicht – unter den Anlässen zu dem Lob ist sicherlich *Lady Macbeth von Mzensk*. (Bei der Südbayerischen Verlagsanstalt in München-Pullach erschienen.)

Die Geschichte der Kaufmannsfrau Katerina Lwowna wäre ohne Tolstoi schwerlich geschrieben worden – aber das ist eine Anerkennung. Denn es gehört hohe Kunst dazu, die Künste des Alten auch nur anzuwenden. (Seine Kunst selbst ist nicht nachzuahmen.) Die Geschichte rollt ruhig und sicher ab, klar und übersichtlich wie ein Naturereignis. Das muß alles so sein. Die Darstellung des Buches (das Siegfried von Vegesack gut ins Deutsche übertragen hat) erinnert manchmal an Lynkeus – besonders an seine Erzählung *Im Postwagen*, und Lynkeus hat ja selbst einmal im hohen Alter geschrieben, daß er sich vorgesetzt habe, im Gegensatz zu den schlechten Lyrikern, die in die Naturelemente menschliche Empfindungen hineinlegten, die menschlichen

Gefühle elementar zu schildern. Leskow braucht sich das nicht vorzunehmen – er ist ein Russe. Hier möchte man beinahe das im Deutschen so mißbrauchte Papierwort anwenden: ›naturgemäß‹ muß sich die Frau in ihren Sergej verlieben, ›naturgemäß‹ erfolgt Entdeckung, Bestrafung, Verschickung, Untreue und Tod. Immer wieder erstaunlich, wie tief das heruntergeht, wie das ergreift, wie das packt. Lehrreich, wie noch der dumpfeste russische Bauernbursche um so viel höher auf der Stufenleiter menschlicher Wesen steht als etwa der Schmalztenor Gustav Roethe.

Um von etwas Erfreulicherm zu sprechen: schön sind die Schilderungen der Natur; der Fall Balzac ist ja selten, und im allgemeinen darf gesagt werden, daß hier der Prüfstein für einen Autor ist. Das Buch sollte die russische Ecke jeder Bibliothek zieren. Und es brauchte gar nicht einmal so sehr weit entfernt von Tolstoi zu stehen.   1922

Von Tolstoi

»Einmal sah ich ihn, wie ihn vielleicht keiner gesehen hat. Ich ging grade die Küste entlang zu ihm nach Gaspra, und hinter Jussupows Anwesen sah ich am Ufer zwischen den Steinen seine hagere, eckige Gestalt in einem grauen zerknitterten abgetragenen Rock und einem zerknüllten Hut. Er saß, den Kopf auf die Hände gelegt, der Wind blies ihm die Silberhaare seines Barts durch die Finger, er sah in die Ferne auf das Meer hinaus ... Er erschien mir wie ein uralter, lebendig gewordener Stein, der Anfang und Ausgang aller Dinge weiß ...«

So zu lesen in den *Erinnerungen an Tolstoi* von Maxim Gorki. (Verlag Der neue Merkur zu München.) Über Tolstoi zu lesen, empfiehlt sich im allgemeinen nicht – die Leute lesen aus ihm heraus und in ihn hinein, und die neuern protestantischen Deutungsversuche, die ihn maßvoll und mit aller zuständigen Bewunderung zu beschreiben suchen, sagen auch nicht jedem zu. Eigentlich gibt es zum Thema Tolstoi nur zweierlei: die Werke und die Porträts.

Aber diese paar Seiten Gespräche machen eine Ausnahme. Gorki ist kein Eckermann, und doch ist er zurückhaltend wie der und dabei tapferer und selbständig und bedeutungsvoller. Er liegt nicht platt auf dem Bauch – er widerspricht auch. Aber es handelt sich nicht um den umstrittenen Gorki, den der leider ins Bürgerliche gerutschte Mereschkowski, nun persönlich in eine poetisch gern verherrlichte Renaissance gerissen, für einen Lumpen erklärt hat. Es handelt sich um Tolstoi, dieses letzte Wunder einer kleinen Zeit.

Er spricht – nicht immer allzu Belangreiches, aber es ist doch der, der die *Volkserzählungen* geschrieben hat, jene letzten Beispiele einer Darstellung voll von Wundern. Er erzählt von den Bauern, von der russischen Sprache – Gott allein weiß, um was alles uns die übrigens guten Übersetzungen bringen –, es wird von ihm erzählt, wie gern er Karten spielte, und wie er doch bei allen Lebensverrichtungen der letzten Jahre der Erde etwas entrückt erschien, schon nicht mehr ganz dazu gehörte und darüber stand. Aber das hatte er ja, so sehr er mit ihr verknüpft gewesen war, eigentlich sein ganzes Leben hindurch getan. Denn um so weise zu sein, gemäßigte Bewundrer, muß man, von unten an, tierisch, menschlich, übermenschlich gewesen sein. Dann erst kam der Gott.

Schade, daß Arthur Holitscher ihn nicht mehr gesehen hat. Dieser größte deutsche Reisende mit den Fotografieraugen, der Landschaft, Gesellschaftsbau und Menschen blitzartig einfängt und sie scharf kopiert, so scharf, daß man Porträt und Fotografen nicht mehr vergißt – er hätte uns vielleicht ein Bild, das Bild Tolstoi gegeben. So bleibt dieses wertvolle Heft Gorkis. (Wer das Rußland Tolstois noch einmal vor Augen geführt haben will, lese Karl Nötzel.)

Wer aber sehen will, wie der Alte mit dem Bart einmal ausgesehen hat, als er jung war, als er dreiundzwanzig Jahre alt war, der schlage Rollands Tolstoi-Biographie auf, die – ein wenig phraseologisch, ein wenig pathetisch, wo man Aufschlüsse erwartet – bei Rütten & Loening in Frankfurt am Main erschienen ist. Er sah aus... Jeder deutsche Polizeipräsident einer mittelgroßen Stadt kniffe die Augenhöhle um das Monokel fester und verfügte einen Haftbefehl. Er hatte aufgeworfene Lippen, ein Bärtchen, kleine Augen, eine breite Nase und eine merkwürdige Stirn. Das war der, der später als alter Mann nach der Frage an Tschechow, ob der viel gehurt habe, von sich sagte: »Ich war ein großer...«

Ob seine Lehre die rechte war, wage ich nicht zu beurteilen, denn ich habe keinen Lehrstuhl der modernen Literatur an einer kaiserlich republikanischen Universität inne, die sich mehr mit Technischer Nothilfe und Studentenverfassungen beschäftigt als mit solchen faulen landfremden Elementen. Aber daß die Lehre göttlich war und mythenhaft und eine letzte Glaubensoffenbarung: das scheint mir gewiß. 1922

Privatgedichte

Unter dieser merkwürdigen, pleonastischen Bezeichnung hat Ferdinand Hardekopf eine kleine Zahl seiner Verse (bei Kurt Wolff in München) erscheinen lassen.

Vor einer langen Reihe von Jahren, als ich noch klein war, Panter noch mit th schrieb und von meinem Klassenlehrer Professor Schneider in etwas unterrichtet wurde, was er Deutsch nannte und wir mit Recht als die Restbrocken eines trüben Philologenwissens empfanden – damals hat Ferdinand Hardekopf regelmäßig an der *Schaubühne* mitgearbeitet. Sie verdankt ihm einige ihrer entzückendsten Beiträge – mit welcher Leichtigkeit, welcher Anmut, welch fächelnder Ironie waren Literatur, Berlin, Menschen, Reisen und Kunst dargestellt, hingehaucht, zu Pastellen verzaubert! Wer Zeit hat, lese das nach.

Dies Buch beginnt mit den beiden schönsten Liebesgedichten, die mir seit Georg Heyms *Deine Wimpern, die langen...* zu Gesicht gekommen sind (das Zitat ist nur eine Zeitbezeichnung). *Zweifel* heißt das erste: »Wie fraglich, ob ich DICH gehalten« – nicht in Prosa zu übersetzen ist der Zweifel des Mannes, wen von den tausend Gestalten einer Frau er da geliebt hat. Nicht in Prosa übersetzt werden zu können: das ist das Kennzeichen eines guten Gedichts. Und auf diese Frage des Mannes, die – wenngleich nicht so formuliert, so überlegen, so leise gleitend, andre wohl auch stellen könnten – folgt die *Antwort*, ein Wunder fraulichen Empfindens, ausgedrückt von einem Mann.

In allen meinen Scheingestalten
Bin ich nicht Schein: bin ich enthalten!
Ist starr, was strahlt und weht im Lichte?
Wahr ist nur Wandlung der Gesichte.

Es blieb mein Mund bei deinem Munde,
Zutiefst bewahr ich unsre Stunde.
Und bin geschmiegt in euer Tasten,
O schöne Hände, die mich faßten.

Und hier mag jeder an sein Erlebnis denken, an seinen Zweifel und an ihre Antwort…

Es sind Übersetzungen in dem Büchlein: *Je suis la femme – on me connaît* von Laforgue und Baudelaires *Paris am Morgen*, dasselbe, das Stefan George übersetzt hat –

Die Frühwache tönt in den Höfen der Kasernen.
Die Morgenwinde blasen auf den Laternen.

und eine Übertragung aus dem Russischen, deren Autor nicht genannt ist:

Signalement
Organismus: glaubt an Gott.
Schlüsselbein: will himmelwärts.
Um die Lippen: etwas Spott.
Und Revolte schlägt das Herz.

Ohne Heimat. Ohne Ziel.
Auch das Alter weiß man nicht.
Höchst verdächtiges Profil.
Geistig blinzelndes Gesicht.

Erstaunlich, was alles dieser tiefe Bewunderer Franz Bleis aus der deutschen Sprache herausgeholt hat, Elemente, die tief verborgen in ihr liegen, und die man ihr sonst nicht glaubt. (Den gehackten Expressionismus, das Schimpfwort sei hier am Platze, hat er wirklich nicht nötig.) Und weil wir grade von Franz Blei sprechen: dieser Schriftsteller, der sich in so vielen Fällen bescheiden pseudonym und anonym gibt, sollte viel mehr gelesen werden – wie wenige verfügen über diese Grazie, diese Bildung und diese spielende Leichtigkeit, ein solches Wissen so graziös zu verwerten. Sein neustes Buch ist bei Rösl & Co. erschienen: *Leben und Traum der Frauen* heißt es. Ihr werdet das Porträt mancher Frau darin finden, die ihr geliebt habt und nun verstehen werdet.

Der Exkurs vom Sohn zum Vater – so einfach ist die Genealogie in diesem Fall allerdings nicht – soll wieder zu Hardekopf zurückführen. Das Büchlein ist wert, daß man es in bestes Leder binden läßt. Du guter Kriegsgewinnler, es ist keine Brunnerei darin! Hardekopf wird lächeln, dünn und sehr superior. Denn so schließt das Buch:

Der Dinge Gutes: Verlaßbarkeit.
Frei – das heißt doch wohl: befreit.

1922

Meine sehr mäßige deutsche Schulbildung langt nicht, um Ihnen zu sagen, wie man einen Stein nennt, an dem ein Stückchen Quarz sitzt und ein Stückchen Glimmer und ein bißchen sowas und bißchen sowas… Diesen lateinischen Namen also weiß ich nicht. Aber solch ein Buch gibt es. Es ist so ziemlich das seltsamste, was man sich denken kann. Es ist von… Nun, wir wollen erst einmal aufschreiben, was auf dem Titelblatt steht: *Ein Jeder lebts* von Hans Bötticher (erschienen bei Albert Langen in München).

Ein Fressen für ›Einflüsse‹ suchende Doktoranden. Denn alles ist darin: Altenberg und englische Vorbilder und Bret Harte und Wilhelm Raabe (der in der Vollendung) und Thomas Mann und Harraden (*Schiffe, die nachts sich begegnen*) und noch viel mehr. Es sind ein Dutzend kleiner Geschichten, eine immer hübscher als die andre. Und eine immer merkwürdiger als die andre, weil sie eigentlich alle zwölf recht verschieden voneinander sind. Das Lever eines kleinen deutschen Fürsten ist noch niemals so zart und minutiös geschildert worden; die Sentimentalität ist so hübsch in bunten Teig eingebacken, daß man sie nur ganz leise im Nachgeschmack hat – und was gradezu erstaunlich ist, das ist das Auge und das Ohr des Autors. Er hört noch die Schwingungen, die in den Pausen zwischen den Worten sind – es entgeht ihm nichts – es ist oft eine Liebe wie bei Whitman, wenn er beobachtet und tendenzlos feststellt, was es alles gibt auf dieser bunten Erde… So in der Anfangserzählung *Die wilde Miss vom Ohio*: da gibt es einen Ton, eine Melodie, ein Nachzittern der angeschlagenen Saiten, wie das wohl sonst nur ein Autor erreicht, wenn er solch ein Präludium an den Anfang eines ganz dicken Buches stellt, in dem nun wirklich die Geschichte der wilden Miss in vierhundert Seiten erzählt wird... Dieser gibt nur das Präludium – das Stück ist niemals geschrieben worden.

Aber was ist das alles gegen meine alte Lieblingsgeschichte: *Durch das Schlüsselloch eines Lebens.* Sie stand einmal im *Simplicissimus* – und ich wußte jahrelang ganze Absätze daraus fast auswendig, ohne mich jemals um den Autor gekümmert zu haben. Diese Geschichte ist so:

Ein Mann geht, um sich seinen Burgunderkopf auszulüften, morgens durch die Vorstadt aufs Land – geht spazieren und sieht sich jene vermiekerte Gegend an, wie sie so um die Großstädte zu sein pflegt: nicht mehr Stadt und noch nicht Land, aber von beiden die schlechten Eigenschaften. Und findet da im Schnee ein kleines Damen-Notizbuch. Die Adresse steht darin. Auch Bleistiftnotizen: »Graf Naschauer – Perlgürtel – Puderdose – Bahnhof – vier Uhr Kaiserplatz kleiner Schwarzer – Rezept Hirschpastete – ein Neger mit Gazelle zagt im Regen nie – Baron von Biegemann, Frankfurt am Main, Taunus-Straße 7 –« und was so in einem Notizbuch steht. Und weil der Mann müde und ausgeruht zugleich ist und etwas sucht, was ihn aufrütteln könnte, so geht er in die Wohnung dieser Dame. Sie ist ausgegangen. Und der Mann sieht sich nun einen langen dämmerigen Winternachmittag lang alle Sachen in dieser Stube an, die Bilder und den Kanarienvogel, der einen Berg Futter aufgeschüttet, aber kein Wasser bekommen hat, und Bücher und Fotografien und rät so herum... Einmal taucht er auch das Gesicht rasch in einen Stoß weicher Spitzenhosen, die da auf dem Bett liegen – »trat aber doch darauf schnell und verlegen zurück«. Und blättert in Büchern, die ihm fremd sind, und blättert in einem Leben, das ihm so nahe ist, und sieht, wie dieses Damenleben abwärts gegangen ist, und überblickt, wie es weiter gehen wird... Und weil man aufhören soll, wenns am besten schmeckt, geht er leise aus dem Zimmer und zieht leise die Tür hinter sich zu.

Wer hat so viel Achtung und Liebe vor fremdem Leben, vor der fremden Fülle, der Wichtigkeit der andern, den Mikrokosmen der andern...? Wer ist dieser Hans Bötticher?

Wer? Unser Joachim Ringelnatz.   1922

Berlins Bester

Da drüben an der Wand hängt er, das Bild hat er mir selbst geschenkt, und auf die Rückseite hat er etwas draufgeschrieben. Der Kopf mit der grauen Maurerfresse sieht an Herrn Courteline vorbei. (»Wir kenn uns zwah nich vaständijen«, sagt das Bild, »aber wir leben in Freundschaft. Valleicht jrade deswejen.«) Die Franzosen fragen: »Wer ist das?« – »Heinrich Zille«, sage ich. »C'est un peintre allemand.« Aber das ist nicht wahr. Er ist viel mehr.

Jetzt liegt von ihm das stärkste Buch vor, das über Berlin erschienen ist: *Berliner Geschichten und Bilder* (bei Carl Reißner in Dresden 1924).

Paris hat unter den lebenden Inkarnationen seines Stadthumors einen Mann, der unserm Zille als Zeichner manchmal nahekommt: das ist Poulbot, der Kinder-Poulbot, der die frechspitzige, ausverschämte, über alle Pflaster trudelnde, frühreife und auch bemitleidenswerte ›gosse‹ gezeichnet hat. (Am letzten Weihnachtsabend hat er seine ›gosses‹ sogar selbst beschert.) Wien hat die Verniedlicher seines Stadthumors, die einem den ganzen Humor verrunjenieren können. Berlin hat beides.

Es ist so schwer, von berliner Humor zu sprechen, weil eine Unzahl kleinbürgerlicher Schmieranten sich auf diesem Gebiet niedlich machen. Eine mit Glacé oder Zwirn behandschuhte Rechte faßt vorsichtig die ›kleinen Leute‹ am Schlafittchen und führt sie dem geschmeichelten Bürgerpublikum vor, immer mit dieser fatalen Attitüde vermeintlicher Echtheit, mit dem falschen Ton von Mitleid, dem falschen Grausen, dem falschen Humor, vor dem Gott erbarm. Es ist derselbe Humor, mit dem sich Kammergerichtsreferendar Lehmann aus dem juryfreien Ball als ›Lude‹ verkleidet. – Jeder weiß doch, daß er keiner ist, Gottseidank, aber es macht sich so schön romantisch. Es ist der Humor der *Lustigen Blätter*, der den Konfektionären die Opfer ihrer Zwischenmeister ulkig-dreckig, ulkig-schwanger, ulkig-besoffen vorführt – das eigne Badezimmer in der Bayreuther Straße blitzt noch einmal so nett: »Pfui Deibel – wie komisch!« Kommt noch ein Tropfen Schmalz in diese Suppe – von wegen: Grunewald mit seinen abendlichen Flöhen – dann ist das Unglück fertig, und der Magen dreht sich einem im Leibe herum, wenn man sieht, wie Berlin diskreditiert wird.

Heinrich Zille ist vor dem Kriege und im Kriege manchmal das Opfer dieser Auftraggeber geworden. Er hat Sachen zeichnen müssen, die man ihm aufgegeben hat, und die ein andrer ein bißchen schlechter gezeichnet hätte; er hat im Kriege eine gradezu schauerliche Serie vom Stapel lassen müssen, die von Berlin und vom Kriege gleich weit weg lag und mit beiden nur die Gemeinsamkeit hatte, daß sie beiden zum Verkauf angeboten wurde; er hat manchmal ulken müssen, wo er ganz etwas andres tun wollte. Von den Zeichnungen in diesem wundervollen Buche erschiene auch nicht ein Dreißigstel in einer Zeitschrift; alle Zeitungen loben es, keine würde je wagen, auch nur den Schimmer eines Abglanzes davon bei sich aufzunehmen. Warum nicht? Das ist ganz einfach. Ein Buch hat keine Inserate.

Heinrich Zilles Geheimnis liegt in dem ersten Satz seiner Lebensbeschreibung, die das Werk einleitet: »1872 lernte ich Lithograph.« Zille ist ein Handwerker. Er hat etwas gelernt, er hat es gut gelernt, und er hat diese handwerkliche Basis niemals verlassen. Es ist sehr interessant zu beobachten, wie in dem Buch alle Stadien vorhanden sind: von dem naturalistischen Bemühen, »det Ding abzuzeichnen«, bis zu der letzten Formulierung, die es nicht mehr nötig hat und souverän fortlassen kann (aber anders als die jungen Herren, die wuscheln, weil sie gar nichts können). Zilles Seele ist ganz Berlin: weich, große Schnauze, nach Möglichkeit warme Füße, und: allens halb so schlimm.

Stammbaum: kleinbürgerlich. *Mein Vater* ist ein recht charakteristisches Blatt: der alte Mann steht, ernst und vertieft in seine Arbeit, am Schraubstock, und draußen grinsen zwei ›Ssijeuner‹ rein, rumstrolchende Kerls, die ein bißchen frech, ein bißchen neidisch, ein bißchen verzweifelt diese kleinbürgerliche Burg von außen anlachen, die der sich da aufgerichtet hat. Schließlich ist ja das die Sehnsucht der obern Schicht, die Zille verarztet: Kleinbürger und solche, die es werden wollen. (Darüber hinaus langt er kaum: wenn er ›feine Leute‹ zeichnet, sind es entweder bewußte Übertreibungen, wie sie sich im Auge derer da unten spiegeln, oder rührende Schießbudenfiguren.) Hier, in dieser Kleinbürgerschicht wohnt die Idylle, die Zille bald bekannt und beliebt werden ließ: ›Restaurant zum Nußbaum‹, die kleine gelbe Lampe auf dem Wackeltisch, die dicke Marie hinter der Theke, die geschäftige Schwangere, die mit dem Korb einholt, das Jör, das unerschöpfliche Jör, dem vorn und hinten das Hemd herausguckt, dem die Nase läuft, von andern Dingen ganz zu schweigen, das brüllt, hopst, tanzt und popelt. Bis dahin gut und gern genehmigt: Zille war eine Witzblatt-Type, eine unfehlbar sichere Nummer, ein von allen ordentlichen Menschen gern gesehener Bestätiger ihrer Ordnung, die er durch die ausgezeichnete Schilderung des Gegensatzes hob. Darunter fängt der eigentliche Zille an.

Da, wo das Proletariat Lumpenproletariat wird; da, wo es nicht mehr lohnt, zu arbeiten – arbeiten und verzweifeln! –; da, wo es überhaupt keinen Sinn mehr hat, etwas zu tun, wo man sich fallen läßt, ohne daß einen etwas andres mütterlich aufnimmt als das Wasser – da hat er sich zu einer Größe emporgereckt, die erschreckt. Tragik? Auf berlinisch? Auf berlinisch: also janz stike, nachdenklich, der Mensch wird zum alten Eisen, aber er rufts nicht mehr aus.

Hier berührt sich Zille mit der Kollwitz. Wo sie eine Sonate spielt, zimpert er auf einem alten Leierkasten, und man heult wie ein Schloßhund. Das Wort der Wörter steht in diesem Buch, unübertrefflich, ein für alle Mal, kaum stilisiert, wahrscheinlich abgehört, einfach so herausgewachsen aus dem Boden von Dreck, Suff, Tuberkulose, Wohnungselend: »Weißte – man darf jahnich drüber nachdenken!« Aber manche denken doch noch darüber nach, das sind die Gefährlichen…

Zille hat das Amoralische im Blut. Er urteilt nicht, er zeichnet. Er richtet nicht, er empfindet. Bibel? Strafgesetzbuch? Seine Leute sind längst darüber hinaus – Pastor und Landgerichtsrat sind für sie mehr oder weniger unangenehme Vertreter eines Systems, dessen Wirkung sich vor allem darin widerspiegelt, daß es ungeheuer viel Zeit kostet. Verhaftet werden, warten, eingesperrt sein, noch mal warten, ermahnt, angeschnauzt, verurteilt werden – es dauert alles so lange… Aber weiter ist auch nichts.

Da ist Zille, unser Zille. Die Kindsleiche im Mülleimer; die Schwangere, die nicht weiß, ob das im Arm noch lebt, wenn das im Leib da ist; Orje, der nicht einmal mehr von den Schutzpolizisten gehört wird, wenn er schimpft, weil es nicht lohnt; die Frau, die mit zwei Kindern ins Wasser geht, rasch, eilig, sie mag nicht mehr, nicht aufhalten!; die Kindergruppe, die »Liebhieb Heiheimatland – adee – Plötzensee!« singt, ein Blatt von seltener Tragik: wie man im Lachen auf einmal sieht, daß nicht ein unlädiertes Kind dabei ist, alles ist verbogen, kurzsichtig, hat die englische Krankheit, ist zurückgeblieben; ein lebendes Skelett, das in einem Bettsarg verfault, darunter: »Unser Leben währet 70 Jahr, und wenn es hoch kommt…«, wahrscheinlich hat der Mann als Kind in der Schule die segensreichen Sozialeinrichtungen des Deutschen Reichs nicht ordentlich gelernt; kindi sche Greise und vergreiste Kinder – der Zeichner hebt kaum die Stimme: er erzählt.

Im finstersten Finstern glüht dann immer der Funke des echten Humors auf, und wie berlinisch ist der! »Mutter«, fragt das Kind, als sie ihr Mittagessen im Topp zu Vatern tragen, »wächst sone Wurst immer wieder?« (Denn so sieht die Abteilung: Naturgeschichte im Kinde aus.) »Ick habe«, sagt Mudicke, »meine Selige übalebt, ich habe Kaiser Wilhelm übalebt, ich werde auch die Republik übaleben!« Das walte Gott. Und wenn die möblierte Wirtin reinkommt und sieht ihre Tochter nackedei in der Flohkiste liegen, davor ihren Mieter, den Fotografen, so entlädt sich Pädagogik, mütterliche Würde und die Ordnung des Hauses in folgenden ganz ruhigen Worten: »Wat is denn det nu wieder forne neie Afferei mit Lotten, Herr Doktor!« Und der Herr Doktor erklärt es ihr, und dann ist alles gut.

Erstaunlich, wie modern dieser alte Mann ist. Die Versuche, ein Witzblatt zu schaffen – Deutschland besitzt keins – hat auf der sozialdemokratischen Seite zu einem Blatt geführt, das alle Papierkörbe des alten *Simplicissimus* neu auflegt und ganz vergessen hat, daß es das alles nicht mehr gibt: diese Bürger nicht mehr, Herrn Baluschek nicht, die Großstadttragik der alten Naturalisten nicht, diese Serenissimi nicht … aus, vorbei. Auf der kommunistischen Seite probiert man noch, manchmal trifft mans, meistens nicht. Zille gehört zu den Neuen, weil er unbarmherzig sein kann und Herz hat, weil er vor Mitleid mitleidslos schildert, weil er die Ruhe weg hat.

Du hast mal gesagt, du sähest aus wie ein Droschkenkutscher, Heinrich Zille. Laß man. Wenn du in Himmel

kommst, denn klebt dir der liebe Gott Flüjel hinten an Rük-
ken, steckt dir'n Posauneken in die Hand und drickt dir 'n
Kranz ins Haar. Und denn nischt wie mit Hallelujah immer
rauf und runter. Und wenn dann die Leute fragen: »Wer
singt denn da oben so schön falsch?« – dann will ich ihnen
antworten: »Pst. Da oben fliegt Er. Berlins Bester.«

1925

Der rasende Reporter

(Ja, du kriegst deine Besprechung –!)

Egon Erwin Kisch, der tschechische Journalist, hat (bei
Erich Reiß in Berlin) ein bunt eingeschlagenes Buch her-
ausgegeben: *Der rasende Reporter*. »Na rasend…« würde
Christian Buddenbrook sagen… Kisch – von dem die entzückende Geschichte geht, daß Alfred Polgar ihm einst als
Dedikation in ein Buch geschrieben hat: »Dem feinsinnigen
Revolutionär und unerschrockenen Journalisten« – gibt hier
eine mannigfaltige Sammlung seiner Berichte aus aller Welt:
Whitechapel und die Erschießung des wiener Einbrechers
Breitwieser und etwas von den Heizern des Riesendampfers
und Heringsfang und Taucher auf dem Meeresgrunde und
der Golem und Fürst Bolkonski am Grabe Trencks. Das
liest sich glatt und unterhaltsam, und dazu wäre nun weiter
nichts zu bemerken.

Aber das Vorwort hat mich mehr gefesselt als das ganze
Buch. »Die spärlichen Versuche«, heißt es darin, »die gemacht werden, die Gegenwart festzustellen, die Zeit zu zeigen, die wir leben, leiden, vielleicht daran, daß ihre Autoren

nicht ganz gewöhnliche Menschen sind... Der Reporter hat keine Tendenz, hat nichts zu rechtfertigen und hat keinen Standpunkt.«

Das gibt es nicht. Es gibt keinen Menschen, der nicht einen Standpunkt hätte. Auch Kisch hat einen. Manchmal – leider – den des Schriftstellers, dann ist das, was er schreibt, nicht immer gut. Sehr oft den des Mannes, der einfach berichtet: dann ist er ganz ausgezeichnet, sauber, interessant – wenngleich nicht sehr exakt, nicht sachlich genug. Denn Schopenhauer, den er da im Vorwort heranholt, hat etwas andres gemeint. (»Ganz gewöhnliche oder platte Menschen können vermöge des Stoffes sehr wichtige Bücher liefern, indem derselbe grade nur ihnen zugänglich war, zum Beispiel: Beschreibungen ferner Länder, seltener Naturerscheinungen, angestellter Versuche, Geschichte, deren Zeugen sie gewesen, oder deren Quellen aufzusuchen oder speziell zu studieren sie sich Mühe und Zeit genommen haben.«) Man lese einmal die bescheidenen, demütigen, beinahe unpersönlichen ältern Berichte dieser Art, und man wird den Unterschied zwischen diesen Reisenden und einem modernen Reporter erkennen, der überall ein Quentchen ›Geist‹, ein Zitatchen, eine Schmeichelei über die Bildung seiner Leser – kurz: der ›Zeitung‹ in seinen Bericht bringt. Nicht zu vergessen, wo diese angeblich unpersönlichen Berichte stehen: in einem Wust von Nachrichten, dummem Zeug, Telegrammen, Feuilletons und Inserenten.

Kisch hat recht: es ist töricht, in das Geschrei: »Das ist nur ein Reporter!« miteinzustimmen. Reportage ist eine sehr ernste, sehr schwierige, ungemein anstrengende Arbeit, die einen ganzen Kerl erfordert. Kisch ist so einer. Er hat Talent, was gleichgültig ist, und er hat Witterung, Energie, Menschenkenntnis und Findigkeit, die unerläßlich sind.

Vieles ist gut gesehen, fast alles ganz unbestochen. Aber wie ›sachlich‹ man auch oder wie weit weg vom Thema man auch schreiben mag: es hilft alles nichts. Jeder Bericht, jeder noch so unpersönliche Bericht enthüllt immer zunächst den Schreiber, und in Tropennächten, Schiffskabinen, pariser Tandelmärkten und londoner Elendsquartieren, die man alle durch tausend Brillen sehen kann – auch wenn man keine aufhat –, schreibt man ja immer nur sich selbst.

1925

Babbitt

Hier sind die amerikanischen Buddenbrooks.

Wenn Hanno nicht frühzeitig an Typhus gestorben wäre, sondern eine ehrbare lübecker Kaufmannstochter geheiratet hätte, deren zweiter Sohn dann später – ›wegen einer häßlichen Geschichte, weißt du?‹ – nach Amerika ausgewandert wäre: dieser Herr *Babbitt* von Sinclair Lewis (bei Kurt Wolff in München erschienen) könnte ganz gut fünfzig Jahre nach den lübecker Stammeltern gelebt haben. Nämlich heute.

Es ist der aktuellste Roman, der mir in der letzten Zeit unter die Finger gekommen ist – er ist durchaus aus unsrer Zeit. Und es ist sehr fesselnd, zu bemerken, daß der Autor diesen Eindruck nicht mit Wortverdrehungen und Verrenkungen, nicht mit wilden Masturbationsphantasien junger Herren erreicht, die da glauben, Alaska als Schauplatz einer

Handlung zu wählen sei schon eine Tat für sich, und die das Verhältnis zwischen Mann und Frau so aufplustern wie ein Hahn ohne Hennen sein Gefieder. *Babbitt* ist ein ganz bürgerlich erzähltes Buch, und es enthält endlich einmal unser Leben genau so, wie wir die Sache immer angesehen haben: fast ohne Pathos, wissend, schmunzelnd, verzweifelt, mit Kopfschütteln.

Die ersten hundertundfünfzig Seiten des Romans sind die Schilderung eines Geschäftstages des Herrn Babbitt. Das ist eine Meisterleistung. Vom Aufwachen bis zum Schlafengehen keinmal eine alberne Übertreibung, keinmal der große soziale Fluch: Ha, Bürrrger! Lewis erzählt, stellt fest, überall ist Herr Babbitt zunächst nur Herr Babbitt, ein voller, saftiger, bunter Kerl, daneben allerdings noch viel mehr. Aber das wird nicht gesagt. Das Buch riecht nach Wahrheit. Es kann nicht nur wahr sein: es muß wahr sein.

Es muß deshalb wahr sein, weil wir die Wahrheit kontrollieren können. Früher, vor den achtziger Jahren, wuschen sich Romanhelden grundsätzlich überhaupt nicht – sie wandelten durchs Leben, wie man heut noch bei Tagore durchs Leben wandelt. Dann kam eine Zeit, da taten sie nichts als sich waschen: das nannte man Naturalismus. Und jetzt ist man wieder im besten Zuge, die Maschinerie entweder zu leugnen oder härter zu machen, als sie ist, oder sie zu umkleiden; aber Pathos und Wasserspülung zu mischen, das ist gar nicht beliebt. Bei Lewis guckt die Apparatur des täglichen Lebens durch alle Luken, und hier ist der Mensch unsrer Tage, der Ford-Automobile, Pear-Soap, Scotch-Whisky und Kalodont benutzt, so, wie er wirklich ist: unfeierlich. Guck mich mal an, Leser, und sei aufrichtig! »Das

Auswechseln des Tascheninhalts vom grauen Anzug zum braunen war ein richtiges Ereignis, es war ihm sehr ernst mit diesen Dingen. Sie waren von welterschütternder Bedeutung, genau wie Baseball oder die Republikanische Partei. Da war seine Füllfeder und sein silberner Bleistift (bei dem immer die Minen fehlten), die in die rechte obere Westentasche gehörten. Ohne sie hätte er sich nackt gefühlt.« Na, wir wollen uns nichts erzählen... Es ist ein beliebtes Mittel unsrer Literaten, die Maschinerie der Zivilisation den großen Gefühlen gegenüberzustellen, die noch die Bezeichnungen der alten griechischen Tragödie tragen: Badewanne und Trauer um die Geliebte, Haß und Buttersemmeln. Beliebtes Mittel, das einer komischen Wirkung nie entbehrt, aber es spricht doch eigentlich mehr gegen die Benennung der Gefühle als gegen die Buttersemmel. Es gibt eben keinen einfarbigen, alles andre ausschließenden Haß mehr (wenn es ihn je gegeben hat), und man packt sich nicht umsonst für die Bedürfnisse seines Lebens einen Apparat auf, der langsam Selbstzweck geworden ist. Die Seele hat ihn nicht verdaut und kann ihn nicht verdaut haben; auch in den hehrsten Momenten erinnert eine kleine Gehirnkolik daran, daß sich der Herr Mensch im Zivilisatorischen etwas überfressen hat. Worauf Herr Babbitt ins Geschäft geht – »produzieren, produzieren!« Dabei produziert er gar nichts. »Er fabrizierte nichts Nennenswertes, weder Butter noch Schuhe noch Lyrik, aber er war geschickt in seinem Berufe, Häuser für weit höhern Preis an die Leute zu verkaufen, als diese eigentlich bezahlen konnten.«

Autofahrt ins Büro, Wettrennen mit der Straßenbahn – »ein selten schönes, kühnes Spiel« –, Einmarsch in das große Bürogebäude, das mit Recht ein selbständiges »Dorf« genannt wird, mit Dorfbewohnern, einem Marktplatz und Seitengassen – Arbeit! Die Szene, wie Babbitt einen Brief diktiert, ist von einer Komik, die wir in der ganzen modernen deutschen Literatur suchen können: hier ist endlich einmal ein Chef für hundert gesehen, ohne deshalb ein Atom weniger konturiert, weniger klar geschildert zu sein. Wie sich das Geschwabbel des nervösen, im Zimmer herumstapfenden Babbitt durch die Sekretärin in einen modernen Geschäftsbrief auflöst, mit dem der Diktator selbstverständlich unzufrieden ist – »Ich wünschte wirklich, sie würde nicht immer an meinem Diktat herumverbessern!«: das lohnt allein schon die Lektüre dieses einzigartigen Buches. Folgt die weitere Geschäftstätigkeit Babbitts.

Auf jeder einzelnen Seite möchte man dreimal Hurra schreien. Ein nationaler Kritiker der *Deutschen Zeitung*, glaube ich, hat einmal geschrieben: »Wenn man den Namen Rudolf Presber hört, nimmt man unwillkürlich Haltung an.« Vor Lewis müßte man die Wache herausrufen. Zum Beispiel, weil er klar und unerbittlich alle Vorstellungen über Geschäfte, die in dem Kopf eines modernen Kaufmanns vorhanden sind, herausgekratzt und sie wie synthetische Perlen auf einer Zuckerschnur aufeinandergereiht hat. »Eine gute Gewerkschaft ist nützlich, weil man dadurch kommunistischen Gewerkschaften, die jeden Privatbesitz unterdrücken würden, ausweicht.« Und: »Als Babbitt zweiundzwanzig Jahre alt war, hatte ihm jemand gesagt, alle Senkgruben seien ungesund, und er eiferte seitdem noch immer dagegen.« Ach, meine Brüder: wie viele solcher Senkgruben gibt es auch bei uns! Nachdem Babbitt solchergestalt meditiert hat, verfügt er sich an die Geschäfte. »Er befolgte die Regeln seines Clans und führte nur solche Unredlichkeiten aus, die durch Präzedenzfälle sanktioniert waren.« Heilige Börse! Und nachdem sie geschoben, betrogen, sich übers Ohr gehauen haben, daß es nur so kracht, Lewis: »Die große Arbeit der Welt war im Gange. Lyte hatte etwas über 9000 Dollar verdient, Babbitt steckte 450 Dollar Vermittlungsgebühren ein, Purdy erhielt mit Hilfe des feinfühligen Mechanismus der modernen Geschäftswelt ein Geschäftsgebäude ...« Ja, Sombart, da staunste –!

Frühstück. »Babbitts Vorbereitungen, um das Büro während seiner anderthalbstündigen Frühstückspause sich selbst zu überlassen, waren etwas weniger kompliziert als die Ausarbeitung eines allgemeinen europäischen Krieges.« Das muß man selbst nachlesen: wie er frühstücken geht; wie er sich unterwegs im Auto ausrechnet, was er in diesem Jahr verdient hat – »Die Folge dieses kühlen Vermögensüberschlages war, daß er sich siegreich und wohlhabend und gleichzeitig erschreckend arm vorkam« –; wie er sich einen elektrischen Zigarrenanzünder für den Wagen kauft, wegen arm – »Er hatte nun die Möglichkeit, seine Zigarre anzuzünden, ohne anzuhalten, was ihm in ein bis zwei Monaten gewiß zehn Minuten ersparen würde.« Und dieser Babbitt ist gar kein Literaturclown. Jeder mittlere Prokurist einer berliner Bankfirma darf getrost über die falschen Schilderungen der Herren Dichter lachen, die ihn und seine Tätigkeit niemals begriffen haben. Babbitt ist ein Mensch, der in den Einzelheiten seiner Geschäfte vom Autor durchaus richtig beurteilt wird, der sich das Rauchen abgewöhnen will, seine Kinder auf seine Manier lieb hat, ins Büro fährt, arbeitet, vom Büro kommt, badet und wieder ins Büro fährt. Zum erstenmal ist in der großen Schilderung seines Arbeitstages die Gehirntätigkeit eines solchen Menschen richtig wiedergegeben: wie in ganz wichtigen Augenblicken immer wieder irgendeine Albernheit auftaucht; wie durcheinandergedacht wird; wie die Zivilisation über ihn dahinpurzelt; und wie seine Vorstellungen alle eindimensional sind – Rasieren, Familienliebe, Geschäfte, Zigarrenanzünder und eine vage Mischung von Kommunistenangst und Gottesdienst. Dazwischen – was ebenso angelsächsisch wie menschlich ist –: das Jungenhafte im Mann. Babbitt in der Badewanne: »Er patschte ins Wasser und die Lichtreflexe zersprangen, schwankend und funkelnd. Er war kindisch und zufrieden. Er spielte. Er rasierte einen Streifen an der Wade seines dicken Beines herunter … Er seifte sich ein und wusch sich ab und rieb sich streng und nüchtern trocken, er fand ein Loch im türkischen Handtuch, steckte gedankenvoll einen Finger durch und marschierte, ein ernster und unbeugsamer Bürger, ins Schlafzimmer zurück.« Und dann schläft er ein. Und hier hat Lewis den grandiosen Abschluß dieses amerikanischen Tages gefunden: er spielt die große Arie Gleichzeitigkeit, er singt *In solcher Nacht* und malt lauter kleine Bilderchen an die Wand. »Im selben Augenblick saßen …« Denn das ist schrecklich und lustig und merkwürdig zugleich, wie alles nebeneinander liegt, hängt, zappelt. »Im selben Augenblick schliefen in der Stadt dreihundertundvierzig- oder fünfzigtausend alltägliche Menschen wie ein ungeheurer undurchdringlicher Schatten. In einer Spelunke jenseits der Eisenbahn öffnete ein junger Mann, der sechs Monate lang vergeblich Arbeit gesucht hatte, den Gashahn und tötete sich und sein Weib.« Und nun erst schläft Babbitt richtig ein. »Und im selben Augenblick drehte sich George F. Babbitt schwerfällig im Bette um – ein letztes Zeichen des Bewußtseins, mit dem er andeutete, daß er jetzt genug gehabt hätte von diesem unruhigen Einschlafen und allen Ernstes ans Werk gehen wollte.« Gute Nacht.

Es ist ein wahres modernes Buch. Es scheut sich nicht, Annoncenteile mitten im Text zu haben; es gibt endlich einmal die ganz natürlichen Seiten des Daseins, um die wir so viel Brimborium machen, indem wir sie pathetisch verklären oder pathetisch vereinfachen – so ist da die Reproduktion des kleinen Zettels, der das Resultat einer angestrengten geistigen Abendarbeit Babbitts darstellt: ein Geschmier von ein paar Schlagwörtern, einem gekritzelten Männerkopf, ein paar Zinszahlen und dem aus Langerweile hingemalten Namensmonogramm. Denn so sehen wir aus, wenn wir arbeiten. Babbitt schaukelt langsam in die Politik, er wird ein beliebter Redner; wie ist die soziale Angst geschildert, die so ein Individuum vor jeder Gruppe und ihren Machtträgern hat, diese Feigheit, mit der sich das durchsetzt… Und dann verläßt Babbitt langsam den Fotografie-Rahmen seiner Gattung, und aus der Schilderung der Type wird eine Geschichte.

Es ist eigentlich keine rechte Geschichte mit Einleitung, Höhepunkt und Abklang – es ist wie ein Stück Flaubert, was da steht: es zieht so vorbei. Wie Babbitt mit seinem besten Freund in die Sommerferien geht, endlich allein! endlich ohne Familie!, wie er kindisch, etwas sentimental und etwas dämlich diese Sommerwochen verlebt, wie er wieder zurückgehen muß, aber nicht will; der Freund schießt auf die eigne Frau, kommt ins Gefängnis, Babbitt wird der heiligen Gesellschaftsordnung beinah untreu (hier ist die dünne Stelle des Buches), er fängt ein Verhältnis an – wie unerotisch ist das gezeichnet! –, verbummelt beinahe, demütigt sich vor kleinen Mädchen, möchte gern, kann nicht und redet sich daher ein, nicht mehr zu möchten, findet wieder nach Hause zurück und bleibt da, wo wir ihn angetroffen haben. Babbitts Frau wird krank, Babbitts Frau, mit der er sich gar nicht mehr gestanden hat die letzten Monate hindurch, weil sie alt und schlaff und fett geworden ist und die andere vielleicht jünger schien, weniger schlaff, dünner – und überhaupt die andre ist. Die Krankheit treibt die beiden wieder zusammen. Und wie die alte Frau auf einmal und trotz allem wieder ein Kind wird, seine Hand ergreift und vor der Operation die sicherlich nicht gut übertragbare Romanphrase sagt: »Ich fürchte mich, so ganz allein ins Dunkel hineinzugehen« – da liegen leise Lächerlichkeit und leise Liebe so eng beieinander, daß man erst merkt, wer dieses Buch geschrieben hat. Und Babbitt weiß, daß es nun aus ist mit seinen Eskapaden, und daß er bei ihr bleiben wird bis zum letzten Tag. Das hört sich so an: »Grimmig erkannte er, daß dies sein letzter verzweifelter Ausbruch gewesen war, bevor er sich in die schwerfällige Zufriedenheit des Alterns schickte. ›Na‹, und hier grinste er boshaft, ›es war doch eine verdammt lustige Affäre gewesen, solange es eben gedauert hatte!‹ Und was würde die Operation wohl kosten? ›Das hätte ich mit Doktor Dilling genau ausmachen müssen – aber nein, hols der Teufel, es ist mir ganz egal, es kostet eben, was es kostet!‹« Und dann bleibt er bei Muttern.

Dies ist *Babbitt*, das Buch vom modernen Amerika. Ich habe eine Amerikanerin gefragt, eine Dame, bei der die ausgezeichnete Alice Salomon drüben zu Gast gewesen ist, was sie von Lewis hielte. Sie sagte: »Ich habe *Main Street*« – das ist ein zweites, in Amerika nicht minder bekanntes Werk von Lewis – »gar nicht zu Ende lesen können: so hat es mich geärgert, und so wahr ist es!« Und das ist auch eine Empfehlung.

Dieser Amerikaner scheint mir weit, weit über Sternheim und Leonhard Frank zu stehn, die den Bürger bekämpfen, beschimpfen, verlachen, kalt schildern – und die ihn nicht ordentlich kennen. Meinethalben: seine Seele oder seine Seelenlosigkeit. Nie und nimmer Apparat, seine Welt, seine Kulissen. Hier sind keine religiösen Ausbrüche, hier sind keine Bürgerschemen, hier ist kein Schutzmann und kein Kanzlist, die sich so benehmen, wie sich Schutzleute und Kanzlisten seit Menschengedenken nicht aufgeführt haben: hier ist einfach ein Lebewesen, das nicht anders sein kann. Nicht sehr dumm, nicht einmal übermäßig beschränkt, vielleicht etwas weniger vollgepfropft mit wissenschaftlichen und gebildeten Redensarten als andre Leute – aber eben ein Zivilisierter.

Das Buch, in einer nichtssagenden grauen Antiqua gedruckt, ist ganz gut übersetzt. Gescheitert ist die Übersetzerin nur am Slang. Es gibt keinen reichsdeutschen Slang; wenn die Leute sich hier in der Sprache gehen lassen, dann fallen sie unbedingt in irgendeine lokale Dialektfärbung. Unglückseligerweise hat die Übersetzerin hierfür das Wienerische gewählt, das für ein amerikanisches Buch besonders ungeeignet ist. »Da schaun's her« und »so ein Strizzi!«

im Pullman-Wagen ausgerufen: das will mir nicht recht einleuchten. Der Rest ist aber treffend herausgekommen.

Dieser Publikation fehlt nur eins. Auf der letzten Anzeigenseite müßte die Ankündigung eines gleichen deutschen Werkes stehen. Die Deutschen werden über den Amerikaner lachen. Aber nimmermehr begreift Herr Wendriner, daß auch er ein Babbitt ist; daß auch seine Vorstellungen, Gedanken, geläufigen Begriffe so lächerlich wirken können, wenn man sie still und freundlich aufreiht, ohne etwas dazu zu sagen; daß es grade die Dinge sind, die ihm selbstverständlich erscheinen, über die er gar nicht mehr diskutiert, und die in ihrer Würde so unbegreiflich albern sind; daß seine Dresdner Bank, sein Opernball, seine Literatur, seine Symphoniekonzerte, seine elektrische Wohnungseinrichtung und seine Geschäfte genau, genau, genau dasselbe Maß an Widersinn und Sinnlosigkeiten ergeben, wie es bei Babbitt der Fall ist. Bei Babbitt, dessen Autor uns eine Gestalt gegeben hat, eine für Millionen, um ihn herum ein hinreißendes Buch und – so ganz nebenbei –: Amerika.

1925

Alter Kümmel

Im Mauritius-Verlag zu Berlin ist vor drei Jahren ein merkwürdiges Buch erschienen, das man, hat man es sich einmal angeschafft, jedes Jahr gern wiederansieht. Es sind dies: *Die Schwänke des Rheinländischen Hausfreundes* von J. P. Hebel, mit 32 Originallithographien von Dambacher.

An Hebel haben sich ja schon alle germanischen Schmierer der nationalen Zeitungen die Finger abgewischt, was ihm aber nichts geschadet hat. Er ist bestes Deutschtum und so himmelweit verschieden von dem bramsigen Geschwätz dieser Promenadenmischung wie etwa Klaus Groth von Gorch Fock. Ihr wißt ja alle, wie Hebel bewußt für minder Studierte geschrieben hat: mit dem ganzen Gefühl, das der Rheinländer für den Humor hat, klar, sauber und in fast jeder dritten Erzählung an die höchsten epischen Leistungen, ja, an Kleist, streifend. Dieser Band enthält ausgewählte Schwänke. Aber wer ist Dambacher –? Ich bin ein harmloser Kunde und habe nie gefälschten Kaffee verkauft und auch keine Kunstgeschichte studiert. Wenn man diese eigentümlichen Zeichnungen sieht, zu denen ich keinen Parallelfall weiß, so wäre da etwas zu sagen von: atmosphärische Mosaiks, malerische Werte der gefühlten Natur, Sensibilität einer visionären Maurerkelle, und was man sonst noch so fürs Haus braucht. Hebel hat deutsch geschrieben – versuchen wirs auch.

Diese Lithographien sind von einem Maler gemacht, der nicht ordentlich hat zeichnen können. Seine Kinder sehen zum Beispiel alle aus, wie Erwachsene von fern gesehen – für die Jugend hat Herr Dambacher eine eigne Kinder-Perspektive. Und fast alle handelnden Personen sind, fratzenhaft gesehen, etwas bösartig, der Zeichner hat sich darin gefallen, die ganze Vermurkstheit eines Ochsenknechts, eines Amtsdieners, eines Chirurgus aufzufangen. Es ist etwas ganz Seltsames.

Aber Dambacher hat nicht nur illustriert, sondern er hat zu fast jeder Geschichte noch etwas Eignes hinzugetan. Beim Herrn Magister sitzt noch die Frau Magister, von der

Hebel nichts sagt, eine ganz entfernte Großtante des jungen Beardsley; Wirtshausgäste wimmeln auf allen einschlägigen Blättern herum, die unglaublichsten Pflanzen, wie sie nur ein sehr einsamer Mensch zeichnen kann – sicherlich war Dambacher ein Wirtshausbesucher, der jeden Abend kümmelgeschlagenvoll nach Hause ging, mit sechs Kumpanen, so sind wir Psychologen –; ein Hatschier steht und sieht zu, »wie einmal ein schönes Roß um fünf Prügel feil gewesen ist«, und hat in seinem Gesicht die ganze Stur- und Stumpfheit einer gehorchenden Amtsperson, die sich für ihren bezahlten Gehorsam an den Untertanen rächt; die Verbrecher sind Kobolde; als sich zwei Schlafkameraden, Herr und Diener, gegenseitig in der dunklen Angst der Nacht packen und prügeln, hat er sie gezeichnet, als just der Wirt (Oscar Sabo) hereinkommt und sie grinsend beleuchtet: sie sehen sich an, doof, mit aufgerissenen Augen – und der Diener macht eine enttäuschte Schnute; viele Leute haben keine untere Gesichtshälfte mehr geliefert bekommen, fühlen sich aber auch so ganz wohl, und überall ist der Himmel weißblau; hart und scharf stehen die Gebäude wie etwa in einer Stadt der Ostsee an einem schönen Sommertag. Und seltsam, wie sich Hebels Thema beim Zeichner wiederholt, er schlägt es irgendwo in einer Ecke als Stimme der linken Hand noch einmal an: über dem Mann, der sich einen Drachen in den Bauch hypochondert hat, fliegt der Papierdrache eines Knaben; da, wo im Wirtshaus der Offizier den Löffeldieb abführt, richtet ein Kind einen Hund ab, der macht schön, mit einem Löffel im Munde… ich habe solche Bilder noch niemals gesehn.

Übrigens kann man – wie sich das für ordentliche Illustrationen gehört – mit dem Finger auf ihnen herumfahren und sich alle Einzelheiten der Geschichte beangucken: der ist der Zundelfrieder, und das ist der betrogene Goldschmied, und das sind die Gerichtspersonen… Die Blätter sind viel besser als die Holzschnitte der Zeitschrift, in der Hebels Geschichten erschienen sind. Diese himmlischen Erzählungen, die die Moral mit ›Merk‹ gleich angehängt bekommen, und deren eine zum Beispiel so schließt: »Dies Stücklein ist noch ein Vermächtnis von dem Adjunkt, der jetzt in Dresden ist. Hat er nicht dem Hausfreund einen schönen Pfeifenkopf von Dresden zum Andenken geschickt, und ist ein geflügelter Knabe darauf und ein Mägdlein, und machen etwas miteinander. Aber er kommt wieder, der Adjunkt.«

Merk: Man sollte sich das Buch anschaffen.

1925

Zum Fünfzigsten

Lieber Alfred Polgar,

wenn Ihnen am Morgen das Hausmädchen hochroten Kopfes die Torte mit den einundfünfzig brennenden Lichtern hereinträgt und gratuliert, dann wird sie gleich hinter dem Glückwunsch sagen: »Es ist ein Mann draußen!« – und Böses ahnend werden Sie den Mann hereinlassen. Und da stehe ich nun dick und dumm vor Ihnen mit einem weltbühnenroten Blumenstrauß und gratuliere namens aller Leser des Blättchens. Ich bin so ungefähr derjenige mit der kleinsten Qualifikation dazu.

Denn bei aller Liebe oder wegen aller Liebe wird mir niemals gelingen, herauszukristallisieren, was eigentlich in Ihnen den Charme, den Reiz, den Wert und die Qualität ausmacht. Warum und zu welchem Ende studieren wir Alfred Polgar?

Sie haben die Millesimalwaage der Kritik erfunden. Mit Ausnahme des alten Fontane weiß ich keinen Theaterkritiker deutscher Sprache, der so aufs Augenhärchen genau sagen kann, was er sagen will. So haben Sie einmal das größte Kunststück fertiggebracht, der alternden Duse zu sagen, daß sie altert, aber daß sie die Duse ist; Sie haben von Pallenberg erzählt, als noch niemand diesen Namen buchstabieren konnte, und in dem kleinen Absatz ist schon der ganzer Kerl und seine bunte Karriere. Und wenn Sie einmal in den Himmel kommen, so wird Ihnen der liebe Gott aus seinem Hauptbuch wahrscheinlich viele Sünden vorlesen, aber eine wird nicht dabei sein. Wir andern sind jeder schon einmal ausgerutscht, wir haben jeder schon einmal in der Hitze des Gefechts Dinge gesagt, die besser ungesagt geblieben wären, und es gibt keinen von uns, der sich nicht einer Entgleisung in Sachen des Taktes schuldig gemacht hätte. Sie nicht.

Dieser feinste Takt verbindet sich mit einer Ehrfurcht... Sie sind gar nicht mehr im Zimmer? Wo sind Sie? Das Hausmädchen kommt herein und sagt: »Der Herr läßt sich entschuldigen. Dem Herrn ist nicht ganz wohl!« Das kann ich Ihnen nachfühlen. Aber wie soll ich gratulieren?

Wie soll ich aufzählen, was ich alles von Ihnen gelesen habe – und wie ich es gelesen habe? Wie ich die alten Bände der *Weltbühne* (soweit sie ein Inhaltsverzeichnis besitzen) nach Ihren Beiträgen durchforscht und geblättert und gesucht …? Jetzt sitze ich hier in Toulouse, das beinah so häßlich ist wie Stettin, Ihre gesammelten Werke habe ich nicht bei der Hand, aber ich lese aus dem roten Hotelteppich:

Wie Sie von einem Stück geschrieben haben, sein Esprit knallte: piff, paff, puff, besonders puff; wie Sie von einer Figur gesagt haben, sie sei der Unterleib ohne Dame; von Millenkovich, er sei die Laube des Burgtheaters, der Gartenlaube; wie Sie den Versen Fuldas erst jüngst subalterne Anmut nachgesagt haben; von jenen zwei Krondiamanten *Scharlach* und *Wie der Goethe entstand* ganz zu schweigen.

Und wie müssen wir dem lieben Gott danken, daß er einen Schönherr schuf! Jenen Schönherr, dem man später den Bart abnahm und Hans Müller nannte. Es gibt nichts Komischeres als Ihre Inhaltsangaben solcher Monumente aus Kaugummi.

Sie haben aber nicht nur immer Bühnenkunst durchleuchtet, sondern auch einmal jenes große Affentheater von 1914 bis 1918. *Kleine Zeit* heißt der Band mit Recht, und die reichsdeutschen Redakteure haben mit Wonne gedruckt, was Sie über die Habsburger zu sagen hatten, denn die Habsburger abonnieren keine reichsdeutschen Zeitungen.

Ich weiß, daß man Geburtstagskinder halb krank ärgert, wenn man ihnen nun auch noch Geist in der Unterhaltung nachrühmt; aber Sie können sich ja bei meinem Fünfzigsten rechtens mit dem Gegenteil revanchieren. Ich für meinen Teil habe nicht vergessen, wie Ihnen einmal ein berliner Theaterdirektor den Vorschlag gemacht hat, eine politische Revue zu schreiben. Sie sagten ja, wollten aber nicht recht mit Ihrem Namen heran. Darauf bot er Ihnen – die Ziffern weiß ich nicht mehr – statt 18 000 Mark 14 000. Worauf Sie: »Da kann man also durch Subtraktion feststellen, wieviel mein Name wert ist!« Und als man Sie dann befragte, was Sie nun beschließen würden, entschieden Sie sich für folgende Lösung: »Ich werde 16 000 verlangen und Alfred signieren!«

Lieber Alfred Polgar: ein Gratulant ist noch um eine Kleinigkeit lächerlicher als ein Geburtstagskind, besonders wenn er aus Berlin stammt und nicht jene österreichische Leichtigkeit besitzt, die vom Oberkellner bis herunter zu Hermann Bahr Ihre Landsleute so oft kompromittiert haben.

Unser gemeinschaftlicher lieber Gott, Knut Hamsun, ist, wie Sie wissen, heftig gegen das Alter eingenommen. »Man sagt, mit dem Alter sollen andre Freuden kommen, die man früher nicht gehabt hat, es kommen tiefere Freuden, bleibendere Freuden. Das ist Lüge. Ja, du liest richtig: das ist Lüge. Nur das Alter selbst sagt das, der für sich selbst Interessierte, der mit seinen Resten großtut. Er erinnert sich nicht mehr daran, als er auf dem Gipfel stand, er selbst, sein eigner alias, rot und weiß, wie er in die goldene Posaune blies. Jetzt steht er nicht – nein, denn er hat sich gesetzt, ja, denn es ist leichter zu sitzen. Und da kommt nun zu ihm, leise und schleichend, dick und dumm, die Ehre des Alters. Was soll ein sitzender Mann mit Ehre tun? Ein stehender Mann kann sie gebrauchen, ein sitzender Mann kann sie nur haben. Aber die Ehre ist dazu da, daß man sie gebraucht, nicht, daß man sich damit hinsetzt. Gebt einem sitzenden Mann warme Strümpfe.«

In diesem einen Fall will ich mit einer Reverenz nach Norden eine kleine Ausnahme gemacht haben: Ihre Schriften werden immer besser, wie alter Wein.

Erlauben Sie mir, lieber Alfred Polgar, Ihnen zum Fünfzigsten keine warmen Strümpfe zu schenken, sondern Verehrung. Verehrung und Hochachtung vor dem feinsten und leisesten Schriftsteller unsrer Generation.

Danke, keine Torte. Aber einen Händedruck.

1925

Dr. Dolittle und seine Tiere

Die Geschichte des Kinderbuches ist – von wenigen Ausnahmen abgesehen – eine Geschichte der Enttäuschungen und der Kindereien. Schon Karl der Große... (folgen acht Spalten über die Geschichte des deutschen Kinderbuches. Der Leser überschlägt sie mit Recht. Darauf:) *Dr. Dolittle und seine Tiere* von Hugh Lofting aber ist ein gutes Kinderbuch – auch für Erwachsene.

Wenn ein Buch Tiere sprechen läßt, so gibt es dafür nur ein Kriterium: ob mans glaubt. Diesem Dolittle-Bericht glaubt man nach der zweiten Seite alles – es ›hat‹ den Leser sofort, und selbstverständlich sprechen Dab-Dab, die Ente, Jip, der Hund, Göb-Göb, das Ferkel, Polynesia, der Papagei, und die Eule Tuh-Tuh. Sie sind bei dem Doktor Dolittle, dem kleinen Landarzt, in Behandlung, es ist so eine Art Tier-Sanatorium, das sich der Mann da aufgebaut hat, und langsam verscheucht er sich die menschliche Kundschaft. Und als er nun nichts mehr zu essen hat, ernähren ihn die

Tiere, und sein Ruf breitet sich aus, und die Affen aus Afrika rufen ihn, denn sie haben die große Affenkrankheit, und er zieht mit seinen Tieren dorthin, erlebt, was es zu erleben gibt, und kehrt wieder heim. Eine ganze kleine Welt von Güte ist in diesem Buch.

Um nicht mißverstanden zu werden:

Wir werden in letzter Zeit mit Tierbüchern etwas reichlich versorgt. Jeder Verlag, der etwas auf sich hält, hat mindestens einen Norweger oder Amerikaner oder Australier, der ihm einen rührenden Roman über das Seelenleben der Rentiere, über die Hochzeitsfeierlichkeiten bei den Küchenschwaben liefert – und je übler es auf der Welt zugeht, desto bereitwilliger flüchtet sich das deutsche Gemüt in die Tierbücher. Es ist eine so schöne Ablenkung… Der geniale Kipling hat die Tür aufgemacht, und nun wimmelt das nur so von Tierbüchern. Sieht man von den wenigsten guten ab, so bleibt eine literarische Mode – und je anthropomorpher sie sind, desto besser ziehen sie. Ein Fall des Übels geht auf Konto des maßlos überschätzten Hermann Löns – aber die andern sind auch nicht viel schöner. Also so ist das hier nicht.

Das macht: Herr Lofting hat Herz und ist ein Dichter. Ich kenne nur die deutsche Ausgabe, die mir von E.L. Schiffer meisterhaft übersetzt zu sein scheint, weil sie einen einheitlichen Stil hat, weil sie die Andersen-Töne auf das glücklichste vermeidet, und weil man ihr Wort für Wort glaubt, weils wahr ist, was da steht – weil die Tiere natürlich so und nicht anders sprechen. Alles ist so selbstverständlich.

»Der Papagei Polynesia saß im Fenster, sah dem Regen zu und sang ein Matrosenlied vor sich hin.« Es ist das Jungenhafte im Engländer, das diesen Humor so bunt und farbig macht – in dem ganzen Buch ist kein Witz, aber alles strahlt vor Humor. Ob den Kinder empfinden, ist fraglich – Kinder haben keinen Humor. Sie werden sich an die tausend und eine Einzelheit halten, von denen eine immer schöner ist als die andere – an das, was geschieht, und daran, wie es geschieht.

Es wird beraten, was auf das Afrika-Schiff mitgenommen werden soll. »Eine Glocke brauchst du«, sagte der Papagei. »Warum?« fragte der Doktor. »Um die Zeit zu messen«, sagte der Papagei. »Du läutest sie jede halbe Stunde, und dann weißt du, wie spät es ist.« Das ist ganz logisch. Bemerkenswert scheint mir ferner, wie dieser kluge Papagei – dem Namen nach ist es ja eine Mamagei – immer hinterher sagt, wie das, was soeben geschehen ist, heißt. »Das nennt man einen Trick«, sagt sie nach einem gut geglückten Streich. Und: »Das nennt man einen blinden Passagier«, sagt sie. Sie ordnet alles ein. Und wenn die Tiere nicht sprechen, spricht der Autor – so still und ruhig, wie der englische Humor oft geartet ist, spricht auch er. Vor der Abreise hatten die Mäuse in der Schreibtischschublade gewohnt – denn wo sollten sie sonst wohnen! Als er zurückkommt, bringt er alles in Ordnung. »Er kaufte ein neues Klavier für die weißen Mäuse – denn sie sagten, daß es in der Schreibtischschublade zöge.«

So ist das. Und an einer Stelle erhebt sich die leise Prosa zu dichterischer Höhe – als Jip, der Hund, auf dem Verdeck des Meerschiffs liegt und wittert, wo der verlorene Onkel wohl sein könnte. (Es ist da ein Onkel verloren gegangen.) Er stellt sich hin, zieht die Luft ein und analysiert. Dabei murmelt er: »Teer, spanische Zwiebeln, Petroleum, nasse Regenmäntel, zerquetschte Lorbeerblätter, brennender Gummi, Spitzengardinen, die gewaschen werden – nein, ich irre mich, Spitzengardinen, die zum Trocknen aufgehängt worden sind, und Füchse – zu Hunderten – junge Füchse – und –« Eine Welt, durch das Nasenauge des Hundes gesehen. »Ziegelsteine«, flüsterte er ganz leise, »alte gelbe Ziegel, die vor Alter in einer Gartenmauer zerbröckeln; der süße Geruch von jungen Kühen, die in einem Gebirgsbach stehen; das Bleidach eines Taubenschlags – oder vielleicht eines Kornbodens – mit daraufliegender Mittagssonne, schwarze Glacéhandschuhe in einer Schreibtischschublade aus Walnußholz; eine staubige Straße mit Trögen unter Platanen zum Pferdetränken; kleine Pilze, die durch verfaultes Laub hindurchbrechen; und – und – und –« Das ist nicht gemacht – das ist gefühlt.

In dem Buch (das im Verlag Williams u. Co., Berlin-Charlottenburg, erschienen ist) sind viele Zeichnungen, und die hat der Verfasser selbst gemacht. Es ist ein ganz merkwürdiger Illustrationsstil, es sind nur die Sachen gezeichnet, die im Text vorkommen – manches, wie zum Beispiel das kleine Blatt auf Seite 34 »Und eines Abends, als der Doktor in seinem Stuhl eingeschlafen war«, könnte geradenweges aus einem alten Kinderbuch stammen, und das ist ein Kompliment. Auch in diesen Zeichnungen ist die Beobachterfreude: Güte. Woher rührt sie?

Der Verfasser hat diese kleinen Märchen als Brieferzählungen seinen Kindern nach Hause geschrieben – denn er war nicht zu Hause. Er war an der Front, da, wo geschlachtet wurde. Und es war wohl die letzte Ecke, in die damals das Gefühl eines anständigen Menschen flüchten konnte: in die Natur – im tiefen Bewußtsein, daß gegenseitige Hilfe ein ebenso primärer Zug in dieser Natur ist wie der Drang, den Nachbarn aufzufressen. Und so entstand dieses Buch in seiner fast biblischen Einfachheit und Herzlichkeit.

Ich sah Lofting in Paris, in einer stillen Abendstunde. Er zündete die kleine Lampe in dem großen kahlen Atelierraum an, in dem er gerade an einem neuen Dolittle arbeitete – es sind in England und Amerika noch viele Dolittle-Bände desselben Autors verbreitet –, er sprach leise und war freundlich. Und es ist wohl seinem Wesen gemäß, wenn er diesen Satz »Wie ich dazu kam, den Dr. Dolittle zu schreiben« gesetzt hat: »Etwas aber erzwang sich mehr und mehr meine Aufmerksamkeit: die Rolle der Tiere im Weltkrieg, wo sie gleich den Menschen mit der Zeit Fatalisten zu werden schienen… Aber ihr Schicksal war anders als das der Menschen.«

Ja, es war anders, Hugh Lofting. Es war noch schwerer. Doch war es auch wiederum gleich: beide wurden von ihren Besitzern in den qualvollen Tod geschickt, sie verstanden den Schmerz nicht und ihr verlöschendes Auge fragte: Warum? Sie setzten hinzu, Hugh Lofting, was die Qual der Tiere betrifft: »Das schien mir nicht ganz gerecht zu sein.« Nein, ganz gerecht war es nicht. Es war die größte Schmutzerei der Menschheit.

Dolittles Tiere aber sollten viele Kinder erfreuen.

1925

E. R. Curtius' Essays

Ein Führer durch die französische Literatur

Wenn hier öfter von französischen Büchern und Neuerscheinungen die Rede sein soll, so werden die Berichte, wie sie ein einzelner zu geben vermag, kleine Landpartien in ein fremdes Gebiet sein. Die große Landkarte liegt vor und kann nicht genug gerühmt werden: *Französischer Geist im neuen Europa* von Ernst Robert Curtius (Deutsche Verlags-Anstalt Stuttgart). Es ist die beste deutsche Publikation über Frankreich, die mir aus den letzten Jahren bekannt geworden ist.

Curtius ist der Typus des deutschen Gelehrten, der fast verschollen scheint: er kennt seine Sache, versteht mit dem Mikroskop umzugehen, ohne kurzsichtig zu sein – und er ist politisch ehrlich objektiv. Wir sind nicht verwöhnt: das Gros der Professoren macht, schlecht versteckt, üble Propaganda für ebenso üble Ideen, und dazu steht dieser gesamte ›völkische‹ Kram ungefähr auf dem Niveau schlechter Volksredner.

Es kann vor allem Curtius nicht hoch genug angerechnet werden, daß er nicht im Sumpf des Snobismus steckengeblieben ist. Bei ihm werden wir belehrt, und nicht kaltlächelnd verachtet, weil wir irgendeine französische Modegröße nicht gelesen haben, die es meist auch nur für Berlin ist. Hier spricht einer, der beide Völker, das deutsche und das französische, genau kennt, beiden von Herzen zugetan ist und nach genauer Durchforschung ihrer Geschichte urteilt und urteilen darf.

Der Leser findet in dem Band eine minutiöse Untersuchung über Marcel Proust, Essays über Paul Valéry, Valéry Larbaud und die wichtigsten Kritiker Frankreichs, die insofern eine größere Rolle als die Kollegen in Deutschland spielen, als ihre Kritik schöpferischer ist.

Was ganz besonders lobend erwähnt zu werden verdient, ist die kluge und feine Mischung von Formenverständnis und materieller Beurteilung. So vertieft sich etwa Curtius in den Rhythmus der Prosa Prousts, in die letzten feinsten Schwingungen dieses komplizierten Stils – und sagt, genau so klar, genau so bestimmt, genauso fest: dieses Leben, dieses Werk, diese Gesellschaftsschicht basieren auf einer Rente. Sie sind ohne Reichtum nicht möglich. Das ist eine objektive Feststellung, sein Lied kann sich nun jeder selbst darauf singen.

Und je länger ich die literarische Wasserscheide der Vogesen betrachte, um so klarer kommt mir zum Bewußtsein, daß Werturteile über fremde Kulturen zunächst nur etwas über den Beurteiler aussagen und herzlich wenig über den Beurteilten. Behauptet etwa einer, er könne mit Proust und Valéry überhaupt nichts, dagegen mit Larbaud sehr viel anfangen, sagt er etwa, die letzten Feinheiten in der Beschreibung eines Fliederstraußes sagten ihm nichts, solange Leute hungerten, Leute totgeschossen würden, Leute in Gefängnissen heulten – so ist das ein durchaus verständlicher politischer Materialismus –, aber an die fremden Dichter kommt man nicht so heran. (Noch weniger freilich, indem man kritiklos vor ihnen auf dem Bauch liegt.)

Curtius ist der einzige mir bekannte Literaturhistoriker, der sich erlauben darf, den Satz auszusprechen, daß die ersten, sublimsten Ausschläge des Geschichts-Seismographen in der Geistigkeit eines Landes wahrgenommen werden und nicht in seiner Wirtschaftslage. Darüber kann man sich unterhalten – er aber darf es sagen, weil er neben den Formwerten niemals den Grund und Boden vernachlässigt, auf dem jene erwachsen sind.

Um die ganze Höhe und Weite dieses Werks zu ermessen, braucht man nicht einmal in jene engen Tiefen zu steigen, in denen die deutschen Professoren des Patriotismus hausen, wie etwa jener Josef Hofmiller von den *Süddeutschen Monatsheften*, ein Mann, der vor dem Kriege durchaus brauchbare und gute Versuche veröffentlicht hat. Wie tief einer sinken kann, zeigt das Zitat, das Curtius von ihm gibt, und in dem Hofmiller erklärt, die französische Literatur sei eine solche aus zweiter Hand und zweiten Ranges, auch sei die französische Sprache ›nasal getrübt‹. Dieser Professor, den man sich nicht ohne einen baumwollenen Regenschirm vorstellen kann, ist nicht nur nasal getrübt, und wir wollen ihn getrost seinen Lesern überlassen.

Dieses Buch aber sei empfohlen. Man liest es mit Gewinn, man lernt daraus, man sieht weiter, über die Grenzpfosten hinweg. Man ersieht daraus, wo das so komplizierte Geistesleben Frankreichs heute steht; man erkennt die Gründe für die scheinbare Nichtachtung des Fremden, man unterscheidet die Kräfte, die von einem festen Mittelpunkt aus nach draußen streben – man versteht aufs neue die lebendigen humanistischen Tendenzen der Lateiner.

Und man wünscht sich über die Bindung der Geistigen hinweg eine festere Bindung beider Länder. Daß Max Scheler nach Frankreich fährt und dort diskutiert, will mir noch nicht viel bedeuten. Ich habe behalten, was er im Kriege geschrieben hat, das Gute und das Schlechte. Ich wünschte – und sicherlich viele mit mir – daß, von solchen Unterhaltungen ausgehend, sich die Massen der arbeitenden Klassen durchdringen und verstehen. Eine größere gegenseitige Befruchtung durch zwei Völker ist nicht denkbar.   1926

Der Prozeß

> Es war ein lächelnder Gerichtshof, vor dem er dringend sich seinen Freispruch verbat.
>
> *Ludwig Hardt*

Wenn ich das unheimlichste und stärkste Buch der letzten Jahre: Franz Kafkas *Prozeß* (im Verlag Die Schmiede zu Berlin) aus der Hand lege, so kann ich mir nur schwer über die Ursachen meiner Erschütterung Rechenschaft ablegen. Wer spricht? Was ist das?

»Erstes Kapitel. Verhaftung. Gespräch mit Frau Grubach. Dann Fräulein Bürstner. Jemand mußte Josef K. verleumdet haben, denn ohne daß er etwas Böses getan hätte, wurde er eines Morgens verhaftet.« So fängt es an. Es ist ein Bankbeamter, um den es sich handelt – und die zwei Gerichtsboten, die da morgens in sein möbliertes Zimmer kommen, wollen ihn verhaften. Aber sie verhaften gar nicht – der ›Aufseher‹ stellt an einem Nachttischchen ein Verhör mit ihm an, dann darf er in die Bank gehen. Er ist frei. Bitte, Sie sind frei… Der Prozeß schwebt.

Wir alle, die wir ein Buch zu lesen beginnen, wissen doch nach zwanzig oder dreißig Seiten, wohin wir den Dichter zu tun haben; was das ist; wie es läuft; obs ernst gemeint ist oder nicht; wohin man im groben so ein Buch zu rangieren hat. Hier weißt du gar nichts. Du tappst im Dunkel. Was ist das? Wer spricht?

Der Prozeß schwebt, aber es wird nicht gesagt, was für ein Prozeß. Der Mann ist offenbar eines Vergehens angeklagt, aber es wird nie gesagt, welches Vergehens. Die irdische Gerichtsbarkeit ist es nicht – also welche sonst? Eine, um Gottes willen, allegorische? Der Autor erzählt, erzählt mit unerschütterlicher Ruhe – bald merke ich, daß es nichts Allegorisches wird – deute nur, du deutest nie aus. Nein, ich deute nie aus.

Josef K. wird zum Verhör geladen – er geht. Das Verhör findet unter seltsamen Umständen im fünften Stockwerk eines Außenviertels statt – man liest, weiß nicht…

Und ganz unmerklich hat sich die Idee festgehakt, sie greift über, und nun gibt es nichts zu freudianern, und keine gebildeten, geschwollenen Fremdwörter helfen hier weiter.

Es ergibt sich, daß Josef K. in eine riesenhafte Maschinerie geraten ist, in eine bestehende, arbeitende, geölt laufende Maschine des Gerichts. Er vernachlässigt seine Stellung in der Bank, er berät mit Advokaten, er geht zu den Verhören, obgleich er sich geschworen hat, nicht hinzugehen, er beschwert sich über das Betragen der Gerichtsdiener in seiner Wohnung – es sickert auch langsam durch, daß er einen ›Prozeß‹ hat, es scheint, daß alle Leute davon wissen, oder doch viele, es ist wohl etwas Legitimes. Bis es ihn in der Bank selbst erwischt.

»Als K. an einem der nächsten Abende den Korridor passierte, der sein Büro von der Haupttreppe trennte – er ging diesmal fast als der Letzte nach Hause, nur in der Expedition arbeiteten noch zwei Diener im kleinen Lichtfeld einer Glühlampe –, hörte er hinter einer Tür, hinter der er immer nur eine Rumpelkammer vermutet hatte, ohne sie jemals selbst gesehen zu haben, Seufzer ausstoßen.« Er öffnet. Da steht ein Mann in dunkler Lederkleidung und vor ihm die beiden Gerichtsdiener. »Was tut ihr hier?« fragt er sie. »Herr! Wir sollen geprügelt werden, weil du dich beim Untersuchungsrichter über uns beklagt hast.« In der Bank? In dieser so realen Bank? K. unterhandelt mit ihnen, versucht, den Prügler zu besänftigen – so hart habe er seine Beschwerde nicht gemeint… Aber sie müssen sich ausziehen, die Gerichtsdiener, schon sind die Oberkörper nackt, die Rute tanzt… Da schlägt K. die Tür zu. Der Schrei der Geprügelten wird jäh abgeklemmt.

Am nächsten Tag geht er scheu an der Tür vorbei, die sein Geheimnis vor der Bank verbirgt. Er öffnet, aus Gewohnheit… »Vor dem, was er statt des erwarteten Dunkels erblickte, wußte er sich nicht zu fassen. Alles war unverändert so, wie er es am Abend vorher beim Öffnen der Tür gefunden hatte. Die Drucksorten und Tintenflaschen gleich hinter der Schwelle, der Prügler mit der Rute, die noch vollständig angezogenen Wärter, die Kerze auf dem Regal und die Wächter begannen zu klagen und riefen: Herr! Sofort warf K. die Tür zu…«

Ich gebe diese Probe, um die grausame Mischung von schärfster Realität und Unirdischem zu zeigen – wie neben den Büroboten der lederschwarze Prügler, aus einer Masochisten-Fotografie geschnitten, die Rute schwingt... Und K. wirft die Tür zu – nein: »er schlug noch mit den Fäusten gegen sie, als sei sie dann fester verschlossen«. Der Prozeß schwebt.

Der Prozeß braucht einen Advokaten. K. findet ihn, aber hier hat das Buch nun schon beinah ganz die Erde verlassen – wie eine schwarze Kugel schwebt es durch den Raum. Beim Advokaten ist ein Leidensgefährte, ein jämmerlicher zerprügelter kleiner Mensch – und es gibt untere und obere Advokaten, und das Schrecklichste ist, daß niemand die Spitze dieser Pyramide absehen kann, niemand dringt jemals in diese Höhen, scheint es...

Also eine Justizsatire? Nichts davon.

So wenig, wie die *Strafkolonie* eine Militärsatire ist oder die *Verwandlung* eine Bourgeois-Satire – es sind selbständige Gebilde, die niemals auszudeuten sind.

Der treuste Freund Max Brod, der dem Buch ein wunderschönes Nachwort geschrieben hat, und dessen unermüdlichen Anstrengungen wir erst die Drucklegung dieses Schatzes und fast aller andern Bücher Kafkas verdanken – Brod erzählt uns, das Buch sei ein Fragment geblieben. Man merkt das auch; ich fühle in diesem Punkt ein klein wenig anders als Brod. So erscheint mir bei diesem herrlichen Prosaiker zum ersten Mal dies und jenes nicht ganz ausgeglichen – auch steht für mein Empfinden das grandiose Schlußkapitel etwas unvermittelt an dem vorletzten Abschnitt, der übrigens eine Meisterleistung für sich ist. Auf meine Bitte war Max Brod so freundlich, mir seine Ansicht über den ›Prozeß‹ mitzuteilen; hier ist sie:

»Der Prozeß, der da geführt wird, ist der ewige Prozeß,

den ein zart empfindender Mensch mit seinem Gewissen auszufechten hat. Held K. steht vor seinen innern Richtern. Das gespenstische Verfahren vollzieht sich an den unscheinbarsten Schauplätzen und so, daß scheinbar K. immer recht hat. Ganz ebenso sind wir rechthaberisch gegen unser Gewissen und versuchen, es zu bagatellisieren. Das Besondere ist nur die fatale Feinfühligkeit gegen die innere Stimme, die auf Schritt und Tritt immer lebendiger wird.

Mit Kafka selbst konnte man natürlich nie über Deutungen sprechen, auch bei der größten Intimität nicht. Er selbst deutete so, daß die Deutungen neuer Deutungen bedürftig wären. So wie ja auch sein Prozeß nie recht entschieden werden kann.«

Dieser Prozeß ist selbstverständlich, wie auch aus Brods Darlegungen im Nachwort hervorgeht, niemals eine Allegorie gewesen. Er ist sofort als Symbol konzipiert, tatsächlich hat sich das Symbol selbständig gemacht, es lebt sein eigenes Leben. Und was für ein Leben…

Da ist eine Szene bei einem etwas verkommenen Maler, von dem man dem Angeklagten K. gesagt hat, er könne ihm im Prozeß durch Fürsprache bei den obern Richtern nützlich sein. Zu dem geht er. Der Mensch wohnt oben im Haus, in einer kleinen, unaufgeräumten Stube. Zum Schluß der Unterredung bittet der Maler, ihm doch ein Bild abzukaufen, vielleicht mehrere Bilder… Und holt nun immer dieselbe Heidelandschaft unter seinem Bett hervor, immer dieselbe… Und dann geleitet er den Hilfesuchenden zur Tür hinaus, und K. ist wieder in den gefürchteten Gerichtskorridoren. »Woher staunen Sie?« fragt der Maler. »Es sind die Gerichtskanzleien. Wußten Sie nicht, daß hier Gerichtskanzleien sind? Gerichtskanzleien sind doch fast auf jedem Dachboden, warum sollten sie grade hier fehlen?«

Also ein Traum? Nichts ist für mein Gefühl verkehrter, als mit diesem verblasenen Wort Kafka fangen zu wollen. Dies ist viel mehr als ein Traum. Das ist ein Tagtraum.

Etwas Ähnliches an Zügellosigkeit gibt es nur noch in geschlechtlichen Kindheitsphantasien, wo Schule, Haus, die Stadt und die Welt einer, einer einzigen Idee untergeordnet sind – wo die Menschen Glaskleider tragen oder halt! noch besser: vorn kleine Glasluken, damit man sie besser sehen kann ... Das Buch ist nicht wahnsinnig – es ist vollkommen vernünftig, es ist in seiner Idee so vernünftig, wie manche Irre vernünftig sind, logisch, mathematisch in Ordnung: es fehlt eben jene leise Dosis von Irrationalem, die erst dem vernünftigen Menschen den innern Halt gibt. Nichts schrecklicher als ein reiner Mathematiker des Verstandes – nichts unheimlicher.

Nun ist aber Kafka ein Dichter seltenen Formats, und diese ultralogische Grundidee ist berankt mit realen Phantasiegebilden. Es gibt gar keine Frage mehr, ob es das alles gibt – das gibt es, das ist so wahr, wie in der Strafkolonie eine Tötemaschine steht, so wahr, wie sich der Geschäftsreisende damals in einen Käfer verwandelte ... das ist so.

Das vorletzte Kapitel enthält die theologische Ausdeutung einer kleinen Geschichte Kafkas, die sich in dem Band *Ein Landarzt* findet, sie heißt: *Vor dem Gesetz*, ein Muster reiner Prosa. Hier im Buch schwillt die Geschichte auf, wird, nach des Autors eignen Worten, unförmlich; ein Gefängniskaplan im Dom erklärt sie dem lauschenden und disputierenden Josef K., verstrickt ist er, nichts kann ihn retten.

Wie er stirbt, mag man selber nachlesen. Die letzte Minute ist eine Vision von einer nie gehörten Stärke. »Seine Blicke fielen auf das letzte Stockwerk des an den Steinbruch grenzenden Hauses. Wie ein Licht aufzuckt, so fuhren die Fensterflügel eines Fensters dort auseinander, ein Mensch, schwach und dünn in der Ferne und Höhe, beugte sich mit einem Ruck weit vor und streckte die Arme noch weiter aus. Wer war es? Ein Freund? Ein guter Mensch? Einer, der teilnahm? Einer, der helfen wollte? War es ein Einzelner? Waren es alle? War noch Hilfe? Gab es Einwände, die man vergessen hatte?«

Das Buch schließt mit einem optischen Bild, das ich hier nicht aus dem Zusammenhang reißen möchte, einer alten Fotografie von unvergeßlicher Grausamkeit.

Seit Oskar Panizza ist so etwas an eindringlicher Kraft der Phantasie nicht wieder gesehen worden. Das Deutsch ist schwer, rein, bis auf wenige Stellen wundervoll durchgearbeitet. Wer spricht?

Franz Kafka wird in den Jahren, die nun seinem Tode folgen, wachsen. Man braucht niemand zu ihm zu überreden; er zwingt. Wände beleben sich, die Schränke und Kommoden fangen an zu flüstern, die Menschen erstarren, Gruppen lösen sich auf und bleiben wieder wie angebleit stehen, nur der Wille zittert noch leise in ihnen. Man sagt von Tamerlan, er habe einmal seine Gefangenen mit Mörtel zu einer Mauer zusammenmauern lassen, zu einer brüllenden Mauer, die langsam verzuckte. So etwas ist es. Ein Gott formt eine Welt um, setzt sie neu zusammen, ein Herz steht am Himmel und scheint nicht, sondern klopft; ein Fetisch wandelt, eine Apparatur wird lebendig, nur, weil sie da ist, die Frage Warum? ist so töricht, beinah so töricht wie in der realen Welt.

Deren Teile sind da – aber sie sind so gesehen, wie der Patient kurz vor der Operation die Instrumente des Arztes sieht: ganz scharf, überdeutlich, durchaus materiell – aber hinter den blitzenden Stücken ist noch etwas andres, die Angst brüllt der Materie in alle Poren, erbarmungslos steht das Operationsbett, hab doch Mitleid! sagt der Kranke, auch du! Das Bett ist so fremd, aber es ist doch im Bunde.

Ein solcher Wille begründet Sekten und Religionen – Kafka hat Bücher geschrieben, einige wenige, unerreichbare, niemals auszulesende Bücher. Hätte sich der Schöpfer anders besonnen, und wäre dieser in Asien geboren: Millionen klammerten sich an seine Worte und grübelten über sie, ihr Leben lang.

Wir dürfen lesen, staunen, danken.   1926

Herr Schwejk

Neulich habe ich hier davon erzählt, wie mir in den sechs so sehr zu empfehlenden Bänden des *Welthumors* von Roda Roda (erschienen bei Albert Langen) im letzten Band ein Mann aufgefallen ist, dessen Humor völlig neuartig erscheint: Jaroslav Hašek. Ein pariser Leser der *Weltbühne* hat uns dann einiges vom Lebenslauf dieses seltsamen Menschen mitgeteilt, der, vierzigjährig, vor drei Jahren gestorben ist, und auch davon, wie populär, ja, berühmt Hašek bei den Tschechen ist. Ich wäre schrecklich stolz auf meine Ent-

deckung, wenn die eine wäre, und wenn Hašek nicht so groß
wäre, daß er sofort auffallen muß.

Das Kapitel im *Welthumor* ist der Anfang von Hašeks
Hauptwerk, dessen erster Band jetzt in deutscher Übersetzung vorliegt. *Die Abenteuer des braven Soldaten Schwejk
während des Weltkrieges* (bei Adolf Synek in Prag). Zu diesem Buch ist mir in der gesamten Literatur kein Gegenstück
bekannt. Deshalb will ich erzählen, was ich darin gefunden
habe.

Herr Schwejk ist dumm-pfiffig, klein, völlig unbekümmert um alles, was mit ihm geschieht, aber voll des größten
Interesses für alles, was um ihn herum vorgeht. Wo bei andern Pathos ist, da blinzelt er treuherzig-gelassen, und oft
fragt man bei so viel Unbekümmertheit, ob er spaße. Nein,
es ist ihm nur leicht ums Herz.

Diesen Schwejk nun stellt der Verfasser in den Weltkrieg,
und es begibt sich, daß der kleine Tscheche die gesamte österreichische Monarchie übers Ohr haut, wozu nicht viel gehört
– mehr: daß er ihrer Herr wird, daß er sich mit der unschul-
digsten Miene von der Welt über sie lustig macht, und daß
alles vor diesem idiotisch-schlauen Kerl versinkt, Sieg, Niederlage, Ehre, Ruhm, General und Krankenschwester. Die
Gespräche des Herrn Soldaten sind alle von leichter Blödelei
angefüllt, an jeder Gesprächsecke überfallen ihn die Erinnerungen seiner Gasse, und wenns ernst wird, beginnt er, dem
erstaunten Partner mit einer Geschichte aufzuwarten. So etwas von Pointenlosigkeit soll nochmal geboren werden. Aber
um von dem Wesen des bekanntesten aller Soldaten einen Begriff zu geben, setze ich den Anfang des Buches hierher.

»»Also sie ham uns den Ferdinand erschlagen‹, sagte die

Bedienerin des Herrn Schwejk, der vor Jahren den Militärdienst verlassen hatte, nachdem er von der militärärztlichen Kommission endgültig für blöd erklärt worden war, und der sich nun durch den Verkauf von Hunden, häßlichen, schlechtrassigen Scheusälern ernährte, deren Stammbäume er fälschte. Neben dieser Beschäftigung war er von Rheumatismus heimgesucht und rieb sich grade die Knie mit Opodeldok ein. ›Was für einen Ferdinand, Frau Müller?‹ fragte Schwejk, ohne aufzuhören, sich die Knie zu massieren. ›Ich kenn zwei Ferdinande. Einen, der is Diener beim Drogisten Pruscha und hat dort mal aus Versehn eine Flasche mit irgendeiner Haartinktur ausgetrunken, und dann kenn ich noch den Ferdinand Kokoschka, der was den Hundedreck sammelt. Um beide is kein Schad.‹ – ›Aber, gnä Herr, den Herrn Erzherzog Ferdinand, den aus Konopischt, den dicken, frommen.‹ – ›Jesus Maria‹, schrie Schwejk auf. ›Das is aber gelungen. Und wo is ihm denn das passiert, dem Herrn Erzherzog?‹ – ›In Sarajewo ham sie ihn mit einem Revolver niedergeschossen, gnä Herr. Er ist dort mit seiner Erzherzogin im Automobil gefahren.‹ – ›Da schau her, im Automobil, Frau Müller, ja, so ein Herr kann sich das erlauben und denkt gar nicht dran, wie so eine Fahrt unglücklich ausgehn kann… Der Herr Erzherzog ruht also schon in Gottes Schoß? Hat er sich lang geplagt?‹ – ›Der Herr Erzherzog war gleich weg, gnä Herr, Sie wissen ja, so ein Revolver is kein Spaß. Unlängst hat auch ein Herr bei uns in Nusle mit einem Revolver gespielt und die ganze Familie erschossen, mitsamt dem Hausmeister, der nachschaun gekommen is, wer dort im dritten Stock schießt.‹ – ›Mancher Revolver geht nicht los, Frau Müller, wenn Sie sich aufn

Kopf stelln. Solche Systeme gibt's viel. Aber auf den Herrn Erzherzog ham sie gewiß was Bessres gekauft, und ich möchte wetten, Frau Müller, daß sich der Mann, der das getan hat, dazu schön angezogen hat.‹«

Schwejk also setzt sich den Hut auf und geht ins Wirtshaus. Dort sitzt schon, beim Wirt Palivec, der Polizeispitzel Bretschneider, der auf Hochverräter aus ist. Es gelingt ihm, dem Wirt und dem eintreffenden Schwejk hochverräterische Redensarten gegen das kaiserliche Haus herauszulocken, und Schwejkn nimmt er gleich mit. So kommt Schwejk via Polizeigefängnis, Irrenhaus und Garnisonarrest als Bursche zum Feldkurat Katz, später zum Oberleutnant Lukasch. Was sich da unterwegs begibt, ist nicht aufzuzählen. Das völlig Absonderliche des Buches ist sein Humor, der aus Flaschenbier und Schnaps anmutig gemischt ist. Nicht nur Schwejk ist blöd, sondern auch die kleine Welt, die da vor uns aufgebaut wird: verzerrt, schief und krumm und schauerlich wahr. Es gluckert ein Hohn unter den Zeilen, eine solche hassende Verachtung Österreichs, des Militärs, der Kriege, dieses ganzen militärischen Gehabes, daß der Autor, wäre Ludendorff nicht nach Schweden ausgerissen, hätte alt werden müssen wie Methusalem, um alles abzusitzen. Der Höhepunkt dieses Trubels ist Schwejk.

Dem kann nichts passieren: er hats gut, er ist blöd. Er sagts auch – und wenn ihn der Oberleutnant anbrüllt: »Kerl, ich glaube, Sie sind ein großer Idiot«, dann spricht er sanft und freundlich: »Melde gehorsamst, Her Oberlajtnant, jawohl. Ich bin sogar für völlig blödsinnig erklärt worden. Da hatten wir mal in der Gasse bei mir zu Hause…« Und dann wird er rausgeschmissen.

Dabei ist er dankbar und bescheiden und freut sich dessen, was das Leben beut. »Heutzutage ist eine Hetz, eingesperrt zu sein«, sagt er. »Kein Vierteilen, keine spanischen Stiefel, einen Tisch hamr, Bänke hamr, wir drängen uns nicht einer auf den andern, Suppe kriegen wir, Brot geben sie uns, einen Krug mit Wasser bringen sie uns, den Abort hamr direkt vorn Mund. In allem sieht man den Fortschritt.« Und so ganz nebenbei erzählen die Zellengenossen Schwejks ihre Schicksale, und die sind in ihrer Unsinnigkeit, ihrer Qual, ihrem Wahnsinn die hohnvollste Satire auf das kaiserliche Österreich, die mir jemals unter die Augen gekommen ist. Vor allem deshalb, weil gar kein Wesens aus diesem Bruhaha gemacht wird. Das Narrenhafte ist das Primäre.

Manchmal spricht Schwejk die gehobene Sprache kleinerer Provinzblätter, dann ist er besonders erheiternd. Wimmert ihm ein Arrestant etwas vor, so tröstet er ihn, und das macht er so, daß er dem die Folgen seiner Verhaftung recht grauslich schildert, immer ganz pomadig. »Ja, so ein Augenblick der Lust, wie Sie ihn sich vergönnt ham, zahlt sich nicht aus. Und hat Ihre Frau mit Ihren Kindern von was zu leben, für die Zeit, wo Sie sitzen wern? Oder wird sie betteln gehen und die Kinder verschiedene Laster lernen müssen?« Verschiedene … Schwejk denkt an alles.

Und er ist gelehrig und ein Mann von Welt. »Zu mir kommen Damen zu Besuch«, sagt der Oberleutnant, »manchmal bleibt eine über Nacht hier, wenn ich früh keinen Dienst habe. In so einem Fall bringen Sie uns den Kaffee zum Bett, wenn ich läute, verstehn Sie?« – »Melde gehorsamst, daß ich versteh, Her Overlajtnant, wenn ich unverhofft zum Bett kommen möchte, könnt es vielleicht mancher Dame unangenehm sein. Ich hab mir mal ein Fräulein nach Haus geführt, und meine Bedienerin hat uns grad, wie wir uns sehr gut unterhalten ham, den Kaffee ans Bett gebracht. Sie is erschrocken und hat mir den ganzen Rücken begossen und hat noch gesagt: ›Guten Morgen wünsch ich!‹ Ich weiß, was sich schickt und gehört, wenn irgendwo eine Dame schläft.«

Man sieht: durchaus nicht der Wurstl von Offiziersbursche, diese alte, tausendmal gebrauchte Figur, die dumm war zum Ruhm des so klugen Leutnants, schmutzig vor dem, ach, in allen Wassern gewaschenen General… Sondern etwas ganz andres.

Es ist der kleine Mann, der in das riesige Getriebe des Weltkriegs kommt, wie man eben da so hineinrutscht, schuldlos, ahnungslos, unverhofft, ohne eignes Zutun. Da steht er nun, und die andern schießen. Und nun tritt dieses Stückchen Malheur den großen Mächten der Erde gegenüber und sagt augenzwinkernd leise, schlecht rasiert die Wahrheit. Man stellt alles Mögliche mit ihm an, man gibt ihm Klistiere und Arrest, steckt ihn zu den Verrückten und zu den Offizieren – nichts hilft. Er bleibt ernsthaft dabei, unmöglich zu sein – und hat das Gelächter einer ganzen Welt für sich, weil nur er ausspricht, was alle gefühlt haben. Und es wird doppelt gelacht, weil sich die Würdenträger so anstrengen, ihn hinzumachen, und weil es nicht gelingt, denn er ist aus Gelatine, Gummi und Watte – ein runder Kullerball der Dummheit. Die – oh, Hegel! – so gesteigert ist, daß sie in ihr Gegenteil umkippt.

Denn so ist dieser Humor beschaffen:

Schwejk, der nicht weiß, wo Gott wohnt, geschweige

denn, was er mit ihm anfangen sollte, weil der liebe Gott ja keine Hunde kauft, Schwejk, der von seinem Feldkuraten im Kartenspiel gesetzt und an den Oberleutnant Lukasch verloren wird – Schwejk ist der einzige kleine Kreis unter Millionen Rechtecken. Sie trudelt so dahin, die kleine Kugel – und man muß unbändig lachen, weil in diesem gesalbten Trottel das letzte Restchen heruntergetretenen Menschenverstands inkarniert ist, der auf den Kasernenhöfen noch übrig war. Er ist der ewige Zivilist unter verkleideten Soldaten; die Uniform macht ihn nur noch ziviler, noch nie in seinem Leben hat er so wenig Paraden mitgemacht wie beim Militär. Er wirkt, wie wenn im feierlichsten Augenblick einer Fürstenbesichtigung der rechte Flügelmann einmal schnell in die Luft spränge – gezogen am Schnürl der Komik. Kasperle hat immer recht; vor ihm sind Stabsärzte, Feldintendanten, Obersten und Feldmarschälle nichts als putzige Figuren. Nur die Betrunkenheit des edlen Feldpredigers, der doppelt sieht, auf Schwejk zeigt und sagt: »Sie haben schon einen erwachsenen Sohn?« kann an Wahnsinn mit ihm wetteifern. Während jener aber nur vom Alkohol angefüllt ist, lebt Schwejk klar dahin, besonnen, ein Tell im See des Militarismus, die letzte Hoffnung der Vernünftigen. Daher seine ungeheure Popularität, daher unsre Freude, und daher die knockout gehauten Vorgesetzten: ihre gereckte Würde wird völlig zuschanden vor diesem kleinen dicken Kerl. Es ist immer schön, wenn der Schwächere der Stärkere ist.

Es ist die urgesunde Volkskraft, die gegen die Brillen- und Monokelmenschen revoltiert. Schwejk hat einen entfernten Verwandten in Amerika, einen kleinen Mann mit

Hütchen und Stock... Aber er ist verschmitzter als der, von einer bösartigen Harmlosigkeit, die da meldet, die Angorakatze habe den Schuhcreme gefressen. »Und ich habe sie in den Keller geworfen, aber in den von nebenan«... »aber« – eine der seltsamsten Schuldrechnungen, die jemals aufgemacht worden sind. Dieser Katze übrigens gibt Schwejk die drei Tage Kasernenarrest weiter, die ihm verliehen sind, er hat den Herrn Vorgesetzten so verstanden und führt getreulich einen Befehl aus, der gar keiner ist. Die Katze kriecht wieder unter das Kanapee. Schwejk und die österreichische Würde bleiben oben sitzen.

Könnte der deutsch-nationale Student lesen und läse er dieses Buch, so wäre er schnell bei der Hand, etwa zu sagen: »Solch einen Feldkuraten hats sicherlich nicht einmal bei den Nazis gegeben.« Vielleicht hats ihn nicht gegeben. Die schwerflüssige Besoffenheit dieser Figur ist himmlisch, wenn auch um eine Kleinigkeit zu gedehnt beschrieben, und im übrigen kommt es gar nicht darauf an, obs das gegeben hat. Was Hašek aber über die Offiziersburschen und die Gefängnisse, in denen ein Zigarrenstummel, sonntags aus einem Spucknapf aufgeklaubt, mehr galt als das ganze Evangelium, was er über die Kasernen sagt und über die Arreste – das klingt verdammt echt und wird schon stimmen. Schwejk sieht demgegenüber sanft darein, ihm ist der eine Vertreter der Militärmacht so viel wie der andre, und wir schließen uns dem vollinhaltlich an. Nur tut er etwas, was nicht allen gegeben ist: er lächelt freundlich, ist noch eine Kleinigkeit gerissener als die andern und nimmt nichts ernst. Und das ist das Klügste, was er tun kann.

Das Buch ist aus dem Tschechischen ins Deutsche übertragen worden – soweit ich das beurteilen kann, nicht sehr glücklich. Vielleicht ist es gut übersetzt, aber der Eindruck dieses Jargons, den Schwejk spricht, ist nicht lustig. Seine Grammatik ist farblos und steht in gar keinem Verhältnis zu den herrlichen Sachen, die er zusammenphilosophiert – man ahnt, was einem da alles verloren gegangen sein mag. Ich gebe zu: dergleichen überträgt sich nicht. »Du bist woll mit de Muffe jebufft?« heißt nicht: »Hat Sie jemand unsanft mit einem Pelzmuff angerührt?« – sondern etwas anders. Und das bleibt freilich am Bodensatz des Dialekts kleben, es kommt nicht herauf, und hier steckt die Tragik des Buches.

Schwejk ist einen halben Millimeter von der Unsterblichkeit entfernt. Er ist nur zu lokal. Er fühlt tschechisch, was ein Vorzug ist – aber er fühlt nur tschechisch, was ein Nachteil ist. (Gegenbeispiel: Tolstoi.) Im Vorwort nimmt die Übersetzerin den Mund etwas voll und sagt, was der Leser sagen müßte: Tschechischer Cervantes... und dergleichen. Man kennt die Intensität der kleinen Staaten! Ungarn besteht ja nur aus ›berühmtesten‹ Künstlern – und wenn sie die Landesgrenzen einmal verlassen haben, ist es nachher halb so schlimm. Hašek ist ein großer Satiriker – nur daß er das Unglück hat, in der tschechischen Sprache zu dichten, aus der man ihn erst herausholen muß, ist bitter. Hätte er englisch geschrieben, wäre der Mann eine Weltberühmtheit. Nicht nur, weil ihn Millionen automatisch verstünden – sondern weil Millionen in denselben Formen empfinden wie er. Die Gefühle Schwejks sind universal komisch – ihre Ausdrucksform kaum. Und erklären kann man da nichts. Er ist um den entscheidenden Hauch zu provinziell.

Noch zwei Bände stehen bevor, und ich freue mich, sie nicht zu kennen, den Genuß noch vor mir zu haben. Hoffentlich werden sie kräftiger übertragen, hoffentlich schreibt man nicht mit beharrlicher Bosheit ›Sie‹ in der Anrede klein, und hoffentlich ändert sich die Ausstattung. Wenn Schwejk nur bleibt.

Schwejk, der unerschütterlich ruhig lächelt, wenn alle andern vor österreichischem Weh aufstöhnen, Schwejk, der keinem Menschen Ungelegenheiten bereiten will: dem Polizeikommissar nicht, dem er alles, alles unterschreibt, was der nur will, um des lieben Kriegs willen; den Ärzten nicht, denen er schöne und lehrreiche Geschichten erzählt; und seinem lieben Feldkuraten nicht, dem er in den besoffensten Lagen des menschlichen Lebens hilft. Und käme, meinen Namen sollt ihr nie erfahren, der Kaiser Franz Joseph selber: Schwejk empfinge ihn freundlich und erzählte ihm sicherlich, er habe ein kleines Kind gekannt, das habe auch Franz Joseph geheißen, es sei aber unrettbar blödsinnig gewesen, weil seine Aufwärterin es einmal habe vom Tisch fallen lassen… Ja.

Hašek, du bist jetzt drüben, im Himmel, in dem es keine Prohibition gibt. Eine Frage, guter Hašek:

Wo wäre Schwejk heute –? Die österreichische Militärmonarchie, eines der schuftigsten Gebilde der Welt, malträtierte ihn nicht mehr. Sie ist dahin. Aber fände er um Prag gar keine Soldaten? keine Spitzel? keine Nationaltrottel? Feldkuraten? Oberleutnants? Garnisonarreste? Was meinst du, Hašek?

Du wirst mich richtig verstehen, und in diesem Sinne ruf Schwejk her, hol die Flasche mit dem Nußschnaps und laß uns anstoßen: auf euch beide, Hašek. Auf einen großen Dichter und auf den braven Soldaten Schwejk.

1926

Zwei Bilderbücher

Die teure und schöne Ausgabe des *Stundenbuches* von Frans Masereel ist jetzt (bei Kurt Wolff in München) durch eine billige, nicht minder zu empfehlende ersetzt, und dazu gibt es noch ein Holzschnitt-Buch: *Die Sonne* vom selben Maler. Man mag das gern.

In einer schönen Einleitung zum *Stundenbuch* zeigt Thomas Mann, was es mit diesem Zeichner auf sich hat. Seine Technik ist bekannt: es ist die von vielen Japanern, von Felix Valloton und andern gern geübte Art, das Weiß auszusparen, und das kann man nur, wenn man die Vorgänge auf die letzte einfache Formel bringt. Was tut nun Masereel –?

Er erzählt.

Er erzählt eigentlich nicht so sehr das Leben eines Mannes wie: unser aller Leben. Die durchgehende Gestalt, die durchgehende Idee – das ist der Faden, an dem die Steine aufgereiht sind, und welche Steine! Es scheint mir sehr bezeichnend, wie immer wieder das Einfache vorkommt: Feldarbeit, Wasser, Luft und Baum und Wald. Als brodelnder Hintergrund grollt und glitzert die Stadt, die graue, gesprenkelte, komplizierte, gehaßte und geliebte Stadt. Tausend Einzelheiten: wie nach dem Tode der kleinen Geliebten alles aus ist, wie ihn das Leben sacht wieder einfängt, wie er über die große Brücke geht, unten liegt das Tal und die Fa-

574

brik, das Auge sieht, Luft umweht ihn, Landschaft saugt die Trauer auf, es ist nicht alles aus. Ganz erstaunlich, wie die subjektive Gestalt und die Welt draußen manchmal brüsk gegen einander gestellt sind, dann wieder in eins schmelzen... Musik kann man nicht erklären.

In der *Sonne* ist alles klarer, gradliniger: wie da der Mensch die Sonne vom Himmel herunterreißen will, wie er überall die Sonne sieht, wie er enttäuscht, abgestoßen davonläuft, wie er wieder angelockt wird von neuem Glanz... Auch hier ist die Stadt eine Landschaft; das glaub ich: wenn man aus so einem Arbeitszimmer vom Montmartre den ganzen Tag heruntersehen kann! da liegt Paris wie ein Wald, Menschen sind die Pilze, eine Eisenbahnstrecke ein Fluß, nachts glimmt das auf.

Das tiefe revolutionäre Gefühl, das in dem Mann stets wach auf der Lauer liegt, die absolute Selbstverständlichkeit, mit der er immer auf der Seite der Unterdrückten steht, sein hartgeschmiedetes Herz und sein fühlender Verstand machen diese kleinen Bücher zu dem schönsten, das es unter den Bildererzählungen gibt. Man kann sie immer wieder durchblättern und findet immer neues. Ein Könner mit Gesinnung – das ist selten.

Die geborenen Geschenke für einen Freund.   1926

Schwejk der Zweite

ist erschienen – der Dritte und der Vierte stehen uns noch bevor – also für die Lachlust in diesem Winter ist ausgesorgt: kein Artikel eines preußischen Kunstkonservators, keine deutsche Briefmarke, kein deutscher Juristentag ist vonnöten, um ungeheure Heiterkeit zu erregen – Schwejk ist da! Schwejk der Zweite. (Wiederum bei Adolf Synek in Prag.)

Dieses Mal ist der liebenswürdige Held dem Kriege bereits nähergerückt: er treibt sich im Etappengebiet herum, und was er da aufstellt, ist in seiner Mischung von Blödheit, Drolerie, völliger Ignorierung der großen Zeit etwas ganz Herrliches. Gott weiß, was uns durch diese unmögliche Übersetzung verloren geht – aber es bleibt noch genug.

Hašek? Der muß am Hals einer Flaschenbierflasche zur Welt gekommen sein – er war kein Politiker, sondern besoffen.

Es sind wieder Geschichten von so atembeklemmendem Wahnwitz in dem Buch, wie sie nur ein ungeheurer Bierbräu- und Schnapssäufer in tiefen Nachtstunden erfinden kann, die Übergänge sind so schön in Unordnung… So, wenn Schwejk den Rechnungsfeldwebel mitten im Krach fragt: »Was sind Sie denn in Zivil, Herr Rechnungsfeldwebel?« Und der die glatte Antwort gibt: »Ich bin sozusagen der Drogist Wanek aus Kralup.« Ach ja, sie waren allesamt verkleidete Drogisten, und ich besinne mich noch sehr gut, wie unser Kompaniekoch Fulte, sozusagen Kellner in einem Nachtlokal, von mir vergeblich auf die Ankunft eines hohen Brigadiers aufmerksam gemacht wurde… »I!« sagte Fulte. »Deine Brigadekommandeure – das sind ja auch man sone Zigarrenvertreter…« Und er hatte ja recht, denn das große Übel der kaiserlichen Armee war eben, daß wir keine Generalfeldmarschälle der Reserve hatten.

Um auf Schwejk zurückzukommen, so erzählt er jenem Drogisten-Feldwebel sogleich, bei wem er, Schwejk, einmal in der Lehre gewesen, und wie es da zugegangen sei, um dann plötzlich die verblüffende Frage zu stellen: »Erzeugen Sie auch Gewürz für Kühe?« Wanek schüttelte den Kopf…

Am zweitschönsten eine herrliche Abschiedsszene zwischen Schwejkn und Woditschkan; jeder wird von einer Militärpatrouille zum Schlachtfeld abgeführt, damit da unterwegs nicht wieder Dummheiten vorkommen – und über den Kasernenhof rufen sie sich nun noch die letzten Abschiedsworte zu, die letzten Grüße… Sie wollen sich wieder treffen, später, im ›Kelch‹, in der Na Bojischti, in Prag. Woditschka: »Also schau aber bestimmt, daß du eine Unterhaltung zustandbringst, bis ich hinkomm!« Und Schwejk: »Komm aber bestimmt, bis der Krieg zu Ende sein wird!« Dann entfernten sie sich voneinander, und nach einer hübschen Weile konnte man hinter der Ecke von der zweiten Reihe der Baracken her abermals Woditschkas Stimme vernehmen: »Schwejk! Schwejk! Was für Bier ham sie beim ›Kelch‹?« Und wie ein Echo ertönte Schwejks Antwort: »Großpopowitzer.« – »Ich hab gedacht: Smichover!« rief Sappeur Woditschka von weitem. »Sie ham dorten auch Mädeln!« schrie Schwejk. »Also nachm Krieg, um sechs Uhr abends!« schrie Woditschka von unten. »Wenn Menschen auseinandergehn, dann sagen sie auf Wiedersehn!« fügt der vorsorgliche Autor hinzu. Zwei Engel au dessus de la mêlée.

Ich bin neugierig, was nun noch alles kommt. Mich wundert gar nichts mehr – und wenn der Oberleitnam Lukasch dem Schwejk sagte: »Schwejk, bereiten Sie mir ein Bad!«, so tuts Schwejk, und ordentlich, wie er ist, wird er dann wahrscheinlich oben an der Wanne ein Schild befestigen: *Kopfende*; und unten: *Fußende*; und in der Mitte: *Mittelende*.

Wie glücklich ist doch ein Volk zu schätzen, das solche Helden sein eigen nennt! Unsre haben Schnauzbärte, viereckige Köpfe und klirrenden Küraß. Dafür kommen sie dann auch in die deutsche Walhalla, jener Heldenretirade, wo Otto Geßler den Unsterblichen das Handtuch hinreicht und auf den Buckel geklopft kriegt. »Man bittet, den Mann, der hier reinemacht, nicht zu vergessen.«

So hat jedes Land seine Eigenarten und völkischen Werte. Wir aber freuen uns auf die nächsten zwei Bände vom Soldaten Schwejk. 1926

Übersetzer

Der Deutsche ist – etwa im Gegensatz zum Franzosen – neugierig und will genau wissen, was in anderen Ländern vorgeht. In keinem andern Lande der Welt ist das Interesse an fremden Kulturen und Literaturen wohl so groß wie in Deutschland, was Stärke und Schwäche zugleich bedeutet. Bei uns wird ungeheuer viel übersetzt.

Was wird übersetzt? Neben der Übertragung wichtiger und bedeutsamer Erscheinungen neuer und alter Zeit: wahlloser Krimskrams. Liest man so die gängige Marktware des Übersetzungshandels, so muß man doch fragen, ob wir solchen Kitsch nicht auch zu Hause fabrizieren. Und man muß antworten: wir können das sogar viel besser, weil nämlich die deutsche schlechte Literatur für Deutsche berechnet ist und hier wenigstens wirkt. Ich halte es für ganz und gar verkehrt, wenn der erfolgreiche Unterhaltungsroman fremder Länder mit der Verlagsbauchbinde ›In Timbuktu

450 000 Stück verkauft!‹ legitimiert wird. Eintagserfolge der Unterhaltungsliteratur beruhen auf ganz bestimmten Voraussetzungen: auf solchen der Sprache, auf solchen der Gesellschaft; und so, wie es schon schwer genug ist, den Franzosen Proust in Deutschland einzubürgern, weil es die Welt seiner Modelle hier nicht gibt, so ist es unmöglich, französischen oder englischen Kitsch herüberzubekommen: er wird nicht verstanden. (Schulbeispiel: *Gentlemen prefer Blondes*.) Man braucht nur die umgekehrte Erwägung anzustellen, um ganz klar zu sehen: was sollten die Amerikaner mit den *Briefen des Landtagsabgeordneten Filser* von Ludwig Thoma anfangen? Was die Franzosen mit der Courths-Mahler? Sie läsen keine Zeile – nicht etwa, weils nichts taugte, sondern weil die Welt, die Ausdrucksweise, die Färbung dieser guten und schlechten Werke an das Entstehungsland gebunden sind: es kommt nichts herüber.

So irren sich ja auch häufig deutsche Theaterdirektoren, die in wirrer Hast alles mögliche wild durcheinander übersetzen lassen und sich nachher wundern, wenns kein Erfolg hat. Ich will nicht prophezeien: aber ich glaube nicht an die großen Erfolge gewisser französischer Boulevardstücke, die wir hier nächstens zu sehen bekommen werden, und ich glaube nicht an die Erfolgsmöglichkeiten amerikanischer Sensationsschmarren. Ja, wenn man sie bearbeitete! Das, Clément Vautel, wäre ganz was anders. Aber dann müßte man wieder bei solchen drittrangigen Göttern so viel fortlassen, hinzusetzen, umbauen und verändern, daß etwas Neues herauskommt. Und das lohnt wieder nicht.

Auswahl der Übersetzungen ist also häufig durch einen instinktlosen Geschäftsgeist diktiert.

Wie wird übersetzt? Nicht sehr schön. Es ist das ja eine schwere Sache, das ist wahr, und man kann sehr darüber streiten, wie eine ideale Übersetzung eigentlich aussehen soll. Soll die fremde Sprache hindurchschimmern? Soll der Sprachenkundige noch durch den Teig der Übersetzung, womit sie farciert ist, hindurchschmecken? Soll er Redewendungen anklingen hören? Den fremden Pulsschlag noch leise fühlen? Das ist die eine Möglichkeit. Oder soll sich die Übersetzung glatt lesen, so daß es ein Lob bedeuten soll, wenn einer sagt: »Man merkt gar nicht, daß das hier übersetzt ist.« Das ist die andere Möglichkeit. Eines aber kann man verlangen: daß der Übersetzer beider Sprachen mächtig ist. Nicht immer ist ers.

Ich will noch gar nicht einmal davon reden, daß sich in einer pariser Posse, die hier in Berlin läuft, die Personen mit »Mein Herr« anreden – was ja wohl in einer Gesellschafts-Konversation nicht gerade üblich ist. Aber schon Christian Morgenstern merkte in seinen herrlichen *Stufen* an, daß der deutsche Übersetzer holprig und fremd daherstelzt und, wenn er vertraulich tut, die dummen Modewörter seiner Alltagssprache gebraucht, wobei er sich denn auch noch meistens verhaut und so derb wird, wie es drüben, in angelsächsischen und lateinischen Ländern, nicht immer der Brauch ist. Man muß eben nicht nur ein Lexikon, man muß auch Fingerspitzen haben. Die meisten haben nicht einmal ein Lexikon.

Ich besinne mich noch sehr gut, wie mir ein Freund einst in Paris ein französisches Manuskript zeigte, das schon kurze Zeit in einem deutschen Verlag gewohnt hatte. Der Übersetzer hatte das Werk des Franzosen bereits mit einem feinen Spinnennetz von Bleistiftanmerkungen überzogen, und da stand: »Dans le bar, il y avait quelques poules…« Und der deutsche Übersetzer hatte ›poules‹ unterstrichen und an den Rand geschrieben: »Was heißt das? Keine Ahnung!« Natürlich, Hühner konnten es nicht sein, die da pickten, und daß es ›Mädchen‹ mit dem Unterton von ›Nutten‹ waren, wußte er nicht. Dann sollte er aber nicht übersetzen. *Babbitt* von Sinclair Lewis soll, wie Fachleute nachgewiesen haben, von Fehlern wimmeln, und bei vielen anderen Modebüchern ists grade so. Woran mag das liegen…? Es liegt daran,

wer übersetzt. Übersetzungen werden leider miserabel bezahlt, und so wimmeln auf dem Literaturmarkt Legionen von kleinen Parasiten herum, die den wenigen dienstvollen Übersetzern das Brot von der Schreibmaschine weg übersetzen. Da gibt es arme Luder, die die sogenannten ›Rohübersetzungen‹ machen; der Mann mit der anerkannten Übersetzungsfirma ›bearbeitet‹ das dann, eine ganz und gar abscheuliche Arbeitsteilung, denn schon in der Rohübersetzung kommen die bösesten Dinge vor, und die sind schwer wieder herauszubekommen. Wenn man einmal mit angesehen hat, mit welcher Unverfrorenheit sich die meisten Übersetzer ans Werk machen, mit welch völligem Mangel an Kenntnis von Land, Grammatik und Lebensgewohnheiten der andern, dann wird einem himmelangst, und man wundert sich über gar nichts mehr. Zum Übersetzen von guten Sachen ist der Beste gerade gut genug – machen tuts irgendein Stückchen Unglück, das sich seinen Lebensunterhalt kümmerlich damit verdienen muß, und daher Tempo, Flüchtigkeit und Qualität der Übersetzung.

Es ist ein Jammer. Das internationale Urheberrecht hat diese so wichtige Sache kaum geregelt, und wenn es sich nicht um einen sehr mächtigen Autor handelt, dann ist der Schöpfer des Werkes ziemlich ohne Einfluß auf die Gestalt, in der sich sein Kind im andern Lande präsentiert. Wenn er erst erschrickt, ist es zu spät.

Da es schon ein großer Kerl sein muß, der die Wogen der heimischen Sprache so überragt, daß sein Kopf auch noch von fern her sichtbar ist, so verlohnt es sich, den Übersetzungen mehr kritische Aufmerksamkeit zuzuwenden. Ob Snobs, die so tun, als hätten sie mit der Mistinguett noch gespielt, wie die so klein war, falsch oder richtig über Frankreich unterrichtet werden, ist ziemlich gleichgültig. Wir andern aber hätten gern Hamsun, Tolstoi, Lewis und Kipling auf deutsch so gelesen, wie sie wirklich geschrieben haben.

1927

Budjonnys Reiterarmee

Wenn ein Buch erschienen ist, dann machen sie sich darüber her, und die Redaktionen hallen wider vom Rascheln der Manuskripte, die alle, alle dasselbe mitteilen: Man lese das neue Buch *Schwester Maria und frühes Leid* von Gebr. Mann! Und dann vergeht eine Zeit; ein Literat, der grade die Grippe gehabt hatte, kommt hinterher geklettert... und dann wird es ganz still. Ein neues Buch steigt am Horizont auf.

Um *Budjonnys Reiterarmee* von I. Babel, im Malik-Verlag zu Berlin erschienen, sollte es nicht so bald still werden.

Ich und mein Kater ›Parteivorstand‹ (verschnitten, weiß es aber nicht): wir haben es schon dreimal gelesen und nicht schlecht dabei geschnurrt.

Der Betroffne, der General Budjonny, soll außer sich sein über das Buch. Das ist möglich. Ebenso möglich wie die Tatsache, daß auch nicht ein Buchstabe darin der Wahrheit entspricht. Aber darauf kommt es ja gar nicht an.

Das, was dieses Buch auszeichnet, ist vor allem sein Ton. Ich kann mich nicht besinnen, eine so seltsame Mischung von Gelassenheit, Verdrehtheit, Anteilnahme, Hitze und Kälte noch einmal angetroffen zu haben. Von der Großaufnahme: »Roter Remonten-Kommandeur reitet ein halbtotes Pferd wieder lebendig« bis zur Weltanschauung ist alles da. Die Bauern und die einhertosenden Scharen der Roten Armee: das berührt sich kaum, dringt gar nicht ineinander ein, unvermischt stehen die beiden etwas irren Lager einander gegenüber und sehen sich an. Und schütteln übereinander die Köpfe und sind doch so tief verbunden… Söhne einer Mutter, Söhne der Matuschka, der Muttersau Rußland.

Manchmal erscheint ein jüdischer Kopf und läßt vorsichtig die Pajes durch die Türspalte hangen. Und sagt seins. Etwa so: »Der Pole hat mir die Augen verschlossen, der Pole, der böse Hund! Er nimmt den Juden und reißt ihm den Bart aus, ach, der Hund! Und nun wird er geschlagen, der böse Hund! Das ist bewundernswert! Das ist die Revolution! Und später kommt sie zu mir, die den Polen geschlagen hat, und sagt: Gib dein Grammophon dafür her, Gedalje! – Ich liebe die Musik, Panje, antworte ich der Revolution. – Du weißt nicht, was du liebst, Gedalje; ich werde auf dich schießen, und dann wirst du wissen, was du liebst, und ich muß schießen, Gedalje, denn ich bin die Revolution…« Und dann: »Ja, rufe ich der Revolution zu, ja, rufe ich ihr zu, aber sie versteckt sich vor mir und macht sich nur durch Schießen bemerkbar…« Und so hundertmal.

Auf welchem Planeten diese Geschichten spielen, weiß ich nicht. Die Leute auf den Kampfwagen, und die verrückten Heiligenmaler, und der Mann, der neben dem Toten schlafen muß, und dieses unbegreifliche Durcheinander… Die Perle aber ist die Geschichte eines Pferdes.

»Sawitzki, unser Divisionskommandeur, hatte seinerzeit Chlebnikow, dem Kommandeur der ersten Schwadron, seinen weißen Hengst weggenommen.« Diese Schmach muß gerochen werden, und jener rächt. Er bekommt sein Schriftstück, wonach der böse Feind verpflichtet ist, das Pferd zurückzugeben, auch ist der Divisionskommandeur nicht mehr Divisionskommandeur… Nichts wie hin. Hundert Kilometer – aber Rache muß sein. »Mit Parfum begossen, Peter dem Großen nicht unähnlich, lebte der Geächtete mit der Kosakin Pawla, die er einem Intendanten, einem Juden, samt zwanzig rassigen Pferden weggenommen hatte.« Dieser Lustmensch nun schmeißt den schimmelheischenden Chlebnikow, den Genossen, den Mitkrieger mit dem Revolver in der Faust vom Hof herunter. Und die Kosakin sieht die Schande mit an! (»Und sie ging auf den Divisionskommandeur zu, ihre Brüste bewegten sich wie Ferkel im Sack.«) Und Chlebnikow, der Geschlagne, entweicht und setzt einen Schrieb auf, eine Beschwerde an den Militärkommissar, und will überhaupt nicht mehr mitspielen. Wie in diesem Edikt gekränkte Eitelkeit, falsche Grammatik, mißverstandene Zeitungsphrasen und anständige Monomanie durcheinandergehen… wäre ich du, ich ginge hin und überredete den Sortimenter, das Buch abzuschaffen. Der Gehilfe wird versuchen, dir die Erinnerungen des Malers Vogel, die der an unsern Hindenburg hat, als Ersatz anzudrehen: ich nähms nicht. Ich bestände auf Budjonny. Dem Buch, das von Rußland erzählt und so bunt ist, wirklich so bunt, wie der Umschlag aussagt:

»Schwarze Wolken – blaue Bohnen – rote Soldaten – grüne Wälder – graues Elend – weiße Armee.«

1927

Der innere Monolog

> Ça c'est du monologue de théâtre, une de ces choses qu'il se surprenait à dire, ou meme seulement à penser, pour des spectateurs imaginaires.
>
> *Valéry Larbaud:*
> ›*Mon plus secret conseil*‹

Seit James Joyce, der Ire, sein Buch *Ulysses* in die Welt geschleudert hat, dieses Buch, das die Engländer verbrennen, wo sie es nur bekommen können, und das daher in Paris hat neu aufgelegt werden müssen, voll von dubliner Lokalanspielungen, so verzwickt, daß sie sogar für einen Dubliner nicht ganz leicht verständlich sind – seit diesem merkwürdigen Buch hört in Frankreich die literarische Diskussion über eine Sache nicht auf, die man den ›Inneren Monolog‹ getauft hat.

Was gemeint ist, läßt sich leicht erklären. Es handelt sich

um die literarische Darstellung jener Denkvorgänge, die sich im Menschen abspielen, wenn er ein unhörbares Selbstgespräch führt, wenn er, etwa während einer schlaflosen Nacht oder vor einem wichtigen Entschluß, bei sich meditiert, mit sich zu Rate geht, im Inneren monologisiert.

Die literarische Form ist uns nicht neu. Schnitzler, der sie jetzt wieder in seinem letzten Werk angewandt hat, hatte uns schon damals im *Leutnant Gustl* etwas Ähnliches gegeben, die gesamten Erinnerungsbilder, Empfindungen und Gefühle eines einzelnen Menschen. In der modernen französischen Literatur hat sich Valéry Larbaud (der übrigens verdiente, in Deutschland recht bekannt zu werden) dieser Form in bewußter Anlehnung an Joyce bedient, zum Beispiel im *Amants, heureux amants!* und er führt ihren Ursprung seinerseits auf das Buch Edouard Dujardins *Les lauriers sont coupés* zurück, das im Jahre 1887 erschienen ist. Was hat es nun mit diesem inneren Monolog auf sich?

Die literarische Form ist reizvoll und interessant. Das Individuum wird scheinbar ganz im Inneren belauscht, gibt sich scheinbar so, wie es wirklich ist, wird vom Leser völlig durchschaut; dazu kommt der Reiz der indirekten Darstellung: vieles wird nicht geradezu gesagt, sondern muß aus dem Monolog heraus erraten werden... kurz, für einen Dichter ist da viel zu holen. Aber entspricht nun diese Form der psychologischen Wirklichkeit?

Es gibt wohl keinen gesunden Menschen, der jemals in seinem Leben in folgender Form gedacht hat: »Obgleich es heute regnet, werde ich meinen Regenschirm nicht mitnehmen.« Wenn seine Gedanken überhaupt in grammatikalische Sätze gekleidet sind, so geht diese Überlegung in folgender Form vor sich: »Es regnet. Soll ich da 'n Regenschirm mitnehmen? Ach, ich werde lieber keinen mitnehmen!« So primitiv und abgehackt denkt man tatsächlich sehr häufig. Das kann der Dichter aber nicht gebrauchen, weil dergleichen lange Seiten hindurch nicht zu halten ist, und so fälscht er die grammatikalische Form. Er fälscht nicht nur sie.

Tatsächlich denken wir meist überhaupt nicht in grammatikalischen Sätzen, was schon mit der ungeheuren Schnelligkeit, mit der gedacht wird, nicht vereinbar wäre, sondern die Gedanken wälzen sich, rollen und passieren vorüber je nach der Veranlagung des Individuums, optisch, akustisch, Nervenreiz kopierend, oder in der Mehrzahl der Fälle in jenen blitzschnell laufenden Abstraktionen, die man ›Ideen‹ genannt hat. Man prüfe sich ehrlich und überlege, was einem alles in schlafloser Nacht ›durch den Kopf‹ gegangen ist, welche unermeßliche Fülle von Reminiszenzen an Personen und Sachen, von Plänen, Befürchtungen, Hoffnungen, peinlichen und angenehmen Empfindungen. Ganz abgesehen von dem Tempo dieser Gedankengänge, entspricht auch ihre Form niemals der eines literarischen inneren Monologes. »Und nächstes Jahr, dann kommt es wohl vor, daß sie den jungen Menschen als Ehemann wiederfindet, schon mitten drin im Trott seines Lebens und ohne Abenteuer, ein Honoratior«, heißt es in solch einem Monolog einmal bei Larbaud. Den lebenden Menschen möchte ich sehen, der so denkt. Das heißt den abgeschossenen Pfeil vom Boden aufheben und ihn seine Laufbahn mit erhobenen Händen noch einmal entlangtragen. Seht, so ist er geflogen! Aber er ist eben geflogen, und dies hier ist eine

Karikatur. Das, was wir mit uns treiben, wenn wir allein sind, ist auch bei langsamer denkenden Menschen im Vergleich zur literarischen Darstellung immer noch ein Automobilrennen. Alles wird nur angeschlagen, nur getippt, und selbst wenn es einmal im Übermaß des Schmerzes oder der Lust voll ausgedacht wird, so ist es ein seltsames Scheinleben, das die Personen dieses inneren Theaters da führen. Sie sind an nichts gebunden, an keine Grammatik und an keine Logik, an keinen Rhythmus der Realität und an keine Form.

Dazu kommt ein anderes. Der Dichter, der den inneren Monolog wiedergeben will, kann bei der Darstellungskunst, die unserer Literatur zugrunde liegt, immer nur einen Gedanken nach dem andern abwickeln. So denken wir aber nicht. Zivilisierte Menschen denken polyphon, und eben das kann der innere Monolog überhaupt nicht wiedergeben. Dieser Grundbaß: »Meine Mutter ist gestorben«, und darüber die zweiten, dritten und vierten Stimmen, die die Melodie halten und scheinbar verlassen, die plötzlich vom Thema abspringen und still für sich Achteltakte lang ein kleines, fast nicht mehr trauriges Menuett tanzen, dieses Orchester der Gleichzeitigkeit kann der Schriftsteller nicht wiedergeben. Aber eben das macht das Wesen des inneren Monologes aus, daß er nicht eindimensional ist. Ob man an dreierlei Dinge zu gleicher Zeit denken kann, steht dahin. Daß man aber bei der ungeheuren Schnelligkeit, mit der das Gehirn arbeitet, vielerlei Empfindungen haben kann, die für den Empfindenden so schnell erfolgen, daß er sie gleichzeitig empfindet, ist sicher.

Mir scheint dieser innere Monolog ein Fressen für Psychologen und Psychoanalytiker. Gelingt es ihnen, durch die Tiefenforschung der Seele Ausdrucksmittel für diese bisher dunkeln Vorgänge zu finden, so hätte damit die Literatur ein ungeheures neues Feld und eine neue Darstellungsmöglichkeit gewonnen. Die abstrusen Sätze: »Ha, dachte der Graf, ich werde dem Mädchen, wenn ich es wiedersehe, die fünf Franken schenken, die mir meine Tante gegeben hat«, werden damit aufhören, die Dichter hätten nicht mehr nötig, die Gedankenmusik des inneren Monologes in Worte zu übertragen, die ihnen allen Reiz nehmen, und die Literatur gewönne etwas wirklich Neues, das es bis heute nicht einmal in seinen kümmerlichsten Anfängen gibt: den inneren Monolog.   1927

Herr Konferenzrat Andersen

> Das war ein merkwürdiger Koffer.
> Sobald man an das Schloß drückte,
> konnte der Koffer fliegen. Er drück-
> te, und wips! flog er mit ihm hoch
> über die Wolken hinauf …
>
> *Andersen: Der fliegende Koffer*

Freundlicher Mann im Reisebüro zu Kopenhagen! Du hast mir zwar verboten, nach Odense zu fahren, wo der Märchenerzähler und spätere Staatsrat H. C. Andersen geboren ist – aber ich bin doch seinem Leben nachgeklettert, so gut ich konnte. Sei mir nicht böse, Reisemann – das ist die Liebe, die dumme Liebe.

Es ist ja immerhin der, der die schönsten Märchengeschichten der Welt erzählt hat – gesungen hat – hörst du den leisen Pfeifenton, in dem er sie sang? Perlmuttmatt spiegelt sich seine Ironie in der Abendsonne – einmal: »Sein Bart war eher rot als weiß – denn, er war rot«, von einem Mops: »Er ist gleichsam ein Mitglied der Familie, anhänglich und wütend«; und wenn gar die Gegenstände, die der Tor als ›tot‹ anzusprechen gewohnt ist, zu reden beginnen, dann nicken wir allesamt mit dem Kopf – denn so, genau so reden natürlich Halskragen, Zinnsoldaten und Teekessel. Und weil es nicht selten vorgekommen ist, daß Leute aus Japan nach Dänemark gekommen sind, nur, um zu sehen, wie denn der Dichter von *Des Kaisers neue Kleider* gewohnt hat – so darf ich es auch.

Geboren also in Odense, wo in einem Häuschen, das nicht einmal authentisch das Geburtshaus ist, Bilder, Zeichnungen, Stiche und Erinnerungen aufgebaut sind – viele davon waren wohl auch in Berlin, als dort vor zwei Jahren eine Andersen-Ausstellung stattfand. Aus Odense nach Kopenhagen – und dann an die Lateinschule. In die Lateinschule von Slagelse, wo er ins Tagebuch schrieb: »Unglücklicher! Ich habe im Latein elend abgeschnitten. Handwerker oder eine Leiche ist deine Bestimmung!« Das waren Andersens Leiden, und es ist überhaupt reizvoll zu lesen, wie dieser leise, bescheidene und feine Schriftsteller im Leben ein recht betriebsamer und fast aufdringlich zu nennender Herr gewesen ist, der sein Stammbuch mit allerlei Berühmtheiten zu füllen eifrig bestrebt war; der, von innerer Unruhe getrieben, reiste und reiste und sich in der Spiegelgalerie seiner Eitelkeit nicht oft genug sehen konnte, dieser unermüdliche Vorleser seiner selbst. Zugegeben: er kam ganz von unten herauf, und der Weg nach oben war weit. Das

knatterte unterwegs von törichten Ratschlägen der Wohl-
meinenden. »Können Sie nicht tun, worum ich Sie so oft gebeten habe: nicht so viel an sich selbst zu denken? Sie müssen doch begreifen, daß auf diese Art nie etwas anderes aus
Ihnen wird als Sie selber.« Und dies Schreckliche ist ja denn
auch eingetreten.

Merkwürdig, daß er sofort mit dem Allerstärksten begann: *Die Prinzessin auf der Erbse* findet sich bereits im ersten Märchenbändchen, auch *Der große und der kleine
Klaus* und *Das Feuerzeug*. Vorher waren da allerlei Versuche (»Gott bewahre uns!« würden seine Kobolde sagen) –
und ich weiß nicht, ob Sie wissen, was ich nicht gewußt
habe, daß nämlich *Es geht bei gedämpfter Trommel Klang*
die Übersetzung eines Andersenschen Gedichtes durch
Chamisso ist. Und dann kam also die Berühmtheit. Aber bis
es soweit war…

Andersen ist durch Mäzene unterstützt worden – und für
einen so eminent unpolitischen Menschen war das ja nur ein
Glück. Gibt es eigentlich heute noch Mäzene? Musiker bedürfen ihrer und dürfen annehmen, ohne daß ihre Seele
Schaden erleidet – bei uns andern ist es ja eine doppel-
schneidige Sache; denn man weiß doch nie genau, was der
Herr Großkaufmann für die Rente erwarten: an Geschrie-
benem und noch mehr an zu Verschweigendem… Andersen
bekam, nahm, wuchs… Was war das für ein Mensch?

Sieht man das Bild Grahls an, das aus dem Jahre 1846
stammt (und auch in Berlin hing), so ist da der Kopf eines
Literaten der Zeit, weich, monoman, nicht angenehm – wen
hat dieser Mensch geliebt? Was hat er geliebt? Es gibt da
die überlieferten romantischen Frauenverehrungen, das ist

wahr – aber es ist etwas Verkümmertes in diesem Kopf, etwas nicht Gereiftes, Heruntergeschlucktes… Nachher, im Alter, das gefaltete Gesicht eines Rezitators – später die Idylle des Greises…

Gewohnt hat er als ganz junger Mensch, damals, als er noch zum Theater gehen wollte, in der Holmensgade Nr. 8 zu Kopenhagen, und das Haus steht noch. Das war im Jahre 1821 – aber das schmiedeeiserne Geländer des Treppenhauses ist noch gut erhalten… Auch die dicken Damen, die das Haus von oben bis unten lächelnd erfüllen, scheinen noch aus der Zeit zu stammen – sie sind ›de l'époque‹ sozusagen. Sehr fett sind sie alle, auf dem Kopf superoxydblond gefärbt, und im Papierladen gegenüber kann man *Erlebnisse aus der Hochzeitsnacht* kaufen, Gott bewahre uns! Die Straße war schon damals nicht sehr fein, und heute ist sie es erst recht nicht, obgleich sie nur ein paar hundert Meter von der kopenhagener Börse entfernt liegt, an ganz respektablen Straßen. Und keine Prinzessinnen auf der Erbse wohnen da.

Das Haus, in dem der arrivierte Andersen wohnte, liegt Nyhavn 20, an einem der Kanäle, wo die Masten ragen – und keine Tafel kündet, daß einer der größten dänischen Künstler dort gewohnt hat. Im Hof liegen Speicher mit den Rollen der Krane – verachtungsvoll sah eine Katze auf mich herab… Ich sprach sie auf katzisch an, aber sie hatte wohl Andersen nicht gelesen, und sie verstand mich nicht.

Ja, das war der, der den *fliegenden Koffer* geschrieben hat… Das war sicherlich eine romantische Sache: denn Koffer, die fliegen, gab es nicht. Und dem jungen Kaufmann, der da im Koffer herumflog und sich der Prinzessin als Türkengott vorstellte, war recht unwohl, als er da so durch die Lüfte flog und der Boden des Koffers leise knackte… Wir flogen in unserm Koffer zu vier – von Kopenhagen nach Hamburg –, und es war so ziemlich das Gegenteil von Romantik. Einer schnarchte, einer reinigte sich die ganze Zeit die Nägel, einer las, und ich sah hinaus: wie wir über Dänemark durch das gute Wetter flogen, über den Wolken, und in Deutschland durch graues Wetter, unter den Wolken, und ich verkniff mir jede Allegorie. Und auf der Erde sah ich keine Türken, die da hüpften, daß ihnen zur Freude die Pantoffeln um die Ohren flogen – und keine türkische Prinzessin stand auf dem flachen Dach ihres Hauses und wartete auf uns… Oh, Andersen – wie hat sich das alles geändert! Keine Elfen tanzen mehr, und keine Kobolde laufen durchs Gras, und wenn du einen Teekessel reden hören willst, mußt du schon ins Parlament gehen – ach, Andersen!

Du hast so nach Anerkennung gelechzt, dein Leben lang! Wenn Herr Konferenzrat erlauben und wenn es Herrn Konferenzrat Freude macht: Herr Konferenzrat sind unser Aller-Allerbester! In diesem Sinne, Herr Konferenzrat, mit einem Gläschen Fliederblütentee: Skal –!   1927

Dicke Bücher

Da hat sich eine neue Verleger-Unsitte eingebürgert, die für Bücherverkäufer, Autor und Buch die gleichen bösen Folgen hat.

Es wird schon geraume Zeit von fast allen Verlegern darauf hingearbeitet, ein Heft als dicke Broschüre, eine Broschüre als Buch, ein Buch als Wälzer ›aufzumachen‹. Die Mittel dazu sind:

Dickes Schwindel-Papier, das so tut als ob. Ist aber weich und bauschig wie Löschpapier, bläht das Buch auf, täuscht wer weiß was vor. Kleiner Satzspiegel: falsch verstandne Lehren vom Rand und von Breiten- und Höhen-Proportionen haben dazu geführt, daß der Text bei manchen Büchern wie eine einsame Briefmarke im weißen Meer dasteht. Pompöser, dickpappiger Einband – innen Kapitelüberschriften auf besonderm Blatt; jeder Aphorismus fängt auf einer neuen Seite an – der Text wird wie ein Strudel auseinandergezogen.

Das sieht wie ein richtiges Buch aus, kostet auch so viel und mehr. Ist aber in den meisten Fällen ein Heftchen, ein dünnes murksiges Ding, das, hätte man es gesetzt wie sichs gehört, noch nicht sechs Bogen füllte. Der Verleger macht zwölf daraus.

Der Bücherkäufer wird, erstens, damit getäuscht. Denn er liest den ganzen Kram, für den er vielleicht sieben Mark bezahlt hat, in einer Stunde herunter; er hat die Ware überzahlt.

Der Autor wird, zweitens, geschädigt; denn diese Sorte Bücher sind alle viel zu teuer, und darunter leidet der Absatz und also der Schriftsteller. Und das alles, weil angeblich am billigen Buch nichts verdient werden kann, und das alles, weil die Organisation des Sortiments nicht gut ist: weil die Leute nicht Bescheid wissen, trotz aller Kurse, weil sie ihre Ware verkaufen wie ich Kriegsschiffe verkaufen würde, wenn ich welche hätte – und das alles, weil sich die meisten Verleger übernehmen, weil sie sich viel zu viel aufhalsen, und nachher gar nicht imstande sind, für ihre Autoren wirklich etwas zu tun. So müssen sie teuer verkaufen.

Und so müssen sie das Publikum, das Bücher und keine Papierberge bestellt hat, täuschen.

Man sehe sich einmal an, wie früher anständige Bücher gedruckt worden sind; wie heute noch gute wissenschaftliche Werke aussehen; und ohne nun der Meinung zu sein, daß man einen Unterhaltungsroman so setzen kann wie etwa eine Geschichte der Philosophie, müssen wir doch die Verleger bitten, ihre Produktion nicht künstlich zu blähen. Diese ›Romane‹ von zweihundertundachtzig Seiten sind in Wahrheit mittlere Novellen von hundertundvierzig; die dick angeschwollenen Tierbücher kleine Bändchen, die bei anständigem Satz gut und gern ihre zwei Mark wert sind, aber nicht sechs – es ist ein Unfug, der in dieser Ausstattung steckt, ein Unfug und eine bewußte Täuschungsabsicht. »Das Publikum will was in der Hand haben.« Ein Buch, meine Teuren – keinen Packen weiches Papier.

Und dann wundert ihr euch, wenn eure Bücher nicht gehen. Es gibt viele Gründe: einer ist dieser hier. Ihr seid zu teuer. Und ihr müßt es sein, weil ihr falsch ausstattet.

1927

Der deutsche Mensch

In der vorbildlich noblen und sachlichen Art, in der der Verlag S. Fischer seine Autoren fördert, hat man dort auch den fünfzigsten Geburtstag Hermann Hesses begangen. Hugo Ball hat ein Buch über das Leben und das Werk des Geburtstagskindes geschrieben. (Hugo Ball *Hermann Hesse.* S. Fischer, Berlin.)

Der Dichter hat es in den Zeitungen und Zeitschriften ja nicht schlecht zu lesen bekommen – der Trivialität solcher Gratulationen haben sich viele dadurch zu entziehen vermeint, indem sie kräftig auf die Kongratulanten schimpften; sie haben sich wohl auch zu Unrecht vor Hesse etwas geschämt, als sie mit dem Sträußchen kamen… Ball hat mehr getan als sie: er hat ein ganzes Buch verfaßt, in dem sehr beredte Fotografien Hesses von vielen Lebensaltern zu sehen sind.

Inzwischen scheint es zum Gemeingut des deutschen Lesepublikums geworden zu sein: daß Hesse ein unglücklicher Mensch ist, daß er ein zwiegespaltenes Herz in der Brust trage; daß er sich gewandelt habe, und alles das setzt Ball recht ausführlich auseinander.

Der Idylliker Hesse, der für meinen Geschmack fast niemals süßlich gewesen ist, verwandelt sich verhältnismäßig früh in einen zerrissenen, mit sich zerfallenen, tappenden, suchenden und unzufriedenen Romantiker, der keiner sein will, der doch einer sein will, der sich einen Turban aufsetzt und darunter ganz leicht pietistisch schwäbelt… Die Wandlung lag früh am Tage; Hesse hat, in unbeirrbarer Reinlichkeit, niemals eine Marke ausgewalzt. Im April 1914 schrieb ich hier:

»Nun hat er sich gewandelt; er ist älter geworden, und es bereitet sich da irgend etwas vor. Wenn nicht vorn auf dem Titelblatt der Name Hesses stünde, so wüßten wir nicht, daß er es geschrieben hat. Das ist nicht unser lieber, guter alter Hesse: das ist jemand anders. Eine Puppe liegt in der Larve, und was das für ein Schmetterling werden wird, vermag niemand zu sagen. Es ist schön, daß jemand im besten Mannesalter noch einmal frische Triebe ansetzt und wieder neue Blüten entfalten läßt.« Das war, als *Roßhalde* erschienen war.

Dann kam diese Wandlung, und Hugo Ball bemüht sich, sie mit liebevoller Umständlichkeit zu erklären. Sehr schön, wie er diese ›bürgerliche Epoche‹ charakterisiert. »Er ist der Steppenwolf und Outsider, der Knulp und Wanderer, der Antiphilister und Leidende; auch in der Ehe. Auch im eignen Hause ist er ein Fremder, den man beherbergt; ein fahrender Geselle, den man füttert, und der sich der Hauskatze näher fühlt als all seinem schönen Besitz.« An dieser Stelle ist dann übrigens auch von einem Freund Hesses die Rede – aber jeder Vergleich Hesses mit dem ist eine Beleidigung. Es ist der Rosendoktor Ludwig Finckh. Daß der Mann schlechte Bücher geschrieben hat, besagt gar nichts gegen ihn. Aber einen Burschen sanft anzufassen, der im Kriege dieses geschrieben hat:

»Unser Eichbaum wächst – glücklich, wer ihm den Boden mit seinem Herzblut düngt« und:

»Das Glück der Schlachten« und:

»Nun schießt dem Feinde ins Gesicht, damit die Welt uns zuletzt noch unsre Liebe glaubt« – und das alles von Gaienhofen aus: ich habe für diese Sorte Mensch kein Verständnis und kann nicht begreifen, wie der blutvolle Kriegsablehner Ball sich mit so etwas überhaupt abgibt.

Hermann Hesse selbst hat sich im Kriege sehr sauber benommen: er hat für die Kriegsgefangenen in der Schweiz gearbeitet; mir ist von ihm kein gedrucktes Wort bekannt, das jemals zum Kriege aufgehetzt hätte. Die Zurückhaltung, die er während der Kriegszeit geübt hat, ist seine Sache.

Somit wäre also nur, verspätet aber nicht minder herzlich, gleichfalls zu gratulieren; wenn mir nicht das Buch Hugo Balls einige Gedanken eingäbe, die mit der modischen Überschrift, die ich diesem Aufsatz gegeben habe, in engem Einklang stehen.

Da wird uns auf zweihundertsiebenunddreißig Seiten genau auseinander gesetzt, was es denn mit Hesse für eine Bewandtnis habe, und inwiefern er und warum er nicht, und wo er stehe, und die Psychoanalyse wird bemüht, wobei sich übrigens der uns nicht überraschende Eindruck einstellt, daß mit fortschreitendem Gebrauch dieser Terminologie ihre Banalität wächst, und daß es bald überhaupt nichts mehr besagt, wenn einer die Neurosen seines Objekts recht herrlich präsentiert. Es ist schade: noch ein paar Jahre, und die Vulgär-Psychoanalyse wird auf die Köchin gekommen sein. »Warum ich die Vase zerbrochen habe? Gnätche Frau, ich habe Hemmungen, wenn ich Vasen sehe – –!« Und dann ist es aus, denn wenn Köchinnen sogar schon Hemmungen haben, dann sind sie nicht mehr fein.

Es erhebt sich also in dem Buch Balls ein unendlicher Trubel an Erklärungen. Da gibt es eine »Klingsor-Periode« und eine »Demian-Zeit« und noch eine Epoche und noch einen Lebensabschnitt... und das wollen wir auch gewiß glauben.

Was ist damit ausgesagt –?

Etwas für das Lebewesen Hesse? Jedes Lebewesen hat wahrscheinlich solche Epochen, Perioden, Abschnitte, sofern es überhaupt denkt und geistig sich entwickelt. Für den Künstler –? Nichts ist für den Künstler damit ausgesagt. Es gibt nur eines:

»Speelt man god –!«

Hermann Hesse hat, fern vom Problematischen, immer gut gespielt: seine naturalistischen Schilderungen sind fast unübertroffen, kräftig im Ton, bunt in der Farbe, sauber, voll Blut und Luft und Atmosphäre... Das Zerrissene hat er mir niemals so recht gestalten können, und daß ein Künstler zerrissen ist, geht uns wohl wenig an. Er soll das bilden.

Aber angenommen selbst, er hätte es gebildet –: was will das besagen?

Mir scheint es ein deutscher Nationalfehler zu sein, mit ungeheuerm Seelengeräusch im Resultat nicht viel mehr als andre Völker zu produzieren. Ich kann den Unterschied zwischen einem unmystischen Amerikaner, der die Schande Sacco und Vanzetti, und einem mystischen Deutschen, der diese Justiz duldet, nicht als gar so groß empfinden. Und nichts nehmen einem die Herren mehr übel als diese rationalistische Frage nach dem Resultat.

Hugo Ball wittert das. Daß Hesse nicht sozial funktioniere, wird erklärt, umschrieben, begründet – also zu entschuldigen versucht. Ball muß das Postulat fühlen, die stumme Forderung, bei der da einer gepaßt hat. Er fühlt sie. Und weil es so schwer ist, in diesem Volk der Richter und Henker als geistiger Mensch nicht anzuecken, so wird nun der Spieß umgedreht und jeder, der gesellschaftliche Fehlleistungen vollbringt, ist schon ein innenwendiger Held, ein großer Mann, ein verkannter Heiliger. Ball vermerkt die Anmerkung Thomas Manns, »daß die namhaften Franzosen meist als Musterschüler gelten können und solche gewesen sind.« Ein Primus sieht viele. Aber Ball fährt richtig fort, indem er von Frankreich sagt: »Es könnte sein, daß die jungen Leute weniger Widerstand finden; daß ihr Enthusiasmus mehr getragen, daß die Absonderlichkeit leichter eingeordnet, mit einem Wort, daß die Lehrer frischer, beschwingter, lebendiger sind. Der Beruf des Schriftstellers ist wohl mehr anerkannt; der Bezug auf die Gesellschaft ebenso. Eine Elite, die von Idealen getragen ist, scheint dort mehr vorhanden, gegenwärtiger zu sein. All dies verbrückt den Unterschied zwischen Begabung und Umwelt. Gestalten wie Rimbaud sind dort Ausnahmen; bei uns fast die Regel. Wir haben theoretisch ein Erziehungswesen, eine Reformbestrebung in Permanenz, die hinter keinem Lande zurücksteht; aber das ist ein in sich geschlossner Staat, der seine hochinteressanten Debatten eigentlich beständig für sich und um der Übung willen betreibt. Dieser Reformbestrebungsstaat scheint weit entfernt, in praxi einen erheblichen Einfluß zu gewinnen oder gar eine Änderung zu bewirken.«

Das will er auch gar nicht.

Und es ist eben um so vieles leichter, in Frankreich zu leben und als Geistiger zu leben, weil die Leute natürlicher sind: zunächst die Ungeistigen, aber die andern auch. Diese Pfauengrandezza der ›deutschen Menschen‹, diese bombastische Schwerfälligkeit, mit der jeder seinen kleinen Sparren in Szene setzt, aufpustet, ernst nimmt – das ist drüben seltner. Und wird verlacht. Wie ja denn überhaupt Beschaffenheit und Reputation der Deutschen und der Germanen im umgekehrten Verhältnis zueinander stehen: so, wie die einen in den Augen der Welt aussehen, so sind die andern.

Was fehlt aber Hesse, was fehlt dem ›deutschen Menschen‹, das ihn so unleidlich macht, das seine Vorzüge aufhebt, seine Fehler verdoppelt? Was fehlt ihnen –?

Eine Geburtstagskritik, eine einzige von allen, die ich gesehen habe, nannte den Begriff, der Hesse fehlt. Das stand in der *Stuttgarter Sonntagszeitung* Erich Schairers. »Es wäre denn, daß ihm die Vereinigung der beiden Seelen in einer Brust, die Bändigung des Steppenwolfs doch noch gelänge. Einen Weg dazu gäbe es, gibt es: den des Humors.«

Ave.

Hesse hat keinen Humor. Der ›deutsche Mensch‹, der da, den ich meine: er hat keinen Humor. Hätte er ihn, er wäre so nicht.

Das Wort liegt in falschen Schiebkästen – ich will es schnell herausholen. ›Humor‹ hat fast gar nichts mit Witz zu tun – noch weniger mit dieser schrecklichen Kneipenseligkeit, die man als ›deutschen Humor‹ ausschenkt. Wenn ich mein Latein nicht ganz vergessen habe, hängt die Urbedeutung des Wortes mit dem Begriff ›Feuchtigkeit‹ zusammen. Sie sind trocken – trocken sind sie.

Dieser ›deutsche Mensch‹ hat den tierischen Ernst einer Kuh, eines Hundes, eines Möbelstücks. Dergleichen lacht nicht. Von Selbstironie, diesem seltenen Artikel, will ich gar nicht reden. Aber man betrachte einmal dieses Pathos von der Nähe, auf die Nähte hin – wie das klafft, wenn man dran wackelt, wie das reißt! Hesse hats gespürt, sonst wäre er heut nicht gespalten, sonst wären die Leser nicht gespalten, die ihn lieben – denn er ist wichtig als Exponent. Er ist wichtig wegen seiner Auflageziffern, hinter ihm sitzt eine Welt. Und liest.

Humor hat er nicht. Humor: zu wissen, daß es, nachdem man tapfer gewesen ist, alles nicht so schlimm ist. Humor: zu fühlen, daß es von oben reichlich unsinnig aussieht, was wir hier aufführen. Und dennoch zu seiner Sache stehn. Und abends um neun, wenn alles fertig ist, zu wissen: Es lohnt sich kaum – aber man muß ran.

Humor ist kein Weg, liebe *Sonntagszeitung*.

Humor ist ein Element, das dem deutschen Menschen abhanden gekommen ist.

Dies nun bewegt sich auf einer Ebene, die Hesse bewohnt und der man sich mit dem Hut in der Hand zu nähern hat: vor der Reinlichkeit, vor der Künstlerschaft, vor der Begabung des Bewohners. Um so schärfer aber muß dies gesagt werden:

Nie zuckt der ›deutsche Mensch‹ so zusammen, wie wenn man ihn fragt, welchem Zweck denn der vielzitierte Spektakel in seiner Seele eigentlich diene. Ich habe das neulich die deutsche Jugendbewegung gefragt, zwei Mal. Der Krach war nicht schlecht, der sich da erhob. Und erst kürzlich hat mir einer in der *Vossischen Zeitung* geantwortet.

»Wrobel mißt an der Literatur, am Vokabularium der Jugendbewegung die wirklichen Zustände der Gegenwart und kommt zum Schluß, daß die Jugendbewegung unwertig sei, weil ihrer Literatur so gut wie nichts an Gesellschaftsgestaltung entspricht… Wenn Wrobel es der Jugendbewegung zur Last schreibt, daß sich in unsern Schulen, auf unsern Universitäten, im Polizeiwesen nichts gewandelt hat, so wird er sich dessen offenbar nicht bewußt, welch eine enorme Meinung er von der Jugendbewegung hat.« Nein. Aber die Jugendbewegung hat diese enorme Meinung von sich, und nach der habe ich gemessen und das Nullergebnis festgestellt. Das wird zugestanden. Der Mann fährt fort und beantwortet die Frage, was denn die Jugendbewegung geleistet habe.

»Sich selbst hat die Jugendbewegung geleistet.«

Da will ich nicht stören.

Dies aber ist deutsch:

Daß dieser unendliche Innenrummel Selbstzweck ist; Selbstzweck jene Wandlungen und Verkündigungen der Wandlung; Selbstzweck die Bünde und Spaltungen; Selbstzweck die Bekenntnisse und die Ableugnungen – Selbstzweck das Prunken mit Neurosen, das Verstecken von Neurosen, Selbstzweck Leidenschaften, innere Stürme, neue Romantik.

Es ist kein Zufall, daß diese Innenkünstler fast immer reaktionär sind oder aber – und das ist der schlimmere Fall – von Reaktionären benutzt, ausgenutzt und mißbraucht werden können. (Mit Shakespeare geht das nicht. Mit Tolstoi geht das nicht. Mit dem echten Goethe geht es nicht.) Und es kann einer etwas für den, der ihn ausschlachtet.

Es ist ja nicht nur das, daß diese Idylliker nur mit der Rente vorstellbar sind; da werden doch bäurische Besitzverhältnisse, Ausbeutungsverhältnisse, Gesellschaftsverhältnisse als festbestehend vorausgesetzt, sogar als gebilligt vorausgesetzt – sonst kann kein Hermann Klaras Lockenband entwenden – sie hätte keines oder doch ein sehr schmutziges, und Hunger hätte sie und röche nicht gut. Das allein ist es nicht.

Es ist auch so, daß solche behaglichen Idyllen von Reaktionären gern gelesen werden; sie lesen sich doppelt schön; die Seele geht auf wie ein Butterkuchen, wenn man vorher einen Polizeihäftling leichtsinnig in Untersuchungshaft hat sitzen lassen. Vater kommt nach Hause, zieht den Hausrock an und ›ist ein gebildeter Mensch‹. Musik tut übrigens dieselben Dienste.

Und nicht das allein mache ich dieser Literatur, diesem Innenleben und diesem deutschen Menschen zum Vorwurf. Ihr Selbstzweck ist die Erbsünde.

Natürlich haben wir das Recht, zu fragen: Wem nützt es? Natürlich lange ich mir so einen Korb voll Jugendbewegung, hebe ihn hoch und frage: »Nun? Und was wird das, wenns fertig ist?« Daß die Jugendbewegung die Polizeistuben nicht ändern kann, weiß ich allein.

Daß sie aber nicht die Menschen hervorbringt, deren Einzug in die Ämter die Ämter wandelt –: das ist ihre Sünde! Wie die der deutschen Innenwelt.

Wenn sich der ›deutsche Mensch‹ nach diesen Schlachten des Seelenlebens, nach diesen Geißlungen, Aufblähungen, pathetischen Herzenstrillern nicht nach außen dokumentiert, dann ist sein Tun eben das, als was ich es hier schon einmal charakterisiert habe: eine tote Last und ein Gesellschaftsspiel.

Denn was anders als Gesellschaftsspiele unbeschäftigter Herren und Damen sind jene vulgären Psychoanalysen auf jüdischer und jene ästhetischen Untersuchungen über »Raum und Rhythmus im Geist der Zeit« auf christlicher

Seite; wobei die Kongreßteilnehmer der Ästhetik den Rekord der Substanzlosigkeit schlagen. Die unterhalten sich überhaupt über gar nichts mehr – ihre Reden, etwa zu Darmstadt und anderswo, sind fast immer völlig allein. Irgend einen Einfluß hat das Zeug von ihnen allesamt nicht.

Dieser Aufwand –! Diese Terminologie –! »Von der Verantwortung des deutschen Nachwuchses«. – »Grundlagen und Ziele bündischer Erziehung«. – »Neudeutsche Wirtschaftsproblematik«. – »Deutsches Schicksal… Das Führerproblem in der Jugendbewegung… Die studentische Einheitsbewegung… Älterenbund…« Und? Na und? Was kommt dabei heraus –?

Dieses Deutschland. Diese Richter. Diese Reichswehr. Diese Behandlung von Proletariern. Diese Wirtschaft. Dafür der Auflauf? Dafür atavistische Züge und südlicher Zauber und Gottgefühl und einsame Wanderer und »er kommt her von…« und »für ihn bedeutet Seele…« und Überbetonung und Neurose und Instinktfehler und die ganze türkische Musik –? Geschenkt.

Mir bedeuten diese jugendlichen Bündler und die deutsche Seele und die neukatholische Mystik und der deutsche Mensch einen Schmarrn, wenn sich das Brodeln ihrer Seele nicht nach außen in die Tat umsetzt. In solche nämlich, die nicht das Paradies auf Erden schafft. Die aber wenigstens blutigstes Unrecht verhindert, die zerstörtes Rechtsgefühl aufbaut und das eigne Volk nicht mit Honigbroten füttert, sondern den Mut aufbringt, ihm die Wahrheit zu sagen. Wenn euer Innenleben, auf das ihr so unendlich stolz seid, ihr traditionellen Individualitäten, einen Wert haben soll: hier ist eure Insel. Hier springt an.

Hermann Hesse aber unsre verspäteten, aufgewärmten und schmackhaftesten Glückwünsche. 1927

Joachim der Erste (genannt Ringel)

Die Textmacher der illustrierten Blätter haben den Titel ›Dichter‹ erfunden. Da ist zu sehen: »Der Dichter Heinrich von Torfkopp in seinem neuesten Pebecco-Wagen« sowie: »Bildnis des Dichters Wildfisch in seiner schloßartigen Wohnung am Pietzensee« und so fort. Ich meine, daß diese Betitulierung etwas dümmlich anmutet, und man sollte das fortlassen. ›Die Tänzerin Lore Sellerie‹ ist nicht immerzu Tänzerin, sondern hat nur ein Engagement abgezogen, lasset uns wahrhaftig sein, liebe Freunde! Und was unsern eignen Kreis betrifft, so gibt es mitnichten so viele Dichter.

Ringelnatz aber ist einer.

Es fällt mir gar nicht ein, über ein Pathos, das mir nicht zugänglich ist, Witze zu machen – aber mir sagt Heroisches wenig, Pathetisches wenig, Hymnisches wenig, das ist ein Manko des Aufnahmeapparates. Dagegen sehe ich in manchem Blankverschen Ringelnatzens tiefstes Leid – man kann dasselbe auch sehr ernst sagen, aber dann ist es nicht ganz so wirksam. So ist mir eine seiner Figuren, die nachts, mit durchaus bemachten Hosen durch die Straßen schleicht, immer als wirklicher Gott des Leidens erschienen. Er denkt, nun sei alles aus – eine Wohnung hat er nicht, frische Hosen auch nicht…

Weil aber der Morgen kommt,
der alle Tränen trocknet –

Das heißt bei Storm:

> Dies aber kann ich nicht ertragen,
> daß so wie sonst die Stunden gehn;
> daß so wie sonst die Uhren schlagen –

und noch viel Größere haben das auszudrücken versucht, welche Affenkomödie darin steckt, daß es weiter geht, daß es immer weiter geht.

Wollte sagen, daß die *Reisebriefe eines Artisten* (bei Ernst Rowohlt in Berlin erschienen) mindestens auf jeder zweiten Seite eine kleine Dichtung zu stehen haben – und das ist sehr viel. Am schönsten da, wo die Form ganz lapidar da steht, wie aus der Sprache gewachsen:

> Wie seine eigene Spucke schmeckt,
> das weiß man nicht.

Das erinnert mich an eines der konzisesten Gedichte, die es in deutscher Sprache gibt: Konrad Weichberger heißt der merkwürdige Mann, und A.R. Meyer hat ihn einst ausgegraben.

> Laß du doch das Klavier in Ruhe,
> es hat dir nichts getan.
> Nimm lieber deine Gummischuhe
> und bring mich an die Bahn.

Wenn in diesen Zeilen nun auch noch etwas drinstände, wäre es ein unsterbliches Gedicht… Von solchen Versen wimmelt es bei Ringelnatz. Manche haben hier früher in der *Weltbühne* gestanden; so das von den Karpfen in Kassel und andre.

Neben den spaßhaften Gedichten, in denen Ringelnatz den risus interruptus erfunden hat, stehen jene Verse, die wir wohl alle lieben, weil sie unsre, unsre Melancholie ent-

halten, eine, deren man sich niemals zu schämen hat. Dieses
›Vorbei‹ –

> Und die reine Liebe wird vergossen
> im Vorbei.

Wie verzaubert die Städte manchmal sind; wie allein der ist;
wie er etwas liebt, was es gar nicht gibt; die Privatsprache,
die so schön isoliert – manchmal geht er auf die Sprache, wie
man auf den Topf geht; und von ›Überalldas a. d. Elbe‹ wird
noch sehr ernsthaft zu reden sein. Und daß S. J. ›den Fisch
Plattunde‹ nicht mehr hat lesen können…

Wie schön leuchtet ihm manchmal der Morgenstern! Das
schadet nichts. Wenn es eine solche Welt gäbe! solches
Land! solche Städte! Gut, daß dem nicht so ist. Denn dann
gäbs keinen solchen Ringelnatz.   1927

Ein Katzenbuch

Da ist ein entzückendes kleines Buch erschienen, zu dem
man einmal aus ganzem Herzen Ja sagen kann. *Katzen* von
Axel Eggebrecht (bei Herbert Stuffer in Berlin erschienen).
Es ist das höchste Kompliment, das ich dem Verfasser machen kann, wenn ich es ganz nahe an Alfred Polgar heran-
rücke. Laßt uns sehen.

Die Morallosigkeit und die Sinnlosigkeit der Katze; ihre
Ungreifbarkeit und substanzlose Körperlichkeit, die leisen
Funken, die dauernd aus den Pelzen sprühen und dann noch
das andre… das nicht Nennbare…: solches ist in diesem
Büchlein, das übrigens sehr reizvoll ausgestattet ist, einge-
fangen. »Sie gleitet«, steht da zu lesen, »sie gleitet zwischen

den Fugen unsres undichten Lebens hindurch« – das ist gut. Jedes Stück der kleinen Sammlung ist eine Kostbarkeit: der witzige historische Abriß, wie hübsch ist die Langeweile umgangen, die bei einem Kapitel *Die Katze von Karl dem Großen bis auf die Gegenwart* herandroht! Katze und Kind – Katze und Blumen: diese Seite 79, fünfzehn Zeilen lang, ist eine echte kleine Perle. Eine sehr schöne Katzengeschichte sowie die Katze in der Menschenschlächterei des Krieges – welche Fülle von bildkräftigen Sätzen! Die Katze im Film… die Katze und das Wasser – das ist so rein, so unverbildet, und doch gebildet, so neu, es glänzt vor Neuheit und Frische. Die Katze und ihr Traum (Karl Valentin hat einmal gesagt: »Was die Tiere träumen, das werden wir nie wissen. Sie können es nicht sagen. Nur der Papagei…«). Und nur ein einziges Kapitel hätte ich noch stärker, noch tiefer, noch böser gehabt. Es ist das über *Grausames Spiel.*

Ja, die Katze ist ein Tier, das gern in Schubladen schläft – zum Beispiel in der Schublade, wo gleich nebenbei der Blutrausch liegt. Eggebrecht zeigt gut auf, wie die Katze nicht grausam ist, es ist ihr Leben, das da, sie tut das mit jener unheimlich glatten und kalten Sachlichkeit, die den einer Hinrichtung beiwohnenden Sadisten (o Sprache!) erschauern läßt. Es geht wie bei einer Nähmaschine… Halt ein! Hör doch, du! Hast du ein Herz? Aber die Maschine schnurrt.

Die Katze ist das Irrationale, also hat sie der Deutsche nicht, wohl aber der Franzose nötig. Der Deutsche hat zum Ausgleich für Keyserling den rational braven Hund. Der bellt sich seins, man versteht so schön, was er will, und man kann ihn ausdeuten. Die Katze versteht kein Mensch…

»Angstvoll wie in unergründliches Wasser starren wir in den Spiegel unsrer Verlassenheit und frieren.«

Ein Buch voll japanischer Zartheit und einem fast englischen Humor, leise, geschmackvoll und von einer hohen, gepflegten Sprachkunst. So sollten, Katzenkenner, jedes Jahr ein so schönes Buch schreiben, und jedes Jahr ein umfangreicheres. Die feine Hitze des Gehirns, die Formgewandtheit, die leichte Geschmeidigkeit – wir haben nicht soviel Autoren, die das können. Axel Eggebrecht hat sich, leise und unhörbar, mit diesem kleinen Buch ganz vorn an die Rampe gespielt. Heraus mit deinem Flederwisch!

1927

Ulysses

Und falls dieses Buch eine neue Odyssee ist –: ich will mich lieber vor der Odyssee blamieren, als, getreu nach Vaihinger so tun, als ob… Los.

Wenn 1585 Seiten auf einen heruntergedonnert kommen, dann darf man wohl zunächst eine Weile verdutzt schweigen. Mit ›fabelhaft‹ und ›Bluff‹ ist es nicht getan – der verdienstvolle Rhein-Verlag in Basel, der das Werk von James Joyce *Ulysses* als Privatdruck herausgebracht hat, stimmt seinen Einführungsprospekt allerdings auf den Ton: autaut ab. »Valéry Larbaud, ein französischer Kritiker, begrüßt den *Ulysses* mit der gleichen Ehrfurcht, wie Boccaccio die *Divina Comedia* begrüßte. Er veranstaltete in Paris Diskussionsabende über *Ulysses* und suchte den Schlüssel in Homers unsterblichem Werk.« In England sind Exemplare, die sie zu fassen bekommen hatten, verbrannt worden – wie ja überhaupt die geistige Freiheit der verantwortlichen Engländer mitunter enge Grenzen hat; in Amerika haben sie die ›Little Review‹, die Kapitel aus dem *Ulysses* abgedruckt hat, beschlagnahmt und den Verantwortlichen angeklagt und verurteilt. Das Buch mußte, im englischen Text, in Paris gedruckt werden; eine tapfere Engländerin hat das ermöglicht. Stimmen erheben sich.

»Ich möchte die jungen Leute zu Klubs organisieren mit dem Zweck, den *Ulysses* zu lesen, damit sie die Frage erörtern können: Sind wir so? und wenn die Abstimmung ein Ja ergibt, zu der weitern Frage fortschreiten: Wollen wir so bleiben?, die, wie ich hoffe, verneinend beantwortet würde.«

Ein protestantischer Superintendent? Ein Pastor der anglikanischen Hochkirche? Der Dean von St. Pauls? Nein – Bernard Shaw.

Der erste Eindruck ist so:

Unmöglich, alles hintereinander zu lesen. Die Personen verwirren sich; wenn eine Handlung darin ist, habe ich sie nicht verstanden – ich weiß nicht immer, was real, gedacht, geträumt oder beabsichtigt ist. Aus einer Inhaltsangabe des Verlages ergibt sich, was an diesem einen Tag, der dem Buch zugrunde liegt, vorgeht –: ich habe das nicht gemerkt. Zwei gewaltige Ausnahmen: eine Walpurgisnacht und ein riesiger innerer Monolog, beide im dritten Band. Bis dahin wogt der Nebel.

Hier ist nun, da wir es nicht mit einem Originaltext, sondern mit einer Übersetzung zu tun haben, sogleich zu untersuchen, ob dieser Eindruck an der Übersetzung liegen kann.

Ich habe noch keinen Mann gesehen, der den englischen Text von *Ulysses* gelesen und verstanden hat; ich kenne zwar merkwürdige Ruhmesfanfaren von Literaten, die ihn nachweislich nicht gelesen hatten – und ich erinnere mich, daß der englische Lektor der École Normale in Paris, ein Ire aus Dublin, mir einmal sagte, er vermöge das Buch nicht zu bewältigen. Das kann an ihm gelegen haben. Mögen Anglisten entscheiden, wie der Übersetzer Georg Goyert seine Riesenaufgabe bewältigt hat, bei der ihn übrigens der deutsch verstehende Verfasser unterstützte. Es handelt sich hier auch gewiß nicht darum, dem Übersetzer, der jahrelang gearbeitet haben mag, Fehlerchen anzukreiden. Das kann ich nicht.

Wohl aber kann ich nach Hunderten von Stichproben bei der ersten Lektüre eines sagen:

In welchem Stil dieses Buch abgefaßt ist, steht dahin. Dichterisches Deutsch ist es bestimmt nicht.

Ich will gar nicht von den Unreinheiten sprechen. »Ich erinnere noch die Hungersnot« ist einfach ein grammatischer Fehler, eine französierende Konstruktion, die vielleicht angewendet werden darf, wenn damit die Sprechweise eines gezierten Menschen oder ein Provinzialismus gekennzeichnet werden soll. Das ist aber nicht die Absicht. »Der siebte« ist ein infamer Lapsus, den Schopenhauer zu seinem Glück nicht mehr zu erleben brauchte. Es sind nicht diese Unreinheiten; nicht das fatale Modewort »irgendwie«; es ist auch nicht die Unmöglichkeit, alles in einem solchen Werk zu übertragen – es ist etwas andres.

Ich nehme eine Stelle des glatt laufenden Textes.

»Als er an Blooms zahnärztlichen Fenstern vorbeischritt, bürstete sein wehender Staubmantel einen dünnen, tastenden Stock auf seiner Richtung, fegte weiter und traf dann einen schwachen Körper. Der blinde Jüngling wandte sein krankes Gesicht hinter der davonschreitenden Gestalt her.«

Das ist nichts. Das ist tot. Das hat keine Musik, tönt nicht, die Worte sind, wie Jacobsen das einmal ausgedrückt hat, »aus dem Wörterbuch« genommen; sie sind richtig, ja, ja – aber es schwingt nichts unterhalb der Prosa, die Sprachmelodie fehlt. So geht das durch das ganze Buch. Seine Sprache ist stumpf.

Nun wird mir Goyert sagen: »Du kennst das Original nicht. Das ist ja grade das Feine daran, daß es eben nicht das ist, was du dichterisch nennst – Joyce will das gewöhnliche zeigen, er will die Sprache dem Alltag nähern. Er will nur wie ein Grammophon wiedergeben, wenn ihm das paßt.« Und das lasse ich mir nun nicht erzählen. Wenn er das wirklich will, und wenn das hier gut übersetzt ist –: dann hat er das nicht gekonnt.

Wir haben in Deutschland viel zu wenig Bücher, die Sprachmelodien exakt wiedergeben, und ich wüßte nichts, was amüsanter (und was schwerer) wäre. Es gibt da eine innere Wahrhaftigkeit, eine Echtheit, die man nicht philologisch beweisen kann – jeder unterscheidet sofort die echten und die falschen Töne. Lasse ich einen Berliner etwas sagen:

»Ick komm da rieba und hol mir 'n Ssiehjarn – indem wird er ausholn und haut Emmyn direkt mit die Fauste unter de Auhrn. Sie is jleich nach Wasserkran jejangen –« so gibt es keinen Mann von der Panke, der nicht sofort unterbricht und das Wort ›Wasserkran‹, das theoretisch richtig angewendet ist, beanstandet. Das sagt eben ein Berliner nicht. Von solchen Wasserkränen wimmelt es im Buch.

Schlußurteil über die Übersetzung:

Hier ist entweder ein Mord geschehen oder eine Leiche fotografiert.

Der Gong klingt nur an wenigen Stellen. Aus welchem Metall ist er gemacht –?

Fortschrittliche Professoren haben für den *Ulysses* eine Vorliebe gefaßt, und es ist nicht nur das, was mich mißtrauisch macht. Ich habe 1585 Seiten bekommen – aber eben mit Ausnahme jener zwei grandiosen Stücke ist da nichts auf meinem Teller; bis jetzt kann ich das nicht essen – es ist irgend etwas Künstliches an der Sache, etwas Konstruiertes, und, nun will ich mich getrost steinigen lassen: etwas Phantasieloses.

›Zu Ende‹ schreiben bedeutet ja noch gar nichts. Das ist Geduldssache des Fleißes, vielleicht sogar der Graphomanie oder andrer Veranlagung. Es wird mir kein Mensch einreden, daß etwa die *Blechschmiede* von Arno Holz ein geniales Kunstwerk ist – man ertrinkt in Staub, weil alles zu Ende gesagt ist. Ganze Partien des *Ulysses* sind schlicht langweilig.

Wenn er von seinen Figuren oder von seinen Straßen spricht; von Hunden oder Kupplerinnen; von Meeresbuchten oder von Kneipen, so habe ich immer den Eindruck, als sei das alles nur fingiert: wie die Säcke Hafer in Rechenaufgaben oder wie die paar anständigen Seiten in einer Pornographie. Ist in den *Memoiren einer Sängerin* von einem Salon die Rede oder steht da: »Sie begab sich hinaus, um dem Diener einige Befehle zu erteilen ...« so ist der Diener nicht da, und der Salon nicht und gar nichts. Das ist nur gesagt. Was ich vom ersten Band des *Ulysses* verstanden habe, scheint mir gesagt. Der Autor teilt mir etwas mit – aber ich glaube es ihm nicht.

Worauf es James Joyce angekommen ist, weiß ich nicht; das Buch besteht zu seinem Hauptteil aus etwas, worauf es ihm scheinbar nicht angekommen ist, aus Nebensächlichkeiten; darauf zu achten, ist so, wie wenn man sich in der Physikstunde freut, daß das Versuchspräparat des Lehrers so schön rubinrot ist. Darauf kommt es aber nicht an. Hier ist ein Versuch gemacht. Was soll bewiesen werden? Was ist das für ein Versuch –?

Das zeigt sich sehr klar im dritten Band. *Mabbot-Straße. Eingang in die Nachtstadt.* Das ist, für den ersten Eindruck, eine großartige Vision.

Wie da Gestalten aus dem Dunkel auftauchen und verschwinden; wie die Figuren aufgerissen werden, daß Blut, Eingeweide, Mordgedanken und die letzten Wünsche aus ihnen herausquillen; wie Träume, Heniden, Affekte und die ganze türkische Musik Freuds lebendig werden –: dazu ist Ja zu sagen. Und tiefer geht es, in unterirdische Stromgebiete – dergleichen kenne ich bei den Dahingegangenen nur von dem großen Panizza. Wahrscheinlich ist das mehr als Literatur – auf alle Fälle ist es die allerbeste. Die Schlußvision ist zum Greifen nahe.

»Auf der dunkeln Mauer erscheint langsam eine Gestalt, ein schöner elfjähriger Knabe, ein Wechselbalg, gestohlen, in der Tracht der Etonboys, mit Glasschuhen und kleinem Bronzehelm; er hält ein Buch in der Hand. Er liest leise, von rechts nach links, lächelt, küßt die Seite.

Bloom (ergriffen, ruft kaum hörbar): Rudy!

Rudy sieht, ohne zu sehen, in Blooms Augen und liest weiter, küßt und lächelt. Er hat ein zartes, malvenfarbiges Gesicht. An seinem Anzug hat er diamantene und Rubinknöpfe. In der freien linken Hand hält er einen dünnen Elfenbeinstock mit violetter Schleife. Ein weißes Lämmchen guckt ihm aus der Tasche.«

Allerdings geht auch hier die Sprache nicht mit, folgt nicht, bleibt stecken. Die Derbheiten der Huren, die Roheiten der Straße sind in einem erfundenen Dialekt geschrieben. Wobei zu fragen ist, warum sich in aller Welt alle deutschen Übersetzer, die englische Werke bearbeiten, einbilden, sie müßten Cockney-Englisch in einem völlig idiotischen Dialekte wiedergeben. Die Cockney-Leute sprechen in deutschen Übersetzungen meistens so, wie ›Dör Zwickauer‹ im seligen *Kladderadatsch* gesprochen hat – mit verkrempelten, getrübten Vokalen: etwas ganz und gar Unsinniges, das nie ein lebendiger Mensch über die Zunge gebracht hat. (So ist zum Beispiel die schön ausgestattete Kipling-Gesamtausgabe im Listschen Verlag dadurch halb entwertet: Kiplings drei Soldaten reden einen Phantasie-Dialekt, der wie übergegangene Milch schmeckt.) Doch stellen diese Visionen im *Ulysses* vielleicht Anforderungen an den Übersetzer, denen grade noch der allergrößte Sprachkünstler gewachsen wäre. Und der übersetzt nicht, sondern schreibts selber.

Der dubliner Tag nähert sich seinem Ende. Und ganz

zum Schluß des Buches beginnt jenes eigentümliche Verhör, eine Art Examen, mit Frage und Antwort.

»Welche Parallelwege gingen Bloom und Stephan, als sie zurückkehrten? – In normalem Spazierschritt verließen beide den Beresford Place und gingen dann der Reihe nach…« Und: »Wurde diese Behauptung von Bloom angenommen? – Nicht wörtlich. Substantiell.« So fragt sich Joyce ab. Bis Bloom nach Hause kommt, sich – immer noch in Frage und Antwort dargestellt – auskleidet, sich neben seine Frau legt, die schon liegt… »In welcher Stellung? – Zuhörerin: halb auf der linken Seite liegend, die linke Hand unter dem Kopf, das rechte Bein gradeaus gestreckt, es ruhte auf dem linken ge- bogenen in der Haltung der Gea-Tellus…« Und da fahren sie. Wohin?

Und hier setzt nun der ›innere Monolog‹ ein, der so viel Aufsehen gemacht hat, über hundert Seiten erstreckt er sich, und es muß gesagt werden, daß dies der stärkste Ein- druck von allem ist. Er läuft ohne Interpunktion vorüber.

»Ja weil er so was noch nie verlangt hatte nämlich ihm sein Frühstück ans Bett zu bringen mit ein paar Eiern seit dem City Arms Hotel wo er öfters liegen blieb und be- hauptete er wäre erkältet und spielte dann den Vornehmen um sich bei der alten Ziege der Frau Riordan interessant zu machen von der er was zu erben dachte und sie vererbte uns keinen Heller alles für Messen für sich selbst und ihre Seele war der größte Geizhals der je lebte hatte wirklich Angst 4 d für ihren denaturierten Spiritus auszugeben erzählte mir all ihre Krankheiten –«

Man schmeckt schon aus der kleinen Teelöffelprobe das

Gericht: das leise Asthma, das einen dabei beschleicht, die tiefe Echtheit; das Springen der Gedanken; die Übersetzung, über die man stolpert – aber dieser innere Monolog ist eine Leistung, eine bewundernswerte Leistung an Könnerschaft, künstlerischem Mut, Seelenkenntnis.

Mit den winzigen Versuchen Arthur Schnitzlers und Carl Spittelers hat diese Orgelsymphonie der Gedanken nichts zu tun. Hier ist tatsächlich alles, aber auch alles gesagt. Mit viel größerer Kraft als etwa bei dem unappetitlichen Harris, dessen Unterhosenanekdoten mir peinlich erscheinen und von denen ich nichts wissen möchte. Hier rollt und gluckert es; blitzschnell springen die Ideenflöhe hin und her, klammern sich an Wortähnlichkeiten; wundervoll, wenn zum Zeichen des Tadels etwas zweimal gedacht wird (Berlinisch: »Er will einen Bruchbandschlüssel haben – P! Bruchbandschlüssel!«) – ganz ersten Ranges, wenn die Sprache sinnlos tönt, ein dummes Echo. (So hallt die Gehirnschlucht, als vom Wort ›Vagina‹ die Rede ist, mit ›Conchinchina‹ wider.) Denkt man nun so –?

Ich glaube, daß überhaupt nicht wiedergegeben werden kann, wie einer denkt. Man denkt grammatisch nicht folgerichtig; darüber kann es keine Diskussion geben. Schon komplizierte Nebensätze kommen nicht vor – von Bildern, hingewischten Fetzen und Heniden ganz zu schweigen. Wie unrichtig diese Technik da ist (die vorläufig die einzige ist, die uns bleibt), zeigen die derben Stellen. Ihretwegen ist das Buch wohl verfolgt worden.

Natürlich denkt eine Frau, die nicht einschlafen kann, auch an sexuelle Dinge. Ich glaube aber nicht, daß einer von uns dergleichen im Halbschlaf mit groben Worten zu Ende denkt – meist sieht er vielmehr, was er denkt, oder er denkt Begriffe, und die haben in uns keine Namen. Erst war das Ding, dann der Name. Joyce hat hier bewußt die ordinärsten Gassenworte gesetzt, und man hat ihm zu danken, daß er den Mut aufgebracht hat, es zu tun. Die Tagträume der halben Wünsche; der rüde Kitzel; der ins psychische versetzte physiologische Vorgang (Blutandrang, schwerer Magen, unruhiges Herz) – das ist ganz einzig getroffen. Ein Arzt, der Joyce einmal war, müßte die jeweilige Pulszahl an den Rand schreiben können. Die narzißtische Eigenliebe, mit der der Körper behandelt ist, das Kreiseln um einen Gedanken, der Unflat, der da nachts ausbricht – ecce homo. Am besten die kleinen Seitenlämpchen, die am Wege blitzen.

»Wenn ich dran denke wie er morgens die Treppe rauffällt die Tassen rasseln auf dem Brett und dann mit der Katze spielen sie reibt sich an einem weils ihr Spaß macht ob die wohl Flöhe hat ist genauso schlecht wie eine Frau immer sind sie am lecken aber ich hasse ihre Krallen ob die wohl was sehen was wir nicht sehen gucken immer so starr wenn sie oben so lange auf der Treppe sitzt und horcht –.«

Diese letzten Zeilen sind eine einzige Kostbarkeit: das sind wirklich Nachtgedanken, und gute dazu, worauf es ja zunächst nicht ankommt. Aber so ähnlich denkt man.

James Joyce hat eine Tür aufgestoßen; ich glaube, daß sie nach Freud nur noch angelehnt war. Auch dem Können dieses Iren sind natürliche Grenzen gesetzt: solche des menschlichen Gehirns und solche des Buchdrucks: man denkt ungeheuerlich schnell, man denkt auch manchmal polyphon – während ein schwerer Gedanke wie ein Glockenton in der

Tiefe brummt, hüpfen oben die Affen der Assoziation auf und ab. Das kann man nicht aufschreiben. Was gemacht werden konnte, hat Joyce gemacht. Denn so sieht es in einem menschlichen Gehirn aus.

Was Vater Shaw da gepredigt hat, ist falsch. Man kann nicht anders ›werden‹ – weil man nun einmal so ist.

So:

Zersplittert und hundsgemein böse und geil und niederträchtig und gut und gutmütig und rachsüchtig und ohnmächtig-feige und schmutzig und klein und erhaben und lächerlich, o so lächerlich! Nachts kommt das alles herausgekrochen, schlängelt sich in die Schwärze um das Bett, vergiftend und vergiftet, durch alle Poren kommt es heraus. Töte ihn! fressen! ich will ihn haben – er müßte mich ... gibt auch zu viel Geld aus – mein dicker Oberschenkel! müßte mal wieder zum Friseur gehen – und ...

»Ja und wie er mich unter der maurischen Mauer küßte und da dachte ich er so gut wie ein andrer und dann sah ich ihn an mit meinen Augen mich wieder zu fragen ja und dann fragte er mich ob ich wollte ja sagen meine Gebirgsblume und dann umschlangen ihn meine Arme ja ich zog ihn herab zu mir und konnte meine duftenden Brüste fühlen ja und ganz wild schlug ihm das Herz und ja ich sagte ja ich will. Ja.«

So schließt dieses außergewöhnliche und merkwürdige Buch.

Liebigs Fleischextrakt. Man kann es nicht essen. Aber es werden noch viele Suppen damit zubereitet werden.

1927

Auf dem Nachttisch

Den ganzen Tag hab ich mich darauf gefreut: ein neuer Chesterton ist da. Und wenn mir abends die schwarze Katinka Kulicke auf weißem Linnen entgegenblühte, so könnte ich nicht freudiger ins Schlafzimmer gehen, wie nun, da der gelb-rote Band auf dem Nachttisch liegt. (Verzeih, Katinka!) Das Buch heißt *Das Paradies der Diebe* und ist im Musarion-Verlag zu München erschienen. Die erste Nacht –

Die Kriminalgeschichten G. K. Chestertons, deren eine Sammlung schon im selben Verlag vorliegt: *Der Mann, der zu viel wußte* – sind eigentümliche Gebilde. Algebraischen Gleichungen nicht unähnlich, gehen sie in tödlicher Sicherheit mit Null auf, nicht ein Quentchen bleibt, nichts – außer der unerklärlichen Tatsache, daß ein »einfacher kleiner katholischer Priester«, Pater Brown, untrüglich herausbekommt, wer wen wo wie bestohlen hat. Von den Morden zu schweigen. Er sagt zwar, wie er es gefunden hat, aber er sagt nicht, wie er es gefunden hat. Welche Reklame für die katholische Kirche: ihre Geistlichen sind neben allem andern auch noch Detektive, nein, natürlich Detektive.

Das Vergnügen, diese Vonhintennachvorn-Geschichten zu lesen, ist höchst reizvoll. Erst aalt man sich in der Vorfreude der Titellektüre: *Der Kopf Caesars* und *Die purpurfarbene Perücke* und *Der Salat des Oberst Cray*, lauter zu lösende Spannungsaufgaben, und nun sind nur noch zwei Geschichten übrig, und nun nur noch eine, die allerletzte – nein! eine haben wir noch nicht gelesen… Die kompliziert einfachen Lösungen sind mitunter wie eine hundertmal überdrehte Spirale. Ein Neger, der gemordet hat wie ein Marder, will ausreißen; die Häfen sind blockiert, kein Schwarzer kann ohne die gewichtigsten Legitimationspapiere hinaus. Wie also wird er es anfangen –? »Ich bin ganz überzeugt davon, daß er sein Gesicht niemals weiß anstreichen würde. Aber was könnte er denn sonst machen?‹ – ›Ich glaube‹, sagt Pater Brown, ›er würde sein Gesicht schwärzen.‹ Flambeau stand regungslos am Geländer, hob einen Augenblick den Finger und deutete in die Richtung der maskierten Negersänger mit rußgeschwärzten Gesichtern, die am Ufer eine Vorstellung gaben.« Das ist Chesterton.

Die kleinen Geschichten sind mit den amüsantesten Einzelheiten bepackt.

Die Journalisten, die sich immer, und manchmal zu Recht, beklagen, daß sie in Dramen und Filmen so schlecht wegkommen und so falsch abgebildet werden, können sich diesmal nicht beschweren. Von einem Chefredakteur: »Sein Leben –« ich gucke keinen an – »sein Leben war eine Reihe von aufreibenden Kompromissen zwischen dem Eigentümer der Zeitung, einem senilen Seifensieder mit drei unausrottbaren fixen Ideen im Kopf und dem sehr tüchtigen Stock von Mitarbeitern, den er sich zur Führung der Zeitung gesammelt hatte; einige davon waren wirklich erfahren und ausgezeichnete Leute, die sogar (was noch schlimmer war) einen aufrichtigen Enthusiasmus für die politische Überzeugung des Blattes hatten.« Und: »Er nahm... einen kurzen Bürstenabzug zur Hand, überflog ihn mit blauen Augen und einem blauen Bleistift, änderte das Wort ›Unzucht‹ in ›Ungehörigkeit‹ um und das Wort ›Jude‹ in ›Ausländer‹, läutete dann und schickte die Korrektur in die Druckerei hinauf.« Und dann ganz dick: »Ich weiß, das Wesen des

Journalismus besteht darin, das Ende einer Geschichte an den Anfang zu stellen und das eine Überschrift zu nennen. Ich weiß, Journalismus besteht zum größten Teil darin, zu sagen: ›Tod des Lord Jones‹, und zwar zu Leuten, die niemals wußten, daß Lord Jones gelebt hat.« Und nun behüte uns Gott vor dem Reichsverband der deutschen Presse.

Mitunter freilich überkugelt sich die Klugheit des dicken Chesterton. Er sagt zum Beispiel von einem Mann, er erinnere in seiner Figur an eine Champagnerflasche – »und dies war auch der einzig festliche Eindruck, den der Mann erweckte«. Das ist eine wildgewordene Metapher und ein typischer Beweis für die Schwäche eines zu starken Gehirns.

Sehr lustig, wenn er fremde Nationen schildert. Manchmal sitzt es. »Sie hatten beide schwarze Bärte, die nicht zu ihren Gesichtern zu gehören schienen, nach der seltsamen französischen Mode, die es zuwege bringt, echtes Haar wie künstliches erscheinen zu lassen. Mr. Armagnac hatte der Abwechslung halber zwei Bärte…« Manchmal sitzt es gar nicht – wie lustig ist es doch für unsereinen, wenn Fremde deutsche Namen erfinden! Nie wird das was.

Übersetzt ist Chesterton durchaus glatt und sauber. Nur ist ein Übersetzer, der das Modewort ›irgendwie‹ in seine Arbeit hineinpappt, ein schlechter Übersetzer. »Ich schlug irgendwie die Fensterläden zu« – das machen Sie mal, Frau Clarisse Meitner!

Himmel, jetzt ist es halb drei, und ich habe die ganze Nacht mit Katinka Chesterton verbracht. Licht aus. Messer raus. Zwei Mann zum – Blute Nacht.

Man lebt in Paris, um – daran ist gar kein Zweifel – deutsche Übersetzungen englischer und amerikanischer Romane zu lesen. Herrschaften, seid nicht böse; in blauer Nacht darf man es sagen: mich langweilt die französische Literatur so, daß ich mich ernsthaft frage, ob ich vielleicht die Franzosen gar nicht verstehe. Ach, geht mich das nichts an! Ach, ist das begabt und ›fin‹ und talentiert und gut gesagt und zart psychologisch und haardünn und graziös und gleichgültig. Also richtig: Wells. *Menschen, Göttern gleich.* (Bei Paul Zsolnay in Berlin.) Die zweite Nacht –

Eine Utopie. Das Genre ist so alt wie die Welt; denn schon im Jahre 386 vor Christo... (folgen zwei Seiten abgeschriebener Bibliographie über die Geschichte der Utopie). Abgesehen davon – eine leicht mechanische Utopie. So: die bösen Menschen sind alle böse oder doch sehr unvollkommen und kläglich – und die guten Utopianer sind alle gut und vollkommen und herrlich und überhaupt. Nicht so stark wie sonst, wenn auch, wie immer bei Wells, interessant und lesenswert; es gibt da doch etwas zu lernen. (Kein Vergleich mit der *Zeitmaschine*, aus der sich die selige Minna von Harbou, doch: Minna, eine Filmidee abgekurbelt hat.) Manchmal ist dieser Band von Wells wie eine mit Phantastik dünn übertünchte These. »Der richtige Weg, die Dinge anzupacken, ist gefunden worden.« Sehr schön – aber was hat das noch mit Kunst zu tun? Daneben eine Fülle herrlicher Einzelheiten. Der Held ist auf dem fremden Stern nach wundersamen Abenteuern in eine Schlucht geraten. »Ein jüngerer Mann hätte die Einsamkeit in der Schlucht wahrscheinlich sehr schrecklich empfunden, aber Mr. Barnstaple hatte Ärgeres durchlebt: die Enttäuschungen der Zweisamkeit. Er hätte gern eine letzte Aussprache mit seinen Söhnen gehabt und sein Weib beruhigt, aber sogar diese Wünsche waren vielleicht mehr sentimental als wirklich empfunden.« Vielleicht? Sicher. Übrigens wird auch Sentimentalität wirklich empfunden, aber es ist doch schön, zu sehen, wie ein fast weise gewordner Mann männlichen Empfindungen auf den Grund geht, auf dem sie stehen. Und dann ist da allerdings etwas, was mich bewegen würde, gradenwegs auf den fremden Stern zu fliegen, mich als Strahl hinaufsenden zu lassen, oder wie man das nun macht. Denkt doch nur! »Hier gab es kein Gekläff und Heulen müder oder gereizter Hunde, kein widerliches Geschrei, Gebrüll, Gequieke und keinen jämmerlichen Aufschrei ängstlicher Tiere, keinen Wirtschaftslärm, keine Wutschreie, kein Geblöke und Husten, keinen Lärm von Hämmern, Klopfen, Sägen, Schleifen, Sirenengeheul, Pfeifen, Kreischen und ähnlichem, kein Rattern entfernter Eisenbahnzüge, kein Gerassel von Automobilen oder andrer schlecht konstruierter Mechanismen; die ermüdenden und häßlichen Geräusche mancher unangenehmer Wesen waren nicht mehr zu hören. In Utopien herrschte sowohl für das Ohr wie für das Auge Friede. Die Luft, einst von unentwirrbaren Geräuschen verseucht, war jetzt gereinigte Stille.« Ach, Utopien –! Wo liegst du? Wie kann man zu dir gelangen –? Ach, Utopien.

Die Übersetzung habe ich nicht kontrolliert. Ich habe aber zu einem Übersetzer kein Vertrauen, der »moving pictures« mit »lebenden Bildern« übersetzt (S. 221). Dies dürfte ein kleiner Skandal sein. Immerhin hat es sich wohl herumgesprochen, daß diese englischen Wörter ›Kino‹ bedeuten. Wie mag das also wohl mit der Übertragung der andern Anglizismen bestellt sein?

Ich wollte nur *Manhattan Transfer* meines großen Lieblings Dos Passos lesen, aber da hat sich ein Heftchen dazwischengeschoben, blutrot leuchtet es, voilà: *Zwei Märtyrerinnen der Keuschheit* von einem italienischen Salesianer-Priester Ferdinando Maccono. (Verlag der Salesianer, München.) Also, das ist beispiellos.

Die Sache ist die, daß vor Jahren in Italien zwei kleine Mädchen: Clementina Sechhi, 14, und Maria Goretti, 12, an zwei verschiedenen Orten von zwei verschiedenen Männern ermordet wurden. Lustmord. Die Mörder sind hart bestraft worden; auch braucht nicht gesagt zu werden, daß sich die bejammernswerten kleinen Opfer nach Kräften gewehrt haben, als die psychologisch zu analysierenden Männer über sie herfielen. Bis dahin wäre an diesen Fällen eigentlich nichts Besonderes zu vermelden. Aber in diese winzige Blutpause, jene, in der sich das Menschentier, das Weibchen, die natürliche Scham kleiner Wesen gegen einen rohen Übergriff zur Wehr setzten, schiebt sich nun die Kirche ein, benutzt diese scheußlichen Vorfälle als herrlichen Propagandastoff und deklariert die zerfetzten armen Dinger als ›Märtyrerinnen der Keuschheit‹. Man höre die Traktätchen-Überschriften: *Die engelgleiche Tugend – Demut und Bescheidenheit – Ihre Abscheu vor dem Bösen und ihre Einfalt – Emsige Biene – Ein Scheusal im Hause – Die Versuchung überwunden und mit Abscheu zurückgewiesen – Das Martyrium* (das ist der Mord!) *– Die Verherrlichung auf Erden.* Soweit die eine. Und die andere: *Liebe zur Mutter – ›Welch brave Tochter! – Die Taube und der Habicht – Vorsichtsmaßregeln und Gebet – Der Kampf und das Martyrium – Von Stichen durchbohrt – In der Heilanstalt von Nettuno – Die Mittel zur Bewachung der Unschuld.* In diesem Stil.

Ist das nicht verabscheuenswert? Ist eine größere Niedrigkeit denkbar, als kriminalistische Vorgänge, die man von allen Seiten betrachten kann, nur von einer nicht, als blutige Plakate an die Mauern zu kleben? So sieht die praktische Erziehungsarbeit der katholischen Kirche aus? Das Heft trägt die oberhirtliche Druckerlaubnis, ist also als offiziell anzusehen, und nicht als Entgleisung eines Übereifrigen. Einmal sieht aus den blutigen Tüchern ein gehörnter Fuß heraus. »Somit waren es die schlechte Erziehung, der Müßiggang und das Lesen schlechter Blätter, welche im jungen Serenelli die niedersten Leidenschaften aufweckten und ihn zu einem schrecklichen Menschenmorde verleiteten. Was muß man denken von all den Unbesonnenen, die ihn nachahmen in der Scheu vor der Arbeit, im Lesen schlechter Romane und verderblicher Blätter, in der Teilnahme an gewissen Zusammenkünften, worin man zum Hasse aufstachelt, im Besuch gewisser Kinos?« Man muß denken, daß gewisse Zusammenkünfte die Stimmenzahl des Zentrums gefährden könnten, und daß »Übeltäter der Feder und der Kunst« jene hundsgemeine Denkungsart nicht teilen, die auf die Geschlechtteile stiert wie der Fakir auf eine goldene Nadel. Hier hat manches gute Wort für die katholische Kirche gestanden, für ihre Weisheit, ihre mitunter für Deutschland nützliche Außenpolitik (mit der es jetzt vorbei ist) – aber wenn die Erziehungsarbeit der Geistlichen so aussieht, dann lasse ich hundertmal die protestantischen Feiglinge in der Sozialdemokratie zusammenzucken und bin für Kulturkampf. Für einen Kampf gegen die Unkultur und für die Freiheit.

Da sieht *Der Heilige Franziskus von Assisi* eben jenes

Chesterton (bei Josef Kösel und Friedrich Pustet in München) schon anders aus. Auf mich hat er wenig Eindruck gemacht; es ist das Buch, das den Glauben voraussetzt, zu dem es bekehren will. Ich habe es nicht verstanden; und drei Seiten aus den Reden Buddhas sagen mir mehr und erschüttern mich tiefer als das zweifellos ehrlich gemeinte Pathos des Dicken. Dazu brodelt leise in mir der Einwurf: »An ihren Werken sollt ihr sie erkennen« – und da habe ich sie dann erkannt.

Pep ist kein Verdauungsmittel, sondern ein sehr lustiger Gedichtband Lion Feuchtwangers (dessen Werke ein besonders tüchtiger Verleger am Ende noch aus dem Englischen aufkaufen wird). Das Bändchen ist bei Gustav Kiepenheuer erschienen – und ich habe sehr gelacht. Vor allem ist die Form außerordentlich gut gegossen; die langen Zeilen, die im Deutschen sehr schwer zu meistern sind, sind gut geformt, wie immer bei Feuchtwanger: saubere Arbeit. Thema: das Erstaunen des Amerikaners, daß da noch etwas andres sein müsse, außer den Dollars. Die, I beg your pardon, Seele. Die Lieder, von denen ich ums Vergehen gern wissen möchte, was wohl ein Amerikaner von ihnen dächte, sind von Jaap Kool unter Musik gesetzt. Leider ist die Ausgabe auch bebildert – das ist schief gegangen: falsch primitiv, falscher Klamauk, ich werde es in fließendem Englisch sagen: No good. Wenn das Buch einen Fehler hat, kaum zu schmecken, so sagte es eine faksimiliert wiedergegebene Zeile besser als alles andre: »Er schwitzte stark in jenen Nächten und brauchte sich wenig mit ›Hallo, dein Gewicht!‹ zu beschäftigen...« Aber als europäische Beurteilung Amerikas, die mir sonst fast überall zu milde, zu wenig selbstbewußt erscheint, ist das eine gute und lustige Sache.

Die dritte Nacht. Es kann nicht alles auf meinem Nachttisch liegen. Erstens ist er dazu zu klein; zweitens bin ich nicht der praeceptor Germaniae, und drittens ist Schweigen nicht immer Kritik in der Melodie Nietzsches, die S. J. zuletzt so sehr geliebt hat: »Schweigen und Vorübergehn«. Manchmal ist Schweigen auch: Zeitmangel, Ignoranz, Überbürdung, Mangel an den letzten, entscheidenden zehn Karat Interesse... Aber da ist ein Buch, das kommt mir nicht vom Nachttisch und nicht vom Tagtisch herunter, ein kleiner hellgrüner Band in sanfter, grauer Antiqua gedruckt. Alfred Polgar: *Ich bin Zeuge* (bei Ernst Rowohlt in Berlin). Hätte ich einen Degen, ich senkte ihn. So bleibt mir nur übrig, die Schreibmaschine dreimal auf- und wieder zuzuklappen. Den Daumen nach oben! Er hat gesiegt.

Ihr kennt das alles: seine Zartheit und seine bezaubernd starke Schwäche: seine Skepsis und den Glauben an diese Skepsis, welcher aber wiederum leicht an sich selbst zweifelt, das kann man bis in die tausendste Windung fortsetzen, und er tut es auch; seine Tapferkeit und seine Unbedingtheit, wenn er vom Kriege spricht – da hat es nie, niemals eine, auch nur eine einzige Zeile gegeben, die zum Lobe der Schlächterei ausgesprochen wurde, jeder Aufsatz, der aus dieser Zeit stammt, und die vorher und die nachher sind eine einzige Verhöhnung, Verspottung, Verneinung der niedrigsten Geistesverfassung, die es gibt: der militärischen – dazu zuckt es in dem Buche von Antithesen, die funkeln, ohne daß man je die Lichtquelle entdecken könnte. Es ist ein Spiel von Nordlichtern, etwas ganz und gar einzigartiges.

Man lese etwa die Geschichte der *Nichtbegegnung mit einer Frau* – das ist von einer Zartheit, daß man die Seiten streicheln möchte, auf denen das steht; einmal: »Liebe: ein privates Weltereignis« – und jeder Scherz ist von einer warmen Güte durchzogen, die ganz unverfälscht rein und süß schmeckt. »Kunst«, hat Polgar einmal geprägt, »kommt von Sein.« Gut – aber das Sein allein tuts nicht; es ist ihre Grundbedingung –, doch ohne Können ist sie nichts. (So, wie Kunst ohne Sein nicht ist.) Und der kann –! Ich kann das handgreiflich kontrollieren: wir haben nämlich einmal alle beide über dasselbe Thema geschrieben – eine Beeinflussung ist ausgeschlossen, ich bin sicher, daß Polgar meine Arbeit überhaupt nicht kennt, und ich habe die seine erst jetzt im Buch gelesen. Das Thema lag übrigens auf der Straße; nein, es ging auf der Straße. Das Thema: *Der Herr mit der Aktentasche.* Was er da gemacht hat, das kann ich nicht.

Wie da der Ernst des Lebens feierlich-heiter genommen wird, mit einer leisen Angst, mit einem Scherzando, in dem im Baß ganz leise die Paukenschläge rummeln... Der Mann mit der Mappe sitzt im Restaurant und ißt. »Zu Suppe, Fleisch und Süßspeise hat er die Beziehung eines Vorgesetzten zum Untergebenen... Er ist der strikte Gegensatz zu dem andern Stammgast, der ein bescheidener Untergebener seiner Mahlzeit, den vorgesetzten Braten wie den Vorgesetzten empfängt, das Auge treu und stark auf ihn gerichtet, Messer und Gabel, faustumklammert, als ehrenbezeugende Schildwachen auf den Tisch gepflanzt.« Und dann, ein Donnerschlag an ernstem Witz: das Fazit. Was ist der Mann mit der Mappe? »Er ist die Schule. Er ist das Abiturium. Er ist die Kaserne. Er ist der Richter, der die Gesellschaft vor den armen Sündern schützt. Er ist das Amt. Er ist das Büro. Er ist der Aufseher in der Katorga und der Mustersträfling in ihr... Er ist das tätige Leben, dessen Rhythmus den Unmusikalischen alle Musik ersetzt. Ich möchte aus seiner Haut eine Aktentasche haben.«

Und da erinnere ich mich, daß Polgar ›notre maître à nous tous‹ neulich von Berlin geschrieben hat: »Hier bibbert noch, wer stille steht«, und da stehe ich in meinem schönsten Pyjama auf und schwenke das Buch über meinem Kopf und rufe dreimal Hurra! Wenn es eine Gedankenübertragung gibt: der Meister wird nachts nicht schlecht aufgefahren sein. Wir sind Zeuge, wie einer Zeuge ist. »Ich schwöre...« Filigran aus Stahlfäden, Taue aus Gold und die feinste Hand unsrer Zeit.   1928

Ist das deutsche Buch zu teuer –?

Es gibt in Deutschland eine Todsünde: einem Kaufmann vorzuwerfen, daß er seinen Verdienst lediglich durch Preiserhöhung, nicht aber durch Produktionsverbesserung erreichen wolle; alle ›Reichsbünde für...‹ springen dem Tadler mit gewaltigem Satz ins Gesicht. In der großen Presse ist so ein Kampf kaum auszufechten –: bedrängt von Syndicis, deren Tätigkeit darin besteht, sich eine auszudenken, von wilden Drohungen geängstigt, sagt sich der Zeitungsverleger schließlich: »Das haben wir doch wohl nicht nötig –!« und noch einmal senken sich die Boykottpistolen und Prozeßrevolver der wilden Räuber in den Geschäftsabruzzen. Lasset uns, ohne Eifer und mit Studium, betrachten, ob das deutsche Buch der schönen Literatur zu teuer ist.

Was kostet ein guter deutscher Roman von fünfundzwanzig Bogen, das heißt etwa 400 Seiten –? Gebunden: acht Mark, zehn Mark, manchmal zwölf Mark. Da der Deutsche broschierte Bücher nicht gern und nur für die Eisenbahnlektüre kauft, da von einem normalen Buch der schöngeistigen Literatur nur ein verschwindend kleiner Teil broschiert gekauft wird, so ist hier der Ladenpreis des gebundenen Buches zu betrachten. Von dessen Verkauf hat der Autor nichts – er bekommt seine Tantiemen lediglich vom broschierten Exemplar. Beide Fakten: die Neigung der deutschen Bücherkäufer zum gebundenen Buch und die Nichtbeteiligung des Autors am wirklichen Preise des gebundenen, also des meist gekauften Exemplars sollen hier nicht diskutiert werden. Sie sind Tatsachen, mit denen zu rechnen ist.

Nun scheint mir die Spanne, die zwischen dem Preise des broschierten und dem des gebundenen Buches besteht, zu hoch zu sein. Es gibt viele Verlage, deren Kataloge eine solche Spanne von 50 bis 60 Prozent des Broschurpreises aufweisen: kostet also das broschierte Exemplar drei Mark, so wird das gebundene mit etwa 5 Mark berechnet. Das steht in keinem rechten Verhältnis, hier ist etwas nicht in Ordnung.

Leser fremder Sprachen kennen die französische Methode, eine ganz billige, allgemeine Ausgabe herzustellen, miserabel broschiert, auf Löschpapier mäßig gedruckt; und für Leute, die das Buch nach der ersten Lektüre in ihre Bibliothek stellen wollen, gibt es dann noch eine bessere Ausgabe, die aber nicht ganz unsern Luxusausgaben entspricht, sondern billiger ist und auch nicht so kostbar. Ob sich das in Deutschland einbürgern würde, muß leider bezweifelt werden. Das französische Alltagsbuch kann man fortwerfen; der Deutsche nimmt sein Buch zu ernst, daher entschließt er sich auch schwerer zum Kauf.

Mir erscheint das deutsche Buch als zu teuer, weil es seinen Preis nicht wert ist. Was bedeutet das –?

Absolute Maßstäbe gibt es nicht. Erwerbe ich ein Buch, so muß ich als klarer Rechner fragen – nicht: wieviel das in Francs oder in Dollars ist, worauf es gar nicht ankommt – sondern: »Wie lange muß ich für den Erwerb dieses Buches arbeiten?« Und da stellt sich meines Erachtens heraus, daß fast keiner von uns Autoren verlangen kann, daß Bücherkäufer so lange arbeiten, um uns zu lesen, wie sie es heute tun müssen. Wir wollen einmal alle witzige literarische Ironie beiseite lassen – aber Literatur ist diesen Preis nicht wert. Das ist eine Überschätzung ihrer Bedeutung.

Der arbeitende Mensch soll anständig und luftig wohnen, sich sauber waschen, angemessen gekleidet gehen, sich so gut und reichlich nähren, daß er arbeiten kann und bei guter Gesundheit bleibt; er soll die Seinen ernähren und fördern, er soll kleine Rücklagen machen und in der Lage sein, einen Arzt zu bezahlen. Erst, wenn er das alles mit seiner Arbeit geschafft hat, wird er daran denken, Geld für Kunst auszugeben. Dieses Kunstbudget kann, wie die Dinge in Deutschland heute liegen, nicht groß sein.

Das deutsche Buch ist deshalb mit acht und mit neun Mark zu hoch bezahlt, weil die Monatsgehälter der Angestelltenschaft, die Beamtengehälter und die Arbeitslöhne in gar keinem Verhältnis dazu stehen – die Spanne ist zu groß. Ein Mann mit einem Monatsgehalt von dreihundertundfünfzig Mark gehört schon zu den qualifizierten Angestellten; er muß irgendwelche Spezialkenntnisse haben, in deren Erwerb er Kapital investiert hat. Ein solcher Mann (also etwa einer, dem eine Kasse anvertraut ist) verdient bei fünfundzwanzig Arbeitstagen im Monat und achtstündiger Arbeitszeit 1,75 M. in der Stunde. Der Steuerabzug ist dabei nicht mitgerechnet: die wenigsten Angestellten machen sich klar, daß sie zweiundeinenhalb Tag im Monat für den Staat arbeiten, was man zum Beispiel vom Bauern nicht sagen kann. Der Angestellte muß demnach, um einen deutschen Roman für zehn Mark zu erwerben, etwa sechs Stunden arbeiten: den 33. Teil seiner monatlichen Arbeitskraft. Das ist zu viel. Es ist nicht zuviel für den Autor, wenn der etwas taugt; es ist zu viel im Budget des Angestellten.

Und wie sieht das nun erst bei denen aus, die die Masse der Bücherkäufer ausmachen sollen? Es ist auch hier immer an das Durchschnittsbuch gedacht – der *Zauberberg* war eine Ausnahme, und Ausnahmen gibt es immer. Tatsächlich ist aber die Schicht der deutschen Bücherkäufer nur begrenzt aufnahmefähig; es gibt ein ganz bestimmtes, beinahe zu errechnendes Quantum von Büchern, das diese Schicht in sich aufsaugen kann – mehr nimmt sie eben nicht auf.

In der Festsetzung der Bücherpreise liegt des fernern dieser Mißstand: sie sind zu abgerundet. Von der Inflation her ist ein häßlicher Fleck im deutschen Wirtschaftsleben geblieben: der Mangel an Verständnis für zehn und zwanzig Pfennig Unterschied. Dieses Verständnis für die Wichtigkeit kleiner Summen findet man nur bei Lohnfestsetzungen und Gehaltssätzen. Ein Buch kostet drei Mark (was einsilbig auszusprechen ist und ein einziger Begriff) und zwei Mark und vier Mark. Sicherlich kann man den Kommissionären nicht das Leben mit Fünfpfennigrechnungen sauer machen; aber vierzig und fünfzig Pfennig stellen einen erarbeiteten Wert dar, den man nicht einfach außer acht lassen darf. Jeder Hinweis, daß viele Leute diese beim Buch ersparten fünfzig Pfennig für Zigaretten ausgeben, sind Mathematik und Theorie: volkswirtschaftliche Budgeteinteilungen sind sehr, sehr schwer zu ändern. Man kann aus dem Volkskörper nur herausholen, was er freiwillig hergibt. Er ist zu beeinflussen, grundlegend zu ändern ist er nicht.

Ob die Bücherkäufer ihr ›Buchbudget‹ bisher voll ausgegeben haben, scheint mir zweifelhaft. Der Erfolg der Buchgemeinschaften, die plötzlich ungeahnte neue Quellen erschlossen oder doch sehr scharf abgelenkt haben, beweist es nicht. Aber es zeigt sich in der Preisbildung eine Überschätzung des Wertes der Literatur, die mir unheilvoll zu sein scheint. An wem liegt das –?

Ich glaube nicht, daß an diesem Fehler der Autor starke Schuld trägt. Der verständliche Wunsch, ein ›schön ausgestattetes Buch‹ herauszubringen, wird keinen vernünftigen Autor von Erfahrung veranlassen, auf sinnlos teuern Ausgaben zu bestehen: wir wissen alle, daß dadurch der Absatz gefährdet wird, oder wir sollten es wenigstens wissen. Die Eitelkeit eines Schriftstellers, der sich einbildet, sein Werk erfordere auch äußerlich das ›edle Material‹, stammt aus der Rilke-Zeit und sollte füglich ad acta gelegt werden. Der Erfolg ist immer der, daß das Buch stecken bleibt, daß es immer wieder dieselben fünfundzwanzigtausend Käufer sind, die hohe Preise anlegen können und wollen, und wenn gar einer politische Schriftstellerei betreibt, so ist er durch diese falsche Auffassung von dem, was Literatur als Ware ist, äußerst geschädigt. Sein Weg ist verstopft, er dringt niemals zu den Leuten, für die er schreibt: zu den gebildeten Arbeitern, den Handwerkern, den kleinen Beamten und zu den geistig interessierten Angestellten.

Ich denke nicht, daß der Autor schuld ist. Dem steht auch entgegen, daß die meisten Verlagsverträge dem Verlag das Recht einräumen, Ausstattung und Ladenpreis zu bestimmen. Der Autor sieht machtlos zu. Also wer hat schuld –? Der Verleger –?

So einfach ist das nicht. Wenn irgendwo auf der ganzen Welt zwei Literaten zusammenkommen, dann schimpfen sie auf ihren Verleger. Dieses beliebte Schimpfen habe ich nie mitgemacht. Verleger sind Kaufleute wie andre auch, und da gibt es solide und tüchtige und gaunerhafte und leichtsinnige und unfähige und ehrenhafte und ahnungslose und falsch und richtig amerikanisierte. Mit einem generellen Urteil ist der Sache nicht beizukommen. Tatsächlich aber neigt der Verleger – wie überhaupt der deutsche Kaufmann – leider dazu, sein Geld lieber mit verhältnismäßig wenigen Abschlüssen über große Objekte zu machen, als durch zahllose Abschlüsse von jeweils kleinem Ausmaß. Das zweite ist nämlich mühsamer. (Trauriges Beispiel: die deutsche Automobil-Industrie.)

Es ist sehr viel schwerer, ganz weite Kreise für ein Buch zu interessieren, und auch nur drei Viertel aller in Frage kommenden Käufer an das Buch heranzubringen als ein Buch ruhig dahinlaufen zu lassen und es so teuer abzusetzen, daß auch der Absatz von fünf Auflagen genügt, um den Verleger mit angemessenem Profit herauskommen zu lassen. Also liegts an der Propaganda –?

Ein Autor, der glaubt, daß man ein Buch lediglich durch Propaganda und durch Riesenanzeigen ›machen‹ könne, versteht nichts von seinem Beruf. Man kann es nicht. Die Wirkung von Anzeigen ist eine sehr merkwürdige Sache; es ist noch niemand ganz dahintergekommen, woraufhin sich eigentlich Leute Bücher kaufen. Günstiger Kritiken wegen? Sehr fraglich. Auf mehr oder minder große Anzeigen hin? Das weiß man nicht genau; denn der Käufer sagts im allgemeinen nicht. Die Verleger und die Kenner der Sache, die ich gehört habe, behaupten allgemein, es sei die sogenannte ›Mundreklame‹ – etwa das morgendliche Telefongespräch der Frau Wendriner (in Berlin wird tatsächlich so der Ruhm gemacht). Das ist wahrscheinlich richtig. Ein Buch setzt sich sehr oft allein durch – wenn es richtig gestartet wird. Das Buch, das reiten soll, muß aber zunächst auf ein Pferd gesetzt werden. Wird es das –?

Was so im allgemeinen als Verlagspropaganda herausgeht, ist nicht sehr wirksam. Die Buchreklame ist nicht differenziert genug, sie wendet sich an einen Normalmenschen, den es nicht gibt, und berücksichtigt viel zu wenig die Interessen einzelner Schichten, die es gibt. Die Redigierung eines ›Waschzettels‹, einer Annonce, eines Prospektes gehört zu den schwierigsten Dingen, und ich glaube nicht, daß der Durchschnittsverleger hierzu Kräfte beschäftigt, die er gut genug bezahlt und die demnach qualifiziert sind. Da wird viel Schematisches getan.

Hat nun der Verleger eine wirksame Hilfe bei dem Sortimenter? Der Buchhändler ist einer der wenigen Kaufleute, der das Recht für sich beansprucht, seine Ware nicht genau zu kennen: ihre Quantität wachse ihm über den Kopf, sagt er. Tatsächlich gibt es in der mittlern Provinzstadt Deutschlands allerhöchstens jeweils eine Buchhandlung, die auf dem Gebiet der schönen Literatur gut Auskunft zu geben weiß und die gebildetes Verkaufspersonal hat. Niemand kann auch nur annähernd alles lesen, was erscheint – aber jeder Fachmann kann eine Übersicht haben, die fundiert ist. Im allgemeinen weiß ein bücherkaufender Literat besser über Verlage, Autoren und Richtungen Bescheid als der Sortimentsangestellte, und das ist eine Folge ungenügender Bezahlung. Hier wird falsch kalkuliert. Es wird immer derselbe Fehler begangen: statt die Produktion zu steigern, wird sie verteuert. Höhere Löhne der Sortimentsangestellten würden vielleicht für den Anfang den Preis des Buches erhöhen, denn die Sortimenter sind, nicht ganz ohne ihre Schuld, keineswegs auf Rosen gebettet; aber es rentierte sich. Ein Kaufmann soll aus seinem Markt herausholen, was drin ist. Der Buchhandel kann sich mehr nehmen, als er bekommt. Kann man zum Beispiel in deutschen Buchhandlungen der schönsten Beschäftigung frönen, die es gibt: in Büchern wühlen? Man hat so häufig den Eindruck, zu stören…

Ich glaube, daß Verlage und Sortimenter mehr für den Buchabsatz und damit für die Verbilligung des zu teuern deutschen Buches tun können als es der Fall ist. Ich bin neulich, als ich vom künstlich aufgeplusterten, vom ›zu dicken‹ Buch gesprochen habe, von einem Sortimenter auf die Pflicht der Presse hingewiesen worden, mehr Interesse für Literatur zu wecken. Ich sagte schon, daß die geschäftliche

Wirkung unsrer Kritiker nicht ganz geklärt ist. Daß die fachliche, interessante und grundsätzlich bedeutsame Buchkritik gegen die maßlos überschätzte Theaterkritik zurücktritt, ist ihre eigne Schuld – drüben arbeiten Ihering und Polgar, und auf der Buchseite geht es nur von Fall zu Fall gut. Die Presse kann vieles für das Buch tun – das Entscheidende liegt anderswo.

Es liegt beim Verlag, der seine Propaganda quantitativ ein wenig und qualitativ sehr zu steigern hätte. Und es liegt beim Sortiment, das nicht dazu da ist, Bücher ›zu besorgen‹, sondern Bücher kaufwert zu machen.

Ich will mich gern belehren lassen, wenn ich geirrt habe.

1928

Auf dem Nachttisch

Das Bett als Refugium vor dem Leben. Goethe und Mark Twain sind manchmal überhaupt nicht aufgestanden, bei Regenwetter oder wenn ihnen das Leben nicht gepaßt hat oder aus sonst einem schönen Grunde. »Von der Straße herauf«, steht in einem Roman, von dem wir gleich hören werden, »vernahm sie ab und zu das Gerumpel eines Lastwagens. In der Küche unter ihrem Zimmer hatte sich ein klappernder Lärm erhoben. Von allen Seiten her kam das wachsende Getöse des erwachenden Verkehrs. Sie fühlte sich hungrig und einsam. Das Bett war ein Floß, auf dem sie als einsame Schiffsbrüchige saß, ewig einsam, treibend auf einem grollenden Ozean. Ein Schauer lief über ihr Rückgrat. Sie zog die Knie dichter ans Kinn herauf.«

Wäre ich nun der Reklamechef des Verlages Georg Müller, so sagte ich: »Hätte die Dame unsere Kriminalromane Frank Hellers gekannt, so wäre sie niemals schlechter Laune. Gegen solche Angstzustände gibt es – abgesehen davon – nur unsre Original-Heller-Kriminalromane! Regenfeste Ironie! Dauerhafte Spannung! Herr Collin in allen Lebenslagen!« So spräche ich, und ich hätte nicht einmal so unrecht.

Was ich über diesen Herrn Collin schon gelacht habe, das geht auf gar keine Kuhhaut, geschweige denn auf eine Weltbühnenseite. Man lese, was auf Seite 17 von *Herr Collin ist ruiniert* steht, und wer dabei stockernst bleibt, dem will ich etwas schenken: eine Nagelfeile oder einen Toilettenpapierhalter mit Musik oder, was dasselbe ist, einen Band von Karin Michaelis. Meist amüsiert man sich vom Blatt – freilich gibt es schwache Bände, aber auch viele gute: *Lavertisse macht den Haupttreffer* und *Karl-Bertils Sommer*, die Ihnen sicher bekannten *Finanzen des Großherzogs* (bester Offenbach!) und *Herrn Filip Collins Abenteuer*. Und ehe ich einen erschwitzten historischen Roman lese (Die römische Hochzeit Seiner Impotenz des Achtzehnten), lese ich lieber Hellern. Man vergißt so schön das Leid der Welt – es ist wie Whisky.

Immer kann man aber nicht Whisky trinken – man sollte es wenigstens nicht tun. Es gibt auch andere Getränke.

Da ist *Manhattan Transfer* von John Dos Passos (bei S. Fischer in Berlin). Dieser halbe Amerikaner, dessen *Drei Soldaten* (im Malik-Verlag) gar nicht genug zu empfehlen sind, hat da etwas Gutes gemacht. Ich denke, daß die Mode der amerikanischen Romane, die uns die Verleger und die

Snobs durch Übermaß sacht zu verekeln beginnen, nachgelassen hat – und das ist auch gut so. Nicht etwa, weil nervöse und wenig erfolgreiche Reaktionäre der Literatur, zum Beispiel in den *Münchner Neuesten Nachrichten*, gegen die Übersetzungen aus dem Fremdländischen poltern –, sondern weil es zwischen der Hysterie der Anbetung und der Neurasthenie der Verdammung ein vernünftiges Mittelmaß gibt. Man soll fremde Länder kennen lernen – man soll sie nicht sofort segnen und nicht gleich verfluchen. *Manhattan Transfer* ist ein gutes Buch – die Amerikaner haben sich da einen neuen Naturalismus zurechtgemacht, der zu jung ist, um an den alten französischen heranzureichen, aber doch fesselnd genug. Es sind Fotografien, nein, eigentlich gute kleine Radierungen, die uns da gezeigt werden; ob sie echt sind, kann ich nicht beurteilen, die Leute, die lange genug drüben gelebt haben, sagen Ja. Es ist die Lyrik der Großstadt darin, eine durchaus männliche Lyrik. Der Einsame auf der Bank: »Fein hast du dein Leben versaut, Josef Harley. Fünfundvierzig und keine Freude und keinen Cent, um dir gütlich zu tun.« Das hat einmal so gehießen: »Qu'as tu fait de ta jeunesse?«, und das ist von Verlaine und ist schon lange her, aber doch neu wie am ersten Tag. Das Mädchen da liegt auf ihrem Zimmer in der großen Stadt, schwimmt in der Zeit und ist so allein. Sehr schön, wie ein Mann auf der Bettkante sitzt, und da ist eine Frau, seine Frau, und ein Kind, sein Kind – und plötzlich sieht er, daß er »hagere rötliche Füße hat, von Treppen und Trottoirs verkrümmt. Auf beiden kleinen Zehen saß ein Hühnerauge.« Und da hat er Mitleid mit sich und weint.

Das Buch ist auch formal gut – Dos Passos ist nicht nur

ein Dichter, sondern auch ein begabter Schriftsteller. Sehr hübsch ist diese Denkfigur, der man öfter bei ihm begegnet: »Auf dem Treppenabsatz befand sich ein Spiegel. Kapitän James Merivale blieb stehen, um Kapitän James Merivale zu betrachten.« Und diese, die geradezu programmatisch ist und viel tiefer als sie, leichtgefügt, wie sie ist, zu sein scheint: »Nichts hat so viel Erfolg wie der Erfolg.« Eine ähnliche Drehtür des Stils steht bei Sinclair Lewis, im *Elmer Gantry*, einem Buch von dem hier noch ausführlich die Rede sein soll… Ein einziger Klub, heißt es da, wird Herrn Gantry, den Prediger, vielleicht aufnehmen. »Des Ansehens wegen. Um zu beweisen, daß sie unmöglich den Gin in ihren Schränken haben können, den sie in ihren Schränken haben.«

Die Übersetzung von *Manhattan Transfer* durch Paul Baudisch ist sauber und anständig. Kleine Anmerkung: Man sagt im Deutschen kaum: »Das macht mich zipflig« –, sondern wohl immer: »Das macht mich kribblig«. Und was ist dies hier? »Dü Mauretania läuft öben eun; vürundzwanzig Stunden Verspötung« – Spricht eine alte gezierte Dame so? ein Oberhofprediger? Nein, das ist die Übersetzung irgendeines ›slang‹, und die Männer, die sich mit Übertragungen aus dem Englischen befassen, sollten sich das abmachen.

Weil wir grade bei Amerika sind: da ist eine Kümmerlichkeit über Ford erschienen. (S. Marquis *Henry Ford* bei Carl Reißner in Dresden. Das Buch ist übrigens zu teuer.) Vorn bewährt ein Mann, der offenbar Geistlicher ist, Männerstolz vor Dollarthronen, indem er zeigt, wie unfordisch der Automobilmann seine Angestellten behandelt; wie sie nicht auf anständige Art gekündigt, sondern verärgert und herausgedrängt werden, große Unternehmen haben ja zur Entlastung des Chefs gewöhnlich zwei bis drei Herren für den Meineid... und man bekommt überhaupt einen etwas gemischten Eindruck von dieser Seelenmühle der Humanität. Hinten steht von einem andern Autor das Gegenteil: welch ein großer, welch ein gütiger, gediegner, hilfsbereiter, sozial empfindender Mann dieser Ford sei. »Seinen gesamten Kriegsgewinn – 29 000 000 Dollar – hat Ford bedingungslos, ohne Einschränkungen und Rückhalt, an die Regierung abgeliefert. So handelte ein Pazifist.« Genau so.

Klapp. Ein Buch ist vom Bett gefallen, liegen lassen ist aus Prestigegründen unmöglich – die andern Bücher machten sich die Schwäche sofort zunutze und fielen alle gleichfalls. Was ist das –?

Es ist das *Jahrbuch des Verlages Paul Zsolnay* – eine sehr lesenswerte Sache. Dieser Verlag, der noch ganz jung ist, hat sich in wenigen Jahren zu einer beachtlichen Höhe aufgeschwungen, und grade, weil ich einen Teil seiner Autoren für umstritten halte und andre für einen gediegenen Zeitvertreib der gebildeten Mittelklasse, so ziemlich das unausstehlichste, das es in Deutschland gibt, blättere ich gern in seinen Büchern. Er hat Galsworthy, den ich nicht lese, und den großen Heinrich Mann; er hat Molnár und Max Brod, den ich immer lese, und er hat H. G. Wells. Das ist ein Kerl! Der einzige, dessen Optimismus über den Lauf der Welt nicht fade schmeckt; ein goethescher ›Dilettant‹ im edelsten Sinne; ein gebildeter Unfachmann – ein Dichter und ein Mann des Fortschritts und tausendmal wertvoller als der ganze Shaw.

Sehr reizvoll ist in diesem Jahrbuch ein Kapitel Franz Werfels *Der Snobismus eine geistige Weltmacht*. Das Negative daran ist zum Teil brillant; das Positive… es fällt mir schwer, das zu sagen: aber es ist etwas von Rentenphilosophie darin, von Geborgenheit, von etwas, das er »verwurzelt« nennt und das doch nur die Sicherheit ist, die ein Scheckheft gibt. Ich mag solche geborgenen Menschen nicht. (Was nichts mit Werfels großen dichterischen Qualitäten zu tun hat.)

Merkt man noch an, daß die Bücherpreise Zsolnays erfreulich vernünftig, weil so niedrig wie möglich kalkuliert sind, so kann man dem Verlag nur Glück auf den Weg wünschen.

Also Molnár ist auch bei Zsolnay erschienen – aber ein entzückendes kleines Buch Franz Molnárs hat er nicht; das hat E. P. Tal in Leipzig: *Die Jungen der Paulstraße*. Das ist ein Bijou. Das Bijou ist infam ausgestattet: es hat einen niederträchtig schlechten Einband und ebensolche Zeichnungen; das wollen wir aber gar nicht. Entweder ihr laßt solche Jungens-Szenen von einem großen Künstler zeichnen – sagen wir einmal: von der Frau Sintenis – oder ihr zeichnet naturalistisch durch, wie es die Engländer oft tun: ich bin so altmodisch, zu verlangen, daß wir, wenn schon keine künstlerischen Visionen da sind, wenigstens deutlich erkennen können, wer wer ist. Diese Figuren da sehen aus wie Zeichnungen, die Jungen an die Mauern kritzeln – aber sie sind nicht halb so lustig. Das Buch hätte eine bessere Ausstattung verdient.

Ein Kapitel kannte ich schon: ich hatte es im *Welthumor* gelesen, eine der wenigen erträglichen Anthologien;

Roda Roda und Theodor Etzel haben sie bei Albert Langen in München herausgegeben, sechs sehr zu empfehlende Bände, an denen es viel zu lernen und zu lachen gibt. Darin steht die Sache vom *Kitt-Verein*. Die Jungen der Paulstraße hatten nämlich, was streng verboten war, einen Kitt-Verein gegründet. Zweck: unbekannt, Tendenz: unbekannt, Sinn: unbekannt, und doch so bekannt. Zweck, Tendenz, Sinn: einen Verein zu gründen. Er heißt ›Kitt-Verein‹, weil der Präsident die Pflicht hat, den Vereinskitt (›Gitt‹ geheißen, ja nicht: Kitt) zu kauen – und nun läuft das arme Kind den ganzen Tag mit diesem schmutzigen Kloß im Munde herum und kaut. Es ist ganz und gar herrlich. Im übrigen führen die Herren Knaben Krieg; sie führen Krieg mit den ›Rothemden‹, Jungen von einem andern Spielplatz, und die wollen ihnen den ›Grund‹ rauben, einen leer stehenden Bauplatz... Krieg! Krieg!

Besser ist das Wesen einer Gruppe, also eines Vaterlandes, noch selten gezeigt worden wie hier. Die Untergebenen des Oberführers salutieren in der Klasse. »Die andern Jungen, die nicht zu der Paulstraßengruppe gehörten, beneideten diese ungeheuer, als sie Beka salutierten, zum Zeichen, daß sie die Anordnung des Präsidenten zur Kenntnis genommen hatten –« Sollten wir das nicht schon mal erlebt haben –? Dann pappt der Präsident eine Proklamation an die Mauer, und die Heerestruppen gehen um sie herum und lesen sie.

AUFRUF! JETZT MUSS JEDERMANN AUF SEINEM POSTEN STEHN!

UNSERM REICHE DROHT EINE GROSSE GEFAHR!

»Einige können sie schon auswendig und trugen sie von der Höhe eines Holzstoßes in kriegerischem Ton den Umstehenden vor, die den ganzen Wortlaut gleichfalls auswendig wußten, aber doch mit offenem Munde zuhörten und, wenn sie zu Ende gehört hatten, zur Planke liefen, den Aufruf von neuem lasen, und dann selbst auf einen Holzstoß kletterten, um ihn von der Höhe herab zu deklamieren.« Wer wagt es zu streiken, wenn Hindenburg befiehlt? Und dann ihre Freude am Apparat! Da ist einer, der kann so schön auf zwei Fingern pfeifen. Und einmal unternimmt er eine sehr kriegerische Handlung, nur in der Hoffnung, dabei einmal herzhaft pfeifen zu können... Und zwei haben sich gezankt, aber weil jetzt Krieg ist, müssen sie sich, laut Geheiß des Präsidenten, versöhnen. Sofort! Ohne Umstände. Das tun sie auch. Aber sie haben eine Bitte. Nun? »Daß ich, wenn uns die Rothemden nicht angreifen sollten, daß ich... und Kolnay dann wieder Feinde sein könnten...« Die Krise, steht manchmal in den deutschen Zeitungen, wird bis nach dem Weihnachtsfest vertagt.

Zum Schluß ist das Buch etwas weinerlich, eine grade noch erträgliche Leierkastensentimentalität steigt auf, unterbrochen von einem wirklich schönen Satz des schwerkranken kleinen Jungen, der sich für sein ›Vaterland‹ die Erkältung und damit den Tod geholt hat. Du stirbst nicht, sagt ihm sein Freund. »Du sagst, es ist nicht wahr?« – »Ja.« – »Lüge ich vielleicht?« Man beruhigt ihn. Aber er läßt sich nicht beruhigen. »Also, ich gebe mein Wort darauf, daß ich sterbe!«

Ich glaube, daß Frauen mit dieser Erzählung sehr viel anfangen können – eine Mutter wird das Buch noch besser verstehen als ein Mann. Übrigens ist es ein Vorkriegsbuch – seltsam, daß die meisten Dinge erst dann literarische Gestalt annehmen, wenn sie schon lange vorbei sind; ferne Planeten zeigen sich Lichtjahre nach ihrer Entstehung an. Das Buch gilt ganz und gar für meine Generation – die Jungen spielen heute anders, fühlen anders, sprechen anders; nicht, als ob sich die Menschen änderten, aber die Ausdrucksformen ihrer seelischen Regungen ändern sich. Heute ist vieles wohl mehr ins Sportliche, ins Technische transponiert – wir wissen das noch nicht. Denn, was sich da als ›heutige Generation‹ aufkakelt, ist gar keine. Da ist das Loch, das der Krieg gerissen hat: eine Generation fehlt. Ein Repräsentant wie etwa Erich Ebermayer ist überhaupt nichts – nur unbegabt und unjung, und leicht verschmockt sind sie fast alle. Man braucht nicht gleich auf das Niveau Klaus Manns herunterzusteigen, der von Beruf jung ist und von dem gewiß in einer ernsthaften Buchkritik nicht die Rede sein soll – aber wie alt sind sie! wie fertig! Wenn es noch Chaos wäre! Aber es sind fix und fertige Feuilletonredakteure mittlerer Provinzblätter, und keine guten.

Die Guten lassen leider fast überall eine Sitte durchgehen, die eine saubere Buchkritik auf das schärfste kompromittiert. Es ist da ein Lobgehudel ausgebrochen, das jede Empfehlung wertlos macht: es gibt keinen Verlag mehr, der nicht für jedes seiner Bücher ein Zeugnis vorweisen kann, wie es Dante, Balzac, Strindberg, Tolstoi und Dostojewski zusammen nicht bekommen haben. Das ist leicht erklärlich: es gehört nämlich gar nichts dazu, leere Ballons aufzupusten – und nichts wiegt leichter als diese kleinen Lobeshaufen, die man an jeder Straßenecke zusammenfegen kann. Da schreibt jeder über jedes, da wissen alle alles –. Aber es ist doch eine Lüge und ein Schwindel, wenn jede neue Verlagsentdeckung (»In Amerika 80 000 000 000 000 Exemplare verkauft«) vier,

zehn, hundertundzehn Literaten findet, die nur darauf gewartet haben, dergleichen hochzuloben. Diese Snobs, die
einen neuen Modeschriftsteller wie eine Krawatte tragen,
sollte man nach Hause jagen – bald wird das Publikum auf
kein Lob mehr hören und nichts mehr glauben, wenn man
es so anlügt.

Meist lohnt es nicht, zu ›verreißen‹, wozu ein nur billiger
Mut gehört – aber manchmal lohnt es, grundsätzlich etwas
über ein Buch auszusagen, weil man dabei etwas lernen kann.

Da habe ich also gelesen, wie wunderbar schön die
Mikrobenjäger von Paul de Kruif seien. (Im Verlag Orell
Füßli, Zürich und Leipzig.)

Das Thema ist eines der schönsten, das es gibt: der echte
Sieg von Menschen über die Materie, und noch dazu über
die lebende. Nichts ist so groß wie ein biochemisches Rätsel. Dazu kommt, daß diese Wissenschaft sehr, sehr jung ist,
kaum ein Menschenleben alt – wieviel Heroismus, Geduld,
Zähigkeit, Fleiß und Intuition haben dazu gehört, damit
entdeckt werden konnte, woran lebende Organismen zugrunde gehen. Von der Therapeutik zu schweigen; diagno-
stisch ist ein Fortschritt da, daran ist kein Zweifel. Paul de
Kruif ist ein junger amerikanischer Arzt, und was hat er nun
mit seinem Thema gemacht –?

Er hat es verniedlicht. Er nennt die Mikroben »die Teu-
felchen«, und er hat es fertig bekommen, aus den Willens-
menschen Koch und Pasteur und Ehrlich Helden in baum-
wollgestrickten Rüstungen zu machen. »Ei, da gabs doch in
der Nähe jene großartigen Farbenfabriken«, wird anläßlich
der Forschungen über die Syphilis gesagt, »aus denen die
Großmeister der industriellen Chemie Tag für Tag ganze

Buketts von entzückenden Farben in die Welt sandten.« Very nice, isn't it? Daß er einmal im Zusammenhang mit den Mikroben das Wörtlein »Husch!« verwendet, nur nebenbei – ich dachte im ersten Augenblick, Hans Reimann hätte die Ausgabe ein bißchen bearbeitet.

Sagte ich ›Forschungen über Syphilis‹? de Kruif sagt das nicht gern. »Die gewisse ekelhafte Krankheit mit dem verpönten Namen« ... Und einmal: »Eine dicke Lage von einem Stoff, den wir lieber nicht nennen wollen« und: »... bessere und immer bessere Linsen herzustellen, wie er dann aber alles damit untersuchte, auch die heimlichsten und ekelhaftesten Dinge.« Was sind in der Medizin ›heimliche Dinge‹? Sperma? Exkremente? Es ist einfach eine Unanständigkeit, für ein Buch, das sich mit Fragen der Wissenschaft befaßt, die Sittlichkeitsanschauungen einer mittleren Amerikanerin zur Norm zu machen.

Unterbrochen wird dieser Unfug durch die Schilderung von Ärzten, die scheinbar raunzt, in Wirklichkeit aber diese Romanhelden goldisch findet. Pasteur klettert in seine kleine Dachkammer herauf, die er sich in der École Supérieure eingerichtet hat – »Am nächsten Morgen flog er zu seinem gebrechlichen Inkubator, er wußte gar nicht, wie er hinaufgekommen war, natürlich ohne Frühstück!« Denk mal, Anne: ohne Frühstück! Und die Versuchstiere sprechen so niedlich: eine Schildkröte, an der experimentiert wird, »steckte ab und zu den Kopf aus dem Panzer und schien aus einem Auge zu zwinkern: ›Fein schmecken sie, die Bazillen, bitte um mehr!‹« So, genau so steht die reisende Frau Roseberry vor dem Capitol in Rom. Man weiß manchmal nicht, ob sich der Mensch, der das geschrieben hat, nur so lacknaiv stellt oder es wirklich ist. Von Frau Pasteur: »...nachdem sie die Kinder zu Bett gebracht hatte, deren Vater er in der Zerstreutheit geworden war...« Als Witz wäre das sehr gut – aber ich fürchte, es ist ein unabsichtlicher. Mitunter jedoch ist dieser Entdecker der Sacharin-Mikroben, der seine Forscher Monologe im Geiste einer Sonntagsschule halten läßt, durchaus nicht naiv, sondern bösartig.

Die Art, in der der Franzose Pasteur und der Deutsche Koch gegeneinander ausgespielt werden, ist höchst unfair – doppelt unfair für einen, der solange in Frankreich am Institut Pasteur gearbeitet hat. Immer wieder wird die alberne Nationalitätsfrage in dieses Gebiet getragen – und mitunter steckt der echte, schlechte Amerikaner hundertprozentig seinen Kopf hervor. Von Ehrlich und seinem Assistenten Shiga: »Diese Bestien (die Mikroben) machen sich gar nichts daraus, wenn ein Jude und ein Japaner ihre Beharrlichkeit vereinigen, um sie mit leuchtenden Farben zu vergiften.« Es wimmelt von solchen Stellen, deren Geschmacklosigkeit so groß ist, daß man nicht weiß, ob sie auf Frechheit oder Dummheit oder auf stilistischem Unvermögen beruhen. Wenn einer von einem Professor schreibt, er gehe »in seiner saloppen Poetenhaltung« herum, dann ist er eben ein Kaffer. Peinlich, wenn sich so etwas an große Männer mit der Gehirnleere eines Fußballspielers anbiedert: »Er konnte aber auch, so beweglich war das Japchen, ein Dutzend Experimente zugleich durchführen.« Kurz: so sieht das aus, was der Übersetzer, der seine Sache recht gut gemacht hat, im Vorwort »vornehme Popularität« nennt.

Dabei hat das Buch echte und seltene Helden zum

Thema: denn dies sind Helden, die sich die Lues und das gelbe Fieber zu Versuchszwecken injizieren ließen. Die Witwe eines Mannes, der dabei draufging, bekam vom amerikanischen Kongreß fünfzehnhundert Dollar jährlich, was drüben nicht viel ist, und einer, der beinah draufgegangen wäre, erhielt eine goldene Uhr und 115 Dollar, und vom lieben Gott wurde ihm eine kleine Paralyse dazu verliehen. Das sind wahre Helden – nicht die Herren Hindenburg und die andern.

Das Buch ist selbst eine Mikrobe: die der amerikanischen Weltkrankheit. Dieser verniedlichte Tod, diese Karikaturen, die so aussehen, wie sich eine höhere Mädchenschulvorsteherin einen heldenhaften Arzt vorstellt: diese fatale Anmeierei an ein halbgebildetes Publikum, das solche Bücher gern liest, weil das »Thema ihm so hübsch nahegebracht«, also heruntergebracht wird, so daß man nachher schön darüber mitreden kann: es ist das eine Verbreitung der ›Bildung‹, die mir auf das höchste zuwider ist. Und nicht das ist das Tadelnswerte, daß es hüben und drüben Lessinghochschulen gibt, sondern daß sich die Leute, die sie besuchen, wer weiß was darauf einbilden und sich nie gebildete Laien nennen, sondern als ›ernste Kenner‹ durch die Welt spazieren.

Ohne uns. Wenn das drüben die Art ist, ein schwieriges und wichtiges Thema an die Massen zu bringen, so soll uns das nicht kümmern. Aber es ist doch wohl nicht nötig, in Europa noch einmal auf den infantilen Standpunkt eines jungen Landes zurückzugehen und wieder von vorn anzufangen. Immerhin hat es ja hier einmal so etwas wie einen Humanismus gegeben. Nicht einmal – auf 346 Seiten nicht ein Mal ein Aufblick zu den Sternen: kein Gefühl für das Geheimnisvolle in der Natur – gestrickter Pietismus und kein Gran von Frömmigkeit. Amerika hat wertvolle Leute. De Kruif ist ein guter Freund von Sinclair Lewis und ein geistiger Nährvater des *Dr. Arrowsmith*? Es tut mir sehr leid: sie sollen ihn drüben behalten.

Jetzt haben wir uns aber richtig in Schlaf geärgert, das Licht erlischt, und die Gedanken kreisen um die Mikroben eines prohibitionistischen Kamillentees, gegen den es offenbar kein Toxin gibt. Doch: es gibt eines. Die lernbegierige Offenheit eines älteren Kontinents und das Selbstgefühl, auch den Wolkenkratzern gegenüber Europäer zu sein.

1928

Bert Brechts Hauspostille

Eine gute Eigenschaft Berlins: man kann die Stadt nicht jahrelang bluffen. Eine bessere Eigenschaft Berlins: ›Beziehungen‹ in der Literatur nützen weniger als man glaubt; Besuche bei Kritikern wären lächerlich (sind in Paris gang und gäbe) –, in Berlin setzt sich die starke Kraft sehr oft allein durch. Eine schlechte Eigenschaft Berlins: seine grenzenlose Undankbarkeit. Es kann einer fünfundzwanzig Jahre hindurch die beste künstlerische Arbeit geleistet haben; wenn er im sechsundzwanzigsten aus irgend einem Grunde nachläßt oder seiner Zeit nicht mehr zu folgen vermag oder krank wird –: dann ist er vergessen und begraben und wird höhnisch abgetan. »Gott! (mit drei t) – der Mann ist doch passé!« Berliner Anilinruhm ist nicht ungefährlich.

Bert Brecht wird das eines Tages merken. Um wie viel er heute überschätzt wird, um so viel wird er eines Tages unterschätzt werden, und beides sehr zu unrecht. Dieser Mann ist auf dem Theater ein sehr beachtliches Talent, und in der Lyrik mehr als das. Da ist vor einiger Zeit seine *Hauspostille* (im Propyläen Verlag zu Berlin) erschienen, und ich habe absichtlich gewartet, um zu sehen, wie diese Gedichte aussehen werden, wenn sie eine Weile lagern. So sehen sie aus:

Sie vermitteln den stärksten Eindruck, den unsereiner in der letzten Zeit in deutscher Lyrik gefunden hat. Es mag sich nun jeder seine Lieblingsstücke heraussuchen und auswendig lernen. Wenn ich die meinen zu analysieren versuche, so bedeutet das keine abfällige Kritik an allen andern – mit Ausnahme einer Gattung. Das sind die wildromantischen ›songs‹. An die glaube ich nicht.

Was das Land ›Mahagonny‹ angeht, so ist es ein gut bürgerliches Land, es blüht daselbst der Nußbaum und die gute Eiche, aus der man die Bücherregale macht. Die *Drei Soldaten* heißen George, Freddy und John und mit Nachnamen Kipling; und es ist ein großer Unterschied, ob ein Angelsachse solch ein Leben der Soldaten miterlebt oder ob ein Bayer, der seine Dumpfheit niemals ganz los wird, sie nachlebt. Es gibt da eine innere Wahrhaftigkeit, über die keiner hinwegtäuschen kann. Der Rest dieser Gattung ist – mit Ausnahme der wunderschönen Ballade von des Cortez' Leuten –: Freiligrath. Ich habe diesen Dichter, in dessen Werk sich große Gaben und Lächerliches absonderlich mischen, nun noch einmal nachgelesen – die Ähnlichkeit ist überraschend. Wie da die Liebe zum fremden Land erst ur-

653

sprünglich war, dann immer mehr benutzt wird, wenn das Eigene nicht reicht – wie da die fremden Namen auf den verblüfften Leser herunterdonnern: Na? Siehst du? so exotisch geht es bei uns zu…, wie da dem fremden Kontinent alles, alles zugemutet wird, nur keine Spießer, während doch grade die bei den Cowboys genau so wild wachsen wie bei den Skatindianern, nur eben in andern Formen –: diese bunten Lieder Brechts sind bester Freiligrath und schwächster Brecht. Dies vorweggenommen, hat man freilich den Hut abzunehmen.

Durch *Apfelböck* schon zieht ein Ton, der weit über Wedekind hinausgeht, und das will etwas besagen. Man durchblättere heute noch einmal die Gedichte Wedekinds, sie sind lange nicht so verstaubt wie seine meisten Dramen. Nun aber:

S. 24. *Morgendliche Rede an den Baum Green*. Das ist ein ganz neuer Ton, den wir noch nie gehört haben. Dieser Zusammenklang aus Keßheit, Scham, Kameradschaft, großer Stadt und ganz simpler Natur, der unwägbare Rhythmus, der durchgeht, das ist echte Kraft, hier wird nicht geprotzt, hier spricht ein Meister. Da öffnet sich die Faust des Boxers und streichelt; die Liebkosung ist etwas hornig, aber wenn du genau hinfühlst, ist sie viel zarter als die einer Frau.

S. 27. *Bericht vom Zeck*. Das ist wie ein altes bayerisches Glasbild. Wunderschön, wie die Farbe Violett, die Baudelaire entzückt hat, auf diesen in den Knochen groben, im Leiden feinen B. B. wirkt. Violett – das will er nicht, das ist Fieber und Gift und Malaria und etwas, was zwischen den Farben ist. Hier übrigens wie in sehr vielen andern Gedichten sitzt jedes Wort wie mit Stahl genietet – unmöglich, auch nur eines herauszunehmen, der ganze Bau stürzte zusammen.

S. 33. *Vom Mitmensch.* Höhepunkt und Vorspiel zu der noch schönern *Ballade von den Geheimnissen jedweden Mannes* (S. 57). Die kindlich törichte Einleitung »Wir und die andern«, die auch jenes »O-Mensch!«-Geschrei nicht hat durchbrechen können, ist hier völlig aufgelöst.

Ihr, die ihr ihn werft in die schmutziggelben Meere
Ihr, die ihr in schwarze Erde ihn grabt:
In dem Sack schwimmt mehr, als ihr wißt, zu den Fischen
Und im Boden fault mehr, als ihr eingescharrt habt.

»Weil er niemals«, heißt es in dem Refrain, »weil er niemals den ihr kanntet, war. Und der Täter nicht nur seiner Tat.« Was an diesen Versen besonders merkwürdig berührt, ist, daß sie nicht gütig sind. Brecht hat überhaupt nichts Gütiges – es ist etwas Jugendlich-Grimmiges darin und Verzweiflung, Güte nicht. Gäbe es auch nur hundert deutsche Richter, die diese Gedichte verständen –: es stünde besser um unsre Justiz.

An reiner Lyrik scheint mir das Schönste – neben dem Baum Green – dies Doppelbildnis zu sein *Vom Klettern in Bäumen* und *Vom Schwimmen in Seen und Flüssen.* Hier ist das erreicht, was die Mahagonny-Männer mit viel Geschrei und deutschem Whisky niemals erreichen –: hier löst sich das Gedicht in Landschaft, der Mensch in Natur auf. Gegen einen bleichen, unbeteiligten Himmel steht schwarz der Wald, diese Natur ist weder Folie für einen exorbitanten Kerl noch Kulisse noch Altar – sie ist; weiter nichts. Ich hätte es niemals für möglich gehalten, daß es im Zeitalter der Kollektivität noch einmal etwas so grenzenlos Einsames, so Losgelöstes geben könnte. Dieser Mensch, der da klettert und schwimmt, ist ganz allein. Während man bei der zünftigen Lyrik nie, niemals das Gefühl los wird: »Ja – aber mit Rente! und was wird, wenn du die nicht hast, alter Parkschlenderer?« – ist hier einer mit sich und neben seinem Gott ganz allein. Dieser Gott schwimmt abends wirklich in den Flüssen, und es ist alles wahr, was in diesem Gedicht steht. Kleines Merkzeichen für sehr große Lyrik: sie will nicht komponiert werden.

Über S. 125 brauche ich in der *Weltbühne* nichts zu sagen; da steht die *Legende vom toten Soldaten.* Wer die nicht kennt, sollte schon um ihretwillen das Buch in die Hand nehmen. Den Preußen hats ja mancher besorgt – so gegeben hats ihnen noch keiner. Sie graben den toten Soldaten aus, wie ihr euch erinnert, eine ganze

militär-
ische ärztliche Kommission

und nehmen ihn mit …

> Und sie nahmen sogleich den Soldaten mit.
> Die Nacht war blau und schön.
> Man konnte, wenn man keinen Helm aufhatte
> Die Sterne der Heimat sehn.

Und sie schütten ihm Schnaps ein, geben ihm 2 Stück Krankenschwestern zum Geleit und 1 Stück Feldgeistlichen und

> Voran die Musik mit Tschindrara
> Spielt einen flotten Marsch.
> Und der Soldat, so wie ers gelernt
> Schmeißt seine Beine vom Arsch.

Und so ziehen sie denn dahin, Sanitäter und noch ein Mann im Frack, alle Dörfer, durch die sie kommen, geraten in Aufruhr…

> Die Katzen und die Hunde schrein
> Die Ratzen im Feld pfeifen wüst:
> Sie wollen nicht französisch sein
> Weil das eine Schande ist.

Und so zieht er denn zum zweiten Mal in den ff. Heldentod.

Das ist eine lyrische Leistung großen Stils, und wie man mir erzählt hat, soll das Lied in den Kreisen junger Kommunisten beginnen, populär zu werden. Was zu hoffen steht.

Im Abgesang *Vom armen B. B.* ist noch einmal alles enthalten, was dieses Buch uns wert macht und auch das, was drum herumhängt: Pose, Verzweiflung, echter Schmerz, eine gemachte Kälte, die Wärme zu sein vorgibt, wo echte Kälte ist, und eine herrliche lyrische Diktion. Nur noch die Jugendgedichte von George Grosz haben diesen Ton – sonst wohl nichts.

Brecht ist ein Gehauter – und ich habe fast Furcht, mich an ihn zu verlieren. Er zwinkert – hat er uns hineingelegt? Ich glaube, er hat es ein paar Mal versucht, er ist wohl böse von Natur und ein bißchen tücksch und kann es nicht lassen. Aber mag er böse sein. Er kann nicht nur viel, er ist nicht nur Sprachmeister; er hat, um einen berliner Ausdruck zu gebrauchen, ›er hat was drin‹.

Er und Gottfried Benn scheinen mir die größten lyrischen Begabungen zu sein, die heute in Deutschland leben.

1928

Kriminalromane

»Der Chinese stürzte sich auf den Schwarzen, der die Tür der Stahlkammer ins Schloß schmettert. Jenny warf sich herum und stierte den Detektiv fassungslos an. ›Mord!‹ sagte Herr Engel kurz.«

Hunderttausend ernster Geschäftsleute, die tagsüber Butter und Seide und Kuxe gehandelt haben, lesen abends, mit leicht gerunzelter Stirn, die Lippen um die Pfeife gepreßt, Kriminalromane. Warum? Was geht Herrn Buttermann der Chinese in der Stahlkammer an? Was Herrn Seidemann das Attentat auf den londoner Zirkusbesitzer Poiccart? Was Herrn Makler Kuxmann das Komplott der Mörderbande gegen den großen Bill –? Eben weil es sie nichts angeht, lesen sie es.

Es ist die Flucht aus dem Alltag in die Romantik – aber in eine, in der es genau so logisch, so folgerichtig, so scharf zugeht wie im Leben – nur die Voraussetzung und das Schlußergebnis sind verschieden. Im Leben unterliegen bekanntlich immer beide Parteien – in den Kriminalromanen siegt einer unbedingt, vollkommen, ganz und gar, und das ist eine Befriedigung für den Leser, jener nicht unähnlich, die wir empfunden haben, wenn die arithmetische Aufgabe in der Schule mit Null aufging…

Jede Zeit hat die Räuberromane, die ihr angemessen sind: das achtzehnte Jahrhundert die moralischen oder unmoralischen, was auf dasselbe herauskommt; das neunzehnte die idyllischen, mit einem Rinaldo Rinaldini, der zweihundertundachtzig Seiten braucht, ehe er zum Schluß kommt – und heute geht es schnell und fix zu, klipp-klapp: Verbrechen, der Detektiv sog an der mächtigen Pfeife, das Auto braust in die Vorstadt, Blausäure, Brandstiftung, die schwarze Mündung des Revolvers richtete sich auf den erblaßten Billy, und auf Seite zweihundert ist alles in Ordnung. Das hat der Geschäftsmann gern – es ist eine klare Bilanz. Tempo! Tempo! Der Kriminalroman ist die Ausspannung von der alltäglichen Tätigkeit: wer in der Geisbergstraße wohnt, eingetragen auf dem Einwohnermeldeamt, mit Steuerbogen, Führerschein, Geburtszeugnis und Impfattest, der liebt die Pyramiden, in deren Innern sich die arabischen Wüstenräuber aufhalten… Die neueren Kriminalromane bestehen aus einem Minimum an Reflexion und einem Maximum an Handlung. Man kann nicht einmal sagen, daß hier die Tugend siege oder das Verbrechen: – die Aktivität siegt, der Schnellere siegt, der, der besser Auto fahren, der besser denken kann, der die schnellere Entschlußkraft besitzt. Es ist eine Entspannung für den, dem tagsüber am Telefon, im Geschäft, im Büro nichts schnell genug gehen kann – hier funktioniert es Schlag auf Schlag, und man weiß, woran man ist.

Aber es ist eine nicht ganz ungefährliche Entspannung. Lies vier Kriminalromane hintereinander, und dir wirbelt langsam der Kopf; diese Lektüre hat etwas Narkotisches, hinterher schmeckt nichts mehr anderes…

Aber mitunter, in der Eisenbahn, im Flugzeug, in der Sommerfrische, in der Elektrischen ist es ganz heiter. Die Umwelt versinkt, vergessen Chef, Angestellte und der Ärger mit Abteilung iiib, vergessen Registratur und Intrigen des Assistenten, vergessen Geschäft, Kurszettel und Hypothek… »Der Detektiv hielt eine verwelkte Rosenknospe in der Hand und roch sorgfältig an ihr. In diesem Augenblick ertönte eine ungeheure Detonation, alle eilten ans Fenster…« Die Herren Doyle, Wallace & Co. seien gesegnet für und für, wenn alles schief geht, nehmen wir ihre Werke zur Hand und flüchten uns aus dem sauber parzellierten Alltag in die unkontrollierbaren Länder der Verbrecher-Romantik. Es gibt allerdings ein Gebiet, in dem es noch toller zugeht als dort: und das ist das Leben.   1928

Auf dem Nachttisch

Auf dem Nachttisch: Bücher – eine kippelnde Säule; auf dem Bett: Bücher; auf dem Rasiertisch: Bücher; hätte ich ein Töpfchen, so läge Eduard Engel darin – aber ich bin ein feiner Mann und habe kein Töpfchen und keinen Engel. Wer verlegt das nur alles? Wer druckt das? Wer kauft das? Wer liest das –? Warum wird grade dies verlegt und nicht irgend etwas andres? Wonach geht es, o unbegreifliche Lektoren! Da beklagen sie sich, daß die Buchgeschäfte nicht fest sind – verlegen aber pfundweise Bücher, die nicht gehen und nicht gehen können, weil sie mittelmäßig sind: Nichterfolge darf nur ein Genie haben, Talente haben Erfolg zu haben. Heute ist es noch früh, halb zehn Uhr, drei Premieren steigen ohne mich, Lieschen wartet an der Porte Majeure, das ist force Maillot, und der General Pinenlair, dem ich immer für schweres Geld die Grundrisse unserer Panzerkreuzer übergebe, beklopft in seinem Ministerium den Diplomatenschreibtisch mit nervösen Fingern. Alles in Ordnung – lasset uns lesen.

Redner der Revolution, eine Serie kleiner Bändchen (im Neuen Deutschen Verlag zu Berlin). Robespierre und Saint-Just und Wilhelm Liebknecht und Karl Liebknecht und Bebel und Saint-Just und Thomas Münzer – jedes Mal ein kleines Bändchen mit ausgewählten Reden. Sehr lehrreich, sehr merkwürdig. Denn abgesehen von dem großen historischen Nutzen, den solche Rückblicke haben, zeigt es sich auch hier, daß eine Rede keine Schreibe ist. Wieviel ist verflogen! Wie muß man rekonstruieren, um zu begreifen, was die Zeitgenossen an diesen fast harmlos scheinenden Berichten so maßlos aufgeregt hat! Und hat man rekonstruiert, dann erkennt man – ist aber nicht erregt. Dies beiseite, darf gesagt werden, daß es fast unerläßlich erscheint, diese Serie sorgfältig zu lesen – die Wiederkehr des ewig Gleichen in wechselnder Terminologie: die reine Leidenschaft Karl Liebknechts und die getrübte Leidenschaft Dantons; das Bürgerpathos und der erwachende vierte Stand – das ist deshalb nützlich zu wissen, um unsere Leute besser zu verstehen. Mit dem, was geschehen ist, kann man nichts beweisen; mit dem, was geschehen ist, kann man sich vieles klar machen. Und das, was banal erscheint, war es nicht immer; wo jetzt Gemeinplätze sind, haben früher einmal Schlösser und Zwingburgen gestanden, und heute fluten die Menschen darüber hinweg und glauben, es sei immer so gewesen, und haben alles vergessen… und bauen darauf manch neues Bollwerk.

Zum Beispiel Banken. Und wenn die groß geworden sind, so groß, daß sie ein Land überschatten, dann heißt das Land Amerika, und nun wollen wir einmal ein Amerika-Buch begucken, das eigentlich keines ist und doch eines ist. Es ist von jenem großen Prosaiker Franz Kafka, auf den immer wieder hinzuweisen das schönste Verdienst Max Brods ist – das Buch heißt *Amerika* (und ist bei Kurt Wolff in München erschienen). Das Werk stammt aus der Zeit vor dem Kriege, Brod sagt in seinem Nachwort, daß es schon viele zarte Lichter des Chaplinschen Humors enthält. Es ist etwas ganz und gar Wunderbares, an innerer Musik und dem Pianissimo der Töne nur noch mit Hamsun zu vergleichen.

Ich habe mich mit dem *Schloß* Kafkas nicht im gleichen Maße befreunden können – es ist das ein Buch, in dem eine ›Deutung‹ der Vorgänge fast unumgänglich nötig erscheint, und weder hat mir die Deutung noch die Handlung gefallen. Hier in *Amerika* aber ist jeder Vorgang Selbstzweck, dichterische Frucht und Blüte schmerzlicher Erkenntnis. Es läuft da ein Band vom Dostojewskischen Idioten über Schwejk zu der Hauptfigur des kleinen Karl – sie wehren sich gegen das Leben nicht, aber sie sind so allein und siegen noch in den Niederlagen. Was immer wieder an Kafkas Werk zur größten Bewunderung zwingt, ist die Unwiderruflichkeit der Szenen und ihre traumhafte Eindringlichkeit… Da nimmt der Nicht-Held eine Stellung in einem Hotel an, wo man ihn in eine Liftjungenuniform preßt. »Beim Hotelschneider wurde ihm die Liftjungenuniform anprobiert, die äußerlich sehr prächtig mit Goldknöpfen und Goldschnüren ausgestattet war, bei deren Anziehen es Karl aber doch ein wenig schauderte, denn besonders unter den Achseln war das Röckchen kalt, hart und dabei unaustrocknbar naß von dem Schweiß der Liftjungen, die es vor ihm getragen hatten.« Dieser unerschütterliche Glaube an die Wahrheit des Geschilderten läßt nie fragen: »Woher wissen Sie das, Kafka?« – die Frage will nicht über die Lippen – es ist wie in der *Schönsten Geschichte der Welt* bei Kipling, wo der Banklehrling eben im Innern fest und sicher weiß, wie die Galeerensklaven einmal gelebt haben... er ist vielleicht in einem früheren Leben einer gewesen.

Es wimmelt von Formulierungen, die unvergeßlich sind. Von der Justiz: »Die ganze Geschichte konnte er hier nicht erzählen, und wenn es auch möglich gewesen wäre, so schien es doch aussichtslos, ein drohendes Unrecht durch Erzählung eines erlittenen Unrechts abzuwehren.« Oder: »›Und ohne Rock bist du entlassen worden?‹ fragte der Polizeimann. ›Nun ja‹, sagte Karl; also auch in Amerika gehörte es zur Art der Behörden, das, was sie sahen, noch eigens zu fragen.« So tausendmal.

Am schönsten an diesem großen Werk ist die tiefe Melancholie, die es durchzieht: hier ist der ganz seltene Fall, daß einer ›das Leben nicht versteht‹ und recht hat. Niemals ist das, was da geschieht, ganz auszudeuten; schicksalhaft, wie im Traum, fallen die Bestimmungen, die Gesetze, die Gebräuche auf den Leidenden herunter, der auch nicht fragt; das machen die andern eben so – er also auch. Nie läßt sich der ganze Apparat völlig übersehen; in allen Büchern Kafkas gibt es solch einen ungeheuern, umständlichen, endlosen Apparat, der keine Allegorie ist, sondern Niederschlag des Lebens in einem sieghaft Wehrlosen. Daß Karl jemals den Hoteldirektor selbst erblicken könnte, ist unausdenkbar; es langt allenfalls bis zum Oberkellner, und das ist nun keineswegs komisch gedeutet, sondern tragisch: er weiß nicht... Die leise, bescheidene Art, mit der er die Gesten des ernsten und werktätigen Menschen nachahmt, ohne eigentlich ihren Inhalt zu verstehen oder etwa zu bejahen, erinnert sehr stark an Chaplin; doch ist bei dem eine Ironie dabei, die hier fast ganz fehlt, und beide beschämen die Nachgeahmten. *Amerika* ist eines der schönsten Bücher, die die deutsche Prosa aufzuweisen hat; ich bin mit Max Brod der festen Meinung, daß die Zeit dieses wahren Klassikers der deutschen Prosa noch einmal kommen wird.

Sie meinen, das Buch sei schon vor langer Zeit erschienen? Ich meine, daß es eine Albernheit ist, nur ›Neuerscheinungen‹ zu kaufen – als ob man der Literatur mit der Fixigkeit nahe käme! Wir wollen nicht das Neueste lesen – wir wollen das Beste, das Bunteste, das Amüsanteste lesen. Ja, also Amerika.

Das richtige Amerika sieht nun anders aus, als es bei Kafka visionär erscheint. Wie es aussieht, sagt uns Edgar Ansel Mowrer in seinem *Amerika, Vorbild und Warnung* (bei Ernst Rowohlt zu Berlin erschienen). Das Positive darin erscheint mir nicht so stark wie das andere – Mowrer ist eine helle Intelligenz, die sehr scharf brennt, nicht immer sehr weit leuchtet. Er ist ein europäischer Amerikaner von höchster Kultur, ein Mann von einer selten umfassenden Bildung – und am besten ist er da, wo er Europa und Amerika vergleicht und Amerika schonungslos schildert. Da ist dieser Hohn, wie er nur unter Verwandten üblich ist – die Ironie der genauen Kenntnis, das Urteil von innen her. Der berliner Amerika-Taumel hat sich ja zum Glück etwas gelegt, und was in diesem Buch Europen an Provinzialismus vorgeworfen wird, sollten sich unsere Staatsmänner hinter die Ohren schreiben – wenn sie bis dahin nicht alle vor Wichtigkeit geplatzt sind. Die Beschreibungen amerikanischen Lebens sind allerersten Ranges – was fehlt, ist eine Synthese, aber dafür ist es sicherlich viel zu früh. Nicht bei Mowrer fehlt sie – das Land hat sie nicht. Ein Buch, aus dem man viel lernen kann.

Ob die Amerikaner mit ihm einverstanden sind, soll uns nicht kümmern – wir haben sowieso viel zu wenig europäisches Selbstbewußtsein, und ich habe noch nie gehört, daß einer einem Amerikaner einmal freundlich und bestimmt sagt: »Das mag sein, daß dies oder jenes bei Ihnen drüben so ist, wie Sie es sagen. Bei uns ist das eben anders.« Dazu gehörte Charakter – denn der Amerikaner will gelobt sein und steinigt seine Tadler. Wir nicht –?

In Deutschland hat sich seit dem wirtschaftlichen Scheinaufschwung ein Optimismus breit gemacht, der an die lärmendsten Ereignisse der Vorkriegszeit erinnert. Es ist schauerlich. Da kommt ein Buch über *Deutschland heute* von Alfons Goldschmidt grade zur rechten Zeit (bei Ernst Rowohlt, Berlin). Es ist das Beste, was über Deutschland seit langen Jahren erschienen ist.

Das Kapitel über Berlin sollte man vielen Journalisten täglich zum Abschreiben geben – denn so ist diese Stadt, Berlin im Schatten, Berlin im Modder, Berlin in Deutschland. Endlich, endlich sagt einmal einer, was wirklich ist:

wie diese grauenerregende ›Tüchtigkeit‹, auf die die Leute so stolz sind, peinlich ist und zum großen Teil unproduktiv – wie belastet die falsch hergerichtete Wirtschaft ist, und zwar nicht nur mit Steuern oder dem Dawesplan, wie sie immer klagen – sondern mit sich selbst; wie viel ›getätigt‹ und wie wenig geschafft wird, und was die Seele dieser Stadt angeht, so hat sie wohl schon lange keiner so eingefangen, wie es hier geschieht. »Berlin ist nicht kühn – es ist eine kommandierte Stadt.« »Das laßt ihr euch gefallen, scharwenzelt, Großstädter, um den Portier, schreit nicht, fordert nicht. Hinter der zweiten Tür sitzt ein Herzkrampf, ein Trottel, den ihr größenwahnsinnig macht, weil ihr nicht fordert. Noch der Geschäftsführer eines Manschkinos, der gar keine Geschäfte führt, sondern ein armer Junge ist, ängstlich in der Tür steht, ob auch fünf Sesselsitzer kommen, ist Herr über euch. Aber er hat ein Direktionszimmer, er ist also Massenbeherrscher. So sieht der berliner Stolz aus. Das ist keine Disziplin mehr, kein Jachtern ums Brot, das ist Massenschwäche, Wollust des Gelenktseins, Brummeln; Würde ist das nicht.« Auch hat Goldschmidt das Unfrohe so gut getroffen, das Glücklose dieser Stadt, die eine Lokomobile ist, die Holz sägt; mit diesem Holz wird sie geheizt. Wunderschön die Schilderungen der deutschen Provinzen, die sich, soweit sie nicht Berlin faul nachahmen, mit Recht verbitten, als ›Provinz‹ angelacht zu werden – wenn sie allerdings so fortfahren, werden sie aufhören, Landschaft zu sein und beginnen, Klein-Berlinchen zu spielen. Und Berlin spielt Klein-New York, und wenn auf dem Kurfürstendamm zwei Amerikaner ihren Koffer abgestellt haben, dann platzt die Stadt vor Stolz. Goldschmidt haßt aus Liebe – das ist der fruchtbarste Haß. Und wenn er sichs nicht manchmal etwas schwer machte mit seinem quellenden, quillenden, fast überreichlich strudelnden Stil, dann wärs noch besser. Ich kann mich nicht besinnen, in den großen Blättern auch nur den Versuch einer Widerlegung seiner Meinungen gefunden zu haben – die kleinen begnügen sich damit, höchst kindlich anzugeben, der Mann litte wohl an Magenverstimmung. Sie wollen in ihrem Juchhe-Optimismus nicht gestört werden. Das Buch ist eine mutige Tat – und wenn die Betroffenen maulen … schließlich hörts ja keiner gern, daß er krank ist, wofür jedoch der Arzt nichts kann. Goldschmidts *Deutschland heute* sagt das zu Ende, was hier oft angedeutet worden ist – es ist in ganzen Kapiteln etwas durchaus Vollkommenes.

Nun wollen wir die Flinte wieder aus dem Korn holen – es gibt auch noch Deutsche guter Prägung, sie heißen ja nicht alle Franz Seldte oder Aros Hugenberg – manche heißen auch Anna Siemsen. Die legt ein kleines Buch vor: *Daheim in Europa* (in der Urania-Verlags-Gesellschaft zu Jena erschienen), ein hübsches Reisebuch. So wohltuend wie ihr Bild dem Titel gegenüber ist der Text: eine gebildete, gütige Frau geht durch Europa, wo sie wirklich zu Hause ist, soweit einer da zu Hause sein kann, wo er nicht geboren ist – und das allerschönste daran: wie die albernen Grenzen fortfallen. Es gibt voneinander sehr verschiedene Gebiete – aber heute noch an Souveränitätsstaaten zu glauben, dazu muß man wohl Minister sein. Das Buch sollte in keiner Arbeiterbibliothek fehlen – schon wegen der Illustrationen, die wunderhübsch präsentiert werden. Es sind Fotos mit guten Unterschriften, die das Bild nicht nur benennen, sondern die es erklären. Es ist für uns nicht neu, aber immer wieder fesselnd, zu sehen, wie fremde Länder einen ganz andern Schein bekommen, wenn man sie marxistisch sieht. Das vertragen sie alle nicht sehr gut… Manches ist ein ganz klein wenig von außen gesehen, ich empfinde Frankreich etwas anders, aber jeder hat schließlich seine Augen. Was uns immer wieder fehlt, ist der Domela, der sich in fremde Kasten begibt und einen guten Bericht nach Hause bringt. Sehen genügt nicht – man muß eine Weile unter Fremden und mit ihnen leben. Ich weiß aber Anna Siemsen und ihrem Buch kein größeres Kompliment zu machen als das fast Unmögliche von ihr zu fordern. Ja, wenn sie alle so wären wie diese seltene Frau –!

Sind sie aber nicht. Was zum Beispiel die Leiter der Fürsorgeanstalten angeht, so gibt es dort neben Menschen unserer Zeit und Männern mit Herz und Verständnis für die Jugend immer noch alte und junge Majore, die: »Mal ordentlich die Hacken zusammenreißen!« durch den Saal brüllend sich nachher wundern, wenn der Junge vor die Hunde geht. Über diese Fürsorgeanstalten, die ebenso wie die Gefängnisse und Zuchthäuser einer regelmäßigen öffentlichen Kontrolle bedürfen, weil die der Vorgesetzten nie genügt, handelt *Jungen in Not*, Berichte von Fürsorgezöglingen, herausgegeben von Peter Martin Lampel (erschienen bei J. M. Spaeth zu Berlin). Das ist nun leider danebengegangen.

Die Berichte, die zum Teil erschütternd und fast immer sehr aufschlußreich sind, diese Berichte ohne Kommentar und Prüfung zu geben, genügt nicht. Das ist allenfalls ein Stück aus der Wirklichkeit, eine einseitige Reportage – aber nun hätte sich der Herausgeber, der doch unter den Jungen gelebt hat, dahinter setzen müssen, um uns zu sagen, was denn an diesen Beschwerden, diesen Klagen, diesen manchmal aufwühlenden Schreien wahr ist. Werden die Jungen geschlagen? Sicherlich. Von wem? Namen nennen! »Herr Lehrer C....« das ist überhaupt nichts. Welche Anstalten sind besonders schlimm? welche besser? welche gut? Kein Wort. Das Buch ist ein sehr fesselnder erster Teil eines Werkes, das uns fehlt. Als Material brauchbar. Der Text ist mit Bildern des Herausgebers geziert. Was, so sei zu fragen erlaubt, sagte wohl der Betrachter, wenn er ein soziales Werk über die Heimarbeiterinnen vorgelegt bekäme, das mit Bildern von Wennerberg versehen wäre? Damen mit prallen Busen? und gelenkigen Hüften? und blitzenden Schelmenäuglein? Er sagte, daß dem Herrn Zeichner seine Verliebtheit wohl zu gönnen, daß sie aber nicht ganz am Platze sei. Lackierte Not? Man mag das nicht.

Ein Uhr zehn. Die Premieren sind vorbei, und es sind gar keine Premieren gewesen, sondern ›des générales‹, Generalproben; die pariser Kritiker haben ihre Inserate, padong, Kritiken geschrieben; Lieschen ist längst fluchend nach Hause gemacht und hat sich unterwegs, Rache und Spaßes halber, einen Italiener aufgelesen, dessen Haare wie seine Stiefel glänzen, und nun redet er ihr wohl ein Kind in den Bauch; der General hat sich zu Bett begeben und ist um den Panzerkreuzerplan gekommen, unsern täglichen Landesverrat gib uns heute – nun bin ich müde. Sherlock Holmes liegt noch da (bei Hugo Wille in Berlin erschienen) – der gute, alte Holmes! Seit der flinkere Wallace ihn verdrängt hat, führt er nur noch ein gar bescheidenes Leben – und ist doch so nett! Bei Wallace ist das Verbrechen nur ein Präludium, dann gehts erst richtig los, Falltüren klappen, Dynamitpatronen entzünden sich in dicken Zigarren, Autos fliegen in die Luft und entfalten große Tragflächen besserer Flugzeuge – bei Holmes ist ein Verbrechen begangen, und er klärt es auf und uns mit. Eine trauliche Spannung; man möchte den guten, alten Holmes streicheln – ah, geh doch weg! Was will das gelbe Buch hier? Es ist *List und Leidenschaft* von Beradt (bei Ernst Rowohlt in Berlin erschienen). Da lerne ich vom Wegsehen, daß die Franzosen nach Tisch ihren Kaffee mit Milch trinken, und das Buch ist nix listig, sondern traurig, und was die Leidenschaft angeht, so bringe ich nicht so viel davon auf, um mich durch diesen Wergballen auf Stelzen hindurchzuwürgen halt die Hand vor wenn du gähnst und so kehren wir denn zu Holmessen zurück, dem guten. Ja, ich mach das Licht gleich aus, bloß noch den Schluß von der Geschichte.

»›Watson, rufe Scotland Yard an! Wir werden dort nicht ganz unerwartet kommen.‹ Er ergriff den Telefonhörer, mußte aber zu seiner Überraschung feststellen – –«

1929

Schwarz auf Weiß

Gut geschrieben ist gut gedacht. Der Deutsche ist ein ›Bruder Innerlich‹ und entschuldigt gern einen ungepflegten Stil mit der Tiefe des Gemüts, aus der es dumpf heraufkocht… Gott sieht aufs Herz, sagt er dann. Der Künstler sieht auch auf den Stil.

Seit Nietzsche dem Deutschen wieder eine Prosa gegeben hat, wissen zwar noch lange nicht alle Schriftsteller, was es heißt: »an einer Seite Prosa wie an einer Bildsäule zu arbeiten« – aber viele wissen es. Alfred Polgar zum Beispiel weiß es.

Was ich an diesem Mann neben der untadeligen Reinheit der Gesinnung und dem Takt des Herzens so liebe, ist eben, daß er ›gut schreibt‹ – das heißt: daß er zu Ende denkt, reinlich denkt, hell und klar denkt, und ein gepflegtes, durch alle Regeln der Grammatik mühelos schlüpfendes Deutsch schreibt. Ich liebe an der Literatur auch das Handwerk, das kein Ziel ist, aber eine Voraussetzung. Dieses Handwerk braucht vielerlei: Lehrzeit, Ruhe, Geduld und Gefühl für die Sprache.

»Alfred Polgar«, hat Siegfried Jacobsohn einmal gesagt, »ist ein Kelterer.« Das ist wahr: er keltert den Wein der deutschen Sprache, die schön ist – aber diese Schönheit muß ihr abgerungen werden. Mit Arbeit soll man nicht prahlen – aber man darf sagen, daß es das nur in ganz seltenen Ausnahmefällen gibt: »aus dem Ärmel schütteln«. Im Ärmel ist nicht viel: höchstens ein paar Staubfäserchen und Wollflokken ... geschüttelt wird hier nicht: wir wollen arbeiten.

Die Frauen, für die dieses Blatt gemacht ist, werden Polgar noch mehr zu schätzen wissen, als ich es tun kann: er ist, neben vielen andern, ein im allerbesten Sinne homme de lettres à femmes; auch, wenn er gar nicht von den Frauen spricht, fühlt jede sofort: dieser weiß, wie ich bin, versteht mich, streichelt mich, fürchtet mich, liebt mich, ist für mich da. Vor dieser Zartheit kommt sich unsereiner vor wie der rauhe Jäger, der den Hirsch im wilden Forst jagt ...

Und dennoch hab' ich harter Mann
die Liebe auch gefühlt...

Polgars neuer Auswahlband ›*Schwarz auf Weiß*‹ (bei unserm gemeinsamen Verleger Ernst Rowohlt erschienen) enthält Kostbarkeiten über Kostbarkeiten. Und ist gut geschrieben. Ich kenne den Schaffensprozeß Polgars nicht und weiß nicht, ob er im Hirn korrigiert oder auf dem Papier, das soll uns auch nicht kümmern. Eine überwache Aufmerksamkeit verhindert auch den leisesten Schwupper; nie drängeln sich die Worte vor der Hirnpforte des Lesers, sie gleiten hinein, verbeugen sich artig voreinander und sind höflich und glatt wie die Japaner... Auch hat Polgar den innern Rhythmus der deutschen Prosa begriffen: es gibt stakkatone Stücke; Allegro und Scherzo wechseln miteinander ab, aber meist ist es ein bezauberndes Andante, darin die Spitzen der Ironie einer längst ins Heitere gewandelten Qual und einer nicht immer süßen Erkenntnis auffunkeln. Manchmal rührt sich die Trommel des Scherzes: »Es wäre peinlich, wenn Sie von diesem Abend sagten: Heute war ich zweimal bei einer Vorlesung Polgars: zum ersten- und zum letztenmal.« Von Arne Borg: »Er schwimmt nicht, was zu sagen ja wirklich naheläge: wie ein Fisch. Nein, ein Fisch schlechtweg reicht nicht aus zum Bilde. Er schwimmt wie ein gehetzter Fisch, wie ein Eilfisch, poisson rapide, wie ein aus der Pistole geschossener Fisch.« Paukenschlag: »Tiere, außer man zwingt sie dazu, haben keinen Beruf.« Traum über das traurige Dasein eines Liftpagen – wenn man ihm das ganze Hotel schenkte...? Sollte man eigentlich... »wenn auch vielleicht eine seiner ersten Chef-Anordnungen wäre, Personal und Lieferanten die Benützung des Aufzugs zu verbieten.« Dann die bezaubernde Studie über den *Fensterplatz* – was so der Reisende im Zug denkt, nicht denkt, sanft dahindämmernd in den Wolken der Heniden und oft den Fensterplatz mit einem Gemeinplatz vertauschend. Schau, da pflügt ein Bauer seinen Acker! – »Sinnend blickst du, Stadtmann, dem Landmann nach, der dir sinnend nachblickt.«

Das wahre Kennzeichen eines guten Stils ist seine Gedrungenheit – es kann einer breit schreiben, aber er soll nicht auswalzen – die Kürze ist nicht nur die Würze des Witzes, sie ist die Würze jedes guten Stils. Auch ein Roman von sechshundert Seiten kann kurz sein.

Schneider Polgar, wir arbeiten in derselben Innung – ich habe es nicht leicht, Ihnen eine Liebeserklärung zu machen. Nicht nur, weil Sie mir überlegen sind – wackeln Sie nicht mit der Schere – Sie sind es, und warum soll sich ein Läufer nicht vor Nurmi beugen –? Ich beuge mich. Ich weiß, wie Sie manches nähen, welchen Zwirn Sie verwandt haben, bei wem Sie das Rohmaterial einkaufen... aber wenn es nachher fertig ist, dann ist es doch unbegreiflich und überraschend, und ich befühle die Nähte und die Knöpfe und den Besatz und frage mich: Wie macht er das –? Manchmal weiß ich es: so, wenn eine winzige Bosheit, scheinbar verkleidet und leise vor sich hinpfeifend, mit den andern Gedanken, als sei gar nichts geschehen, vorbeispaziert... Von Egon Friedell: »Er raucht lange Pfeife, schwimmt wie ein Meisterschwimmer, liebt die Geselligkeit und das Einschlafen im muntern Kreise...« Aber in tausend andern Fällen weiß ich nicht, wie Sie nähen.

Ich weiß nur, daß es ›gut geschrieben‹ ist. Weil es sauber

ist und gesinnungsvoll; voller Eleganz und Charme, weil die Fäden der Arbeit nicht mehr erkennbar sind, und weil Sie der deutschen Sprache nie etwas Böses tun. Sie haben ihr nur viele prächtige Kinder gemacht.   1929

Die Anhängewagen

> Ich sage: »Sagen Sie mal«, sage ich, »was schreiben Sie denn jetzt so –?« »I«, sagt er, »wir schreiben doch heute nicht mehr«, sagt er. »Wo die andern schon alles geschrieben haben – wozu sollen wir noch mal –?«

Es ist Bert Brecht nachgewiesen worden, daß er bei einer Übertragung aus dem Französischen einen Übersetzer bestohlen hat. Er hat darauf geantwortet: das beruhe auf seiner grundsätzlichen Laxheit in Fragen des geistigen Eigentums. Das soll sehr rebellisch klingen – es ist aber nur dumm.

Brecht, der es nicht nötig hat zu stehlen, weiß natürlich genau, daß auch andre so lax sein können wie er; wenn ihm ferner heute etwa bewiesen würde, daß seine schönsten Gedichte nicht von ihm, sondern von dem Gelegenheitsdichter Ewald Bornhacke aus der Großen Frankfurter Allee stammten, so wäre es aus mit der Laxheit. Es scheint da auf die Quantität anzukommen: als kleinen Entschuldigungsgrund führt Brecht an, er habe von 625 Versen nur 25 von Herrn Ammer übernommen, wobei denn zu fragen wäre, wo die Kriminalität anfängt.

Brecht ist ein großes lyrisches Talent. Daneben ist er ein Schludrian, der sich mächtig amerikanisch vorkommt, wenn er die Unbildung seiner Kritiker dazu benutzt, um Geld zu machen. Ermöglicht wird ihm das durch die Überschätzung der Nachdichterei.

Wenn die Bäume alt werden, schlingt sich Efeu um die Äste. In besonders schlimmen Fällen sind es Moos oder andere Parasiten, die Saft und Kraft aus den alten Bäumen ziehen – ohne sie vergingen die Schmarotzer. Die halbe Literatur ›bearbeitet‹, ›überträgt‹, ›richtet ein‹ – es gibt da eine schöne Terminologie, um die eigne Einfallslosigkeit zu übertünchen. Wenn man das so alles mit ansieht, kommt man sich reichlich töricht vor, daß man sich seinen Kram noch allein ausdenkt. »Die andern haben schon – wozu sollen wir noch mal?«

Die Technik dieser Nachfühler ist, in den guten Fällen, unmerklich raffiniert. Sie kriechen in das Vorbild, saugen es ganz auf und schmücken sich mit fremder Kraft.

Das fängt bei den Biographen an. Der Biograph läßt fremde Muskeln schwellen. Und wenn er eine Weile damit herumgelaufen ist, dann macht er uns glauben, es seien seine eignen. Er beginnt, uns den großen Mann verständlich zu machen, was meistens auf Konto des Beschriebenen vor sich geht, und zum Schluß verwechselt der eingeschläferte Leser den Beschriebenen und den Beschreibenden. Damit es keine Mißverständnisse gibt: ich finde diesen Trick nicht in den Ludwigschen Biographien, aber in sehr vielen andern, besonders bei Stefan Zweig. Es ist da eine Schwäche, die sich als Stärke gibt, jener nicht unähnlich, mit der unfähige Dramatiker ihren Helden einen genialen Maler sein lassen; sie habens dann leichter. Aber dieser Fall ist noch harmlos gegen die Bearbeiter.

Es ist bei der Bearbeitung eines alten Stücks sehr schwer zu kontrollieren, was vom Verfasser und was vom Bearbeiter stammt. Der Fall Shakespeare gehört nicht hierher; erstens waren damals die Auffassungen vom geistigen Eigentum nicht lax, sondern kaum ausgebildet, und zweitens hat der nun wirklich die alten Stoffe nur zum Anlaß genommen.

Bei den Heutigen ist es Faulheit, Phantasielosigkeit, Wichtigtuerei und Abwälzung der Verantwortung auf einen, der sich nicht mehr wehren kann. »Was gut ist, stammt natürlich von mir – den Rest mußte ich übernehmen.«

Die maßlose Überschätzung einer solchen Arbeit wie des Zweigschen *Volpone* beruht auf der Unkenntnis alter Literatur und auf jener Halbbildung, die sich nicht getraut zu kritisieren... sie hat auch kaum noch ein Recht dazu. Diese Dünnblütler zecken sich an die alte, verschollene Kraft, vielleicht bearbeiten sie wirklich ganz gut – aber sie sollen sich doch erst einmal hinsetzen und selber so etwas erfinden! Sie können es nicht.

Ein Film nach einem Stück; ein Stück nach einem Roman; ein Roman nach einer Biographie... der jämmerliche Lauf immer hinter der Konjunktur her verdirbt die Besten. Was Remarque kann, kann ich auch – und nun kommen sie alle gelaufen. Und weil man so schnell nicht dichten kann, wie die Verleger und Theaterdirektoren telefonieren, deshalb machen sie sich das Leben angenehm und dichten nach. Anhängewagen.

Brecht hat bereits seinen Fall Rimbaud hinter sich, wo die Sache ähnlich lag. Ich bin kein Plagiatschnüffler; ich weiß, wie halb verwehte Klänge haften, wie einem Erinnerungen aufsitzen, wie man unbewußt plagiieren kann, aber weil ich es weiß, passe ich auf. Zu denken, daß sich unsereiner quält, wegläßt, weil vielleicht diese Zeile zu sehr an eine von Mehring erinnert… ich habe den größten Respekt vor geistigem Eigentum und eine ebenso große Verachtung für literarische Einbrecher.

Wir sollten der Verschmutzung unsrer Literatur vorbeugen. Wenn Bert Brecht die Pose des literarischen Diebs annimmt, so muß er sich gefallen lassen, daß man ihn danach bewertet und bei jedem seiner nächsten Verse fragt: »Von wem ist das?« Es ist im tiefsten unehrlich, was er da treibt.

Auf den ersten Theaterzetteln der *Dreigroschenoper* hieß es noch, ganz hinten, da, wo Inszenierung und Dekoration standen: »Bearbeitung: Brecht.« Das war ein bißchen kokett, mochte aber angehen. Schließlich ist das Stück ja nicht von ihm. Das war, als man noch nicht wußte, ob es ein Erfolg werden würde.

Nun, da das alte englische Stück, aufgeputzt mit Versen, die gleichfalls nicht alle von Brecht stammen, ein Erfolg geworden ist, hat er die Kühnheit, ein Heft herauszugeben, auf dem zu lesen steht: »Brecht, *Die Songs der Dreigroschen-Oper*«. Auch diese sind nicht alle von ihm. Es ist mehr als eine Kühnheit – es ist eine literarische Lüge.

»Verfolgt das Unrecht nicht zu sehr. In Bälde erfriert es schon von selbst…« Das wollen wir hoffen. Und langsam wieder die alte Bezeichnung einführen, die um 1890 Mode war: »Originalroman von…«

Lasset uns in Zukunft Dichter loben, die sich ihr Werk allein schreiben. 1929

Endlich die Wahrheit über Remarque

Seit Monaten heult die berliner Asphaltpresse Reklame für ein widerliches Machwerk von Erich Maria Remarque, dessen Titel *Im Westen nichts Neues* übrigens der Obersten Heeresleitung entlehnt ist (Herr Staatsanwalt?) – und das den Krieg so schildert, wie er sich eben nur in den Köpfen typischer Drückeberger malt. In der nächsten Nummer der *Süddeutschen Monatshefte* wird über diesen Landesverräter endgültig die Wahrheit enthüllt; die Angaben sind von Herrn Professor Cossmann überprüft, daher fast zuverlässig. Durch die besondere Freundlichkeit des Verlages der Monatshefte sind wir in der Lage, unsern Lesern schon heute mit Aufklärung dienen zu können.

Erich Salomon Markus – so ist der Name diesen Judenknäbleins – war lange Zeit hindurch kleiner Synagogendiener der jüdischen Synagoge in der Oranienstraße zu Berlin (sog. »Salatschammes«). Geboren ist dieser Sproß Judas in Zinnentzitz in Schlesien, wo sein Vater, Abraham Markus, eine – koschere Schlächterei hatte. (Merkst du was?) Die Jahre, in denen Tateleben Markus dort sein edles Gewerbe ausübte, sind dadurch gekennzeichnet, daß während dieser Zeit auffallend viel Christenkinder in der Umgegend verschwanden; sie wurden zwar bald nach ihrem Verschwinden immer wieder aufgefunden, aber es ist niemals (! die Red.) festgestellt, ob es auch dieselben Kinder waren!

Eine Mutter hat Erich Salomon Markus nie gehabt; es werden, wie das bei jüdischen Familien üblich ist, auf seinem Taufschein zwei Mütter vermerkt, eine gewisse Sarah

Bienstock und eine unverehelichte (!!) Rosalie Himmelstoß (wir werden auf diesen Namen noch zurückkommen).

Im Alter von neun Jahren trat der kleine Markus seinen ›Dienst‹ in der oben erwähnten Synagoge an; er hatte dort die Lichter anzuzünden, die Bibeln abzustauben und, was sehr wichtig für die Beurteilung seiner spätern Entwicklung ist, die Judenknäblein bei der Beschneidung festzuhalten. Bei dieser Gelegenheit soll durch seine Unachtsamkeit der Sohn eines bekannten berliner Warenhausbesitzers doppelt beschnitten worden sein, weswegen der Markus aus dem Synagogendienst entfernt wurde.

Salomon Markus trieb sich zunächst stellungslos in Berlin umher; er versuchte beim Theater unterzukommen und soll auch bei seinem Rassegenossen Reinhardt mehrere Male alle Titelrollen in den Brechtschen *Verbrechern* gespielt haben. Ferner war der junge Markus in Berlin als Bonbonhändler, Zuhälter, Hundehaarschneider und Redakteur tätig. Markus ist Freimaurer und Jesuit.

Es kam der Krieg.

Markus zog ins Feld; das heißt, er war der berittenen Armierungstruppe zugeteilt, konnte aber wegen einer Krankheit, die wir hier nicht näher bezeichnen wollen, keinen Dienst tun und wurde daher im Hinterland verwendet. Durch eine unbegreifliche Unachtsamkeit der Militärbehörden ist Markus als Schreiber im Hauptquartier Seiner Majestät des Kronprinzen beschäftigt worden; er hat also den Feind niemals auch nur von weitem gesehen.

Nach dem Kriege hat er sich in Osnabrück als Damenschneider niedergelassen, dann war er Hilfsbremser am jüdischen Leichenwagen in Breslau und ist später nach Hannover gegangen; Professor Cossmann läßt die Frage offen, ob Markus etwa Haarmann gekannt und vielleicht auch unterstützt hat...

Und dieser miese Baldower wagt es, für die Asphaltpresse einen Bericht zu verfassen, dem die Lüge an der Stirn geschrieben steht! Nicht nur, daß er den Namen seiner eigenen Mutter (Himmelstoß) in seinem Buch verwendet, um einen Vorgesetzten verächtlich zu machen (Herr Staatsanwalt?) – sondern er beschuldigt auch die deutschen Soldaten grausamer Handlungen, deren sie niemals fähig gewesen sind; denn der deutsche Soldat war bekannt für schmerzlosen Nahkampf und humanes Trommelfeuer. Davon weiß natürlich der Salomon Markus nichts; während vorn seine Kameraden mit dem Gesang »Deutschland, Deutschland über alles!« gen Paris zogen, um es zu besetzen, es aber leider schon besetzt fanden, hat der Jude Markus hinten geschlemmt und gepraßt; in der Umgebung des kronprinzlichen Hauptquartiers fanden sich bei Abmarsch der deutschen Truppen allein vierundachtzig uneheliche Kinder – und wer anders kann die gemacht haben als Markus –!

Gott sei Dank hat das Buch durchaus keinen ungeteilten Beifall gefunden.

Es sind insbesondere die deutschen Frauen, die wissen, was sich ziemt. Ihnen haben wir zu verdanken, daß sie die heldischen Deutschen von den unheldischen Undeutschen zu unterscheiden wissen; sie sind es, die zu Siegfried Hagen & Co. aufsehen und den andern Helden unsrer echt deutschen Sagen. Die deutsche Frau will – das haben wir erst neulich in Berlin auf einem Klubabend mit Freude und Begeisterung festgestellt – zu einem Helden aufblicken.

Es kommt der deutschen Frau, wie an jenem Abend ersichtlich war, nicht so sehr darauf an, daß ihr Mann lebt, sondern daß er als Held stirbt, und ist sie bereit, mit dem Ruf »Ich sterbe!« jedesmal mitzusterben, und wenn sie zehnmal heiraten müßte! An der Länge des Säbels erkennt man u.a. den Charakter des Mannes, und die deutsche Frau will, daß ihrem Mann der Sinn stehe für und für, sein Vaterland zu verteidigen, und wenn es nicht angegriffen wird, dann werden wir dafür sorgen, daß es angegriffen wird! (Ein deutsches Wort! Die Schriftleitung.) »Für mich«, sagte uns neulich eine edle deutsche Frau, die Gattin eines höheren Beamten, »gibt es keinen schönern Augenblick in unsrer Ehe, als wenn ich Männi die Uniform zuknöpfen sowie auch aufknöpfen kann. Dies Gefühl ist unbeschreiblich.«

Salomon Markus aber ist gerichtet. Sein Werk ist durch die unvergängliche Veröffentlichung der *Süddeutschen Monatshefte* als das gekennzeichnet, was es ist: als eine vom Feindbund und den Marxisten bezahlte Pechfackel, die dem blanken Panzer der deutschen Wehrhaftigkeit nicht das Wasser lassen kann –!   1929

Der Geschäftsmann in der Literatur

> Der Generaldirektor ergriff den Telefonhörer. »Müller!« sagte er nervös in den Apparat, »lassen Sie den großen Wagen vorfahren!«

Seit *Soll und Haben*, das noch heute viel mehr gelesen wird, als man glauben sollte, ist der Kaufmann Objekt der deutschen Romanliteratur. Man müßte also denken, daß uns solche Gesellschafts-Romane nun über das Wesen des Kaufmanns unterrichten, über seinen Charakter und seine Geschäfte, über die Art, wie er hochklettert oder nach unten rutscht… welche Rolle spielt der Geschäftsmann in der modernen Literatur?

Die eines beschäftigten Liebhabers, der in den Pausen, die ihm sein Innenleben läßt, mit lässiger Gebärde Schecks unterschreibt, Sekretärinnen sinnend nachsieht, im Handumdrehen ganze Trusts aufkauft, einer, dem sein Geschäft eine Folie abgibt, vor der sich seine männlichen Eigenschaften leuchtend abheben. Gott segne ihn.

Denn so ist es gar nicht.

Ich will nicht einmal von dem verständlichen Trick sprechen, den diese Romanmacher mehr oder weniger bewußt anwenden: ihr Kaufmann ist eigentlich nichts andres als der Held schlechthin, der Held aus den alten Ritterromanen; nur trägt er statt eines Visiers und der Panzerrüstung das undurchdringlich glatte Gesicht des Generaldirektors und den schwarzen Sakko-Anzug, der die Vorteile seiner Figur, die trotz der vierzig Jahre immer noch… kusch!

Keiner dieser Geschäftsleute wird uns in seinen Geschäften gezeigt. Wir wissen nicht, welcher Art diese Geschäfte sind, wir sehen nur ihre äußere Form – die aber sehn wir bis auf die Metall-Lasche der schwarzen Füllfederhalter.

Vorfahrende Autos und Türen aufreißende Diener; staubige Kontorräume und seidenbespannte Konferenzzimmer; die Psychologie einer Schlauheit, mit der ein kleiner Hypothekenmakler hinter dem Alexanderplatz auch nicht ein einziges Geschäft zusammenbrächte; heroische Schilderungen von Industriekapitänen, die gern im Schatten sitzen und ihre Besucher ins volle Licht setzen, um mit sich dasselbe zu tun: aber alles das besagt ja überhaupt nichts. Warum ist das so?

Weil die Romanschriftsteller nichts vom Geschäft verstehn, es sei denn, von ihrem eigenen. Und über das schreiben sie nicht gern Romane.

Nun hat aber die Entwicklung einer zustandegekommenen Anleihe etwas durchaus Spannendes; um sie richtig zu schildern, darf man allerdings nicht nur Erzähler von Liebesgeschichten sein – man muß sich schon, wie Balzac und Flaubert es getan haben, über das unterrichten, was man da schildern will. Aber sie wollen ja gar nicht, weil sie, wenn sie wollten, es nicht dürften...

Wollten sie: so geht es nun nicht, wie sie es anfangen. Ich zum Beispiel leide an etwas, was Harry Kahn für sich »economical isanity« getauft hat – und man will sich doch belernen! So möchte ich denn einmal lesen, wie das nun wirklich vor sich geht, wenn Herr Direktor Achenbach zu Geld kommt, und wodurch er zu Geld kommt, und wem er es weggenommen hat, und ob er sehr listenreich dabei verfahren ist und wie, und worin seine Schlauheit besteht und die Dummheit der andern, wie er es alles gemacht hat... das möchte ich wohl gern wissen. Aber niemand sagt mir das.

Wie sieht es im Gehirn eines jungen Syndikus aus, der wie fast alle Finanzherrscher von der Seite her in die Direktorialräume gerät, weil er mit jemand verwandt ist oder weil er Korpsbruder ist oder weil er eben dazu gehört. Wie arbeitet er sich ein? Wie erobert er sich Schritt für Schritt den

Weg nach ganz oben? Wodurch? Bei welchen Gelegenheiten?

Wie sieht die Geistesgegenwart aus, die der alte Thyssen bei mannigfachen Verhandlungen angewandt hat, um sich die Macht zu verschaffen, die sein Konzern heute hat? Was ist bei diesen Leuten sauber? Was nicht mehr? Wie laufen die Fäden? Wie machen sie es –?

Das möchte ich erfahren. Statt dessen erfahre ich die gewaltige Ignoranz der Herren Romanautoren, die uns nun dartun:

Wie sich der Generaldirektor räuspert und wie er spuckt; daß er müde zwischen zwei Romansituationen hinwirft: »Ich fahre morgen nach der Türkei, um mit einem Regierungsbevollmächtigten über unsere Konzessionen zu verhandeln«, und das imponiert dem Autor so, daß er glaubt, solch ein Zeug genüge, uns einen Begriff von der Welt zu geben, die er schildern sollte, aber nicht schildern kann.

Es gibt freilich Ansätze, Versuche… Erstens: *Die weiße Rose* von B. Traven. Dann ist einmal vor Jahren im Verlag Eugen Diederichs ein anonymes Werk *Der Fenriswolf* erschienen; da hats jemand probiert. Der mir unbekannte Autor gab Schriftstücke, Telegramme, Zeitungsaufsätze, um auf diese Art ein großes Geschäft in den nordischen Staaten, seine Entwicklungsgeschichte und seinen Aufbau zu erklären. Aber es war noch nicht das Richtige. Denn geschäftliche Schriftstücke sind Ergebnisse von geistigen Vorgängen, nicht das unmittelbare Zeugnis der Vorgänge selbst. Da fehlen die Überlegungen, die gescheiterten Pläne, die Intrigen, das Hin und Her in den Gruppen, die nur nach außen geschlossen auftreten, es fehlt der Dreh – das Buch war eine halbe Sache. Die *Weiße Rose* ist eine ganze. Auch in den *Buddenbrooks*, die ja auf etwas andres hinzielen, ist das Geschäftliche nur Hintergrund. Herr Thomas Buddenbrook hat leichtsinnigerweise eine Ernte auf dem Halm gekauft, und die ist verhagelt… »Du lieber Gott!« würde Christian sagen, und er hätte nicht einmal so unrecht. Wir wollen mehr wissen, die Einzelheiten, alles.

Von den Unterhaltungsromanfritzen erfahren wir es nicht. Ihr Generaldirektor ist immer noch der große Mann, und kein Wort davon, wie der nun wieder in seiner Gruppe eingeschachtelt ist, wie er geschoben wird, wo ihn der Autor kaum schieben läßt, und wie die Ressorts sich durchkreuzen; kein Wort über die höchst zweifelhafte Rolle, die der Staat bei alledem spielt… kein Wort. Die meisten Kaufleute sind außerhalb ihres Shops und auch oft innerhalb ihres Ladens große Esel und viel kindlicher, als man glauben sollte. Aber so kindlich, wie es in diesen Romanen geschrieben steht, geht es bei ihnen denn doch nicht her.

Früher haben sich die Romanhelden nicht gewaschen – das zu erwähnen, galt als unpoetisch. Heute machen sie uns vor, wie sie ihr Geld ausgeben; wie sie es verdienen, wird leider nicht gesagt. Es sind Helden von des kleinen Sankt Moritz Gnaden, zweidimensionale Filmfiguren, die immerzu in Autos steigen und sich ihre Zigaretten nachdenklich auf der goldenen Zigarettendose zurechtklopfen, gut gebügelte Herren, bei denen man nur zu sehen bekommt, daß… aber nie zu sehen bekommt, wie… flächige Lebewesen aus Pappkarton geschnitten. Balzac ließ seine Puppen sämtliche Geschäfte machen, die zu gutem Ende zu führen ihm versagt war. Unsre Romanfabrikanten führen ihre Geschäfte zu gutem Ende, indem sie schlechte Romane teuer verkaufen. Und so gibt es viele literarische Geschäftsleute, aber es gibt – mit Ausnahme der *Weißen Rose* von B. Traven – keinen Geschäftsmann in der Literatur. 1930

Auf dem Nachttisch

Eins, zwei, drei, vier, fünf … da fehlt doch ein Buch! Wenn so viel auf dem Nachttisch liegt – warum soll nicht auch einmal etwas unter dem Nachttisch liegen? Richtig: es ist heruntergefallen. (Hinunter, herunter … wie heißt das? ›Hin‹ zeigt die Richtung an – ich weiß schon. Aber die Sprache macht das nicht mit, sie kugelt alles bunt durcheinander.) Da liegst. Da darfs nicht liegen. Denn das Buch verdient einen Ehrenplatz auf dem Nachttisch. Und den soll es auch gleich haben.

Von den vielen Arten, die Schande des Krieges zu betrachten, ist eine wohl am wirkungsvollsten: das ist die des still leidenden, nicht zornmütigen Menschen. Alfred Polgar hat sie gewählt. (*Hinterland*; erschienen bei Ernst Rowohlt, Berlin.) Nein, er hat diese Art nicht gewählt – es ist die seine. Er gehört nicht zu jenen, die da aufstehen und Zetermordio gegen eine organisierte Schweinerei rufen – es ekelt ihn. Weil aber im Grunde seines Herzens der Humor glüht, so ist ein bittersüßes Getränk aus dem geworden, was er uns da gekocht hat.

Ein Teil dieser Geschichte ist im Kriege geschrieben und merkwürdigerweise auch gedruckt worden. Ein Berliner wird aus Österreich niemals ganz klug; welche Mischung von Roheit, Schlamperei, Dummheit, Gewitztheit, Raffinement! (Liebe Mitschriftsteller, das Wort ›Raffinesse‹ gibt es nicht, das ist eine schreckliche und krebsartige Neubildung!) Wir andern verstehen Österreich niemals ganz – wir erleben nur schaudernd in diesem Buche, wie es gewesen ist.

Was den Stil der Polgarschen Prosa angeht, so kann er etwas, worum ich ihn unendlich beneide. Alle seine Sätze, alle ohne Ausnahme, sind zu Ende formuliert. Die Fassung scheint endgültig. (Ihm scheint sie bestimmt nicht so; wer so schreibt, quält sich.) Es sind ganze Abschnitte darin, die durchaus klassisch anmuten – hätten wir pazifistische Schulbücher und nicht dieses wüste Gehetz zum nächsten Krieg, so verdienten diese Kapitel, dort aufgenommen zu werden. »Wer roh, brutal und stumpfsinnig ist, erträgt die Greuel des Krieges, jene, die ihm selbst, wie gewiß jene, die nicht ihm selbst widerfahren. Die andern schwanken zwischen Irrsinn und Verzweiflung.« Wie zementiert war dieser Boden, Stein, Stein, Stein. Aber es gab da Fugen und Ritzen, und aus denen wuchsen diesem großen Schriftsteller zarte Gräser der Ironie. Diese Pflanzen haben dann später geholfen, die Steindecke zu sprengen.

Ich frage mich, was wohl unsere Enkel, wenn sie dieses Buch in die Hände bekommen (Polgar würde sagen: bekämen), dazu sagten. Werden sie das verstehen? Dieser Hohn, der zum Beispiel in dem bezaubernden *Interview* aufklingt; dort wird die Wartefrau eines öffentlichen ›HIER‹ interviewt, mit ernsten politischen Fragen wird die treue Schaffnerin behelligt, die dort die Wasserspülung beaufsichtigt, und sie antwortet auf alles. Aber diese Antworten sind so merkwürdig… Bis sich dann ergibt: »Das Amt der guten Frau bringt es mit sich, daß sie nur mit alten Zeitungen zu tun hat. Vom Sommer 1916 ist das neueste Quartal datiert, das sie erworben hat. Und auch das nicht zur Lektüre. Was für eine verständige Frau!«

Und werden die Enkel die Sehnsucht verstehn, die damals in den Herzen aufflammte: einmal aus diesem vaterländischen Modder hinauszukommen, hinaus in andre Länder, in denen es noch vernünftige Menschen gab, keine Musterungskommissionen, sorglose Frauen, still arbeitende Männer, ›echten‹ Bindfaden und ›echtes‹ Leder und Butter ...! Es war nicht auszudenken. Dieser Sehnsucht gibt Polgar hinreißenden Ausdruck. Und von den verbrecherischen Ärzten ist die Rede, die mit faradischen Strömen die Proletarier gequält haben ... ach, ich weiß. Ich weiß, daß man mit diesen sehr schmerzhaften Strömungen manchmal, manches Mal, auch Heilungen erzielen kann – aber es ist doch widerwärtig, wie diese uniformierten Schinder das niemals an ihrer gut zahlenden Kundschaft, sondern immer nur an wehrlosen Soldaten ausprobiert haben. Manche rühmen sich dessen noch heute. Und niemand hat sie zur Verantwortung gezogen.

Die Verantwortung ... Das ist das schönste Kapitel dieses Buches, und das gehört nun wirklich in alle Schullesebücher. Seite 73. »Die leitenden Staatsmänner und Generale übernehmen die ›Verantwortung‹ für das Schicksal, das sie den Völkern auferlegen.« Und was dann kommt, das müßt ihr selber nachlesen – es ist jene Verantwortung, nämlich vor der ›Geschichte‹, und das ist eine schöne Geschichte.

Das ist ein Buch! Die famosen Glossen über Berlin, in liebevoller Ironie; die Schilderungen aus dem verfallenen

Wien; eine himmlische Satire über den Umsturz in Ungarn... auch für die, die einen Teil dieser Arbeit schon in der *Weltbühne* gelesen haben, ein nimmer endendes Vergnügen. Und das wimmelt von klugen Bemerkungen, das funkelt und strahlt und blitzt – und nie, niemals ist die Formulierung Selbstzweck; der Stil ist gebändigt von einem großen Meister der deutschen Sprache. Hut ab.

Die Satire Polgars über Budapest ist lustig und bös. Blutig ist sie nicht. Ungarn aber ist blutig gewesen, blutig wie rohes Fleisch... Davon steht zu lesen in einem kleinen Band *Die Kerker von Budapest*, von Sandor Kémeri, mit einem Vorwort von Henri Barbusse (erschienen im Buchverlag Kaden & Co., Dresden). Nicht gut für die Nachtruhe – sehr gut für die Schärfung des Gewissens.

Sandor Kémeri ist das Pseudonym einer Frau, der Gattin eines ungarischen Journalisten, von Bölöni. Der Mann ist niemals Kommunist gewesen, die Frau auch nicht. Das Ehepaar floh vor Horthy aus Ungarn, weil der Terror unerträglich war – alle hatten zu fürchten, alle, außer den Uniformierten. Dann kehrte die Frau in einem gradezu fahrlässigen Vertrauen auf die Anständigkeit der ungarischen Regierung zurück, um nach ihrer beschlagnahmten Wohnung und nach ihren Sachen zu sehen... Sie wurde natürlich verhaftet. Man behielt sie wochenlang im Militärgefängnis; ihr selbst geschah zwar nichts – aber was sie dort gesehen hat, das hat sie aufgezeichnet. Und das muß man lesen.

Es ist viehisch.

Es ist so gemein, daß ich diese Einzelheiten nicht noch einmal abschreiben mag – ich habe neulich bereits aus einem Buch von Barbusse Proben gegeben. Wie sie auf Menschenfleisch (meist Judenfleisch) herumgehackt haben! Wie sich ein irrer Sadismus noch an Sterbenden austobte – einem, der in den letzten Zügen lag, hat ein Soldat in den Mund gespuckt; wie sie schlugen, messerten, peitschten, brüllten, Stöcke in die Zähne wirbelten, auf Winselnden mit Füßen herumtraten... das Zeugnis dieser Frau ist um so beachtlicher, als sie keiner Partei angehört, keine politischen Schlußfolgerungen aus ihren entsetzlichen Beobachtungen zieht – es ist nichts von Klassenkampf in dem Buch. Es ist einfach eine anständige Bürgersfrau, die zu zittern anfängt, wenn sie an das denkt, was sie da gesehen hat. Es ist grauenvoll.

Vergeltung? Es hat keine Vergeltung gegeben. Die Juden beten schon wieder für Horthy, der seinerseits ›gar nicht mehr so schlimm ist‹ ...es hat keine Vergeltung gegeben. Nun, ich halte befriedigte Rache für etwas grauenvoll Lächerliches: wenn der Feind zerprügelt am Boden liegt, schämt man sich, wenn man Nerven hat – was soll das? Was nützt uns das da?

Aber doch... es ist nicht gut, daß Gottes Mühlen so langsam mahlen. Es ist nicht gut, weil in Ungarn (wie in Deutschland) Tausende von Menschen herumlaufen, die sich an Blutfusel sattgesoffen haben, die einmal ihre sadistischen Triebe haben frei auslaufen lassen können. Sind sie wirklich satt? Ja, sie mögen wohl gesättigt sein. Aber es ist nicht gut. Solch ein Gesindel ist vergiftet Zeit seines Lebens. Verroht, vertiert, Verzeihung: vermenscht... wer das einmal fertig bekommen hat, wer so schrankenlos hat zuschlagen dürfen, wer aus Menschen Objekte gemacht hat und sich benommen hat, als befinde er sich in einem blutigen Bordell –: der bleibt eine sittliche Gefahr für sein Land. Ungarn wimmelt von solchen Bestien. Sie sind alle noch da. Gepäckträger sind sie nun, kleine Zigarrenhändler, Schutzleute, Feldwebel... und haben den lieben Gott geprellt, der es ihnen im Jenseits vergelten... wie?

Kein Wunder, wenn auf der andern Seite die Flamme glüht, und schwelt.

Wenn jemand in Deutschland Tendenz macht, dann werfen ihm die Kunstrichter zunächst vor, daß er es tut, und wenn sie der andern Richtung angehören, dann jammern sie: der Mann kann ja nichts. Ich bin für Tendenz – feste, gib ihm.

Das *Volksbuch 1930* (erschienen im Neuen Deutschen Verlag) gibt ihm.

Es ist eine Anthologie aus Bild und Text – ich bin auch vertreten. Der Querschnitt durch das Jahr ist voll gelungen; das Bildmaterial ist gut. Es ist anständige Literatur, und so ausgewählt, daß sie jeder Proletarier, jeder Angestellte, der auch nur ein wenig geistige Interessen hat, ohne weiteres versteht. Tendenz, nicht die einer Partei, durchtränkt jede Zeile, so daß sie nicht noch nötig hat, zu kollern. Dichterisch am stärksten sind ein paar Zeilen aus einem Gedicht Emil Ginkels (*Wir haben die billigsten Hände, die billigsten Hände der Welt*) und von der ersten bis zur letzten Zeile voll gelungen ein Gedicht Walter Mehrings aus dem *Kaufmann von Berlin: Das Lied vom trocknen Brot*. Man sollte übrigens dieses Drama nach dem Piscatorkrach nicht ad acta legen – es ist nicht nur sprachlich eines der besten Dokumente aus der Inflation.

›Montiert‹ hat das Buch John Heartfield, der ja bahnbrechend auf diesem Gebiet ist. Mir erscheint diese Technik ausbildungsfähig. Ich habe mit Heartfield zusammen in meinem *Deutschland, Deutschland über alles* versucht, eine neue Technik der Bildunterschrift zu geben, eine Technik, der ich jetzt häufig, auch in illustrierten Blättern, begegne. Aber es sind Äußerlichkeiten, die man uns abgeguckt hat. Es kommt darauf an, die Fotografie – und nur diese – noch ganz anders zu verwenden: als Unterstreichung des Textes, als witzige Gegenüberstellung, als Ornament, als Bekräftigung – das Bild soll nicht mehr Selbstzweck sein. Man lehre den Leser, mit unsern Augen zu sehen, und das Foto wird nicht nur sprechen: es wird schreien.

Das *Volksbuch* enthält auch ein Gedicht: *Ich geh mit meiner Kleinen stempeln*. Viel stärker – wenn auch ohne Zusatz propagandistisch nicht brauchbar – ist ein kleines Gedicht mit demselben Thema *Ich jeh stempeln*, das Erich Carow aufsagt. Ich habe es leider niemals von ihm gehört. Die einfachen Verse stehen in dem Band *Erich Carow, Karriere eines berliner Volkskomikers* (erschienen im Eden-Verlag zu Berlin). Es lohnt sich wohl, da einmal einen Blick hineinzutun. Nicht nur, weil dieser Carow ein großer Schauspieler ist – sondern auch, weil mancherlei Aufschlüsse über Berlinertum in diesem Buch zu finden sind. Wir, die Schriftsteller, sind im Buch in der Majorität – schade, ich hätte gern gelesen, was Carows Publikum vom Weinbergsweg über ihn sagt. Im übrigen:

Ick jeh stempeln, ick jeh stempeln,
denn ick habe nischt zu pempeln.
Ick bin klamm un ausjemist,
Ick wees nich mehr, wat Arbeet is.

Ick sehne mir ooch nich danach,
der Jeist ist willich, det Fleesch is schwach,
Ick kann bloß nachn Nachweis tempeln –
Ick jeh stempeln, ick jeh stempeln, ick jeh stempeln.

Nun ist nur noch ein Buch übrig geblieben. Wenn ich von dem erzählen soll, laßt mich erst einmal Atem holen.

A. T. Wassiljew *Ochrana* (erschienen im Amalthea-Verlag in Wien). Dieser Wassiljew war Polizeidirektor bei der russischen Ochrana, und von der berichtet er.

Der Mann ist überzeugter Zarist; man wird also nicht erwarten, daß er die Ochrana, die ihm Brot, Ehre und Lebensinhalt gegeben hat, hinterher beschimpft. Nein, das erwartet man nicht. Auch nicht, daß er so ziemlich alles zugibt, was man der Ochrana vorwirft – er ist so dumm, daß ers doch zugibt, während er es bestreitet, und das Buch ist voll der infamsten Beschimpfungen der russischen Intellektuellen, des Sozialismus, von gänzlichem Unverständnis vom Wesen einer Revolution... soweit ist das alles Sache des Herrn Wassiljew. Es ist, wie wenn jemand das Lallen eines besoffenen russischen Gendarmerieobersten ins Deutsche übersetzt hätte.

Vieles wirkt, wie wenn es ein böser Satiriker geschrieben hätte. Spitzel? Aus den Kreisen der Revolutionäre? Nein... Nur: »Hatte die Ochrana eine Gruppe von Revolutionären ausgehoben, dann suchte sich der Chef der moskauer Ochrana Subatow jene Personen unter ihnen aus, die am ehesten beeinflußbar erschienen, lud sie in sein Privatzimmer und begann ihnen im freundlichen Plauderton die Verwerflichkeit der revolutionären Bestrebungen und die Gerechtigkeit des von der Regierung geführten Verteidigungskampfs auseinanderzusetzen.« Ist das nicht idyllisch? Er gibt Provokationen zu – die wurden aber scharf geahndet. Zum Beispiel so: Die russische Polizei stellt ein revolutionäres Flugblatt her, um ein paar Leute gehörig einzuseifen. Das kommt heraus. »Der Ochrana-Kommandant darf nicht länger in seinem Amt verbleiben; seine Absetzung ist dem Korpskommandanten unverzüglich zu melden.« Unverzüglich! So streng ging es im zaristischen Rußland her… Er gibt zu, daß man die Post Tolstois heimlich geöffnet hat, aber: »Der redliche wahre Russe hat die starke Macht immer geachtet, sich vor ihr gebeugt, ohne zu fragen und ohne darüber nachzudenken, welches die Gründe für jene Befehle seien, die oft nicht leicht zu erfüllen und zu ertragen waren. Das kam daher, daß der Russe in der Tiefe seiner Seele wußte und verstand, wie doch die vom Kaiser eingesetzten Behörden nur dazu da seien, als treue Diener des Zaren das Wohl Rußlands mit allen Mitteln zu fördern.«

Und dann die fassungslose Verwunderung, wie ihn die Revolutionäre nun beim Kanthaken nehmen – wie denn? er soll (siehe bei Polgar) nun auch noch die Verantwortung für das tragen, was er gemacht hat? Nein…! Denn diese Kerle haben ja, wenns schief geht, zwei Ausreden, die sie durch die ganze Weltgeschichte begleiten: entweder sie haben nur Befehle ausgeführt oder sie haben nur Befehle erteilt. Und dafür trägt man doch keine Verantwortung! Ja, mit dem Maul…

Man wird von mir nicht verlangen, daß ich mich ernsthaft mit einem Buch auseinandersetze, das die *Protokolle der Weisen von Zion* ernst nimmt; das über die russische Judenfrage geradezu groteske Ansichten entwickelt; das die Maßnahmen der russischen Revolutionäre durch ein Mono-

kel bespöttelt... zum Glück ist das Buch unverhältnismäßig teuer und wird nicht viel Schaden anrichten. Auch
das Skatspiel: Ochrana–GPU wollen wir nicht mitspielen.
Nicht deshalb zeige ich das Buch an – Herr Wassiljew ist
kein Gegner.

Was aber einmal gesagt und gefragt werden muß; ist dies:
Wer ist der Amalthea-Verlag?

Willy Haas hat neulich in der *Literarischen Welt* einen
höchst instruktiven und guten Aufsatz über die Verleger
Wiens veröffentlicht, wie immer von der besten Gesinnung
getragen. Darin wird auch des Amalthea-Verlages Erwähnung getan, und er wird ernst genommen. Ich bedaure,
Haas ausnahmsweise hier nicht folgen zu können.

Daß ein Verlag antibolschewistische Bücher druckt, ist
sein gutes Recht. Daß diese Bücher, besonders die Fülöp-
Millers, einen, wie soll ich sagen, leicht anrüchigen Eindruck machen, mag an meiner Nase liegen. Ich kann Millern nichts ›beweisen‹ und will es auch gar nicht. Daß der
Verlag gegen Rußland hetzt, muß man ihm zugestehn – er
ist frei. Dagegen wäre nichts einzuwenden.

Doch hat alles seine Grenzen, und ein Verlag ist für seine
Autoren verantwortlich.

Und wenn ein Verlag wagt, ein Buch zu drucken, das diesen Anwurf hier enthält:

»Hierauf trat Lenin durch einen jüdischen Vermittler
namens Helfmann, genannt Parvus, mit der deutschen Regierung in Verhandlungen und übernahm gegen eine hohe
Belohnung die Aufgabe, in Rußland Unordnung und
Streiks hervorzurufen und überhaupt mit allen Mitteln Erfolge der russischen Kriegsführung zu verhindern« –

so scheidet damit der Almathea-Verlag aus den Reihen der ernst zu nehmenden Verlage ein für alle Male aus.

Es hat alles seine Grenzen. Man kann Hindenburg politisch bekämpfen, und das mit den schärfsten Mitteln; man darf sagen, daß seine militärische Bedeutung überschätzt wird, man darf gegen seine politische Haltung polemisieren – aber man hat anständig zu bleiben. Und wenn sich heute ein deutscher Verlag einfallen ließe, drucken zu lassen: »Herr von Hindenburg hat von England Geld erhalten, um nicht alle Möglichkeiten der Kriegführung zur Entfaltung kommen zu lassen« – so würde der Verlag mit Recht von der öffentlichen Meinung fortgefegt werden.

Und genau denselben Respekt nehmen wir für Lenin in Anspruch.

Bekämpft ihn. Sagt, er habe nichts als Unheil angerichtet. Schreibt, er sei überschätztes Mittelmaß. Sagt alles, was ihr wollt. Wer aber die persönliche Ehrenhaftigkeit dieses Revolutionärs in Zweifel zieht, der ist ein Schuft.

Ich nehme den Gendarm, der das Zeug geschrieben hat, nicht ernst. Ich habe nur den Amalthea-Verlag in Wien bis heute für einen ernsten Verlag gehalten. Ich tue das nicht mehr. Die Publikationen dieses Verlages verdienen keinerlei Erwähnung. Das Buch des echten Russen gehört dahin, wo vorhin Polgars Buch versehentlich hingeraten ist: unter den Nachttisch. 1930

Wo lesen wir unsere Bücher?

Wo –? Im Fahren. Denn in dieser Position, sitzend-bewegt, will der Mensch sich verzaubern lassen, besonders wenn er die Umgebung so genau kennt wie der Fahrgast der Linie 57 morgens um halb neun. Da liest er die Zeitung. Wenn er aber zurückfährt, dann liest er ein Buch. Das hat er in der Mappe. (Enten werden mit Schwimmhäuten geboren – manche Völkerschaften mit Mappe.) Liest der Mensch in der Untergrundbahn? Ja. Was? Bücher. Kann er dort dicke und schwere Bücher lesen? Manche können es. Wie schwere Bücher? So schwer, wie sie sie tragen können. Es geht mitunter sehr philosophisch in den Bahnen zu. Im Autobus nicht so – der ist mehr für die leichtere Lektüre eingerichtet. Manche Menschen lesen auch auf der Straße… wie die Tiere. Die Bücher, die der Mensch nicht im Fahren liest, liest er im Bett. (Folgt eine längere Exkursion über Liebe und Bücher, Bücher und Frauen – im Bett, außerhalb des Bettes… gestrichen.) Also im Bett. Sehr ungesund. Doch – sehr ungesund, weil der schiefe Winkel, in dem die Augen auf das Buch fallen… fragen Sie Ihren Augenarzt. Fragen Sie ihn lieber nicht; er wird Ihnen die abendliche Lektüre verbieten, und Sie werden nicht davon lassen – sehr ungesund. Im Bett soll man nur leichte und unterhaltende Lektüre zu sich nehmen sowie spannende und beruhigende, ferner ganz schwere, wissenschaftliche und frivole sowie mittelschwere und jede sonstige, andere Arten aber nicht.

Dann lesen die Leute ihre Bücher nach dem Sonntagessen – man kann in etwa zwei bis zweieinhalb Stunden bequem vierhundert Seiten verschlafen.

Manche Menschen lesen Bücher in einem Boot oder auf ihrem eigenen Bauch, auf einer grünen Wiese. Besonders um diese Jahreszeit.

Manche Menschen lesen, wenn sie Knaben sind, ihre Bücher unter der Schulbank.

Manche Menschen lesen überhaupt keine Bücher, sondern kritisieren sie.

Manche Menschen lesen die Bücher am Strand, davon kommen die Bücher in die Hoffnung. Nach etwa ein bis zwei Wochen schwellen sie ganz dick an – nun werden sie wohl ein Broschürchen gebären, denkt man – aber es ist nichts damit, es ist nur der Sand, mit dem sie sich vollgesogen haben. Das raschelt so schön, wenn man umblättert...

Manche Menschen lesen ihre Bücher in... also das muß nun einmal ernsthaft besprochen werden.

Ich bin ja dagegen. Aber ich weiß, daß viele Männer es tun. Sie rauchen dabei und lesen. Das ist nicht gut. Hört auf einen alten Mann – es ist nicht gut. Erstens, weil es nicht gut ist, und dann auch nicht hygienisch, und es ist auch wider die Würde des Dichters, der das Buch geschrieben hat und überhaupt. Gewiß, kann man sich Bücher vorstellen, die man *nur* dort lesen sollte, *Völkische Beobachter* und dergleichen. Denn sie sind hinterher unbrauchbar: so naß werden sie. Man soll in der Badewanne eben keine Bücher lesen. (Aufatmen des gebildeten Publikums.)

Merke: Es gibt nur sehr wenige Situationen jedes menschlichen Lebens, in denen man keine Bücher lesen kann, könnte, sollte... Wo aber werden diese Bücher hergestellt? Das ist ein anderes Kapitel.   1930

B. Traven

Land ist ewig. Geld ist nicht ewig.
Darum kann man Land nicht gegen
Geld vertauschen.

Einmal habe ich gefragt, warum denn die deutschen Autoren die Herren Geschäftsleute gar so jämmerlich abbildeten:
immer im Auto, immer Millionenschecks unterschreibend,
immer mit der Türkei telefonierend und das Weitere den
Prokuristen überlassend: Schießbudenfiguren und Göt-
zen eines armseligen Kleinheitswahns. Da schickte mir ein
freundlicher Leser ein merkwürdiges Buch: *Die weiße Rose*
von B. Traven, und nun las ich das ganze Werk dieses seltenen Mannes, und davon will ich erzählen.

B. Traven lebt in Mexiko; seine Bücher sind zuerst bei der
Büchergilde Gutenberg erschienen, der das Verdienst gebührt, diesen Mann in Deutschland herausgebracht zu haben, und die Bücher heißen:

*Die weiße Rose. – Das Totenschiff. – Der Busch. – Die
Baumwollpflücker. – Die Brücke im Dschungel. – Der
Schatz der Sierra Madre. – Land des Frühlings.*

B. Traven ist ein episches Talent größten Ausmaßes.

Was die *Weiße Rose* angeht, so ist das seit Frank Norris,
dem amerikanischen viel zu früh gestorbenen Autor des
Oktopus, wieder einmal eines, das in der Schilderung der
Geschäfte an Balzac heranreicht. Bei uns verfallen sie häu-
fig, wenn sie vom Kapitalismus sprechen, in schäumende
Lyrik; Traven weiß Bescheid, was mehr wert ist. Das Buch

schildert den geglückten Versuch eines Ölmagnaten, einem amerikanischen Indio eine Farm abzujagen, um Petroleum-Bohrtürme darauf zu erbauen. Der Indio will nicht; er sagt die Worte, die da oben als Motto stehn. Sie bieten ihm Geld und immer noch mehr Geld; er will nicht. Da locken sie ihn nach San Francisco. Und dort schlagen sie ihn tot… Verzeihung: der Mann hat einen Autounfall. Er wird tot auf der Straße gefunden. Ein Unglück: Lokales und Vermischtes. Der Ölmensch, Herr Collins, hat damit nichts zu tun. Dafür hat er seine Leute, für diesen Fall einen Herrn Abner, der sich die Finger schmutzig macht, damit Herr Collins weiter Präsident seiner Gesellschaft bleiben kann. Für Geld kann man sich alles kaufen, sogar Moral; grade Moral.

Und der Werdegang dieses Herrn Collins wird erzählt. Ja, Bauer, das ist ganz was anders… so soll man den Kapitalismus bekämpfen. So – und nicht nur mit Deklamationen. Dieser Bursche wird gar nicht als grimmer Blutsauger dargestellt; er ist wohl etwas gerissener als die andern, etwas rücksichtsloser, etwas gemeiner und etwas schneller. Wie er durch einen geschickt angezettelten Streik zu Vermögen kommt; wie er die Börse tanzen läßt; wie er sich hochschiebt, das ganze puritanische Bewußtsein von der Gottgefälligkeit seines Tuns in den kräftigen Kinnbacken… das steht turmhoch über Upton Sinclair, diesem Sonntagsprediger des Sozialismus. Auch das Bettleben des Herrn Collins wird erzählt, nicht ohne daß es Traven glückt, in der Geliebten, dem Fräulein Betty mit den schönen Beinen, eine Figur zu gestalten, die zu finden man hundert Romane vergeblich durchblättern kann. Und die Geschichte Bettys wird erzählt… es ist eine ganz eigenartige Technik, die in diesem Buch und nur in diesem einen Buch Travens zu finden ist. Es ist eine Schwebe-Technik.

Der Autor fängt die Geschichte mit dem Indio an. Dann unterbricht er die, er hebt gewissermaßen die Hand, sagt: »Einen Augenblick, bitte…« und nimmt Herrn Collins vor. Er unterbricht wieder; er hat es nun mit der Betty. Und knüpft dann die alten Fäden genau dort an, wo er sie hat liegen lassen… so läuft das nebeneinander her, trifft sich wieder, verknotet sich zu einer einheitlichen Handlung, an der alle diese Menschen mitwirken, ohne es zu wissen. Und dies eben, daß sie es nicht wissen, ergibt den bunten Teppich ihres Schicksals. Es ist eine meisterhaft durchgeführte Sache.

Von Deklamation ist so gut wie nichts zu spüren. Wenn Traven ein paar wilde Börsenstunden gibt, dann sieht das eben anders aus als sonst bei diesen schon schematisch gewordenen Amerikanern, weil man hier die Vorgeschichte genau kennt und nicht nur Banklehrlinge in die Telefonkabinen stürzen sieht. Es stimmt alles. Während bei dem höchst begabten Ilja Ehrenburg die Börsen der Welt manchmal kleinen melancholischen Hainen gleichen, in denen die Nachtigallen schlagen und die Makler brüllen, leuchtet hier die Wahrheit noch der letzten Einzelheit ein. So sind Geschäfte, so können Geschäfte sein, und so soll man sie anprangern. Gegen den Schluß hin ist die Gesinnung des Buches leicht unsicher.

Fast alle andern Bücher Travens spielen in Mexiko.

Am bedeutendsten ist wohl *Die Brücke im Dschungel*, eine im ruhigen Fluß der Erzählung vorgetragene Geschichte von einer einzigen Nacht, in der ein kleines Kind während einer Festlichkeit im Fluß ertrinkt. Diese zwölf

Stunden sind mit der Zeitlupe aufgenommen – welche Augen! Wie unerbittlich läuft das ab, wie farbig, wie strömend-bewegt, und mindestens alle vier Seiten eine unvergeßliche Wendung, ein Bild, eine Beobachtung... das ist ein großer Epiker.

Die *Baumwollpflücker* enthalten ein Stückchen Kriminalgeschichte, auch das ist sehr überlegen gemacht; von dem, was dieser Mann so hinstreut, leben andre Autoren eine Saison lang.

Der Busch gibt kleine Skizzen von unterschiedlichem Wert. Eine wunderschöne Tanzszene bei den Indianern; eine herrliche Radauszene, aus der ich mir für meinen Privatgebrauch das letzte Schimpfwort gemerkt habe: »Von Felipe, Senjor? Da will ich Ihnen nur sagen, der Felipe ist ein gemeiner Schurke, ein Hurensohn, ein Lügner, ein Schwindler, ein Bandit, ein Mörder und ein großer Hausanzünder!« Und dann steht im *Busch* die Geschichte von der Bändigung, und da muß ich erst einmal tief Atem holen.

Da ist ein Mann, ein Farmer, der hat sich in ein Mädchen aus der Stadt verliebt. Er heiratet sie, allen Warnungen zum Trotz. Denn sie war, wie die Mathematiker sagen, schon n mal verlobt, und alle Verlobungen sind zurückgegangen, weil das liebe Kind unausstehlich herrschsüchtig ist. Herrschsüchtig? Sie hat ein paar der Bräutigams tüchtig gekratzt und gut geprügelt. Er heiratet sie. Es klappt gar nicht... er berührt sie zunächst überhaupt nicht. Sie kommandiert wütend im Haus herum, vernachlässigt ihn ganz und gar... es klappt nicht. Da sitzen sie nun so vor dem Haus; die Katze döst in der Sonne, der Papagei schaukelt sich plappernd auf seinem Ring, weiter vorn auf dem Vorplatz ist das schönste Reitpferd des Ehemannes angebunden. Die Frau liegt in der Hängematte, der Mann sitzt im Schaukelstuhl.

»Don Juvencio hatte seinen Schaukelstuhl so stehen, daß er den Hof übersehen konnte. Er hob jetzt seine Arme hoch, reckte sich ein wenig aus, gähnte leicht und ergriff die Zeitung, die vor ihm auf dem Tischchen lag. Er las einige Minuten, und dann legte er die Zeitung wieder hin.

Nun sah er zu dem Papagei, der vor ihm in seiner Schaukel hockte.

›He, Loro‹, rief nun Don Juvencio befehlend, ›hole mir eine Kanne mit Kaffee und eine Tasse aus der Küche, ich habe Durst.‹

Der Papagei, durch die Worte aus seinem Dahindämmern aufgeweckt, kratzte sich mit dem Fuß am Nacken, rutschte ein kleines Stück weiter auf seiner Schaukel, krächzte ein paar Laute und bemühte sich, sein unterbrochenes Dröseln wieder aufzunehmen.

Don Juvencio griff nach hinten, zog seinen Revolver aus dem Gurt, zielte auf den Papagei und schoß. Der Papagei tat einen Krächzer, es flogen Federn in der Luft herum, der Vogel schwankte, wollte sich festkrallen, die Krallen ließen los, und der Papagei fiel auf den Boden des Portico, schlug ein paar Mal um sich und war tot.

Juvencio legte den Revolver vor sich auf den Tisch, nachdem er ihn einige Male in der Hand geschwenkt hatte, als ob er sein Gewicht prüfen wollte.

Nun blickte er hinüber zur Katze, die so fest schlief, daß sie nicht einmal im Traume schnurrte.

›Gato‹, rief jetzt Don Juvencio, ›he, Kater, hole mir Kaffee aus der Küche, ich habe Durst.‹

Donja Luisa hatte sich umgewandt zu ihrem Manne, als er den Papagei angerufen hatte. Sie hatte das, was er zum Papagei sagte, so angenommen, als ob er mit dem Papagei schäkern wollte, und sie hatte darum nicht weiter darauf geachtet. Als dann der Schuß krachte, drehte sie sich völlig um in ihrer Hängematte und hob den Kopf leicht.

Sie sah den Papagei von seiner Schaukel fallen, und sie wußte, daß Juvencio ihn erschossen hatte.

›Hay no‹, sagte sie halblaut. ›Lächerlich.‹

Jetzt, als Don Juvencio die Katze anrief, sagte Donja Luisa laut zu ihm herüber: ›Warum rufst du denn nicht Anita, daß sie dir den Kaffee bringt?‹

›Wenn ich will, daß mir Anita den Kaffee bringen soll, dann rufe ich Anita, und wenn ich will, daß mir die Katze den Kaffee bringen soll, dann rufe ich die Katze.‹

›Meinetwegen‹, sagte darauf Donja Luisa, und sie rekelte sich wieder in ihrer Hängematte ein.

›He, Gato, hast du nicht gehört, was ich dir befohlen habe?‹ wiederholte Don Juvencio seine Anordnung.

Die Katze schlief weiter, in dem sichern Bewußtsein, daß sie, wie alle Katzen, solange es Menschen gibt, ein verbrieftes Anrecht darauf habe, ihren Lebensunterhalt vorgesetzt zu bekommen, ohne irgendeine Verpflichtung zu haben, sich dafür durch Arbeit erkenntlich zu zeigen; denn selbst wenn sie sich doch so weit herablassen sollte, gelegentlich eine Maus zu erjagen, so tut sie es nicht, um den Menschen eine Gefälligkeit zu erweisen, sondern sie tut es, weil ja schließlich selbst eine Katze ein Recht darauf hat, hin und wieder einmal ein Vergnügen zu genießen, das im gewöhnlichen Wochenprogramm nicht vorgesehen ist.

Don Juvencio aber dachte anders über die Pflichten einer Katze, die auf seiner Hacienda lebte. Als die Katze sich nicht regte, um dem Befehle nachzukommen und den Kaffee aus der Küche zu holen, hob er wieder den Revolver und schoß. Die Katze versuchte hochzuspringen, aber sie brach zusammen, rollte sich einmal über und war tot.

›Belario‹, rief Don Juvencio jetzt über den Hof.

›Si, Patron, estoy‹, rief der Bursche aus einem Winkel des Hofes hervor. ›Hier bin ich, was ist zu tun?‹

Als der Bursche auf der untersten Stufe der Treppe stand, mit dem Hute in der Hand, sagte Don Juvencio zu ihm: ›Binde das Pferd los und führe es herbei, hier dicht an die Stufen.‹

›Soll ich es auch gleich satteln?‹ fragte der Bursche.

›Ich werde dich dann rufen‹, antwortete Don Juvencio.«

Das Pferd wird gebracht. Auch an das Pferd ergeht der Befehl, Kaffee zu holen. Das Pferd holt keinen Kaffee. Der Mann erschießt das Pferd.

»›Wahnsinn! So ein Prachttier!‹ schrie jetzt Donja Luisa auf.

Ihre Erbostheit war zum vollen Ausbruch gekommen. Es war mit untrüglicher Sicherheit vorauszusehen, daß nunmehr das erste schwere Gefecht, das man Don Juvencio von allen Seiten mit allen seinen Schrecken angekündigt hatte, geliefert werden würde, und daß jetzt, wäre einer der Freunde des Don Juvencio anwesend gewesen, er raschest zur Stadt geritten wäre, um die Ambulanz zu bestellen und ein Bett im Hospital zu mieten …

Und grade im selben Augenblick, als Donja Luisa aus der Hängematte springen wollte, um sich in die Tigerin zu verwandeln, sagte Don Juvencio mit sterbensruhiger Stimme, aber laut und hart...«

Und die Frau bringt den Kaffee. Und er liebt sie sehr. Und die Frau ist sehr glücklich.

Man vergesse nicht, wo diese Geschichte spielt. Auch erzählt sie Traven gar nicht mit diesem dummen Tonfall männchenhafter Überlegenheit (»Donnerwetter, Donnerwetter, wir sind Kerle!«) – wie bei ihm überhaupt nie der Stoff auf den Autor abfärbt, einer der schlimmsten Fehler unsrer Literatur. Bei uns halten sich die Leute schon für was Diplomatisches, wenn sie über Talleyrand schreiben, und für grausam, wenn sie ein Stiergefecht zeigen, und für tapfer, weil sie Tapferkeit schildern. Traven ist das, was Edschmid gern sein möchte: er ist ein Mann. Und ein echter Epiker, seine Erzählungskunst ist ein breit und mächtig dahinströmender Fluß, mit kleinen Wirbeln und Schnellen – aber der Strom fließt. Die Kunst dieses Mannes ist so groß, daß er uns, soweit ich es zu fühlen verstehe, sogar über diesen Tod der Tiere da hinwegkommen läßt. Das ist die Geschichte von der Zähmung einer Widerspenstigen aus dem Busch.

Mexiko und wieder Mexiko – vieles, was Traven schreibt, deckt sich mit den Schilderungen von Alfons Goldschmidt, ohne daß etwa störende Belehrungen eingestreut werden. Im *Schatz der Sierra Madre* graben sie nach Gold und schlagen sich deshalb tot, das Gold verschwindet, niemand hat es mehr; es ist aus der Erde gekommen, hat Menschenleben vernichtet und ist wieder zur Erde zurückgekehrt... Das

Zusammenleben dreier Goldgräber, maulfaul und streit-
süchtig, wird gezeigt; da ist eine Stelle, wie ihnen beim Abschied lange Gedankengänge in: »Good-bye«, »Good luck«
und »So long« gerinnen... und die Schilderung eines Mor-
des ist darin, die an das beste Vorbild der angelsächsischen
Literatur, an die geniale Novelle Stevensons, *Markheim*, erinnert und sie nahezu erreicht.

Land des Frühlings ist eine mit Fotos ausgestattete Reise-
schilderung aus Mexiko; immer, wenn die Situation brenz-
lig wird, offenbart Traven jenen Satz, von dem unsre Nazis
wenig wissen: Ein richtiger Held ist feige.

Nun gibt aber diese Schilderung des Travenschen Werkes
noch keinen Begriff von der fast unglaublichen Fülle und
Dichtigkeit des Witzes, des Humors, den literarischen
Kunststückchen, die mühelosen epischen Handgriffe, mit
denen das Rad der Erzählung weiter gedreht wird.

Da kargt er nicht mit weisen und frommen Lehren, die
meist bezaubernd leicht vorgetragen werden. So hat Raabe
unter seinem Bart geschmunzelt... »In diesen Gedanken-
gängen bewegte sich unser Tischgespräch, weil wir, der bessern Verdauung wegen, während des Essens nichts Gedan-
kenschweres in unserm Hirn herumwälzen wollten, und
weil man beim Essen nur vom Essen sprechen soll.« Hierzu
Nietzsche: »Wie verstehe ich es, daß Epikur bei Tische sich
die ästhetischen Gespräche verbat? – er dachte zu gut vom
Essen und von den Dichtern, als daß er das eine zur Zukost
des andern machen wollte!« Von der Sprache: »Und gewisse Empfindungen kommen nur dann voll zur Entfaltung,
wenn sie mit Worten erweckt werden, die bestimmte Ge-

fühlsnerven treffen, die eine angelernte Sprache niemals treffen kann. Denn solche Worte bringen die Erinnerung an das erste Schamgefühl, die Erinnerung an das erste Mädchen, das man begehrte, die Erinnerung an die mysteriösen Stunden des ersten Reifegefühls zurück.« Das habe ich, ohne diese Stelle zu kennen, im Schlußwort zu einer Pyrenäenreise gesagt. Und dann solche trocknen Bemerkungen mit nasser Einlage, wie die von Herrn Collins, der sich zu seiner Frau noch eine zweite Dame zugelegt hat. Beiden wird er hier und da in Tampico untreu. »Die Erholung von Flossy, nachdem er mit ihr zehn oder vierzehn Tage ständig zusammen gewesen war, tat ihm sehr gut. Denn Flossy begann seiner Frau immer ähnlicher zu werden. In allen Dingen. Im Bett. Im Sprechen. In der Kleidung. Im Nörgeln. Im Predigen. Er war nicht Philosoph genug, um zu wissen, daß zwei Frauen, die längere Zeit unter dem Einfluß desselben Mannes stehen, von dem sie wirtschaftlich abhängig sind, ähnlich werden wie Zwillinge.« Wahr, wahr. Auch hat Traven etwas von dem seltensten und schönsten Humor, den es für meinen Geschmack gibt: vom Spott über sich selbst. »Man braucht mich nur singen zu hören, dann weiß man die letzten Geheimnisse der Welt.«

Es wimmelt von dichterischen Pastellbildchen aller Art. Einer ißt. »So, jede überflüssige Kraftverschwendung peinlichst vermeidend, führte er bald die linke, bald die rechte Hand, alles auf Kugellagern laufend, an den Mund, um sein Nachtmahl einzunehmen.« Dann gibt es da Stellen von einer Zartheit, die so selten ist... Dann so etwas, wie der Mörder, ein Goldgräber, der mit dem gestohlenen Gut nur noch einen halben Tagesmarsch von der ersten Stadt entfernt ist.

»Er frohlockte. Er fühlte sich auf der sichern Seite. Wenn der Wind günstig herüberwehte, konnte er das Bellen der Güterzüge durch die Stille der Nacht hören. Und dieses merkwürdige heulende Bellen der Lokomotiven, das so unheimlich und so geisterhaft klingen kann, flößte ihm Empfindungen ein, als wäre er schon in einem Hotel nahe der Eisenbahn. Es war der Schrei der Zivilisation. In diesem Schrei fühlte er sich geborgen. Er sehnte sich nach den Gesetzen, nach der Rechtlichkeit, nach den festen Mauern der Stadt, nach allen den Dingen, die sein Gut beschützen sollten. Innerhalb jenes Bereiches, wo Gesetze das Eigentum bestätigten und wo starke Mächte dem Gesetz Achtung verschaffen, war er sicher.« Das könnte, in seiner abgründigen Hinterhältigkeit, in seiner tiefen Bosheit und in der Stärke der Schilderung, auch von J.V. Jensen sein.

Ist Traven ein Revolutionär? Ja...

Er ist zunächst ein Mann, der die gesellschaftlichen Zusammenhänge gut erkannt hat. »Jeder Mensch sucht nach einer Rechtfertigung, um das Niederträchtige und Unsoziale, das er tut, vor sich zu begründen, um es dadurch weniger niederträchtig und weniger unsozial erscheinen zu lassen.« Bitter ist er und hart, wenn er zuschlägt: »Aber wer arbeiten will, der findet Arbeit. Nur darf man nicht grade zu dem kommen, der diesen Satz spricht; denn der hat keine Arbeit zu vergeben, und der weiß auch niemand zu nennen, der einen Arbeiter sucht.« Er trifft alles, was er sagt: die Kritik an dieser Zivilisation, der Spott, der Hieb – alles. »Unter einer Fürstin hatte sie sich immer sehr viel vorgestellt. Wenn von der Freundin eines Magnaten gesprochen wurde, daß sie fürstlich aussehe, so hatte man sofort seine bestimmten Ideen, Ideen und Vorstellungen, die durch den Film gebildet wurden. Durch den Film, wo eine ehemalige Verkäuferin in einem Krawattenladen so lange aufgezaubert, aufgepinselt, aufgediademt, aufgeglittert, aufgeglasperlt und aufgeseidet wird, bis sie das Fürstinnenbedürfnis der Stenotypistinnen und der Lohnlistenschreiber befriedigt.«

Ganz scharf und unerbittlich, wenn es um die Arbeiterklasse geht. »Arbeiter streiken vielleicht seltener, wenn es den Arbeitern günstig ist, sondern sie streiken meist, wenn es dem Kapitalismus günstig ist. Nicht aus Dummheit, sondern ehernen Gesetzen folgend. Was immer auch Arbeiter tun mögen, innerhalb des kapitalistischen Wirtschaftssystems werden sie das tun, was dem Kapitalismus dienlich ist, weil sie ein Teil des Kapitalismus sind, weil sie mit ihm, während der Herrschaft dieses Systems, verbunden sind auf Tod und Verderben, auf Leben und Untergang.« Und am besten und schönsten in dieser Stelle, aus der *Weißen Rose*: »Die Company kassierte nur und kassierte. Sie hatte keine Ausgaben. Alle Ausgaben hatte nur die Minenarbeiter-Union, deren reiche Kassen bis auf den letzten kupfernen Cent geleert wurden. Ausgaben hatte nur das Proletariat, das sammelte und sammelte, schimpfend und murrend, aber doch sammelte für die hungernden Miners. Die Könige machen Krieg, und das Proletariat blutet und stirbt. Magnaten machen einen großen Fischzug, und das Proletariat opfert seinen letzten Cent und verhungert. Immer das Proletariat! Und immer und nochmals das Proletariat!«

Die kommunistische Arbeiterpresse hat bereits Romane von Traven gebracht; sie sollte sie alle bringen. Denn sie sind von einem Proletarier auch für Proletarier geschrieben – und das hier ist Arbeiterkunst, Kunst, weil sie gewachsen ist und destilliert durch die Persönlichkeit eines großen Erzählers. Vielleicht ist er parteimäßig nicht ›richtig‹… Ich halte die Versuche, die zum Beispiel neulich Wittfogel wieder aufgenommen hat: aus dem Klassenkampf eine neue Ästhetik zu kochen, für gründlich verfehlt. So wird das nie etwas. Immer wird in großen Kunstwerken jenes unbekannte X zittern, das sich in kein Schema bringen läßt. Was Wittfogel mit viel Kenntnis und Wissen versucht hat, mußte zu dem gewünschten Resultat führen, weil das vorher für ihn feststand. Denn es gibt eine kommunistische Theologie, die so unleidlich zu werden beginnt, wie die der katholischen Theologen: Mißbrauch des Verstandes, um einen Glauben zu rechtfertigen. Diese neue Theologie hat bereits ihren eignen Jargon, und es sollte ein Gesetz erlassen werden, das bis auf weiteres den Gebrauch des so schön vieldeutigen Wortes ›dialektisch‹ verbietet. Meilenweit ist Traven von diesem Unfug entfernt.

Aber auch er ist ein Opfer seiner Klasse. Dieser Proletarier kann nämlich nicht richtig Deutsch. Ich hielt seine Werke zunächst für übersetzt, und zwar für schlecht übersetzt. Es ist aber Unkenntnis, verbunden mit bösen Amerikanismen. Er sagt: »Ein Haus ausmöblieren«. Er sagt: »bei Telefon fragen«. Er spricht, was immerhin noch komisch klingt, von einem »Brumm-Redakteur« und meint einen Sitz-Redakteur. Er erzählt von Aktien, die »unsicher« wurden. Er schreibt: »Mehr brauchte sie nicht zu wissen. Weder er.« Er schreibt: »In solcher Umgebung lebend, nur solche Farmer kennend, wie konnte man erwarten, daß Mr. Collins die Weiße Rose verstand.« Das Partizipium bezieht sich auf ›man‹, es soll sich aber auf Collins beziehen. Und so fort. Manchmal ist diese Unkenntnis ganz lustig – so bildet er das Wort »Genetz« –, aber meist ist sie störend. Sogar im englischen Text ist ein Fehler (disturp). Es ist tief bedauerlich, daß der Mann diesen Klecks nicht ausradiert oder ausradieren läßt. Ein Fleck auf der Sonne.

Im ganzen und dennoch: Ein großer Epiker. Sicherlich kein sehr angenehmer Herr, sicherlich kein sehr glücklicher Mensch. Aber ein großer Epiker.

Die Bücher sind in einer Buchgemeinschaft erschienen, also durch den Buchhandel nicht zu beziehen – daher meine ausführlichen Zitate. Nur *Das Totenschiff* ist jetzt bei der Universitas, Deutschen Verlags-Aktiengesellschaft in Berlin, herausgekommen. Der Verlag läßt es sich angelegen sein, seinen neuen Autor ebenso wohlmeinend wie klobig anzukündigen. Merkwürdig ist das… entweder tun unsre Verleger gar nichts für uns, oder sie verwandeln sich in wilde Marktschreier. Dieser hier ruft: »Traven! Der deutsche Jack London!« Der Kaufmann, dem diese Formel eingefallen ist, ist darauf gewiß sehr stolz; fühlt er nicht, wie er seinen Autor damit herabsetzt? Traven ist so wenig ein deutscher Jack London, wie Westerland das deutsche Biarritz ist oder Oberhof das deutsche Chamonix… deutscher Whisky. Traven ist Traven. Das ist sehr viel.

Ich wünschte, daß alle seine Werke recht bald bei den Sortimentern zu haben wären. 1930

Schrei nach Lichtenberg

Im vorigen Frieden – als ich noch ein kleiner Junge war und sehr verliebt –: da ging mir eines Tages das Geld aus. Das kann vorkommen. Und Kitty brauchte eine goldne Armbanduhr. Und da ging ich hin... ich schäme mich ja furchtbar, aber es ist doch wahr... ich verkaufte einen Arm voller Bücher. Und kaufte ihr die Uhr und bekam einen dicken Kuß, und es war alles sehr schön.

Unter den Büchern war auch eine alte, zwölfbändige Ausgabe von Georg Christoph Lichtenbergs gesammelten Werken. (»Lichtenberg? Von dem habe ich doch mal Aphorismen...«) Ganz recht, der.

Und jetzt möchte ich mir die gesammelten Werke wieder kaufen, und dabei stellt sich heraus, daß es im gesamten deutschen Verlagsbuchhandel keine gute Neuausgabe seiner Werke gibt. Keine. Ehret eure deutschen Meister!

Es gibt:

Lichtenbergs Aphorismen. Ausgewählt von Alexander von Gleichen-Rußwurm (erschienen bei der Deutschen Bibliothek in Berlin). – *Aphorismen*, herausgegeben von Josef Schirmer (erschienen im Hyperion-Verlag in München). Es gibt (wenn sie nicht inzwischen vergriffen sind): *Aphorismen* nach den Handschriften, herausgegeben von Albert Leitzmann (erschienen in Behrs Verlag, Berlin). Diese letzte Ausgabe umfaßt drei Bände – das ist die beste. Der Rest ist sanfte Auswahl für den Hausgebrauch.

Bei Eugen Diederichs in Jena hat es eine von Wilhelm

Herzog besorgte Auswahl aus den Werken Lichtenbergs gegeben; die ist vergriffen und nicht wieder aufgelegt. Dafür drucken sie Diotimas *Schule der Liebe*... schweig still, mein Herz, sonst müssen sie hier eine Unterhaltungsbeilage anbauen... aber den Lichtenberg legen sie nicht neu auf. Gott segne die Verleger!

Dieses aber ist eine Affenschande.

Was! Einen Kerl nicht wieder neu zu drucken, der einen Verstand gehabt hat wie ein scharf geschliffenes Rasiermesser, ein Herz wie ein Blumengarten, ein Maulwerk wie ein Dreschflegel, einen Geist wie ein Florett... das muß man sich bei den Antiquaren mühsam zusammensuchen? Diesen herrlichen Mann, der einen Buckel voll Witz, Sentimentalität, Klugheit, guter Laune, Lust, aus Schmerz geboren, mit sich herumzutragen hatte – das liegt brach? Es ist vielleicht kein ›Geschäft‹... ich weiß das nicht; ich bin kein Kaufmann. Aber wer Lichtenberg ist, das weiß ich.

Ein Uhu, der Sekt gesoffen hat, nun nachts durch den Wald flattert und »Schuhu!« macht, die Mäuse erschreckt, sie fängt und mit dem Ruf »Nicht fett genug...!« wieder wegwirft – es ist etwas ganz Einzigartiges. Morgenstern plus Hebbels Tagebüchern plus französischer Klarheit plus englischer Groteske plus deutschem Herzen – das soll man sich noch einmal suchen. Sein Witz war grob und fein, wie er es wollte. »Graf Kettler«, notiert er einmal: »seine Aussprache war so wie des Demosthenes seine, wenn er das Maul voller Kieselsteine hatte.« Oder: »Ihr Unterrock war rot und blau, sehr breit gestreift und sah aus, als wenn er aus einem Theatervorhang gemacht wäre. Ich hätte für den ersten Platz viel gegeben, aber es wurde nicht gespielt.« Dazwischen ganz und gar morgensternsche Bemerkungen, die man nur nachschmecken, deren Reiz man nicht erklären kann. »Ich habe noch niemanden gefunden, der nicht gesagt hätte: es wäre eine angenehme Empfindung, Stanniol mit einer Schere zu schneiden.«

Wer die Gewohnheit hat, in Büchern etwas anzustreichen, der wird seine Freude haben, wie sein Lichtenberg nach der Lektüre aussieht. Das beste ist: er macht gleich einen einzigen dicken Strich, denn mit Ausnahme der physikalischen und lokalen Eintragungen ist das alles springlebendig wie am ersten Tag. Nur ein wirklich frommer Mensch darf so gute Witze über die Religion machen wie dieser hier. »Die Allmacht Gottes im Donnerwetter wird nur bewundert entweder zur Zeit, da keines ist, oder hintendrein beim Abzuge.«

Das strahlt in allen Regenbogenfarben ernsthaften Witzes. Manchmal reißt er ganze Bände der Entwicklungsgeschichte in einen einzigen Aphorismus zusammen. »Es ist ein großer Unterschied zwischen etwas noch glauben und es wieder glauben. Noch glauben, daß der Mond auf die Pflanzen wirke, verrät Dummheit und Aberglaube, aber es wieder glauben, zeugt von Philosophie und Nachdenken.«

Und der Herr Universitätsprofessor in Göttingen, der Gottfried Bürger begraben geholfen hat, war zu allem andern ein Stück verschütteter Dichter. »So traurig stund er da wie das Trinckschälgen eines crepierten Vogels.« Und so hundertmal.

Von dem, was in diesen »Sudelbüchern«, wie er das genannt hat, an Witz heute verschüttet liegt, leben andre Leute ihr ganzes Leben. »Er hatte ein paar Stückchen auf der

Metaphysik spielen gelernt.« Und: »Er trieb einen kleinen Finsternis-Handel.« Und so in infinitum.

Nein, die Welt ändert sich nicht, und dies ist ein sehr aktueller Schriftsteller; er ist niemals etwas andres gewesen. Die Leute zitieren immer seine Beschreibungen zu Hogarths Bildern, die recht gut sind, und seine Schilderung des Garrickschen Hamlets, die besser ist – aber das Wesentliche dieses einzigartigen Geistes liegt in seinen Aphorismen. Und in seinen Briefen. Der Brief zum Beispiel, den er geschrieben, als ihm sein kleines Blumenmädchen, mit dem er zusammen lebte, starb, reicht an jenen Lessings heran, den der nach dem Tode seiner Frau schrieb. Lichtenberg hatte ein heißes Herz und einen kalten Verstand.

Und fand dann solche Schlußformeln wie diese, die einem Wappenspruch gleicht und einer Grabschrift und einem Satz, den man seinem Kinde mit auf den Lebensweg geben kann:

> Der Weisheit erster Schritt ist: Alles anzuklagen.
> Der Letzte: sich mit allem zu vertragen.

In Deutschland erscheinen alljährlich dreißigtausend neue Bücher.

Wo ist Lichtenberg –? Wo ist Lichtenberg –? Wo ist Lichtenberg –?   1931

Verlagskataloge –? Was ist das –? Das gibts wohl gar nicht mehr? Früher…

Da liegen nun auf meinem Nachttisch die alten sorgfältigen und vollständigen Kataloge von Georg Müller, von Piper, von S. Fischer, vom Insel-Verlag… viel Arbeit und Mühe, viel Kosten und Papier sind auf diese Kataloge verwandt worden… und es hat sich auch gelohnt. Denn der Käufer trat in eine enge Beziehung zum Verlag, er kam ihm näher; er las diese Verzeichnisse wie eine Liste guter alter Bekannter… aha! das ist jene Ausgabe und: schau an! die ist nun auch vergriffen, aber ich habe sie noch… und das da, das sollten sie mal wieder neu auflegen… und so fort. Und er sah noch etwas.

Er sah das Gesicht des Verlages.

Denn es hat einmal im deutschen Verlagsbuchhandel eine Zeit gegeben, wo man bei einer Neuerscheinung ziemlich genau hätte angeben können: Das kann nur bei X. erschienen sein. Dann gab es eine Zeit, in der man sagen konnte: Bei Y. kann das nicht herausgekommen sein… und heute weiß man gar nichts mehr. Jedes kann so ziemlich bei jedem erschienen sein, und man kann sie fast allesamt untereinander austauschen. Sie sollten sich fusionieren. Und die richtigen Verlagskataloge haben sie auch nicht mehr.

Ausnahmen zugegeben. Die Insel… Fischer… aber das ist alles nicht vollständig genug, und man hätte doch alle paar Jahre gern eine ganz genaue Liste dessen, was die großen Verlage während ihres Bestehens gemacht haben. Es ist auch bibliographisch nicht in Ordnung; statt einer guten Liste alter vergriffener Bände drucken sie da diese dummen Zeitungsurteile über ihre Bücher ab (»Rein kulturhistoriographisch ist hier eine glänzende Arbeit fabelhaft gemacht. Auch vom menschlichen Standpunkt …«). Schade.

Freilich, bei manchen Verlagen würde sich, machten sie solche Kataloge, etwas Erschreckendes zeigen. Es zeigte sich dann nämlich, daß der Herr Verleger von Neuigkeit zu Neuigkeit getaumelt ist, von Konjunktur zu Konjunktur, von Tierbüchern zu Kriegsbüchern, von o Mensch zur neuen Sachlichkeit, von Turksib zur neuen Romantik … solch ein Verlagskatalog kann eine Aufdeckung sein und eine Blamage.

Sie hegen und pflegen nicht, was sie machen. Die Folgen sind betrüblicher Natur.

Keine Kontinuität mehr, nur Literaturbörse; wenig Verlagsgesichter, aber viel Fratzen; keine Treue des Käufers, keine des Verlegers – nichts. Woher sollte das alles auch kommen? Wenn die Kaufleute doch endlich lernen wollten, daß das, was alle zugleich machen, keinem mehr zugute kommt; sie könnten sich die Ausgaben sparen. Wenn alle Umschläge bunt brüllen, hört man zum Schluß gar nichts mehr. Wenn alle ihre Bücher in den drei Monaten vor Weihnachten herausbringen, verstopfen sie den eignen Markt, machen den Käufer kopfscheu und haben also falsch spekuliert. Es ist, im wahrsten Sinne des Wortes, ein Affentheater.

Und warum ist das? Weil in die Breslauer der falsche Amerikanismus gefahren ist, zu dem in diesem Land, bei dieser geschwächten Kaufkraft, auch nicht der leiseste Grund vorliegt. Es ist alles nicht wahr, euer Getue nicht und eure Eile nicht und nichts. Ihr seid in Wahrheit faul.

Es ist nämlich viel mühseliger, Steinchen auf Steinchen einer Tradition aufzubauen, als auf einen ›Schlager‹ zu spekulieren, der dann die ganze Saison herausreißen soll. Und nach zwei Jahren kennt ihr euer eignes Genie nicht mehr. Es ist schwerer, sich einen Stamm von Autoren und von Lesern bestimmter Geistesart und einheitlicher Denkfärbung heranzuziehen als im Literatur-Bac zu setzen, und doch: es lohnt. Natürlich gäbe es dabei Rückschläge, Enttäuschungen… zum Schluß aber stände ein Gebäude da und nicht einer von diesen Zeitungskiosken, an denen die Schlagzeilen kreischen.

In der Fachliteratur ist das ja wohl anders.

In der sogenannten schönen Literatur aber, an diesen Beinamen heute weniger verdient denn je, ist es mit der Kontinuität traurig bestellt. Es gibt kaum noch große und echte Verlagskataloge. Und so kaufen die Leute keine Verlagswerke mehr, sondern nur noch Novitäten, und so hält sich jedes dieser sinnlos herausgeschleuderten Bücher allerhöchstens ein Jahr… und den Schaden tragen die Autoren und die amerikanischen Verleger aus Beuthen. Sie haben so wenig Verlagskataloge. Weil sie so wenig Verlage haben.

1931

Auf dem Nachttisch

Obenauf ein schmales Bändchen: Das Reclambändchen Nr. 7003 – *Eine Bibliothek der Weltliteratur* von Hermann Hesse. Das ist eine vorbildliche kleine Literaturgeschichte.

Ich halte Hesse für einen Schriftsteller, dessen Qualitäten als Essayist weitaus größer sind als seine dichterischen Ei-

genschaften. In seinen Dichtungen ist er entweder weit-
schweifig, zokkersüß, wenn es auch wirklicher, guter Kri-
stallzucker ist und keine Melasse, manchmal wäich und
dann wieder säuerlich. Seine Buchkritiken dagegen haben
zur Zeit in Deutschland kein Gegenstück; seit Josef Hofmiller unter die Nationalisten gefallen ist, erst recht nicht.
Aus jeder Buchkritik Hesses kann man etwas lernen, sehr
viel sogar. Und wie diese kleine Anweisung, sich eine Bibliothek zusammenzustellen, gemacht ist, das ist nun zum
Entzücken gar. Sie ist ganz subjektiv, und nur so ist auf diesem ungeheuern Gebiet so etwas wie Sachlichkeit zu erzielen. Wer sich nach diesem Bändchen richtet –: der tut wohl
daran. Es steht wolkenkratzerhoch über den gangbaren Literaturgeschichten.

Was die Leute nur mit diesen dicken Wälzern haben...!
Es gibt doch keinen Menschen, der über alles gleichmäßig
Bescheid weiß; es kann also, wer eine Literaturgeschichte
verfaßt, bestenfalls eine saubere Bibliographie geben, um
grade solch eine Literaturgeschichte, die mich vor allem einmal klar und sorgfältig und ohne Schmus über Tatsachen
unterrichtet, von denen ich etwas wissen möchte –: die
kenne ich nicht. Ich kenne anständige, wie die von Wiegler,
ich kenne Scheul und Greul wie die von Bartels, der außerdem noch ein Schludrian ist; den hausbacknen und dumm-
dreisten Eduard Engel, den lächerlichen Soergel... Es gibt
da eine sehr einfache Art, Stichproben zu machen.

Man suche sich in solchen Literaturgeschichten jene
Dichter, die man liebt und wirklich kennt. Da wird man sein
hellblaues Wunder erleben. Meist auch nicht der Schimmer
einer Idee – sie lieben sie nicht, sie hassen sie nicht, und sie

geben nicht einmal eine ganz und gar vollständige Biographie. Was soll das also alles –?

Das soll den Bildungsfimmel des deutschen Durchschnitts-Lesers befriedigen. Diese Brillenkerle lesen viel lieber etwas über einen Dichter, als etwas von einem Dichter; der Konsum in Literaturgeschichten ist ungeheuer. Es muß wohl so sein, daß sogar den Lebenden dieser Augenblick auf eine imaginäre Unsterblichkeit imponiert; wie wäre es sonst zu erklären, daß eine Reihe Schriftsteller, darunter achtbare Männer, diesem leeren und kindischen Albert Soergel, der nie gewußt hat, wo der Gott der Dichtung wohnt, eine Festschrift zum Geburtstag überreicht haben? Wahrscheinlich zu seinem 150. Geburtstag, nach seiner Literaturgeschichte zu schließen, in der die Dichter nach völlig wahnwitzigen Kategorien antreten müssen: »Seele als Ausdruck – Wiener Halbexpressionismus – Angstträumer und Gottsucher – Einzelgänger…« Kurz und gut: Kauft euch für die paar Pfennig das Bändchen Hesses, und ihr werdet gut bedient sein. Wer das wirklich gelesen hat, was er dort fordert –: der hat etwas hinter sich gebracht.

Zu den standard-works solch einer gut angelegten und planmäßig gesammelten Bibliothek gehört natürlich Stendhal. Ich habe neulich nach langer Jagd eine gute Ausgabe des nachgelassenen *Lucien Leuwen* erlegt (Paris, Ausgabe: Le Divan Paris 37 rue Bonaparte – nicht sehr teuer). Es sind drei kleine Bände, wunderhübsch gedruckt, mit winzigen roten Vignetten.

Bei uns steht bei jedem Fliegenhusten von Buch vorn auf dem Titel: »Roman«. Hier steht das Wort nicht – aber das ist ein Roman. Das ist einer.

Ich lasse bei dieser Betrachtung alles Dichterische beiseite, soweit das möglich ist, und die lange Liebesgeschichte
in Nancy schenke ich euch. Aber das, was die Kritiker heute
mit vollem Maul das ›Soziologische‹ nennen…! Wie das bei
Stendhal quillt und blüht; wie sich die Einzelheiten nicht jagen, sondern unaufdringlich eine nach der andern hervor-
kommen; wie der Dichter über dieses ungeheure Material
der Louis-Philippe-Gesellschaft gebietet, wie scheinbar
mühelos das ist – das hat ein Herr geschrieben. Manchmal
stehen da noch Randnoten, denn der Roman ist nie vollendet worden, manche Partien sind gar nicht zu Ende gearbeitet, und in diesen Randnoten finden sich die hübschesten
Dinge. Wann Herr Beyle grade Kopfschmerzen gehabt hat,
und daß es an diesem Arbeitstage heiß gewesen sei, und
daß jenes Kapitel noch mal geschrieben werden müsse – und
dies Uniformdetail stimme nicht, man wird sich erkundigen
müssen, und diese Entgegnung Leuwens sei ja sehr hart,
aber… Was sieht man daraus?

Daß ›Roman‹ ein Ehrentitel ist, der nur einem wirklichen
Weltausschnitt zukommt – und daß diese Weltausschnitte
nicht hingeschrieben werden können, wie sich das so viele
Schriftsteller denken, von den schreibenden Frauen schon
gar nicht zu sprechen, sondern daß man sich dergleichen er-
arbeiten muß, neben allem andern. Dies hier ist gearbeitet.
Wer lernen kann und lernen will, der lerne.

Begeben wir uns an die kurze Form.

Kurze Form: O. Henry *Bluff* (bei Gustav Kiepenheuer
in Berlin erschienen). Manchmal kommen wirklich, wenn
ich ein Buch hier besprochen habe, Anfragen an den Verlag,
wo man das wohl bekommen könnte. Im Schlächterladen,

meine Lieben. Wohnt ihr auf dem Lande, dann schreibt an die nächste große Buchhandlung – und wohnt ihr in der Stadt, dann dürft ihr euch doch wirklich nicht davon abschrecken lassen, daß der Sortimenter das Buch nicht vorrätig hat. Das kann man von keinem verlangen – ein so großes Lager gibt es nicht. Man muß den Sortimentern, gegen die ich mancherlei auf dem Herzen habe, das Leben nicht noch schwerer machen, als sie sichs schon gemacht haben. Dies nebenbei.

Die Geschichten Henrys, neben dem Australier Bret Harte einer der besten Leute für amerikanische Kurz-Geschichten, sind eine wahre Freude. Wie das gebaut ist –! Wie das sitzt –! Fast jede Geschichte hat einen kleinen Dreh, einen Trick, eine Überraschung… eine kann man sogar öfter lesen; sie heißt *Die Straße, die wir wählen*. Das rührt nun schon an ernste Literatur. Ganz wundervoll. Henry hat viel Witz, viel Ironie. »Und Mama und Papa waren in die Metropolitan gegangen, um de Reszke zu hören. Wenn der Verfasser klug gewesen wäre, hätte ers auf den Fahnen in Caruso umgeändert. Aber das ist nicht meine Schuld. Es zeigt bloß, wie lange sich diese Geschichte in den Redaktionen herumgetrieben hat.« Oder: »Zwei Monate lang lungerte Colloway in Yokohama und Tokio herum und würfelte mit den andern Korrespondenten um Gläschen Rikshas – nein, das ist etwas, worin man fährt…« Und so. Es muß eine Rasseeigentümlichkeit sein: bei uns gedeiht das nicht. In den Zeitungen und Magazinen wimmelt eine Sorte herum, die ahmt den Ton der englischen Kurzgeschichte nach, ganz genau, wie jene sich räuspern und wie sie spucken, besonders dies – aber in den Geschichten steht nichts drin. Die allerarmseligsten Einfälle, über fünf Spalten weg… diese Knaben sollten bei Hebel anfangen.

Wie Henry übersetzt ist, weiß ich nicht, denn ich kenne das amerikanische Original nicht. Klingen tuts nicht schön. Der Übersetzer, Paul Baudisch, hat sich da etwas zurechtgemacht, wenn er Slang übersetzt… das ist recht scheußlich. Es wimmelt von Apostrophs, und wenn doch diese Gilde endlich einmal lernen wollte, daß die kleinen Hauptsätze, mit denen der Angelsachse die Hauptsache einleitet, mit Adverbien zu übersetzen sind! »I guess«, heißt mitnichten »Schätze…« – das ist Quatsch. So sprachen die alten Trapper aus unsern Indianergeschichten: »Schätze, der Mustang ist weggelaufen« … laßt doch das sein –! »I guess« heißt manchmal: ›wahrscheinlich‹, und manchmal ›Wissen Sie‹ und manchmal ›wohl‹ und meistens heißt es gar nichts. Merkwürdig, aus welchen Händen unsre Übersetzungen kommen!

Kleine Form: *Quer durch* von Ernst Toller. Reisebilder und Reden (erschienen bei Gustav Kiepenheuer in Berlin). Das ist ein sympathisches Buch. Amerika – Rußland – einige politische Reden… sehr lesenswert. Zu dem Schlachthaus-Kapitel kann ich nicht recht Ja sagen; ich habe einmal etwas Ähnliches gemacht und weiß, wie sehr man da, vom Blutgeruch umfangen, in der Gefahr ist, die Toller übrigens selbst charakterisiert: »Werden Sie nicht sentimental, Herr Toller!« Gewiß schlägt die Quantität des Blutes hier in die Qualität um, aber schließlich ist ja das Endresultat in jeder Dorf-Abdeckerei dasselbe. Im übrigen ist Toller so schön unbeeinflußt in den Ländern umhergegangen; wieweit man Vorurteile mit auf Reisen nimmt und sie sich dann bestätigen läßt, steht dahin. Ich kenne beide, Rußland und Amerika, nicht und darf daher nur sehr vorsichtig mitsprechen. Immerhin machen alle Aufzeichnungen den Eindruck unbedingter Wahrhaftigkeit. Sie sind besonders für Rußland ohne die leiseste Prätention; Toller sagt nur: »Ich kam, ich sah, ich schrieb – hier habt ihrs.« Man liest es mit großem Interesse, zum Beispiel, wie ganz Moskau von ihm den Kopf abdreht, weil in der *Prawda* ein Aufsatz gegen ihn gestanden hatte: ein böses Symptom von moskauer Byzantinismus und geistiger Unselbständigkeit. Reizend eine kleine Stelle aus der amerikanischen Reise, steht auf einer Seite mit recht ominöser Nummer. »Die roten Lampen, die früher die Straßen der Prostituierten zierten, sind verschwunden; sie hängen jetzt hinten am Auto, sagt man in Amerika.« So ist das! Jetzt weiß ich Bescheid. Die meisten Amerikaner werden also in Autos gezeugt; daher das Tempo. Ich bin gegen den Fordschritt.

Ich habe eine stille Liebe zu Tollern. Der Mann hat das, was wir heute alle sagen, in jenen Jahren 1916 und 1917 gesagt, als das noch Kopf und Kragen kostete; er hat seine Gesinnung auch im Kriege entsprechend getätigt; er hat diese Gesinnung durchgehalten, mit der Tat und mit dem Wort, und er hat diese seine Gesinnung bezahlt. Und das darf man nie vergessen.

Nicht zu lesen, nur zu besprechen ist: *Das deutsche Offizierkorps* von Karl Demeter, Archivrat am Reichsarchiv. Aus der Vorrede: »Ungeachtet der amtlichen Stellung des Bearbeiters hat das Reichsarchiv keinerlei irgendwie geartete Einfluß auf dessen wissenschaftliche Freiheit ausgeübt.« Freiheit ist gut.

Die Tür zur Geschichte ist nicht von uns besetzt; da liegen die andern und fälschen uns um. Dieser hier lügt wenig – aber er verschweigt alles. Aber auch alles.

Sehn wir von der wildgewordenen Terminologie eines dilettantischen Soziologen ab: zu gebrauchen sind eigentlich nur die paar Kabinetts-Erlasse. Das Buch ist in einem Stil geschrieben … ach, was hat diese Soziologie angerichtet, die ja keine ist! »In jedem Falle entsteht dieses Solidaritätsgefühl teils durch objektive Gegebenheiten, teils durch bewußte subjektive Einwirkungen. Natürlich sind die beiden Momente, das statische und das dynamische, eng miteinander verflochten, ununterbrochen wird wechselseitig das eine aus dem andern erzeugt, und doch besteht jedes für sich als bestimmendes Agens für jenes soziologische Phänomen …« davon leben nun heute Hunderte von Menschen. Und es ist ein völlig inhaltloses Geschwätz; da steht immer einer vor seiner eignen Bildung stramm.

Nun, was also Demeter zu sagen weiß, ist nicht viel; was er aber alles nicht sagt: die grenzenlose Erbitterung der Vernünftigen gegen diese Offiziere; der Schaden, den sie im Ausland angerichtet haben; die tiefe Kulturlosigkeit … kein Wort davon. Die schnöseligen Erben eines echten Preußentums kommen gut weg. Manches, wie die Mißhandlungen wehrloser Untergebener, die wilhelminischen Kinkerlitzchen auf dem Gebiet der Uniform: das wird sanft zugegeben, aber nur sehr zaghaft. Wichtig sind allein die Kabinetts-Erlasse, aus denen klar hervorgeht, was man ja gewußt hat: die deutsche Armee ist ein politisches, ein parteipolitisches Instrument gewesen. Selbstverständlich. Zum Glück waren die Herren für eine geschickte Propaganda zu dumm und zu ungebildet. Das hat sich gewandelt.

So, und nun möchte ich weniger den einzelnen Leser, als vor allem jenen aufmerksam machen, der für Bibliotheken und Schulen Bücher kaufen kann, und zwar möchte ich ihn auf die schönste Publikation dieser Art hinweisen, die ich jemals in deutscher Sprache zu sehen bekommen habe.

Gesellschaft und Wirtschaft, ein bildstatistisches Elementarwerk, herausgegeben vom Bibliographischen Institut AG. in Leipzig. Wer Kinder zu unterrichten hat; wer Volkshochschulkurse leitet; wer eine Arbeiterbibliothek betreut –: der sollte sich dieses Werk nicht entgehen lassen. Das Gesellschafts- und Wirtschafts-Museum in Wien hat folgendes gemacht:

Jeder von uns kennt die Zeichnungen, die eine Statistik verbildlichen sollen: kleiner Mann links, das ist die deutsche Reichswehr, und großer Mann rechts, das sind die bösen Feinde – und dergleichen. Nur, leider: die Verhältnisse stimmen fast niemals, die Zeichner haben nach den ihnen übergebenen Zahlen abgeschätzt, um wieviel größer jener Export ist als dieser, und dann haben sie das so ungefähr dargestellt, praeter propter, wie der Berliner sagt. Diese Zeichnungen sind denn auch meistens nur ganz grobe Schemata, und das Auge sieht fast immer nur drei Größengrade: klein, größer, groß. Das wiener Museum nun stellt in diesem Atlas die Zahlenverhältnisse ganz anders dar. Es arbeitet mit kleinen Figuren, mit Männerchen und Körben und Zuckerhüten und Kartoffelsäcken, und es vergrößert nun die Figuren nicht, sondern setzt sie so oft nebeneinander, wie sie in den verschiedenen Gesamtsummen enthalten sind; zwanzig kleine schwarze Männerchen bedeuten also zum Beispiel zehn Millionen und zehn kleine Männerchen fünf Millionen. Das nimmt das Auge viel besser auf als die großen und kleinen Figuren, und so ergibt sich ein höchst lehrreiches Bilderbuch, dessen Tafeln uns auf einen einzigen Blick zeigen, was los ist.

Es sind 98 Tafeln, und man kann aus ihnen ablesen: Bevölkerungsdichte zu vielen Zeiten und in vielen Ländern; Erdölwirtschaft der Erde; Statistik der Arbeitslosigkeit; Streiks; Vermögensverteilung im Deutschen Reich und so fort und so fort. Es ist das allerlehrreichste Konversationslexikon, das sich denken läßt – dazu sehr geschmackvoll gedruckt, in wunderhübschen Farben, und alles ist amüsant und tut dem Auge wohl. Wer da weiß, worüber Leute so diskutieren, ohne auch nur im Besitz der allereinfachsten Zahlenangaben zu sein, der wird diesen Atlas gern zur Hand nehmen. Volksbibliotheken und Bildungsanstalten sollte ihn unbedingt besitzen. Statistik verflacht ja vieles, und ein bißchen mißtrauisch darf man bleiben, nicht gegen die Verfertiger des Atlas, die ihre Quellen sauber angeben, sondern gegen die Statistik selbst, diese süße Form der Lüge. Manche Blätter darf man auch kritisch lesen: so ist zum Beispiel die Wohndichte in den Großstädten so berechnet, daß die Straßen in die Fläche miteingerechnet sind, wodurch das Bild nicht ganz klar wird, und bei der Darstellung der Rüstungen kommt Deutschland unverhältnismäßig gut fort. Aber das sind kleine Schönheitsfehler – der Atlas ist ein Meisterwerk pädagogischer Statistik.

Beschließen wir unsre heutige Bücherpredigt mit *Un mois chez les filles* von Maryse Choisy (Éditions Montaigne, Paris, 13 Quai de Conti, Fernand Aubier). Es muß eine deutsche Ausgabe vorhanden sein – ich kenne sie aber nicht.

Tatbestand: Die Chiromantin des *Intransigeant* ist in die Puffs gegangen. Erschrecken Sie nicht: nur der Wissenschaft halber. Und das hat sie so gemacht, daß sie sich dort als ›sous-maîtresse‹ verdungen hat... das ist also so ein Zwischending zwischen Aufseherin und Dienstmädchen. Das könnte doch nun sehr gut sein; schade, daß E. E. Kisch nicht... aber man soll nichts verschwören. Leider ist das Buch ein großer Schmarrn.

An Ehrlichkeit des Vokabulariums läßt es nichts zu wünschen übrig. Die Verfasserin – o Diotima! – sagt rechtens so: »Nichts ist mir so widerwärtig als: kleine Ferkeleien im Stil von Anatole France zu formulieren. Ich schreibe, ohne Zögern: merde, cul, sexe. Das sind klar Wörter, denen man den Vorzug geben soll, frei, mutig, – Wörter, die ein Bild wiedergeben, eben weil sie wenig gebräuchlich sind« (sie meint: im Schrift-Französisch). »Aber drucken zu lassen: ›Er vergnügte sich mit diesen winzigen, durchaus nicht unschuldigen Kleinigkeiten, mit denen ein Mann seine Frau zu befriedigen sucht‹, scheint mir feige Pornographie zu sein.« In Ordnung.

Was dann kommt, ist weniger in Ordnung.

So schön kann Frau Choisy gar nicht sein, daß sie sich nun immerzu mit dem dreifach gedoppelten Ausruf: »Ich aber bin eine anständige Frau« zwischen uns und die Huren drängt. Was sind das für Mätzchen? Was das für welche sind? Kleinbürgerliche, wie sich aus ihren gradezu monströsen Anschauungen über die Prostitution ergibt. Eine Närrin, die nicht über ihr Arrondissement denken kann. Ich weiß schon: das sei der unbeirrbare Rationalismus der Franzosen. An den glaube ich – aber die Sache hat ihre

Grenzen. Wirtschaftslagen sind nicht ewig, wie diese Bürger und Bürgerinnen glauben. Das ist nichtsnutzig, und es ist wertlos, so zu denken.

Dagegen sind Einzelheiten sehr gut, weil sie offenbar wahr sind.

Der Kerl, der sich ins Bordell einen Koffer mitbringt und sich dort in ein altes Brautkleid hüllt, ist ein schönes Exemplar aus einer Psychopathia sexualis, ein melancholisch-irrsinniges – das lohnt zu lesen. Und jene, die herunterkommt und Krach macht, weil ein englischer Kunde immer seine Zigarre raucht, wenn er sie liebt, und dann jene – das muß ich im Original hersetzen: Man kann es sehr gut übersetzen; aber man kann es nicht gut übersetzen.

Also: Es ist Sonnabend abend, das ganze Haus ist voll, Julie kommt von oben heruntergedonnert. »Was ist?« – »Ach, ach...!« – »Na? Was ist los? Krank?« – »Ach, wenn es das wäre!« – »Also? Hat er nicht gezahlt?« – »Ach, wenn es bloß das wäre – Noch viel schlimmer – noch viel schlimmer!« – »Erzähl! Erzähl schnell! Los!«

– »Un michet (ein Kavalier) ... Je ne sais comment il s'y est pris. J'ai eu beau résister. Mais ce sacré cochon est parvenu à me faire jouir. C'est la première fois que ça m'arrive. Jamais je n'oserai regarder mon ami en face ce soir.«

Das ist nicht zu überbieten. An keiner andern Stelle dieser amüsanten und unzulänglichen Berichte kommt so klar heraus, was im tiefsten Grunde der französischen Prostitution steckt: die Bäuerin. Die Kleinbürgerin. Die rationale Frau.   1931

Bauern, Bonzen und Bomben

> Wer, um sich oder einem Dritten einen rechtswidrigen Vermögensvorteil zu verschaffen, einen andern durch Gewalt oder Drohung zu einer Handlung, Duldung oder Unterlassung nötigt...
>
> § 253 StGB

Ein politisches Lehrbuch der Fauna Germanica, wie man es sich nicht besser wünschen kann:

Bauern, Bonzen und Bomben von Hans Fallada (erschienen bei Ernst Rowohlt in Berlin). Bevor wir ins Thema steigen: das Buch hat ein gotteslästerlich schlechtes Satzbild. Wie sieht denn nur die Seite aus? Ich habe immer gelernt, der weiße Rand müsse sich nach der Innenseite des Buches hin verbreitern – dies Satzbild ist aber gar nicht schön. Rowohlt, Sie sind doch sonst nicht so? Jetzt gehts los.

Falladas Buch ist die beste Schilderung der deutschen Kleinstadt, die mir in den letzten Jahren bekannt geworden ist. Der Verfasser hat einen Bauernroman schreiben wollen – wohl anknüpfend an die Vorgänge in Neumünster in Holstein, wo Bauernführer im Sinne Klaus Heims und, unabhängig von ihm, die Nationalsozialisten die vorhandene Unzufriedenheit der Bauern benutzten, um gegen das, was sie die Republik nennen, vorzugehen. »Die Gestalten des Romans«, steht im Vorwort, »sind keine Fotografien, sie sind Versuche, Menschengesichter unter Verzicht auf billige Ähnlichkeit sichtbar zu machen. Bei der Wiedergabe der Atmosphäre, des Parteihaders, des Kampfes aller gegen alle ist höchste Naturtreue erstrebt. Meine kleine Stadt steht für tausend andere und für jede große auch.«

Die Bauern nun sind in diesem Roman eine dunkle, anonyme Masse – die paar Typen, die herausgegriffen werden, sind viel blasser als die Bewohner der kleinen Stadt Altholm; und von den wirtschaftlichen Gründen bäurischer Notlage wird so gut wie nichts gesagt. Einmal ist das heikle Thema, daß die Bauern vielleicht intensiver wirtschaften sollten, um sich gegen die ausländische Konkurrenz anders als mit Schutzzöllen zu behaupten, leise angeschlagen; kein Wort davon, daß die Verdienste, die der Bauernschaft durch die Inflation in den Schoß gefallen sind, sie damals für lange Zeit hätten schuldenfrei machen können, es war jene Zeit, wo die Ledersessel und die Klaviere in die Bauernhäuser transportiert wurden. Und wo stehn die Bauern heute... also davon ist in dem Buch wenig zu spüren. Den Bauern gehts eben schlecht – und nun revoltieren sie.

Das tun sie auf eine recht merkwürdige Weise.

Die dem Altdeutschen entlehnten romantischen Formen des armen Konrad wirken wie aufgeklebt. »Bauern Pommerns, habt ihr darüber hinaus schuldig gefunden die ganze Stadt Altholm mit allem, was darin lebt, so sprecht: sie ist schuldig! – Ankläger, welche Strafe beantragst du gegen die Stadt Altholm?« Das ist tragische Oper, Film und neuruppiner Bilderbogen. Sicherlich wird auf diesen Things so gesprochen; es ist die gehobene Sprache von Ackerbürgern, die das Feierliche solcher Handlungen durch einen Stil bekunden, der leise Erinnerungen an die Bibel und an alte verschollene Zeiten aufweist, da der Bauer einmal wirklich revolutionär gewesen ist. Aber warum, warum das alles so ist – davon bekommen wir in diesem Buch wenig zu hören. Gut gesehn und gut geschildert ist das Dumpfe am Bauern, seine Schlauheit, seine ungeheure Aktivität im passiven Erdulden, woran sich jeder Gegner mit der Zeit totläuft… aber der Bauer: der ist nicht in diesem Buch. Das hat kein Bauer geschrieben. Dieser Autor hat die Bauernbewegung schildern wollen, und unter der Hand ist ganz etwas andres herausgekommen: ein wundervoller Kleinstadtroman.

George Grosz, der du das Titelbild hättest zeichnen sollen, das lies du! Es ist dein Buch.

Die Technik ist simpel; es ist der brave, gute, alte Naturalismus, das Dichterische ist schwach, aber der Verfasser prätendiert auch gar nicht, ein großes Dichtwerk gegeben zu haben. Ein paar Stellen sind darin, an denen schlägt ein Herz. Nein, ein großes Kunstwerk ist das nicht. Aber es ist echt… es ist so unheimlich echt, daß es einem graut.

Gezeigt wird das politische Leben einer kleinen Provinzstadt; ihre Intrigen und ihre Interessenten; ihre Stammtische und ihre Weiberkneipen; ihr Rathaus und ihre Polizeiwache… es ist schmerzhaft echt. Das hat einer geschrieben, der diese Umwelt wie seine Tasche kennt, einer, der sich aber doch so viel Distanz dazu bewahrt hat, sie schildern zu können. Er hat genau die richtige Entfernung, deren ein Schriftsteller bedarf: nah, aber nicht zu nah. Es scheint mir ungemein bezeichnend, daß wir keinen solchen Arztroman haben; keinen solchen Börsianerroman; keinen solchen Großstadtroman: es ist, als hätten die Angehörigen dieser gehobenen Bürgerschichten keine Augen im Kopf, um das zu sehen, was rings um sie vorgeht. Es ist ihnen wohl zu selbstverständlich. Fallada hat gesehn.

Es ist eine Atmosphäre der ungewaschenen Füße. Es ist der Mief der Kleinstadt, jener Brodem aus Klatsch, Geldgier, Ehrgeiz und politischen Interessen; es ist jene Luft, wo die kleine Glocke an der Tür des Posamentierwarenladens scheppert und eine alte Jungfer nach vorn gestolpert kommt... Augen tauchen hinter Fensterladen auf und sehen in den ›Spion‹ ... und wenn das nun noch ein Dichter geschrieben hätte, der nicht nur theoretisch im Vorwort sagt, daß dieses Altholm für tausend andre Städte stehe, sondern wenn er uns das nun auch noch im Buch selbst gezeigt hätte –: dann wäre dies ein Meisterwerk.

So ist es nur ein politisch hochinteressanter Roman geworden. Ich kann mir nicht denken, daß ich dieses Buch zu Ende gelesen hätte, wenn es etwa eine bretonische Kleinstadt schilderte; das kann für den Fremden nur ein Künstler wie Maupassant schmackhaft machen. Dieses Werk hier habe ich in zwei Nächten gefressen, wie es uns politisch angeht, nur deswegen. Beinah nur deswegen.

Im Gegensatz zu diesen dummen Büchern gegen die ›Bonzen‹, wo der Sozialdemokrat nichts als dick, dumm und gefräßig ist und die andern rein und herrlich; wo die Arbeiter abwechselnd als verhetzt und unschuldig oder als blöde Masse geschildert werden, und wo sich die ganze Wut nicht zu Worte gekommener Zahlabendmitglieder entlädt – im Gegensatz dazu sind hier Menschen gezeichnet, wie sie wirklich sind: nicht besonders bösartig, aber doch ziemlich übel, mutig aus Feigheit, klein, geduckt alle zusammen – und niemand ist in diesem Betrieb eigentlich recht glücklich.

Die Bauern demonstrieren in der Stadt mit der schwarzen

Fahne gegen die zu hohen Steuern. Der Bürgermeister verbietet die Demonstration nicht, der Regierungspräsident entsendet an die Grenze des städtischen Machtbereichs Schupo; sowie einen ›Vertrauensmann‹. Der Vertrauensmann bringt die städtische Polizei und die Bauern ein bißchen aufeinander; hier ist ausgezeichnet geschildert, wie so etwas verläuft: wie guter böser Wille, Tücke, Schlauheit und Gerissenheit des Beamten ineinander übergehn – Amtsmißbrauch? Das weisen Sie mal nach! Und wie sich dann vor allem die Ereignisse selbständig machen; wie es eben nicht mehr in der Macht der Menschen liegt, ihnen zu gebieten – das ›es‹ ist stärker als sie. Die Herren Führer stehen nachher als Opfer da – wie ist das gewesen? Ein Telefonanruf, die Ungeschicklichkeit eines Polizeiinspektors... du lieber Gott, es sind lauter Kleinigkeiten, und zum Schluß ist es ernste Politik. Fallada hat da gut aufgebröselt; er begnügt sich an keiner Stelle mit diesen schrecklichen Rednerphrasen, wie wir sie sonst in jedem politischen Roman finden: er trennt das Gewebe auf und zeigt uns das Futter. Riecht nicht gut, diese Einlage.

Hießen alle diese Leute: Kowalski, Pruniczlawski, Krczynakowski und spielte dieser Roman in Polen –: die deutsche Rechtspresse würde ihn mit Freudengeheul begrüßen. Was? Diese Tücke! diese Falschheit – denn ein Grundzug geht durch das ganze Buch, und der ist wahr:

Fast alles, was hier geschieht, beruht auf Nötigung oder Erpressung.

Der Bürgermeister drückt auf die Zeitungsleute; die Zeitungsleute drücken auf das Rathaus; die Bauern auf die Kaufleute; jeder weiß etwas über wen, und jeder nutzt diese

Kenntnis auf das raffinierteste aus. Nun wollen wir uns nicht vormachen, es käme solches nur in deutschen Kleinstädten vor; diese Leute sind immer noch Waisenknaben gegen die Franzosen, die aus Personalkenntnissen gradezu meisterhaft Kapital zu schlagen verstehn – die gute Hälfte ihrer Politik besteht aus solchen Dinge, und es ist sehr lustig, daß der Name ihrer einschlägigen Institution in wörtlicher Übersetzung »allgemeine Sicherheit« bedeutet. Also das ist überall so. Gestaltet ist es in diesem Buche meisterhaft.

Was vor allem auffällt, ist die Echtheit des Jargons. Das kann man nicht erfinden, das ist gehört. Und bis auf das letzte Komma richtig wiedergegeben: es gibt eine Echtheit, die sich sofort überträgt: man fühlt, daß die Leute so gesprochen haben und nicht anders.

Diese Aktschlüsse, wenn sie auseinandergehn, mit »Na, denn...« und »Also, nicht wahr, Herr Bürgermeister...«; der schönste Gesprächsschluß ist auf der Seite 517... die grammophongetreue Wiedergabe dessen, was so in einer Konferenz gesprochen wird: wie da die Bürger aller Schattierungen eine Nummer reden, halb Stammtisch und halb Volksversammlung; wie sie unter Freunden sprechen und wie sie sprechen, wenn jemand dabei ist, gegen den sie etwas haben; wie sie schweinigeln...

Ja, da lesen wir nun so viel über die Sittenverderbnis am Kurfürstendamm. Aber auf keinem berliner Kostümfest der Inflationsjahre kann es böser zugegangen sein als es heute noch in jeder Kleinstadt in gewissen Ecken zuzugehen pflegt, wenn die Ehemänner, fern von Muttern, in das Reich der Aktfotografien und der Weiberkneipen hinuntertauchen. Jeder hat was auf dem Kerbholz. »Ich sage bloß: Stettin...« sagt einer zum Bürgermeister. Ich sage bloß: Altholm – und hierin steht dieses erfundene Altholm, das gar nicht erfunden sein kann, für jede Stadt. Dieses Laster ist unsagbar unappetitlich.

Wenn sie aber festgestellt haben, daß Betty, die Sau, heute keine Hosen trägt, dann reißen sie sich am nächsten Vormittag zusammen und werden ›dienstlich‹. Und das ist nun allerdings ganz und gar deutsch. »Ich komme dienstlich«, sagt einer zu einem Duzfreund. Und dann spielen sie sich eine Komödie vor: jeder weiß, daß der andre weiß, daß er weiß – sie grinsen aber nicht, sondern sie wechseln vorschriftsmäßig Rede und Gegenrede, damit sie nachher in den Bericht setzen und beschwören können: »Herr Stuff sagte mir, daß er von dem Verbleib des Inseratenzettels nichts wüßte. So wahr mir Gott helfe.«

O welsche Tücke, o polnische Niedertracht, o deutsche Dienstlichkeit.

Und eine Gerichtsverhandlung: wie da die unbequemen Zeugen zu Angeklagten werden; wie es gedreht wird; wie dieses ganze Theater gar nichts mehr mit Rechtspflege, dagegen alles mit Politik zu tun hat –: das ist ein Meisterstück forensischer Schilderung. Nur zu lang.

Und wenn man das alles gelesen hat, voller Spannung, Bewegung und ununterbrochen einander widerstreitender Gefühle: dann sieht man die immense Schuld jener Republik, die wir einmal gehabt haben und die heute zerbrochen ist an der Schlappheit, an der maßlosen Feigheit, an der Instinktlosigkeit ihres mittlern Bürgertums, zu dem in erster Linie die Panzerkreuzer bewilligenden Führer der Sozialdemokratie zu rechnen sind. Der Lebenswille der andern war stärker; und wer stärker ist, hat das Anrecht auf einen Sieg. Beklagt euch nicht.

Hier, in diese kleinen Städte, ist der demokratische, der republikanische Gedanke niemals eingezogen. Man hat – großer Sieg! – auf manchen Regierungsgebäuden Schwarz-Rot-Gold geflaggt; die Denkungsart der breiten Masse hat die Republik nie erfaßt. Nicht nur, weil sie maßlos ungeschickt, ewig zögernd und energielos zu Werke gegangen ist; nicht nur, weil sie 1918 und nach dem Kapp-Putsch, nach den feigen Mordtaten gegen Erzberger und Rathenau alles, aber auch alles versäumt hat – nein, weil der wirkliche Gehalt dieses Volkes, seine anonyme Energie, seine Liebe und sein Herz nicht auf solcher Seite sein können. Die Sozialdemokratie ist geistig nie auf ihre Aufgabe vorbereitet gewesen; diese hochmütigen Marxisten-Spießer hatten es alles schriftlich, ihre Theorien hatten sich selbständig gemacht, und in der Praxis war es gar nichts. Das Volk versteht das meiste falsch; aber es fühlt das meiste richtig. Daß nun dieses richtige Grundgefühl heute von den Schreihälsen der Nazis mißbraucht wird, ist eine andre Sache.

Hier ist eine Blutschuld der nicht mehr bestehenden Republik. Aus keinem Buch wird das deutlicher als aus diesem, der Verfasser hat es uns vielleicht gar nicht zeigen wollen – die These springt aber dem Leser in die Augen. Was war hier zu machen –! Und was hat man alles nicht gemacht –! Zu spät, zu spät.

Ich empfehle diesen Roman jedem, der über Deutschland Bescheid wissen will. Wie weit ist das von dem Rapprochement-Geschwätz der braven Leute aus den großen Städten entfernt. Hier ist Deutschland – hier ist es.

Es wäre anzumerken, daß der Künstler in Fallada nur an einigen wenigen Stellen triumphiert. Manchmal sagt er kluge Sachen; wie sich zwei bei einer Unterredung vorsichtig abtasten: »Ein Anfang ist gemacht, ein günstiger Anfang. Die beiden Herren haben sich in ihren Antipathien getroffen, was meistens wichtiger ist, als daß die Sympathien übereinstimmen.« Und einmal steht da einer dieser Sätze, an denen das frühere Werk Gerhart Hauptmanns so reich ist. Einem Bauern geht alles, aber auch alles schief. »Welche sind, die haben kein Glück, sagt Banz und meint sich.«

Ja, das ist ein Buch! So ist die Stadt; so ist das Land, vor allem das niederdeutsche, und so ist die Politik. Man sieht hier einmal deutlich, wie eben diese Politik nicht allein in wirtschaftlichen Erklärungen aufzulösen ist; wie sich diese Menschen umeinanderdrehen, sich bekämpfen und sich verbünden, sich anziehen und abstoßen, sich befehden und verbrüdern... als seien sie von blinden und anonymen Leidenschaften getrieben, denen sie erst nachher, wenn alles vorbei ist, ein rationalistisches Etikett aufkleben; das Etikett zeigt den Flascheninhalt nicht richtig an. Sie drücken aufeinander und »lassen den andern hochgehn«; sie spielen einander die Komödie des Dienstlichen vor – und es sind arme Luder, alle miteinander. Und man bekommt einen kleinen Begriff davon, wie es wohl einem zumute sein mag, der in diesen mittlern und kleinen Städten auf republikanischem Posten steht. Fällt er wegen seiner Gesinnung? Natürlich. Fällt er durch seine Gesinnung? Nie. Sie »machen ihn kaputt«, wie der schöne Fachausdruck heißt, aber so: »Herr Schulrat P. hat gegen den § 18 der Bestimmung verstoßen, nach der er...« Immer ist da so ein § 18, und immer funktioniert dieser Paragraph prompt, wenn sie ihn grade brauchen. Und niemals hilft die Republik ihren Leuten; sie wird so gehaßt und hat dabei gar nich veel tau seggn. Sie sieht sich das alles mit an … sie läßt diese unsäglichen Richter machen, die die Hauptschuld an den blutigen Opfern der letzten Zeit tragen. Rechtsschutz gibt es nicht. Gleichheit vor dem Strafgesetz gibt es nicht. Kommunist sein bedeutet: Angeklagter sein, und wenn die Nazis ganze Kleinstädte terrorisieren, so bleibt der Landgerichtsrat milde und hackt auf den Belastungszeugen herum. Und wenn es gar nicht anders geht, wenn sonst nichts da ist, einen verhaßten Republikaner tot zu machen, dann hilft irgend ein § 18. Noch niemals aber ist ein Mitglied der herrschenden Rechtskaste über solch einen Paragraphen gestolpert, falls er sich nicht bei seiner Klasse mißliebig gemacht hat. Da gilt dann der Paragraph nicht. Man fällt nicht über seine Fehler. Man fällt immer über seine Feinde, die diese Fehler ausnutzen.

So einen Arztroman möchten wir lesen. So einen Journalistenroman. So einen berliner Roman. Dazu wäre allerdings der besondere Glücksfall nötig, daß ein schriftstellerisch begabter Mann in diesem Milieu lebt und es so genau kennt, wie Fallada das seinige.

Er hat es kaschiert. Seine Helden heißen nicht Knut, sondern Tunk. Wird diese Tarnkappe genügen? Begeistert wird die kleine Stadt von seiner Schilderung grade nicht sein – nicht davon, wie er sie entblößt; wie er aufzeigt, daß weit und breit keine Juden da sind, die man für alles verantwortlich machen könnte; weit und breit keine Kommunisten, die etwas bewirken. Fallada, sieh dich vor. Es gibt ein altes

Grimmsches Märchen von der Gänsemagd, die eine Prinzessin war und die nun als Magd dienen muß. Den Kopf ihres teuren Rosses haben sie ans Stadttor genagelt, und jeden Morgen, wenn sie ihre Gänse da vorübertreiben muß, sieht sie es und spricht: »O Fallada – daß du hangest!«

Wenn sie dich kriegen, Hans Fallada, wenn sie dich kriegen: sieh dich vor, daß du nicht hangest! Es kann aber auch sein, daß sie in ihrer Dummheit glauben, du habest mit dem Buch den Sozis ordentlich eins auswischen wollen, und dann bekommst du einen Redakteurposten bei einem jener verängstigten Druckereibesitzer, die in Wahrheit die deutsche Presse repräsentieren.

Obgleich und weil du den besten deutschen Kleinstadtroman geschrieben hast.   1931

Auf dem Nachttisch

Die Gesamtausgabe der Freudschen Schriften ist da. Elf Bände, die die Welt erschütterten.

Einer der wenigen Männer, die diesen Mann richtig sehn, scheint Freud zu sein. Mit dem Lorbeergemüse seines Ruhmes kann er die faulen Äpfel seiner Tadler garnieren, und wenn er weise ist, sieht er die Schar seiner Schüler an und denkt sich sein Teil. Lassen wir die schlechten Schüler, halten wir uns an die guten und halten wir uns an ihn.

Es ist das Schicksal der Wahrheiten, hat Schopenhauer gesagt, daß sie erst paradox erscheinen und dann trivial. An Freud ist das genau zu studieren. Die Gesamtausgabe seiner Schriften zeigt aber noch etwas andres.

Langsam beginnt sich das Fleisch von diesem Werk zu lösen, das Zufällige, das Alltägliche – und es bleibt das Skelett. Wir können nicht sehen, was davon noch im Jahre 1995 lebendig sein wird und ob überhaupt noch etwas lebendig sein wird, nämlich in der Form, die er ihm gegeben hat. Fortwirken wird es, das kann man sagen. Er hat eine Tür aufgemacht, die bis dahin verschlossen war.

Es gibt Partien in diesen elf Bänden, besonders in den ersten, die muten an wie ein spannender Kriminalroman. Wie da die Theorien langsam keimen und aus den platzenden Hüllen kriechen, wie sie sich scheu ans Licht wagen, ins Helle sehn und plötzlich sehr bestimmt und fest auftreten: nun sind sie da und leben und wirken. Die Darstellungskunst Freuds ist fast überall die gleiche: in den grundlegenden Schriften, in den kleinen Aufsätzen, so in dem wunderschönen Gedächtnisartikel über Charcot – überall ist ein klarer, methodisch ordnender Geist am Werk.

Das Modische an diesen Schriften wird vergehen; die kindische Freude der Amerikaner und sonstiger puritanisch verbildeter Völker, nun einmal öffentlich über Sexualität sprechen zu können… das hat mit Freud nicht viel zu tun. Bleiben wird der große Erneuerer alter, verschütteter Wahrheiten – der Wahrheit: der Wille des Menschen ist nicht frei.

Das schön gedruckte und gut gebundene Werk ist im Internationalen Psychoanalytischen Verlag zu Wien erschienen. Es finden sich darin auch die jüngsten Schriften Freuds, auf die immer wieder hingewiesen werden muß, als letzte die *Zukunft einer Illusion*. Es fehlt noch das *Unbehagen in der Kultur*; ein zwölfter Band wird erscheinen. Die Grenzen Freuds werden in seinem Gesamtwerk erkenntlich. Er ist nicht der liebe Gott, doch hat er uns gelehrt, wieviel Krankheitsgeschichte in den gereizten Kritiken über ihn zu finden ist. Für halbgebildete Katholiken sei gesagt: es ist die Bibel der Gottlosen. Joseph Wirth darf das falsch zitieren. Man versteht die Welt nicht, wenn man diese Bände nicht kennt. Sigmund Freud wird am sechsten Mai fünfundsiebzig Jahre alt. Wir grüßen ihn voller Liebe und Respekt.

Nach diesem beherzigenswerten Vermerke fahren wir fort im löblichen Werk. Willy Haas *Gestalten der Zeit* (erschienen bei Gustav Kiepenheuer, Berlin). Essays aus vielen Bezirken: France, Barrès, Tolstoi, Ludendorff, Werfel und Kafka; Totenmasken und das rapprochement... in dem Bändchen werden viele Themen angeschlagen. Manches ist wundervoll im Einfall, so etwa die Parallele von Theologie und Kriminalroman, wie überhaupt eine gute dogmatische Vorbildung den Autor befähigt, zum Beispiel so eine Erscheinung wie die Ludendorffs besser zu sehen als das andre vermocht haben. Manches habe ich nicht verstanden: für eine so hymnisch-getragene Untersuchung über Hofmannsthal muß ich mich inkompetent erklären, das müssen die Österreicher unter sich abmachen, unsereiner hat da wohl nichts zu suchen. Ich glaube davon nicht eine Silbe. Haas, ein Mann von viel Bildung, Wissen und Geschmack, hat nur einen Fleck: das ist der Literaturjargon, in dem er oft schreibt. Tut ers nicht, dann blinkt das nur so von Klarheit, und alles ist treffsicher und rational untermauert; tut ers, dann kullern ihm die Modewörter dahin, und dieses Gemisch von philosophischen, soziologischen, medizinischen, psychologischen Brocken gibt keine gute Suppe. Möge er doch seine eigne Sprache sprechen und nicht die jener Knaben, die nachts um halb eins Laotse mit Carus gleichsetzen, weils schon gleich ist. Haas gehört nicht zu ihnen – er soll auch nicht ihren Jargon schreiben.

Dieser Essayband ist ein Buch mit Einfällen, ein reiches Buch, das den Leser reizt, die behandelten Themen seinerseits zu studieren. Die Aufsätze von Willy Haas erscheinen fortlaufend in der *Literarischen Welt*; hoffentlich ist dies nicht sein letzter Auswahlband.

Matwey Liebermann *Im Namen der Sowjets* (erschienen im Malik-Verlag zu Berlin). Ein moskauer Sling berichtet aus den russischen Gerichtssälen. Das ist sehr beachtlich, diese Gerichtschronik der *Prawda*. Um so beachtlicher, als es sich hier nicht um große Affären handelt, wie etwa den Ramsin-Prozeß; über den mag man *Spione und Saboteure* (erschienen im Neuen Deutschen Verlag zu Berlin) nachlesen. Liebermann gibt den Alltag, Alltagsprozesse, Mord und Totschlag, wie sie in jedem Lande vorkommen. Nur die Färbungen sind verschieden. Hier so:

Ob das nun am Berichterstatter oder an den prozeßführenden Organen liegt, es geht eine Art Fibelton durch das Buch. Nun kann ich nicht russisch; ich höre also den Ton nur in der Übersetzung, und da mag er unrein klingen. Aber es ist etwas von erhobenem Zeigefinger, vom braven und vom bösen Russen; doch wenn das Auditorium höhnisch dazwischen ruft, weil der ungeschickte und ›nicht sympathische‹ Angeklagte dumme Ausreden vorbringt, so ist das schließlich nichts andres als das, was jedes Gerichtssaalpublikum auf der ganzen Welt empfindet. Es wird aber hier um neunzig Grad gedreht, und man hat manchmal den Eindruck, in einem Kindergarten zu sein. Vielleicht ist diese strenge, dogmatische Behandlung der Angeklagten notwendig, vielleicht muß die neue Sittlichkeit, die die Russen realisieren wollen, erst in die Gehirne gehämmert werden, und zwar so und nicht anders –: das kann ich nicht beurteilen. Soweit es sich um eindeutige politische und sowjetfeindliche Akte handelt, ist das verständlich; geht es ins Gefühlsleben hinab, so trennt mich von dieser Anschauung eine Welt. Ich weiß sehr genau, daß das Dreieck von zwei Männern und einer Frau in seiner Auswirkung auch vom Wirtschaftlichen abhängig ist. Das aber, was hier getrieben wird, muß zum Klischee führen, auch in der Beurteilung solcher Gefühlswirrungen. Noch hat man nicht den Eindruck, daß die urteilenden Genossen Pharisäer seien – durchaus nicht. Der Weg, den sie gehen, kann sie jedoch dahin führen, es zu werden. Es ist eine andre, uns ferne, fremde und dünne Luft, in der geurteilt wird. Gewohnt, alles was geschieht, in seinen Wirkungen auf das Individuum zu beziehen, sehe ich die Wirkungen dieser Justiz nicht klar vor Augen. Freilich haben wir als Angehörige von Staaten, in denen die Justiz so im argen liegt, überhaupt keine Veranlassung, uns in Vergleichen zu überheben – schlimmer, dümmer, verrotteter und gemeiner als die durchschnittliche bürgerliche Rechtsprechung mit ihren verhärteten Spießern, von denen kaum einer weiß, was Schuld, Reue und Strafe ist… so schlimm wie bei uns kann es in Rußland nicht sein. Man fertige nicht so viel Psychologien über Verbrecher an; man schreibe eine Psychologie, die dartut, wie es in den Köpfen der Staatsanwälte und der Richter aussieht, und warum es da so aussieht, und man wird Merkwürdiges zu sehen bekommen. Das russische Strafrecht zeigt sich in diesem Buch von seiner besten Seite, und dieses Recht ist gut. Die Richter tun das gleiche – aber es sind Russen, und ich kann sie nicht ganz verstehn; auch in ihrem Rationalismus nicht, grade da nicht. Denn er ist keiner.

Die Bucheinbände John Heartfields werden immer besser; dieser ist wieder sehr geglückt, besonders die Fotos auf der Rückseite. Viel kopiert, nie erreicht.

Weil wir grade bei den Gerichteten sind: *Menschen im Zuchthaus* von Lenka von Koerber (erschienen im Societäts-Verlag zu Frankfurt am Main). Brav, aber das ist kein neuer Weg; nicht brav. Es ist doch alles wieder von oben nach unten gesehn; die Bestraften sind eben doch eine andre Rasse, und es ist gar nichts, gar nichts. Sicherlich kann diese Frau in der freiwilligen Anstaltshilfe viel Gutes tun, aber ihre Anschauungen von Schuld und Sühne sind ganz und gar bürgerlich, also unbrauchbar. Lenka, schauen Sie nicht auf die Strafanstaltsdirektoren, mit denen Sie da zu tun haben – das sind keine Lehrmeister, sondern in ihrer Mehrzahl Gegenbeispiele. Schlagen Sie sich an die Brust, Lenka – nur wer sich einmal wirklich schuldig gefühlt hat, denken Sie, ohne von einem Richter verurteilt worden zu sein –: nur der weiß, was das ist: Strafe. Zuchthaus? Diese Zucht ist eine miserable Zucht, eine verdammte Zucht, eine Unzucht.

Warum übrigens fast alle schreibenden Frauen den zusammengesetzten, substantivierten Infinitiv anwenden! Dieses Musikalischschreibenwollen, aber Nicht-hinten-hochkönnen – das ist wirklich keine Freude.

Nur aus Spaß angezeigt und nur für Leute, die das Büchlein gratis einsehen können: *Kaplan Fahsel in seinem Werdegang unter Zuhilfenahme seiner Briefe und Aufzeichnun-*

gen dargestellt von Henriette v. Gizycki (beim Buchverlag Germania in Berlin erschienen). Na, und so ist es denn auch. Man hält es wirklich nicht für menschenmöglich, worauf alles die Leute hineinfallen. Das Werk der Verfasserin und diese selbst kann ich nicht charakterisieren: ich komme sonst ins Kifänknis. Und das ist die Sache wieder nicht wert. »Ich hoffe, daß dieses Schriftchen zum Verständnis des eigenartigen Werdeganges eines Mannes unsrer Zeit beiträgt.« Husch-husch; das tuts.

Stempellieder von Franz Zorn (erschienen als Sonderheft des *Sturm*, Dezember-Heft 1930. Im Verlag des *Sturm*, Berlin W 15).

Schade. Das könnte etwas sein. Es ist aber nur der zerbrochene Aufschrei eines zerbrochenen Bürgers, der – mit aller Ehrfurcht vor seiner Not sei es gesagt – im Augenblick, wo er eine Stellung hätte, mit dem kapitalistischen System durchaus zufrieden wäre. Es ist die ausweglose Hoffnungslosigkeit eines, der noch nicht den Weg zur Arbeiterbewegung gefunden hat, ohne den solcher Not eben nicht beizukommen ist. Das Parteibuch allein genügt gewiß nicht; das Gedichtbuch aber auch nicht. Es sind ein paar sonderbare Zeichen in dem Heft; am besten die, wo alte, einmal gehörte Formen und Versfetzen durch die Gedichte geistern. Verzweiflung allein ist kein Agens in diesem Kampf, der zu führen ist.

Nach diesem durchaus politischen Vermerke fahren wir fort im löblichen Werke. Karl Benno von Mechow *Das Abenteuer* (erschienen bei Albert Langen in München). »Ein Reiterroman aus dem großen Krieg.« Hei, Hornist, blas' ins Horn! Welchen Krieg meint ihr itzt? Er meint die letzte große Industrie-Schlachterei. Doch gehts nimmer so in dieser Scharteke zu; bey der heiligen Sankta Barbara, mitnichten!

Das Buch ist wunderhübsch geschrieben; wenn es als Märchen herausgekommen wäre, wärs gar nicht übel. Es ist ein ästhetischer Krieg; ein pflaumenblauer Herbst-Krieg, mit Ritten durch die regenschweren Baumalleen des Ostens… sicher ist das auch so gewesen, und wenn man von der gewissen übermanierlichen Geziertheit eines Salonrauhreiters absieht, ist die Lektüre freundlich und heiter. Das müßte so ein Buch für den Kulturdichter Binding sein – der liebt diese sauber gebürstete Romantik. Allerdings schwätzt Mechow lange nicht so falsch-gescheit daher und ist nicht halb so reaktionär wie jener, der Liebling gut-liberaler Kreise. Der Stil Mechows ist bezeichnend für ein ganzes Bücherbrett voll Kriegsbüchern: leicht geziert. Da, wo er rauh ist, ist er es in Anführungszeichen – haben die Unteroffiziere bei der Kavallerie nicht so gesprochen: »Von dem wollte ich erzählen. Der ist einer, so einen sah ich noch nie«? Genau so haben sie gesprochen. Man hat, wenn man das Buch liest, niemals das Gefühl, als könnten bei dieser Reiterunternehmung auch Leute sterben, Söhne, Familienväter, verkleidete Papierwarenhändler und Büroangestellte, zu Hause steht die Frau nach der powern Rente an… nicht doch. Stören Sie die Romantik nicht, Herr!

Sehr bezeichnend, daß dieses Buch im Osten spielt. Im Westen gabs das alles nicht. Und nach dem Westen sind auch niemals Freikorps gezogen, in diese so verdammt zivilisierte Gegend, wo nach 1918 jedermann die Recken mit Stahlhelm und Sturmband gefragt hätte: »Die Herren haben wohl einen kleinen sitzen?« Landsknechts-Romantik blüht vorwiegend im Dreck und in der Weite unordentlich bestellter Felder.

Manchmal blüht sie aber auch am Telefon, am fotografischen Apparat und in der sauberen Schweiz. Das Zeitalter der Spionenbücher ist angebrochen, dieser patriotischen Detektiv-Schmöker.

»*Die Weltkriegs-Spionage* (Original-Spionage-Werk); im Verlag Justin Möser, München, Abteilung Vertriebsstelle amtlicher Publikationen und Veröffentlichungen aus Kriegs-, Militär-, Gerichts- und Reichsarchiven.« Uff. Und so ein dickes Buch! Wenn man damit einen Kriegsgerichtsrat vor den Kopf haut… er bleibt leben. Denn diese Köpfe sehn innen zum Beispiel so aus: »Zum Schluß möchte ich nur noch der erst kürzlich wieder von Professor Doktor Louter gebrachten Behauptung entgegentreten, der Exkaiser habe die Verurteilung Miss Cavells bedauert. Dies ist völlig unzutreffend.« Sicher. Der und bedauern –!

Also lassen wir diesen teuren Prachtschinken beiseite und wenden wir uns einem erschwinglichen Bändchen zu: *Vorsicht! Feind hört mit!* Herausgegeben von Hans Henning Freiherrn Grote (erschienen im Verlag von Neufeld & Henius in Berlin). Das Ding hat 150 Bilder; für ein Schrekkensmuseum gegen Krieg und nationale Barbarei lohnt sich der Ankauf sehr.

Das Buch ist ein Dokument vaterländischer Raserei, ein Leckerbissen für jeden Psychiater, der kein Patriot ist. »Die Spionage ist ein Dauerzustand unter den Völkern, der sich in seiner Existenz um Krieg oder Frieden nicht kümmert, denn sie ist geboren aus der klaren Erkenntnis, daß immer

Kampf unter den Menschen und Nationen sein wird bis in alle Ewigkeit.« Gottseidank, heißt dies, Gottseidank: denn nun sind wir, mit unsern Anlagen, die wir im Frieden nicht zu verwerten wissen, unentbehrlich. Das Buch enthält viele solcher Perlen: Textstellen und Bilder.

Text: »Es wurde bei uns sogar versäumt, dem deutschen Soldaten und dem deutschen Volk eindeutig und klar zu sagen, wofür sie kämpften.« Hoppla – ein kleiner Betriebsfehler. Aber wissen wir es heute? Heute wissen wir es. Wofür? Für einen Schmarrn. Und keine weinende Mutter, die sich eine Ideologie für den Verlust ihres Sohnes zurechtmachen muß, um noch leben zu können, kann daran etwas ändern.

Manchmal machten diese allerchristlichen Staaten einander Konkurrenz, um sich gegenseitig die Soldaten abspenstig zu machen. »Werteste deutsche Soldaten!« fängt ein französischer Werbezettel an. Wenn sie sie nachher hatten, sprachen sie ganz anders, nämlich eine Sprache, die jeder Allerwerteste verstanden hat.

Man erfährt bezaubernde Dinge. Der große schwedische Radierer und Maler Anders Zorn war dem Berliner Polizeipräsidium ›spionageverdächtig‹, ein damals geläufiger Terminus, mit dem die Irren ihre Wahnvorstellungen zu benamsen pflegten – Zorn aber wäre, von andern Gründen abgesehen, viel zu faul gewesen, sich mit Politik zu befassen; d'Annunzio wird kontinuierlich Rappaport benannt, und man weiß nicht, worüber man mehr lachen soll: über diese Deutschen, die ihn damit zu vernichten glauben, oder über d'Annunzion; von der großen Literatur der gequälten Matrosen hat der Verfasser nichts gehört, denn für ihn ist die

Matrosenrevolte in Kiel von den Engländern gemacht; Battisti wird als Spion bezeichnet, was eine Lüge ist, das ist er nie gewesen; wenn die Franzosen einen erschießen, so ist es ein ›angeblicher Spion‹, und schmatzend wird von den Untaten rheinischer Anti-Separatisten berichtet. Die erzählen: »Unterwegs begegneten wir einem Lastauto, besetzt mit Separatisten. Nachdem wir diese beerdigt hatten, setzten wir unsern Marsch mit selbigem Lastauto fort.« Ich höre einen spitzen, schrillen Schrei, er rührt von einer Eierstockträgerin her und klingt wie: »Bravo!« Und auch so etwas kriegt Kinder und heißt Mutter.

Die Bilder dieses Bändchens aber sind manchen Kupferpfennig wert. Wie der Wahnsinn ›Staatsgrenze‹ durch die Abbildung des elektrischen Zauns zwischen Belgien und Holland klar erkennbar wird: hier Mord Pflicht, dort Mord verboten; wie Menschen erschossen werden und fallen – es ist sehr lehrreich. Der Höhepunkt aber dürfte wohl das Bild auf Seite 176 sein.

Die lieben Bundesbürger pflegten ja die Angehörigen ihrer Völker, die unter Habsburger Zepter indivisibiliter vereinigt waren, stückweise aufzuhängen, wenn sie anders mit ihnen nicht fertig wurden. Man sieht also in einer Serie von Bildern:

Drei russische Spione, zwei Männer und eine Frau, sie in der Mitte, stehen an Kreuzen. Drei Kreuze in einer Reihe? das muß ich schon mal irgendwo gesehn haben. Jeder auf einem kleinen Podest von Tischen, die man unter ihnen aufgeschichtet hat. Der dritte Mann rechts, der zuletzt an die Reihe kommen wird, hat nur ein Bein, das andre ist ihm bis übers Knie amputiert. Das macht aber nichts. Die Bundesbrüder reißen der Frau die Tische weg, sie hängt – haben Sie das mal gesehn? Es ist reizend. Dann dem zweiten. Der dritte, der Einbeinige, sieht inzwischen ein bißchen zu, er hat den Kopf dorthin gewendet, niemand hat den Leuten die Augen verbunden, und der Einbein wartet nun, wann die Henkersknechte im Kaiserrock, Gott erhalte, auf ihn zugehen. Zum Schluß sieht man die drei Menschen baumeln, und viele umgestoßene Tische vor ihnen. Die Schweine hatten gefressen, da stießen sie die Tische um. Sie waren damals reich gedeckt, diese Tische.

Ich weiß nicht, was diese drei Leute begangen haben. Ich weiß nur eines:

So groß kann keine Untat sein wie das Verbrechen der Kriegsgerichtsräte auf allen Seiten, der Generale auf allen Seiten. Wie sah das Gesicht des Kontinents damals aus! So angegriffen! Und daher mußten sich alle verteidigen. Die Patzer sind früher zu den Huren gegangen und haben sie geprügelt, für Geld. Die Patzer! Was brauchen wir die Huren! Wir haben einen Feind, wir haben das Vaterland, und wir haben so schöne Kriege.   1931

Fräulein Nietzsche

Vom Wesen des Tragischen

> Zwei Hamburgerinnen kamen einst
> aus dem Thalia-Theater, nach einer
> Aufführung von *Kabale und Liebe*.
> Da blieb die eine auf der Treppe
> stehn, überdachte den Inhalt des
> Stücks und sprach: »Gott! Was Miss-
> vers-tändnisse –!«

»Kenn Sie Nietzschken?« fragt einer in der Komödie *Sozialaristokraten* von Arno Holz. Es gibt Namen, die werden durch Hinzufügung eines einzigen Buchstabens komisch. Es ist wie die Möglichkeit einer magischen Rache; mit dem Namen Goethe kann man dergleichen nicht machen.

Neulich stand hier einmal ein Nadelstichlein gegen Elisabeth Förster-Nietzsche... nein, nicht einmal gegen sie, sondern gegen das wahnwitzige Urheberrecht, das die Rechte des Geistes wie einen Käseladen vererbt. Mögen die Erben eines großen Schriftstellers Tantiemen schlucken; solange es ein Erbrecht gibt, ist das natürlich. Daß aber die meist inferioren Erben das Recht haben sollen, über hinterlassne ungedruckte Manuskripte des Erblassers frei zu verfügen, sie zu veröffentlichen oder nicht, und – was am schlimmsten ist – sie zu verfälschen: das ist ein unerträglicher Gedanke. Wonach werden sie ihre Entschließungen einrichten? Nach Familien-Interessen, was in den meisten Fällen etwa dem Gedankengang entsprechen wird: »Es darf doch nicht an die Öffentlichkeit kommen, daß Max mit Trude ein Verhältnis gehabt hat«? Von den politischen Überzeugungen dieser Kreise schon gar nicht zu reden. Und so bekommen wir in literarischen Nachlässen meist die Meinung von Onkel Oskar zu hören. Es ist, wie wenn Christiane Vulpius darüber zu entscheiden gehabt hätte, was von Goethe gedruckt werden sollte und was nicht.

Was hat das Nietzsche-Archiv mit Nietzsche getrieben! Das Archiv und seine Leute sind schuld daran, daß die Weltmeinung Nietzsche für einen der deutschen Kriegsanstifter gehalten hat, zu welcher Auslegung allerdings die Verschwommenheit seiner Diktion beigetragen hat. Dieses Archiv ist ein Unglück.

Man schrieb mir von dort, meine Sätze über Frau Förster-Nietzsche seien durch Tatsachen widerlegbar; dem Brief waren einige Drucksachen und einige mäßig stilisierte Beschimpfungen angefügt. Ich habe beides ad acta gelegt. Daß Frau Förster-Nietzsche Briefe und Manuskripte ihres Bruders vergeblich mehreren Universitäten angeboten hat, beweist nichts gegen das, was sie später mit diesen Skripturen getrieben hat. Was hat sie getrieben –?

Man lese das in den beiden Nietzsche-Publikationen E. F. Podachs nach: *Nietzsches Zusammenbruch* (erschienen bei Niels Kampmann in Heidelberg) und *Gestalten um Nietzsche* (erschienen bei Erich Lichtenstein in Weimar).

Von zwei Dingen soll hier kaum gesprochen werden.

Nicht von dem tiefen Gegensatz, der zwischen Nietzsche und seiner Schwester bestand und bestanden haben muß: viele, viele Briefstellen zeigen ihn auf. Die Frau hat den Kranken sicherlich aufopfernd gepflegt; in Briefen an Freunde schreibt jeder einmal harte Worte über seine Familie… das geht die Öffentlichkeit zunächst nichts an. Ernster wird das schon, wenn eben dieselbe Schwester, über die der Bruder gestöhnt, geschimpft und gejammert hat, sich als seine geistige Testamentsvollstreckerin aufspielt. Und noch ernster wird es, wenn sich die Frau des Rauschebarts Bernhard Förster, eines Radauantisemiten, der die Urwälder Südamerikas durchbrüllen wollte, aber nur Pleite machte – wenn sie sich anmaßt, ihren Bruder im Sinne muffiger Familientradition zu monopolieren, wie sie es jahrzehntelang beinah ungestraft hat tun können. Sie hat aus guten Gründen den Gegensatz zwischen sich und dem Bruder verhüllt; sie mußte es tun.

Sie hat, zweitens, versucht, die wahrscheinliche Ursache der Krankheit Nietzsches, die Peter Gast oft beim Namen genannt hat, zu verhüllen; das mag verständlich sein. Damals galt Syphilis noch als eine Schande, man sprach nicht gern davon, hatte sie infolgedessen häufiger als heute… die Tricks der ehemaligen Archivleiterin waren armselig, Spirochäten der Tugend wimmelten durch die heiligen Hallen, und es war recht kindisch. Die Herren Gegner, die ihren geistigen Wassermann an dem großen Toten ausprobierten, waren auch nicht erquicklicher – gehen wir über diesen Streit der verschieden gefärbten Bürger zu wichtigerem über.

Unerträglich bleiben die grauenvollen Predigttexte der Schwester, die dem Werk Nietzsches voranprangten, das herzinnige und neckisch-heroische Geschwafel einer im Irrgarten der Philosophie herumtaumelnden Dame. Schwesterliebe –? Erzählt doch nichts! Wie ganz anders klingt das, wenn zum Beispiel die Mutter spricht. Die begriff ihren

Sohn zwar auch nicht, doch wie elementar und rührend ist sie!

Nietzsche hat einmal geschrieben:

> Du liefst zu rasch:
>
> jetzt erst, wo du müde bist,
>
> holt dein Glück dich ein –

Die Mutter, die dies aus der Handschrift entzifferte, setzte hinzu: »Ja, er ist zu rasch gelaufen in seinem ganzen Leben, das liebe, liebe Kind!« – Ich habe etwas Ähnliches mit der Mutter von Toulouse-Lautrec erlebt. Mütter brauchen nicht studiert zu haben, um ihr Kind zu verstehen. Sie lieben.

Viele Nietzsche-Forscher klagen darüber, daß das Archiv es ihnen nicht leicht gemacht habe. Sie bekommen nicht alles zu sehn – vielleicht schon deshalb nicht, weil gar nicht mehr alles da ist. Fräulein Nietzsche, wie die ehemalige Leiterin in den alten Briefen genannt wird, hat aus ihrem Bruder mit Gewalt das machen wollen, was sie an ihm begriff – und viel war das nicht. Schaden genug hat sie durch schiefe Auswahl, durch einseitige Heranziehung von Mitarbeitern und durch Züchtung einer Schar verzückter Adepten angerichtet. Sie gibt auch zu, Teile des *Ecco homo* vernichtet zu haben, sie erschienen ihr krankhaft. Und so gesund wie der Urwaldteut Bernhard Förster aus Bayerisch-Wallhall waren sie ja wohl nicht. Doch wer hat sie danach gefragt? Wir wollen nicht die Werke Lieschen Försters, sondern die Werke Friedrich Nietzsches lesen. Ich kann mir denken, daß eine Schwester gewisse Schriften ihres Bruders für dreißig Jahre in den Schrein legt... was aber bedeutet ihre dreiste Kritik? Dieses Urheberrecht ist eine Schande.

Nun trägt Fräulein Nietzsche die Schuld nicht allein.

Seid mißtrauisch, wenn sich um einen Künstler weibliche und männliche alte Jungfern scharen! »Wir schaffen erst die Luft, in der das Werk des Künstlers…« ich weiß schon. Theodor Fontane hat einmal gesagt: Mir sind Erzähler von Gespenstergeschichten sehr suspekt, die erst die Lampen herunterschrauben und die Tür verschließen, damit kein mit Apfelsinensalat eintretendes Dienstmädchen die Pointe verdirbt – und er hat sehr recht gehabt. Aufgeblähtes Mittelmaß braucht sein Bayreuth; ein Großer kann auf einem offenen Markt wohl deplaciert wirken, aber auf die Verstehenden wirkt er überall. Nur Schwächlinge tun esoterisch. Seid mißtrauisch! Denn es kristallisiert sich ja um einen Kern stets was? Das ihm Wesensverwandte. Eine Bach-Gemeinde von tobsüchtigen und augenverdrehenden Narren ist nicht denkbar. Schon um George qualmt und schwärmt es verdächtig; was sich um das Nietzsche-Archiv gruppiert hat, ist eine Bitternis.

Podach zeigt sehr gut, was Peter Gast für Nietzsche gewesen ist. Er war ihm ein Freund, der sich seiner zweiten Rolle stets bewußt gewesen ist. Nun liebte Nietzsche die Draperie; zum Teil war er selbst eine. Ein merkwürdiges Parfum weht da herüber.

Peter Gast hieß gar nicht Peter Gast; er hieß, so leid es mir tut, Köselitz. Warum soll einer nicht Köselitz heißen? Daß er aber auch ein Köselitz gewesen ist, zeigt seine Kriegshaltung. Der Mann ist im Jahre 1918 gestorben, hat also die große Zeit, wo die Franzosen ohne den *Faust* im Tornister den Krieg gewonnen haben, noch miterlebt. Der Dreck, den Gast damals unter Musik setzte; seine Briefe, aus denen die Kriegsbegeisterung eines nicht eingezogenen Mannes über fünfundvierzig schäumt, quillt und mit Verlaub zu sagen herausbricht –: also für Nietzsche spricht ein solcher Freund kaum. Aber Nietzsche wollte keinen Köselitz sehn, sondern nur einen Peter Gast; so wie Stefan George von seinem ersten Mäzen Karl August Klein ums Verrecken nicht anders als von »Carl August« spricht. Nehmen Sie klassisch – das hebt Ihnen.

Was nun vor allem aus diesen beiden sehr lehrreichen Büchern Podachs hervorgeht, ist die Aufblähung aller Ereignisse und Menschen, auf die Nietzsche traf. Fast alles hat in diesem Leben einen fetten Anilinglanz; vieles ist um drei Nummern zu groß, es schlappt um den Philosophen herum... und wenn man genauer hinsieht, war es alles halb so schlimm. Nietzsche hat Freunde gehabt, die seinem Flug nicht zu folgen vermochten, doch sahen sie, in welcher Weise er flog. »Der Philister«, sagt Hebbel, »hat manchmal recht, aber nie in den Gründen.«

Zerwürfnisse und Freundschaften, Auseinander und Zueinander... sie sind von Nietzsche stets behandelt worden wie kleine Weltgeburten und größere Weltuntergänge. Das meiste wurde überwertig aufgefaßt, maßlos überhitzt, bis zur klaren Lüge. Von der verlognen Unklarheit ganz zu schweigen. Man lese etwa jene bekannte Vita, die Nietzsche an Brandes geschickt hat:

»Vita. Ich bin am 15. Oktober 1844 geboren, auf dem Schlachtfelde von Lützen. Der erste Name, den ich hörte, war der Gustav Adolfs. Meine Vorfahren waren polnische Edelleute (Niezky); es scheint, daß der Typus gut erhalten ist, trotz dreier deutscher ›Mütter‹. Im Auslande gelte ich gewöhnlich als Pole; noch diesen Winter einzeichnete mich die Fremdenliste Nizzas comme Polonais. Man sagt mir, daß mein Kopf auf Bildern Matejkos vorkomme. Meine Großmutter gehörte zu dem Schiller-Goetheschen Kreise Weimars; ihr Bruder wurde der Nachfolger Herders in der Stellung des Superintendenten Weimars.

...Von Ostern 1869–1879 war ich in Basel; ich hatte nötig, mein deutsches Heimatrecht aufzugeben, da ich als Offizier (reitender Artillerist) zu oft einberufen und in meinen akademischen Funktionen gestört worden wäre. Ich verstehe mich nichtsdestoweniger auf zwei Waffen: Säbel und Kanonen – und vielleicht noch auf eine dritte... Auch bin ich, meinen Instinkten nach, ein tapferes Tier, selbst ein militärisches.«

Dazu Erwin Rohde am 10. April 1890:

»Seltsam ist, daß er (Brandes) als Personalnotizen z. T. Sachen bringt, die an Nietzsches kranke Einbildungen unmittelbar vor dem Ausbruch des Übels erinnern: so die Sage von den ›polnischen Edelleuten‹ (die dann protestantische Pastoren werden!), die eigentümliche Wichtigkeit, die der Artilleriedienst angeblich in Nietzsches Leben gehabt haben soll (woran ja tatsächlich gar nichts ist: er wurde nach einem gefährlichen Sturz mit dem Pferde als Invalide entlassen, und damit war es aus.)«

Gegen das geblähte Pathos der Vita gehalten, ist solche Briefstelle gradezu erfrischend. Der Berliner Nicolai vermochte gegen den Werther nichts, aber es gibt Darsteller ihres eignen Lebens, denen der Zuruf gut täte, der einst von der Galerie des berliner Schauspielhauses einer Lady Macbeth entgegenscholl, als sie unvorsichtig mit einer Kerze umging: »Macbethn, Sie drippen ja!« Nietzsche drippte.

Für diese Erkenntnis leistet ein Heft der *Süddeutschen Monatshefte*, die ich nur mit äußerster Überwindung zitiere, gute Dienste. Josef Hofmiller, einst ein guter Europäer, heute ein guter Bayer, bringt reichliches und authentisches Material. So wenn er erzählt, wie Brandes einmal an Nietzsche vier Adressen gab: Strindberg, die Witwe Bizets, die Fürstin Tenischeff, den Fürsten Urussow. Darauf Nietzsche:

»Ich habe meine Leser überall, in Wien, in St. Petersburg, in Kopenhagen und Stockholm, in Paris, in New York.« In jeder Stadt einer, zusammen sechs, fügt Hofmiller mit Recht hinzu.

Schon manche Freunde Nietzsches haben ihn gut erkannt, sehr gut Erwin Rohde. Wieviel Ressentiment da im Spiel gewesen ist, mögen andre untersuchen, und es ist Ressentiment im Spiel gewesen. Was aber geschieht auf der Welt ohne das! Für Rohde war Nietzsche eine Art Mahnung an ein Leben, das Rohde ersehnt hat, aber zu leben nie gewagt hatte, vielleicht hätte er es auch gar nicht können, und darum blendet manchmal ein Strahl Haß auf; es gibt solche Freundschaften.

Rohde über *Jenseits von Gut und Böse*: »Dabei ist mir die ewige Ankündigung ungeheurer Dinge, haarsträubender Kühnheiten der Gedanken, die dann, zu langweiliger Enttäuschung des Lesers, gar nicht kommen – das ist mir unsagbar widerwärtig.« Und später: »Alles rinnt einem wie Sand durch die Finger.« So ist es.

Rohde stand mit dieser Beurteilung nicht allein. Man beschimpfe solche Kritiker nicht, etwa dadurch, daß man sie als Spießer abtut – sie waren es nicht.

Auch Karl Hillebrand war keiner. Dieser Hillebrand, der einst in Paris Sekretär Heinrich Heines gewesen war, schreibt am 16. September 1883 über den *Zarathustra*:

»Ich schrieb ihm (Nietzsche) sofort ein paar Zeilen nach Rom, wo er sich gerade aufhielt, und dachte, sein Büchlein mit auf die Reise zu nehmen; aber meine Frau hatte es, in ihrer Weise, versteckt, weil sie fürchtete, es möchte mich aufregen. Das tats nun gar nicht. Ich finde wirklich Bewundernswertes, gradezu Großes darin; aber die Form läßt keine rechte Freude aufkommen. Ich hasse das Aposteltum und die Apostelsprache; und gar diese Religion, als der Weisheit letzter Spruch, bedarf der Einfachheit, Nüchternheit, Ruhe im Ausdruck.«

Der falsche Klang auf der Orgel des Philosophen ist gut herausgehört; es gibt auch Klangreichtum aus Schwäche.

Fräulein Nietzsche hat den Bruder verniedlicht – es rächte sich bitter.

Einige Analphabeten der Nazis, die wohl deshalb unter die hitlerschen Schriftgelehrten aufgenommen worden sind, weil sie einmal einem politischen Gegner mit dem Telefonbuch auf den Kopf gehauen haben, nehmen Nietzsche heute als den ihren in Anspruch. Wer kann ihn nicht in Anspruch nehmen! Sage mir, was du brauchst, und ich will dir dafür ein Nietzsche-Zitat besorgen. Bei Schopenhauer kann man das nicht ganz so leicht; man kann es gar nicht. Bei Nietzsche ...

Für Deutschland und gegen Deutschland; für den Frieden und gegen den Frieden; für die Literatur und gegen die Literatur – was Sie wollen. Wir wollen aber gar nicht.

Podach hat das große Verdienst, trotz den Verneblungsversuchen des Archivs die Gestalt Nietzsches klar hervortreten zu lassen. Und je klarer sie hervortritt, um so klarer wird:

Ein großer Schriftsteller mit großen literarischen Lastern. Ein schwacher Mensch. Ein verlogener Wahrheitssucher: ein Freund der Wahrheit und ein Schwippschwager der Lüge. Ein Jahrhundertkerl, der in seiner etwas kokett betonten Einsamkeit gewaltige Prophezeiungen niedergeschrieben hat. Aber grade das, um dessentwillen er heute so tausendfältig zitiert wird, grade das kann ich nicht finden, dieses eine nicht: Kraft nicht.

Kraft –? Er prahlt mit der Kraft, er protzt mit ihr, er stellt den Gipsabguß eines Bizeps ins Schaufenster. Geh nicht in den Laden; das Aushängeschild ist seine ganze Ware, mehr hat er nicht. Es ist einmal davon die Rede gewesen, daß jener Satz: »Wenn du zum Weibe gehst…« auch so aufgefaßt werden könnte, daß der Frauenbezwinger einen Wagen zieht, auf dem peitschenschwingend die Frau, eine Frau seines Lebens, steht… dieser Nietzsche wäre, tausend Grade tiefer, ein treuer Kunde der Salons gewesen, in denen ältere Bankdirektoren von stellungslos gewordenen Nähmädchen für gutes Geld ungeheure Prügel beziehen. Er hat aus der Sehnsucht nach der Peitsche eine Weltanschauung gemacht.

Er war für die Entfaltung von Kraft sehr empfindlich, aber er hatte keine, der flotte Manische. Ein berauschtes Gehirn. Kein trunknes Herz. In einem Teil seines Wesens auch er: Fräulein Nietzsche.

Unterdrückte Stellen und verbrannte Briefe; verloren gegangne Karten und nicht mehr auffindbare Zettel… und das alles, weil das Urheberrecht die Verfügung über Chaotisches Tante Minchen anheimgibt. Die Unterschrift, mit der die Mutter Nietzsches die Urheberrechte auf die Tochter übertragen hat, ist ihr, wie geschrieben steht, »blutsauer« geworden. Dann war da noch der Doktor Langbehn, ein Schweißfuß und Nebelkönig, der drauf und dran war, sich der Person und der Werke Nietzsches zu bemächtigen… um ein Haar ist das vorübergegangen. Solchen Zufällen sind die postumen Werke Geistiger ausgesetzt.

Frau Förster-Nietzsche aber versinkt im Dunst ihrer billigen Opferschalen. Wenn ihr Mißwirken zur Folge haben sollte, daß es keinem braven Familienvater und keiner Tante Minchen mehr möglich sein wird, wie heute noch im Falle Oskar Panizza, ungedruckte Handschriften für immer zu unterdrücken –: dann ist ihr Leben nicht umsonst gewesen, und wir dürfen der alten Dame herzlichst danken.

1932

Avis an meinen Verleger

Von allen Leser-Briefen, lieber Meister Rowohlt, scheint mir dieser hier der allerschönste zu sein. Er stammt von einem Oberrealschüler aus Nürnberg.

»Lieber Herr Tucholsky!

Erlauben Sie mir, daß ich Ihnen zu Ihren Werken meine vollste Anerkennung ausspreche. Das wird Ihnen zwar gleichgültig sein – aber ich möchte doch noch eine weitere Bemerkung hinzufügen. Hoffentlich sterben Sie recht bald, damit Ihre Bücher billiger werden (so wie

Goethe zum Beispiel). Ihr letztes Buch ist wieder so teuer, daß man es sich nicht kaufen kann.

Gruß!«

Da hast es.

Lieber Meister Rowohlt, liebe Herren Verleger! Macht unsre Bücher billiger! Macht unsre Bücher billiger! Macht unsre Bücher billiger!   1932

Lichtenberg

> Ein Werk in die Universitätskirche begraben.
>
> *G. Chr. Lichtenberg*

Der Verlag Alfred Kröner in Leipzig hat in der Sammlung seiner Taschenausgaben einen Lichtenberg herausgebracht: *Aphorismen und Schriften* (Band 93 der Taschenausgabe). Hübsch gedruckt, sauber ausgestattet; für ein Buch, das honorarfrei ist, scheint mir der Preis von 3,75 etwas hoch, denn wir wollen doch nicht hoffen, daß der philologische Segen des Herausgebers den Preis erhöht hat.

Dieser Herausgeber, Ernst Vincent, hat die Freundlichkeit, einige Sätze von mir im Vorwort zu zitieren, nämlich: »In Deutschland erscheinen alljährlich dreißigtausend Bücher. Wo ist Lichtenberg –? Wo ist Lichtenberg –? Wo ist Lichtenberg –?« Hier ist er, sagt der Herausgeber. Hm.

Die Philologie hat an Lichtenberg ein gutes Werk getan; sie hat die alten, nicht sehr textsichern und vergriffenen Ausgaben in Ordnung gebracht, und zu Beginn unsres Jahrhunderts hat Albert Leitzmann die Aphorismen zum Teil aus der Handschrift herausgegeben. Der deutsche Verlagsbuchhandel hat an Lichtenberg ein sehr schlechtes Werk getan – das Kuddelmuddel ist unbeschreiblich. Das Wertvollste ist vergriffen, es gibt Auswahlbände der Aphorismen, Auswählchen, willkürlich zusammengewürfeltes Zeug, ohne Sinn und Verstand aneinandergebacken, und eine auch einigermaßen vollständige und brauchbare Auswahl der gesammelten Schriften gibt es überhaupt nicht. »Jede Auswahl«, sagt Vincent, »trägt den Stempel der Zeit, in der sie entsteht, und des Geistes des Herausgebers.« Das ist richtig.

Diese Ausgabe trägt den Stempel des germanistischen Seminars.

Soweit ich das beurteilen kann, ist die philologische Arbeit einwandfrei, die Kommentare und Erklärungen musterhaft, auch in schwierigen Fällen durchaus verläßlich, das alphabetische Sachregister könnte besser sein – zum Beispiel:

»In Hannover logierte ich einmal so, daß mein Fenster auf eine enge Straße ging, wodurch die Kommunikation zwischen zwei großen erhalten wurde. Es war sehr angenehm zu sehen, wie die Leute ihre Gesichter veränderten, wenn sie in die kleine Straße kamen, wo sie weniger gesehen zu sein glaubten; so wie einer hier pißte, der andre sich dort Strümpfe band, so lachte der eine heimlich und schüttelte der andre den Kopf. Mädchen dachten mit einem Lächeln an die vorige Nacht und legten ihre Bänder zu Eroberungen auf der nächsten großen Straße zurecht –«

Also worunter finde ich das im Index? Unter »Hannover«, während es doch das nebensächlichste der Welt ist, in welcher Stadt das spielt; ich hatte natürlich unter Straße, Hauptstraße, kleine Straße und dergleichen gesucht. Aber das sind nur Einzelheiten.

Ich las und las… Gehören diese Aphorismen, dachte ich, zu jenen Elaboraten der Literatur, die in der Erinnerung schöner sind als bei der Lektüre? Denn das gibts. Ich verstand den ganzen Lichtenberg nicht mehr. Wo war er? Das da war er doch nicht?

Was wir hier vorgesetzt bekommen, ist ein geistvoller, matt witziger, kluger und gebildeter Professor, ein Stubenhocker, der einiges von der Welt weiß, und so geht das hundert und hundertfünfzig Seiten, bis die Briefe über den englischen Schauspieler Garrick dem, ders noch nicht gewußt hat, verraten: dieser Lichtenberg ist ein herrlicher Prosa-Schriftsteller gewesen, ein bewundernswerter Beobachter, und noch viel, viel mehr. Wo ist Lichtenberg –?

Das Rätsel ist rasch gelöst. In der Vorrede, sicher ein Prunkstück für jedes Seminar, mit eingekapselten Zitaten, so das Werk vorausnehmend, das erst erklärt werden soll, sieht Vincent den Schwerpunkt des kleinen verbuckelten Mannes aus Göttingen nicht in seinem Buckel, sondern in ganz etwas anderm. Lichtenberg: »Die Leute können nicht begreifen, wie es Menschen geben könne, die das sogenannte Weben des Genies in den Wolken, wo ein glühender Kopf halbgare Ideen auswirkt, für Possen halten können, ja wie man so grausam sein könne und ganze Kapitel voll schöner Ausdrücke nicht so hoch achtet als ein Senfkorn von Sache.« Und Vincent fügt hinzu: »Hätten wir von Lichtenberg nichts anders als diesen einen Satz, er gehörte für uns auf immer zu den Verkündern des Notwendigen.« Zu denen er nie gehört hat.

Lichtenberg hat, woran grade Vincent sich erinnern sollte, die Periode der Sturm-und-Drang-Genies mitgemacht, und das Wort ›Genie‹ hatte in seiner Zeit einen ganz andern Klang als heutzutage, nämlich, nachdem jene Mode vorübergerauscht war, einen fast herabsetzenden Klang. »Das bürgerliche Moment in Lichtenberg, dieser saubere, nüchterne Sinn für Arbeit, Dienst, Ordnung, Unterordnung…«, den der Herausgeber so herausstreicht, hätte allein nie und nimmer das hervorgebracht, was uns an Lichtenberg wert und teuer ist. Das bürgerliche Moment war da, aber als Gegengewicht gegen das andre.

Wogegen –? Vincent bringt Lichtenberg auf eine Formel. Er nennt ihn »den Menschen am Fenster«. Du lieber Gott! Das war der Mann auch – aber das ist eine Seminarformel, wie ja nirgends so schwache Feuilletons produziert werden wie in wissenschaftlichen Konventikeln. Lichtenberg ist viel, viel mehr gewesen.

Ein Kobold mit einer Blendlaterne. Ein Romeo, der feixen konnte, und der am allerheftigsten dann grinste, wenn er Furcht vor seinem Gefühl hatte. Satyr auf Eis; Gnom im Gletscher, friedlicher Spaziergänger durch bunte Wiesen, ein Blick: und die ganze Landschaft war verzerrt, und »ein schlecht geblasener halber Mond« hing darüber; ein Physiker der Liebe und ein Mathematikprofessor der Gefühle. »Da wird es deutlich«, sagt Vincent, »daß dieser Mensch kein Baumeister ist. Um ihn herum liegen Teile und Brokken...« So hol sie doch der Henker alle miteinander, diese Pauker! Nein, er war kein Baumeister! Und Goethe war kein Radfahrer! Und Schiller exzellierte nicht in breiten Romanen. Und Dante verstand nichts vom Theater. Warum – o Seminar! – sollte Lichtenberg ein Baumeister großer Werke gewesen sein? Mit manchem »irgendwie« und manchem »Wissen um...« wird dargetan, daß es bei ihm sozusagen nicht gereicht habe. Uns langts.

Uns genügt ein Geist, der Aphorismen geschaffen hat, wie sie dann ein Jahrhundert lang nicht mehr wiedergekommen sind. Da gibt es Sätze, die reißen ganze Länder auf. »Der Franzose ist ein sehr angenehmer Mann um die Zeit, wo er zum zweitenmal anfängt, an Gott zu glauben.« Die französische Rückkehr zum Klassischen, die beinah bei jedem bedeutenden Franzosen um die Mitte der Vierziger zu finden ist, uns mit buttergelbem Neid erfüllend, denn die haben wenigstens etwas, wohin sie zurückkehren können: diese Rückkehr ist hier so scharf begriffen, als habe Lichtenberg jahrelang in Frankreich gelebt. Er liebte die Franzosen nicht sehr und vergötterte die Engländer. Und was er über England geschrieben hat, ist eine Pracht.

Er erschlich sich sozusagen die Wahrheit, und er hatte die schriftstellerischen Tricks im Handgelenk. Dieser kleine Mann, der als Kind einmal einen Fragezettel auf den Hausboden gelegt hat: »Was ist das Nordlicht?« im Glauben, die Engel würden das nachts beantworten, hat später auf viele Fragen von sich selber viele Antworten bekommen. Zu viele – doch notierte er sie alle auf. Seine »Sudelbücher«, wie er das genannt hat, sind eine Fundgrube.

In Vincents Auswahl findet man vieles und vermißt noch mehr. Das Bunte fehlt, das Freche fehlt, das Überkugelte, das Drollige, der Duft der Zeit und der höllische Schnaps dieser Klugheit. Politisch ist die Sache völlig in Ordnung – Vincent hat an keiner Stelle tendenziös ausgewählt. Aber er hat aus dem Kobold einen harmlosen Gartenzwerg gemacht, und das war der Mann nicht.

Frage: Wo ist Lichtenberg –? Wo ist Lichtenberg –? Wo ist Lichtenberg –? 1932

Wo kommen die Löcher
im Käse her?

Vorsätze

Ich will den Gänsekiel in die schwarze Flut tauchen. Ich will einen Roman schreiben. Schöne, wahre Menschen sollen auf den Höhen des Lebens wandeln, auf ihrem offenen Antlitz soll sich die Freiheit widerspiegeln...

Nein. Ich will ein lyrisches Gedicht schreiben. Meine Seele werde ich auf sammetgrünem Flanell betten, und meine Sorgen werden kreischend von dannen ziehen...

Nein. Ich will eine Ballade schreiben. Der Held soll auf blumiger Au mit den Riesen kämpfen, und wenn die Strahlen des Mondes auf seine schöne Prinzessin fallen, dann...

Ich will den Gänsekiel in die schwarze Flut tauchen. Ich werde meinem Onkel schreiben, daß ich Geld brauche.

1907

Schöner Herbst

Das ist ein sündhaft blauer Tag!
Die Luft ist klar und kalt und windig,
weiß Gott: ein Vormittag, so find ich,
wie man ihn oft erleben mag.

Das ist ein sündhaft blauer Tag!
Jetzt schlägt das Meer mit voller Welle
gewiß an eben diese Stelle,
wo dunnemals der Kurgast lag.

Ich hocke in der großen Stadt:
und siehe, durchs Mansardenfenster
bedräuen mich die Luftgespenster…
Und ich bin müde, satt und matt.

Dumpf stöhnend lieg ich auf dem Bett.
Am Strand wär es im Herbst viel schöner…
Ein Stimmungsbild, zwei Fölljetöner
und eine alte Operett!

Wenn ich nun aber nicht mehr mag!
Schon kratzt die Feder auf dem Bogen –
das Geld hat manches schon verbogen…
Das ist ein sündhaft blauer Tag!

1913

Groß-Stadt – Weihnachten

Nun senkt sich wieder auf die heim'schen Fluren
die Weihenacht! die Weihenacht!
Was die Mamas bepackt nach Hause fuhren,
wir kriegens jetzo freundlich dargebracht.

Der Asphalt glitscht. Kann Emil das gebrauchen?
Die Braut kramt schämig in dem Portemonnaie.
Sie schenkt ihm, teils zum Schmuck und teils
   zum Rauchen,
den Aschenbecher aus Emalch glasé.

Das Christkind kommt! Wir jungen Leute lauschen
auf einen stillen heiligen Grammophon.
Das Christkind kommt und ist bereit zu tauschen
den Schlips, die Puppe und das Lexikohn.

Und sitzt der wackre Bürger bei den Seinen,
voll Karpfen, still im Stuhl, um halber zehn,
dann ist er mit sich selbst zufrieden und im reinen:
»Ach ja, son Christfest is doch ooch janz scheen!«

Und frohgelaunt spricht er vom ›Weihnachtswetter‹,
mag es nun regnen oder mag es schnein.
Jovial und schmauchend liest er seine Morgenblätter,
die trächtig sind von süßen Plauderein.

So trifft denn nur auf eitel Glück hienieden
in dieser Residenz Christkindleins Flug?
Mein Gott, sie mimen eben Weihnachtsfrieden…
»Wir spielen alle. Wer es weiß, ist klug.«

1913

Vorfrühling

Sieh da: nun ist der fette Dichter wieder
von seinem Winterschläfchen aufgewacht,
und er entlockt der Harfe heitre Lieder,
ti püng – die Winde wehn, der Himmel lacht.

Er schauet sanft verklärt, und eine Putte
hält über seinen Kopf den Lorbeerkranz.
Vorfrühling nähert sich, die junge Nutte,
und probt, noch schüchtern, einen kleinen Tanz.

Das Barometer droht mit seinem Zeiger:
»Nicht immer feste druff! Ich falle bald.«
Selbst Barometer schätzen. Große Schweiger
sind selten in dem Land des Theobald.

Noch immer Zabern und Theaterpleiten,
und wie man wieder auf den Fasching geht,
Protestbeschlüsse, andre Lustbarkeiten –
Und alles red't und alles red't.

Und wenn man dieses Deutschland sieht und diese
mit Parsifalleri – und -fallerein
von Hammeln abgegraste Geisteswiese –
ah Frühling! Hier soll immer Winter sein!

1914

Der Lenz ist da!

Das Lenzsymptom zeigt sich zuerst beim Hunde,
dann im Kalender und dann in der Luft,
und endlich hüllt auch Fräulein Adelgunde
sich in die frischgewaschne Frühlingskluft.

Ach ja, der Mensch! Was will er nur vom Lenze?
Ist er denn nicht das ganze Jahr in Brunst?
Doch seine Triebe kennen keine Grenze –
dies Uhrwerk hat der liebe Gott verhunzt.

Der Vorgang ist in jedem Jahr derselbe:
man schwelgt, wo man nur züchtig beten sollt,
und man zerdrückt dem Heiligtum das gelbe
geblümte Kleid – ja, hat das Gott gewollt?

Die ganze Fauna treibt es immer wieder:
Da ist ein Spitz und eine Pudelmaid –
die feine Dame senkt die Augenlider,
der Arbeitsmann hingegen scheint voll Neid.

Durch rauh Gebrüll läßt sich das Paar nicht stören,
ein Fußtritt trifft den armen Romeo –
mich deucht, hier sollten zwei sich nicht gehören…
Und das geht alle, alle Jahre so.

Komm, Mutter, reich mir meine Mandoline,
stell mir den Kaffee auf den Küchentritt. –
Schon dröhnt mein Baß: Sabine, bine, bine…
Was will man tun? Man macht es schließlich mit.   1914

Nicht! Noch nicht!

Ein leichter Suff umnebelt die Gedanken.
Verdammt! Der Frühling kommt zu früh.
Der Parapluie
steht tief im Schrank – die Zeitbegriffe schwanken.

Was wehen jetzt die warmen Frühlingslüfte?
Ein lauer Wind umsäuselt still
mich im April –
die Nase schnuppert ungewohnte Düfte.

Du lieber Gott, da ist doch nichts dahinter!
Und wie ein dicker Bär sich murrend schleckt,
zu früh geweckt,
so zieh ich mich zurück und träume Winter.

Ich bin zu schwach. Ich will am Ofen hocken –
die Animalität ist noch nicht wach.
Ich bin zu schwach.
Laternenschimmer will ich, trübe Dämmerung
    und dichte Flocken.

1914

Die Katze spielt mit der Maus

Sie stehen alle im Kreis, die Soldaten, und blicken alle auf
einen Punkt. Ich trete hinzu.

Die schwarz-weiße Katze hat eine Maus gefangen. Die

schwarz-weiße Katze, unser Kompanie-Peter (eine Dame, allerdings), Peter der Erste; ein junges Tier, noch nicht völlig ausgewachsen, aber auch nicht mehr niedlich genug, um in die Hand genommen zu werden. Die Maus ist noch springlebendig – Peter muß sie eben erst gefangen haben. Peter ist tagelang auf dem Kriegsschauplatz herumgelaufen, Peter hat sich eigenmächtig von der Truppe entfernt, also hat sie Hunger, also wird sie die Maus gleich fressen.

Die Katze läßt die Maus laufen. Die Maus flitzt, wie an einer Schnur gezogen, davon – die Katze mit einem genau abgeschätzten Sprung nach. Mit der letzten Spitze der ausgestreckten Pfote hält sie die Maus. Die Maus zappelt. Die Pfote schiebt sich langsam hin und her; die Pfote prüft die Maus. Die Katze liegt dahinter und dirigiert das Ganze. Aber das ist nicht mehr ihre Pfote – das ist ein neues Tier, das nur für den Zweck erschaffen ist, ein wenig, so grausam wenig schneller als die Maus zu sein. Die Pfote hebt sich, die Maus stürzt davon – sie darf stürzen, ja, das ist gradezu vorgesehen. Die Pfote waltet ihr zu Häupten und schlägt sie im letzten Augenblick nieder. Die Maus quiekt. Jetzt wird das Tempo lebhafter.

Hurr – die Maus läuft, ein weites Stück. Satz. Hat. Und wieder – und wieder. Manchmal sieht die Katze mit ihren grünen, regungslosen Augen erschreckt ins Weite, als habe sie ein böses Gewissen und befürchte, daß jemand kommt. Jemand – wer sollte kommen? Jetzt läuft die Maus langsamer. Wie eine ›laufende Maus‹, die man kaufen kann; sie wackelt etwas, als ob das Uhrwerk da drinnen schon ein bißchen klapprig wäre. Und wieder hat sie die Katze. Diesmal läßt sie sie nicht los. Sie streichelt sie mit der steifen

Pfote; sie streckt sich wohlig aus und schnurrt. Du meine kleine Gefährtin! Es ist fast, als bedaure sie, daß die dumme Maus nicht auch mitspielt. Sie soll irgendetwas tun, die Maus. Die Katze dehnt sich… Ich habe sie! ich habe sie! Ach – das ist schön – die Macht, die süße, starke Macht! Ich habe die Oberhand – und sie wird ganz lang vor Behagen, so lang, daß vorn die Kralle abrutscht und die Maus entwischt. Es ist nicht mehr viel mit ihr – sie humpelt, fällt auf die Seite, quietscht leise. Wieder hat sie die Katze, aber als sie jetzt losgelassen wird, regt sie sich nicht. Sie ist tot.

Das bringt die Katze außer sich. Wie? Die Maus will nicht mehr? Sie ist nicht mehr lebendig, nicht mehr bei der Sache, kein halb widerwilliges Spielzeug, bei dem der Hauptreiz darin bestand, daß es sich sträubte? Hopp – dann machen wir sie lebendig! Hopp – der Tod hat mir in mein Spiel nichts hereinzuspielen, das sage ich, die Katze! Und packt die Maus mit den Zähnen, schüttelt sie und wirft sie sich über den Kopf und springt hoch in die Luft und fängt sie wieder auf. Die Katze ist toll. Sie rast, sie tobt mit dem kleinen grauen Bündel herum, das sich nicht mehr bewegt, sie tanzt und wälzt sich über die Maus. Dann gibt es einen kleinen Knack; der Höhepunkt ist überschritten, die Katze beginnt erregt, doch schon gedämpft, zu knabbern. Knochen knistern – die Maus wird im Querschnitt dunkelrot – – –.

Aber das ist keine Allegorie. Eine Allegorie ist ein Sinnbild, eine rednerische Form des Vergleichs, ein, wie es heißt, veraltetes Hilfsmittel. Das aber ist Leben – ist nichts andres als unser menschliches Tun auch. Es ist kein Unterschied: das war eine Katze, und wir sind Menschen – aber es war doch dasselbe.

Die arme Maus! Vielleicht hätte sie fleißig turnen sollen und allerhand Sport treiben – dann wäre das wohl nicht so schlimm für sie abgelaufen. Oder vielleicht haben ihre Vorfahren gesündigt, die auch einmal Katzen waren und sich dann in Nachdenklichkeit und Milde so langsam zur Maus herunter degenerierten. Wer weiß –.

Die Katze ist eine Sadistin. Aber das ist ein dummes Wort; man denkt dann gleich an eine rothaarige Zirkusgräfin mit hohen Juchtenstiefeln und an verwelkte Mummelgreise im Frack, die ihr die Füße küssen und blödsinnige Komplimente lallen. Nein, so war das gar nicht; das mit der Zirkusgräfin ist nur der letzte Grenzfall.

Natürlich ist die Katze ein Tier wie andre auch. Und sie ist stärker als die Maus, und das hat sie ausgenutzt weit über die Nahrungsfrage hinaus. Sie hatte die Kraft. Und die Maus litt.

Und dieser Schnitt klafft durch alles, dieser Riß spaltet alles – da gibt es keine Brücke. Immer werden sich die zwei gegenüberstehen: die Katze und die Maus.   1916

Man muß dran glauben…

Ich hatte mal einen dicken Freund, der sagte mir auf die Frage, ob er denn schwimmen könne, immer: »Ja – ich kann schwimmen. Aber – ich glaube nicht recht dran.« Das ist ein merkwürdiges Wort, und ich kann es nicht vergessen.

Es ist nämlich die kürzeste Formulierung für die eigentümliche Tatsache, daß es letzten Endes hienieden gar nicht aufs Können ankommt, gar nicht auf die Technik, auf das Äußerliche, auf das, was erlernbar ist. Es kommt einfach darauf an, daß man das glaubt, was man macht.

Das kann man nur keinem beibringen. Es gibt gewachsene Dinge und gemachte – die meisten sind gemacht. Die gewachsenen sind die, bei deren Herstellung der Schöpfer sich das geglaubt hat, was er machte. Es ist merkwürdig, ein wie tiefes und feines Gefühl alle Leute für diesen Unterschied haben. Falsche Herzenstöne gibt es nicht. Es gibt nur falsche Herzen. Ein leises Schwanken, ein bängliches Zögern – und vorbei ists mit aller Wirkung, mit der künstlichen und mit der menschlichen. Aus und vorbei.

Eine ausgewachsene Zote in einem Salon ist etwas Unmögliches. Schon deshalb, weil keiner da ist, der sie mit saftiger Freude, mit vollem Bewußtsein ihrer Unmöglichkeit, mit dem vollen Glauben erzählen kann. Ich habe im Felde von altgedienten Intendanturbeamten Dinge erzählen hören, die einen vom Stuhl warfen – wurden sie dann von irgendeinem schwächlichen Vertreter wiederholt, verpufften sie und wirkten übel, weil der dabei feixte und sich im Grunde seines Herzens für viel zu fein für diese Dinge hielt. Der andere aber war angetreten, hatte voller Lebensfreude vorgemacht, wie ein Mann, der sich Unter den Linden nicht sehr fein benommen hatte, aufgeschrieben wurde (dabei ist mir noch die prächtige Bewegung in der Erinnerung, wie der imaginäre Schutzmann mit behördlichem Schwung in seiner hinteren Rocktasche nach dem dicken Buch wühlte) – und das alles war so lebenswahr, so famos beobachtet, so massiv und selbstverständlich wiedergegeben, daß man nur seine helle Freude haben konnte. Rot wurde niemand. Und es war auch gar nicht nötig.

Das ist beim Schauspieler so, der sich irgendwie glauben muß, was er uns da vormacht – sonst glauben wirs auch nicht. Das ist beim Redner so und das ist schließlich, wenn man genau hinsieht, bei jedem Menschen so. Zuerst muß er glauben, dann erst können wirs.

Mir ist die alte Sage vom Reiter über dem Bodensee, der über die gefrorene Fläche des Wassers ritt, immer recht als Symbol schwersten Kalibers erschienen. Der glaubte auch, über festes Land zu reiten – er sah den Abgrund unter seinen Füßen nicht; er fühlte die Gefahr nicht, in der er schwebte, und bestand sie, weil er sie nicht zu bestehen brauchte. Was der Berliner in dem einen kurzen Satz auszudrücken pflegt: »Der hats gut – der ist blöd!« Und das ist manchmal wirklich kein Schade.

Denn die Reflexion tötet. Maeterlinck hat einmal in einem sehr interessanten Aufsatz erzählt, wie bei Automobil-Unfällen allemal derjenige verunglückt, der noch im Augenblick der Gefahr nachdenkt, was er nun zu tun habe – daß aber der unbehelligt davonkomme, der sein Gehirn völlig ausschalte, der gar nichts tue. Das Unterbewußtsein, das ja viel stärker, raffinierter und zweckbewußter arbeitet als die Überlegung, regelt dann alles von selbst. Das Gehirn ist eben nicht allen Dingen gewachsen.

Wohl aber die gesunde Lebenskraft. Wohl aber jener Saft, der in den Pflanzen sein Wesen treibt und in den Tieren – und in den Menschen nicht minder. Wohl aber jener Glaube, der Berge versetzt, und der – Wunder über Wunder – sogar über Menschen etwas vermag.

Es brauchte nicht erst der Krieg zu sein, um uns zu belehren, wieviel solch ein Kerl wert ist, der immer Rat weiß – aber nicht jenen erklügelten Rat, den wir uns schließlich auch selbst erschwitzen können, sondern einen andern, bessern. Einen gewachsenen, einen immer fertig parat liegenden, einen erdgeborenen Rat. Aber wo wächst der –!

Es ist ja kein Zufall, daß alle die Leute, ›die daran glauben‹, ständig mit der Natur in Berührung leben. Es ist, als zögen sie, deren Füße die braune Erde treten, eine Kraft aus dem Boden, der Asphaltmenschen versagt ist.

Also kämen wir dahin, Primitivität zu fordern? Blauäugige Blondheit? Robuste Stiernacken? Simpelste Kraft? – Nicht doch. Nicht sie allein.

Glauben fordern wir als Grundlage aller menschlichen Dinge. (Daß hier nicht an Dogmenglaube gedacht ist, braucht wohl nicht erst betont zu werden.) Wir fordern den Glauben, weil wir alle instinktiv wissen – Frauen wissen das noch besser als wir Männer –, daß das Wesen des Menschen, das, was er eigentlich ist, da beginnt, wo seine Reflexion aufhört. Die ist erworben und künstlich ausgebildet, die ist nicht immer adäquat; die ist nicht er selbst. Aber das andere, das, was Schopenhauer ›Wille‹ und andre anders genannt haben: das ist er.

Es muß ein Punkt da sein, wo einer, nach allem Grübeln, nach allem Denken und Knobeln, einmal, klar und erfrischend auf den Tisch schlägt und sagt: »Grad durch!« und dann seinen Weg geht. Denn es lassen sich die Dinge dieser Welt nun einmal nicht alle restlos mit dem Gehirn erledigen. Wenn man mit dem mathematischen Denken fertig ist, bleibt etwas zurück, das sich nur mit der robusten Kraft bewältigen läßt. Und das ist ganz gut so, sonst säße ein Rabulist auf dem Thron, und das werden wir doch nicht wollen, nicht wahr?

Das Ideal – das Ideal wäre freilich: beides zu haben. Die Kraft *und* das Gehirn. Die Faust *und* den Kopf. Hierzulande ist das heftig getrennt.

Die einen haben Gehirn, viel Gehirn. Sehr viel Gehirn. Dann taugen sie meist wenig zum aktiven Tun – und wenn sie sich darin versuchen, verfallen sie immer wieder in den alten Fehler, alles mit den Regeln der Logik abmachen zu wollen – was nun einmal nicht geht.

Die andern haben die Faust. Aber keinen Kopf – und ganz ohne ihn gehts auch wieder nicht.

Wenn das einmal zusammenträfe! Wenn das einmal bei uns vereinigt wäre, was doch allem Anschein nach die Japaner haben, und was sie zur gefährlichsten Rasse der Welt macht: brutale Kraft und feinstes Gehirn! Damit ließe sich etwas ausrichten! Wenn unsere Junker klug wären! Wenn unsere Intellektuellen kräftig wären! Aber sie sind leider nur kräftig und nur intellektuell.

Bliebe übrig, den lieben Freunden zu predigen, vor allem und vorerst zu glauben. An sich und das, was man macht. Das ist nahrhaft: denn der gewandteste Gehirnakrobat ist gar nicht fähig, einen solchen eisernen Steher zu werfen.

Und die Freundinnen –! Geehrte, ihr wißt, wie subjektiv alles ist, was mit euch zu tun hat: die Eifersucht und die Ablehnung und die freundliche Gewährung und – entschuldigen Sie – die Liebe. Man muß dran glauben, auch an sie.

Kommt es denn darauf an, wie ihr, Schönste, seid? Genügt es nicht vollkommen, zu glauben, ihr seid so, wie wir

euch lieben? Ihr braucht euch nicht einmal zu verstellen –
wenn wir nur glauben. Vater Zille hat einmal eine blinde
Frau gezeichnet, die fährt ihrem Führer, einem versoffenen,
übeln Kerl, über das Gesicht und sagt: »Wilhelm, du mußt
ein schöner Mann sein!« Diese Geschichte hat er selbst erlebt – und es ist eine tiefe Geschichte.

Freundinnen, wir streichen euch über das Gesicht und
sind blind und murmeln: »Agda – du hast viel Herz!« Aber
Agda hat gar kein Herz, sondern nur eine runde Brust, und
das ist schließlich auch etwas wert.

Wir aber glauben an ihr Herz und sind sehr glücklich.

1919

Die Familie

> Die Griechen, die so gut wußten, was
> ein Freund ist, haben die Verwand-
> ten mit einem Ausdruck bezeichnet,
> welcher der Superlativ des Wortes
> ›Freund‹ ist. Dies bleibt mir uner-
> klärlich.
>
> *Friedrich Nietzsche*

Als Gott am sechsten Schöpfungstage alles ansah, was er gemacht hatte, war zwar alles gut, aber dafür war auch die Familie noch nicht da. Der verfrühte Optimismus rächte sich,
und die Sehnsucht des Menschengeschlechtes nach dem Pa-
radiese ist hauptsächlich als der glühende Wunsch aufzufassen, einmal, nur ein einziges Mal friedlich ohne Familie da-
hinleben zu dürfen. Was ist die Familie?

Die Familie (familia domestica communis, die gemeine Hausfamilie) kommt in Mitteleuropa wild vor und verharrt gewöhnlich in diesem Zustande. Sie besteht aus einer Ansammlung vieler Menschen verschiedenen Geschlechts, die ihre Hauptaufgabe darin erblicken, ihre Nasen in deine Angelegenheiten zu stecken. Wenn die Familie größeren Umfang erreicht hat, nennt man sie ›Verwandtschaft‹ (siehe im Wörterbuch unter M). Die Familie erscheint meist zu scheußlichen Klumpen geballt und würde bei Aufständen dauernd Gefahr laufen, erschossen zu werden, weil sie grundsätzlich nicht auseinandergeht. Die Familie ist sich in der Regel heftig zum Ekel. Die Familienzugehörigkeit befördert einen Krankheitskeim, der weit verbreiteter ist: alle Mitglieder der Innung nehmen dauernd übel. Jene Tante, die auf dem berühmten Sofa saß, ist eine Geschichtsfälschung: denn erstens sitzt eine Tante niemals allein, und zweitens nimmt sie immer übel – nicht nur auf dem Sofa: im Sitzen, im Stehen, im Liegen und auf der Untergrundbahn.

Die Familie weiß voneinander alles: wann Karlchen die Masern gehabt hat, wie Inge mit ihrem Schneider zufrieden ist, wann Erna den Elektrotechniker heiraten wird, und daß Jenny nach der letzten Auseinandersetzung nun endgültig mit ihrem Mann zusammenbleiben wird. Derartige Nachrichten pflanzen sich vormittags zwischen elf und eins durch das wehrlose Telefon fort. Die Familie weiß alles, mißbilligt es aber grundsätzlich. Andere wilde Indianerstämme leben entweder auf den Kriegsfüßen oder rauchen eine Friedenszigarre: die Familie kann gleichzeitig beides.

Die Familie ist sehr exklusiv. Was der jüngste Neffe in seinen freien Stunden treibt, ist ihr bekannt, aber wehe, wenn es dem jungen Mann einfiele, eine Fremde zu heiraten! Zwanzig Lorgnons richten sich auf das arme Opfer, vierzig Augen kneifen sich musternd zusammen, zwanzig Nasen schnuppern mißtrauisch: »Wer ist das? Ist sie der hohen Ehre teilhaftig?« Auf der anderen Seite ist das ebenso. In diesen Fällen sind gewöhnlich beide Parteien davon durchdrungen, tief unter ihr Niveau hinuntergestiegen zu sein.

Hat die Familie aber den Fremdling erst einmal in ihren Schoß aufgenommen, dann legt sich die große Hand der Sippe auch auf diesen Scheitel. Auch das neue Mitglied muß auf dem Altar der Verwandtschaft opfern; kein Feiertag, der nicht der Familie gehört! Alle fluchen, keiner tuts gern – aber Gnade Gott, wenn einer fehlte! Und seufzend beugt sich alles unter das bittere Joch ...

Dabei führt das ›gesellige Beisammensein‹ der Familie meistens zu einem Krach. In ihren Umgangsformen herrscht jener sauersüße Ton vor, der am besten mit einer Sommernachmittagsstimmung kurz nach einem Gewitter zu vergleichen ist. Was aber die Gemütlichkeit nicht hindert. Die seligen Herrnfelds stellten einmal in einem ihrer Stücke eine Szene dar, in der die entsetzlich zerklüftete Familie eine Hochzeitsfeierlichkeit abzog, und nachdem sich alle die Köpfe zerschlagen hatten, stand ein prominentes Mitglied der Familie auf und sagte im lieblichsten Ton der Welt: »Wir kommen jetzt zu dem Tafellied –!« Sie kommen immer zum Tafellied.

Schon in der großen Soziologie Georg Simmels ist zu lesen, daß keiner so wehtun könne, wie das engere Kastenmitglied, weil das genau um die empfindlichsten Stellen des Opfers wisse. Man kennt sich eben zu gut, um sich herzinniglich zu lieben, und nicht gut genug, um noch aneinander Gefallen zu finden.

Man ist sich sehr nah. Nie würde es ein fremder Mensch wagen, dir so nah auf den Leib zu rücken, wie die Kusine deiner Schwägerin, a conto der Verwandtschaft. Nannten die alten Griechen ihre Verwandten die ›Allerliebsten‹? Die ganze junge Welt von heute nennt sie anders. Und leidet unter der Familie. Und gründet später selbst eine und wird dann grade so.

Es gibt kein Familienmitglied, das ein anderes Familienmitglied jemals ernst nimmt. Hätte Goethe eine alte Tante gehabt, sie wäre sicherlich nach Weimar gekommen, um zu sehen, was der Junge macht, hätte ihrem Pompadour etwas Cachou entnommen und wäre schließlich durch und durch beleidigt wieder abgefahren. Goethe hat aber solche Tanten nicht gehabt, sondern seine Ruhe – und auf diese Weise ist der *Faust* entstanden. Die Tante hätte ihn übertrieben gefunden.

Zu Geburtstagen empfiehlt es sich, der Familie etwas zu schenken. Viel Zweck hat das übrigens nicht; sie tauscht regelmäßig alles wieder um.

Irgendeine Möglichkeit, sich der Familie zu entziehen, gibt es nicht.

Mein alter Freund Theobald Tiger singt zwar:

> Fang nie was mit Verwandtschaft an –
>
> denn das geht schief,
>
> denn das geht schief!

aber diese Verse sind nur einer stupenden Lebensunkenntnis entsprungen. Man fängt ja gar nichts mit der Verwandtschaft an – die Verwandtschaft besorgt das ganz allein.

Und wenn die ganze Welt zugrunde geht, so steht zu befürchten, daß dir im Jenseits ein holder Engel entgegenkommt, leise seinen Palmenwedel schwingt und spricht: »Sagen Sie mal – sind wir nicht miteinander verwandt –?« Und eilends, erschreckt und im innersten Herzen gebrochen, enteilst du. Zur Hölle.

Das hilft dir aber gar nichts. Denn da sitzen alle, alle die andern.   1923

Frühlingsvormittag

Für Mary

Natürlich kommst du erst einmal ein Viertelstündchen zu spät – und dann mußt du lachen, wie du mich da so an der Uhr stehen siehst, und dann sagst du: »Die Uhr geht überhaupt falsch!« Uhren, an denen sich Liebespaare verabreden, gehen immer falsch. Und dann gondeln wir los.

Das ist ein zauberischer Vormittag. Du trägst ein weich gefaltetes, weites Kleid, ganz hell, was dich noch blonder macht, einen kleinen Trotteur, wie ich ihn gern habe, und deine langen, zarten Wildlederhandschuhe; du duftest ganz zart nach irgendetwas, was du als Lavendel ausgibst – und was das Verzaubertste an diesem hellen Tage ist –: wir sprechen nicht ein einziges Mal von Zahlen. Es ist ganz merkwürdig und unberlinisch. Leider: ganz undeutsch.

Du sprichst von Kurland. Wie sich auf dem lettischen Bahnhof Männlein und Weiblein und Kindlein einträchtig in der Nase bohrten, der ganze Bahnhof bohrte in der Nase:

Gendarmen, Bauern, Schaffner und Lokomotivführer. Ich finde, daß das dem Nachdenken sehr förderlich sei, und das willst du wieder nicht glauben. Doch. Der Ausdruck: »in der Nase grübeln…« Weiter. Und dann erzählst du von den langen, langen Spaziergängen, die man in Kurland machen kann – und mir wird das Herz weit, wenn ich an das schönste Land denke, das wir beide kennen: Gottes propprer Protzprospekt für ein unglücklicherweise nicht geliefertes Deutschland.

Und dann gehen wir an kleinen Teichen vorbei, an einem steht seltsamerweise nicht einmal eine Tafel mit: Verboten – und wir wundern uns sehr. Und du patschst mit deinen neuen Lackhalbschuhen (du freundliche Mühlenaktie!) in einen Tümpel, und ich bin an allem schuld – und überhaupt. Aber dann ist das vorbei…

Und in deinen Augen spiegelt sich der helle Frühlingstag, du siehst so fröhlich aus, und ich muß immer wieder darauf gucken, wie du dich bewegst. Und wieder sprechen wir von Rußland und von deiner Heimat. Was ist es, das dich so bezaubernd macht –?

Du bist unbefangen.

Und ich will dir mal was sagen:

Bei uns tun die feinen Leute alles so, wie es in ihren Zeitschriften drin steht – und immer sehen sie sich fotografiert, fein mit Ei und durchaus ›richtig‹. Ihr überlegt gar nicht so viel. Ihr seid hübsch, und damit gut. Und ihr geht, schreitet, lacht, fahrt und trinkt so, wie es euch eure kleine Seele eingegeben hat – ohne darüber nachzudenken, wie das wohl ›aussieht‹. Aber ihr fühlt immer, wie es aussieht – und ihr wollt immer, daß es hübsch aussehen soll. Und nichts ist euch unwichtig, und alles erheblich genug, um es mit Freude zu tun. Der Weg ist das Ziel.

Aber da hält ein Auto, darinnen sitzt Herr Kolonialwarenhändler Mehlhake (A.-G. für den Vertrieb von Mehlhakeschen Präparaten – »Wissen Se, schon wejen der Steuer!«), und so sieht auch alles aus: Frau Mehlhake ist so schrecklich richtig angezogen, daß wir aus dem Lachen und sie aus der feinsten Lederjacke nicht herauskommt, die kleinen Mehlhakes haben alle Automobilbrillen und schmutzige Fingernägel – und das Auto kostet heute mindestens seine…

Aber wir wollten ja nicht von Zahlen sprechen an diesem Frühlingsvormittag.

Das Auto staubt davon. Wir gehen weiter, wir Wilden, wir bessern Menschen.

Denn mit dem Stil ist das wie mit so vielen Dingen: man hat ihn, oder man hat ihn nicht.   1923

Halt auf freiem Felde

Erst fangen die Bremsen unter dem langen Wagen an, in tiefem Ton zu singen, dann läßt das regelmäßige Stuckern der Räder nach, die Fenster klirren nicht mehr so einschläfernd. Dann wird die Bewegung des D-Zuges langsamer, ganz vorsichtig zieht er nur noch einher –, dann steht er. Die nicht mehr ganz junge Engländerin in der perlgrauen Ecke des Coupés richtet sich halb hoch; sie ist schlank wie der Schaft einer Lanze, sie hat diskreten guten Geschmack, einen herrlichen Pelz, fleischfarbene seidene Strümpfe, einen hellvioletten Schatten in den Maschen und, aus Angst vor Eisenbahnräubern, eine schäbige, abgetragene schwarze Handtasche. Sie läßt ihr Buch sinken und sieht hinaus. Sie lächelt – mit einem merkwürdigen untergründigen Lächeln. Was ist?

Da draußen steht vor ihrem Bahnwärterhäuschen die ganze kleine Familie! Er: ein strammer, junger Bursche, in Hemdärmeln, nicht in Adjustierung, denn der Zug hält hier unerwartet, vorn steht ihm das Hemd über einer kräftigen Brust halb offen, seine Haut hat einen braunen Ton, seine Zähne blitzen, er lacht. Sie: eine ganz junge, verschüchterte Frau, zart, schmächtig, mit hellen, dünnen Haaren. Das Kindchen, das auf der Erde krabbelt und sich am Rock der Mutter festhält. Alle drei sehen auf den Zug. Das Kind streckt die kleinen, dicken Hände aus und will alles haben: die Eisenbahn, die vielen Leute an den Fenstern und den weißen Rauch über der Lokomotive. Die junge Frau sieht ganz glücklich und beinah ein bißchen ängstlich auf die Reisenden. Das Abteil erster Klasse hält gerade vor ihr, ihre sehnsüchtigen Blicke sagen: Perlen! und Geld, so viel Geld! und Wein! und in hohen Sälen tanzen! Sie trinkt für ihr Leben gern Champagner. Der junge Bahnwärter sieht die Leute an und lacht. Die Engländerin lächelt noch immer und zeigt eine Reihe großer Zähne. Plötzlich hat sie ein kräftiges Kinn, und die hellen Pupillen in den Augen weiten sich… Sie ißt für ihr Leben gern Rindsbraten, gutes kräftiges Fleisch mit Senf, auf ungehobeltem Tisch… Einmal, in den Alpen, ist sie einem Mann begegnet, der kam von den Bergen herunter und war vier Wochen allein gewesen. Er hatte nach Erde geschmeckt, nach Quellwasser und sonnigen Steinen… Das Kind kreischt in den Rauch, die schmächtige junge Frau starrt auf die reichen Leute, der

Bursche lacht, und die Engländerin sieht noch immer fest auf den jungen Bahnwärter ... So sehen sich alle ein paar Minuten an. Aber nun ruckt der Zug an und setzt sich langsam in Bewegung. 1925

Schnipsel

Ich gehe auf die Reise, alles wird noch einmal durchsucht, geordnet, hin- und hergelegt. Der quadratische Wahnsinn hat mich erfaßt: wozu soll es gut sein, daß auf einmal alle Mappen, Bogen und Brief mit den Kanten aufeinanderliegen? – es ist wohl so eine Art Versuch, die leblose Materie zu beherrschen. Die Fensterläden werden verschlossen, die letzten Zettel fortgefegt. Auf dem Schreibtisch liegen Schnipsel, kleine Späne von Papier. Das soll der Abschied sein. Da sind sie.

Neulich las ich in einem deutschen Blatt, Herr Soundso (ein deutscher Schauspieler) sei in Paris eine sehr populäre Persönlichkeit. Du lieber Gott ...! Vor ein paar Tagen fuhr Dranem, der Operettenkomiker, über die Boulevards, in einem kleinen Automobil. Wenn er abends auf die Bühne kommt, wird es warm im Hause, die Leute setzen sich auf den Sitzen zurecht, stoßen sich an und flüstern: »Dranem –! An der Madeleine blieb er mit seinem Wagen stecken und schimpfte. Kein Aas kümmerte sich um ihn.

Da wurde ein dicker Curé aus der Bretagne jüngst von einem seiner Beichtkinder vor einem recht zugänglichen

Hause mit einer großen Hausnummer betroffen. »Aber Herr Curé«, sagte der Gläubige, »Sie gehen in solche Häuser –?« – »Wie können Sie so etwas von mir denken!« erwiderte der fromme Mann. »Ich habe hier nur meinen Regenschirm vergessen.«

Manchmal fahren zwei Eisenbahnzüge nebeneinander her, in derselben Richtung. Die Insassen des schnellen Zuges machen dann fröhliche Gesichter, sehen genau forschend hinüber, ein ganz klein wenig mitleidig. Die des langsamen Zuges schauen gleichgültig drein oder gucken gleichgültig fort. Schnellere Züge interessieren nicht sehr.

Früher wurden die Beamten von ihren Herren Eltern sorgsam mit der Hand hergestellt. Vater und Mutter zogen das so gewonnene Kind auf, ließen es ordentlich nichts lernen und brachten es dann in dem Beamtenkörper unter, wo es ein sauberes, wenn auch kärglich gebürstetes Dasein führte. Heute sind die Beamten Maschinenware geworden. Und weil jeder Mensch Beamter ist, auf irgendeine Weise, so sterben sie nicht aus, sondern regieren sich gegenseitig. Man sollte reine Untertanen züchten – bald wird es keine mehr geben.

Es gibt Menschen, die sind so rechthaberisch und haben eine solche Fähigkeit, sich alles, was ihnen begegnet, zu ihren Gunsten zurechtzubiegen, daß man versucht ist, sie zu fragen: »Lieber, ist Ihnen noch nie aufgefallen, daß Sie in Ihrem Leben niemals Unrecht hatten, niemals Unrecht –?« Und sie werden hitzig antworten: »Was fällt Ihnen ein! Ich habe überhaupt nur Unrecht –!« So dickköpfig sind manche Leute. Man kann sie leicht und sofort erkennen, denn sie gehören alle demselben Volksstamm an. Es sind die andern.

Am 1. August 1925 betrat die etatsmäßige Fee Anastasia den deutschen Schauplatz und bot den Günstlingen des Glücks von ihrem Kräutlein ›Vergiß mein‹ an. »Damit ihr die schreckliche Zeit vergesset, die hinter euch liegt!« sagte sie. Zuerst ging sie zu einem berühmten Filmschauspieler. »Ich mag dich nicht«, sagte dieser, Emil geheißen, »ich vergesse sonst, wo ich morgen drehe, ob in Los Angeles, Rom oder Rüdersdorf. Hebe dich hinweg von mir!« Da ging die Fee zu einem berühmten Staatsmann, der seine Weisheit auf Bierflaschen zu ziehen pflegte. »Damit du die Schrecken der letzten Jahre vergessest!« sagte sie und bot das Kräutlein dar. »Menschenskind!« sagte Gustav, »ich habe sie ja schon alle vergessen!« Traurig ging die Fee zu einem Feldmarschall. »Damit du die Schrecken des Krieges vergißt, Exzellenz!« sagte sie. »Ich habe sie nie kennengelernt«, sagte der alte Mann. Da fraß die Fee ihr Kräutlein selber und vergaß sich mit einem jungen Maler, einem Italiener, der hübsche Bilder malte, Alessandro hieß und sie prügelte, wenn er sie nicht liebte.

Manche kleinen Mädchen sehen aus wie ›Mammi als Kind‹. Es sind altkluge Fotografiergesichter, die später einmal von den Kindern dieser Kinder in die Hand genommen werden, und das suchende Auge entdeckt in dem kleinen Oval ›schon damals‹ die vertrauten Züge der Mutter. Und dann sagt das Kind verwundert-glücklich: »Das ist Mammi als Kind.«

Dies ist, glaube ich, die Fundamentalregel alles Seins: ›Das Leben ist gar nicht so. Es ist ganz anders.‹

Das sind die Schnipsel. Aber nun klopft der Diener an die Tür und meldet: »Herr Regierungsrat! Der Wagen!« Ich lasse den Butler bitten, die Wirtschafterin erscheint, der Silberdiener… Im Sommer ist nur das kleine Personal bei mir. Ich gebe Weisung, Aljoscha, die Hündin, sorgsamst zu pflegen, Piperkarka, den Papagei, zu füttern, Semmel, die rote Katze, gut zu betten und auch hier und da einmal bei der gnädigen Frau nach dem Rechten zu sehen. Die gnädige Frau heißt Alice und daher Yane – sie darf nicht mit und liegt oben und heult. Ihr Weinen bricht mir das Herz, die Hündin kläfft, der Papagei schnattert, die Katze miaut, das Personal murmelt fromme Segenswünsche. Vornehm den Hut lüftend, trete ich ins Freie. Und sage noch beim Herausgehen, den Kopf leicht nach hinten gewandt: »Fegen Sie die Schnipsel heraus –!« 1925

Neues Leben

Berlin, den 31. Dezember 1920
Berlin, den 31. Dezember 1921
Berlin, den 31. Dezember 1922
Berlin, den 31. Dezember 1923
Berlin, den 31. Dezember 1924
Berlin, den 31. Dezember 1925

(abends im Bett)

Von morgen ab fängt ein neues Leben an.

Der Doktor Bergmann hat einen ordentlichen Schreck bekommen, als er mich ansah, und ich bekam einen noch viel größeren. »Was machen Sie denn, lieber Freund?« fragte er leise. »Was... was ist denn, Doktor?« sagte ich. »Haben Sie etwas mit der Leber?« fragte er. »Ihre Augen gefallen mir gar nicht. Kommen Sie mal in den nächsten Tagen zu mir!« Natürlich gehe ich hin. Ich weiß schon, was er mir sagen will, und er hat auch ganz recht. So geht das nicht mehr weiter.

Also von morgen ab hört mir das mit dem Bier bei Tisch auf. Wenn mir Mutter wieder Hamann-Schokolade durch Emmy schicken läßt, gebe ich sie den Kindern. Und Edith darf nicht mehr so fett kochen. Gestern hab ich ihr noch gesagt... Nein, gestern hab ich gefragt, ob noch Stopfleber da ist – das ist wahr. Aber das hört mir jetzt auf.

Der Sandow-Apparat – wo ist der Sandow-Apparat? Er liegt auf dem Boden. Das Mädchen soll ihn morgen herunterholen. Von morgen ab fange ich wieder an, regelmäßig jeden Morgen zu turnen. (›Wieder‹ – denke ich deshalb, weil ich mir das schon so oft vorgenommen habe.) Und fünfzig Kniebeugen, wenn ich fleißig trainiere, kann ichs mit Leichtigkeit auf hundert bringen. Ich war doch ein sehr guter Turner, seinerzeit – wenn ich nicht gerade dispensiert war. Na ja, aber heute ist das ja ganz was anderes.

Von morgen ab stehe ich früh auf. Dieses ewige Lange-im-Bett-herum-Geliege – das führt ja zu nichts. Ich stehe einfach um sechs auf, turne ordentlich, dann schön brausen und frottieren – ah – darauf freue ich mich. Ob ich nicht doch anfangen soll, zu reiten…? Na, das ist vielleicht zu teuer – aber ein Stündchen durch den Tiergarten – großartig! Ich werde ins Geschäft gehen! Das härtet ab – in drei Monaten bin ich ein anderer Kerl. Schlank, elegant, gesund – Bergmann wird sich wundern.

Von morgen ab nehme ich den spanischen Unterricht wieder auf. Jeden Tag abends im Bett ein halbes Stündchen Spanisch – das geht ganz gut und bringt einen auf andere Gedanken. Dann kann ich die Reise nach Südamerika machen – ich werde Edith nichts sagen – das wird eine Überraschung, wenn ich auf dem Dampfer so ganz lässig Spanisch spreche… Als ob sich das von selbst verstände… Hähä…

Übermorgen fängt ein neues Jahr an – ich werde ein anderer Mensch.

Von übermorgen ab wird das alles ganz anders. Also erst mal muß die Bibliothek aufgeräumt werden – das wollte ich schon lange. Aber jetzt gehts los. Von übermorgen ab mache ich nicht mehr diese kleinen Läpperschulden – eigentlich sind das ja gar keine Schulden –, aber ich will das nicht mehr. Und die alten bezahle ich alle ab. Alle. Von übermorgen ab höre ich wieder regelmäßig bildende Vorträge – man tut ja nichts mehr für sich. Ich will wieder jeden Sonntag ins Museum gehen, das kann mir gar nicht schaden. Oder lieber jeden zweiten Sonntag – den anderen Sonntag werden wir Ausflüge machen –, man kennt die Mark überhaupt nicht. Ja, und neben die Waschtoilette kommt mir jetzt endlich die Tube mit Vaseline – das macht die rauhe Haut weich, so oft habe ich das schon gewollt. Übermorgen ist frei – da setze ich mich hin und lerne Rasieren. Diese Abhängigkeit vom Friseur... Außerdem spart man dadurch Geld. Das Geld, was ich mir da spare – davon lege ich eine kleine Kasse an – für die Kinder. Ja. Das ist für die Ausstattung, später. Von übermorgen ab beschäftige ich mich mit Radio – ich werde mir ein Lehrbuch besorgen und mir den Apparat selbst bauen. Die gekauften Apparate... das ist ja nichts. Ja, und wenn ich morgens durch den Tiergarten gehe, da werde ich vorher Karlsbader Salz nehmen – so weit ist es bis zum Geschäft gar nicht...

Man kommt eben zu nichts. Das hört jetzt auf.

Denn die Hauptsache ist bei alledem: man muß sich den Tag richtig einteilen. Ich lege mir ein Büchelchen an, darin schreibe ich alles auf – und dann wird jeden Tag unweigerlich das ganze Programm heruntergearbeitet – unweigerlich. Von morgen ab. Nein, von übermorgen ab. Im nächsten Jahr... Huah – bin ich müde. Aber das wird fein:

Kein Bier, keine Süßigkeiten, turnen, früh aufstehen, Karlsbader Salz, durch den Tiergarten gehen, Spanisch lernen, eine ordentliche Bibliothek, Museum, Vorträge, Vaseline auf den Waschtisch, keine Schulden mehr, Rasieren lernen. Radio basteln – Engerie! Hopla! Das wird ein Leben!

Anmerkung des *Uhu*: Wir wollen mal nächstes Jahr wieder vorbeifliegen.   1926

Gruß nach vorn

Lieber Leser 1985 –!

Durch irgendeinen Zufall kramst du in der Bibliothek, findest die *Mona Lisa*, stutzt und liest. Guten Tag.

Ich bin sehr befangen: du hast einen Anzug an, dessen Mode von meinem damaligen sehr absticht, auch dein Gehirn trägst du ganz anders ... Ich setze dreimal an: jedesmal mit einem andern Thema, man muß doch in Berührung kommen ... Jedesmal muß ich es wieder aufgeben – wir verstehen einander gar nicht. Ich bin wohl zu klein; meine Zeit steht mir bis zum Halse, kaum gucke ich mit dem Kopf ein bißchen über den Zeitpegel ... da, ich wußte es: du lächelst mich aus.

Alles an mir erscheint dir altmodisch: meine Art zu schreiben und meine Grammatik und meine Haltung ... ah, klopf mir nicht auf die Schulter, das habe ich nicht gerne. Vergeblich will ich dir sagen, wie wir es gehabt haben, und wie es gewesen ist ... nichts. Du lächelst, ohnmächtig hallt meine Stimme aus der Vergangenheit, und du weißt alles besser. Soll ich dir erzählen, was die Leute in meinem Zeitdorf bewegt? Genf? Shaw-Premiere? Thomas Mann? Das Fernsehen? Eine Stahlinsel im Ozean als Halteplatz für die Flugzeuge? Du bläst auf alles, und der Staub fliegt meterhoch, du kannst gar nichts erkennen vor lauter Staub.

Soll ich dir Schmeicheleien sagen? Ich kann es nicht. Selbstverständlich habt ihr die Frage: ›Völkerbund oder Paneuropa?‹ nicht gelöst; Fragen werden ja von der Menschheit nicht gelöst, sondern liegen gelassen. Selbstverständlich habt ihr fürs tägliche Leben dreihundert nichtige Maschinen mehr als wir, und im übrigen seid ihr genau so dumm, genau so klug, genau so wie wir. Was von uns ist geblieben? Wühle nicht in deinem Gedächtnis nach, in dem, was du in der Schule gelernt hast. Geblieben ist, was zufällig blieb; was so neutral war, daß es hinüberkam; was wirklich groß ist, davon ungefähr die Hälfte, und um die kümmert sich kein Mensch – nur am Sonntagvormittag ein bißchen, im Museum. Es ist so, wie wenn ich heute mit einem Mann aus dem Dreißig-jährigen Krieg reden sollte. »Ja? gehts gut? Bei der Belage-rung Magdeburgs hat es wohl sehr gezogen…?« und was man so sagt.

Ich kann nicht einmal über die Köpfe meiner Zeitgenos-sen hinweg ein erhabenes Gespräch mit dir führen, so nach der Melodie: wir beide verstehen uns schon, denn du bist ein Fortgeschrittener, gleich mir. Ach, mein Lieber: auch du bist ein Zeitgenosse. Höchstens, wenn ich ›Bismarck‹ sage und du dich erst erinnern mußt, wer das gewesen ist, grinse ich schon heute vor mich hin: du kannst dir gar nicht denken, wie stolz die Leute um mich herum auf dessen Unsterblich-keit sind… Na, lassen wir das. Außerdem wirst du jetzt frühstücken gehen wollen.

Guten Tag. Dies Papier ist schon ganz gelb geworden, gelb wie die Zähne unsrer Landrichter, da, jetzt zerbröckelt dir das Blatt unter den Fingern… nun, es ist auch schon so alt. Geh mit Gott, oder wie ihr das Ding dann nennt. Wir haben uns wohl nicht allzuviel mitzuteilen, wir Mittelmäßi-gen. Wir sind zerlebt, unser Inhalt ist mit uns dahingegan-gen. Die Form war alles.

Ja, die Hand will ich dir noch geben. Wegen Anstand.

Und jetzt gehst du.

Aber das rufe ich dir noch nach: Besser seid ihr auch nicht als wir und die vorigen. Aber keine Spur, aber gar keine –

1926

»'n Augenblick mal –!«

Daß der Berliner, an welchem Ort auch immer allein gelassen, nachdenklich dasitzt, den Boden fixiert und plötzlich, wie von der Tarantella gestochen, aufspringt: »Wo kann man denn hier mal telefonieren?« – das ist bekannt. Wenn es keine Berliner gäbe: das Telefon hätten sie erfunden. Es ist ihnen über, und sie sind seine Geschöpfe.

Man stelle sich einen kühnen jungen Mann vor, der einen ernsten Geschäftsmann während einer wichtigen Verhandlung stören will. Es wird ihm nicht gelingen. Hellebarden versperren den Weg, Privatsekretärinnen werfen sich vor die Schwelle, nur über ihre Weichteile geht der Weg, und jeder Angriff des noch so kühnen jungen Mannes muß mißlingen. Wenn er nicht antelefoniert.

Wenn er nämlich antelefoniert, dann kann er den Präsidenten bei der Regierung, den Chefredakteur bei den Druckfehlern, die gnädige Frau bei der Anprobe stören. Denn das berliner Telefon ist keine maschinelle Einrichtung: es ist eine Zwangsvorstellung.

Klopft das Volk drohend an die Türen, macht der Berliner noch lange nicht auf. Klingelt aber ein kleiner Apparat, so winkt er noch dem adligsten Besucher ab, murmelt mit jener Unterwürfigkeitsmiene, wie man sie sonst nur bei gläubigen Sektierern findet: »'n Augenblick mal –!« und wirft sich voll wilden Interesses in den schwarzen Trichter. Vergessen Geschäft, Hebamme, Börse und Vergleichsverhandlung. »Hallo? Ja, bitte? Hier da – wer dort –?«

Einen Berliner fünfzehn Minuten lang, ungestört von einem Telefon, zu sprechen, ist ein Ding der Unmöglichkeit. Wieviel Pointen verpuffen da! Wieviel angesammelte Energie raucht zum Fenster hinaus! Wie umsonst sind Verhandlungslist, Tücke und herrlich ausgeknobelte Hinterhältigkeit! Das Telefon ist keine Erfindung der Herren Bell und Reis – der V-Vischer hat die ganze Tücke des Objekts in diesen Kasten gelegt. Es klingelt nur, wenn man das gar nicht haben will.

Wie oft habe ich nun schon erlebt, daß die kräftige Rede eines Besuchers den ganzen Raum überzeugt, gleich ist er auf der Höhe, der Sieg ist nahe, hurra, noch ein Schritt… da klingelt das Telefon, und alles ist aus. Der dicke Mann am Schreibtisch, der eben noch, dreiviertel hypnotisiert, schon das Doppelkinn auf die Krawatte hat sinken lassen und friedlich die Unterlippe vorgeschoben hat, läßt eine eisige Maske über das gleiten, was er als Gesicht ausgibt. Die nervigte Hand am Telefonhörer, vergißt er Partner, Geschäft und sich selbst. »Hier Dinkelbühler – wer dort –?« Emsig strudelt er im fremden Gewässer, völlig gefangen von andern, untreu dem Partner der letzten Minute, ganz hingegeben in Betrug und Verrat. Der andre ist der Dumme. Hohl und leer sitzt er dabei, das eben noch ausgesprochene pathetische Wort ragt ihm sinnlos aus dem Mund wie eine alte Fahne im Zeughaus, Flagge einer Truppe, die längst gestorben ist. Beschämt sitzt er da, haltlos und nackt, und in ihm kocht dumpf der unerfüllte Wille. Was nun –?

Nun redet der dicke Mann am Schreibtisch so lange, wie man eben in Berlin am Telefon spricht, und es gibt nur noch einen, der mehr redet: das ist der am andern Ende. Der muß wohl rauschen wie ein mittelgroßer Wasserfall: die Augen des Schreibtischmannes schauen gedankenvoll auf ein Löschpapier, wandern über das Tintenfaß, blicken irr und leer dem betrogenen Partner auf die Glatze, nun beginnt er gar Männerchen aufs Papier zu malen und Quadrate, und der andre scheint, wie die Membrane quakend verkündet, ganze Wörterbücher ins Telefon brausen zu lassen.

Schon ruckelt der Gast ungeduldig auf seinem Stühlchen, da nahen sich im unendlichen Gespräch die ersten Anzeichen des Schlusses. »Na denn …!« – »Also dann verbleiben wir so …« Dem Gast wirds freudig zumute: so eilt die Seele des Konzertbesuchers in die Garderobe vorauf, wenn es im Orchester bedrohlich laut wird, wenn das Flügelschlagen des Dirigenten Blech und immer mehr Blech ins Getöse wirft … aber es ist noch nicht so weit. Sie verbleiben noch eine ganze Weile so, setzen immer wieder zu Schlußwendungen an, der Schluß kommt nicht. Langsam steigt in dem Wartenden der Wunsch auf, dem Telefonierenden das Handelsgesetzbuch auf den Kopf zu schlagen … »Na dann – auf Wiedersehn!« sagt er endlich. Und legt den Hörer hin.

Und das ist der schlimmste Augenblick von allen. In den Augen des Schreibtischmannes wechselt die Beleuchtung, man hört es förmlich knacken, wie er sich umstellt; mit etwas schwachsinnigem Ausdruck wendet er sich zwinkernd dem alten, verratenen Partner wieder zu. »Ja, also – wo waren wir stehengeblieben …?«

Nun fang du wieder von vorne an. Nun klaube die zerbrochenen Stücke deiner Rede wieder vom Boden zusammen, nun hole tief Atem, bemühe dich, wieder in Zug zu kommen... Gute Nacht. Der Schwung ist dahin, der Witz ist dahin, der Wille ist dahin. Lahm geht die Unterredung zu Ende. Nichts hast du erreicht. Das hat mit ihrem Singen die Lorelei getan.

Nun legt der Leser das Buch still und freundlich aus der Hand und denkt einen Augenblick nach. Dann springt er wie ein gejagter Hirsch auf, die *Mona Lisa* lächelt am Boden... Er eilt zum Telefon.   1927

Der Mann mit der Mappe

Der Nationalökonom Alfons Goldschmidt hat mir neulich die Augen geöffnet. »Das Kennzeichen Berlins«, sagte er, »ist der Mann mit der Mappe.« Ich sah um mich, und dies war es, was ich sah:

Alle Männer auf der Straße tragen eine Mappe. Es ist nicht auszudenken, was in Berlin täglich für Papier herumgetragen wird: die ganze Stadt schleppt emsig Ballen Schreib- und Druckpapiers von einem Fleck zum anderen. Was mag in den Mappen sein –?

Das Frühstück natürlich, dann Bindfaden, ein zerbrochener Füllfederhalter und etwas zum Lesen. Diese Lektüre wird kaum angefaßt, wie ja überhaupt alle Leute von dem Aberglauben besessen sind, gewisse Sachen ›unterwegs erledigen zu können‹ – aber niemals wird etwas daraus. Abends zieht der Mappenmann seinen Kram genau so unberührt aus der Mappe, wie er ihn hineingelegt hat. Bei dem allgemein gültigen Bestreben, nicht unter acht Sachen zugleich zu tun, belastet diese Vorratsarbeit die Mappenträger, aber sie lassen nicht davon ab. Was ist aber noch in der Mappe?

In der Mappe ist das, was der Besucher nach den einleitenden Sätzen mit den Worten herauszieht: »Ich habe hier eine Sache…« und dann gehts los. Meist findet er sie nicht auf Anhieb, er sucht sie erst aus den Verträgen, Heiratspapieren, Korrespondenzen, Korrekturfahnen heraus, fischt im Papierteich, angelt – schwupp! Wenns gut geht, hat er sie zu Hause liegen lassen.

Mappe muß sein.

Die Mappe ziert den gemeinen Mann und deutet auf jeistige Arbeit – daher sie denn wohl auch der Schnorrer mit steifer Grandezza in der Hand baumeln läßt. Kümmerlich zusammengeschrumpft hängt die Verhungerte armselig neben seinem abgeschabten Überzieher… Es gibt aber auch wohlhabende Mappen; bis zum Platzen gefüllt, leuchten sie herrlich gelackt oder gewachst im Sonnenschein, die Nikkelbeschläge protzen: »P! Wir! Uns kann keiner, und uns können sie alle –!« So feine Mappen sind das.

Manche Menschen mit gestörtem Empfindungsleben tragen zwei Mappen mit sich herum, aber das ist selten: ein besserer Herr ist in dieser Sache monomapp.

Warum tragen aber alle diese die Mappe mit sich –?

Weil sie Dienst haben, den ganzen Tag. Weil die Arbeit sie auffrißt, täglich, stündlich, weil sie »ze tun« haben – etwa in dem Tempo, in dem der Komiker Otto Wallburg spricht. Ginge es logisch zu in der Welt, so müßte ja der Mann in der

Mappe liegen und sich nur gelegentlich, zu dienstlichen Zwecken, ans Tageslicht ziehen. Ja, die berliner Mappe hats in sich.

Sie regiert den Kerl, der sie trägt, sie bestimmt dessen Dasein, nicht umgekehrt. Er durchraschelt die Papiere, die er schleppen muß – er durchstöbert ihren Wust, er rummelt darin umher, und wenn es hochgekommen ist, dann ist es Mühe und Arbeit gewesen, und es muß ja wohl Leute geben, die glauben, zu diesem Behufe auf der Welt zu sein. Mappe, du traurige Mappe, wie beschwerst du das Leben! Nie läßt du die Leute schlendern, mit den Händen in den Taschen, ohne dich, frei! Was einer nicht im Kopf hat, das muß er in der Mappe haben.

Nikolassee trägt seine Weisheit in die innere Stadt, Moabit transportiert das Jus nach dem Osten, der Alexanderplatz wedelt mit der Mappe nach dem Westen, kein Papier darf da bleiben, wo es geboren ist – trage, Liebchen, trage!

Dabei sind die meisten Mappen unvollständig: sie müßten eine kleine Karthotek eingebaut haben, etwas Wasserspülung und einen zusammenklappbaren Pokertisch... Mappen sind lebensnotwendig: wie könnte die deutsche Wirtschaft funktionieren ohne die Mappe! In England sollen die Leute auch mit Mappen herumtraben, hat man mir erzählt; aber daß sie es in Paris nicht tun, das weiß ich ganz gewiß. Denn der Franzose... also, was ist denn das überhaupt für ein Mensch! Der glaubt, daß man die Arbeit in seinem Geschäft tut, und wenn er über die Schwelle hinausgetreten ist, dann ist es aus damit, und selbst im Café de Commerce, wo die bessern Sachen abgeschlossen werden, geht das ohne Mappe zu. Aber er schreibt wohl nicht immer das Nötige…

Wir schreiben. Denn sonst hätten wir nichts, was wir durch unsere Brillen ansehen können, und wohin kämen wir wohl ohne das –! Wenn einer geboren wird, und wenn einer stirbt, wenn ein Stück Drama von Unruh aus dem Fenster fällt, und wenn ein Filmband zerreißt, wenn Frau Helen uns mit den großen blauen Augen Ja zuwinkt und Nein meint, wenn einer einen Verkehrsturm umfährt, und wenn in einem nationalen Blatt eine Sicherung durchbrennt: wir schreiben. Und was wir geschrieben haben, das tun wir dann in die Mappe.

Und es ist nur schade, daß wir auf den Presseball ohne Mappe kommen – es würde das wesentlich zur Verschönerung des Bildes beitragen.

Schilt die Mappe nicht, Peter! Sie hat eine heilige Mission zu erfüllen hienieden – sie läßt ihren Träger an die Wichtigkeit seiner Arbeit glauben, und das ist mitunter gar nicht so einfach. Gott segne sie, die gute, treue, rindslederne; schier dreißig Jahre ist sie alt, hat manchen Sturm erlebt… Sieh ihr gefältetes Gesicht! Die zerfurchten Züge, die morschen Nähte! Was barg sie nicht schon alles in ihrem Bauche…?

Wenn aber einmal alles untergegangen ist von unserer Epoche, die Holzbarrieren auf den Straßen, die die Autos anlocken sollen, die Fußgänger zu hindern, den Fahrdamm zu passieren; wenn der Funkturm dahin ist und das letzte Sechs-Tage-Schieben und die Professorentitel unserer Theaterdirektoren: eines sollte übrigbleiben von dieser Zeit, als Denkmal aere perennius.

Ein Mann, aus Marmor, ordentlich in Stein ausgehauen,

mit ernster Miene und sorgenvollen Naslöchern, eilig da-
hinschreitend, unter dem Arm sein geistiges Wickelkind,
ganz der Papa aus Rindsleder.

Der Mann mit der Mappe.   1927

Wie werden die nächsten Eltern?

Von der durch die Nase zu sprechenden Bemerkung »Der
Alte ist ja verrückt!« bis zu anerkennender Dankbarkeit
gibt es alle Skalen im Verhältnis meiner Generation zu ihren Eltern. Aber im großen ganzen waren wir nicht recht
zufrieden; wir fühlten uns nicht verstanden, und auch ohne
daß wir zur Pistole des Hasencleverschen Sohns gegriffen
haben: es war doch verdammt weit von uns bis zur ›alten
Generation‹. Beschwerdebuch –!

Unsere Mütter hatten entsetzlich viel zu tun, aber nichts
zu arbeiten – und das brachte sie oft auf krause Gedanken.
Da gab es neben guten Müttern viel leere Vogelgehirne, Pa-
pas, die nur aus Berufsarbeit, Schrullen und einer knar-
renden Zugstiefel-Weltanschauung bestanden, Mamas, die
einkauften und großreinemachten, wie man eine heilige
Handlung vornimmt… und wir immer mitten drin, ein wenig hin- und hergestoßen, das Ganze für herzlich überflüssig empfindend. Möchten Sie noch einmal jung sein? Ich für
meinen Teil habe reichlich genug.

Ja, und nun wachsen um mich herum die kleinen Kin-
derchen hoch, sie sprießen aus dem Boden wie die Pilze
nach dem Regenwetter, alle meine Schulfreunde sind so
langsam Eltern geworden, manche sagen schon: »Junge,

komm mal her –!« – Ich sehe mir das so an... Was werden das nun für Eltern –?

Werden sie freier werden? Werden sie ihre Kinder auch mit so überflüssigem Zeug plagen, mit dem wir einst geplagt worden sind? Mit Fibelstrafen, die niemand so kindlich empfindet wie Kinder, die ja immer um drei Grad erwachsener sind, als Erwachsene sich das einbilden – mit brüllenden Strafgerichten und mit jener dreimal verwünschten Dickköpfigkeit, die da befiehlt, um zu befehlen, verbietet, um zu verbieten, sich mausig macht, kurz: das vertrackte Elternspiel spielt...? Werden die nun anders werden?

Versprochen haben sies alle. »Wenn ich mal Kinder haben werde – –« Ich bin ein wenig mißtrauisch. Erst sehen... Jetzt haben sie die Kinder: Maud legt trocken und gibt zu trinken, Georg hat sich von den blödsinnigsten Emanationen verzückter Vaterschaft freigehalten, das ist wahr, »Dutzi-Dutzi« wird zwar immer noch an Kinderbettchen gemacht, aber wohl etwas weniger als früher, und die Wunderkinder, die schon alles mögliche können, sind dünner gesät, scheints. Aber ich weiß doch nicht recht...

Noch haben die kleinen Dinger keinen eigenen Willen, dem sie sprachlich spürbar Ausdruck verleihen können; noch sind ihre Wünsche verhältnismäßig bequem, noch weiß die junge Mutter in den meisten Fällen nicht, daß sie nun, in diesen Jahren, den Grund zu ganzen Epochen legt. Was wird das werden –?

Was geschieht, wenn das, was da heranwächst, nun eigene Wege geht? Sieht man so die jungen Eltern an, so kann man ziemlich deutlich zwei Sorten unterscheiden: die einen, die ein bißchen viel gehen und geschehen lassen und die sich

›moderne Erziehung‹ mit ›Bequemlichkeit‹ übersetzen. »Das Kind wird schon wissen, was es tut – meine Kinder werden ganz modern erzogen –.« Und die andern, die erstaunlich altmodisch geblieben sind und in deren Familie die alten Refrains wiederklangen. »Wenn du das nicht sein läßt, darfst du keine Süßspeise essen!« und: »Laß das! Laß das! Du sollst das nicht tun! Komm mal her! Laß das sein!« Das muß ich doch schon mal irgendwo gehört haben...

Fast möchte ich meinen, daß die Generation, die sich da um mich herum vermehrt, im allgemeinen vernünftigere Eltern hat als es – verzeihe es, o lieber Leser – die unsern gewesen sind. Sie haben doch mehr Kummer durchgemacht; Krieg und Inflation haben ihnen ein bißchen von der Relativität der irdischen Dinge gezeigt; sie glauben nicht mehr gar so absolut an die absoluten Werte – sie haben es einmal im Gebälk knistern hören, das ist ein Geräusch, das ein kluger Mensch nie mehr vergißt...

Wollte Gott, es hätte etwas genützt.

Das mit dem Fortschritt ist ja so eine Sache, aber es wäre den kleinen Petern, Tobiassen und Haralds zu wünschen, daß es ihnen besser ergehen möchte als ihren immerhin ziemlich geplagten Eltern. (Beifall links, Zischen rechts, Glocken des Präsidenten.) Daß diese junge Generation ohne gewisse törichte Zwangsvorstellungen aufwachsen wird – das ist einmal sicher. Daß sie neue akquiriert, desgleichen: »Unsere tägliche Selbsttäuschung gib uns heute«, sagte der alte Raabe.

Ich bin nur neugierig, wie sich eine Elternschaft aufführen wird, die so viel über sich nachgedacht hat und die so vieles bewußt tut, was man früher unbewußt ausführte. Angefressen von Skepsis, überfüttert mit Theorie, bis zum Platzen geladen mit Pathos, Zweifel, Ausbruch und Not der Zeit beugt sich diese Generation über die Kinderwagen. Welche Augen blicken ihnen entgegen? Wie immer: Augen kleiner Menschen, die da gefühllos blicken werden, wo die Alten in Haß oder Liebe zerschmelzen – die weinen oder lachen, wo die Alten stumm bleiben: »Wie man drüber lachen kann, verstehe ich nicht…« Es kommt ja wohl alles wieder, hienieden.

Jetzt seid ihr dran. Hinter Türen und den Bäumen des Ferienwaldes, nach der Verlobung und auf den Kaffeegesellschaften der Mädchen, auf den kleinen Kneipereien der Jungen habt ihr genugsam über eure Alten geruddelt. Jetzt seid ihr dran.

Was werdet ihr für Eltern werden –? 1927

An den Botschafter

der Vereinigten Staaten ist folgendes Schreiben abgegangen:

Euer Exzellenz!

Ich habe die Ehre, Ihnen folgende Angelegenheit zu unterbreiten:

Wie in politischen Kreisen bekannt ist, hat der oberste Gerichtshof in Boston in den Vereinigten Staaten die Wiederaufnahme des Verfahrens gegen die Arbeiter Sacco und Vanzetti abgelehnt, so daß formal einer Vollstreckung des Todesurteils nichts mehr im Wege steht. Als Herausgeber einer Wochenschrift, die seit langen Jahren für die Gerechtigkeit und die Freiheit eingetreten ist, erlaube ich mir, Euer Exzellenz den Protest eines großen deutschen Kreises von Intellektuellen und Angehörigen der arbeitenden Klasse gegen die geplante Hinrichtung dieser beiden Männer zu übermitteln. Wenn ich das tue, so liegt mir nichts ferner, als mich in die innerpolitischen Verhältnisse der Vereinigten Staaten einmischen zu wollen. Als Angehöriger eines Volkes aber, das Justizirrtümer und Schlimmeres aus eigner Anschauung kennt, möchte ich zu bedenken geben, wie das Ansehen jeden Staates, also auch der Vereinigten Staaten, durch solche Vorkommnisse leiden muß. Selbst wenn Sacco und Vanzetti Taten begangen haben sollten, die nach dem amerikanischen Gesetz strafbar sind, was bei der Qualität der belastenden Zeugenaussagen auch nach amerikanischen Presseäußerungen nicht feststeht, scheint mir und meinen Freunden die jahrelange Todesangst dieser Leute eine ausreichende Kompensation für ihre Handlungsweise zu sein. Ich darf Euer Exzellenz ergebenst darauf aufmerksam machen, daß die Sympathie politisch denkender und aktiver Schichten Deutschlands durchaus auf Seiten der Verurteilten ist. Die Verletzung der einfachsten Menschenrechte bedarf einer Reparatur; die Begnadigung der beiden Leute ist in unsern Augen das Mindeste, was von der amerikanischen Regierung erwartet wird. Wir protestieren auf das Schärfste gegen die beabsichtigte Hinrichtung von Sacco und Vanzetti.

Ich erlaube mir hinzuzufügen, daß dieser Protest in der nächsten Nummer meines Blattes erscheinen wird.

Ich bin mit den besten Empfehlungen Euer Exzellenz ergebener   Tucholsky

1927

Das Ideal

Ja, das möchste:
Eine Villa im Grünen mit großer Terrasse,
vorn die Ostsee, hinten die Friedrichstraße;
mit schöner Aussicht, ländlich-mondän,
vom Badezimmer ist die Zugspitze zu sehn –
aber abends zum Kino hast dus nicht weit.

Das Ganze schlicht, voller Bescheidenheit:

Neun Zimmer –, nein, doch lieber zehn!
Ein Dachgarten, wo die Eichen drauf stehn,
Radio, Zentralheizung, Vakuum,
eine Dienerschaft, gut gezogen und stumm,
eine süße Frau voller Rasse und Verve –
(und eine fürs Wochenend, zur Reserve) –,
eine Bibliothek und drumherum
Einsamkeit und Hummelgesumm.

Im Stall: Zwei Ponies, vier Vollbluthengste,
acht Autos, Motorrad – alles lenkste
natürlich selber – das wär ja gelacht!
Und zwischendurch gehst du auf Hochwildjagd.

Ja, und das hab ich ganz vergessen:
Prima Küche – erstes Essen –
alte Weine aus schönem Pokal –
und egalweg bleibst du dünn wie ein Aal.
Und Geld. Und an Schmuck eine richtige Portion.

Und noch ne Million und noch ne Million.
Und Reisen. Und fröhliche Lebensbuntheit.
Und famose Kinder. Und ewige Gesundheit.

Ja, das möchste!

Aber, wie das so ist hienieden:
manchmal scheints so, als sei es beschieden
nur pöapö, das irdische Glück.
Immer fehlt dir irgendein Stück.
Hast du Geld, dann hast du nicht Käten;
hast du die Frau, dann fehln dir Moneten –
hast du die Geisha, dann stört dich der Fächer:
bald fehlt uns der Wein, bald fehlt uns der Becher.

Etwas ist immer.

Tröste dich

Jedes Glück hat einen kleinen Stich.
Wir möchten so viel: Haben. Sein. Und gelten.
Daß einer alles hat:
                    das ist selten.

1927

Das ›Menschliche‹

Das Wort ist seit etwa zehn Jahren in die Umgangssprache eingegangen: ›menschlich‹. – Herr Kulicke sagt: »Ich habe eine Enttäuschung an ihm erlebt – menschlich.« – Und: »Wie ist er menschlich?« Das ist so zu erklären:

Deutschland ist, wie seine Sprache in tausend Einzelheiten anzeigt, so verfachlicht, in Berufskategorien eingeteilt, ständisch schematisiert, daß es immer besonders hervorgehoben werden muß, wenn jemand den andern nicht ›als‹ Kommunalbeamten ansieht, sondern als das, was er wirklich ist. Die Fiktion, jemand könne nur ›dienstlich‹ etwas tun, jemand habe überhaupt den Anspruch, nur sachlich und fachlich gewertet zu werden, rächt sich bitter: sie treibt den Wesensgehalt scheinbar aus dem Menschen aus, aber er kommt fürchterlich zurück, und meist verborgen. Was eine herrliche Gelegenheit ist, Verantwortungen von sich abzuwälzen, sich hinter den Dienst zu verkriechen und wesenlose Schemen eine Verantwortung tragen zu lassen, die das Individuum zu tragen zu feige und zu charakterlos ist.

Wie so viele Fachwörter der falschen Innerlichkeit heißt das Wort ›menschlich‹ in Wirklichkeit etwa: ›und überhaupt und so‹ – denn eine exakte Bedeutung ist da nicht zu finden. Die Entdeckung eben dieses Menschlichen hinter dem Fachwerk der Berufseitelkeiten ist lustig genug – vollkommen irreal und in Wahrheit nicht vorhanden. Der zweite Bürgermeister tut sich etwas darauf zugute, nur Beamter im Dienst zu sein und nichts als das – das ›Menschliche‹ holt er in Mußestunden hervor und zu ganz besonders schönen Anlässen – dann heißt dergleichen ›human‹. Es ist die ehemals preußische Furcht darin, alles Menschliche sei von vornherein verdächtig, unangemessen, ungehörig – und es wird darum verjagt wie Singvögel von einem Kasernenhof.

Unsere Schlagwortsprache ist zur Zeit ein bißchen gedunsen – ›menschlich‹ ist eine der zahlreichen Beulen, die zu verarzten wären. In diesem modernen Seelenjargon ist so viel schwerer Augenaufschlag, so viel falsches Drama, so viel Romankram. Die Trivialität kleidet sich heute so schön bunt und apart, daß nichts Apartes übrig bleibt – Originalität ist zum Schluß eine banale Mode, die ja auch manchmal darin bestehen kann, um Gottes willen nicht originell zu sein.

»Sie ist menschlich schon sehr fein …« (man beachte das scheußliche ›schon‹, das wie eine falsche Perle in der Kunstseide dieses Satzes blinkt). Natürlich ist sie ›menschlich‹ sehr fein – wie denn: Welch Unfug, durch solche Adverbia alles kastenmäßig einzuordnen! Aber das trägt man so. Und es ist recht beliebt.

Das wäre ja nun nichts als ein Aufputz billiger Waren durch ein billiges Goldfädchen, wenn sich die Fabrikanten nicht gar so bedeutend vorkämen, so geschwollen, so kompliziert, so seelisch verwickelt. Und sind doch nur armselige Straßenhändler von Massenartikeln.

In der Industrie hat man das längst heraus; eine gute, brauchbare Ware täuscht kein falsches Material mehr vor, das ist vorbei – und täuscht vor allem nicht vor, eine Handarbeit zu sein. Wir wissen, daß die Handarbeit für den Luxus oder die Liebhaberei reserviert ist; wir andern haben uns im täglichen Leben mit Massenfabrikation zu behelfen, nein: uns ihrer zu bedienen – und Aufgabe der Industrie ist es, diesen Massenartikel, so ornamentlos, so sauber, so glatt, so billig und so praktisch wie möglich herzustellen. Ford.

Aber im Seelischen haperts. Da wird ›menschlich‹ gemogelt. Da spukt das gute alte Handwerk, das schlechte alte Handwerk, Biedermeier, falsche Individualisation, kleine Eigenarten zu eins fünfzig und der ganze Humbug einer Privatseele. In summa: der Mensch zu dieser Zeit ist in Mitteleuropa noch nicht geboren – er hinkt den Ereignissen um ein betrübliches nach. Schade – er wäre ›menschlich‹ höher zu werten, wenn er seine Zeit und sich selbst begriffe.

Die unerbittliche Wirtschaft nivelliert erbarmungslos; die Leute wohnen schon unverlogener, besonders in Deutschland; sie disponieren mit ihrem Geld genau der harten Wirklichkeit entsprechend. Die Rache des Individuums, das sich vergewaltigt fühlt, wirft sich aufs ›Menschliche‹ und will mit aller Gewalt, bockend, zurück. Vergebens. Es wird nach vorn gerissen, es muß, es muß.

Hoffen wir, daß die ›Menschlichen‹ des Jahres 1980 soweit sind, wie die Welt aus dem Jahre 1926. Dann wäre sie sachlicher und weniger unmenschlich.   1927

Traktat über den Hund,
sowie über Lerm und Geräusch

1. Scherz

a) Das Tier

> Wie dem Hund, dem auf dem Wege
> vom Herzen zum Maule alles zum
> Gebell wird.
>
> *Alfred Polgar*

Der Hund ist ein von Flöhen bewohnter Organismus, der bellt (Leibniz). Dieser Definition wäre einiges hinzuzufügen.

Im Hund hat sich der bäuerische Eigentumstrieb des Menschen selbständig gemacht; der Hund ist ein monomaner Kapitalist. Er bewacht das Eigentum, das er nicht verwerten kann, um des Eigentums willen und behandelt das seines Herrn, als gebe es daneben nichts auf der Welt. Er ist auch treu um der Treue willen, ohne viel zu fragen, wem er eigentlich die Treue hält: eine Eigenschaft, die in manchen Ländern hoch geschätzt wird. Sie ist für den Betreuten recht bequem.

Einem Hund, der etwas bewacht, zuzusehen, kommt dem Erlebnis gleich, einen Urmenschen zu beobachten. Er ist stets unsicher, unruhig und macht sich mit Lärm Mut – er greift an, weil ihn seine Angst nach vorn treibt.

Der Hund ist ein anachronistisches Wesen.

Der Hund lebt ständig im Dreißigjährigen Krieg. In jedem Briefträger wittert er den fahrenden Landsknecht, im Milchmann die schwedische Vorhut, im Freund, der uns besucht, den Gottseibeiuns. Er bewacht nicht nur den Hof seines Herrn, sondern auch den Weg, der daran vorbeiführt, und versteht niemals, daß die Leute, die dort gehen, neutral sind – diesen Begriff kennt er nicht. Seine Welt zerfällt in Freunde (seines Futternapfes) und in gefährliche Feinde. Undressierte Hunde leben noch im Urzustand der Erde.

Der Hund bellt immer.

Er bellt, wenn jemand kommt, sowie auch, wenn jemand geht – er bellt zwischendurch, und wenn er keinen Anlaß hat, erbellt er sich einen. Er hört auch so bald nicht wieder auf, ja, es scheint, als besäßen die Hunde eine Bellblase, die man nur anzustechen braucht, damit sie sich entleere. Ein besserer Hund bellt seine vier, fünf Stunden täglich. (Weltrekord: Hund Peschke aus Königswusterhausen; bellte am 4. Oktober 1927 zweiundfünfzigtausendvierhundertachtundsiebzigmal in sechzehn Stunden. Als das vorbei war, sprach sein Herr: »Ich weiß gar nicht, was der Hund hat – er ist so still?«)

Wenn ein Hund sehr lange bellt, hört es sich an, als übergebe sich einer.

Ein Hund bellt, wenn er mit den Sinnen etwas wahrgenommen hat; daraufhin, weil ihn sein Bellen erschreckt und aufregt, und des weiteren, weil sich das wahrgenommene Objekt um ihn kümmert, nicht um ihn kümmert oder davonläuft. Dieses Geschrei wird von vielen Leuten als Wachsamkeit ausgelegt; schon der französische Kynologe Hispa sagt: »Der Hund ist ein wachsames Tier, das mit seinem Gebell den Herrn nachts aufweckt, damit der aufsteht und ruft:

›Halt die Schnauze!‹ Da Hunde immer bellen, so dient ihr Gebrüll lediglich dazu, daß sich die Einbrecher vor ihrem Geschäft Gift besorgen und es dem Hundchen streuen.

Niemanden haßt der Hund so wie den Wolf; er erinnert ihn an seinen Verrat, sich dem Menschen verkauft zu haben – daher er dem Wolf seine Freiheit neidet, ihn hassend fürchtet und sich durch doppelten Verrat beim Menschen lieb Hund zu machen sucht.

Hunde blaffen mit Vorliebe schlecht gekleidete Menschen an, wie sie überhaupt die mindern Eigenschaften des Besitzers personifizieren. Nachts, wenn kein Fremder da ist, machen sie eine alte Familienfehde mit dem Mond aus. Der Mond, den das nächtliche Gebell auf der Erde stört, kehrt ihr darum seit Jahr und Tag sein blankes Hinterteil zu. Wir kommen nunmehr zu dem Tierhalter.

b) Der Tierhalter

Hundebesitzer sind die rücksichtslosesten Menschen auf der Welt.

Hier soll nicht einmal von jenen gesprochen werden, die ihrem Mistbatzen das Fressen aus Restaurationsschüsseln reichen; der Hund, frisch aus dem Popo einer Hundedame entronnen, steckt seine feuchte Nase in deinen Teller… Aber auch sonst können Hundebesitzer zum Beispiel nicht begreifen, daß der Lärm, den ihr Liebling macht, andern Leuten nicht angenehm ist. Kein grünes Rasenstück, das er nicht verbellt.

Die Ausdehnung einer Lärmglocke, die ein bellender Hund seinen Nachbarn über den Kopf stülpt, beträgt etwa achtzehnhundert Kubikfuß; auf diese Entfernung hin hat alles an den Entzückungen, Anfällen und Aufregungen eines mittleren Hundes teilzunehmen. Es ist also unsre Pflicht, uns mit ihm zu erheben, sein Vormittagsgeschrei sowie sein Nachmittagsgebell mit ihm zu teilen, und nachts zu lauschen, wie er, wenn Nachtigallen fehlen, das Mondgesäß beschimpft.

Auf diese Weise sind Villen-Vororte großer Städte fast unbewohnbar geworden, weil sich jeder gegen jeden mit einer Bellmaschine gesichert hat, die angeblich gegen Einbrecher gut ist. Es muß danach angenommen werden, daß in Vororten niemals mehr eingebrochen werden kann. Wird aber.

Ich habe mich schon so an das Gebell gewöhnt, daß ich es hier, am Kap der Roten Grütze, sehr entbehre. Kunstschriftsteller Hasenclever hat sich jedoch erboten, jeden Morgen zum Frühstück zu kommen und ein Stündchen zu bellen.

Es ist nunmehr die Stelle des Aufsatzes gekommen, wo der Hundebesitzer seinem Flohtier über die Nase streicht, mit der jener die kleinen Hundewürstchen und den Urin der Verwandten aufriecht, und spricht: »Was schreiben sie denn da alles von dir! Jaa! Nicht wahr, du bellst nicht? – nein!« Und zu mir, fortfahrend: »Sie sind aber nerfeehs!«

Hätte einer im Zeitalter Ludwigs des Quecksilbernen bemerkt: »Nun wollen wir uns einmal alle jeden Morgen die Füße waschen!« – so hätte er sich mit einem hohen katholischen Heiligen entschuldigen müssen, sonst hätte er ihn verbrannt. Hätte er für frische Luft plädiert, für Hygiene der Säuglinge – er wäre genau so ausgelacht worden wie einer, der heute für Stille plädiert. Was Stille bedeutet, wissen sie noch nicht.

»Ich höre das gar nicht!« sagen sie. Es ist nicht wahr; sie hören es doch. Davon wissen ihre Untergebenen zu sagen, die Lärm, Geratter, Wagenstöße, Klavierspiel und Hundegebell ausbaden müssen. »Was der Alte nur hat?« sagen sie dann. Es ist der Lärm. Seine schlechte Laune ist der Lärm, der aus ihm herausbrodelt und der wieder ans Licht will; er hat ihn von den Ohren her nach innen gesogen; es hilft ihm aber nichts, er kommt wieder hochgegurgelt. Um es ›nicht zu hören‹, verbrauchen sie so viel unnötig vertane Kraft, die man besser anwenden könnte. Der Beweis dafür ist die Steigerung aller Lebenskräfte, wenn es einem gelingt, in das Reich der ungebrochenen Stille einzudringen; in den Bergen, im Luftballon über dem Meer, auf dem Segelboot, am windstillen Tag im Wald. Da lassen die Nervenstränge nach, da entspannt sich der Wille, da ruht der Mensch. In der vollkommenen Stille hört man die ganze Welt. Nur so ist wahre Erholung möglich; sie ist aber fast unerreichbar. Gegen diese wohltuende Wirkung der Stille auf den Intellekt gibt es nur ein einziges Gegenargument: das sind die Regierungsgebäude, die gewöhnlich in stillen Parks liegen.

Menschen, die sich lebende Hunde in Mietwohnungen halten, sollten mitsamt ihrem Köter aus der Wohnung gejagt werden.

Menschen, die einen Hund anbinden oder einsperren, verdienen, ihrerseits angebunden zu werden. Es ist das äußerste an Quälerei, ein jagendes, laufendes und unruhiges Tier zu fesseln und in seiner Freiheit zu beschränken. Diese Leute haben gar keinen Hund – sie haben nur ein Stückchen

Hund; der Rest ist unterdrückt und rächt sich mit flammendem Gebell.

Ich habe noch nie gesehen, daß Hundebesitzer mit Erfolg ihren Hunden, wenn sie unnütz kläffen, zu schweigen befehlen. Weil jene stumpfohrig sind, hören sie das Gebelfer nicht und bürden nun andern die Plage auf.

Dafür haben Hundebesitzer den Tick, als ›bessere Menschen‹ durchs Leben zu gehen. Sie haben erfunden, daß es ein Zeichen von Seele sei, Hunde zu lieben, ihren schmutzigen Geruch zu ertragen, ihr lästiges Geschrei mitanzuhören. Ihre Persönlichkeit kriecht in den Hund, wo sie den Kampf ums Dasein noch einmal mitkämpft: »Mein Hund läuft aber schneller als Ihrer!« Das ist ein großer Sieg.

Etwas gegen den Hund zu sagen, heißt für viele, am Heiligsten rühren, wo der Mensch hat. Die Hundenarren sind häufig ganz erbarmungslose Menschen; Leute, die einen Kommunisten vor ihrer Tür verbluten ließen, nicht eine Mark für entlassene Gefangene geben, überhaupt nichts Gutes tun – ihren Hund lieben sie mit jener stummen Aggressivität, die das beste Zeichen eines hohlen Affekts ist. Der Hund ist ihnen nicht nur Schutz, sondern auch Selbstbestätigung.

Nie legt ein Hundebesitzer in das Tun der Menschen a priori so viel Gutes wie in den Blick seines Hundes. Wenn ihn der ansieht, zerschmilzt er vor Lyrik. Ein Bettler wird ihn vergebens so ansehen. Der sentimentalitätstriefende Blick jenes aber heischt mit Erfolg verschmiertes Mitleid.

So ist der treue Hund so recht ein Ausdruck für die menschliche Seele. Allerseits geschätzt; nur selten in der Jugend ersäuft; gehalten, weil sich der Nachbar einen hält, von feineren Herrschaften auch als Schimpfwort benutzt – so bellt er sich durchs Leben. Und ich will nicht länger murren, wenn es kaum noch einen Fleck gibt, den er nicht verunreinigt: mit Unrat, nassem Geruch und mit nimmer endendem Lärm. Seiner Gnade ist unsre Ruhe ausgeliefert.

Eine fortgeschrittene Zivilisation wird ihn als barbarisch abschaffen.

2. Satire

> Die Wahrheiten müssen Akrobaten
> werden, damit wir sie erkennen.
>
> *O. W.*

»Über Lerm und Geräusch.« So schrieb Schopenhauer: ›Lerm‹ – mit einem E; plattköpfig und stumpf kroch das um ihn herum, was er, außer Hegeln, am meisten haßte. Den Lärmempfindlichen hat er Komplimente gemacht, die wir bescheiden ablehnen...

Da habe ich über die Hunde traktiert, eigentlich mehr über das nervenabtötende Gebell dieser Tiere, und man muß schon das Vaterland, das teure, und was an Generalen, Zeitungen und deutschen Männern drum und dran hängt, beleidigen, um einen solchen Lerm zu erleben. Die Aufregung, die aus Prag herüberkam, kann ich mir nur so erklären, daß Schwejk dort mit herrlich gefälschten Hunden gehandelt hat; was ich daselbst gedruckt zu hören bekommen habe, war allerdings freundlich und ging noch an. Aber die Briefe, die die Hundefreunde geschrieben haben, die kann man nicht erfinden. »Ich bin noch nie von einem Hund verbellt worden – der Hund bellt nur schlechtgekleidete Sujets an« und: »Wollte mal fragen, ob Sie keine Würstchen unter sich lassen – erfinden Sie doch mal einen Nachttopf für Hunde!«, und ein ›Reichsbund zur Wahrung der Hundebelange‹ schloß seinen Brief: »Wir zeichnen, weil es so üblich ist, mit Hochachtung« – da haben wir Glück gehabt, und so in infinitum zur Morgen- und zur Abendsuppe. Wenn ich ein Hund wäre: solche Freunde möchte ich nicht haben.

Abgesehen von der triefäugigen Sentimentalität, die alle Vorwürfe akkordiert, wenn sie gegen menschliche Säuglinge gerichtet sind, die ohne Grund brüllten, sich einmachten und überhaupt, im Gegensatz zu den süßen Hündlein, abscheulich seien – abgesehen von der göttlichen Liebe, die sich da verklemmt hat: ich habe keine leichte Zeit hinter mir. Wilhelm Speyer, der etwas von Tieren versteht, hat mir in mein hochfein möbliertes Haus geschrieben, ich sei wohl vom wilden Strindberg gebissen – ein Mann in meinen Jahren! Kurz: keiner der obbezeichneten Hunde möchte hinfürder noch ein Stück Brot von mir nehmen, wenn er eins bekäme. Lasset uns beten. Und ernsthaft untersuchen, was es denn da gegeben hat.

Durch nichts, aber auch durch nichts kann man Menschen so aus dem Häuschen bringen als dadurch, daß man ihnen verbietet, gewohnten Lärm zu machen. Du kannst eine Monarchie durch eine gleich minderwertige Republik ablösen – darüber läßt sich reden. Aber der Lärm ist geheiligt.

Der Städter ist ein armes Luder.

Zu essen bekommt er, was ihm die Händler geben, es wird nicht sauberer durch die Hände, die es passiert; vom Grund

und Boden weiß er nur, daß er den andern, immer den andern gehört, und widerstandslos erduldet er die satanische Komik von Grundstücksspekulanten, die mit der Haut der Erde handeln, unter die man sie – sechs Fuß tief – herunterläßt, wenn alles vorbei ist, und in deren wahre Tiefen niemand dringt; unfrei ist der Städter, gebunden an Händen, Füßen, Valuta, Schullesebuch und Vaterland. Aber eine Freiheit hat er, nimmt er sich, mißbraucht er – einmal besauft sich der Sklave und spielt torkelnd den Herrn. Er macht Radau.

Daß einer eng am andern wohnt, weiß der eine; daß man nicht Feuer im Hof anzünden, nicht nachts in einer Wohnung, dem überzahlten castle, Pferde zureiten darf; daß man nicht aus dem Fenster schießt: das hat sich allmählich herumgesprochen. Belästigungen durch Rauch, durch Geschosse, durch Rohr- und Drahtleitungen, ja, durch Aufstellung von Reklametafeln sind Gegenstand braver bürgerlicher Prozesse.

Lärm aber darf gemacht werden.

Die Hundefreunde, denen man untersagt, ihren Köter zu quälen, ihn einzusperren, ihn stundenlang bellen zu lassen, fühlen sich im Heiligsten getroffen: in ihrer, verzeihen Sie das harte Wort, Freiheit.

Hat der Parzellenmensch eine Prärie um sich? Er ist in Schubladen wohnend untergebracht und richtet sich auch in allem danach – nur das Ohr des Schubladennachbarn ist Freigut; die Gehörsphäre braucht nicht geschont zu werden. Alles, was an Einfluß auf Krieg und Frieden, auf Verwendung der Steuern nicht vorhanden ist, tobt sich im Hause aus. Darin nähern sich besonders Frauen dem Urzustand der Primitiven.

Als ich das letzte Mal in Berlin wohnte, da rollte jeden Morgen eine Stunde lang eine reitende Artillerie-Brigade über die Decke dahin: eine deutsche Hausfrau (e. V.) ackerte dort ihr Schlafzimmer, anders war der Lärm nicht zu erklären.

Nun sind aber die Lebensgewohnheiten im bürgerlichen Haushalt keinem Wechsel der Geschichte unterworfen; »der bürgerliche Haushalt wird nur deshalb betrieben, damit der archäologische Forscher dort noch heute die Arbeitsmethoden der Steinzeit studieren kann« (Sir Galahad). Hier eingreifen stößt auf Mord. Keine Zeitung, die es wagen könnte, in diesen Muff eine wettersichere Grubenlampe hinunterzulassen – das Geschrei von Hausfrauen, klavierübenden und gesangsheulenden Damen beiderlei Geschlechts, von organisierten Tierfreunden und reinmachewahnsinnigen Besessenen dampfte ihr entgegen. In meiner Wohnung kann ich machen, was ich will – das wäre ja gelacht.

Es ist zum Weinen.

Denn da und nur da sind die Wurzeln ihrer Kraft. Das ändere du mal. Da zeig mal, was du kannst. Sie machen sich das Leben schwer, den andern zur Hölle – und sie sind so stolz darauf! Die Reinmachenden machen nicht rein: sie unterliegen gewissen Zwangsvorstellungen einen Hausgott ehrend, der unerhörte Opfer verlangt – mit Sauberkeit hat das wenig zu tun. Es ist Recht, Pflicht und göttliches Gebot, dem Nachbarn den Teppichstaub in den Suppentopf zu schlagen; wie Kanonenschläge hallt das durch die steilen Steinhöfe. Ordnung muß sein. Der schwarze Hals des Lautsprechers gurgelt im schweren Übelsein heraus, was er zuviel an Lärm gefressen hat – dazu öffnet man füglich die

Fenster, damit der Nachbar auch etwas davon habe, und wenn Ihnen det nich paßt, denn missen Se ehm inne Wieste ziehn.

Aber das wird nicht gut auslaufen. Denn in der Wüste steht das Zelt des Forschungsreisenden Karbumke, und der hat einen Hund. Und der Hund steht, am Zeltpflock angebunden, und bellt alles an, was sich ringsum bewegt. Es soll sich, außer seinen Flöhen, nichts bewegen.

Bleiben wir im Lande und nähren wir uns redlich, die Ohren mit Wachs verklebt wie die Gefährten des Odysseus, die die Musik-Etüden des Sirenen-Konservatoriums nicht hören sollten. Schrei: »Ruhe!« Eine Flut von Schimpfworten, Geheul, Rufen, eine Wolke von geschwungenen Federbesen, eine Welle von Papierfetzen, alten Pappdeckeln, Holzstücken und Müllwasser rauscht auf. Ich weiß, wo sie verletzlich sind. Es juckt, sie da anzufassen. Da, in der Abwehr, auch da, wo sie recht haben, zum Beispiel in der Beurteilung ihrer Hunde, sind sie ganz sie selbst. Die Haut reißen sie sich herunter, so nackt sind sie da. Und keine Zeitung, keine Broschüre, kein Buch kann sie in diesem Punkt ändern. In der Stickluft dieser ungelüfteten Treibhäuser gedeihen die Mikroben der Religion, des Berufskostüms und des Vaterlandes.

Und zu wissen, daß man dazu gehört und einer von ihnen, und daß da kein Grund ist zu überheblichem Mitleid, daß das Spiel mitzuspielen ist, Gleicher unter Gleichen, und daß man helfen soll und lieben. Denn manchmal weinen sie und paaren sich seufzend und lallen mit ihren Kindern und sind selber welche und machen mancherlei Lerm und Geräusch.

3. Ironie und tiefere Bedeutung

> Der Schlaf kommt nicht, will nicht kommen. Unweit im Hundezwinger fangen die Jüngsten von ihnen ihr ohrenbetäubendes Jaulen und Winseln an. O Schrecken, das geht die ganze Nacht hindurch. Aus den Zellen brüllt es – brüllt Ruhe und flucht – und es geschieht nichts – es bringt nur wieder die schlaflose Nacht, dieses Bewußtsein der Gefangenschaft.
>
> *Schilderung eines Gefangenen*

Hätte Goethe die Hunde geliebt, so wäre der Spektakel, den ich da heraufbeschworen habe, noch größer geworden, wenn er hätte größer sein können.

Goethe aber liebte die Hunde nicht. Warten Sie ...

Johannes Falk: *Goethe aus näherem persönlichem Umgange dargestellt*. Kapitel IV. Goethes wissenschaftliche Ansichten. Gespräch über Monaden.

»An eine Vernichtung ist gar nicht zu denken; aber von irgendeiner mächtigen und dabei gemeinen Monas unterwegs angehalten und ihr untergeordnet zu werden, diese Gefahr hat allerdings etwas Bedenkliches, und die Furcht davor wüßte ich auf dem Wege einer bloßen Naturbetrachtung meinesteils nicht ganz zu beseitigen.«

Indem ließ sich ein Hund auf der Straße mit seinem Gebell zu wiederholten Malen vernehmen. Goethe, der von Natur eine Antipathie wider alle Hunde besitzt, fuhr mit Heftigkeit ans Fenster und rief ihm entgegen:

»Stelle dich wie du willst, Larve, mich sollst du doch

nicht unterkriegen!« Höchst befremdend für den, der den Zusammenhang Goethescher Ideen nicht kennt; für den aber, der damit bekannt ist, ein humoristischer Einfall, der eben am rechten Orte war!

»Dies niedrige Weltgesindel«, nahm er nach einer Pause und etwas beruhigter wieder das Wort, »pflegt sich über die Maßen breitzumachen; es ist ein wahres Monadenpack, womit wir in diesem Planetenwinkel zusammengeraten sind, und möchte wenig Ehre von dieser Gesellschaft, wenn sie auf andern Planeten davon hörten, für uns zu erwarten sein.«

Und:

Riemer: *Mitteilungen.*

»Einem anderen Befremden ist auch noch zu begegnen: wie Goethe die Hunde nicht habe leiden können.

Da der Hund eine solche allgemeine Protektion der Menschen genießt, daß gegen die Verwendung und das Halten desselben von Zeit zu Zeit sogar polizeiliche Verordnungen erlassen werden müssen, so will es vielen nicht eingehen, daß ein Naturforscher wie Goethe, der über komparierte Anatomie gedacht und geschrieben, eine solche Aversion vor den Hunden könne gehabt haben, wie andere kaum vor Spinnen und Kröten, wogegen die Natur selbst dem Menschen einen Abscheu eingeflößt zu haben scheine; daß er also einen gleichsam aristokratischen Haß auf sie, als auf die mit Recht so genannte Kanaille, geworfen, und darüber fast mit einem mächtigeren zerfallen.

Zuvörderst ist der soupçonnierte und zur Tradition, besonders durch Falks fabelhafte Anekdote, gewordene Hundeabscheu nicht von der Ausdehnung, die man annimmt, noch irgendeiner anderen Bedeutung, als daß Goethe eben kein besonderes Vergnügen an dieser Tiergattung finden konnte.

Zwar spricht er seine Abneigung im allgemeinen gegen sie in seinem Gedichte aus; doch ist es besonders nur ihr Gebell, das kläffend sein Ohr zerreißt.«

Und:

»Wundern kann es mich nicht, daß Menschen Hunde so lieben. Denn ein erbärmlicher Schuft ist wie der Mensch so der Hund.«

Soweit Goethe.

Mit dem Lärm und Geräusch aber ist es so:

Geräusch anhören ist: an fremdem Leben teilnehmen. Ein guter Diagnostiker hat ›empfindliche‹ Hände – sie fühlten sonst nämlich nichts. Ein Gehirnmensch hat ein ›empfindliches‹ Gehirn – es könnte sonst nicht denken und nicht produzieren.

Nun stören Kollektivgeräusche kaum; mit Recht gewöhnt man sich daran, daß die Straße wie ein Meer erbraust, daß die Bahnen fahren, daß die Stadt jenes brodelnde Geräusch von sich gibt, das da ihr Leben anzeigt. Aber das freche Einzelgeräusch nadelt das Ohr, weil Teilnahme des fremden Lebensrhythmus erzwungen wird. Ein Übermütiger hupt fünfzehn Minuten vor einem Haus – ich warte mit ihm. Fräulein Lieschen Wendriner ›übt‹ etwas, was sie nie lernen wird: nämlich Klavier spielen – ich übe mit. Ein Hund bellt, er schlägt einmal an – das Ohr hört es nicht. Aber wenn der angebundene, eingesperrte, unzufriedene Hund stunden- und stundenlang bellt…

Der Hund setzt an. Irgend etwas hat seine Aufmerksamkeit erregt. Er teilt das mit. Und schweigt nun nicht mehr; für ihn freilich hat das Gebell einen Sinn, für den zu bewachenden Herrn hat es kaum einen, für uns gar keinen. Er bellt und bellt. Alles, was nun geschieht, spielt sich vor dem Hintergrund dieses unablässig bohrenden Lautes ab, er bellt Primen, das Aas, von dem einmal angeschlagenen Ton geht er nicht mehr herunter; schließlich kann niemand verlangen, daß er wie eine Nachtigall singt. Er bellt und bellt. Nun hört er auf – wie dankbar bist du für diese Stille, sei gesegnet, Stille! Wie nach einem Schiffbruch sinkst du zerschlagen am Strand der Stille nieder, so klein, so glücklich, so unendlich dankbar… Und dann zerreißt er sie wieder und wieder, nun ist es doppelt schmerzlich, gedemütigt ist man durch so viel Krach, ein Spielball dieser albernen Laune, dieser falschen Wachsamkeit, dieser Angst, diesem Anzeiger des übersteigerten Eigentumbegriffes. Gute Nacht, stille Stunde –!

»Ausschlaggebend ist aber das Bellen des Hundes: die absolut verneinende Ausdrucksbewegung. Sie beweist, daß der Hund ein Symbol des Verbrechens ist. Goethe hat dies, wenn es ihm vielleicht auch nicht ganz klar geworden ist, doch sehr deutlich empfunden. Der Teufel wählt bei ihm den Leib eines Hundes. Während Faust im Evangelium laut liest, bellt der Hund immer heftiger: der Haß gegen Christus, gegen das Gute und Wahre.« Und: »Interessant ist es, wen der Hund anbellt: es sind im allgemeinen gute Menschen, die er anbellt, gemeine, hündische Naturen nicht.« Aber das hat einer gesagt, der schon mit zweiundzwanzig Jahren nicht mehr wollte, so nicht mehr wollte: Otto Weininger.

Ein Kettenhund oder ein Hund im Zwinger ist etwas so Naturwidriges wie ein Ziehhund oder eine dressierte Varietékatze. Aber das stundenlange, nicht ablassende, immer auf einen Ton gestellte Gebell – das ist bitter. Es zerhackt die Zeit. Es ist wie eine unablässig schlagende Uhr: wieder ist eine Sekunde herum, du mußt sterben, erhebe dich ja nicht in irgendwelche Höhen, bleibe mit den Sohlen auf der Erde, sterben mußt du, du bist aus demselben Staub wie ich Hund, du gehörst zu uns, zu mir, zur Erde, bau-wau-hau!

Und dann sieh hinaus und betrachte dir den da. Wen er anbellt. Was ihm nicht paßt. Wie ers nicht will. Der Wagen soll nicht fahren. Das Pferd soll nicht laufen. Das Kind soll nicht rufen. Er hat Angst, und darum ist er frech. Er ist auch noch da, will er dir mitteilen. Du willst es gar nicht wissen? Dann teilt er dirs nochmal mit. Er schaltet sich in alle Vorgänge ein; er spektakelt, wenn er allein ist, weil er allein ist, und wenn Leute da sind, weil Leute da sind; er muß sich bellen hören, um an sich zu glauben. Er bewacht, was gestohlen ist, verteidigt den, der gemordet hat, er ist treu um der Treue willen und weil er Futter bekommt. Sie sind so simpel und machen so viel Lärm. Im Grunde um nichts.

Was wächst nicht alles in der Ruhe! Was kommt nicht alles zur Blüte in der Ruhe! Alexander von Villers sagts in den *Briefen eines Unbekannten*: »Ich liege im Bett und spüre die zitternde Sukzession der Sekunden...« Stille. Ich sehne mich nach Stille. Schweigen heißt ja nicht: stumm sein.

Schriebe ich aber dasselbe von einem Motorzweirad, wenn es so pufft und knallt und rattert – da wären sie alle einer Meinung (die keins besitzen). Was dem einen sein Motor, ist dem andern sein Hund – aber mir will es widersinnig erscheinen, in der ohnehin lärmenden Stadt Wagen herumzufahren, von Hunden bewacht, die stunden- und stundenlang die Leute, die andern Wagen und sich selbst ankläffen; es will mir hündisch erscheinen, die Vororte der großen Städte, die Stadtwohnungen selbst und das stille Land durch einen Lärm zu verpesten, der unnötig ist.

Denn in Wahrheit ist es der Hundebesitzer, der allen Tadel verdient, nicht das Tier, das ja nicht zu seinem Vergnügen bellt, sondern das so oft gequält wird. Niemand hat das Recht, aus Gedankenfaulheit Tier und Mensch so zu peinigen, wie der es tut, der nicht mit Hunden umzugehen versteht, also die Mehrzahl derer, die einen Hund besitzen.

Man muß das erstaunte Gesicht eines Hundebesitzers sehen, wenn ihm einer sagt, er könne des Gebells wegen nicht schlafen. Wie? Nicht schlafen? Ja, was geht denn das den Hund an? Meinen Hund? Mein Hund sollte nicht bellen dürfen… na, das wollen wir ja mal… so ein schönes, gutes, ordentliches Gebell, das die Einbrecher abschreckt…! Schlafen will der –! Hö. Und das Erstaunen wird sehr bald zur Feindschaft; sie fassen es einfach nicht, daß ihnen der Luftraum eben nicht gehört, und daß wir zu eng aneinanderwohnen, als daß wir uns durch überflüssige Liebhabereien belästigen dürften. Niemand hat ein solches Recht, und gegen Rücksichtslosigkeit dieser Gattung ist jede Gegenwehr erlaubt. Denn sie sind auch moralisch im Unrecht.

Wer hat das Tier lieber: der es zu stark egoistischen Zwecken hält, nämlich um sich als Herr zu fühlen, ohne der Eigenart des Tieres entgegenzukommen, die darin besteht, daß es laufen, jagen, springen, sich schnell bewegen will; der

Schuft, der es anbindet und der die erschütternden Sätze Schopenhauers über diese gemeine Tierquälerei lesen sollte, sie aber nicht begreifen wird; warum soll er auch ein lebendiges Wesen nicht zu lebenslänglicher Hundehütte verdonnern?

Oder hat der das Tier lieber, der ihm die größtmögliche Freiheit wünscht, ohne im übrigen von ihm belästigt werden zu wollen?

Was aber ein regelmäßiges, stumpfes, sinnloses und sich stundenlang wiederholendes Geräusch angeht, so müssen die Gehirne wohl verschieden gebaut sein. Ich denke mir die Hölle so, daß ich unter der Aufsicht eines preußischen Landgerichtsdirektors, der nachts von einem Reichswehrhauptmann abgelöst wird, in einem Kessel koche – vor dem sitzt einer und liest mir alte Leitartikel vor. Neben dieser Vorrichtung aber steht ein Hundezwinger, darin stehen, liegen, jaulen, brüllen, bellen und heulen zweiundvierzig Hunde. Ab und zu kommt Besuch aus dem Himmel und sieht mitleidig nach, ob ich noch da bin – das stärkt des frommen Besuchers Verdauung. Und die Hunde bellen…!

Lieber Gott, gib mir den Himmel der Geräuschlosigkeit. Unruhe produziere ich allein. Gib mir die Ruhe, die Lautlosigkeit und die Stille. Amen.   1927

Der Mann am Spiegel

Plötzlich fängt sich dein Blick im Spiegel
und bleibt hängen.
Du siehst:

Die nackt rasierten Wangen
– »Backe«: das ist gut für andere Leute –
den sanft geschwungenen Mund, die glatte Oberlippe,
die Krawatte sitzt – nein, doch nicht:
zupf!

Jetzt bist du untadlig.
Haare, Nase, Hals, Kragen, Rockschultern sind ein gut
    komponiertes Bild –
tief bejaht dich dein Blick.

Wohlgefällig ruhst du auf dir,
siehst die seidigen Ränder der Ohrbrezeln,
unmerklich richtest du dich auf –
du bist so zufrieden mit dir
und fühlst das gesunde Mark deines Lebens.

Übrigens haben die Fliegen auf dem Spiegelglas
    gesessen,
oder ein chemischer Vorgang hat das Quecksilber
    bepickelt:
kleine blinde Pupillen sitzen darauf...

Nun stell den innern Entfernungsschätzer der Augen
    wieder um:

An der rechten Schläfe
– aber nur, wenn man schärfer hinsieht –
stehn ein paar kleine Runzeln,
Schützengräben der Haut –,

nein, es sind noch keine Runzeln,
doch da, an dieser Stelle, werden sie einst stehen.

Dann bist du ein alter Mann;
dann sagen die Leute: »Der alte Kaspar –«;
dann wird ein Mädchen leise ausgelacht, der du etwas
    zuflüsterst –
»Mit dem alten Mann…?« sagen ihre Freundinnen.
Alter Mann.

Wie ihr euch anseht:
der Glasmann und du!
Nie
nie wird dich jemals ein anderer Mensch so ansehen,
ohne Beigeschmack von Ironie.
Du kannst dich gar nicht im Spiegel sehn.
Tat twam asi –?

Glatt ist dein Gesicht, sauber gewaschen und frottiert.
Zeit ist darüber hingespült.
Dein Gesicht, den Schuttplatz deiner Gefühle,
    hast du zusammengelogen,
    zusammengelacht,
geküßt, geschwiegen, gelitten, geseufzt: zusammen-
    gelebt –
sieh, unterhalb des linken Auges bist du leicht fleckig.

Mach dein Spiegelgesicht!
Was in den letzten Jahren alles gewesen ist,
nichts davon ist dir anzusehen.
Alles ist dir anzusehen.

Fakire sollen sich manchmal allein hypnotisieren.
Wenn man sich lange in den Spiegel sieht, steht
    im Lexikon,
verfällt man in Trance...
du siehst den Spiegelmann an,
der sieht, wie du siehst –
du siehst, wie er sieht, wie du...
Reiß deinen Blick zurück! Erwache.

So, mit dem aufgestützten Arm, ergäbe das eine
    gute Fotografie für die illustrierten Blätter:
ernst blickt der Dichter den Abonnenten an,
Ehrfurcht erheischend und einen zerstreuten Blick
    lang auch zugebilligt; unnahbar, sehr sicher,
wie aus gefrorenem Schmalz gehauen – ein fertiges Ding.

In den zwei glitzernden Pünktchen, die
in der Mitte deiner Augen angebracht sind,
funkt das Leben.
Eigentlich sind wir ganz schön, wie –?
Du betrachtest dich, wie sich die Männer in den
    Friseurläden betrachten,
        wenn sie, haargeschnitten, aufstehn:
»Es ist, Gott sei Dank, alles da, und wir sind
    repräsentative Erscheinungen –!«
Mit einem langen Blick sehen sie sich im Spiegel an:
Kontrollversammlung der Kompanie, vorgenommen
    durch den Feldwebel Auge –
        nicht losreißen können sie sich,
dann ziehen sie ihre Weste herunter

und gehen neu gestärkt auf die Straße,
durchaus bereit zum Kampf mit den andern, denen man
  nicht die Haare geschnitten hat.

Aber auf einmal
ist die glatte Sicherheit deines gebügelten Rockes dahin;
die Angst ist da.
Angst sitzt in den dunklen Vertiefungen deiner Nase,
mit der du die Luft einschaufelst;
das Blech am Kamin erzittert leise,
du hörst mit den Augen –

Sag etwas!
Sprich!
Prophezeie, wie es weiter werden wird!
Ob ich gepflegt sterbe, im Bett: umgeben von einem
  ernsten Professor, einer weißen Krankenschwester und
  süßlich riechenden Flaschen;
oder ob ich auf kalter Chaussee verrecke, ganz allein –
zu den andern Landstreichern habe ich manchmal
  französisch gesprochen, weil ich doch etwas Besseres
  gewesen bin;
ob ich mich zerhuste oder sacht im Sessel zurücksinke…
In das Weiße der Augen steigt langsam Rot auf –
welch ein Mitleid hast du mit dir!
Du betest dich hassend an.

Sprich!
Prophezeie:
Erfolg – Ansehen – Vergessenheit – Geldmangel –

Demütigung; es gleiten die wohlgenährten
Kameraden vorbei und klopfen dir ermunternd auf die
Schulter, in leiser Schadenfreude.

Flocke. Geküßter Mund. Belebte Kopfkugel.
Mit mobilisierten Muskeln seht ihr euch beide an.
Noch ist nichts zu sehn. Noch seid ihr beide schön.
Tief unten knistert die Angst.

»Sie haben«, so sagt der Spiegelmann zu dem
    andern Mann,
»da ein Haar auf Ihrem Rockkragen!
Sehn Sie? es glänzt im Schein der abendlichen Lampe –
    das darf, merkwürdigerweise, nicht sein; nehmen Sie es
    bitte herunter –!«
Sorgsam entfernt ihr das Haar.

Ich gehe vom Spiegel fort.
Der andre auch –
Es ist kein Gespräch gewesen.
Die Augen blicken ins Leere,
mit dem Spiegelblick –
ohne den andern im Spiegel.

Allein.

1928

Ehekrach

»Ja –!«

»Nein –!«

»Wer ist schuld?
          Du!«

»Himmeldonnerwetter, laß' mich in Ruh!«

– »*Du* hast Tante Klara vorgeschlagen!

Du läßt dir von keinem Menschen was sagen!

Du hast immer solche Rosinen!

Du willst bloß, ich soll verdienen, verdienen –

Du hörst nie. Ich red dir gut zu …

Wer ist schuld –?
          Du.«

»Nein.«

»Ja.«

– »*Wer* hat den Kindern das Rodeln verboten?

Wer schimpft den ganzen Tag nach Noten?

Wessen Hemden muß ich stopfen und plätten?

Wem passen wieder nicht die Betten?

Wen muß man vorn und hinten bedienen?

Wer dreht sich um nach allen Blondinen?
                    Du –!«

»Nein.«

»Ja.«

»Wem ich das erzähle …!   Ob mir das einer glaubt –!«

– »Und überhaupt –!«

                    »Und überhaupt –!«

                              »Und überhaupt –!«

Ihr meint kein Wort von dem, was ihr sagt:
Ihr wißt nicht, was euch beide plagt.
Was ist der Nagel jeder Ehe?
Zu langes Zusammensein und zu große Nähe.

Menschen sind einsam. Suchen den andern.
Prallen zurück, wollen weiter wandern...
Bleiben schließlich... Diese Resignation:
Das ist die Ehe. Wird sie euch monoton?
Zankt euch nicht und versöhnt euch nicht:
Zeigt euch ein Kameradschaftsgesicht
und macht das Gesicht für den bösen Streit
lieber, wenn ihr alleine seid.

Gebt Ruhe, ihr Guten! Haltet still.
Jahre binden, auch wenn man nicht will.
Das ist schwer: ein Leben zu zwein.
Nur eins ist noch schwerer: einsam sein.

1928

Der Mörder und der Staat

Antwort auf eine Umfrage

1. Die Vollstreckung der Todesstrafe wäre mit den Grundsätzen eines Kulturstaates nicht vereinbar, weil die Heiligkeit des Lebens höher steht als die schwankenden Forderungen der Sitte, deren Kodifikation das Gesetz darstellt.
Der moderne Nationalstaat ist aber kein Kulturstaat: er

nimmt nicht nur Mördern das Leben, sondern auch Unschuldigen, die zwangsweise in Uniform gesteckt werden, um für die Interessen von Kaufleuten und Beamten getötet zu werden, ohne selbst etwas dabei gewinnen zu können. Die Verhängung der Todesstrafe durch den Staat, der seine Versprechen nicht einlöst, der ein unredlicher und unsorgfältiger Kaufmann ist, stellt also nicht einmal das schwerste seiner Vergehen dar.

2. Trotzdem ist diese Todesstrafe abzulehnen. Es gibt keine Statistik, die beweist, daß die Kriminalität in einem Staat mit Todesstrafe höher ist als die in einem Staat ohne die Todesstrafe. Es erscheint mehr als fraglich, ob bei der Abwägung der Vorteile und des Strafrisikos, die in einem Gehirn vor Begehung der Tat stattfindet, die Existenz der Todesstrafe jemals eine ausschlaggebende Rolle gespielt hat.

Von einer erzieherischen Wirkung der Todesstrafe kann keine Rede sein. Die Befriedigung der primitiven Rachsucht der Geschädigten ist kein ethisches Postulat, sondern das Überbleibsel und die Vortäuschung individualistischer Epochen sowie die Abtretung der Blutrache an den Staat, dem hierzu jede sittliche Aktivlegitimation fehlt. – Die Vollstreckung der Todesstrafe in revolutionären Epochen halte ich für eine Notwendigkeit. 1928

Die Geschichte eines Witzes

Der Witz. Zwei Juden sitzen in der Eisenbahn, da sagt der eine zum andern:

»Ich komme mir schon vor wie der gottselige Hiob!

Mein ganzes Geld hab ich verloren, mein Auto haben sie mir gestohlen, mein Haus ist abgebrannt und meine Frau ist durchgegangen! Was kann mir noch mehr passieren?«

Da sagt der andere:

»Jetzt kann noch passieren, daß die Frau zurückkommt!«

Sittlich gereinigte Fassung des Rundfunks. Zwei Herren sitzen in der Eisenbahn, da sagt der eine zum andern: »Ich komme mir schon vor wie ein vom Unglück verfolgter Pechvogel. Mein Geld habe ich verloren, mein Auto haben sie mir gestohlen, mein Haus ist, trotz der größten Anstrengung unsrer vorzüglichen Feuerwehr, abgebrannt, und meine Frau hat sich, wie ich fürchten muß, auf immer von mir entfernt. Was kann mir nun noch geschehen?«

Da sagt der andre Herr: »Nun können Sie noch hier in der zweiten Klasse ein Billett dritter haben!« Achtung, Achtung…!

Verlagsprospekt. Ein neues Werk von Arnolt Bronnen ist soeben erschienen: ›Hiob in der Eisenbahn‹. Aus einem einfachen Scherz blüht hier das ganze moderne Leben auf, das in tobendem Rhythmus eingefangen ist. Amerikanisches Tempo vereinigt sich mit dem Gefühl für Heldenverehrung, tanzender Mondänität und peitschender Leidenschaft. Die Art, in der Paris, London, und sogar New York in den Rahmen der Handlung einbezogen sind, wirkt sich genial aus. Broschiert 13,50, gebunden 22 Mark.

Thomas Mann. Ich stehe nicht an, zu erklären, daß mir Ihr epischer Versuch ›Hiob in der Eisenbahn‹ immer des Gedenkens wert bleiben wird. Nach jenen verwirrenden Ereignissen, die in den Jahren 1914 bis 1918 (einschließlich) die Welt einigermaßen in Aufruhr versetzt haben sollen, ist mir platterdings nichts in Erinnerung, das mit solcher künstlerischen Energie, eines aktiven Helden würdig, den Ruhm einer getriebenen Männlichkeit zu singen sich unterfängt. Um der Gesinnung und der Gesittung willen wünsche ich dem wackern Buch eine zuverlässige Leserschaft.

Buchkritik. Mit seltener Mentalität hat Arnolt Bronnen in der Wiedererzählung eines alten orientalischen Volksschwankes erneut seine große Einstellung bewiesen. Da sitzen nicht mehr zwei arme Juden in der Eisenbahn, nicht zwei Figuren des Witzes, sondern zwei Menschen, wie überhaupt das rein Menschliche hier so menschlich ist, daß man schon um Jahrhunderte zurückgreifen muß, um – etwa bei Dante oder in der Bibel – etwas Ebenbürtiges zu finden. Seit dem *Don Quichote* ist nichts Ähnliches bei uns geschrieben worden. Leute, lest dieses Buch! Ein starkes Werk. Ein kühnes Werk. Ein in seiner Menschlichkeit menschliches Werk. Und abends in die Scala.

›*Tägliche Rundschau*‹. Der Kern des Bronnerschen Buches ist geeignet, das deutsche Empfinden auf das schwerste zu beleidigen. Die Heiligkeit des deutschen Familienlebens steht auf dem Spiel, und sind wir nicht gesonnen, müßig mitanzusehen, daß jüdische Verleger wie der Herr Rowohltleben und berliner Literaten wie dieser Herr Bronner die deutsche Seele in den Kot zerren. Ekelhafter Sinnenkitzel und Verachtung der deutschen Frau sprechen zu gleichen Teilen aus diesem undeutschen Buch. Wir fragen: Wo bleibt der Staatsanwalt?

Die Anklageschrift. … sowie den ledigen Schriftsteller Arnolt Bronner, nicht bestraft, klage ich an: zu Berlin und im Inlande in den Jahren 1927 und 1928 in nicht rechtsverjährter Zeit durch eine und dieselbe fortgesetzte Handlung insbesondere als Verfasser der Druckschrift ›Hiob in der Eisenbahn‹

a) den Versuch gemacht zu haben, die Verfassung des Deutschen Reiches gewaltsam zu ändern, Verbrechen gegen den § 81, Ziffer 2 StGB, sowie §§ 1, 2, 3, 4, 5, 6 des Gesetzes zum Schutz der Republik. Die konspiratorische Unterhaltung der beiden Juden, also landfremder Elemente, die geheimnisvolle Art, in der das Gespräch geführt wird, die Bezugnahme auf angebliche gestohlene Vermögenswerte, was gleichzeitig als eine Verdächtigung der Polizeibehörden, denen damit der Vorwurf der Pflichtwidrigkeit gemacht wird, aufzufassen ist, lassen erkennen, daß der zugrunde liegende ›Witz‹ ein Angriff auf die Sicherheit des Reiches darstellt. Als besonders erschwerend ist der Umstand anzusehen, daß grade in diesem Augenblick das Reich durch die äußere Politik seiner derzeitigen Machthaber auf das schwerste erschüttert ist. Die Druckschrift ›Hiob in der Eisenbahn‹ verletzt aber auch

b) das Schamgefühl (§ 184 Ziffer 1 StGB). Die der Darstellung zugrunde liegende Anekdote ist zweifellos unsittlich: die Annahme, daß die Rückkehr einer, wenn auch jüdischen Frau, deren Ehebruch offen zugegeben wird, als Übel oder Unglück aufzufassen sei, ist als unzüchtig im Sinne des § 184 anzusprechen. Es liegt für den normal empfindenden Leser klar zutage, daß die Vergleichung einer Frau mit einem Auto nur als grobe Zote gemeint sein kann; die Füllung eines Autos mit Wasser, die erfahrungsgemäß durch einen männlichen Chauffeur vor sich zu gehen pflegt (siehe Gutachten Band II, Blatt 518), die Geräusche, die das

Auto dabei ausstößt, die regelmäßig zuckenden Bewegungen des Motors lassen darauf schließen, daß hier auf die niedrigsten Instinkte des Lesers spekuliert wird. Der Verlag Rowohlt verschleißt, wie gerichtsnotorisch sein dürfte, lediglich Schriften obgenannter Art.

Sitzungsbericht. Der Vorsitzende: »Ich gelange nunmehr zur Verlesung der Anekdote, die Gegenstand der Anklage bildet. Zwei Juden sit...«

Der Reichsanwalt: »Ich beantrage, die Öffentlichkeit wegen Gefährdung der Sittlichkeit auszuschließen!«

Der Verteidiger: »Ich möchte...«

Der Vorsitzende: »Ich entziehe der Verteidigung das Wort, da in diesem Stadium des Prozesses ihrerseits nichts zu bemerken ist.«

Der Verteidiger: »Ich bitte den Herrn Vorsitzenden –«

Der Reichsanwalt und der Vorsitzende gleichzeitig: »Sie haben...!«

Der Reichsanwalt und der Vorsitzende gleichzeitig: »Bitte nach Ihnen!«

Der Vorsitzende: »Ich mache den Herrn Verteidiger darauf aufmerksam, daß er, wenn er hier noch einmal das Wort ergreift, herausgeführt werden wird. Das Gericht wird beraten.« (Dumpfe Pause.)

Der Vorsitzende: »Die Öffentlichkeit wird wegen Gefährdung der Staatssicherheit ausgeschlossen, die Presse und die Verteidigung gleichfalls. Lediglich den Angeklagten, den Angehörigen des Gerichts und den Justizoberwachtmeistern ist der Aufenthalt im Sitzungssaal gestattet.« (Der Angeklagte Rowohlt bricht schluchzend zusammen. Wird draußen von dem Temperenzler Sinclair Lewis mit Kamillentee gelabt.)

Zeitungsnotiz. Justus Hobb und William F. Fox haben nach dem nunmehr umgearbeiteten Roman, für den Arnolt Bronnen seinerzeit zum Tode und einer Mark Geldstrafe, der Verleger zu dauerndem Verlust der bürgerlichen Ludwig-Rechte verurteilt worden ist, einen Film geschrieben, der voraussichtlich den Titel tragen wird: ›Zwei Juden sitzen...‹

2. Zeitungsnotiz. Wolfgang Goetz hat soeben nach der bekannten Anekdote von den zwei sitzenden Altpreußen ein historisches Stück in etwa fünf Akten beendet. Die Handlung ist in die Zeit Emmes des Sechzehnten, Königs von Irland, zurückverlegt.

3. Zeitungsnotiz. Alfred Neumann hat soeben nach dem neuen Stück von Wolfgang Goetz, ›Emmes sitzt in der Eisenbahn‹, einen geschichtlichen Roman fertiggestellt, dessen Handlung in die Jugendzeit des Demokraten Bernhard Dernburg zurückverlegt ist.

Doktorarbeit. »Die jüdische Anekdote in bezug auf die Sexualstörungen im infantilen Alter sowie auf die Stärkung des Kuppeltriebes bei der Frau. Meinen lieben Eltern gewidmet.«

›Kleine Theater-B. Z.‹ Wie wir hören, wird Hugo von Hofmannsthal das alte katholische Krippenspiel ›Zwei Jedermänner in der Sänfte‹ für die Salzburger Festspiele Max Reinhardts bearbeiten. Das Defizit trägt der new-yorker Bankier Otto H. Kahn.

Börsenbericht. Die Börse diskutiert heute die politische Lage und nahm die Erklärung Stresemanns, daß seine Rede durch die Antwort Briands, er habe seine, Stresemanns, Rede nicht so aufgefaßt, wie er, Briand, sie seinerzeit inter-

pretiert wissen wollte, mit ziemlicher Ruhe auf. Montan-
werte fester, bei leichter Abgabeneigung des Publikums.

Der neueste Börsenwitz. »Zwei Juden sitzen in der Eisenbahn; da sagt der eine zum andern – –«

1928

Warum eigentlich? ...

Kleine Dinge, die in der ganzen Welt gleich sind

Vor dem Kriege ist in Paris ein sehr merkwürdiges Buch erschienen: *Les Petites Choses* von Émile Berr, bei Bernard
Grasset, Paris. Es beschäftigt sich mit Dingen, die so klein
sind, daß man sie kaum wahrnehmen kann; es ist gewissermaßen eine Zeitlupenbeobachtung des Lebens, eine Mikro-
skopie des Lächerlichen.

Der Verfasser hat weiter nichts getan als einmal aufge-
paßt, was so Leute alles machen, und dann hat er sich gefragt, warum sie es machen. Warum, fragt er, hat man vor
Leuten Respekt, die sehr früh aufstehen? Warum sitzt das
Monogramm im Taschentuch, wenn man es sucht, immer in
der vierten Ecke? Diese Fragen sind nicht rein rational zu
beantworten – es bleibt ein Rest, ein ganz winziger Rest von
Irrationalem, von einer Art leichtem Irrsinn übrig, der nicht
ausdeutbar ist. Daß sich zum Beispiel Leute freuen, die bei
einem Glücksspiel gewinnen, ist recht begreiflich; daß sie
sich aber noch dazu geschmeichelt fühlen, das rührt an die
tiefsten Tiefen des Gemüts, an Urgründe von Götterglau-
ben, Furcht, Sehnsucht nach himmlischer Bestätigung der

Existenz und Freude, an solcher Bestätigung. Warum es Leuten ein Hochgefühl verleiht, wenn sie einen andern durch ihre Brille gucken lassen und dieser andere sagt dann: »Ach, sind Sie aber kurzsichtig!« – das hat noch kein Mensch herausbekommen. Berr bekommt es auch nicht heraus – er stellt es nur fest, er wirft, vorsichtig lächelnd, die Frage auf…

WARUM?

Warum schneidet man sich meistens die Nägel, wenn man es sehr eilig hat?

Warum ärgert einen das Schnarchen eines andern, wenn man allein ist – und warum muß man lachen, wenn man es mit mehreren hört?

Warum ist das illustrierte Blatt im Wartezimmer eines Zahnarztes immer vom vorigen halben Jahr?

Warum hat die plötzlich eintretende Stille an einem Tisch, an dem gegessen wird, etwas Beängstigendes?

Warum ist einem die Person, die ins Abteil einbricht, zunächst – bis sie sich hingesetzt hat – unsympathisch?

Warum fühlt man sich leicht geschmeichelt, wenn einen ein Hund wiedererkennt?

Warum kann kein Mann mit Papier und Bleistift einem noch so interessanten Redner zuhören, ohne im Verlauf von fünf Minuten kleine Männerchen zu malen?

Warum schlägt es nachts immer halb, wenn man aufwacht?

Zu wissen, wo man sich erkältet hat.

An der immer geringer werdenden Zahl der Blätter eines Redners zu merken, daß er nicht mehr lange reden wird.

Auf dem Bahnsteig seine Koffer vorbeifahren zu sehen.

In ein Trauerhaus zu kommen, wo die Leute ganz gefaßt sind.

Diese winzigen Lächerlichkeiten sind nicht an Land und Zeit gebunden. Bekanntlich trennt uns von den Vorkriegsjahren eine viel größere Zeitspanne, als sie der Kalender anzeigt, es ist immerhin seitdem allerhand geschehen. Ebenso ist bekannt, daß die Franzosen in tausend kleinen Dingen des Lebens anders fühlen als etwa eine germanische Rasse. Und doch... Und doch sind die Ähnlichkeiten so verblüffend, die Gefühlchen so genau dieselben wie unsere, die haardünnen humoristischen Lichterchen so kongruent den unsern, daß der Leser einen kleinen Schreck bekommt und sich sagt: »Also muß es doch etwas ganz Gleiches bei allen Menschen geben, die denselben Zivilisationselementen unterworfen sind.« Das muß es wohl auch.

Soweit sich überhaupt ein Sinn aus den Ungereimtheiten, die hier nun folgen, herauslesen läßt, so ist es der der grenzenlosen Eitelkeit des Menschen – sein immerwährendes, auch auf die kleinsten Nebenumstände ausgedehntes Bestreben, sich, sich und sich herauszustreichen, dem andern überlegen zu sein, sich zu betonen, sich zu fühlen, der erste, der allererste zu sein. Aber damit ist die Sache nicht ausgedeutet. Es bleiben eine Menge dieser kleinen Lächerlichkeiten –, und niemand kann sagen, warum.

Und wenn man dann zu grübeln beginnt, aus welchem Grunde das so ist, dann wird man »Tja –« sagen und gegen eine dünne Wand gelaufen sein, an der es nicht mehr weitergeht.

KLEINE SACHEN, DIE UNANGENEHM SIND

Während des Essens von einem beobachtet zu werden, der nicht ißt.

Einen Regenschirm zu finden, der ein kleines bißchen zu hübsch ist, als daß man ihn anstandshalber behalten könnte.

In einen Salon einzutreten, wenn grade alles still ist.

Auf einer sehr feinen Gesellschaft den Blick der Nachbarin auf sich zu fühlen, die beim Dessert grade sieht, wie man nicht weiß, welches das Käsemesser und welches das Obstmesser ist.

Sich von einem hochvornehmen Diener in einen Mantel helfen zu lassen, dessen Ärmel schon ein bißchen abgeschabt sind.

WAS EINEM SO SCHMEICHELT

An der Spitze einer alphabetischen Liste zu stehen.

In einem billigen Hotel vom Portier, nach einem kurzen Blick, das teuerste Zimmer angewiesen zu bekommen.

Neben einem Haus zu wohnen, in dem ein Mord begangen worden ist.

Auswendig eine Adresse zu sagen, derentwegen sich alle den Kopf zerbrechen.

Auf einem internationalen Bankett einen Redner zu dir gewendet sprechen zu sehen, von dem du kein Wort ver-

stehst, und der dich gewissermaßen als Zeugen seiner Auf-
führung nimmt.

Ein schlechter Schüler gewesen zu sein.   1928

Wo kommen die Löcher im Käse her –?

> Das Werk zwingt schon durch die
> Gelehrsamkeit, die in ihm verkocht
> erscheint, Bewunderung ab, beson-
> ders einem Leser wie mir, dessen Bil-
> dung an Emmentaler Käse erinnert,
> indem sie wie dieser größtenteils aus
> Lücken besteht.
>
> *Alfred Polgar*

Wenn abends wirklich einmal Gesellschaft ist, bekommen
die Kinder vorher zu essen. Kinder brauchen nicht alles zu
hören, was Erwachsene sprechen, und es schickt sich auch
nicht, und billiger ist es auch. Es gibt belegte Brote; Mama
nascht ein bißchen mit, Papa ist noch nicht da.

»Mama, Sonja hat gesagt, sie kann schon rauchen – sie
kann doch noch gar nicht rauchen!« – »Du sollst bei Tisch
nicht reden.« – »Mama, guck mal die Löcher in dem Käse!«
– Zwei Kinderstimmen, gleichzeitig: »Tobby ist aber dumm!
Im Käse sind doch immer Löcher!« Eine weinerliche Jun-
genstimme: »*Na ja* – aber warum? Mama! *Wo kommen die
Löcher im Käse her?*« – »Du sollst bei Tisch nicht reden!« –
»Ich möchte aber doch wissen, wo die Löcher im Käse herkommen!« – Pause. Mama: »Die Löcher ... also ein Käse hat
immer Löcher, da haben die Mädchen ganz recht! ... ein

Käse hat eben immer Löcher.« – »Mama! Aber dieser Käse hat doch keine Löcher! Warum hat der keine Löcher? Warum hat der Löcher?« – »Jetzt schweig und iß. Ich hab dir schon hundertmal gesagt, du sollst bei Tisch nicht reden! Iß!« – »Bwww –! Ich möcht aber wissen, wo die Löcher im Käs... aua, schubs doch nicht immer...!« Geschrei. Eintritt Papa.

»Was ist denn hier los? Gun Ahmt!« – »Ach, der Junge ist wieder ungezogen!« – »Ich bin gah nich ungezogen! Ich will nur wissen, wo die Löcher im Käse herkommen. Der Käse da hat Löcher, und der hat keine –!« Papa: »Na, deswegen brauchst du doch nicht so zu brüllen! Mama wird dir das erklären!« – Mama: »Jetzt gib du dem Jungen noch recht! Bei Tisch hat er zu essen und nicht zu reden!« – Papa: »Wenn ein Kind was fragt, kann man ihm das schließlich erklären! Finde ich.« – Mama: »Toujours en présence des enfants! Wenn ich es für richtig finde, ihm das zu erklären, werde ich ihm das schon erklären. Nu iß!« – »Papa, wo doch aber die Löcher im Käse herkommen, möchte ich doch aber wissen!« – Papa: »Also, die Löcher im Käse, das ist bei der Fabrikation; Käse macht man aus Butter und aus Milch, da wird er gegoren, und da wird er feucht; in der Schweiz machen sie das sehr schön – wenn du groß bist, darfst du auch mal mit in die Schweiz, da sind so hohe Berge, da liegt ewiger Schnee darauf – das ist schön, was?« – »Ja. Aber Papa, wo kommen denn die Löcher im Käse her?« – »Ich habs dir doch eben erklärt: die kommen, wenn man ihn herstellt, wenn man ihn macht.« – »Ja, aber... wie kommen denn die da rein, die Löcher?« – »Junge, jetzt löcher mich nicht mit deinen Löchern und geh zu Bett! Marsch! Es ist spät!« –

»Nein! Papa! Noch nicht! Erklär mir doch erst, wie die Löcher im Käse…« Bumm. Katzenkopf. Ungeheuerliches Gebrüll. Klingel.

Onkel Adolf. »Guten Abend! Guten Abend, Margot – 'n Ahmt – na, wie gehts? Was machen die Kinder? Tobby, was schreist du denn so?« – »Ich will wissen…« – »Sei still…!« – »Er will wissen…« – »Also jetzt bring den Jungen ins Bett und laß mich mit den Dummheiten in Ruhe! Komm, Adolf, wir gehen solange ins Herrenzimmer; hier wird gedeckt!« – Onkel Adolf: »Gute Nacht! Gute Nacht! Alter Schreihals! Nu hör doch bloß mal…! Was hat er denn?« – »Margot wird mit ihm nicht fertig – er will wissen, wo die Löcher im Käse herkommen, und sie hats ihm nicht erklärt.« – »Hast dus ihm denn erklärt?« – »Natürlich hab ichs ihm erklärt.« – »Danke, ich rauch jetzt nicht – sage mal, weiß *du* denn, wo die Löcher herkommen?« – »Na, das ist aber eine komische Frage! Natürlich weiß ich, wo die Löcher im Käse herkommen! Die entstehen bei der Fabrikation durch die Feuchtigkeit… das ist doch ganz einfach!« – »Na, mein Lieber… da hast du dem Jungen aber ein schönes Zeug erklärt! Das ist doch überhaupt keine Erklärung!« – »Na, nimm mirs nicht übel – du bist aber komisch! Kannst du mir denn erklären, wo die Löcher im Käse herkommen?« – »Gott sei Dank kann ich das.« – »Also bitte.«

»Also, die Löcher im Käse entstehen durch das sogenannte Kaseïn, was in dem Käse drin ist.« – »Das ist doch Quatsch.« – »Das ist kein Quatsch.« – »Das ist wohl Quatsch, denn mit dem Kaseïn hat das überhaupt nichts zu… gun Ahmt, Martha, gun Ahmt, Oskar… bitte, nehmt Platz. Wie gehts?… überhaupt nichts zu tun!«

»Was streitet ihr euch denn da rum?« – Papa: »Nu bitt ich dich um alles in der Welt; Oskar! du hast doch studiert und bist Rechtsanwalt: haben die Löcher im Käse irgend etwas mit Kaseïn zu tun?« – Oskar: »Nein. Die Käse im Löcher… ich wollte sagen: die Löcher im Käse rühren daher… also die kommen daher, daß sich der Käse durch die Wärme bei der Gärung zu schnell ausdehnt!« Hohngelächter der plötzlich verbündeten reisigen Helden Papa und Onkel Adolf. »Haha! Hahaha! Na, das ist eine ulkige Erklärung! Der Käse dehnt sich aus! Hast du das gehört? Haha…!«

Eintritt Onkel Siegismund, Tante Jenny, Dr. Guggenheimer und Direktor Flackeland. Großes »Guten Abend! Guten Abend! – …geht's? … unterhalten uns gerade… sogar riesig komisch… ausgerechnet Löcher im Käse!… es wird gleich gegessen… also bitte, dann erkläre du –!«

Onkel Siegismund: »Also – die Löcher im Käse kommen daher, daß sich der Käse bei der Gärung vor Kälte zusammenzieht!« Anschwellendes Rhabarber, Rumor, dann großer Ausbruch mit voll besetztem Orchester: »Haha! Vor Kälte! Hast du schon mal kalten Käse gegessen? Gut, daß Sie keinen Käse machen, Herr Apolant! Vor Kälte! Hähä!« – Onkel Siegismund beleidigt ab in die Ecke.

Dr. Guggenheimer: »Bevor man diese Frage entscheiden kann, müssen Sie mir erst mal sagen, um welchen Käse es sich überhaupt handelt. Das kommt nämlich auf den Käse an!« Mama: »Um Emmentaler! Wir haben ihn gestern gekauft… Martha, ich kauf jetzt immer bei Danzel, mit Mischewski bin ich nicht mehr so zufrieden, er hat uns neulich Rosinen nach oben geschickt, die waren ganz…« Dr. Guggenheimer: »Also, wenn es Emmentaler war, dann ist die Sache ganz einfach. Emmentaler hat Löcher, weil er ein Hartkäse ist. Alle Hartkäse haben Löcher.«

Direktor Flackeland: »Meine Herren, da muß wohl wieder mal ein Mann des praktischen Lebens kommen... die Herren sind ja größtenteils Akademiker...« (Niemand widerspricht.) »Also, die Löcher im Käse sind Zerfallsprodukte beim Gärungsprozeß. Ja. Der... der Käse zerfällt, eben... weil der Käse...« Alle Daumen sind nach unten gerichtet, das Volk steht auf, der Sturm bricht los. »Pö! Das weiß ich auch! Mit chemischen Formeln ist die Sache nicht gemacht!« Eine hohe Stimme: »Habt ihr denn kein Lexikon –?«

Sturm auf die Bibliothek. Heyse, Schiller, Goethe, Bölsche, Thomas Mann, ein altes Poesiealbum – wo ist denn... richtig!

GROBKALK BIS KERBTIERE

Kanzel, Kapital, Kapitalertragssteuer, Karbatsche, Kartätsche, Karwoche, *Käse* –! »Laß mich mal! Geh mal weg! Pardon! Also:

›Die blasige Beschaffenheit mancher Käsesorten rührt her von einer Kohlensäureentwicklung aus dem Zucker der eingeschlossenen Molke.‹« Alle unisono: »Hast es. Was hab ich gesagt?« ... »›eingeschlossenen Molke und ist...‹ wo geht denn das weiter? Margot, hast du hier eine Seite aus dem Lexikon rausgeschnitten? Na, das ist doch unerhört – wer war hier am Bücherschrank? Sind die Kinder...? Warum schließt du denn den Bücherschrank nicht ab?« – »Warum schließt du den Bücherschrank nicht ab ist gut – hundertmal hab ich dir gesagt, schließ du ihn ab –« – »Nu laßt doch mal: also wie war das? Ihre Erklärung war falsch. Meine Erklärung war richtig.« – »Sie haben gesagt, der Käse kühlt sich ab!« – »*Sie* haben gesagt, der Käse kühlt sich ab – ich hab gesagt, daß sich der Käse erhitzt!« – »Na also, dann haben Sie doch nichts von der kohlensauren Zucker- molke gesagt, wie da drinsteht!« – »Was du gesagt hast, war überhaupt Blödsinn!« – »Was verstehst du von Käse? Du kannst ja nicht mal Bolles Ziegenkäse von einem alten Hol- länder unterscheiden!« – »Ich hab vielleicht mehr alten Holländer in meinem Leben gegessen wie du!« – »Spuck nicht, wenn du mit mir sprichst!« Nun reden alle mit ei- nemmal.

Man hört:

– »Betrag dich gefälligst anständig, wenn du bei mir zu Gast bist…!« – »saurige Beschaffenheit der Mucker- zolke…« – »mir überhaupt keine Vorschriften zu ma- chen!« … »Bei Schweizer Käse – ja! Bei Emmentaler Käse – nein! …« – »Du bist hier nicht bei dir zu Hause! hier sind anständige Leute…« – »Wo denn –?« – »Das nimmst du zu- rück! Das nimmst du sofort zurück! Ich lasse nicht in mei- nem Hause meine Gäste beleidigen – ich lasse in meinem Hause meine Gäste nicht beleidigen! Du gehst mir sofort aus dem Haus!« – »Ich bin froh, wenn ich raus bin – deinen Fraß brauche ich nicht!« – »Du betrittst mir nicht mehr meine Schwelle!« – »Meine Herren, aber das ist doch…!« – »Sie halten überhaupt den Mund – Sie gehören nicht zur Fa- milie! …« – »Na das *hab* ich noch nicht gefrühstückt!« – »Ich als Kaufmann…!« – »Nu hören Sie doch mal zu: Wir hatten im Kriege einen Käse –« – »Das war keine Versöh- nung! Es ist mir ganz egal, und wenn du platzt: Ihr habt uns betrogen, und wenn ich mal sterbe, betrittst du nicht mein Haus!« – »Erbschleicher!« – »Hast du das –!« – »Und ich sag es ganz laut, damit es alle hören: Erbschleicher! So! Und nu geh hin und verklag mich!« – »Lümmel! Ein ganz fauler Lümmel, kein Wunder bei dem Vater!« – »Und deine? Wer ist denn deine? Wo hast du denn deine Frau her?« – »Raus! Lümmel!« – »Wo ist mein Hut? In so einem Hause muß man ja auf seine Sachen aufpassen!« – »Das wird noch ein juristisches Nachspiel haben! Lümmel! ...« – »Sie mir auch –!«

In der Türöffnung erscheint Emma, aus Gumbinnen, und spricht: »Jnädje Frau, es is anjerichtet –!«

4 Privatbeleidigungsklagen. 2 umgestoßene Testamente. 1 aufgelöster Soziusvertrag. 3 gekündigte Hypotheken. 3 Klagen um bewegliche Vermögensobjekte: ein gemeinsames Theaterabonnement, einen Schaukelstuhl, ein elektrisch heizbares Bidet. 1 Räumungsklage des Wirts.

Auf dem Schauplatz bleiben zurück ein trauriger Emmentaler und ein kleiner Junge, der die dicken Arme zum Himmel hebt und, den Kosmos anklagend, weithinhallend ruft:

»Mama! Wo kommen die Löcher im Käse her –?«

1928

Wenn die Igel in der Abendstunde

Für achtstimmigen Männerchor

Wenn die Igel in der Abendstunde
still nach ihren Mäusen gehen,
hing auch ich verzückt an deinem Munde,
und es war um mich geschehn –
     Anna-Luise –!

Dein Papa ist kühn und Geometer,
er hat zwei Kanarienvögelein;
auf den Sonnabend aber geht er
gern zum Pilsner in'n Gesangverein –
     Anna-Luise –!

Sagt' ich: »Wirst die meine du in Bälde?«,
blicktest du voll süßer Träumerei
auf das grüne Vandervelde,
und du dachtest dir dein Teil dabei,
     Anna-Luise –!

Und du gabst dich mir im Unterholze
einmal hin und einmal her,
und du fragtest mich mit deutschem Stolze,
ob ich auch im Krieg gewesen wär…
     Anna-Luise –!

Ach, ich habe dich ja so belogen!
Hab gesagt, mir wär ein Kreuz von Eisen wert,

als Gefreiter wär ich ausgezogen,
und als Hauptmann wär ich heimgekehrt –
    Anna-Luise –!

Als wir standen bei der Eberesche,
wo der Kronprinz einst gepflanzet hat,
raschelte ganz leise deine Wäsche,
und du strichst dir deine Röcke glatt,
    Anna-Luise –!

Möchtest nie wo andershin du strichen!
Siehst du dort die ersten Sterne gehn?
Habe Dank für alle unvergesserlichen
Stunden und auf Wiedersehn!
    Anna-Luise –!

Denn der schönste Platz, der hier auf Erden mein,
das ist Heidelberg in Wien am Rhein,
    Seemannslos.
Keine, die wie du die Flöte bliese …!
Lebe wohl! Leb wohl.
    Anna-Luise –!

1928

Frauen sind eitel, Männer? Nie –!

Das war in Hamburg, wo jede vernünftige Reiseroute aufzuhören hat, weil es die schönste Stadt Deutschlands ist –
und es war vor dem dreiteiligen Spiegel. Der Spiegel stand
in einem Hotel, das Hotel stand vor der Alster, der Mann
stand vor dem Spiegel. Die Morgen-Uhr zeigte genau fünf
Minuten vor einhalb zehn.

Der Mann war nur mit seinem Selbstbewußtsein beklei-
det, und es war jenes Stadium eines Ferientages, wo man
sich mit geradezu wollüstiger Langsamkeit anzieht, trödelt,
Sachen im Zimmer umherschleppt, tausend überflüssige
Dinge aus dem Koffer holt, sie wieder hineinpackt, Taschentücher zählt und sich überhaupt benimmt wie ein
mittlerer Irrer: es ist ein geschäftiges Nichtstun, und dazu
sind ja die Ferien auch da. Der Mann stand vor dem Spiegel.

Männer sind nicht eitel. Frauen sind es. Alle Frauen sind
eitel. Dieser Mann stand vor dem Spiegel, weil der dreiteilig
war und weil der Mann zu Hause keinen solchen besaß.
Nun sah er sich, Antinous mit dem Hängebauch, im dreiteiligen Spiegel und bemühte sich, sein Profil so kritisch anzusehen, wie seine egoistische Verliebtheit das zuließ …
eigentlich … und nun richtete er sich ein wenig auf – eigentlich sah er doch sehr gut im Spiegel aus, wie –? Er strich sich
mit gekreuzten Armen über die Haut, wie es die tun, die in
ein Bad steigen wollen … und bei dieser Betätigung sah sein
linkes Auge ganz zufällig durch die dünne Gardine zum
Fenster hinaus. Da stand etwas.

Es war eine enge Seitenstraße, und gegenüber, in gleicher
Etagenhöhe, stand an einem Fenster eine Frau, eine ältere

Frau, schiens, die hatte die drübige Gardine leicht zur Seite gerafft, den Arm hatte sie auf ein kleines Podest gelehnt, und sie stierte, starrte, glotzte, äugte gerade auf des Mannes gespiegelten Bauch. Allmächtiger.

Der erste Impuls hieß den Mann vom Spiegel zurücktreten, in die schützende Weite des Zimmers, gegen Sicht gedeckt. So ein Frauenzimmer. Aber es war doch eine Art Kompliment, das war unleugbar; denn wenn jene auch dergleichen vielleicht immer zu tun pflegte – es war eine Schmeichelei. »An die Schönheit.« Unleugbar war das so. Der Mann wagte sich drei Schritt vor.

Wahrhaftig: da stand sie noch immer und äugte und starrte. Nun – man ist auf der Welt, um Gutes zu tun … und wir können uns doch noch alle Tage sehen lassen – ein erneuter Blick in den Spiegel bestätigte das – heran an den Spiegel, heran ans Fenster!

Nein. Es war *zu* schéhnierlich … der Mann hüpfte davon, wie ein junges Mädchen, eilte ins Badezimmer und rasierte sich mit dem neuen Messer, das glitt sanft über die Haut wie ein nasses Handtuch, es war eine Freude. Abspülen (»Scharf nachwaschen?« fragte er sich selbst und bejahte es), scharf nachwaschen, pudern … das dauerte gut und gern seine zehn Minuten. Zurück. Wollen doch spaßeshalber einmal sehen –.

Sie stand wahr und wahrhaftig noch immer da; in genau derselben Stellung wie vorhin stand sie da, die Gardine leicht zur Seite gerafft, den Arm aufgestützt, und sah regungslos herüber. Das war denn doch – also, das wollen wir doch mal sehen.

Der Mann ging nun überhaupt nicht mehr vom Spiegel

fort. Er machte sich dort zu schaffen, wie eine Bühnenzofe auf dem Theater: er bürstete sich und legte einen Kamm von der rechten auf die linke Seite des Tischchens; er schnitt sich die Nägel und trocknete sich ausführlich hinter den Ohren, er sah sich prüfend von der Seite an, von vorn und auch sonst... ein schiefer Blick über die Straße: die Frau, die Dame, das Mädchen – sie stand noch immer da.

Der Mann, im Vollgefühl seiner maskulinen Siegerkraft, bewegte sich wie ein Gladiator im Zimmer, er tat so, als sei das Fenster nicht vorhanden, er ignorierte scheinbar ein Publikum, für das er alles tat, was er tat: er schlug ein Rad, und sein ganzer Körper machte fast hörbar: Kikeriki! dann zog er sich, mit leisem Bedauern, an.

Nun war da ein manierlich bekleideter Herr –, die Person stand doch immer noch da! –, er zog die Gardine zurück und öffnete mit leicht vertraulichem Lächeln das Fenster. Und sah hinüber.

Die Frau war gar keine Frau.

Die Frau, vor der er eine halbe Stunde lang seine männliche Nacktheit produziert hatte, war – ein Holzgestell mit einem Mantel darüber, eine Zimmerpalme und ein dunkler Stuhl. So wie man im nächtlichen Wald aus Laubwerk und Ästen Gesichter komponiert, so hatte er eine Zuschauerin gesehen, wo nichts gewesen war als Holz, Stoff und eine Zimmerpalme.

Leicht begossen schloß der Herr Mann das Fenster. Frauen sind eitel. Männer –? Männer sind es nie.

1928

Wie sieht der Erfinder des Reißverschlusses aus?

Den Erfinder des Reißverschlusses denke ich mir als einen älteren, teils vergnügten, teils mürrischen Mann: vergnügt, wenn seine Frau verreist ist, mürrisch in allen andern Lebenslagen. Er hat schütteres, weißes Haar, obgleich er noch gar nicht so alt ist; ein leicht lahmes Bein, das er unmerklich nachzieht, eine bedächtige Brille, niedrige Klappkragen, wie sie sein Großvater noch getragen hat. Er ist Deutsch-Amerikaner und heißt mit Vornamen Sam.

Eines Nachts kann dieser Sam nicht schlafen. Es ist eine mürrische Nacht, denn die Frau Sams liegt neben ihm und sieht aus wie ein älteres, etwas fett gewordenes Girl, kein sehr erfreulicher Anblick. Sam freut sich auch nicht – er liegt durchaus auf die andere Seite gedreht und denkt nach. Worüber denkt er wohl nach –?

Keineswegs an die Erfindung eines Reißverschlusses. Sam ist weder Ingenieur noch Techniker, sondern Buchhalter in einer Expedition für Blumensamen. Aber in seinen Mußestunden bastelt er an allem, dessen er habhaft werden kann, zum großen Ärger des fetten Girls: an den Uhren, am Rundfunk, am Auto, an den Fensterläden und an den geheiligten Vorrichtungen des Badezimmers. Zur Zeit hat er es mit der Handtasche seiner Frau. Irgend etwas gefällt ihm nicht an dieser Tasche.

Nun macht das Girl, das fette, eine lasche Bewegung im Halbschlaf … »Leo«, flüstert sie – denn dies ist ihr erster Mann gewesen. Sam zieht die Nase kraus – er liebt Leo nicht, denn Leo ist ein erfolgreicher Reisender in Essig, trägt so hohe Kragen und hat eine Frau, die aus dem Norden ist und auch so spricht… Ja, also die Handtasche hat einen Bügel, und dieser Bügel behagt Herrn Sam nicht mitnichten. Das fällt ihm jetzt ein. Wenn man… und er versinkt in Grübeln…

Mit einem Schrei fährt das Girl auf. »Sam!« – Kein Sam. »Es sind Einbrecher – –!« In der Küche rumort es, in der Wohnung rumort es. Das Girl stirbt vor Schreck, kommt wieder zu sich, stirbt noch einmal und steckt dann den süß ondulierten Kopf unter die zu diesem Zweck angebrachte Bettdecke. Da steht Sam vor ihr. »Was schreist du so?« grollt er dumpf. Seine Augen leuchten, er ist vergnügt-mürrisch. »Sam! Es sind Einbrecher – hast du – –?« »Ich habe es gefunden«, sagt Sam. »Was hast du gefunden?« sagt das Girl. »Das mit dem Bügel«, sagt Sam. »Jetzt in der Nacht?« sagt das Girl. »Jetzt in der Nacht«, sagt Sam. Und klettert ins Bett und hört nicht und sieht nicht, und seine alten, gelben Hände machen so sonderbare Bewegungen auf der Decke, daß das Girl nur den Kopf schütteln kann und an Leo denkt, den es glücklich los ist, und an ein ganz anderes Leben, das es hätte führen können, mit einem Douglas Fairbanks für den Vormittag und einem Valentino für den Nachmittag, und weil Valentino nun tot ist, und Leo noch lebt, muß das Girl leise weinen, ganz leise. Sam lächelt.

Am nächsten Tag, einem Sonnabend, sitzt Sam von Mittag an bis zum Sonntag abend an seinem Basteltisch und klopft und hämmert und zwickt mit Zangen, dann geht er ins Gartenhäuschen und schlägt auf dem winzigen Amboß herum und läßt den Schweiß-Apparat aufzischen und ist sehr tätig. Am Montag steht er vor dem Direktor eines großen Konsortiums, der bei Sam seinen Blumensamen kauft.

»Hier wird gezogen«, sagt Sam, »sehen Sie: so – und hier: so –.« Der Direktor sagt nichts; seine Hände machen eine Bewegung, die an das Auf- und Zuklappen der Flügel eines großen Raubvogels erinnern. »Zeigen Sie mal –«, sagt er langsam. Und nimmt das kleine, mit Metallzwecken besetzte Lederding, das Sam ihm hinhält, in die Hand. Und zieht. Es ist ganz still in dem kleinen Raum. »Das ist –«, sagt der Direktor, faßt sich aber sofort; »das ist – ehm – das ist nicht unbrauchbar; nicht ganz unbrauchbar. Wieviel wollen Sie dafür?« Zahlen schwirren. »Haben Sie eine Beschreibung?« sagt der Direktor. Nein, die hat Sam nicht. Der Direktor klingelt. Ein minder fettes Girl erscheint; Sam soll diktieren. Er kann nicht diktieren. Der Direktor hilft. Es kommt eine ziemlich zusammengestoppelte Erklärung zustande. Der Direktor ist zufrieden. Sam, der plötzlich einen engbeschriebenen Scheck vor seinen Augen auf- und abtanzen sieht, hat eine Vision. Das minder fette Girl verhilft ihm zu dieser Vision. Sam akzeptiert den Vorschlag des Direktors. Sam, du Ochse.

Kaum ist Sam heraus, so stürzt der Direktor mit ein paar Bogen Papier und dem Ledersäckchen aufs Patentamt …

In der Generalversammlung kriegen sie heiße Köpfe. Das ist … so etwas hat man noch nie … das da ist keiner der ausgekochten Jungen, der nicht sofort wittert, was das ist. Über den korrekt sitzenden Schlipsen bewegen sich die harten amerikanischen Köpfe rasch hin und her. Hier ist die Chance, die große Chance. Und als sie gerade alle auseinandergehen wollen, mit dem festen und sicheren Bewußtsein, die große Gelegenheit ihres Lebens endlich erreicht zu haben und sie – das walte Gott! – richtig auszunutzen: da stellt der Jüngste der Gesellschaft eine Frage. Es ist nur eine kurze Frage – aber es wird ganz still in dem kleinen Saal. »Wie kommt das denn eigentlich zustande?« fragt er.

Die Gespräche sind wie abgehackt. Ja – wie wird es denn eigentlich gemacht –? Nun reden alle mit einem Male. Alle wollen es wissen – niemand weiß es. Hastige Hände blättern in der Beschreibung, die der alte Sam diktiert hat, und die, sauber vervielfältigt, vor jedem auf dem Tisch liegt. Aber da steht nur, wie man den Reißverschluß handhaben muß – aber da steht nicht, warum der Reißverschluß funktioniert, warum, warum… Mit einer energischen Geste hakt der Direktor das kleine Tischtelefon ab und sagte eine Nummer in den Apparat. »Nicht zu Hause«, sagt der Direktor. »Was heißt das – nicht zu Hause? Er soll sofort – Verzeihung, gnädige Frau – aber Ihr Mann ist… wie? Er hat Ihnen nichts davon gesagt? Das ist sehr merkwürdig? Er ist auch schon mittags nicht zu Hause gewesen? – ganz gegen seine Gewohnheit nicht zu Hause – –?« Alle sehen sich betroffen an. Und nun erklären wieder alle mit einem Male, warum ein Reißverschluß, die Hoffnung ihres Lebens, funktioniert, funktionieren muß – aber sie wissen es nicht, niemand weiß es. Wo ist der Erfinder des Reißverschlusses –?

Der Erfinder des Reißverschlusses hat den Scheck zu Geld gemacht. Der Erfinder des Reißverschlusses ist mit einem schlanken, mit einem blonden, mit einem himmlisch gepuderten, mit einem grazilen Girl davongemacht – nach Paris. Denn so steht es in den Büchern; denn so ist das im Film. Sam hat eine Brieftasche mit Dollars; das Girl hat ein Herz (und den Rest) aus Zelluloid. Nun schwimmen sie über den Ozean, und nun sind sie in Paris.

Inzwischen kommen drüben die ersten Taschen mit Reißverschluß heraus, und es gibt eine Sensation. Alle Welt will einen Reißverschluß haben: die Tabaksbeutel und die Handtaschen der Damen und die kleinen Koffer und die Ministerportefeuilles – und es ist nur schade, daß man nicht auch alle Damenkleider mit Reißverschluß ... und die Konkurrenz der Branche sieht mit einem nassen Auge das kleine, eingepreßte Zeichen im Metall an, das da anzeigt, wie gut dieser verteufelte, kleine Trick geschützt ist... »Never mind!« Man muß die nächste Chance abwarten. Diese ist dahin.

Und kein Mensch weiß, wie es ›gemacht‹ wird. Kein Mensch kann sich erklären, warum, warum der Reißverschluß funktioniert. Niemand weiß es. Die Fabrikanten können ihn herstellen, aber sie wissen eigentlich auch nicht ganz genau, *was* sie da fabrizieren. Ich weiß es nicht. Du weißt es nicht. Wir wissen es alle nicht.

Und der einzige Mensch, der es weiß, sitzt, während du dies liest, in Paris an der Ecke des Boulevard des Italiens und der rue Helder und verkauft Zeitungen. Er hat keinen Sou mehr, der arme Sam; das Zelluloid-Girl ist ihm davongelaufen, mit einem andern Sam, der George heißt, die Brieftasche ist leer, die Dollars sind fortgeflogen – und übriggeblieben ist ein armer, alter Mann, der nachts, wenn er in das kleine Schlafhotel am Boulevard Sébastopol kriecht, wo er in einem stickigen Zimmer mit acht Markthelfern schläft, nur eine einzige, süße, kleine Schadenfreude im Herzen trägt.

Er weiß, warum der scheinbar so einfache, welterobernde Reißverschluß funktioniert. Und er sagts keinem.

1928

Das Lächeln der Mona Lisa

Ich kann den Blick nicht von dir wenden.
Denn über deinem Mann vom Dienst
hängst du mit sanft verschränkten Händen
    und grienst.

Du bist berühmt wie jener Turm von Pisa,
dein Lächeln gilt für Ironie.
Ja... warum lacht die Mona Lisa?
Lacht sie über uns, wegen uns, trotz uns, mit uns,
    gegen uns –
        oder wie –?

Du lehrst uns still, was zu geschehn hat.
Weil uns dein Bildnis, Lieschen, zeigt:
    Wer viel von dieser Welt gesehn hat –
    der lächelt, legt die Hände auf den Bauch
                            und schweigt.

1928

Die fünfte Jahreszeit

Die schönste Zeit im Jahr, im Leben, im Jahr? Lassen Sie
mich nachfühlen.

Frühling? Dieser lange, etwas bleichsüchtige Lümmel,
mit einem Papierblütenkranz auf dem Kopf, da stakt er über
die begrünten Hügel, einen gelben Stecken hat er in der
Hand, präraffaelitisch und wie aus der Fürsorge entlaufen;

alles ist hellblau und laut, die Spatzen fiepen und sielen sich in blauen Lachen, die Knospen knospen mit einem kleinen Knall, grüne Blättchen stecken fürwitzig ihre Köpfchen… ä, pfui Deibel!… die Erde sieht aus wie unrasiert, der Regen regnet jeglichen Tag und tut sich noch was darauf zugute: ich bin so nötig für das Wachstum, regnet er. Der Frühling –?

Sommer? Wie eine trächtige Kuh liegt das Land, die Felder haben zu tun, die Engerlinge auch, die Stare auch; die Vogelscheuchen scheuchen, daß die ältesten Vögel nicht aus dem Lachen herauskommen, die Ochsen schwitzen, die Dampfpflüge machen Muh, eine ungeheure Tätigkeit hat rings sich aufgetan; nachts, wenn die Nebel steigen, wirtschaftet es noch im Bauch der Erde, das ganze Land dampft vor Arbeit, es wächst, begattet sich, jungt, Säfte steigen auf und ab, die Stuten brüten, Kühe sitzen auf ihren Eiern, die Enten bringen lebendige Junge zur Welt: kleine piepsende Wollballen, der Hahn – der Hahn, das Aas, ist so recht das Symbol des Sommers! er preist seinen Tritt an, das göttliche Elixier, er ist das Zeichen der Fruchtbarkeit, hast du das gesehn? und macht demgemäß einen mordsmäßigen Krach… der Sommer –?

Herbst? Mürrisch zieht sich die Haut der Erde zusammen, dünne Schleier legt sich die Fröstelnde über, Regenschauer fegt über die Felder und peitscht die entfleischten Baumstümpfe, die ihre hölzernen Schwurfinger zum Offenbarungseid in die Luft strecken: Hier ist nichts mehr zu holen… So sieht es auch aus… Nichts zu holen… und der Wind verklagt die Erde, und klagend heult er um die Ecken, in enge Nasengänge wühlt er sich ein, Huuh macht er in den Stirnhöhlen, denn der Wind bekommt Prozente von den Nasendoktoren... hochauf spritzt brauner Straßenmodder... die Sonne ist zur Kur in Abazzia... der Herbst –?

Und Winter? Es wird eine Art Schnee geliefert, der sich, wenn er die Erde nur von weitem sieht, sofort in Schmutz auflöst; wenn es kalt ist, ist es nicht richtig kalt, sondern naßkalt, also naß... Tritt man auf Eis, macht das Eis Knack und bekommt rissige Sprünge, so eine Qualität ist das! Manchmal ist Glatteis, dann sitzt der liebe Gott, der gute, alte Mann, in den Wattewolken und freut sich, daß die Leute der Länge lang hinschlagen... also, wenn sie denn werden kindisch... kalt ist der Ostwind, kalt die Sonnenstrahlen, am kältesten die Zentralheizung – der Winter –?

»Kurz und knapp, Herr Hauser! Hier sind unsere vier Jahreszeiten. Bitte: Welche –?«

Keine. Die fünfte.

»Es gibt keine fünfte.«

Es gibt eine fünfte. – Hör zu:

Wenn der Sommer vorbei ist und die Ernte in die Scheuern gebracht ist, wenn sich die Natur niederlegt, wie ein ganz altes Pferd, das sich im Stall hinlegt, so müde ist es – wenn der späte Nachsommer im Verklingen ist und der frühe Herbst noch nicht angefangen hat –: dann ist die fünfte Jahreszeit.

Nun ruht es. Die Natur hält den Atem an; an andern Tagen atmet sie unmerklich aus leise wogender Brust. Nun ist alles vorüber: geboren ist, gereift ist, gewachsen ist, gelaicht ist, geerntet ist – nun ist es vorüber. Nun sind da noch die Blätter und die Gräser und die Sträucher, aber im Augenblick dient das zu gar nichts; wenn überhaupt in der Natur ein Zweck verborgen ist: im Augenblick steht das Räderwerk still. Es ruht.

Mücken spielen im schwarz-goldenen Licht, im Licht sind wirklich schwarze Töne, tiefes Altgold liegt unter den Buchen, Pflaumenblau auf den Höhen… kein Blatt bewegt sich, es ist ganz still. Blank sind die Farben, der See liegt wie gemalt, es ist ganz still. Boot, das flußab gleitet, Aufgespartes wird dahingegeben – es ruht.

So vier, so acht Tage –

Und dann geht etwas vor.

Eines Morgens riechst du den Herbst. Es ist noch nicht kalt; es ist nicht windig; es hat sich eigentlich gar nichts geändert – und doch alles. Es geht wie ein Knack durch die Luft – es ist etwas geschehen; so lange hat sich der Kubus noch gehalten, er hat geschwankt…, na… na…, und nun ist er auf die andere Seite gefallen. Noch ist alles wie gestern: die Blätter, die Bäume, die Sträucher… aber nun ist alles anders. Das Licht ist hell, Spinnenfäden schwimmen durch die Luft, alles hat sich einen Ruck gegeben, dahin der Zauber, der Bann ist gebrochen – nun geht es in einen klaren Herbst. Wie viele hast du? Dies ist einer davon. Das Wunder hat vielleicht vier Tage gedauert oder fünf, und du hast gewünscht, es solle nie, nie aufhören. Es ist die Zeit, in der ältere Herren sehr sentimental werden – es ist nicht der Johannistrieb, es ist etwas andres. Es ist: optimistische Todesahnung, eine fröhliche Erkenntnis des Endes. Spätsommer, Frühherbst und das, was zwischen ihnen beiden liegt. Eine ganze kurze Spanne Zeit im Jahre.

Es ist die fünfte und schönste Jahreszeit.   1929

Soll man das tun?

Soll man seine Bücher mit Anmerkungen versehen? Mit Strichen? Mit Bravo-Ausrufungszeichen und mit Na-na-na-Fragezeichen? Soll man das –?

Schopenhauer tats. Die Bände seiner Bibliothek sind voll von herrlichen und wetterfesten Beschimpfungen, von Ergänzungen, Marginalien und fixierten Wutausbrüchen, wenn dem Herrn Buchautor etwas schief gegangen war. Auch schrieb er in viele Bände ein Generalurteil hinein… Der also tats. Sollen wir auch –?

Manchmal juckts einen. Es ist ja nicht so übermäßig tapfer, denn der Autor ist nicht dabei, er kann sich nicht wehren, er sitzt, während du ihn beschimpfen oder Ei-ei machen willst, am Bach und angelt (wenn er klug ist), oder er schreibt grade ein neues Buch (wenn sein Verleger klug ist). Es ist also, was du da treibst, ein etwas einseitiger Sieg…

Immerhin: es prickelt uns doch manchmal in allen Fingerspitzen, dem Herrn einen hinzumalen. Der deutsche Leser ist ein ordentlicher Leser; dreiviertel aller Kritiken werden also wohl:

WIDERSPRUCH! SIEHE SEITE 95!

heißen. Aber nichts hat so viel Unlogik in sich wie die Logik… man sollte da wohl etwas vorsichtig verfahren…

Der Tadelmöglichkeiten gibt es viele. Wir wollen es nun nicht so treiben wie jener hohe Herr, der »Blödsinn!« und »Quatsch!« an den Rand seiner Akten schrieb – doch macht sich das gequälte Gemüt des Lesers gern Luft in solchen Strichen – dick! zweimal! immer gib ihm! und jeder Strich heißt: »Hat man je so etwas…!« Das ist der Herr Lehrer, der aus dem Leser spricht; eigentlich müßten solche Striche mit roter Tinte gemacht werden...

Lange Anmerkungen schreiben die Leser von Romanen heute selten an den Rand... für wen auch? Vielleicht für ihre Nachleser oder Nachleserinnen – für den Autor und gegen den Autor aber wohl nicht mehr. Der Respekt vor dem gedruckten Buch ist sehr geschwunden... Und der schärfste Tadel ist wohl der, der den Autor wirklich träfe, könnte er ihn hören: »Ich habe den Kram gar nicht zu Ende gelesen!«

Und wie ist es mit dem Ei-ei? Das sieht schon anders aus.

Ich für mein Teil bin ein Unterstreicher jener Stellen, die mir zusagen. Ich nehme einen Bleistift und in wilden Lagen des menschlichen Lebens den Fingernagel und male an. Wenn ich dann das Buch noch einmal lese, dann weiß ich: »Hier ist gut ruhen – da paß auf.« Und welche Stellen loben wir?

Die, mit deren Inhalt wir uns identifizieren. Das unausgesprochene ›Ich auch! ich auch!‹ ist in diesen Strichen, Punkten, kleinen Linien... es muß hübsch sein, diesen stummen Applaus entgegenzunehmen. Schauspieler haben es gut – Schriftsteller merken nur mittelbar, was sie gekocht haben.

Die angestrichenen ›schönen Stellen‹ sind wie kleine Laternen in der Nacht. Die Leserin fühlt sich von ihrem Schein getroffen, es entsteht ein Induktionsstrom, etwas klingt in ihr auf... klingt mit... ich auch! ich auch! Und da streicht man dann an.

Wird das Buch dadurch verunglimpft? Damit ist es so:

Es fragt sich, ob man mit dem Buch eine Liebschaft hat oder mit ihm verheiratet ist – ich wage nicht, eine dieser beiden Möglichkeiten mit dem Wort ›nur‹ zu versehen...

Ein kostbares Buch, das man liest... das soll man lassen stahn und nichts hineinmalen. Aber wenn man mit dem Buch zusammenlebt, jahraus, jahrein – dann darf man schon diese oder jene kleine Anmerkung anbringen. Etwa auf Seite 167, wo der Held morgens beim Zähneputzen so laut gurgelt, daß die ganze Lyrik zusammenstürzt, darf man schreiben:

genau wie Egon

und das ist dann wie ein kleines Tagebuch, wenn man diese Stelle nach Jahren noch einmal auffindet.

Merk:

Man darf Bücher vollmalen; man soll es nicht, man muß es nicht – aber man kann.

Schade, daß dies in keinem Buch steht. Ich weiß schon, was der Leser dazu schriebe.   1929

Die Großen

Kein Kind versteht die Erwachsenen – so, wie ja auch die Erwachsenen gewöhnlich ihre Kinder nicht verstehn. Die Kinder sehen auf die Großen herab... Was die alles machen! was die so für Sorgen haben! weshalb sie sich laut gebärden und was sie nicht sehen und mit welchen geheimnisvollen Arbeiten sie sich befassen und wichtig tun! Kein Kind versteht die Erwachsenen; es fühlt sie nur manchmal.

Nun bin ich auch erwachsen und verstehe meine Miterwachsenen doch nicht sehr schön. Es ist wohl vor allem der tierische Ernst, von dem der Weise als von dem Kennzeichen niedriger Naturen spricht, der mich fernhält. Wie nehmen sie es alles ernst! Sich und ihren Beruf und ihr Haus und ihre Familie und ihr Vaterland und ihre Partei und ihr Geld, na, das vor allem – und da ist kaum ein Augenblick, in dem sie sich einmal selber auf den Kopf spucken können, über sich selber lachen, einmal aus sich herausgehen... nicht doch. Ich stehe daneben wie Chaplin: ich muß immerzu den Kopf schütteln. Und sehe an mir herunter: Ja, trage ich denn noch kurze Hosen? Nein, im allgemeinen nicht. Ich sollte doch nun auch als Original-Erwachsener mit den Großen groß tun... ich kann nicht. Das ist sehr gefährlich – man darf es gar nicht laut sagen; dann nehmen sie einen nicht mehr für voll. »Der Mann is nich zerjeehs«, sagen sie dann. Ich kenne Kaufleute, die sind jünger als ich; wenn die vom Geschäft sprechen, bin ich wieder sieben Jahre, klettere meinem Papa auf dem Schoß herum, und der sagt: »Jetzt störe mal nicht! Also, Herr Fahrenholz – wir haben bei der Kontrolle festgestellt...« Dabei war Vater nicht ernster, als er unbedingt mußte, er hatte Humor – aber wenn er über seine Geschäfte sprach, dann machte er das ganz ernst und vernünftig, und ich verstand kein Wort. Ich sah an ihm hoch...

Ich sehe heute an den Erwachsenen hoch. Das kommt vielleicht auch daher, daß sie alle einen richtigen Beruf haben, der sie ergriffen hat (sie bilden sich ein: den sie ergriffen haben). Wenns windig ist, halten sie sich an dem fest. Ja, ich kann das auch – aber dann muß ich mich verstellen. Im Laufe der Jahre lernt man so allmählich, was man in den verschiedenen Lagen tun muß: hier lügen und da mit Aplomb die Wahrheit sagen und auf alle Fälle furchtbar ernst sein. Manchmal juckt es mich gradezu, während solch eines Gesprächs, Verzeihung: Verhandlung, pardon: Konferenz, den

Partner ein bißchen in die Seite zu schubsen und zu sagen: »Max. Das ist doch alles Zimt. Hör mal zu, wir wollen das so machen…« Aber das darf man nicht. Man muß sein Gesicht glatt halten, wie wenn ein unsichtbares Monokel drin säße, kalt und hart, römisch-japanisch, und dann muß man sagen: »Ich habe da noch einige Bedenken. Die Ziffer IV des Vertrages…« So muß man. Aber man möchte das nicht.

Und daher bringts denn auch unsereiner zu nichts. Geld will ernst genommen werden; sonst kommt es nicht zu dir. Und ich werde immer jünger und werde wohl mit siebzig reifenspielend im Tiergarten angetroffen werden und selig die Kinderbücher meiner Jugend lesend. Und wenn mir heute auf dem Lande Kinder begegnen, die scheu den fremden, dicken Mann grüßen, dann möchte ich immer hingehn und sagen: Kinder, ich gehöre ja eigentlich zu euch – nicht zu euerm Lehrer! Aber das glauben sie mir nicht, für sie bin ich ein Erwachsener. Und für die Erwachsenen ein halbes Kind. Man hats gar nicht leicht im menschlichen Leben.

1930

Der Anhänger

> »Was nützt mich der Mantel, wenn er
> nich jerollt is!«
>
> *Unteroffizier: 1848*

Die Franzosen, welches, wie meine Freundin Grete Walfisch sagt, ein degeneriertes Volk ist, treiben mit ihren männlichen Mänteln Schindluder. Ich muß es einmal sagen – seit

Jahren krampft sich mir das Herz zusammen, wenn ich sehe, was diese Mäntel leiden müssen. Sie werden zusammengefaltet wie Faltboote, zu dicken Paketen verunstaltet, das Paket wird hinter Stangen auf Bretter gelegt, in den Restaurants treiben sie es so, das heißt, in denen, wo nicht fein sind, ohne ›vestiaire‹, was Garderobe heißt – es ist furchtbar, mit anzusehen. »Ja, haben sie denn keine Aufhängedinger?« – Das ist es ja eben – die haben sie, aber wie sehen die aus! Meinen Sie, da sind richtige Haken dran? Oui, gâteau! Da ist so eine Art Haken, aber die enden in *Knöpfen*! In dikken, kugeligen Knöpfen! Hat man je so etwas…

Über diese Knöpfe hängt das degenerierte Volk die Männermäntel. Während ein richtiger Mantel doch an einem Henkel zu hängen hat, der zieht ihn dann so schön nach unten, er verliert leichter die Fasson, er muß öfter aufgebügelt werden, die Schneider verdienen daran – kurz: Volkswirtschaft. Die Franzosen aber… es ist zum Gotterbarmen.

Daher denn auch die französischen Schneider solche Anhänger gar nicht herstellen; sie liefern dir den Mantel sine sine. Davon habe ich zwei. Und mit denen bin ich neulich in die Heimat gekommen.

Wenn – im vorigen Frieden – der Blitz in eine marschierende Kompanie schlug und es fiel ein Mann um, dann besah sich der Hauptmann den Schaden und rief: »Natürlich, der Einjährige!« – Und der kam sich dann noch im Lazarett sehr dämlich vor, weil er eben immer das Karnickel war. So ging das mit mir und mit dem Anhänger. Mit dem Nicht-Anhänger. Ich habe gelitten wie Dante bei Solferino.

Es begann bei den Dienstmädchen der befreundeten Familien. »Darf ich abnehmen?…« – Bitte, Fräulein. (Pause.)

»Da ist kein Anhänger dran!« (Spöttischer Blick. Melodie: Du armes Aas hast wohl keine Dame, die dir das annäht?) Ich traurig ab.

Die Kellner in den Restaurants waren schon strenger. Ich bin gerade noch ohne Arrest weggekommen.

Aber am schlimmsten waren die Garderobenfrauen in den Theatern. O weh – was habe ich da zu hören bekommen! »Na, is doch wahr! Nachher schimpfen die Herrschaften, daß man die Sachen nicht ordentlich hat aufgehängt – und denn haben sie nich mah Anhänger dran, wie es sich gehört!« –

Dieses Wort schlug wie ein Donnerhall in meine Seele. Nun hatte ich es heraus: es war nicht die kleine technische Unzulänglichkeit, die die Leute so aufbrachte: es gehörte sich nicht –! *Das* war es. Der fehlende Anhänger war ein Fehler in der Weltordnung.

Es regnete höhnische Anerbieten auf mich: ob man mir vielleicht den Anhänger annähen solle? Ich: »Ja.« Die Wachtmeisterin an der Garderobe: »Na, det hat jrade noch jefehlt!« mit der anschließenden Frage, ob ich vielleicht Löcher in den Hosen hätte, man könnte die ja auch … es wäre ein Aufwaschen oder vielmehr Aufnähen – aber aus der Näherei wurde nichts; es gab nur Krach.

Es gab soviel Krach, daß ich mich gar nicht mehr in die öffentlichen Kunstinstitute hineingetraut habe – auf diese Weise sind in meiner ohnehin kümmerlichen Bildung bedeutsame Lücken in der Abteilung ›Klassische Revue mit unruhigem Humor‹ entstanden – und ich wanderte ins Kino ab. Da war ich aber vom Regen unter Umgehung der Traufe direkt in die Schokolade gekommen.

Mit »Da hängen Sie sich doch uff!« fing es an. Ich floh, wie von Furien gepeinigt... gejagt... wie von Furien gejagt... und jetzt sitze ich da mit dem Mantel, und was nutzt er mir, wenn er keinen Anhänger hat.

»Nun sagen Sie – eine Frage. Das näht Ihnen keiner an? Da haben Sie keine... also kein weibliches Wesen in Ihrer Umgebung, die Ihnen diesen kleinen Freundschaftsdienst erweist? –« – Ach, wissen Sie, mit den kleinen Freundschaftsdiensten... das ist ein weites Feld. Die werden sehr überzahlt. »Na, und Lottchen?« – Das ist eine berufstätige Frau, wissen Sie. Sie sagt: »Warte, bis du wieder in Frankreich bist – da brauchst du keinen Anhänger.«

Und ich gehe umher, ein Ausgestoßener – ein Mann, der seinen... das kann man eigentlich nicht sagen. Immerhin: Peter Schlemihl. Wenn ein ganzes Volk, Mann für Mann, etwas besitzt, was ein einzelner nicht besitzt –: wahrlich, ich sage dir – aus solchem Holze werden die Märtyrer gemacht. Denn es ist die große Frage, ob die Mäntel wegen der Anhänger da sind oder die Anhänger wegen der Mäntel. Es ist beinah dieselbe Frage: ob man lebt oder ob man im Dienste eines Apparates gelebt wird. Ein weiser Mann des fernen Ostens, dem eine solche Frage vorgelegt wurde, sann lange nach. Und dann sprach er: »Wenn Sie mich so fragen – muß ich Ihnen antworten: Ja.«   1930

In der Hotelhalle

Ein Blick – und die Neese sitzt hinten.

Wir saßen in der Halle des großen Hotels, in einer jener Hallen, in denen es immer aussieht wie im Film – anders tuts der Film nicht. Es war fünf Minuten vor halb sechs; mein Partner war Nervenarzt, seine Sprechstunde war vorüber, und wir tranken einen dünnen Tee. Er war so teuer, daß man schon sagen durfte: wir nahmen den Tee.

»Sehen Sie«, sagte er, »es ist nichts als Übung. Da kommen und gehen sie – Männer, Frauen, Deutsche und Ausländer, Gäste, Besucher ... und niemand kennt sie. Ich kenne sie. Ein Blick – hübsch, wenn man sich ein bißchen mit Psychologie abgegeben hat. Ich blättere in den Leuten wie in aufgeschlagenen Büchern.«

»Was lesen Sie?« fragte ich ihn.

»Ganz interessante Kapitelchen.« Er blickt mit zugekniffenen Augen umher. »Keine Rätsel hier – ich kenne sie alle. Fragen Sie mich bitte.«

»Nun ... zum Beispiel: was ist der da?«

»Welcher?«

»Der alte Herr ... mit dem Backenbart ... nein, der nicht ... ja, der ...«

»Der?« Er besann sich keinen Augenblick.

»Das ist ... der Mann hat, wie Sie sehen, eine fulminante Ähnlichkeit mit dem alten Kaiser Franz Joseph. Man könnte geradezu sagen, daß er ein getreues Abbild des Kaisers sei – er sieht aus ... er sieht aus wie ein alter Geldbriefträger, den die Leute für gütig halten, weil er ihnen die Postanweisungen bringt. Seine Haltung – seine Allüren... ich halte den Mann für einen ehemaligen Hofbeamten aus Wien – einen sehr hohen sogar. Der Zusammenbruch der Habsburger ist ihm sehr nahe gegangen, sehr nahe sogar. Ja. Aber sehen Sie doch nur, wie er mit dem Kellner spricht: das ist ein Aristokrat. Unverkennbar. Ein Aristokrat. Sehen Sie – in dem Mann ist der Ballplatz; Wien; die ganze alte Kultur Österreichs; die Hohe Schule, die sie da geritten haben – tu, Felix, Austria... Es ist sicher ein Exzellenzherr – irgendein ganz hohes Tier. So ist das.«

»Verblüffend. Wirklich – verblüffend. Woher kennen Sie das nur?«

Er lächelte zu geschmeichelt, um wirklich geschmeichelt zu sein; wie eitel mußte dieser Mensch sein! – »Wie ich Ihnen sage: es ist Übung. Ich habe mir das in meinen Sprechstunden angeeignet – ich bin kein Sherlock Holmes, gewiß nicht. Ich bin ein Nervenarzt, wie andere auch – nur eben mit einem Blick. Mit einem Blick.« Er rauchte befriedigt.

»Und die Dame da hinten? Die da am Tisch sitzt und auf jemand zu warten scheint – sehen Sie, sie sieht immer nach der Tür...«

»Die? Lieber Freund, Sie irren sich. Die Dame wartet nicht. Sie erwartet wenigstens hier keinen. Sie wartet... ja, sie wartet schon. Auf das Wunderbare wartet sie. Lassen Sie... einen Moment...«

Er zog ein Monokel aus der Westentasche, klemmte es sich ein, das Monokel fühlte sich nicht wohl, und er rückte es zurecht.

»Das ist... Also das ist eine der wenigen großen Kokotten, die es noch auf dieser armen Welt gibt. Sie wissen ja, daß die Kokotten aussterben wie das Wort. Die bürgerliche Konkurrenz... Ja, was ich sagen wollte: eine Königin der käuflichen Lust. Minder pathetisch: eine Dame von großer, aber wirklich großer Halbwelt. Donner... Donnerwetter... haben Sie diese Handbewegung gesehen? Die frißt Männer. Sie frißt sie. Das ist eine... Und in den Augen – sehen Sie nur genau ihre Augen an... sehen Sie sie genau an... in den Augen ist ein Trauerkomplex, ein ganzer Garten voller Trauerweiden. Diese Frau sehnt sich; nach so vielen Erfüllungen, die keine gewesen sind, sehnt sie sich. Daran gibt es keinen Zweifel. Fraglich, ob sie jemals das finden wird, was sie sucht. Es ist sehr schwierig, was sie haben will – sehr schwierig. Die Frau hat alles gehabt, in ihrem Leben – alles. Und nun will sie mehr. Das ist nicht leicht. Dieses verschleierte Moll! Kann sein, daß sich ein Mann ihretwegen umgebracht hat – es kann sein – das kann ich nun nicht genau sagen. Ich bin nicht allwissend; ich bin nur ein Arzt der Seele... Ich möchte diese Frau geliebt haben. Verstehen Sie mich – nicht lieben! Geliebt haben. Es ist gefährlich, diese Frau zu lieben. Sehr gefährlich. Ja.«

»Doktor... Sie sind ein Cagliostro... Ihre Patienten haben nichts zu lachen.«

»Mir macht man nichts vor«, sagte er. »Mir nicht. Was wollen Sie noch wissen? Weil wir grade einmal dabei sind...«

»Der da! Ja, der Dicke, der jetzt aufsteht – er geht – nein, er kommt wieder. Der mit dem etwas rötlichen Gesicht. Was mag das sein?«

»Na, was glauben Sie?«

»Tja… hm… heute sieht doch einer aus wie der andere…
vielleicht…«

»Einer sieht aus wie der andere? Sie können eben nicht
sehen – sehen können ist alles. Das ist doch ganz einfach.«

»Also?«

»Der Mann ist Weinhändler. Entweder der Chef selbst
oder der Prokurist einer großen Weinfirma. Ein energischer,
gebildeter Mann; ein willensstarker Mann – ein Mann, der
selten lacht und trotz des Weines nicht viel vom Humor hält.
Ein ernster Mann. Ein Mann des Geschäftslebens. Unerbittlich. Haßt große Ansammlungen von Menschen. Ein Mann
des Ernstes. Das ist er.«

»Und die da? Diese kleine, etwas gewöhnlich aussehende
Madame?«

»Panter, wie können Sie so etwas sagen! Das ist – (Mono-
kel) das ist eine brave, ordentliche Bürgersfrau aus der Pro-
vinz… (Monokel wieder in den Stall) – eine brave Frau,
Mutter von mindestens vier Kindern, aufgewachsen in den
Ehrbegriffen der kleinbürgerlichen Familien – geht jeden
Sonntag in die Kirche – kocht für ihren Mann, flickt ihren
Bälgern die Hosen und Kleidchen – es ist alles in Ordnung.
Die übet Treu und Redlichkeit und weicht keinen Finger
breit… die nicht.«

»Und der da, Doktor?«

»Sehen Sie – *das* ist der typische Geldmann unserer Zeit.
Da haben Sie ihn ganz. Ich könnte Ihnen seine Lebensgeschichte erzählen – so klar liegt die Seele dieses Menschen
vor mir. Ein Raffer. Ein harter Nehmer in Schlägen. Der läßt
sich nicht unterkriegen. Gibt seine Zeit nicht mit Klimper-
kram ab; liest keine Bücher; kümmert sich den Teufel um et-

was anderes als um sein Geschäft. Da haben sie den amerikanisierten Europäer. Mit den Weibern – Himmelkreuz! – Es ist sechs … Seien Sie nicht böse – aber ich habe noch eine dringende Verabredung. Ich muß mir gleich einen Wagen nehmen. Zahlen! – Die Rechnung…« verbesserte er sich. Der Kellner, kam, nahm und ging. Der Doktor stand auf.

»Was bin ich schuldig?« fragte ich aus Scherz.

»Unbezahlbar – unbezahlbar. Alles Gute! Also… auf bald!« Weg war er.

Und da ergriff mich die Neugier, da ergriff sie mich. Noch saßen alle analysierten Opfer da – alle. Ich schlängelte mich an den Hotelportier heran, der von seinem Stand aus die Halle gut übersehen konnte. Und ich sprach mit ihm. Und ließ etwas in seine Hand gleiten. Und fragte. Und er antwortete. Und ich lauschte:

Der österreichische Höfling war ein Nähmaschinenhändler aus Gleiwitz. Die große Hure mit dem Trauerkomplex eine Mrs. Bimstein aus Chicago – nun war auch ihr Mann zu ihr an den Tisch getreten, unverkennbar Herr Bimstein. Der Prokurist der großen Weinfirma war der Clown Grock. Die pummlige Mama war die Besitzerin eines gastlichen Etablissements in Marseille; der freche Geldmann war ein Dichter der allerjüngsten Schule –

Und nur der Psychologe war ein Psychologe.

1930

Der Arzt versank in meinem Bauch. Dann richtete er sich hochaufatmend wieder auf. »Es sind die Nerven, Herr Panter«, sagte er. »An den Organen ist nichts. Ruhe – Ausspannen – Massage – Rohkost – Gemüse – Gymnastik – kohlensaure Bäder... passen Sie auf: wir kriegen Sie schon wieder hoch. Schwester –!«

Da saß ich in dem Klapskasten, und nun war es zu spät. Man soll nie auf das hören, was einem die guten Freunde raten. Das konnte heiter werden.

Es wurde *sehr* heiter. Ich absolvierte täglich ein längeres Zirkusprogramm, von morgens um sieben bis mittags um halb eins. Der Turnlehrer; die Wiegeschwester; der Bademeister; der Masseur; der Assistenzarzt; die Zimmerschwester... sie alle waren emsig um mich bemüht. Ich kam mir recht krank vor, und wenn ich mir krank vorkam, dann schnauzten sie mich an, was mir wohl einfiele – es ginge mir schon viel, viel besser. Was war da zu machen?

Was war vor allem an den langen Nachmittagen zu machen, die etwa acht- bis neunmal so lang waren wie die reichlich gefüllten Vormittage?

Lesen.

Das Salatorium – man sollte niemals: Sanatorium schreiben – das Salatorium hatte eine Bibliothek. Die ersten acht Tage ging das ganz gut, denn sie hatten da die *Allgemeine Bibliothek der Unterhaltung und des Wissens*, eine Art Familienzeitschrift aus den neunziger Jahren – und so beruhigend! Darin war von der neuen, schreckeinflößenden Erfindung des Telefons die Rede; von einem Wagen, der sich vermittels einer Maschine allein bewegen könnte, einem sogenannten ›Automobil‹; vorn war ein Roman mit Bildern: »Agathe liebkoste die entblätterte Rose und ließ sich auch durch das Zureden des Assessors von Waldern nicht trösten... Seite 95«, dann gab es eine Kriminalnovelle mit abscheulich schlechtgekleideten Missetätern, aber die Wallace waren die Polizeikommissare von Scotland Yard bedeutend schurkiger – und zum Schluß die *Miszellen*, eine bezaubernde Mischung von allerlei Wissenswertem, Kochrezepten, Anekdoten ohne Pointe und überhaupt von gesegnetem Stumpfsinn. Dies beschäftigte mich acht Tage lang. Dann war es aus. Der Rest der Bibliothek bestand aus feinerer Literatur; ich schreibe mir meinen kleinen Bedarf lieber selber. Was nun –?

Eines Tages sah ich beim Bademeister auf dem Fensterbrett der Badekabine eine Rätselzeitschrift liegen. Ich hatte nie gewußt, daß es so etwas gäbe. Aber das gabs. Darin waren Silbenrätsel enthalten und andre schöne Zeitvertreibe. »Darf ich vielleicht... könnten Sie mir das wohl mal leihen...?« fragte ich. Er lieh. Ich hatte kaum mein Müsli und den Salat und die halbe Pflaume gegessen, als ich auf mein Zimmer eilte, den Bleistift spitzte und löste.

Ich verfüge über eine sehr lückenhafte Bildung. Ich weiß nicht, wo Karakorum liegt; ich weiß nicht, was eine ›Ephenide‹ ist; ich verwechsle immer ›Phänomenologie‹ mit ›Pharmazeutik‹, und es ist überhaupt ein Jammer. Aber ich begann zu lösen.

Anfangs ging das ganz gut. Alles, was ich auf Anhieb wußte, schrieb ich in die kleinen Quadrate, und wenn ich nicht weiter konnte, ließ ich das angebissene Rätsel liegen und machte mich an das nächste. So hatte ich viele vergnügte Nachmittage. Der Bademeister brachte mir, trinkgeldlüstern, noch weitere achtzehn Rätselzeitschriften, aber tückischerweise hatten sie keinen Zusammenhang untereinander, denn es fehlten immer grade die Nummern, in denen die Lösungen jener enthalten waren, an denen ich grade knabberte... also mußte ich versuchen, allein damit fertig zu werden, und ich war ganz auf mich selber angewiesen. Ich habe das nicht gerne – wer auf mich gebaut hat, hat noch stets auf Sand gebaut. Aber ich löste.

Als ich die Zeitschriften vollgemalt hatte, hatte ich fünf Kreuzworträtsel zu Ende gelöst. Alle andern – und es waren deren eine Menge – wiesen bedrohliche Flecke auf. Was nun?

Nun zerbiß ich meinen Bleistift; dann den Federhalter des Salatoriums; dann meine Pfeife. Und ich war kribblig...

Sie kennen den sogenannten ›Lahmann-Koller‹? Mit dem ist es so:

Wenn die Patienten eine Weile lang sanftes Gras gefressen haben, dann werden sie furchtbar böse. Sie sind wütend, von morgens um sieben bis abends um acht; und besonders gegen den späten Nachmittag hin, wenn schon der Gedanke an Blumenkohl sie rasend macht, und der an ein gutes Filetsteak nicht minder –: dann beginnen sie, heimlich zu rasen. Laut trauen sie sich nicht.

Ich traute mich auch nicht laut. Aber ich tobte mit den Kreuzworträtseln umher, und ich wollte mich nicht unterkriegen lassen, und ich beschloß, ein Ende zu machen. So oder so... so ging es nicht mehr weiter.

»Berggipfel in den Seealpen.« Nun bitte ich Sie in aller

Welt! Seealpen – wissen Sie, wo die Seealpen liegen? Ich weiß das nicht. Ich habe damals, als wir das durchgenommen haben, gefehlt, oder ich habe grade unter der Bank *Götz Krafft* gelesen oder *Jena oder Sedan*... Seealpen! Drumherum die Reihen hatte ich; mir fehlten aber die Buchstaben, die man aus andern Reihen nicht erraten konnte. Da brach ich die Kreuzworträtsel übers Knie.

›KIKAM‹ setzte ich. Berggipfel in den Seealpen: ›KIKAM‹. Ich fand das sehr schön. Und dies ergötzte mich so, daß ich an einem Nachmittag zweiundzwanzig Kreuzworträtsel löste. Mit Gewalt. Wer nicht hören will, muß fühlen. Ich habe wundervolle Resultate erzielt.

›LEBSCH‹: eine Hauptstadt in Europa. Man erzähle mir nichts – warum soll unter den vielen, vielen europäischen Hauptstädten nicht eine dabei sein, die ›LEBSCH‹ heißt? ›MOREL‹: ein bekannter Südwein. ›NEPZUS‹: ein Planet. (Nein, nicht Neptun – dann geht es nicht auf.) Kaufmännischer Begriff: PLEISE. Ein Getränk der Araber: LORKE. Ein Raubtier: der ›MOGELVOGEL‹; doch, das ist herausgekommen, das Wort, ihr sollt es lassen stahn. Bekannter Gruß: HUMMEL. (Was ja für Hamburg stimmt.) Und es tauchten geradezu abenteuerliche Wörter auf: MIPPEL und FLUNZ und BAKIKEKE. So erbaute ich mir eine neue Welt.

Ich erzählte niemand davon. Aber ich erlernte für mich privat eine neue Sprache: die Kreuzworträtsel-Sprache. Hätte ich es einem gesagt: sie hätten mich nie wieder aus dem Klapskasten hinausgelassen, und ich säße heute noch drin. Aber die Wörter in meinem Herzen bewegend sprach ich den ganzen Tag kreuzisch und fragte mich Vokabeln ab und konnte es schon ganz schön.

»Nun, wie fühlen Sie sich denn jetzt –?« fragte der Onkel Oberdoktor in seiner, sagen wir, gütigen Art. Ich antwortete nicht gleich. Unhörbar übte ich Vokabeln:

Auf des Doktors Schreibtitzl summte eine Failge; die Sumis schien durch das Fenster, und der Himmel war plott. Ich dachte emsig nach, wie doch der Körperteil heißt, an dem ich so gut abgenommen hatte…

»Wie Sie sich fühlen –?« wiederholte der Onkel Doktor, mildgereizt. »Danke… viel besser…« stotterte ich. Wie hieß der Körperteil? – »Viel besser… ja…« – »Aber manchmal etwas zerstreut…? Noch etwas nervös?« fragte er und sah mich forschend an. »Aber gar nicht, Herr Doktor«, sagte ich. »Gar nicht. Ich fühle mich so frisch! Wirklich: famos! Sie haben mir sehr geholfen, sehr!« – »Na, das freut mich«, sagte er. »Sehen Sie, ich habe es Ihnen ja gleich gesagt!« Und er gab mir zum Abschied gute Ratschläge, darunter leider nicht den, die Rechnung nicht zu bezahlen.

Und erst als ich wieder draußen vor dem Tor des Salatoriums stand, da fiel es mir ein. Ich wollte noch einmal zurück, um es dem Doktor mitzuteilen… Ich tat es nicht.

MARS hieß der Körperteil.   1930

»Das kann man noch gebrauchen –!«

Es sind ja wohl die herztausigen Amerikaner, die die verschiedenen ›Wochen‹ erfunden haben: die Bade-Woche, die Unfallverhütungs-Woche und die Mutter-Woche und die Zähnefletsch-Woche… und was man so hat. Und einmal war auch die ›Bodenaufräumungs-Woche‹ dabei. Gar kein schlechter Gedanke…

Denn nur bei einem Umzug oder, was dem nahe kommt, bei einem Brandunglück entdeckt die Familie, was sie alles besitzt, was sich da alles angesammelt hat, wieviel man ›aussortieren‹ muß, müsse, müßte…

Auf dem Boden, im Keller und in heimtückisch verklemmten Schubladen ruht der irdische Tand. Als da ist:

Fünf Handschuhe (Stück, nicht Paar, und immer eine ungerade Zahl); acht Bleistiftstummel; ein Tintenwischer, unbenutzt (Geschenk von Fritzchen – »Wirf das nicht weg, man kann das noch gebrauchen!«); ein Porzellanschäfer ohne Kopf; ein Kopf ohne Porzellanschäfer; ein Bohrer; ein Haufen Flicken; 40 Prozent alte Kaffeemaschine; eine durchlöcherte Blechbadewanne; siebzehn Holzknebel, für zum Paketetragen; Emailletöpfe mit ohne Emaille; ein Füllfederhalter; noch ein Füllfederhalter; eine wacklige Petroleumlampe; Flicken.

Manchmal sucht die Hausfrau etwas – dann stößt sie auf einen Haufen Unglück. Sie verliert sich darin, taucht unter, kommt erst spät zu Mittag wieder hervorgekrochen, staubbedeckt, mit rotem Kopf und abwesenden Augen, wie von einer Reise in fremde Länder… »Denk mal, was ich da gefunden habe! Paulchens erster Schuh!«

Wie kommt das –? Warum ist das so –? Warum heben die Leute das alles auf –?

Sie heben es gar nicht auf. Sie können nur nicht übers Herz bringen, es wegzuwerfen.

Wenn es so weit ist: wenn der Füllfederhalter zerbricht, wenn der Porzellanschäfer den Kopf verliert, wenn die Handschuhe nicht mehr schön sind –: dann wiegen die Menschen einen Augenblick den Kopf nachdenklich hin und her. Da steht der Papierkorb und sperrt höhnisch das Maul auf, hier sieht ihn der oft gebrauchte Gegenstand traurig an, der Invalide – was nun? Da kann er sich nicht entschließen – vor allem: da kann sie sich nicht entschließen. Männer sind rohe Geschöpfe (wenn sie nicht gerade den Schnupfen haben – da benehmen sie sich wehleideriger als eine Frau, die ein Kind kriegt), Männer sind roh und werfen wohl manches fort. Aber Frauen…

Der Amerikaner wirft alles fort: Tradition, alte Autos, sein Geburtshaus, Staubsauger und alte Stiefel. Warum? – Weil das neue nicht gar so viel kostet; weil dort kein Mensch und kein Unternehmen auf langwierige Reparaturen eingerichtet ist – weil das niemand verstände, daß man einen Gegenstand um seiner selbst willen konserviert, wenn an der nächsten Ecke schon ein anderer steht. Fort mit Schaden. Der Europäer aber ist anhänglichen Gemütes und bewahrt sich alles auf. Zum Beispiel in der Politik… hoppla – det jeht mir jar nischt an. Aber in der Wirtschaft hebt er und hebt sie alles auf.

»Gib das mal her! Schmeiß das nicht weg! Immer schmeißt du alles weg! Was ich damit noch will? Das ist gar keine alte faule Kiste! Was die soll? Da kann man alte Handschuhe darin aufbewahren! Natürlich habe ich alte Handschuhe! Na, im Moment nicht – aber man hat doch alte Handschuhe! Wozu ich alte Handschuhe aufbewahre? Na, du bist aber komisch! Wenn man mal… also für aufgesprungene Hände… eben… überhaupt braucht man in der Wirtschaft immer alte Handschuhe…!« Und wenn nachher umgezogen wird, dann steigt dieses Reich des Moders ans Licht, und Gott der Herr verhüllt sein Antlitz, wenn er das mitansehen muß…

Viele unter uns sind noch gar sehr sentimental; wenn sie mit einem Gegenstand eine Zeitlang gelebt haben, dann haben sie mit ihm kein Verhältnis gehabt, sondern sie sind mit ihm verheiratet gewesen – und da trennt man sich doch nicht so eins, zwei, drei… Jedenfalls schwerer als in einer wirklichen Ehe. Das schöne Tintenfaß… Na ja, es hat einen kleinen Knacks… aber vielleicht… als zweite Garnitur… Und dann bewahren sie es auf. Und da liegt es und frißt Staub.

Merk:

Was nicht griffbereit ist, was man nicht nachts um zwei Uhr finden kann –: das besitzt man nicht. Das liegt bloß da. Es ist so, wie wenn man es weggeworfen hätte.

Merk:

In neunundneunzig Fällen von hundert lohnt es sich nicht, ein Ding aufzubewahren. Es nimmt nur Raum fort, belastet dich; hast du schon gemerkt, daß du nicht die Sachen besitzt, sondern daß sie dich besitzen? Ja, so ist das.

Merk:

Ein einziges billiges und brauchbares Rasiernäpfchen ist mehr wert als drei teure, die verstaubt auf dem Boden liegen, weil man sie doch noch mal gebrauchen kann. Wozu? Der Aufbewahrende konstruiert sich dann gern Situationen, die niemals eintreten. »Man könnte doch mal… also wenn wir zum Beispiel mit Flatows einen Ausflug nach dem Stölpchensee machen, und die Kinder wollen sich mal im See Frösche fangen und die Frösche mit nach Hause nehmen – dann ist der Rasiernapf noch sehr schön.«

Aber die Kinder von Flatows fangen keine Frösche, denn sie haben selber einen zu Hause, und noch dazu einen, der bei schlechtem Wetter singt... und dann hat diese Familie auch ihrerseits genügend Gefäße, und überhaupt, was geht dich das an? Du meinst das auch gar nicht. Es ist eine atavistische Hochachtung vor dem Ding, stammend aus der Zeit, wo ein Gegenstand noch mit der Hand hergestellt wurde... Heute speien ihn die Maschinen aus – wirf ihn weg! wirf ihn weg!

Glatt soll es um dich aussehen, griffnah und ordentlich. Hinter den Kulissen deines Daseins soll kein *Modekram* von *Ding-Leichen* liegen: psychoanalysiere dein Besitztum und laß nicht in verstaubten Ecken dein altes Leben gären. Es lohnt nicht; es lastet nur. Wie weit du damit gehen willst, ist Geschmackssache und Alterssache. Gewiß, es gibt moderne Möbel, von denen ein witziger Frankfurtammainer gesagt hat, sie seien für die Wohnung nur konstruiert, damit man sich beim Zahnarzt wie zu Hause fühle... aber laß Licht in alle deine Ecken. Und höre nicht auf die Stimme deiner Frau, die dir sonst so gut rät; wenn sie aber sagt: »Man kann das noch gebrauchen!« – dann denk an den großen Kasten mit alten Schlüsseln, die du immer, immer noch aufbewahrst, Schlüssel, zu denen die Schlösser verloren gegangen sind... Kann man das noch gebrauchen? Das kann man nicht mehr gebrauchen.

Die Basis jeder gesunden Ordnung ist ein großer Papierkorb. 1930

Erfahrungen vererben sich nicht – jeder muß sie allein machen. Jeder muß wieder von vorn anfangen... Nun fängt ja keiner ganz von vorn an, weil in jedem Menschen vielerlei Erfahrungen aufgestapelt sind: zwei Großväter, vier Urgroßväter, achtzehn alte Onkel, dreiundzwanzig Tanten, Ur-Ur-Ur-Ur-Ahnen... das trägst du alles mit dir herum. Und manchmal, wenn du grade einen Entschluß faßt, dann entscheidet in Wahrheit dein im Jahre 1710 verstorbener Ur-Ur-Ur-Ur... Adolf Friedrich Wilhelm Panter, geb. 1675 in Bückeburg – der entscheidet, was du tust. Du gehst nachher herum und sagst: »Ich habe mich entschlossen...«

Erfahrungen vererben sich selten. Die katholische Kirche hat da so eine Art Erfahrungsschatz aufgespeichert, den sie ihren Adepten, mehr oder minder symbolisch, abgibt – sie profitiert sehr davon. Man kann da viel lernen, wenn man da etwas lernen kann. Aber zum Beispiel bei der Erziehung...

Da haben unsre Väter gesagt: »Hör auf mich – ich bin ein alter erfahrener Mann...« Nun, wir haben nicht gehört. Ob zum Schaden oder zum Nutzen, ist eine andre Sache – aber gehört haben wir nicht. Jeder will sich seinen Schnupfen allein holen.

Das kann ihm aber auch keiner verdenken. Es gibt so wenig gute Anleitungen... Da haben wir nun Bücher, wie man das Autofahren lernt, wie man Bienen züchtet und Küchenpetersilie zieht; wie man sich zum Gewerbeschullehrer-Examen vorbereitet... für alles das gibt es sehr brauchbare und handliche Werke. Nur, wie man sich mit seinen Mitmenschen am besten verhält – da gibt es weniger brauchbare Bücher.

Es gibt ganze Waschkörbe voll – aber das Zeug ist meist nicht zu brauchen. Diese Bücher moralisieren; sie sagen, wie es sein sollte – nicht: wie es wirklich ist. Das ist sehr schade – hier fehlt etwas.

Die deutsche Literatur ist in diesem Punkt merkwürdig schwach. Oder kenne ich diese verborgenen Schätze nicht…? Ich lasse mich gern belehren. Im Französischen gibt es da sehr schöne Sachen – besonders aber im Englischen, das sind ja Leute von großer praktischer Lebensweisheit. Wir haben viel Theoretisches, sehr viel Moralistisches – aber wenig gute klare und kurze Kompendien darüber, wie es so im menschlichen Leben ist.

Da liegt nun so ein Neugeborenes… Ja, wie soll denn das arme Wesen wissen, wie es sich hienieden verhalten soll, wenn man ihm nicht einen Fahrplan in die Hand gibt –? Sagen Sie selbst.

Und dabei gäbe es doch so viel, so unendlich viel Einfaches zu sagen. Und zwar lauter Sachen, die für eine mittlere Ewigkeit hinreichen – denn die Natur des Menschen ändert sich nicht, nur ihre Formen ändern sich. In Balthasar Gracians Handorakel (vom alten Schopenhauer übersetzt) stehen so einige Dinge – wenn man die beherzigt, kommt man schon ein ganz gutes Stück weiter.

Warum schreibt zum Beispiel nicht einmal ein alter gehauter Fuchs, dessen Fell das Leben gegerbt hat, was man alles mit dem Menschen *nicht* tun darf! Wie verletzlich sie sind; wie man sie niemals necken soll; wie man immer so tun muß, als höre man zu (Zuhörenkönnen ist überhaupt die halbe Lebensweisheit) – keiner schreibt einem das auf. Und da machen denn die Leute einen Haufen Dummheiten und wundern sich, daß sie nicht Regierungsrat werden, und wenn sie alt sind und es bei weitem zu spät ist, dann kommen sie langsam hinter den Dreh und halten ihren Kindern lange Vorträge, wie man es machen müsse, um etwas zu erreichen. Und die guten Kinder denken: »Wenn du so klug bist – warum hastn du dann nicht selber…?« und wenden sich ab und hören nicht zu. Sie wissen das nicht, daß vom Zuhören…

Keiner schreibt es ihnen auf. So ein Büchlein müßte die konzentrierteste Lebensweisheit enthalten, mit einer Aphorismensammlung hat das gar nichts zu tun, beileibe nicht. Es müßten wirklich so goldene Regeln sein, wie etwa die, die der Weltreisende Richard Katz einmal gegeben hat: »Vor jeder großen Reise sich die Zähne reparieren lassen.« Das ist kein Aphorismus – das ist eine (schmerzlich) gewonnene Erfahrung. So ein Buch müßte das sein.

»Sagen Sie… Herr Panter… was ich sagen wollte: Warum scheiben Sie denn das nicht?« – »Ich? Als wie ich? Werter Herr… haben Sie schon mal einen Pokerspieler gesehen, der vor dem Spiel und während des Spieles Ihnen genau erzählt, wie er blufft?

Na, also?«   1930

Blick in ferne Zukunft

…Und wenn alles vorüber ist –; wenn sich das alles totgelaufen hat: der Hordenwahnsinn, die Wonne, in Massen aufzutreten, in Massen zu brüllen und in Gruppen Fahnen zu schwenken, wenn diese Zeitkrankheit vergangen ist, die die niedrigen Eigenschaften des Menschen zu guten umlügt; wenn die Leute zwar nicht klüger, aber müde geworden sind; wenn alle Kämpfe um den Faschismus ausgekämpft und wenn die letzten freiheitlichen Emigranten dahingeschieden sind –:

dann wird es eines Tages wieder sehr modern werden, liberal zu sein.

Dann wird einer kommen, der wird eine gradezu donnernde Entdeckung machen: er wird den Einzelmenschen entdecken. Er wird sagen: Es gibt einen Organismus, Mensch geheißen, und auf den kommt es an. Und ob der glücklich ist, das ist die Frage. Daß der frei ist, das ist das Ziel. Gruppen sind etwas Sekundäres – der Staat ist etwas Sekundäres. Es kommt nicht darauf an, daß der Staat lebe – es kommt darauf an, daß der Mensch lebe.

Dieser Mann, der so spricht, wird eine große Wirkung hervorrufen. Die Leute werden seiner These zujubeln und werden sagen: »Das ist ja ganz neu! Welch ein Mut! Das haben wir noch nie gehört! Eine neue Epoche der Menschheit bricht an! Welch ein Genie haben wir unter uns! Auf, auf! Die neue Lehre –!«

Und seine Bücher werden gekauft werden oder vielmehr die seiner Nachschreiber, denn der erste ist ja immer der Dumme.

Und dann wird sich das auswirken, und hunderttausend schwarzer, brauner und roter Hemden werden in die Ecken fliegen und auf den Misthaufen. Und die Leute werden wieder Mut zu sich selber bekommen, ohne Mehrheitsbeschlüsse und ohne Angst vor dem Staat, vor dem sie ge-

kuscht hatten wie geprügelte Hunde. Und das wird dann so
gehen, bis eines Tages... 1930

Lottchen beichtet 1 Geliebten

»Es ist ein fremder Hauch auf mir? Was soll das heißen – es
ist ein fremder Hauch auf mir? Auf mir ist kein fremder
Hauch. Gib mal 'n Kuß auf Lottchen. In den ganzen vier
Wochen, wo du in der Schweiz gewesen bist, hat mir keiner
einen Kuß gegeben. Hier war nichts. Nein – hier war wirklich nichts! Was hast du gleich gemerkt? Du hast gar nichts
gleich gemerkt... ach, Daddy! Ich bin dir so treu wie du
mir. Nein, das heißt... also, ich bin dir wirklich treu! Du
verliebst dich ja schon in jeden Refrain, wenn ein Frauen-
name drin vorkommt... ich bin dir treu... Gott sei Dank!
Hier war nichts.

... Nur ein paarmal im Theater. Nein, billige Plätze – na,
das eine Mal in der Loge... Woher weißt du denn das? Was?
Wie? Wer hat dir das erzählt? Na ja, das waren Plätze...
durch Beziehungen... Natürlich war ich da mit einem
Mann. Na, soll ich vielleicht mit einer Krankenschwester ins
Theater... lieber Daddy, das war ganz harmlos, vollkommen harmlos, mach doch hier nicht in Kamorra oder Mafia
oder was sie da in Korsika machen. In Sizilien – meinetwegen, in Sizilien! Jedenfalls war das harmlos. Was haben sie
dir denn erzählt? Was? Hier war nichts.

Das war... das ist... du kennst den Mann nicht. Na, das
werd ich doch nicht machen – wenn ich schon mit einem andern Mann ins Theater gehe, dann geh ich doch nicht mit ei-

nem Mann, den du kennst. Bitte: ich hab dich noch nie kompromittiert. Männer sind doch so dußlig, die nehmen einem das übel, wenn man schon was macht, daß es dann ein Berufskollege ist. Und wenn es kein Berufskollege ist, dann heißt es gleich: Fräulein Julie! Man hats wirklich nicht leicht! Also du kennst den Mann nicht! Du kennst ihn nicht. Ja – er kennt dich. Na, sei doch froh, daß dich so viele Leute kennen – biste doch berühmt. Das war jedenfalls ganz harmlos. Total. Nachher waren wir noch essen. Aber sonst war nichts.

Nichts. Nichts war. Der Mann… der Mann ist eben – ich hab ihn auch im Auto mitgenommen, weil er so nett neben einem im Auto sitzt, eine glänzende Begleitdogge – so, hat das die Reventlow auch gesagt? Na, ich nenne das auch so. Aber *nur* als Begleitdogge. Der Mann sah glänzend aus. Doch, das ist wahr. Einen wunderbaren Mund, so einen harten Mund – gib mal 'n Kuß auf Lottchen, er war dumm. Es war nichts.

Direkt dumm war er eigentlich nicht. Das ist ja… ich habe mich gar nicht in ihn verliebt; du weißt ganz genau, daß ich mich bloß verliebe, wenn du dabei bist – damit du auch eine Freude hast! Ein netter Mann… aber ich will ja die Kerls gar nicht mehr. Ich nicht. Ich will das überhaupt alles nicht mehr. Daddy, so nett hat er ja gar nicht ausgesehen. Außerdem küßte er gut. Na so – es war jedenfalls weiter nichts.

Sag mal, was glaubst du eigentlich von mir? Glaubst du vielleicht von mir, was ich von dir glaube? Du – das verbitt ich mir! Ich bin treu. Daddy, der Mann… das war doch nur so eine Art Laune. Na ja, erst läßt du einen hier allein, und dann schreibst du nicht richtig, und telefoniert hast du auch bloß einmal – und wenn eine Frau allein ist, dann ist sie viel alleiner als ihr Männer. Ich brauche gewiß keinen Mann... ich nicht. Den hab ich auch nicht gebraucht; das soll er sich bloß nicht einbilden! Ich dachte nur: I, dachte ich – wie ich ihn gesehen habe... Ich habe schon das erstemal gewußt, wie ich ihn gesehn habe – aber es war ja nichts.

Nach dem Theater. Dann noch zwei Wochen lang. Nein. Ja. Nur Rosen und zweimal Konfekt und den kleinen Löwen aus Speckstein. Nein. Ich ihm meinen Hausschlüssel? Bist wohl...! Ich hab ihm meinen Hausschlüssel doch nicht gegeben! Ich werde doch einem fremden Mann meinen Hausschlüssel nicht geben...! Da bring ich ihn lieber runter. Daddy, ich habe ja für den Mann gar nichts empfunden – und er für mich auch nicht – das weißt du doch. Weil er eben solch einen harten Mund hatte... und ganz schmale Lippen. Weil er früher Seemann war. Was? Auf dem Wannsee? Der Mann ist zur See gefahren – auf einem riesigen Schiff, ich habe den Namen vergessen, und er kann alle Kommandos, und er hat einen harten Mund. Ganz schmale Lippen. Mensch, der erzählt ja nicht. Küßt aber gut. Daddy, wenn ich mich nicht so runter gefühlt hätte, dann wäre das auch gar nicht passiert... Es ist ja auch eigentlich nichts passiert – das zählt doch nicht. Was? In der Stadt. Nein, nicht bei ihm; wir haben zusammen in der Stadt gegessen. Er hat bezahlt – na, hast du das gesehn! Soll ich vielleicht meine Bekanntschaften finanzieren... na, das ist doch...! Es war überhaupt nichts.

Tätowiert! Der Mann ist doch nicht tätowiert! Der Mann hat eine ganz reine Haut, er hat... Keine Details? Keine Details! Entweder ich soll erzählen, oder ich soll nicht erzählen.

Von mir wirst du über den Mann kein Wort mehr hören. Daddy, hör doch – wenn er nicht Seemannsmaat gewesen wäre, oder wie das heißt – Und ich werd dir überhaupt was sagen:

Erstens war überhaupt nichts, und zweitens kennst du den Mann nicht, und drittens weil er Seemann war, und ich hab ihm gar nichts geschenkt, und überhaupt, wie Paul Graetz immer sagt:

Kaum hat man mal, dann ist man gleich – Daddy! Daddy! Laß mal… was ist das hier? Was? Wie? Was ist das für ein Bild? Was ist das für eine Person? Wie? Was? Wo hast du die kennengelernt? Wie? In Luzern? Was? Hast du mit der Frau Ausflüge gemacht? In der Schweiz machen sie immer Ausflüge. Erzähl mir doch nichts… Was? Da war nichts?

Das ist ganz was andres. Na ja, mir gefällt schon manchmal ein Mann. Aber ihr –?

Ihr werft euch eben weg!«   1931

Rezepte gegen Grippe

Beim ersten Herannahen der Grippe, erkennbar an leichtem Kribbeln in der Nase, Ziehen in den Füßen, Hüsteln, Geldmangel und der Abneigung, morgens ins Geschäft zu gehen, gurgele man mit etwas gestoßenem Koks sowie einem halben Tropfen Jod. Darauf pflegt dann die Grippe einzusetzen.

Die Grippe – auch ›spanische Grippe‹, Influenza, Erkältung (lateinisch: Schnuppen) genannt – wird durch nervöse Bakterien verbreitet, die ihrerseits erkältet sind: die sogenannten Infusionstierchen. Die Grippe ist manchmal von Fieber begleitet, das mit 128° Fahrenheit einsetzt; an festen Börsentagen ist es etwas schwächer, an schwachen fester – also meist fester. Man steckt sich am vorteilhaftesten an, indem man als männlicher Grippekranker eine Frau, als weibliche Grippekranke einen Mann küßt – über das Geschlecht befrage man seinen Hausarzt. Die Ansteckung kann auch erfolgen, indem man sich in ein Hustenhaus (sog. ›Theater‹) begibt; man vermeide es aber, sich beim Husten die Hand vor den Mund zu halten, weil dies nicht gesund für die Bazillen ist. Die Grippe steckt nicht an, sondern ist eine Infektionskrankheit.

Sehr gut haben meinem Mann ja immer die kalten Packungen getan; wir machen das so, daß wir einen heißen Grießbrei kochen, diesen in ein Leinentuch packen, ihn aufessen und dem Kranken dann etwas Kognak geben – innerhalb zwei Stunden ist der Kranke hellblau, nach einer weiteren Stunde dunkelblau. Statt Kognak kann auch Möbelspiritus verabreicht werden.

Fleisch, Gemüse, Suppe, Butter, Brot, Obst, Kompott und Nachspeise sind während der Grippe tunlichst zu vermeiden – Homöopathen lecken am besten täglich je dreimal eine Fünf-Pfennig-Marke, bei hohem Fieber eine Zehn-Pfennig-Marke.

Bei Grippe muß unter allen Umständen das Bett gehütet werden – es braucht nicht das eigene zu sein. Während der Schüttelfröste trage man wollene Strümpfe, diese am besten um den Hals; damit die Beine unterdessen nicht unbedeckt bleiben, bekleide man sie mit je einem Stehumlegekragen. Die Hauptsache bei der Behandlung ist Wärme: also ein römisches Konkordats-Bad. Bei der Rückfahrt stelle man sich auf eine Omnibus-Plattform, schließe aber allen Mitfahrenden den Mund, damit es nicht zieht.

Die Schulmedizin versagt vor der Grippe gänzlich. Es ist also sehr gut, sich ein siderisches Pendel über den Bauch zu hängen: schwingt es von rechts nach links, handelt es sich um Influenza; schwingt es aber von links nach rechts, so ist eine Erkältung im Anzuge. Darauf ziehe man den Anzug aus und begebe sich in die Behandlung Weißenbergs. Der von ihm verordnete weiße Käse muß unmittelbar auf die Grippe geschmiert werden; ihn unter das Bett zu kleben, zeugt von medizinischer Unkenntnis sowie von Herzensroheit.

Keinesfalls vertraue man dieses geheimnisvolle Leiden einem sogenannten ›Arzt‹ an; man frage vielmehr im Grippefall Frau Meyer. Frau Meyer weiß immer etwas gegen diese Krankheit. Bricht in einem Bekanntenkreis die Grippe aus, so genügt es, wenn sich *ein* Mitglied des Kreises in Behandlung begibt – die andern machen dann alles mit, was der Arzt verordnet. An hauptsächlichen Mitteln kommen in Betracht:

Kamillentee. Fliedertee. Magnolientee. Gummibaumtee. Kakteentee.

Diese Mittel stammen noch aus Großmutters Tagen und helfen in keiner Weise glänzend. Unsere moderne Zeit hat andere Mittel, der chemischen Industrie aufzuhelfen. An Grippemitteln seien genannt:

Aspirol. Pyramidin. Bysopeptan. Ohrolax. Primadonna. Bellapholisiin. Aethyl-Phenil-Lekaryl-Parapherinan-Dynamit-Acethylen-Koollomban-Piporol. Bei letzterem Mittel genügt es schon, den Namen mehrere Male schnell hintereinander auszusprechen. Man nehme alle diese Mittel sofort, wenn sie aufkommen – solange sie noch helfen, und zwar in alphabetischer Reihenfolge, ch ist ein Buchstabe. Doppelkohlensaures Natron ist auch gesund.

Besonders bewährt haben sich nach der Behandlung die sogenannten prophylaktischen Spritzen (lac, griechisch; so viel wie ›Milch‹ oder ›See‹). Diese Spritzen heilen am besten Grippen, die bereits vorbei sind – diese aber immer.

Amerikaner pflegen sich bei Grippe Umschläge mit heißem Schwedenpunsch zu machen; Italiener halten den rechten Arm längere Zeit in gestreckter Richtung in die Höhe; Franzosen ignorieren die Grippe so, wie sie den Winter ignorieren, und die Wiener machen ein Feuilleton aus dem jeweiligen Krankheitsfall. Wir Deutsche aber behandeln die Sache methodisch:

Wir legen uns erst ins Bett, bekommen dann die Grippe und stehen nur auf, wenn wir wirklich hohes Fieber haben: dann müssen wir dringend in die Stadt, um etwas zu erledigen. Ein Telefon am Bett von weiblichen Patienten zieht den Krankheitsverlauf in die Länge.

Die Grippe wurde im Jahre 1725 von dem englischen Pfarrer Jonathan Grips erfunden; wissenschaftlich heilbar ist sie seit dem Jahre 1724.

Die glücklich erfolgte Heilung erkennt man an Kreuzschmerzen, Husten, Ziehen in den Füßen und einem leichten Kribbeln in der Nase. Diese Anzeichen gehören aber nicht, wie der Laie meint, der alten Grippe an – sondern einer neuen. Die Dauer einer gewöhnlichen Hausgrippe ist bei ärztlicher Behandlung drei Wochen, ohne ärztliche Behandlung 21 Tage. Bei Männern tritt noch die sog. ›Wehleidigkeit‹ hinzu, mit diesem Aufwand an Getue kriegen Frauen Kinder.

Das Hausmittel Cäsars gegen die Grippe war Lorbeer-kranz-Suppe; das Palastmittel Vanderbilts ist Platinbouillon mit weichgekochten Perlen.

Und so fasse ich denn meine Ausführung in die Worte des bekannten Grippologen Professor Dr. Dr. Dr. Ovaritius zusammen:

Die Grippe ist keine Krankheit – sie ist ein Zustand –!

1931

Der Mensch

Der Mensch hat zwei Beine und zwei Überzeugungen: eine, wenns ihm gut geht, und eine, wenns ihm schlecht geht. Die letztere heißt Religion.

Der Mensch ist ein Wirbeltier und hat eine unsterbliche Seele, sowie auch ein Vaterland, damit er nicht zu übermütig wird.

Der Mensch wird auf natürlichem Wege hergestellt, doch empfindet er dies als unnatürlich und spricht nicht gern davon. Er wird gemacht, hingegen nicht gefragt, ob er auch gemacht werden wolle.

Der Mensch ist ein nützliches Lebewesen, weil er dazu dient, durch den Soldatentod Petroleumaktien in die Höhe zu treiben, durch den Bergmannstod den Profit der Grubenherren zu erhöhen, sowie auch Kultur, Kunst und Wissenschaft.

Der Mensch hat neben dem Trieb der Fortpflanzung und

dem, zu essen und zu trinken, zwei Leidenschaften: Krach zu machen und nicht zuzuhören. Man könnte den Menschen gradezu als ein Wesen definieren, das nie zuhört. Wenn er weise ist, tut er damit recht: denn Gescheites bekommt er nur selten zu hören. Sehr gern hören Menschen: Versprechungen, Schmeicheleien, Anerkennungen und Komplimente. Bei Schmeicheleien empfiehlt es sich, immer drei Nummern gröber zu verfahren als man es grade noch für möglich hält.

Der Mensch gönnt seiner Gattung nichts, daher hat er die Gesetze erfunden. Er darf nicht, also sollen die andern auch nicht.

Um sich auf einen Menschen zu verlassen, tut man gut, sich auf ihn zu setzen; man ist dann wenigstens für diese Zeit sicher, daß er nicht davonläuft. Manche verlassen sich auf den Charakter.

Der Mensch zerfällt in zwei Teile:

In einen männlichen, der nicht denken will, und in einen weiblichen, der nicht denken kann. Beide haben sogenannte Gefühle: man ruft diese am sichersten dadurch hervor, daß man gewisse Nervenpunkte des Organismus in Funktion setzt. In diesen Fällen sondern manche Menschen Lyrik ab.

Der Mensch ist ein pflanzen- und fleischfressendes Wesen; auf Nordpolfahrten frißt er hier und da auch Exemplare seiner eigenen Gattung; doch wird das durch den Faschismus wieder ausgeglichen.

Der Mensch ist ein politisches Geschöpf, das am liebsten zu Klumpen geballt sein Leben verbringt. Jeder Klumpen haßt die andern Klumpen, weil sie die andern sind, und haßt die eignen, weil sie die eignen sind. Den letzteren Haß nennt man Patriotismus.

Jeder Mensch hat eine Leber, eine Milz, eine Lunge und eine Fahne; sämtliche vier Organe sind lebenswichtig. Es soll Menschen ohne Leber, ohne Milz und mit halber Lunge geben; Menschen ohne Fahne gibt es nicht.

Schwache Fortpflanzungstätigkeit facht der Mensch gern an, und dazu hat er mancherlei Mittel: den Stierkampf, das Verbrechen, den Sport und die Gerichtspflege.

Menschen miteinander gibt es nicht. Es gibt nur Menschen, die herrschen, und solche, die beherrscht werden. Doch hat noch niemand sich selber beherrscht; weil der opponierende Sklave immer mächtiger ist als der regierungssüchtige Herr. Jeder Mensch ist sich selber unterlegen.

Wenn der Mensch fühlt, daß er nicht mehr hinten hoch kann, wird er fromm und weise; er verzichtet dann auf die sauern Trauben der Welt. Dieses nennt man innere Einkehr. Die verschiedenen Altersstufen des Menschen halten einander für verschiedne Rassen: Alte haben gewöhnlich vergessen, daß sie jung gewesen sind, oder sie vergessen, daß sie alt sind, und Junge begreifen nie, daß sie alt werden können.

Der Mensch möchte nicht gern sterben, weil er nicht weiß, was dann kommt. Bildet er sich ein, es zu wissen, dann möchte er es auch nicht gern; weil er das Alte noch ein wenig mitmachen will. Ein wenig heißt hier: ewig.

Im übrigen ist der Mensch ein Lebewesen, das klopft, schlechte Musik macht und seinen Hund bellen läßt. Manchmal gibt er auch Ruhe, aber dann ist er tot.

Neben den Menschen gibt es noch Sachsen und Amerikaner, aber die haben wir noch nicht gehabt und bekommen Zoologie erst in der nächsten Klasse.   1931

Der Grundakkord

Da ist diese Geschichte von den beiden Musikern, die wohnten in einer gemeinsamen Wohnung. Und der eine spielte noch spät abends vor dem Schlafengehen Klavier, und er spielte eine ganze große Melodie, mit allen Variationen, und zum Schluß noch einmal das Grundthema, aber das spielte er nur knapp bis zum Schluß, da hörte er auf, und den Schlußakkord, den spielte er nicht mehr. Sondern ging zu Bett.

Nachts um vier aber erhob sich der andere Musiker, schlich leise zum Klavier und schlug den fehlenden Grundakkord an. Und dann ging er beruhigt und erlöst schlafen.

Der Mensch will alles zu Ende machen. Wird er von einer kleinen Arbeit abgerufen, die grade vor ihrem Ende steht, so kann man hundert gegen eins wetten, daß jeder von uns sagt: »Einen Augenblick mal – ich will das bloß noch…«, die Arbeit ist vielleicht gar nicht wichtig, aber man kann sie doch so nicht liegenlassen, denn dann schreit sie. Und immer ist diese kleine Zwangsvorstellung stärker als alle Vernunft.

Der Mensch will auch alles zu Ende lesen – wenn der Schriftsteller etwas taugt. Was ein richtiges Buch ist, das muß einen ganzen Haushalt durcheinanderbringen: die Familie prügelt sich, wer es weiterlesen darf, die Temperatur ist beängstigend, und Mittag wird überhaupt nicht mehr gekocht. Und nichts ist schlimmer, als ein Buch anzufangen und es dann nicht mehr zu Ende lesen zu können. Das ist ganz schrecklich. Haben wir nicht schon alle einmal einen Roman auf der Reise verloren, liegengelassen, ›verborgt‹

(lebe wohl! lebe wohl!) und uns dann krumm geärgert, daß wir nicht wissen, wie es weitergeht? Da gibt es ja dann das probate Mittel, sich das Buch allein zu Ende zu dichten, aber das wahre Glück ist das auch nicht, denn dabei muß man sich anstrengen, während man bei der Lektüre die ganze Geschichte ohne eigene Mühe vor sich ausgebreitet sieht – und dann weiß man doch auch nie, ob man richtig gedichtet hat, nein, das führt zu nichts. Der Dichter muß dichten, und der Leser will lesen. Umgekehrt ist es naturwidrig. Im Theater ist es schon anders. Wie dritte Akte aussehen, weiß ich nicht so ganz genau – ich gehe meist schon nach dem zweiten fort. Da reden sie so lange und dann hören sie gar nicht auf, und was wird denn schon dabei herauskommen! Wenn es eine Operette ist, dann wird zum Schluß die Musik noch lauter werden, und alle kommen an die Rampe getobt und winken ins Publikum, und ich bekomme meinen Mantel viel zu spät, weil vor mir der große dicke Herr steht, der immer sagt: »Ich warte aber schon so lange …!« Und wenn es ein ernstes Stück ist, dann sehn sie sich zum Schluß in die Augen, zart verdämmert die Abendröte im Stübchen, und Olga sagt zu Friedrich: »Auf immer.« Und wieder kriege ich meinen Mantel zu spät. Nein, dritte Akte sind nicht schön. Es gibt ja Leute, die bekommen niemals den Anfang der Stücke zu sehn, weil sie mit ihren Frauen ins Theater gehen müssen, und für solche Paare sind dann die dritten Akte da. Es gibt übrigens eine Sorte Menschen, die schmerzt es, wenn man das Theater vorzeitig verläßt – das sind die Logenschließer. Vor dem Krieg in Berlin, bei *Puppchen, du bist mein Augenstern*, und nach dem Krieg in London, bei Wallace, dem bekannten Anhänger der Prügelstrafe, fielen mir beidemal bejahrte Logenschließer in den Paletot: »Sie wollen schon gehen? Aber das schönste kommt ja erst…!« Aber roh und herzlos stieß ich die bekümmerten Greise beiseite und entfloh, ins Freie, wo die fröhlichen Omnibusse rollten und wo ich ein viel schöneres Stück kostenlos zu sehen bekam: ›Abend in der Stadt‹, in vielen Akten.

Soll man vor dem Ende aufhören? »Wenn es am schönsten schmeckt…«, ja, das kennen wir. Vielleicht ist es hübsch, vor dem Ende aufzuhören – unten liegt immer so viel Satz. »Es war ja alles sehr schön, was ich in meinem Leben gehabt habe«, hat einmal eine reiche Dame gesagt, die wirklich so ziemlich alles durchgekostet hatte, »aber es müßte um elf Uhr aus sein.«

Es ist aber nicht alles um elf Uhr aus. Die Stücke fangen meistens nett an, der zweite Akt bietet mancherlei Spannungen, aber dann zieht sichs, dann zieht sichs, und zum Schluß… nein, man sollte doch schon immer in Pasewalk aussteigen.

Man hat dann wenigstens diese leise, kleine Sehnsucht in sich. Die Sehnsucht nach dem Grundakkord.

1931

Kurzer Abriß der Nationalökonomie

Nationalökonomie ist, wenn die Leute sich wundern, warum sie kein Geld haben. Das hat mehrere Gründe, die feinsten sind die wissenschaftlichen Gründe, doch können solche durch eine Notverordnung aufgehoben werden.

Über die ältere Nationalökonomie kann man ja nur lachen und dürfen wir selber daher mit Stillschweigen übergehn. Sie regierte von 715 vor Christo bis zum Jahre 1 nach Marx. Seitdem ist die Frage völlig gelöst: die Leute haben zwar immer noch kein Geld, wissen aber wenigstens, warum.

Die Grundlage aller Nationalökonomie ist das sog. ›Geld‹.

Geld ist weder ein Zahlungsmittel noch ein Tauschmittel, auch ist es keine Fiktion, vor allem aber ist es kein Geld. Für Geld kann man Waren kaufen, weil es Geld ist, und es ist Geld, weil man dafür Waren kaufen kann. Doch ist diese Theorie inzwischen fallen gelassen worden. Woher das Geld kommt, ist unbekannt. Es ist eben da bzw. nicht da – meist nicht da. Das im Umlauf befindliche Papiergeld ist durch den Staat garantiert; dieses vollzieht sich derart, daß jeder Papiergeldbesitzer zur Reichsbank gehen und dort für sein Papier Gold einfordern kann. Das kann er. Die obern Staatsbankbeamten sind gesetzlich verpflichtet, Goldplomben zu tragen, die für das Papiergeld haften. Dieses nennt man Golddeckung.

Der Wohlstand eines Landes beruht auf seiner aktiven und passiven Handelsbilanz, auf seinen innern und äußern Anleihen sowie auf dem Unterschied zwischen dem Giro des Wechselagios und dem Zinsfuß der Lombardkredite; bei Regenwetter ist das umgekehrt. Jeden Morgen wird in den Staatsbanken der sog. ›Diskont‹ ausgewürfelt; es ist den Deutschen neulich gelungen, mit drei Würfeln 20 zu trudeln.

Was die Weltwirtschaft angeht, so ist sie verflochten.

Wenn die Ware den Unternehmer durch Verkauf verlassen hat, so ist sie nichts mehr wert, sondern ein Pofel, dafür hat aber der Unternehmer das Geld, welches Mehrwert genannt wird, obgleich es immer weniger wert ist. Wenn ein Unternehmer sich langweilt, dann ruft er die andern und dann bilden sie einen Trust, das heißt, sie verpflichten sich, keinesfalls mehr zu produzieren, als sie produzieren können sowie ihre Waren nicht unter Selbstkostenverdienst abzugeben. Daß der Arbeiter für seine Arbeit auch einen Lohn haben muß, ist eine Theorie, die heute allgemein fallen gelassen worden ist.

Eine wichtige Rolle im Handel spielt der Export. Export ist, wenn die andern kaufen sollen, was wir nicht kaufen können; auch ist es unpatriotisch, fremde Waren zu kaufen, daher muß das Ausland einheimische, also deutsche Waren konsumieren, weil wir sonst nicht konkurrenzfähig sind. Wenn der Export andersrum geht, heißt er Import, welches im Plural eine Zigarre ist. Weil billiger Weizen ungesund und lange nicht so bekömmlich ist wie teurer Roggen, haben wir den Schutzzoll, der den Zoll schützt sowie auch die deutsche Landwirtschaft. Die deutsche Landwirtschaft wohnt seit fünfundzwanzig Jahren am Rande des Abgrunds und fühlt sich dort ziemlich wohl. Sie ist verschuldet, weil die Schwerindustrie ihr nichts übrig läßt, und die Schwerindustrie ist nicht auf der Höhe, weil die Landwirtschaft ihr zu viel fortnimmt. Dieses nennt man den Ausgleich der Interessen. Von beiden Institutionen werden hohe Steuern gefordert, und muß der Konsument sie auch bezahlen.

Jede Wirtschaft beruht auf dem Kreditsystem, das heißt auf der irrtümlichen Annahme, der andere werde gepumptes Geld zurückzahlen. Tut er das nicht, so erfolgt eine sog. ›Stützungsaktion‹, bei der alle, bis auf den Staat, gut verdienen. Solche Pleite erkennt man daran, daß die Bevölkerung aufgefordert wird, Vertrauen zu haben. Weiter hat sie ja dann auch meist nichts mehr.

Wenn die Unternehmer alles Geld im Ausland untergebracht haben, nennt man dieses den Ernst der Lage. Geordnete Staatswesen werden mit einer solchen Lage leicht fertig; das ist bei ihnen nicht so wie in den kleinen Raubstaaten, wo Scharen von Briganten die notleidende Bevölkerung aussaugen. Auch die Aktiengesellschaft sind ein wichtiger Bestandteil der Nationalökonomie. Der Aktionär hat zweierlei wichtige Rechte: er ist der, wo das Geld gibt, und er darf bei der Generalversammlung in die Opposition gehen und etwas zu Protokoll geben, woraus sich der Vorstand einen sog. Sonnabend macht. Die Aktiengesellschaften sind für das Wirtschaftsleben unerläßlich: stellen sie doch die Vorzugsaktien und die Aufsichtsratsstellen her. Denn jede Aktiengesellschaft hat einen Aufsichtsrat, der rät, was er eigentlich beaufsichtigen soll. Die Aktiengesellschaft haftet dem Aufsichtsrat für pünktliche Zahlung der Tantiemen. Diejenigen Ausreden, in denen gesagt ist, warum die A.-G. keine Steuern bezahlen kann, werden in einer sogenannten ›Bilanz‹ zusammengestellt.

Die Wirtschaft wäre keine Wirtschaft, wenn wir die Börse nicht hätten. Die Börse dient dazu, einer Reihe aufgeregter Herren den Spielklub und das Restaurant zu ersetzen; die frömmern gehen außerdem noch in die Synagoge. Die Börse sieht jeden Mittag die Weltlage an: dies richtet sich nach dem Weitblick der Bankdirektoren, welche jedoch meist nur bis zu ihrer Nasenspitze sehn, was allerdings mitunter ein weiter Weg ist. Schreien die Leute auf der Börse außergewöhnlich viel, so nennt man das: die Börse ist fest. In diesem Fall kommt – am nächsten Tage – das Publikum gelaufen und engagiert sich, nachdem bereits das Beste wegverdient ist. Ist die Börse schwach, so ist das Publikum allemal dabei. Dieses nennt man Dienst am Kunden. Die Börse erfüllt eine wirtschaftliche Funktion: ohne sie verbreiteten sich neue Witze wesentlich langsamer.

In der Wirtschaft gibt es auch noch kleinere Angestellte und Arbeiter, doch sind solche von der neuen Theorie längst fallen gelassen worden.

Zusammenfassend kann gesagt werden: die Nationalökonomie ist die Metaphysik des Pokerspielers.

Ich hoffe, Ihnen mit diesen Angaben gedient zu haben, und füge noch hinzu, daß sie so gegeben sind wie alle Waren, Verträge, Zahlungen, Wechselunterschriften und sämtliche andern Handelsverpflichtungen –: also ohne jedes Obligo.   1931

Vom Urlaub zurück

Wenn einer vom Urlaub zurückkommt, dann ist er noch gar nicht da, wenn er da schon da ist. »Na, wie wars?« sagen die andern. »Sie sehn aber schön erholt aus! Gutes Wetter gehabt?« Darauf fängt er an zu erzählen. Wenn er aber Ohren hat, zu hören, so merkt er, daß die Frage eigentlich mehr gesellschaftlicher Natur war – so genau wollen es die andern gar nicht wissen. Und dann bricht er seine Erzählung mit allen ihren Einzelheiten bald ab. Schon deshalb, weil man ja hier keinem klarmachen kann, warum die eine Bergtour beim besten Willen nie zu machen war, und daß das ganze Haus so furchtbar über Fräulein Glienicke und über die Ziegen lachen mußte... davon wissen die hier nichts. Woher sollen sie das auch wissen!

Wenn einer vom Urlaub zurückgekehrt ist, gehört er in den ersten beiden Tagen noch nicht so recht zum Betrieb. Während seiner Abwesenheit haben sich vielerlei kleine Sachen ereignet, von denen er natürlich nicht unterrichtet ist, und so versteht er manche Anspielungen nicht, er weiß nicht, daß Bader nicht mehr bei der Abteilung IIIb ist, sondern sich mit Koch verkracht hat, er sitzt jetzt in der Wirtschaftsabteilung, und da werden sie ihn vielleicht auch bald herausschmeißen. Das weiß er alles nicht, noch nicht, nicht mehr – und etwas mitleidig wird er informiert. In dem Ton der Zuhausegebliebenen schwingt ein wenig jener Ton mit, den sonst ›alte erfahrene Beamte‹ einem Neuling gegenüber anzuwenden pflegen. In der ersten beiden Tagen geht der Betrieb über den Kopf des Ex-Urlaubers hinweg: die andern wissen alles, er weiß nur die Hälfte. Die da werfen sich die Bälle zu – er fängt sie nicht.

In seinen Gesprächen flackert, also da kannst du nichts machen, immer noch der Urlaub auf. Einmal denkt er: »Heute vor acht Tagen...«, aber da klingelt das Telefon, und die Erinnerung zerstiebt. Dann kommt wieder einer vorbei, stellt die üblichen Fragen, und er antwortet. »Danke – nur viel zu kurz! So – Sie gehen jetzt auch auf Urlaub?« Aber das interessiert wieder den ehemaligen Urlauber nicht mehr.

In diesen ersten Tagen geht die Arbeit eigentlich nicht

leichter als vor dem Urlaub; sie geht eher etwas schwerer vonstatten. Die Lungen sind noch voll frischer Luft, der Körper hat noch den Rhythmus des Schwimmens und des Laufens in sich, die Haut fühlt sich in den Stadtkleidern noch nicht wohl, und der Hals nicht im Kragen. Das Auge sieht zum Hof hinaus; wenn man den Kopf dreht, kann man ein Stückchen blauen Himmel sehn. Übrigens ist er heute nicht blau, es regnet. Aber der Regen im Freien, das war doch ganz etwas anderes.

Sitzt er noch fest in seiner Stellung? Er sitzt noch fest. Doch braucht man nur mal auf Urlaub zu gehen, gleich machen sie Dummheiten (Melodie: »Ohne mich geht der ganze Betrieb zugrunde!«). Das war ja alles sehr schön und gut, da in Riesenhausen an der Dassel, die Bäume haben gerauscht, auf der Veranda haben wir Skat gespielt, aber unterdessen haben die hier… »Müller! Wo sind die A-Belege?« Die Schweinerei hört von heute ab auf; WIR sind wieder da.

Das dauert gut und gern seine drei, vier Tage. Dann haben sich die andern an den Zurückgekehrten gewöhnt; er gehört nun schon wieder dazu, er ist da, er erlebt es alles mit, nichts kittet so aneinander wie gemeinschaftliches Arbeits-Erlebnis. Das kommt gleich nach der Liebe und nach der Gottbehüte Verwandtschaft.

Nach sechs Tagen fragt ihn kein Mensch mehr nach dem Urlaub, nun kommen auch die letzten Sommerurlauber zurück, alle sind wieder da und fangen ganz langsam an, sich auf den nächsten Urlaub zu freuen.   1931

Statt eines Nachworts

Nachher

Wir schaukelten uns auf den Wellen – kurze und lange umhauchten uns, die Sendestationen der Planetenkugeln versorgten uns damit, uns, im jenseitigen Herrenbad. Aus den Familienkabinen drang leises Kreischen.

»Welches war eigentlich Ihr schlimmster Eindruck hier bei uns?« fragte er. Ich sagte:

»Der erste Tag im Empfangssaal – das war gräßlich. Daran mag ich gar nicht zurückdenken. Gräßlich war das.«

»Warum?« fragte er. Ich sagte: »Zweiundsiebzig Jahre auf der Erde, das bedeutet: neunundsechzig Jahre lang gelogen, Empfindungen versteckt, geheuchelt; gegrinst, statt zu beißen; geschimpft, wo man geliebt hat… Manchmal dämmert eine Ahnung auf, das vielleicht lieber doch zu unterlassen. ›Gewissen‹ sagen die Kultusbeamten. Es ist aber nur das matte Versickern des Gefühls, daß die, die vor uns gestorben sind, uns durchschauen, von oben her. Denken Sie doch: die ganze Lüge offenbar! Wenn ich das gewußt hätte! Ich kam in den Empfangssaal« – aber jetzt schienen sie drüben im Familienbad geradezu auf den Köpfen zu gehen –, »und ich glaubte vor Scham in die Erde sinken zu müssen. Es war aber keine da. Schrecklich – nie in meinem ganzen Leben habe ich mich so geschämt, so schrecklich geschämt.

Und das allerschlimmste war: sie sahen mich nur an. Sie sahen mich alle nur an. Niemand kam auf die peinlichen Dinge zurück – aber ich wußte das doch, daß sie alles wußten! Ich war klein wie eine Maus – so jämmerlich. Ich würde nie mehr lügen.«

»Der alte Mann«, sagte er, »der das arrangiert, hätte diese Zeremonie des Empfangssaals vorher legen sollen, vor unser Leben. Vielleicht…«

»Ja«, sagte ich.

»Aber dann wäre es nicht so schön gewesen«, sagte er.

»Nein«, sagte ich.

Jetzt kam eine große Welle, eine von den langen, starken, und warf uns mit den Beinen aneinander, daß wir lachen mußten.

Wir saßen auf der Wolke und ließen die Beine baumeln.

»Am liebsten«, sagte ich zu ihm, »waren mir zeitlebens die Betriebe, die ein wenig verfault waren. Da arbeitete ich so gern. Der Chef schon etwas gaga, wie die Franzosen das nennen, mümmlig, nicht mehr ganz auf dem Trab, vielleicht Alkoholiker; sein Stellvertreter ein gutmütiger Mann, der nicht allzuviel zu sagen hatte. Niemand hatte überhaupt viel zu sagen – der Begriff des Vorgesetzten war eingeschlafen. Auch Vorschriften nahm man nicht so genau – sie waren da, aber sie bedrückten keinen. Diese Läden hatten immer so etwas von Morbidität, es ging zu Ende mit ihnen, ein leiser Verfall. Wissen Sie: man arbeitete, man faulenzte nicht, hatte Beschäftigung – aber es war im großen ganzen doch nur die Geste der Arbeit. Haben Sie mal in einer Posse eine Choristin die Möbel abpuscheln sehen? So etwas Ähnliches war es. Schrecklich, wenn der Betrieb etwa aufgefrischt werden sollte, wenn ein neuer Mann kam, der gleich am ersten Tag erklärte: ›Die Schweinerei hört jetzt auf!‹ Wie lange es immer dauerte, bis sich auch der neue eingewöhnt hatte! Denn Verfall steckt an – unweigerlich. Ich bin zweiundsiebzig Jahre alt geworden: mir ist kein Fall bekannt, wo er nicht angesteckt hätte. Ja. Es gab viele Stätten solcher Art. Beim Militär habe ich sie gefunden, in der Industrie; auf dem Lande lagen solche Güter – Operettenbetriebe. Hübsch, da zu arbeiten. Sehr nett. Und immer so eine leise kitzelnde Angst vor dem Ende, denn einmal mußte es ja kommen, das Ende – immer konnte es nicht so weitergehen.«

»Nein«, antwortete er, »immer konnte es natürlich nicht so weitergehen. Kommen Sie übrigens heute nachmittag zum lieben Gott?« – »Wer wird da sein –?« sagte ich. Er antwortete: »Gandhi, Alfred Polgar, einer von den unbekannten Soldaten und dann irgendein Neuer.«

»Ich mag die Neuen nicht«, sagte ich. »Sie kommen sich so feierlich vor. Wie finden Sie übrigens den lieben Gott?«

»Sehr sympathisch«, sagte er. »Er erinnert ein wenig an das, wovon Sie eben sprachen.« – »Ja«, sagte ich.

Dann ließen wir wieder die Beine baumeln.

Wir standen in der Luft, ein Vergnügen, dessen man nicht satt wird, am Anfang. Es war einsam um uns, einmal hastete ein Geist an uns vorüber, im Frack; vielleicht war er zu einer spiritistischen Sitzung geladen.

»Haben Sie das auch bemerkt«, sagte er, »das mit den sieben Jahren –?« – »Ja«, sagte ich. »Sie meinen, daß es alle sieben Jahre wiederkam, alles miteinander –?«

»Ja«, sagte er. »Alle sieben Jahre. Bei mir war es ziemlich regelmäßig. Bei Ihnen auch? Sie waren länger am Leben als ich. Zweiundsiebzig Jahre…«

»Es war ziemlich lächerlich, auf die Dauer«, sagte ich. »Alle sieben Jahre. So um das sechste Jahr herum fing es immer an, sich zu rühren, ich wußte es schon, wenn es so weit war. Meine Verhältnisse besserten sich, ich bekam Geld in die Finger, im siebenten Jahr war der Höhepunkt. Dann kam langsam der Abstieg. Das Glück versandete, es ging einem so gut, daß es langweilig wurde. Gewöhnlich war es eine Art reibungslosen Dahinlebens, ein Glück, das nur im Negativen bestand: keine Nervenschmerzen, kein Schnupfen, keine Geldsorgen, keine Frauenzimmergeschichten. Ein Glück, das man erst nachher voll erfaßte; erst nachher, wenn es vorbei war, begriff man, wie gut es einem gegangen war. Dann wurde der Horizont langsam dunkler, Wolken kamen, man zappelte sich ab, bis man eines Tages wieder drin war im schönsten Tohuwabohu. Und dann fing es wieder von vorne an. Alle sieben Jahre.«

»Ich habe Ihn so oft gefragt«, sagte er, »was denn nun das Ganze zu bedeuten hätte – das mit den ständigen Wiederholungen und den sieben Jahren… Er schweigt.«

Wir nannten nicht gern Seinen Namen. Wir liebten Ihn nicht.

»Und grade sieben…« fing er wieder an.

»Es soll so eine Art heilige Zahl sein«, sagte ich. »Genaues weiß man darüber nicht. Kannten Sie den Doktor Fließ –?«

»Nein«, sagte er.

»Er muß längst hier sein«, sagte ich. »Aber ich habe ihn

noch nie getroffen. Wahrscheinlich rechnet er jetzt die himmlischen Gesetze aus. Aber es ist da etwas daran, mit Wachstum der Pflanze, einer Art männlicher Periode... etwas sehr Gelehrtes. Zehnmal habe ich das also mitgespielt – etwa neunmal weiß ich davon. Gut, daß die Menschen nicht noch älter werden. Haben Sie sich nie gelangweilt –?«

»Nein. Nie«, sagte er.

»Ich ziemlich«, sagte ich. »Aber wie haben Sie das gemacht? Womit haben Sie sich so intensiv beschäftigt, daß Sie sich nie langweilten –?«

»Mit dem Leben«, sagte er. »Ich hatte reichlich zu tun, zu leben. Die Frage ›Warum?‹ ist dem Ding angeklebt. So dürfen Sie nicht fragen.«

»Ich habe mich gelangweilt«, murmelte ich leise und sah einer dekolletierten Geisterdame nach, die sich besonders schön unheimlich geputzt hatte. »Ich fand es nicht so sehr vergnüglich. Zehn Mal sieben Jahre... Warum...? Sagen Sie mir: warum –?«

»Haben Sie schwimmen gelernt, damals, als Sie lebten?« fragte ich ihn. Wir ruderten durch den endlosen Raum, in farblosem Licht, es hatte eigentlich keinen Sinn, sich zu bewegen, weil jeder Maßstab fehlte, wohin die Fahrt ging. Planeten waren nicht zu sehen – sie rollten fern dahin.

»Nein«, sagte er. »Ich kann nicht schwimmen. Ich hatte einen Bruch. Mein Leib hatte einen Bruch.«

»Ich habe es auch nicht gelernt«, sagte ich. »Ich wollte es immer lernen – ich habe drei-, viermal angefangen –; aber dann ist es immer nichts geworden. Nein, Schwimmen nicht. Englisch auch nicht – damit war es ganz dasselbe. Haben Sie alles erreicht, was Sie sich einmal vorgenommen hatten? Ich auch nicht. Und dann, an stillen Abenden, wenn man einmal aufatmen konnte und das ganze Brimborium des täglichen Klapperwerks verrauscht war, dann kamen die nachdenklichen Stunden und die guten Vorsätze. Kannten Sie das –?«

»Wie oft!« sagte er. »Wie oft!«

»Ja, ich auch...« sagte ich. »Man nahm sich so vieles vor an solchen Abenden. Da lag denn klar zutage, daß man sich eigentlich, im Grunde genommen, mit einem Haufen Unfug abgab, der keinem Menschen etwas nützte, und sich selbst nützte man damit am allerwenigsten. Diese kindischen Einladungen! Diese vollkommen nutzlosen Zusammenkünfte, auf denen zum hundertsten Male wiedergekäut wurde, was man ja schon wußte, diese ewigen Predigten vor bereits Überzeugten... Das sinnlose Gehaste in der Stadt mit den lächerlichen Besorgungen, die keinem andern Zweck dienten, als daß man am nächsten Tag wieder neue machen konnte... Wieviel Plackerei an jedem einzelnen Ding hing, wieviel Arbeit, wieviel Qual... Der Zweck der Sachen war vollständig vergessen, sie hatten sich selbständig gemacht und beherrschten uns... Und wenn es dann einmal ausnahmsweise ganz still um uns wurde, ganz still, daß man die Stille in den Ohren sausen hörte: dann schwor man sich, ein neues Leben anzufangen.«

»Man glaubt sogar daran«, sagte er wehmütig.

»Und wie man es glaubt!« fuhr ich eifrig fort. »Man geht ins Bett, ganz voll von dem schönen Vorsatz, nun aber wirklich mit diesem ganzen Unfug aufzuräumen und sich zu leben – sich ganz allein. Und zu lernen. Alles zu lernen, was man versäumt hat, nachzuholen, die alte Faulheit und Willensschwäche zu überwinden. Englisch und Schwimmen und das Ganze… Morgens klingelt dann der Rechtsanwalt an, Tante Jenny und der Geschäftsführer des Vereins, und dann hat es einen wieder. Dann ist es aus.«

»Haben Sie das Leben geführt, das Sie führen wollten?« fragte er und wartete die Antwort nicht ab. »Natürlich nicht. Sie haben das Leben geführt, das man von Ihnen verlangt hat – stillschweigend, durch Übereinkunft. Sie hätten alle Welt vor den Kopf gestoßen, wenn Sie es nicht getan hätten, Freunde verloren, sich isoliert, als lächerlicher Einsiedler dagestanden. ›Er kapselt sich ein‹, hätte es geheißen. Ein Schimpfwort. Nun, das ist vorbei. Und wenn Sie jetzt zur Welt kämen: wie würden Sie es machen?« Er hielt mit seinen Schwimmbewegungen inne und sah mich gespannt an.

»Genau noch einmal so«, sagte ich. »Genau so.«

»Er ist ein Pedant, ein ganz lächerlicher Pedant!« sagte er.

»Weißt du, wieviel Sternlein stehen…?« sagte ich. »Gott der Herr hat sie gezählet…«

»Er hat alles gezählet!« schimpfte er. »Gezählet – das feierliche e, das schon Liliencron nicht leiden konnte, genau so lächerlich wie dieser ganze alte Mann. Alles hat Er gezählet… Haben Sie einmal in unser Lebensbuch hineingesehen –?«

»Es war die größte Überraschung, die ich jemals erlebt – nein, die ich jemals gehabt habe«, sagte ich. »Das ist denn doch die Höhe.«

»Nicht wahr? Aufzuschreiben, wie oft man jede einzelne

Handlung begangen hat: es ist ja – geisteskrank ist das, das ist ja … das übersteigt denn doch alles an Greisenhaftigkeit, was je …«

»Sie lästern«, sagte ich. »Sie müssen Ihn nicht lästern, dann kann dieses Buch nicht erscheinen. Gott ist groß.«

»Gott ist …«

»Nicht, nicht. Natürlich ist es lächerlich. Denken Sie sich: ich habe neulich einmal einen ganzen Nachmittag auf der Bibliothek verbracht und meinen Band durchgeblättert. Er ist sehr exakt geführt, das muß man schon sagen. Manches hätte ich nicht für möglich gehalten – summiert sieht es doch anders aus als damals, als man es tat.

Schlüssel gesucht: 393mal. Zigaretten geraucht: 11876. Zigarren: 1078. Geflucht: 454mal. (Bei uns ist erlaubt, zu fluchen – daher kann ich es nicht so gut. Ich bin kein Engländer.) An Bettler gegeben: 205mal. Nicht viel. Nugat gegessen – ist ein Mensch je auf den Gedanken gekommen, derartiges aufzuschreiben …! Nugat: 3mal. Ich habe keine Ahnung, was Nugat ist. Die Handschrift des Buchhalters ist aber so ordentlich, daß es schon stimmen wird. Übrigens: die letzten tausend Seiten sind mit einer Buchhaltungsmaschine geschrieben. Man modernisiert sich.«

»Er zählt alles«, grollte er. »Er zählt Verrichtungen, die ein anständiger Mensch …«

»… non sunt turpia«, sagte ich. »Ich habe demnach, sah ich an jenem Nachmittag, recht mäßig gelebt, in Baccho et in Venere … recht mäßig. Ich mag Ihnen die Zahl nicht nennen – aber es grenzt schon an Heiligkeit. Jetzt tut es mir eigentlich leid … Das merkwürdigste ist –«

»Was?« fragte er.

»Das merkwürdigste ist«, sagte ich, »zu denken, daß man dies oder jenes zum letztenmal in seinem Leben getan hat. Einmal muß es doch das letztemal sein. Am vierzehnten Februar eines Jahres hat man zum letztenmal ein Automobil bestiegen… Und man ahnt das natürlich nicht. Finales gibt es ja doch nur in den Opern. Man steigt ganz gemütlich in ein Automobil, fährt, steigt aus – und weiß nicht, daß es das letztemal gewesen sein soll. Denn dann kam vielleicht die Krankheit, die lange Bettlägerigkeit… nie wieder ein Automobil. Zum letztenmal in seinem Leben Sauerkraut gegessen. Zum letztenmal: telefoniert. Zum letztenmal: geliebt. Zum letztenmal: Goethe gelesen. Vielleicht lange Jahre vor dem Tode. Und man weiß es nicht.«

»Aber es ist gut, daß man es nicht weiß«, sagte er; »wie?«

»Vielleicht«, sagte ich. »Man sollte aber bei jeder Verrichtung denken: Tu sie gut. Gib dich ihr ganz hin. Vielleicht ist es das letztemal.«

»Aber Er ist doch ein gottverdammter Pedant…!« fuhr er auf.

»Nennen Sie nicht Seinen Namen!« sagte ich. »Er ist ein göttlicher Pedant.«

»Warum haben Sie gelacht –?« fragte ich ihn.

Er hatte dagesessen, seine Hand hat mit den verrosteten Knöpfen einer nicht mehr benutzten Blitzkammer gespielt – und plötzlich hatte er gelacht. Es war ein recht eigentümliches Lachen gewesen, so ein Schluchzer, Station auf der Reise zwischen Lachen und Weinen… »Warum haben Sie gelacht?« fragte ich ihn.

»Ich habe gelacht«, sagte er, »weil ich an da unten denken

mußte. An etwas ganz Bestimmtes; es ist sehr dumm. Wissen Sie, heute ist mein Todestag – nein, gratulieren Sie mir nicht... nicht der Rede wert. Zum fünfzigsten, bester Herr, zum fünfzigsten... Und heute vor acht Jahren – wissen Sie, warum Lebende keine Angst vor den Toten haben, die gerade gestorben sind?«

»Ich kann es mir denken«, sagte ich. »Weil – weil wir ja die erste Zeit gebunden sind, noch nicht hier oben... nun, Sie kennen das. Es ist, als ob sie es ahnten.«

»Ganz richtig!« sagte er und ließ die Hand über die Klaviatur spielen; hätte das Werk funktioniert, so wären die Erde, der Mond und einige andere Etablissements in Rauch aufgegangen. »Ja, das ist so. Wir sind nicht sofort disponibel – sie sind vor uns sicher, kurz nachher. Nun gut, und Sie wissen doch auch, was mit unsern Sachen geschieht – – nachher?«

»Natürlich«, sagte ich. »Da wird ein Inventar aufgenommen, da kommen die Erben gelaufen, die Kinder, die unbezahlten Rechnungen...«

»An das Inventar dachte ich eben«, sagte er. »Das heißt: nicht gerade an das Inventar. Sondern daran, wie sie in unsern Sachen herumstochern. Es ist komisch und rührend zugleich. Kennen Sie das?«

»Nun...« sagte ich.

»Es ist nämlich so«, sagte er. »Sie kramen die Schubladen aus, kratzen an den Schrankschlössern herum, packen alles aus und packen es wieder ein... Und jeder Hosenknopf hat auf einmal eine Bedeutung, jedes Federmesser ist mit Sentimentalität geladen, alte Briefmarken machen ein Kummergesicht und trauern mit...« Wieder ließ er diesen mittlern

Schluchzer hören. »Sie finden alte Kuverts mit Rezepten und Tabakasche; Chininpillen und fein säuberlich aufbewahrte Theaterprogramme, mit denen wir einmal irgend etwas anfangen wollten, natürlich haben wir es vergessen, und nun liegt dieser ganze Kram in den Fächern – ein Viertel aller menschlichen Habe pflegt ja aus solchem Unfug zu bestehen. Und sie fassen das alles mit zitternden Fingern an, ihre Tränen lassen sie darauf fallen, und während sie Kontenbücher auf- und wieder zuschlagen und an Glasstöpseln riechen, sagen sie: ›Das hat er sich noch aufbewahrt!‹ Und: ›Achatsteine hat er immer so gern gehabt!‹ – und auf einmal ist unser Wesen auf tausend Dinge verteilt, es sieht sie an – wir sehen sie an, mit tausend Augen… Alles kommt ihnen wieder zur Erinnerung, wird lebendig… so haben sie uns nie geliebt.«

»Nein«, sagte ich. »So haben sie uns nie geliebt.«

»Woran liegt das?« fragte er vorsichtig.

»Man muß wohl nicht mehr da sein, um geliebt zu werden«, sagte ich. »Noch nicht oder nicht mehr: man muß wünschen, um zu lieben. Zu unsern Lebzeiten kümmert sich keiner um unsern Nachlaß.«

»Aber da ist es ja auch kein Nachlaß«, sagte er.

Eine Leitung schien versehentlich noch angeschlossen zu sein – denn nun fuhr ein Blitz aus dem Gehäuse, daß es zischte, und wir machten uns eiligst davon, auf daß er es nicht erführe, der Allwissende.

Er pfiff – das tat er so selten. »Sie sind sehr vergnügt –?« fragte er. »Sie müssen hingehn!« sagte er. »Sie müssen auf alle Fälle hingehn! Es ist ganz großartig. Ganz großartig ist

es!« – »Was?« fragte ich. »Einweihung eines neuen Planeten? Schlußfest auf einem Trabantenmond? Maskenball in
der Milchstraße?« Er wehrte mit einer Handbewegung ab.
»Nicht doch!« sagte er. »Das O hat mir das Erdkino gezeigt! Sie müssen hingehn!«

Wer das O war, wußte ich – aber was war ein Erdkino?
Ich fragte ihn. Er nahm einen Meteorstein in die Hand und
schickte ihn auf die Reise, nach unten. »Das Erdkino?«
sagte er.

»Das O hat die Erde aufgenommen – nun, das ist nichts
Neues. Aber es hat die Bilder aneinandergesetzt, flächig an-
einandergepappt, verkleinert, wieder vergrößert, ich bin
kein Techniker und habe seine Erklärung kaum verstanden.
Es sagt etwas von Zeitraffer... Es kann die Menschen auf
den Filmen löschen – man sieht nur die Sachen.« – »Was für
Sachen?« sagte ich. »Sachen!« sagte er. »Kleider, Anzüge,
Hutnadeln, Schränke, Bücher, Dampfer, Laternen, Papier,
Antennen, was Sie wollen. Das sieht man. Nun setzt es sich
in den Fabriken zusammen, die Menschen sind nicht zu sehen, verstehen Sie? Es setzt sich allein zusammen, wächst,
aus dem Boden, in Werkstätten, in Ateliers, lackiert sich,
prangt und spreizt sich in Neuheit... Dann wird es benutzt,
die Schranktüren klappen auf und zu, Papier wendet sich,
Hutnadeln hängen in der Luft, Bilder leuchten, Anzüge
wandeln, drehen sich, liegen über Stühlen... wie sind die
Sachen fleißig! Wie dienen sie! Wie sind sie tätig! Wie leben sie mit! Welch ein Leben!« Seine Augen leuchteten.
»Und dann?« fragte ich. »Und dann werden die Sachen
müde, immer seltener stülpt sich der Hut auf eine unsichtbare Form, immer wackliger fällt der Vorhang, immer

bröckliger klappt die Zauntür... Und dann gibt es einen Ruck, Holz wird zerschlagen – man sieht nicht, von wem –, alte Kissen fliegen durch den Raum, Schnur schnurrt zusammen und rollt sich ab – und dann sinken die Sachen auf die Erde. Ganz langsam sinken sie nieder, da liegen sie. Und dann werden sie immer unkenntlicher, sie werden wohl zu neuen Klumpen gekocht, zusammengeschweißt, ich verstehe mich nicht so darauf. Und viele werden wieder Erde. Und dann fängt es wieder von vorn an.«

»Und das gibt es da alles zu sehen?« sagte ich. »Das und noch viel mehr«, stimmte er begeistert zu. »Noch mehr?« fragte ich. »Was tun denn die Sachen noch?« – »Die Sachen tun nichts!« sagte er. »Es gibt einen andern Film; da hat das O die Sachen ausgelöscht, man sieht nur die Menschen – und es hat auch einen Teil der Menschen ausgelöscht und nur diejenigen mit der gleichen Betätigung übriggelassen.« Ich sagte: »Wie das...?« Er sagte:

»Es hat Kontinente fotografiert, auf denen man nur trinkende Menschen sieht. Hören Sie? Nur Trinkende. Geöffnete Münder, gespitzte Lippen, hastige Durstende und abschmeckende Genießer – Todschlaffe über Pfützen und spielende Kinder, die an Tröpfchen saugen, Kinder an der Mutterbrust und heimlich saufende Ammen... Und einmal: nur Lesende. Von allen Graden. Und einmal: nur Rauchende. Und einmal... Ja.«

»Was – und einmal?« fragte ich.

»Und einmal nur Liebende«, sagte er leise. »Das war nicht schön. Hören Sie: das war ekelhaft. Welch ein Puppenspiel. Was treibt sie? Es ist, als bewegten sie sich nicht, als bewegte es sie. Das sind nicht mehr sie, die dieses Auf und Ab vollführen – das ist ein andres. Sie sehen es tausend und tausendmal beim O – schließlich scheint es eine zeremonielle Förmlichkeit, man möchte rufen: Aber so wechselt doch einmal! Tut doch einmal etwas andres! Nein – das Repertoire ist so klein … Sie nähern sich einander, gehen umeinander herum, lächelnd, und dann immer dasselbe, immer dasselbe … Sagen Sie: Haben wir uns auch so albern benommen, damals?«

»Sie wären sonst nicht hier«, sagte ich.

»Aber das ist ja … ich bitte Sie: so albern. Und immer wieder –?«

»Man muß wohl an das Einmalige glauben«, sagte ich. »Sonst kann man es nicht tun. Sähe man wirklich alles und alle – man könnte wohl nicht bleiben, da unten. Das O soll weiter fotografieren; sie werden es zum Glück nie zu sehen bekommen.«

»Doch. Nachher«, sagte er. Wir schwiegen und schämten uns.

»Wir sprechen immer von da unten!« sagte er. »Haben wir eigentlich keine andern Sorgen?« – »Wenn ich mich mit Ihnen unterhalte«, sagte ich, »das ist wie Klatsch. Man plätschert behaglich in dieser dicken Suppe – Sie wissen immer so schön, wie ichs meine … mit jedem kann man das nicht.« – »Danke«, sagte er.

Wir saßen an der Selbstleber-Ecke; von hier war es einigen Verdrehten gelungen, wieder ins Leben zurückzuspringen – ein Verzweiflungsakt, der nur alle paar Jahre einmal vorkam. Ein ungewisses Astrallicht zitterte um uns. Ich fing wieder an.

»Ich muß Sie etwas fragen«, sagte ich. Er nickte zustimmend. »Kennen Sie den Haß der Nähe?« – »Sie meinen: die Geschichte mit der Ehe. Ich war vierzehn Jahre…« – »Nein, das meine ich nicht«, sagte ich. »Es ist etwas andres. Passen Sie auf:

Der Rennreiter steht an den Tribünen, das Pferd ist abgesattelt, er hat gewonnen, ist sauber gebadet und schön massiert, er ist guter Laune. Bei ihm steht sein Freund, der Bücherschreiber. Dem will er ein gesellschaftlich passendes Wort sagen. ›Habe gestern das neue Buch von Agnes Günther gelesen‹, sagt er, ›ein sehr schönes Buch!‹ Aber da kommt er an den Rechten. ›Was!‹ sagt der bücherschreibende Freund, ›ein schönes Buch? Die Günther und ein schönes Buch? Na, hören Sie mal… das ist der hundsgemeinste Kitsch, der mir jemals…‹ Der Rennreiter ist ganz erschrocken. Was ist das? Er hat doch nur eine belanglose Phrase sagen wollen, irgend etwas Verbindlich-Unterhaltsames – ihm ist das Buch in Wirklichkeit völlig gleichgültig… Und der andre schäumt. Er zitiert Agnes Günther und Erika Händel-Manzonetti und Waldemarine Bonsels, und was Sie wollen! Und schäumt und geifert und tobt und ist ganz befangen in seinem Kram…«

Ein älterer, bebarteter Geist huschte vorüber, murmelte etwas von »überwertiger Idee«, bekam einen Meteorstein ins Kreuz und verschwand. Ich fuhr fort:

»Und umgekehrt ist es genau so. Der Literat besichtigt die Maschine des Ingenieurs, wird in der Fabrik herumgeführt… Und sagt: ›Hübsche Maschine das –!‹ Der Ingenieur lächelt, zunächst nachsichtig. ›Das ist eine belanglose Sache, lieber Freund!‹ antwortet er. ›Um Ihnen die Wahrheit zu sagen: der größte Dreck des Jahrhunderts. Unpraktisch, total verbogen, unmöglich.‹ Und dann schnurrt er Zahlenreihen ab, daß dem Besucher ganz himmelangst wird, er beschimpft seine Konkurrenten und lobt versteckt sich, preist Amerika und spielt das russische Spiel: Naplewatj na wsju Ewropu! Spuck auf ganz Europa… Und der Literat steht da, verdutzt, vor den Kopf gehauen und kann sich diesen Eifer gar nicht erklären…«

»Ja«, sagte er. »Das kenne ich.« – »Woher kommt es –?« sagte ich.

»Niemand kann sich einen Passanten vorstellen«, sagte er. »Alle glauben, man kenne die Hintergründe, wisse, wie es gemacht wird, sehe die Sache auch von hinten an, gewissermaßen. Aber dem Vorübergehenden ist das ja alles so völlig gleichgültig, so ganz und gar gleichgültig. Er will nichts als die Resultate. Er geht eben so vorbei, pickt sich hier ein Körnchen und da, etwas Wissen, Unterhaltung, Anschauung – mögen die sich da die Knochen zusammenschlagen! Und wie sie schlagen! Sie packen ihren ganzen Hauskram aus, sie erzählen Einzelheiten, berichten, wie es zustande gekommen ist, und wie es hätte werden müssen… Sie sind nicht zu halten. Wie sie sich hassen, die Nahen –!«

»Sind Sie mal in einen fremden Familienzank hineingeraten?« sagte ich. Er horchte auf. »Die heißen Köpfe, die roten Gesichter, der Eifer, dieser Übereifer, diese für den Fremden ganz unverständliche Kraft des Hasses, der Abneigung… Welch ein Aufwand! Welch tönendes Geschrei!«

»Nah sind sie sich«, sagte er. »Sie rächen sich für die Nähe – sind sich verwandt, gruppenweise, alle miteinander. Sie hassen sich im Nebenmann, drum herum liegt die ganze große Welt, sie sehen sie nicht – sie können sie nicht sehen. Es sind Generale fürs Spezielle. Man möchte sie herausheben und zur Abkühlung etwas hochhalten. Wer, ich bitte Sie, wer sieht über weite Strecken, wer sieht die Welt, wer sieht alles –?«

In der Ferne zuckte eine Lichtschneide auf, es murrte schwach, wir sagten nichts mehr.

»Wieviel Uhr …« – aber schon sank die Hand schlaff herunter. »Ach so –«, sagte er. Ich lächelte doch. Als ich den Ausdruck seiner Augen bemerkte, stellte ich die Lachfalten wieder gerade. »Keine Zeit«, flüsterte er. »Sich daran zu gewöhnen, daß es keine Zeit mehr gibt. Ja, die guten Aprioristiker …« Ich bog ab. »Haben Sie sich da unten die Zeit auch geometrisch vorgestellt?« sage ich. »Nein, wie …« sagte er. »Als lebe man im Raum vorwärts«, sagte ich. »Als könne man im Raum der Zeit auf- und abrutschen, vorwärts und rückwärts, mit allen Spielen im Raum: wer da hinten auftaucht, ist noch klein, er kommt auf uns zu, wird immer größer, dann nimmt seine Gestalt ab, verschwindet, wissen Sie?« – »Das kenne ich nicht«, sagte er. »Nicht?« sagte ich. »Es ist so:

Das kleine Haus, in dem ich einmal gewohnt habe, steht unbeweglich. Nun setzt es sich in Bewegung; nachts, wenn wir nicht einschlafen können, hört man, was es macht. Es fährt durch die Zeit. Vorn, am Bug schäumt das Zeitwasser hoch auf, mit solcher Geschwindigkeit geht es vorwärts, es zerteilt die Zeit, sie gleitet rechts und links am Haus vorbei, da rauscht sie auf, überall, und wir liegen in der kleinen Bettschublade und werden davongetragen, wehrlos, machtlos, weiter und immer weiter. Manchmal streckt sich eine Hand aus solch einem Bett, sie hängt laß herunter und bewegt sich – zurück? Da gibt es kein Zurück. Manchmal schaudert der Schlafende vor dem, was nun kommt – aber sie fahren mit ihm. Ahnungen helfen nicht. Morgens früh, wenn du aufwachst, hält das Haus schon anderswo.«

»Ja – etwas Ähnliches habe ich doch wohl schon empfunden«, sagte er. »Man ist übrigens nicht sehr glücklich dabei.«

»Nein«, sagte ich. »Man ist nicht sehr glücklich dabei. Zum Schluß bleibt die etwas trübe Empfindung von einer Masse Eindrücke; es wäre ein herzhafter Spaß, wenn man den Zeitraffer anbringen könnte und das ganze Leben, das man zu führen verurteilt ist, donnerte mit einem Male herunter. Aber das war nicht zu machen.«

»Haben Sie sich sehr gesehnt, zu... hierher zu kommen?« sagte er.

»Oft«, sagte ich. »Hunger habe ich alle meine Lebtage gehabt. Hunger nach Geld, dann: Hunger nach Frauen, dann, als das vorbei war: Hunger nach Stille. Oh, solchen Hunger nach Ruhe. Mehr: Hunger nach Vollendung. Nicht mehr müssen – nicht mehr durch die Zeit fahren müssen –.«

»Man geht spurlos dahin –«, sagte er. »Nein«, sagte ich. »Man geht nicht spurlos dahin. Ach, denken Sie nicht an Denkmäler – das ist ja lächerlich. Und ich weiß schon, was Sie jetzt sagen wollen: unsterbliche Werke. Ich bitte Sie... Nein, etwas anderes. Ich habe etwas dort gelassen, ja, ich habe etwas dort gelassen.« – »Was?« sagte er, ein wenig ironisch.

»Ich habe den Dingen etwas gelassen«, sagte ich. »Seit jenem Tage, wo ich den greisen Klavierspieler in Paris wiedersah, den mein Vater zwanzig Jahre vorher in Köln gesehen hatte. Er spielte noch dieselben Stücke, der Wandervirtuose – noch genau dieselben. Und da war mir, als grüßte durch ihn mein toter Vater. Auch ich habe den Dingen etwas gesagt. Ich habe an vieles, was längere Dauer hat als ich und Sie, Grüße befestigt. Ich habe hier einen Gruß angeheftet und da einen Kranz, hier einen Fluch und da ein abwehrendes Schweigen … und als ich das tat, da merkte ich, daß die Dinge schon voll waren von solchen Grüßen Verstorbener. Fast alle hatten sich an die Materie gehalten, hatten Spuren hinterlassen; wenn man vorüberstrich, bat, flehte, beschwor, fluchte und segnete es von diesen Sachen herunter, die die Menschen tot nennen. Ich bin nicht spurlos dahingegangen. Nur –«

»Nur –?« sagte er.

»Nur –«, sagte ich. »Die Menschen sind Analphabeten. Sie können es nicht lesen.«

Er sah mich an und tastete an die Stelle, wo einmal seine Uhr gesteckt hatte. »Kommen Sie!« sagte er. »Wir wollen zum Nachmittagskaffee.«

Wir saßen auf der goldenen Abendwolke und ließen die Beine baumeln – er ruckelte ungeduldig hin und her, weil sich die Wolke nicht abkühlen wollte, man fühlte sich sanft geröstet. »Noch ein kleines«, tröstete ich ihn. »Gleich wird sie fahl und grau, dann sitzen wir angenehmer. Wir wollen nicht wegschwimmen.« Da blieb er. Als es kühler wurde, sagte er: »Sie müssen doch eigentlich ein schönes Dasein gehabt haben, damals. Wenn ich so denke, wie agil Sie sind, wie flink, wie anpassungsfähig …« Ich sah ihn von der Seite an und wickelte mich fester in das Gewölk. »Ich?« sagte ich. »Ich…«

»Wenn man Sie sprechen hört«, sagte er, »hat man den Eindruck, als seien Sie mit den Mitbrüdern fertig geworden, nicht immer siegreich, aber immerhin. Ich meine das nicht böse. Sie sagen gar nichts. Warum lachen Sie –?«

»Es ist jetzt alles vorbei«, sagte ich. »Es war so:

Am Anfang ging es an. Mit dem Elan der Potenz ritt ich über viele Bodenseen, ich hatte keine Schwierigkeiten zu überwinden, weil ich sie gar nicht sah. Nachher, als das nachließ, zog der Schimmel doch langsamer, und ich hatte Muße, mir ein bißchen die Landschaft anzusehen, durch die wir fuhren.«

Er hatte ein Stück Wolke auseinandergezogen und malte mit ihr ein Gesicht an den Himmel, einen ausdruckslosen Pausback. Dann wischte er ihn wieder weg. »Und was sahen Sie?« sagte er.

»Was ich sah?« sagte ich. »Ich sah – aber ich verstand nicht. Ich verstand immer weniger. Wissen Sie, daß es eine bestimmte Sorte Geisteskranker gibt, die Furcht hat vor allem, und die ratlos ist. Sie frösteln ständig, ziehen sich zusammen, wenn sie mit der Welt in Berührung kommen, immer enger, dann sterben sie; sie sind ins Negative hinübergekippt. Jahrelang, besonders in der Mitte meines Lebens, hatte ich das Gefühl, ausgestoßen zu sein, als Kind unter Erwachsenen zu leben, Verhandlungen der Großen beizuwohnen, deren Sinn mir ewig verborgen bleiben würde. Sie sprachen miteinander – und ich hörte verständnislos zu. Sie fochten Ehrgeizschlachten aus – ich stand daneben und machte runde Augen. Sie schlossen Geschäfte ab – ich hatte gewissermaßen den Eindruck, zu stören. Und das allerschlimmste war: Alle verstanden sich, sprachen ihre Sprache, sie hatten sofort die Ellbogenfühlung, sie waren verwandt. Ich stand da, allein, auf einem weiten Hof mit meiner Kappe in der Hand, und ich drehte sie, wie es die Schauspieler machen, wenn sie Verlegenheit ausdrücken... Mittags saß ich mit ihnen zusammen, sie schwatzten, ich schwatzte auch – aber mir fehlte irgend etwas, ein Code-Schlüssel, eine Auflösung, ich wußte nicht... und abends ging ich traurig nach Hause.«

Jetzt bröselte er langsam die Wolke auf, die immer kleiner wurde. Wir hatten kaum noch Platz zum Sitzen. »Aber da waren doch noch andre«, sagte er. »Auch: Einsame. Auch: Enttäuschte. Auch: Weltfurchtsame. Weshalb gingen Sie nicht zu diesen –?«

»Um einen Klub der Einsamen zu gründen?« sagte ich. »Ich verachtete sie maßlos, ich haßte sie nahezu. Ich fand sie lebensschwach, anspruchsvoll, uninteressant verrückt. Ihnen gegenüber mimte ich das Leben, das pralle Leben. Außerdem kochten sie eine andre Art Melancholie, und so verstanden wir uns nicht. Blieben sie allein, waren sie mir widerwärtig. Fanden sie den Anschluß, dann fühlte ich mich erhaben über so viel gemeinen irdischen Sinn.«

»Also was blieb Ihnen zum Schluß?« sagte er, ein klein wenig spitzer, als mir lieb war. Ich konnte ihm nicht mehr antworten, denn nun hatte er glücklich die ganze Wolke aufgebröselt, wir rutschten ab und fielen, fielen –

Das mittlere Feld war gesperrt, weil eine Meteorregen niedergehen sollte – obgleich uns der gar nichts antun konnte, hatte der alte Herr mit vertatterten Händen die Sperrung angeordnet. Wir krochen vier Zeitlosigkeiten hindurch am Rande des Feldes entlang, dann setzten wir uns, um den Regen mitanzusehen, wenn er zu regnen anhübe. Mir paßte die Absperrung nicht, und ich fluchte leise vor mich hin.

»Haben Sie einmal einen Märtyrer gesehen?« sagte er. Mir blieb ein ellenlanger und herrlicher Fluch, den mich einst ein Matrose in Dänemark gelehrt hatte, im Halse stecken. »Einen Märtyrer?« sagte ich. »Einen, der seine unbefriedigte Eitelkeit hinter eine Sache steckt und nun plötzlich dasteht, lichtumflossen – ja, ich kenne das.« – »Wenn Sie das kennen«, sagte er, »dann wissen Sie auch, was man mit so einem macht?« – »Sie ... man gibt ihm wenig zu essen, die Kinder auf der Straße und die Professoren rufen hinter ihm her, er sei unfruchtbar und hätte keinen Kontakt mit der Wirklichkeit.« – »Das auch«, sagte er. »Aber ich habe einmal etwas gesehen, lange nach meinem Tode, etwas viel Merkwürdigeres.

Da kriecht in einer zweiten Hyperbel ein Ding herum, es ist noch kein rechter Planet, es will erst einer werden. Dort habe ich einmal zur Frühstückszeit geangelt. Und da hatten sie einen Kerl gefangen, der wollte ihnen den ganzen Ball umkrempeln, ein Heiliger, ein Vorwärtsrufer – in die Einzelheiten habe ich mich nicht eingemischt, es ging mich ja nichts an. Den hatten sie also beim Kragen, und da haben sie ihn dann beendigt.«

»Nun ja«, sagte ich. »Das kommt vor. Das ist doch nichts Außergewöhnliches. Einer opfert sich auf, weil er muß; er brächte ein Opfer, wenn ers nicht täte; er horcht, wie es in den andern weint, dann wühlt er sich durch, bis er zu dieser Stimme gelangt, quält sich und wird gequält, und dann kommt er zu uns. Gewiß, ja.«

»Das war es nicht«, sagte er. »Wie sie es taten... Welch ein Hohn! Sie berieten lange, wie es zu tun wäre. Nun muß da eine Infektion stattgefunden haben – einer schlug vor, ihn zu kreuzigen.« Ich sah jetzt aufmerksam auf das Meteorfeld – es war nicht grade neu, daß einer gekreuzigt werden sollte. Er fuhr ruhig fort.

»Sie führten ihn also zur Kreuzigung hinaus, vor die große Stadt, auf ein Feld. Der Zug näherte sich dem Hinrichtungsplatz – der Heiland, ein gedrungener, dunkler Mann, sah sich abgeängstigt, aber erschreckt um. Da war kein Kreuz.« Ich sah auf. »Was heißt das: da war kein Kreuz?« sagte ich.

»Da war kein Kreuz«, sagte er. »Eine lange, hohe Stange stand da, wo das Kreuz zu stehen hatte. Und der Anführer der Rotte trat vor und sagte zum dortigen Heiland: ›Du bist nicht einmal wert, daß man dich kreuzigt. Du bist nicht einmal ein Kreuz wert. Zwei Balken sind zu viel für dich, du Beglücker. Hier ist eine Stange, die genügt.‹ Und dann kreuzigten sie ihn.«

»Sie konnten ihn doch gar nicht kreuzigen«, sagte ich. »Sie hatten kein Kreuz.«

»Sie nagelten ihn an die Stange«, sagte er. »Sie war breit genug... Sie nagelten ihn so: den einen Arm, den linken, senkrecht hoch erhoben, am linken Ohr vorbei, und den rechten glatt herunterhängend, an der rechten Hüfte. Da hing er, ein blutender Strich. Er schrie nicht.«

»Das – Sie haben das selbst gesehen?« sagte ich.

»Ich habe das gesehen«, sagte er. »Wie ein Finger ragte er

in den Himmel. Er lebte achtzehn Stunden, davon nur eine halbe ohne Bewußtsein. Es war ein Christus ohne Kreuz. Er sah so unbedingt aus – kein Querbalken strich wieder durch, was das lange Holz einmal ausgesagt hatte. Es starrte nach oben wie ein schneidendes Ausrufungszeichen, den Blitz herausfordernd. Aber es kam kein Blitz. Und ich sage Ihnen: die Leuten haben recht getan. Wieviel Holz braucht der Mensch? Zwei Balken? Einer genügt. Sie sind ihren Weg zu Ende gegangen, wie der seinen zu Ende gegangen ist. Man soll bis ans Ende gehen. Die himmlische Güte…«

»Der Meteorregen –!« rief ich. Wir sahen angestrengt zum angekündigten Ereignis hinüber; es verlief matt und etwas eindruckslos, wie alles, wovon Er sich so viel verspricht.

Er ist fort. Ich kann das noch gar nicht glauben.

Die ganze letzte Zeit hatte er schon immer so schwermütig gesprochen, hatte dunkle Andeutungen von sich gegeben, vom »männlichen Glück, vorhanden zu sein«, von einer »schönen Sinnlosigkeit der Existenz« und andre beunruhigende Sätze. Ich hatte dem keine Bedeutung beigelegt. Jeder hat schließlich seinen eigenen Cafard. Und auf einmal war er fort.

Am Morgen, als die Zentral-Sonne mit majestätischem Rollen durch den Raum gewitterte, war er zu mir gekommen, schleichender, merkwürdiger denn je. Er hatte geschluckt. »Wir… wir werden uns vielleicht…« Dann hatte er sich abgewandt. Mir ahnte nichts Gutes. Nachmittags war er weg.

Ich fand ihn nicht. Beim Alpha war er nicht, beim Silbergreis nicht, auf seinem Angelplaneten nicht, nirgends, nirgends. Ich ging zum O, mir blieb gar nichts andres übrig. Ich hasse das O, es ist gelehrt, kalt, klug, scheußlich. Das O lächelte unmerklich, bastelte an seinen Apparaten, sah mich an, ließ mich heran…

Pfui Teufel. Ah, pfui Teufel.

Das O hatte den Zeitraffer gestellt, die alten Strahlen noch einmal zurückgeholt, ein fauler Witz, den es sich da macht. Und ich sah.

Den dicken gerundeten Bauch der Mama; es war, als hätte sie sich zum Spaß ein Kissen vorgebunden. Sie ging langsam, vorgestreckten Leibes. Und dann sah ich ihn, oder doch das Ding, in das er gefahren war.

Er lag auf einem Anrichtetischchen und wurde grade gepudert. Er zappelte mit den kleinen Beinchen und bewegte sich, blaurot vor Schreien. Sein Papa stand leicht geniert daneben und machte ein dummes Gesicht. Die Kindswärterin hantierte mit ihm eilfertig und gewohnheitsmäßig, in routinierter, gespielter Zärtlichkeit. Ich sah alle Einzelheiten, seine unverhältnismäßig großen Nasenlöcher, den Badeschwamm…

Zwei Städte weiter saß ein kleines Mädchen auf dem Fußboden und warf Stoffpuppen gegeneinander, das war seine spätere Frau; ein rothaariger Bengel schaukelte unter alten Bäumen: das war sein bester Freund; in einer Hundehütte jaulte ein Köter, der Großvater dessen, der ihn einst beißen würde; ein Haustor glänzte: die Stätte seiner größten Niederlage. Er wußte von alledem nichts, brüllte und war sehr glücklich. Neben mir kicherte leise das O.

Da liegt er im Leben. Er fängt wieder von vorn an. Er will

auf eine Reitschule gehen und sich die Beine brechen; er will den Erfolg schmecken, den in Geschäften und den in der Fortpflanzung; er wird den Kopf in die Hände stützen, oben, in einem vierten Stock, und über die Stadt mit den vielen schwarzen Schornsteinen sehen, auch in den Himmel... Dabei wird ihm etwas einfallen, eine Art Erinnerung, aber er wird nicht wissen, woran. Er wird seine Jugend verraten und das Alter ehren. Er wird Gallensteine haben und Sodbrennen, eine Geliebte und ein Konversationslexikon. Alles, alles noch einmal von vorn.

Und ich werde mich hier oben zu Tode langweilen, wenn das möglich wäre – ich werde mir einen neuen Freund suchen müssen, mit dem ich auf den Wolken sitzen und mit den Beinen baumeln kann... Eine homöopathische Dosis von Neid ist in meinem Seelenragout zu schmecken, nicht eben viel, nur so, als sei jemand mit einer Neidbüchse vorbeigegangen... Was hat ihn nur gezogen? Was zieht sie nur alle, die wieder herunter müssen ins Dasein –? Schmerz? Hunger? Sehnsucht? Und vielleicht gerade die Sinnlosigkeit, der Satz vom unzureichenden Grunde, die Unvollkommenheit, die kleinen Hügelchen, die es zu überwinden gibt, und die man nachher so reizend leicht herunterfahren kann? Aber er kennt das doch alles, er kennt es doch, wir haben es uns oft genug erzählt... Und wie hat er sich darüber lustig gemacht!

Eidbruch. Fahnenflucht. Verrat! Ich komme mir schrecklich überlegen vor, ein Philosoph. Ich habe recht. Er hat unrecht.

Aber er lebt. Er atmet, mit jenem Minimum an Erkenntnis, das das Atmen erst möglich macht; er ersetzt beständig seine Zellen, schon morgen ist er nicht mehr derselbe wie gestern, und heute ist er glücklich, weil er nichts mehr von alledem weiß, was er hier gewußt hat; er verschwimmt nicht mehr im All, er ist ein einziges Ding, Grenzen sind die Merkmale seines Wesens, und gäbe es außer ihm keine andern, er wäre nicht. Seine Mutter liebt ihn, weil er ist; sein Vater wird ihn später einmal lieben, weil er so ist und nicht anders. Manchmal ist er glücklich, unglücklich sein zu können.

Er ist fort. Und ich bin ganz allein.

Er schämte sich über die Maßen, als er wieder da war. »Sie sind lange fortgewesen –«, sagte ich. »Wir wollen doch die Sache beim Namen nennen«, sagte er. »Ich habe Sie plötzlich allein gelassen; so, wie es da unten welche gibt, die aus dem Leben scheiden, aus Sehnsucht nach dem Tode – so habe ich das Umgekehrte getan. Nun –« Ich schwieg. Dann:

»Es hat Ihnen gefallen?« sagte ich harmlos. Er sah mich aufmerksam an. »Ironie verkaufe ich allein«, sagte er. »Aber ich kann es ja ruhig sagen: Nein – es hat mir nicht gefallen.« – »Und warum nicht?« sagte ich. »Weil –«, sagte er. »Ich will Ihnen etwas erzählen:

Oft habe ich Ihnen hier oben nicht geglaubt; Sie haben so niederdrückende Sachen über die da gesagt – Sie sind ein Dyskolos.« Ich nickte freundlich. Namen treffen nie, besonders nicht, wenn man selbst gemeint ist. »Ein Dyskolos«, sagte er. »Sie essen die Trübsalsuppe mit großen Löffeln – Ihnen ist nicht wohl, wenn Ihnen wohl ist – Sie müssen so eine Art bösen Gewissens haben, wenns Ihnen gut geht. Es hat mir übrigens wirklich nicht gefallen.« Oben links ging die Erde auf, o du mein holder Abendstern!

»Sehen Sie das?« sagte er. »Sehen Sie das? Geht es da armselig zu! Welcher Reichtum an Armut! Welcher Überfluß an Nutzlosem! Welch Schema des Eigenartigen! Ich war entsetzt. Dieses Mal bin ich nicht alt geworden.« – »Aber Sie hatten doch Freude, wieder da zu sein…?« sagte ich vorsichtig.

»Es wird alles in Serien hergestellt«, sagte er. »Ich hatte Freude – eine Minute, die erste. Aber ich hatte vergessen, meine Rückerinnerungen bei Ihnen zu lassen – ich wußte alles. Herr, ich wußte alles, was kam. Mein erstes Kinderschuhchen, Elternfreude und Mutterliebe und die kleine Schulmappe… Und die ersten Pubertätspickel und die Gedichte, die junge Liebe und die vernünftige Heirat. Ja. Aber am schlimmsten –« – »Am schlimmsten –?« sagte ich.

»Am schlimmsten war es später«, sagte er. »Die Abgenutztheit des Originellen – die Tradition der Individualität – die Maschinerie des Außergewöhnlichen: es war nicht zum Aushalten. Ah, ich bin nicht Phileas Fogg, der Exzentriks sucht – ich weiß, daß man nicht mit beiden Beinen auf einer Lampe sitzen kann – aber welche Armut! Welche Dürftigkeit in den Ausdrucksmöglichkeiten, in der Perversität noch, im Leiden selbst. Es ist immer dasselbe – es ist immer dasselbe. Und jeder tut so, als begegne einem das zum erstenmal, wenn es ihm zum erstenmal begegnet.«

»Sie sagten vorhin«, sagte ich, »daß Sie so ins Leben hineingerutscht seien, wie manche herausgehen: aus Sehnsucht nach dem Tode. Gibt es das: Sehnsucht nach dem Tode –?« – »Nein«, sagte er. »Nein: nicht Sehnsucht nach dem Tode. Nur: Müdigkeit. Da liegen nun sechsunddreißig Kalender auf dem Tisch, jeder mit Neujahr, Hundstagen und Silvester, und das muß alles noch gelebt werden – welche Aufgabe! Das mag man mitunter nicht. Wirst du ohne Hunger durchkommen? Ohne Syphilis? Ohne Kinderkatastrophen? Nur Blinde sind kräftig – Schwäche macht sehend. Die Chancen sind ungleich verteilt. Ich wußte zuviel. Und sehen Sie: da kleben sie und gehen nicht weg und gehen nicht weg. Was mag sie wohl halten –?« Er sah auf die Erde.

Der kleine blitzende Punkt stand jetzt im Zenit, unter tausend andern, die leuchteten wie er.

Keiner leuchtete wie er.

Wir saßen auf der Wolke und ließen die Beine baumeln.

»Was am schwersten war, dieses Mal?« sagte er und blies nachdenklich den Meteorstaub in die Luft, »am schwersten... Am schwersten war der Knacks.« – »Welcher Knacks?« sagte ich. »Der zwischen Jugend und dem andern, was dann kommt«, sagte er. »Manche nennen es: Mannesalter. Es hätte sollen ein Übergang sein, ein harmonisches Gleiten, ich weiß schon. Bei mir war es ein Knacks.« Der alte Herr probierte einen neuen Meteor aus, der sich emsig bemühte, die höhere Astronomie gänzlich durcheinanderzubringen – es war etwas ziemlich Hilfloses. Wir sahen erhaben zu, denn es ging uns so schön gar nichts an. »Ein Knacks, sagten Sie?« fing ich wieder an. »Ein Knacks«, sagte er. »Es war so:

Sie hopsen da herum, alles ist einfach klar – wenigstens scheint es Ihnen so. Was Sie nicht richtig durchschauen können, das umkleiden Sie mit einem herrlichen Nebel von Lyrik, Pubertät, Nichtachtung, Sorglosigkeit, tapsig hingehuschten Wolken; der tote Punkt in Ihrem Blickfeld ist eine

Fläche, dahinein geht viel. Alles ist nur Spaß, wissen Sie, das macht die Sache, wenn auch nicht angenehm, so doch sehr erträglich. Alles ist nur Spaß.« – »Und dann –?« sagte ich. »Und dann –«, sagte er, »und dann ist das eines Tages – nein: nicht eines Tages, eines Tages ist es nicht aus. Viel schlimmer. Erst ist es nur ein leises Unbehagen, die Räder quietschten doch früher nicht? Dann wird Ihnen das Quietschen zur gewohnten Begleitmusik, dann schmeckt dies nicht mehr und dann jenes nicht, und dann fangen Sie auf einmal an, zu sehen.« Jetzt machte der Meteor einen Bogen, der Verfasser versprach sich wohl von diesem Kunststück etwas, das er ›majestätisch‹ genannt wissen wollte. Es war ein rechter Ausverkauf an Majestät.

»Sie sehen –«, sagte er. »Aber es ist doch schön, klar zu sehen –?« sagte ich. »Sie tun so«, sagte er, »als wären Sie nie unten gewesen. Es ist grauenhaft. Sie sehen: daß es gar nicht so ist, wie Sie bisher geglaubt haben, sondern ganz anders. Sie sehen: daß es wirklich nicht so schön einfach ist, wie es Ihre Bequemlichkeit und Eselei sich zurechtgemacht haben. Sie sehen: schräg hinter die Dinge, niemals mehr, das ist besonders aufreizend, jedenfalls sehen Sie nicht mehr glatt von vorn. Und dann die andern –! Bis dahin haben sie Sie noch begleitet, man hat sich ganz gut verstanden, es ging gewissermaßen erträglich und verträglich zu. Nun heiraten die, nun haben sie Kinder, hören Sie: richtige lebende Kinder! die nehmen sie ernst; erst hatte jeder eine Frau, jetzt hat das, was da neu entstanden ist, beide, und auf einmal, eines Tages bekommen Sie einen freundlichen Rippenstoß von nebenan: ›Nicht wahr, Alter – wir wollen uns doch nichts vormachen, das da: Samtvorhänge, Warmwasserspülung,

Behäbigkeit, das ist doch das Wahre, was?‹ Es ist wie ein Donnerschlag. Ihre Ideale bewahren sie sich getrocknet auf, im Herbarium ihrer Gefühle, manchmal, sonntags, sehen sie sich das an. Und lachen darüber, verstehen Sie das? sie lachen darüber. So ziehen sie an Ihnen vorbei.« – »Blieben Sie denn stehen?« sagte ich.

»Ich blieb stehen«, sagte er. »Ja, ich blieb wohl stehen. Alle kamen an mir vorüber, der ganze Zug mit Roß und Mann und Wagen und allen Reisigen. Zum Schluß die alten Weiber, und dann wackelten da welche, die ich noch als kleine Kinder gekannt hatte: sie hatten den ganzen Nacken voll seriöser Sorgen und waren ehrgeizig und verdammt real. Sie brachten es alle zu etwas, sehr ernsthafte Leute. Beinah hätten sie mir einen Groschen in den Hut geworfen. Ich hatte aber keinen Hut. Und da stand ich, ganz allein.« – »Waren Sie denn kein Mann?« sagte ich und mühte mich, das sehr neutral zu sagen. »Ein Mann?« sagte er. »Doch auch, ja. Ich kroch auch später den andern nach, und was früher Ideal geheißen hatte, hieß jetzt einfach: Zuspätkommen. Ein Mann erwachsen… Aber in einer Ecke meines Herzens, wissen Sie, da wo es am hellsten und dunkelsten zugleich ist – da bin ich doch immer ein Junge gewesen.«

Wir schwiegen. Und als ich mich nach ihm drehte, da war er nicht mehr da. Er hatte sich fallen lassen, vermutlich aus Scham, denn so etwas sagt man nicht.

»Kommen Sie mit ins Wasser-Sanatorium?« sagte er. Ich sah ihn an. »Wird hier jemand geheilt?« sagte ich. »Jemand… ja«, sagte er. »Sie verstehen nicht richtig: da wird nicht mit Wasser geheilt. Anders: denken Sie an Kinderkrankenhaus.

Wird da mit Kindern geheilt? – Kinder werden geheilt.« –
»Wollen Sie vielleicht sagen, daß hier Wasser geheilt wird?«
sagte ich. »Krankes Wasser ... das habe ich noch nie gehört.« – »Sie sind nun schon so lange hier«, sagte er, »und
kennen sich noch immer nicht aus. Kommen Sie mit.«

Es war hinter dem Wasserplaneten, einer dicken, gur-
gelnden und etwas lächerlichen Sache, die da wie rasend
umherwirbelte. An den Rändern zischten die Spritzer in
der Rotationsrichtung, der Himmelskörper speichelte sich
durch den Raum. Den ließen wir turbulieren, dann kam der
große Salzsee, darüber hinaus war ich noch nie gewesen.
Dann kam es.

Weit, äonenweit: Wasser, eine stille Fläche. Sie lag in der
Luft wie eine hauchige Scheibe, glasdünn, glasklar, wie mir
schien. Ich sagte ihm das. »Es ist nicht klar«, sagte er. »Das
ist es eben. Es ist hier zur Erholung, das Wasser. Es ist abgeguckt.« – »Was ist es –?« sagte ich. »Es ist abgeguckt«,
sagte er. »Sie haben da alle hineingesehn – setzen wir uns.
Ich werde das erklären.« Wir setzten uns an den Rand der
Wasserglasplatte. Man konnte die andern Wolken sehn, die
unterhalb wimmelten.

»Was tun die, die Muße haben, wenn man ihnen Wasser
oder Feuer vorhält?« sagte er. »Sie sehen hinein«, sagte ich.
»Richtig«, sagte er. »Aber ... sie sehen nicht nur hinein. Sie
lassen sich hineinfallen. Die Augen werden glasig, das Gehirn arbeitet nicht, es ist ein Halbtraum. ›Das Leben zog in
den Flammen an ihr vorüber‹ – das steht in den Büchern. Es
zieht gar nichts vorüber. Die da springen aus dem vorüber-
laufenden Strom der Zeit ins Wasser, ins Kaminfeuer, wie
auf eine kleine Insel; da stehen sie und blicken verwundert

um sich. Jetzt strömt das andre, und sie selbst bleiben. Die Nerven lassen nach, alles läßt nach, ist entspannt – die Zügel hängen lässig über die Wagendecke, langsamer laufen die Zeitpferde... da senken sie sich ins Wasser.« – »In dieses Wasser hier?« sagte ich. »Eben in dieses«, sagte er. »Sie haben so viel hineingetan, das Wasser ist voll davon, und jetzt ruht es sich aus. Mein Lieber, wer hat da alles Bröckchen des Lebens hineingeworfen! Bröselchen von Schmerz, Erinnerung, Wehleidigkeit, Faulheit, Tobsucht, zerbissene Wut, heruntergeschlucktes Begehren –! Das strengt an. Das arme Wasser liegt hier und ruht. Es muß wieder sauber werden. Es ist vermenscht.«

»Warum tun sie es?« sagte ich. »Sie brauchen das«, sagte er. »Wenn die Flammen züngeln, werden sie nachdenklich – bei den Flammen geht es noch besser, sie verbrennen alles, was in sie hineinfällt. Wenn das Meer rauscht, werden sie nachdenklich – sie fühlen plötzlich Halbvergeßnes, einer klopft an die Tür, an eine wenig beachtete, kleine Hintertür... sie öffnen den Spalt – da kommt es herein. Und drängt sie halb aus dem Haus, mit einem Fuß stehn sie draußen; außer sich. Für Augenblicke sind sie Pflanze geworden, sie wachsen dumpf vor sich hin, auch dieses Wachstum ist manchmal angehalten. Dann steht die Zeit still, und die Urmelodie wird hörbar: das Leid. Haben Sie jemals einen gesehn, der froh ins Wasser gesehn hätte, froh ins Feuer –?« Ich sagte, daß ich es nie gesehn hätte. »Also, was ist es –?« sagte ich. »Was empfinden sie, was bedeutet das?« – »Es ist eine Art Generalprobe«, sagte er. »Es ist ein süßschwacher Tod.«

Wir standen langsam auf und schoben uns von der Was-

serplatte fort. Sie lag da, ruhig atmend, und als wir davon-
schwammen, sah es uns nach: aus hunderttausend Augen.

Er lachte noch, als wir schon längst wieder allein waren.
»Das war wie auf einem Theater!« sagte ich. »Haben Sie das
gesehn?« sagte er. »Sein Gesicht? Der Ausdruck in den erstaunten Augen? Der ganze verdutzte Kerl? Es war herrlich.« Sie hatten einen Ehemaligen eingeliefert, der frisch
angekommen war, einen gut bezahlten Schreiber von da unten, sie nennen es wohl höhern Beamten oder dergleichen.
Der hatte sein Lebelang in einem Teich von Wichtigkeit ge-
patscht, er troff noch davon, als er ankam. Und nun traf er
da auf seine alten Freunde, und die klärten ihn ein bißchen
auf, wie es denn nun mit ihm in Wirklichkeit da unten bestellt gewesen sei, sie hatten ihm die Wahrheit gesagt, die
volle persönliche Wahrheit... »Er hats erst gar nicht geglaubt!« sagte er. »Haben Sie das bemerkt? Dann traf es ihn
wie ein Starkstrom. Er ist noch ein zweites Mal gestorben,
glauben Sie? Jetzt ist er ganz hin.« – »Es ist nicht sein Fehler«, sagte ich. »Wie?« sagte er. »Es ist nicht sein Fehler? Natürlich ist es sein Fehler!«

»Es ist nicht sein Fehler«, sagte ich. »Er ist so eingerichtet. Wir waren es auch.« Die Wolke, auf der wir saßen, trieb
rasch seitwärts, es war ein unbehagliches Gefühl; wir sprangen auf eine andre, solidere, die leise schwankte. Irgend eine
Sonne erhellte sie sanft von unten her. »Ich weiß nicht recht,
was Sie meinen«, sagte er. »Ich meine«, sagte ich, »daß er
nichts dafür kann. Sehen Sie einmal:

Man sagt immer: wenn Menschen wüßten, was über sie
gesprochen wird... Das ist dumm. Was wird denn schon ge-

sprochen? Es wird geklatscht, Verleumdungen werden gesagt, Lügen, Konkurrenzlügen, Eifersuchtslügen, Selbstberuhigungslügen, Neidlügen – das ist nicht sehr interessant, und häufig erfahren es die Besprochnen ja auch. Nein, das ist es nicht. Aber wie über sie gesprochen wird, wie über alle gesprochen wird – das ist es!« – »Und wie wird über alle gesprochen?« sagte er.

»Jeder Mensch«, sagte ich, »kann nur leben, wenn er sich ernst nimmt. Verzweifeln kann er, leiden kann er, gegen sich wüten kann er – aber Verzweiflung, Leid, Wut muß er ernst nehmen. An seiner Wohnungstür steht: Schulze; Sie, das glaubt er sich! Er glaubt: hier wohnt Schulze, Schulze bin ich – die Sache ist in Ordnung. Sie ist aber nicht in Ordnung. Wenn er wüßte…! Wenn jeder wüßte, wie die andern von ihm sprechen: durch die Nase, achselzuckend, unter der Hand, nach der Melodie: Ach, der –! Haben Sie einmal mitangehört, wie diese Summe von: Geburt, nassen Windeln, sexueller Not, Verliebtheit, Ansätze des kleinen Lebenswerks, das Lebenswerk selbst, und bestände es auch nur im Erringen einer Position beim Magistrat, Wirken und Arbeit, Arbeitsnächte und Erholungstage im Herbst, wie diese unendliche Summe, die jenem das Gefühl seiner ernsten Sicherheit gibt, von andern abgetan wird? Man kann den Namen an der Wohnungstür aussprechen… man braucht nur die Stimme singend etwas fallen zu lassen, so: Schulze…! und der Kurswert des Mannes ist auf Null. Es sind alles Papiere, die noch gar nicht wissen, daß sie unter pari stehen. Da werden zweierlei Notierungen vorgenommen: das Werk notiert sich selber: große Hausse – aber gehandelt wird es ganz anders, ganz anders. Die letzte Selbstachtung ginge in die Binsen, hörten sie es mit an.« – »Aber sie hören es zum Glück nicht mit an …!« sagte er. Jetzt war das Licht von unten stärker geworden; wir hockten da wie die Weihnachtsengel auf einer Fotochromansichtskarte.

»Nein, sie hören es nicht. Das ist nicht nur ihr Glück«, sagte ich. »Es ist eine der Hauptbedingungen ihres Lebens.

Sie könnten gar nicht leben, hörten sie es. Sie könnten nicht leben, wüßten sie, wie die andern von ihnen sprechen. Sie haben zwar so eine dumpfe Ahnung, als sei das alles Schwindel: das Gummigrinsen der Begrüßung, die teilnahmsvollen Fragen nach Arbeit, Miete, Frau und der werten Gesundheit – aber sie klammern sich da doch an diesen Korken der Konvention, es ist das schönste Gesellschaftsspiel. Sie nehmen es ein wie Medizin. Hörten sie –! Wüßten sie –! Sie gingen zu Tausenden ein, sie müßten eingehen, wer kann so leben, wenn er weiß, wie vergeblich, wie nichtig, wie wenig es ist im Grunde –?« – »Wer?« sagte er. »Ein ganz Starker.« – »Nein«, sagte ich. »Auch ein ganz Starker braucht die Lüge, grade der. Doch Haß ist Anerkennung, Kampf Hochachtung, Neid Balsam für die Seele. Aber eins kann keiner vertragen, das ist ein kleiner Tod.« – »Was?« sagte er. »Verachtung –« sagte ich. »Keiner weiß, wie er verachtet wird, sonst könnte er nicht leben. Er wird verachtet, sonst könnten die andern nicht leben.«

Die Wolke schimmerte nunmehr blutrot, von unten müssen wir schön ausgesehen haben. Es gab aber kein Unten, es war niemand da, der uns auslachen konnte, und so segelten wir froh dahin.

»Was haben wir gelacht!« sagte er. »Wir haben so gelacht!«
Er wischte sich ein wasserhelles Sekret aus den Augen, und
ich tat desgleichen: denn was er da erzählt hatte, war nicht
ohne gewesen. Er sprach sonst wenig von solchen Dingen –
aber es waren zwei vorübergeglitten, ineinandergekrampft,
mit zugeküßten Lidern, zwei, die aus ihrem Liebeshimmel
heruntergefallen waren in die Hölle der Erfüllung. Übrigens wußten sie das nicht. Das hatte ihn auf den Gedanken
gebracht, mir die Geschichte eines Ehepaares zu erzählen,
das sich nach dem Buch liebte, nach dem vollkommnen
Ehebuch, mit einer Art Notenständer am Bett. Wir atmeten
tief.

»Sie haben so gelacht –« sagte ich. »War noch genug Gelächter da –?« Er sah mich verständnislos an. »Ob genug
Gelächter – wie meinen Sie das?« – »Sie wissen«, sagte ich,
»woher das Gelächter kommt?« – »Aus der Brust!« sagte er
und lachte tief. »Nein«, sagte ich. »Nicht aus der Brust.
Wollen Sie sehen, woher es kommt, das Gelächter?« Er
wollte das. Und ich zeigte es ihm.

– – – – – – – – – –

Es war schon finster, als wir vor dem gigantischen Berg
standen. »Was ist das? Wohin führen Sie mich?« sagte er
leise. »Was das ist?« sagte ich. »Es ist der Berg des Gelächters. Kommen Sie ein Stückchen hinauf – hier hinauf. Hören Sie –?« Wir lauschten.

Kaskaden von Lachen kamen heruntergebraust, Wogen
von Gelächter, Kicherbäche, ganze Tonleitern klapperten
herab, es schritt auf großen Füßen Treppenstufen herunter,

auf uns zu, und wenn es unten ankam, verebbte es in Atemlosigkeit zu kleinen Tönen... Leise bewegte sich der Boden unter unsern Füßen. Dumpf dröhnend lachten die Bässe, Triller von Frauenlachen stiegen auf und fielen melodisch ab, Koloraturgelächter und silberne Schellen... Fettes, schadenfrohes Lachen wälzte sich ölig dahin, breit klatschte es an die Ufer; Lachgemecker und fröhliches Gelächter von Kindern, spitze Lachstimmen, die sich überlachten, eine kletterte über die andere, dann fiel alles in sich zusammen. Und wieder stieg oben ein Chor von Gelächtern auf, dumpf überdröhnt von einer dicken, alten, akkompagniert von einer süßen Weibsstimme. Stille. Ein Rinnsal von Lachtränen tropfte an uns vorbei.

»Das ist der Vulkan des Gelächters«, sagte ich. »Sie kannten es nicht? Sie haben mir hier oben so viel gezeigt und kannten ihn nicht? Er versorgt die da unten mit Lachen, von oben kommt es herunter, aus dem Vulkankrater rollt es heraus, alle Sorten. Alle Gelächter, die gebraucht werden: Sie haben sie gehört? Grinsen und pfeifende Peitschen mit kleinen Knoten in der Schnur, die brennen so schön... dummes Lachen und befreiendes Lachen und Lachbonbons, mit Tränen gefüllt – alles kommt von da oben. Man kann nicht hinauf.«

»Was ist oben?« sagte er. »Ich habe es mir sagen lassen«, sagte ich. »Ein riesiges, tiefes Loch wie im Ätna, da quillt es heraus.« – »Aber woher kommt es?« sagte er. »Wer versorgt die Erde mit Gelächter – woher diese Quantität, die Unerschöpflichkeit, die immerwährende Bereitschaft, zu geben und zu geben –?«

»Es gibt ein Ding«, sagte ich, »das hat begriffen, warum

Er das geschaffen hat, da unten. Es hat den Witz der Welt begriffen. Seitdem –« – »Seitdem?« sagte er. »Seitdem lacht das Ding«, sagte ich.

Wir wandten uns ab. Weit unten sahen wir die beiden fallen, ihrer Privathölle zu. »Ein seltsames Geschäft«, sagte ich. Er wollte lachen, setzte plötzlich ab. Im Dunkel glitt eine Tierseele scheu an uns vorüber. »Hat das nie aus dem Lachtränenbach getrunken?« sagte er. »Tiere lachen nicht«, sagte ich. »Sie sind die Natur selbst, die ist ernst, unerbittlich, vielleicht heiter – aber lachen? Er läßt sie nicht lachen.« – »Und warum nicht –?« sagte er. »Weil Er Furcht hat«, sagte ich. »Er hat Furcht, man könnte Ihn auslachen. Dabei tut es keiner. Sie gehen an den Berg des Gelächters und lachen zwar aus, aber nur einander. Hören Sie, wie es heruntergluckert!«

Jetzt war der ganze Berg überrieselt mit Gelächter, fallendem und steigendem; erst hatten wir ein wenig mitgelacht, dann lächelten wir nur noch, und nun stimmte es ganz traurig. »Lachen ist eine Konzession des Herrn«, sagte ich. »Sie ist auch danach«, sagte er. Dann glitten wir davon.

Wir saßen auf der Wolke und ließen etwas baumeln, was man als Beine ausgeben konnte – lange.

»Er hat einen neuen Meteorstein gemacht«, sagte er. »Sie können sich diesen Stolz nicht vorstellen, diese Schöpferfreude! Diese Gehobenheit! ›So aus dem Nichts …‹ waren Seine Worte. ›Und jetzt: ein Stein!‹ Als ob es das erste Mal wäre! Wie lange hat Er dieses Metier nun schon? Können Sie das verstehen?« – »Er ist naiv«, sagte ich. »Wer etwas schafft, muß daran glauben. Er schöpft freilich mit der Kelle aus einem Riesenbottich, nach einiger Zeit fällt das Geschöpfte, das Geschaffene wieder zurück... Aber Er hat Freude an Sachen. Ich begreife diese Freude schon. Haben Sie sie nie empfunden?« Er horchte angestrengt von mir fort: offenbar auf Ätherwellen, deren Klang noch niemand erlöst hat; pfeifend, wie die Kobolde heulten sie dahin, durchaus bereit, zur *Neunten Symphonie* zu werden, wenn es ihnen einer befahl, unglücklich ob ihrer ungebärdigen Freiheit. Sie verklangen. »Haben Sie niemals Freude an Sachen empfunden?« sagte ich. Er wandte sich mir zu. »Ich? Nie!« sagte er. »Doch«, sagte ich. »So:

Alle Männer haben sie an sich, diese Freude. Wenn wir eine Seifenhülse leer gewaschen hatten, waren wir stolz darauf wie auf ein gutes Werk. Diese mit dem Weltall einverstandene Miene, wenn einer die leere Schachtel fortwarf: in Ordnung. Sauber. Gut aufgebraucht. Eine neue. Waren sie kein Pedant? Die letzte Feder verbraucht, eine Flasche Haarwasser zu Ende gespritzt, ein kleines Pappblatt mit Kragenknöpfen abgelegt – welche Gehobenheit! Es ist etwas geschehn! winzig kraucht eine minime Eitelkeit vom Magen zum Hirn empor: ich war tätig. Das gleiche befriedigende Gefühl, wie wenn in der Schule eine Rechenaufgabe mit Null aufging. Saldo. Bilanz. Fertig. Wir waren uns in diesem Augenblick so einig mit dem All.«

»Ich war ein Pedant«, sagte er. »Das ist wahr. Ich habe die Sachen geliebt, weil sie so schön geduldig waren, so still; wenn man es geschickt anfing, beherrschte man sie vollkommen. Zeitweise regierten sie uneingeschränkt; das war, wenn man nichts andres vorhatte; wenn keine Geldnot war, keine ungeduldige Frau, kein fressender Schmerz, keiner über die Ehe; über die eigne Gefühllosigkeit beim Tode eines Freun-

des, welchen Ärger man sehr schön als Ergriffenheit ausgeben konnte – wenn alles still war... Aber manchmal –«

»Manchmal –?« sagte ich. »Manchmal«, sagte er, »hatten
wir gar keine Sachen. Vergessen die Krawatten, nicht beachtet die Schuhleisten, unangesehen die Aschbecher, übergan-
gen die Türschwellen – es war nichts mehr da. Da sind wir
dann einem Ziele zugestürmt.« – »Wie bitte?« sagte ich.
»Einem Ziele zugestürmt«, sagte er. »Ich bin länger hier
oben als Sie – ich weiß, daß wir nicht mehr wollen. Manchmal wollte ich, noch wollen zu können. Sehen Sie, darum
liebten wir die Sachen: sie wollten nicht, sie taten nicht mit,
stumm ruhten sie am Strom unseres Willens; und vorüber
strömte der Fluß der Energien, das Leben brandete an den
Ufern der Hosenstrecker, vorbei, wo einsame Kleiderbügel
ragten... An ihnen konnte man die Geschwindigkeit des
eignen Strudels ermessen. Und sie ließen sich beherrschen –«
Nun raste eine Flottille erkälteter Pfiffe über uns dahin; es
ächzte in der Materie, akustischer Urschlamm tobte über
uns hinweg, bereit, den nächsten Empfänger zu zertrüm-
mern... »Hören Sie das...« sagte er. »Ich kann das nicht hören«, sagte ich. »Ohren ordnen – dies müßte man ungeord-
net aufsaugen, Menschen sind mit der Ordnung verbundene
Wesen. Woher also«, sagte ich, »der Stolz, wenn etwas so
Dummes fertig gemacht war wie der Schlußverbrauch einer
Seifenschachtel?«

»Weil Männer«, sagte er, »wenn sie etwas taugen, Jungen
sind; Schüler sind sie, Musterschüler oder Mittelschüler
oder bewußt schlechte Schüler, auf alle Fälle unsagbar eitel
auf die gute und schlechte Leistung. Wenn auf dem Schreibtisch kein Schnitzelchen Papier mehr liegt; wenn alles abge-

blasen ist; wenn das Bett in kantiger Weiße strahlt; die Badewanne trocken blitzt, die Lampen sanft brennen –: es gibt keinen Mann, der dann nicht wie der König der Sahara durch sein kleines Reich schritte, Wüstenkönig ist der Löwe – und dieser ist sogar noch stolz auf die Leistung der andern. Wer kann ganz und gar ermessen, wie unsagbar simpel wertvolle Männer sind –!« – »Ich weiß nur«, sagte ich, »wer es nicht weiß. Wer sie für dumm und unschlau hält, für unlistig, also für belächelnswert – wer also auch anders, ganz anders zu den Sachen steht; wer die Sachen wirklich besitzt, eigentumsgierig, oberflächlich, abstrakter, happig-abweisend... wer sie hätschelt oder herumstößt, aber nicht liebevoll-väterlich zu ihnen sein kann; wer einseitiger Besitzer ist, nichts kommt von den Sachen zurück – wer die Sachen hat, ohne sie je zu haben.« – »Wer?« sagte er.

Leise ließ ich mich von der Wolke fallen, sacht glitt ich dahin, durch ungebärdig flackernde Töne, durch Schwingungen, die noch nicht wußten, ob sie Ton oder Licht werden sollten; ich entschwand ihm, ohne zu antworten, vielleicht hätte ihn die Antwort gekränkt, und ich behandelte ihn zart. Zart wie eine Frau.

»Kennen Sie das Entzücken an der erotischen Häßlichkeit?« fragte der Dritte. Er war plötzlich da, hatte kaum Guten Wolkentag gesagt, er saß mit uns, neben uns, aber die Beine ließ er nicht baumeln, das hätten wir uns auch schön verbeten. Mit den Beinen baumelten nur wir. Wir warfen beide mit einem Ruck die Köpfe herum und starrten ihn an.

»Die Freude an der Häßlichkeit von Frauen?« sagte der Dritte noch einmal.

Darüber war hier noch nie gesprochen worden; eine fast asketische Scham hatte uns gehindert, uns über das Allerselbstverständlichste auszusprechen. »Zeig mal, wie ist das bei dir –?« sagen die Kinder, als sei der andre ein fremder Erdteil.

Warten stand in der Luft; wir mußten etwas sagen; wir konnten nichts sagen. Der Dritte ignorierte eine Antwort, die nicht gegeben worden war, und fuhr fort:

»In Gerichtsverhandlungen haben sie oft dem fein gebildeten Angeklagten vorgehalten, er habe mit der eignen Reinemachefrau ein Verhältnis gehabt, es hörte sich an wie Vorwurf der Blutschande; habe er sich denn nicht geekelt? mit einem so tiefstehenden Geschöpf? so unter ihm? wie? Sie hatten das wohl nie gespürt, sonst hätten sie nicht so dumm gefragt. Daß plötzlich eine Figur aus der einen Sphäre in die andere gezogen wurde, was Freude am Spiel bedeutet: so, wie wenn einer auf einer Flasche bläst oder mit einem Violinbogen ficht oder – spaßeshalber – Hanfgras raucht. Man kann Hanfgras rauchen, dazu ist es unter anderm auch da, wenn Sie wollen, man tut es nur gemeinhin nicht. Aber auf einmal zuckt in einem das Spiel.«

Wir sahen uns an, mit jenem unausgesprochenen Tadel im Blick, der blitzschnell den andern verrät, die Einheitsfront von zweien gegen den Dritten herstellt, einig, einig, einig. Ich gab ein vorsichtiges Räuspern von mir, wie die Einleitung zu einer Einleitung... Der Dritte ließ es nicht dazu kommen.

»Man fällt so tief«, sagte er, – »oh, so tief. Schlaffe Brüste, graue Wäsche, ein dummes Lachen, meliertes Haar, eine kommune Bemerkung, weiter unter allem möglichen; verbildeter Körper, geweiteter Nabel, glitzernde Augen, die das Glitzern nicht gewohnt sind ... so tief sinkt man. Man wühlt sich in das Unterste hinein, man verachtet sich und ist stolz auf diese Verachtung und böse auf diesen Stolz. Nägel sitzen im Fleisch, die man immer tiefer hereintreibt, wissen Sie. Es ist, wie wenn einer Pfützen aufleckt. Noch tiefer hinab, noch schmieriger, ja, ich gehöre zur Vorhölle, ich kann gar nicht tief genug fallen, da habt ihr mich ganz und gar, streck dem Kosmos die Zunge heraus, so, die breite, gereckte, dicke Zunge –«

Der Dritte schwieg.

Da sprachen wir zum erstenmal. Ich sagte: »Und nachher?« Auch er, mit dem ich dergleichen nie besprochen hatte, war mit von der Partie. »Armer«, sagte er. »Und nachher?« Der Dritte sah uns voll an, er schaffte es, wir waren gegen ihn nur einer.

»Nachher –«, sagte der Dritte. »Ich bin kein Armer. Ich bin reich – mir konnte nichts geschehen, nachher. Ich ging wieder im Licht, war emporgetaucht, die Scham hatte ich heruntergeschluckt und abgewaschen, sie war nicht mehr da. Ich brauchte nicht zu beichten, jeder meiner Blicke beichtete, aber sie sahen es nicht. Ich fühlte mich sicher, weil ich den moorigen Untergrund kannte, ich strauchelte nicht, ich fiel nicht, ich nicht. Ich war wie eine Bank: das war mein Aktienkapital für die Reserve, damit arbeitet man nicht alle Tage, aber es steht hinter einem, und es ist da. Man kann darauf zurückgreifen, wenn es not tut. Und es tut manchmal not, und wenn es soweit ist, dann ist da wieder dieser ungeheuerliche Sturz zwischen fünf Minuten vor acht, wo du telefonierst, bis um drei Viertel zehn – du fällst und steigst: mit eingezogenen Schwingen, die Süßigkeit der Säure auskostend, das Licht des Drecks, die tausend Tasten einer Orgel, von der nun die untersten selten benutzten Bässe anklingen, so dumpf, daß das Ohr sie kaum noch hören kann. Herauf und herunter, herauf und herunter: ein Luzifer und ein Dunkelheitsbringer, ein Adler und ein Wischlappen, ein Höhenflieger und ein Tauchervogel. Man fällt so tief. Womit ich Ihnen einen schönen guten Abend zu wünschen die Ehre habe.« Weg war der Dritte.

Ich sah ihn an... »Man muß sich«, sagte er, »die Zelle weit träumen, in die man eingesperrt wird. Sonst hält man es nicht aus. Wissen Sie, was er uns beschrieben hat?« – »Nein«, sagte ich; »was?«

»Dauerlauf an Ort«, sagte er. »Eine sehr gesunde Übung.«

Wir hatten etwas Neues erfunden: wir fuhrwerkten Ihm in Sein Wetter, und Er war ganz verzweifelt. Hatte Er südöstlichen Regen mit leichten Erdbeben angesagt, so zogen wir des Nachts vorher hin und stellten das Erdbeben ab, und am nächsten Morgen war große Verwirrung: Er schimpfte auf das Barometer, und in den Erdbebengebieten sanken die Aktien der katholischen Kirche beträchtlich. Seit Er sich darauf versteift hatte nach dem Kriegsende das Wetter durchgehend schlechter zu machen, nahm unser Unfug kein Ende. Es war eine schöne Zeit.

Wir hatten Sein Barometer grade so durcheinandergebracht, daß es einem schon leid tun konnte, und nun ruhten wir uns von getaner Arbeit aus: sanft mit den Beinen baumelnd und gelöst vergnügt, wie wir es da unten nie gewesen waren...

»Haben Sie«, sagte er plötzlich, »eigentlich immer alles gesagt –?« – »Ich habe vieles gesagt«, sagte ich, »darunter auch manchmal das, was ich wirklich meinte. Aber immer –?« – »Immer«, sagte er, »und alles, darauf kommt es an. Haben Sie zum Beispiel alles über Ihre Freunde zu Ihren Freunden gesagt, über die, die Sie umgaben, die, die Sie umgaben?« –

»Wie hätte das sein können?« sagte ich. »Von den engern Freunden will ich gar nicht einmal reden – Freundschaft beruht darauf, daß eben nicht alles gesagt wird, nur so ist Beieinandersein möglich. Das ist nicht Lüge, das ist etwas andres?« – »Aber sonst –« – »Nun, sonst?« sagte er. »Ich habe nicht alles gesagt«, sagte ich. »Manchmal bin ich fast daran geplatzt. Aber ich hätte von Bruno sagen müssen, er sei im Grunde ein sattgefressener Versorgter, der nur so lange mit unsereinem umgehe, wie er beneiden oder verachten könne, von ihm aber dürfe man nichts wollen, nicht das Kleinste; und von Willi, daß er ein tragischer Schlemihl sei, dessen Unglück darin bestehe, das Unglück durch seine bloße Existenz herbeizulocken, einer jener vielen, die nichts dafür können...; und von Hanno, daß seine Karriere uns dazu verleitet, den Blitz der Götter herabzuflehen, nur, damit jener doch einmal in seinem Leben einen aufs Dach bekäme; und von Oskarchen, daß er Sitten und Gebräuche eines kleinen Provinzlers sein eigen nenne, und daß der Umgang mit ihm nicht heiter sei, und von Lenchen...« – »Allmächtiger!« sagte er, »welche Liste –!« – »Rufen Sie Ihn nicht beim Namen!« sagte ich. »Sie wissen, daß Er es nicht mag.« Wir lauschten. In der riesigen Weltennacht regte sich nichts, unser Streich war geglückt. Er würde morgen große Augen machen … »Welche Liste!« sagte er. »Und mit denen sind Sie umgegangen? Denn es waren immerhin Ihre nächsten Leute!«

»Ich hatte keine andern«, sagte ich. »Andre hätten mir auch gar nichts genützt. Aber ich habe es ihnen nicht gesagt, das da.« – »Und warum nicht –?« sagte er. »Weil«, sagte ich, »man so nicht leben kann – mit der Wahrheit in der Hand. Sie vertragen es nicht. Sie leben von der Lüge, von einer eingebildeten Überlegenheit, von dem Glauben, sie würden geachtet, während sie in Wirklichkeit nur benutzt, ausgenutzt, ignoriert und geduldet sind. Sag ihnen, wie du wirklich über sie denkst, wenn ein Brief von ihnen ankommt – und alles ist aus.«

»Und«, sagte er, »haben es Ihnen die andern gesagt, das Wahre –?« Ich sah ihn betroffen an. »Nein«, sagte ich. »Doch – ich glaube – ja. Ich denke … ja. Wie?« – »Und«, sagte er, »woraus leiten Sie Ihre Überlegenheit her, die Legitimation, so herablassend auf alle andern zu sehen, so vernichtend zu urteilen, die witzige Scheidung: Ich und die andern zu machen – woraus leiten Sie es her –?«

»Daraus, daß ich lebte«, sagte ich. Nun sprach er nicht mehr, und wir warteten auf den jungen Morgen.

1925–1928

Daten zu Leben und Werk

1890 Kurt Tucholsky wird am 9. Januar als Sohn des jüdischen Kaufmanns Alex Tucholsky und seiner Frau Doris, geb. Tucholski, in Berlin-Moabit geboren.

1893 Die Familie zieht nach Stettin um. 1896 wird Kurt Tucholskys Bruder Fritz, 1879 seine Schwester Ella-Ida (genannt Ellen) geboren.

1899 Die Familie kehrt nach Berlin zurück. Tucholsky wird am Französischen Gymnasium eingeschult, 1903 wechselt er auf das Kgl. Wilhelms-Gymnasium.

1907 Tucholsky verläßt das Gymnasium, um sich von einem Privatlehrer auf das Abitur vorbereiten zu lassen. Tucholskys erste Arbeiten (*Märchen* und *Vorsätze*) erscheinen anonym in der satirischen Wochenzeitschrift *Ulk*.

1909 Abitur als Externer. Aufnahme des Jurastudiums in Berlin (sein 2. Semester verbringt Tucholsky an der Universität Genf).

1911 Tucholskys erster Artikel im sozialdemokratischen Parteiorgan *Vorwärts*, für das er bis 1914 als Mitarbeiter tätig ist, erscheint. Sommerreise mit Else Weil, genannt Claire Pimbusch, nach Rheinsberg. Mit Kurt Szafranski Besuch bei Max Brod in Prag, Begegnung mit Franz Kafka. Beteiligung am Wahlkampf der SPD.

1912 Tucholskys erste große Veröffentlichung, die Erzählung *Rheinsberg – ein Bilderbuch für Verliebte*, mit Bildern von Kurt Szafranski, erscheint im Berliner Axel Juncker Verlag und verkauft sich bis 1932 über 120000 Mal.

1913 Tucholsky verzichtet darauf, die erste juristische Staats-
prüfung abzulegen, er bittet jedoch an der Universität Jena
um Zulassung zur Promotion. Es erscheint Tucholskys erster Artikel in der linksliberalen Theaterzeitschrift *Die
Schaubühne*, dem später in *Die Weltbühne* umbenannten
Wochenblatt des Publizisten Siegfried Jacobsohn, welcher
als Mentor und Freund eine große Rolle in Tucholskys Leben spielt. *Der Zeitsparer*, Grotesken von Ignaz Wrobel
(eines der Pseudonyme Tucholskys) erscheint.

1914 Austritt aus der jüdischen Gemeinde Berlin.

1915 Promotion »cum laude« zum Dr. jur. Am 10. April Dienst-
antritt als Armierungssoldat an der Ostfront, wo Tucholsky
bald zum Kompanieschreiber avanciert.

1917 Während seiner Zeit als Schreiber in Alt-Autz lernt Tucholsky Mary Gerold kennen.

1918 Tucholsky läßt sich protestantisch taufen.

1919 Tucholsky ist Gründungsmitglied des »Friedensbundes
der Kriegsteilnehmer«, der u. a. die »Nie wieder Krieg!«-
Bewegung initiiert.

1920 Trennung von Mary Gerold. Tucholsky tritt in die USPD
ein. Er heiratet die Ärztin Else Weil. Mitarbeit bei verschiedenen linksgerichteten Zeitschriften (u. a. jedoch zeit-
weilig auch als Chefredakteur des nationalpopulistischen
Propagandablattes *Pieron*).

1922 Antikriegskundgebung im Berliner Lustgarten, Tucholskys
Gedicht *Drei Minuten Gehör* wird im ganzen Reich vor-
getragen. Tucholsky begibt sich auf die Suche nach einer
Arbeitsstelle in der Wirtschaft.

1923 Arbeit als Sekretär des Seniorchefs im Bankhaus Bett, Si-
mon & Co.

1924 Scheidung von Else Weil. Vertrag als fester Mitarbeiter für
die *Weltbühne* mit Siegfried Jacobsohn. Als Korrespondent
der *Weltbühne* und der *Vossischen Zeitung* zieht Tucholsky
um nach Paris. Kurt Tucholsky und Mary Gerold heiraten.

1926 Siegfried Jacobsohn stirbt am 10. Dezember. Tucholsky übernimmt die Leitung der *Weltbühne*.

1927 Tucholskys erste Begegnung mit Lisa Matthias. *Ein Pyrenäenbuch* von Peter Panter (einem weiteren Pseudonym Tucholskys) erscheint. Tucholsky überträgt die Redaktion der *Weltbühne* Carl von Ossietzky. Diverse Reisen. Im Dezember erscheint der Sammelband *Mit 5 PS*.

1928 Mary Tucholsky verläßt ihren Mann und zieht nach Berlin. Diverse Gerichtsverfahren gegen Tucholsky wegen Gotteslästerung und Beleidigung. Der Sammelband *Das Lächeln der Mona Lisa* erscheint.

1929 Von April bis Oktober wohnt Tucholsky im schwedischen Läggesta, in der Nähe von Schloß Gripsholm. Der Band *Deutschland, Deutschland über alles* erscheint.

1930 Tucholsky zieht offiziell nach Hindås in Schweden. Körperliche Beschwerden (Magen- und Nasenleiden). Gertrude Meyer arbeitet als Sekretärin und Dolmetscherin für Tucholsky, es entwickelt sich eine Liebesbeziehung.

1931 Ende der Beziehung zu Lisa Matthias. Nach Vorabdruck im *Berliner Tageblatt* erscheint die Sommergeschichte *Schloß Gripsholm* im Rowohlt Verlag. Wegen des Satzes »Soldaten sind Mörder« erstattet die Reichswehr Anzeige gegen Tucholsky. Austritt aus dem *Schutzverband Deutscher Schriftsteller*. Zum 1. Oktober wird Tucholsky von der *Vossischen Zeitung* gekündigt. Der Sammelband *Lerne lachen ohne zu weinen* erscheint.

1932 Tucholsky schreibt seine letzten Arbeiten für die *Weltbühne*. Ein Prozeß gegen Ossietzky wegen Tucholskys Satz »Soldaten sind Mörder« endet mit Freispruch. Aufenthalt in der Schweiz, u. a. bei der Ärztin Hedwig Müller in Zürich (dort bis September 1933).

1933 Bücherverbrennung durch die Nazis, u.a. auch der Werke Tucholskys. Scheidung von Mary Tucholsky. Tucholsky wird (mit weiteren 32 Personen) ausgebürgert. Im September Rückreise nach Schweden. Besuch Hedwig Müllers in Hindås.

1934 Tucholsky erhält einen schwedischen Fremdenpaß. Diverse Reisen (Frankreich, Schweiz). Tucholsky unterzieht sich der ersten von fünf Nasenoperationen.

1935 Tucholsky ist finanziell am Ende und auf die Unterstützung durch Hedwig Müller angewiesen. Am 4. November Untersuchung im Sahlgrenska Krankenhaus in Göteborg wegen andauernder Magenbeschwerden. Am 21. Dezember gegen 18 Uhr Einlieferung ins Sahlgrenska Krankenhaus. Um 21.55 Uhr stirbt Kurt Tucholsky. Im Obduktionsbericht steht: »Intoxicatio? (Veronal?)«

Die schönsten
Gedichte von
Kurt
Tucholsky

Diogenes

Ausgewählt von Daniel Kampa
144 Seiten

Eine Auswahl der schönsten Gedichte von Kurt
Tucholsky, der das Herz am rechten Fleck hatte,
und nicht etwa rechts. Der Band versammelt neben den romantischen auch die satirischen Gedichte von Tucholsky. Der Bogen spannt sich
von wunderschönen Liebesgedichten mit traurigen Weisheiten wie »Das ist schwer: ein Leben
zu zwein / Nur eins ist noch schwerer: einsam
sein« und Titeln wie ›Sehnsucht nach der Sehnsucht‹ oder ›Herz mit einem Sprung‹ bis zu den
engagierten und politischen Gedichten, in denen
Tucholsky sich für Gerechtigkeit und gegen
Militarismus und Nationalismus engagierte.

Kurt Tucholsky
Schloß
Gripsholm
Eine Sommergeschichte

Diogenes

208 Seiten
Auch erhältlich als Hörbuch-Download

Sommer, Sonne, Schweden – ›Daddy‹ und seine ›Prinzessin‹ verbringen unbeschwerte Ferientage auf Schloß Gripsholm. Doch der Besuch eines Freundes und ein benachbartes Kinderheim mit rigiden Erzieherinnen stören die sommerliche Leichtigkeit.